合影 | Group photo

"纪念周口店遗址发现100周年：周口店遗址史前文化遗产保护、研究与可持续发展国际会议"领导及专家合影

Group photo of "Commemoration of the 100th Anniversary of the Discovery of Zhoukoudian Site and International Symposium on Protection, Research and Sustainable Development of Prehistory Heritage"

开幕式 | Opening ceremony

联合国教科文组织遗产中心主任麦克泰尔德罗斯勒女士视频贺词
UNESCO World Heritage Centre Director Ms. Mechtild Rössler addresses the symposium via video

联合国教科文组织北京办事处文化部负责人希玛珠莉·古榕讲话
Speech by Himalchuli Gurung, Programme Specialist for Culture of the UNESCO Office in Beijing

中国科学院古脊椎动物与古人类研究所所长邓涛致辞
Speech by Deng Tao, Director of Institute of Vertebrate Paleontology and Paleoanthropology, Chinese Academy of Sciences

开幕式 | Opening ceremony

国家文物局副局长宋新潮讲话
Speech by Song Xinchao, Deputy Director of the Nati-onal Cultural Heritage Administration

北京市政府副市长王宁讲话
Speech by Wang Ning, Vice Mayor of Beijing Munic-ipal Government

北京市文物局局长舒小峰主持开幕式
Shu Xiaofeng, Director of Beijing Municipal Administration of Cultural Heritage presiding over the opening ceremony

开幕式 | Opening ceremony

房山区委书记陈清致欢迎辞
Speech by Chen Qing, Secretary of Beijing Fangshan District Committee of the Communist Party of China

领导和国内外专家共同启动开幕式
Opening ceremony

闭幕式 | Closing ceremony

中国古迹遗址保护协会副主席吕舟教授作大会总结
Speech by Professor Lyu Zhou, the Vice President of the
ICOMOS CHINA

联合国教科文组织文化助理总干事、遗产问题特殊顾问弗兰西斯科·班德林宣读
《周口店共识》
Francesco Bandarin, Assistant Director-General for Culture and Special Advisor on
Heritage Issues of UNESCO, reading out the Zhoukoudian Consensus

闭幕式 | Closing ceremony

房山区委副书记、区长郭延红致闭幕辞
Speech by Guo Yanhong, Deputy Secretary of Beijing Fangshan District Committee of the Communist Party of China and District Mayor

房山区副区长王永年主持闭幕式
Wang Yongnian, Deputy District Mayor of Fangshan District, the closing ceremony host

专家风采 | Participating experts at the symposium
（按发言顺序）

故宫博物院院长单霁翔现场演讲
Speech by Shan Jixiang, Director of the Palace Museum

中国科学院吴新智院士作主旨报告
Keynote speech by Wu Xinzhi, Member of the Chinese Academy of Sciences

国际古迹遗址理事会主席河野俊行作主旨报告
Keynote speech by Toshiyuki Kono, President of the ICOMOS

专家风采 | Participating experts at the symposium
（按发言顺序）

周口店北京人遗址博物馆馆长董翠平作主旨报告
Keynote speech by Dong Cuiping, Director of Zhoukoudian Peking Man Site Museum

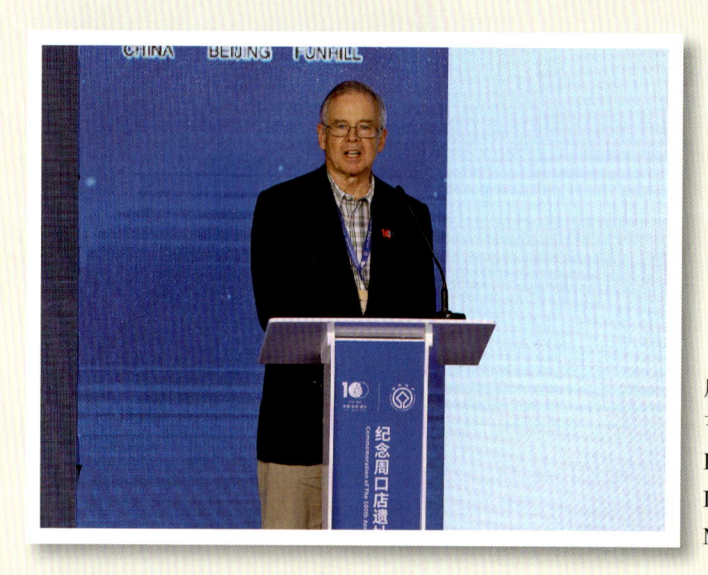

威斯康里·麦迪逊大学人类学系教授
亨利·托马斯·巴恩作主旨报告
Keynote speech by Henry T. Bunn, Professor of Department of Anthropology, University of Wisconsin-Madison, USA

复旦大学教授杜晓帆作报告
Speech by Du Xiaofan, Professor of Fudan University

专家风采 | Participating experts at the symposium
（按发言顺序）

国际古迹遗址理事会极地遗产委员会主席
迈克尔·皮尔森作报告
Speech by Michael Pearson, Chairman of the Polar Heritage Committee, ICOMOS

达累斯萨拉姆大学建筑保护工程与技术学院讲师东纳瑟斯·卡曼巴作报告
Speech By Donatius Kamamba, Lecturer of School of Building Protection Engineering and Technology, University of Dar es Salaam

中国科学院古脊椎动物与古人类研究所研究员
同号文作报告
Speech by Tong Haowen, Researcher from Institute of Vertebrate Paleontology and Paleoanthropology, Chinese Academy of Sciences

专家风采 | Participating experts at the symposium
（按发言顺序）

中国科学院古脊椎动物与古人类研究所副研究员张双权作报告
Report by Zhang Shuangquan, Associate researcher from Institute of Vertebrate Paleontology and Paleoanthropology, Chinese Academy of Sciences

北京工业大学文化创意产业研究所所长王国华作报告
Report by Wang Guohua, Director of the Cultural and Creative Industries Research Institute, Beijing University of Technology

美国科罗拉多大学丹佛分校人类学系博士查尔斯·穆西巴·穆西巴作报告
Report by Dr. Charles Musiba, Department of Anthropology, University of Colorado Denver

专家风采 | Participating experts at the symposium
（按发言顺序）

中国传媒大学文化发展研究院院长范周作报告
Report by Fan Zhou, Dean of the Cultural Development Research Institute, Communication University of China

尼泊尔国家考古局勒立布德尔地区史前遗址和文化遗产保护专家卡吉·曼·普拉库雷作报告
Report by Kaji Pyakurel, Specialist of Prehistoric Sites and Cultural Heritage Protection in Lelibuder Region, Department of Archaeology, Government of Nepal

马来西亚国家遗产局考古处遗产专员法丽莎·宾蒂·伊德里斯作报告
Report by Farizah Binti Ideris, Heritage Commissioner of Archaeological Division, National Heritage Bureau, Malaysia

专家风采 | Participating experts at the symposium
（按发言顺序）

北京国文琰文化遗产保护中心有限公司项目负责人李梦静作报告
Report by Li Mengjing, Project Leader of Beijing Guowenyan Cultural Heritage Conservation Center Co. Ltd.

英国巨石阵遗址资深馆长海瑟·罗斯·赛贝尔作报告
Report by Heather Rose Sebire, Senior Property Curator of Stonehenge English Heritage UK

科阿河谷博物馆和考古公园考古学家安东尼奥·巴塔尔达·费尔南德斯作报告
Report by António Batarda Fernandes, Archae-ologist of Coa Valley Museum and Coa Park

专家风采 | Participating experts at the symposium
（按发言顺序）

威兰德拉湖区遗产地芒戈国家公园探索协调员谭雅·珍·李·查尔斯作报告
Report by Tanya Charles, Coordinator of Mungo National Park, Willandra Lakes Region

国际古迹遗址理事会个人成员和国际博物馆理事会会员阿特·佩德罗斯扬作报告
Report by Artur Petrosyan, Individual Member of ICOMOS and member of International Council of Museums

国际古迹遗址理事会土耳其国家委员会成员泽内普·阿克图尔作报告
Report by Zeynep Aktüre, Member of ICOMOS Turkish National Commission

专家风采 | Participating experts at the symposium
（按发言顺序）

印度尼西亚波多莫罗大学讲师、研究人员
多尼·皮瑞扎作报告
Report by Doni Fireza, Lecturer and researcher of Podomoro University, Indonesia

澳大利亚生物多样性和遗产声学研究中心，澳大利亚悉尼南威尔士大学生物、地球和环境科学学院研究人员肖·梅·戈赫作报告
Report by Hsiao Mei Goh, Researcher of the Australian Biodiversity and Heritage Acoustic Research Centre and School of Biological, Earth and Environmental Sciences, University of South Wales, Sydney, Australia

英国女王大学贝尔法斯特大学博士托斯腾·卡勒特作报告
Report by Dr. Thorsten Kahlert, Queen's University Belfast

专家风采 | Participating experts at the symposium
（按发言顺序）

国际古迹遗址理事会遗产纪录委员会文物文献秘书长、希腊塞萨洛尼基亚里士多德大学副教授
斯特图斯·斯蒂利安尼迪斯作报告
Report by Stratos Stylianidis, Secretary General of ICOMOS/CIPA-Heritage Documentation and Associate Professor of Aristotle University of Thessaloniki, Greece

中国建筑设计研究院有限公司建筑历史研究所城乡规划师
王力恒作报告
Report by Wang Liheng, Urban and Rural Planner, Institute of Architectural History, China Urban Construction Design & Research Institute Co., Ltd.

联合国教科文组织世界地质公园网络执行局总裁
尼古拉斯·佐罗思作报告
Report by Nicholas Zoros, President of the Executive Directorate of the UNESCO Global Geopark Network

伊斯兰堡考古和博物馆司编目员和古籍专家
桑德斯·阿斯拉姆作报告
Report by Sundus Aslam, Cataloger and Specialist in Ancient Books of Department of Archaeology and Museums, Islamabad

专家风采 | Participating experts at the symposium
（按发言顺序）

伊朗塔比阿特莫达勒斯大学园林规划学博士生
尼尔赫梅·阿萨蒂安·扎伽作报告
Report by Naeimeh Asadian Zargar, PhD candidate Landscape Architecture at Tarbiat Modares University, Iran

秦始皇帝陵博物院副研究员孟中元作报告
Report by Meng Zhongyuan, Associate Researcher of Emperor Qinshihuang's Mausoleum site Museum

福建省三明市文物保护中心文博馆员黄敏作报告
Report by Huang Min, Member of Cultural Museum of Cultural Heritage Protection Center, Sanming City, Fujian Province

联合国教科文组织世界地质公园网络执行局商务经理
玛丽·露易丝·弗雷作报告
Report by Mary Louise Frey, Commercial Manager of the Executive Directorate of the UNESCO Global Geopark Network

会议剪影 | Symposium snapshots

外国专家签到
Foreign experts signing in

北京市政府副市长王宁聆听演讲
Wang Ning, Deputy Mayor of Beijing Municipal Government, listening to the speech

国家文物局副局长宋新潮聆听演讲
Song Xinchao, Deputy Director of the National Cultural Heritage Administration, listening to the speech

王宁、宋新潮会场讨论
Discussion by Wang Ning and Song Xinchao

会议剪影 | Symposium snapshots

宋新潮、杜晓帆会场讨论
Discussion by Song Xinchao and Du Xiaofan

国际古迹遗址理事会土耳其国家委员会成员泽内普·阿克图尔会场与专家讨论
Discussion by Zeynep Aktüre, Member of ICOMOS Turkish National Commission and other experts

参会人员听取报告
Participants listening to the report

会场专家聆听演讲
Experts listening to the speech

会议剪影 | Symposium snapshots

与会嘉宾参观周口店北京人遗址博物馆
Participants visiting Zhoukoudian Peking Man Site Museum

与会嘉宾参观猿人洞
Participants visiting Ape-man Cave

会议剪影 | Symposium snapshots

会务组人员合影
Group photo of conference services staff

纪念周口店遗址发现100周年

周口店遗址史前文化遗产保护、研究与可持续发展国际会议论文集

Commemoration of the 100th Anniversary of the Discovery of Zhoukoudian Site and International Symposium on Protection, Research and Sustainable Development of Prehistory Heritage

（上册）

周口店北京人遗址博物馆　编
Edited by Zhoukoudian Site Museum

科学出版社
北　京

内 容 简 介

2018年10月，由周口店北京人遗址博物馆、中国科学院古脊椎动物与古人类研究所周口店国际古人类研究中心、中国古迹遗址保护协会与清华大学国家遗产中心等多家单位举办的周口店遗址史前文化遗产保护、研究与可持续发展国际研讨会在北京召开。本书收集此次会议的论文、发言稿及《北京周口店人类起源遗址保护与展示共识》共38篇，主要内容包括文化遗产保护、管理与阐释展示，人类起源和进化研究，史前考古遗址与数字化应用、科技创新，以及史前考古遗址的保护与公众参与、地方文化旅游、可持续发展四个方面。

本书适合文物、考古、文化遗产保护等领域的专业技术人员以及高等院校相关专业的师生阅读参考。

图书在版编目（CIP）数据

纪念周口店遗址发现100周年：周口店遗址史前文化遗产保护、研究与可持续发展国际会议论文集（上、下册）/周口店北京人遗址博物馆编. —北京：科学出版社，2020.11
ISBN 978-7-03-062681-3

Ⅰ. ①纪… Ⅱ. ①周… Ⅲ. ①周口店（考古地名）-文化遗址-文集 Ⅳ. ①K878.3-53

中国版本图书馆CIP数据核字（2019）第233676号

责任编辑：吴书雷 / 责任校对：邹慧卿
责任印制：肖 兴 / 封面设计：张 放

科学出版社 出版
北京东黄城根北街16号
邮政编码：100717
http://www.sciencep.com

北京汇瑞嘉合文化发展有限公司 印刷
科学出版社发行 各地新华书店经销

*

2020年11月第 一 版　开本：889×1194 1/16
2020年11月第一次印刷　印张：34 1/4　插页：10
字数：950 000

定价：600.00元（上、下册）
（如有印装质量问题，我社负责调换）

编 委 会

吕 舟 邓 涛 燕海鸣 董翠平 隗建华
穆云涛 孙 燕 解 立 李 俨 薛文岳

序　言

2018 年是周口店北京人遗址发现 100 周年。这一遗址的发现是 20 世纪上半叶中国最重要和著名的考古发现之一。周口店北京人遗址在考古过程中保存和展现的古代地层剖面，展现了北京地区远古环境变化的过程，具有重要的科学研究价值。由于古人类化石与大量石器、用火痕迹及相关古生物化石的相伴出土，使周口店成为远古人类生存方式及环境研究的最有价值的研究对象。周口店北京猿人遗址研究成果影响了人类学研究的发展。1961 年周口店北京人遗址被国务院公布为第一批全国重点文物保护单位，1987 年周口店北京人遗址申报世界遗产，在对这一遗址进行评估时，国际古迹遗址理事会认为：

"周口店遗址为亚洲大陆从中更新世到旧石器时代的人类族群提供了见证，并更整体地展现了只有在世界的尺度上，通过大量案例才能认知的人类进化过程"。

这一评价得到了世界遗产委员会认同，使周口店北京猿人遗址成为中国加入世界遗产公约之后最早列入世界遗产名录的遗产地之一。

周口店北京人遗址长期以来得到了持续的保护，不断进行的考古发掘也获得了丰富的成果。2014 年新的周口店北京人遗址博物馆落成，其建筑面积是 20 世纪 50 年代老馆面积的 8 倍，为展示考古发掘成果，进行社会的科学教育，阐释周口店北京人遗址的遗产价值创造了良好条件，提供了更为完善的设施。2018 年周口店北京人遗址，洞穴顶部的保护设施建设竣工，使原本暴露在风霜雨雪中的遗址得到了更为安全的庇护，使在漫长历史岁月中早已消失的北京人洞窟的洞顶在现代技术的支撑下得到了重构。这一保护设施的建成，为采用当代技术展现早期人类的生活场景和环境，用更丰富、通俗易懂的方式在考古现场对考古研究成果进行现场的阐释提供了保障。周口店北京人遗址的展示进入了一个新的时期。

周口店北京人遗址作为探究人类早期发展过程的重要遗址，考古和研究工作一直在持续进行过程当中，近年来的考古发掘和研究工作取得了一系列新的成果。在周口店北京人遗址发现 100 周年的时候，回顾周口店遗址发现的过程，讨论世界范围中早期人类遗址的考古和研究工作，讨论如何将考古和人类学研究的成果通过更为直观和有效的方式表达出来，成为人类共有的认识，是一项重要和有深远意义的工作。2018 年在周口店召开的"周口店遗址史前文化遗产保护、研究与可持续发展国际会议"是这一工作的成果，会议论文集收录的论文涉及近期古人类研究的成果，涉及古人类遗址的发掘、保护，涉及古人类遗址的展示技术，也涉及这类遗址如何在可持续文化旅游发展中确定自身地位，促进保护与知识传播。这些讨论不仅对周口店北京人遗址具有重要的意义，同时也对世界范围内古人类遗址的研究、保护和展示具有重要的意义。

"周口店遗址史前文化遗产保护、研究与可持续发展国际会议"形成的《北京周口店人类起源遗址保护与展示共识》反映了当代人们对于早期人类遗址研究、保护以及发挥它们当代功能的基本认识。共识中提出的相关建议反映了这类遗址保护的世界性趋势。通过对早期人类遗址的研究，认识人类的发展过程，理解当代人类面临的普遍性问题和挑战，也是今天周口店北京人遗址研究保护的当代意义与价值。

中国古迹遗址保护协会副主席
清华大学国家遗产中心主任　吕　舟
2020 年 10 月

前　　言

习近平总书记在党的十九大报告中提出，要坚定文化自信，推动社会主义文化繁荣兴盛。中国特色社会主义文化，源自于中华民族五千多年文明历史所孕育的中华优秀传统文化。发展中国特色社会主义文化，建设社会主义文化强国，就要坚守中华文化立场，坚持中国特色社会主义文化发展道路，加强文物保护利用和文化遗产保护传承，推动文化事业和文化产业发展。同时，加强中外人文交流，不断铸就中华文化新辉煌。

2018年适逢周口店遗址发现100周年，也是周口店遗址博物馆建馆65周年。为深入贯彻落实党的十九大精神以及习近平总书记关于加强文物保护利用和文化遗产保护传承的重要论述，落实国家文物局、北京市政府领导调研时的指示精神和房山区委八届五次全会精神，2018年10月11—13日，在北京天湖会议中心召开了纪念周口店遗址发现100周年暨史前文化遗产保护、研究与可持续发展国际会议。

来自联合国教科文组织、国际古迹遗址理事会等国际组织，以及美国、英国、坦桑尼亚和复旦大学、中国传媒大学等国内外史前遗址类世界文化遗产地的120余位专家学者、嘉宾参加了会议，深入研讨了文化遗产保护、管理、利用，人类起源和进化研究，文化遗产与数字化应用、科技创新，文化遗产与经济、旅游、教育、文创等各个领域面临的问题和取得的成功经验，最终形成《北京周口店人类起源遗址保护与展示共识》成果文件。此次会议的召开为认识、解决当前我国史前文化遗产保护利用工作中存在的问题，为史前文化遗产的可持续发展奠定了深厚的基础。

本书收录了37位与会专家的文章、发言稿，以及《北京周口店人类起源遗址保护与展示共识》，供读者参考、学习。

周口店北京人遗址博物馆

目　录

序言　吕　舟 i
前言 iii

周口店遗址在古人类学中的位置　吴新智 001
古人类遗址何时成为人类起源地？　亨利·托马斯·巴恩 005
关于周口店遗址保护、管理、利用的探索与实践　董翠平 009
关于保护世界遗产的几个问题　河野俊行 018
文化遗产阐释方法研究——以史前遗址为核心　杜晓帆 021
早期人类遗址的管理——能为周口店提供什么国际经验？　迈克尔·皮尔森 026
莱托利足迹的保护　东纳瑟斯·卡曼巴 030
周口店第一地点：新发掘与新发现　张双权 034
周口店遗址价值与北京文化产业发展　王国华 039
从奥尔杜瓦伊峡谷（坦桑尼亚）到周口店（中国）：两个考古遗址关于公共参与和可持续旅游业的经验
　查尔斯·穆西巴　康冬龄（音译）　陈晓凌（音译）... 043
文旅融合背景下的文化遗产保护与创意开发　范　周 057
尼泊尔史前文化遗产与展望　卡吉·曼·普拉库雷 061
马来西亚文化遗址：旅游与挑战　法里扎·伊德里斯　雅兹德·奥斯曼 067
史前洞穴遗址价值认定与保护　李梦静 075
"百年"巨石阵：做 21 世纪世界史前遗址的领军者　希瑟·罗斯·塞比尔 086
世界遗产提名 20 年后的科阿山谷的史前岩石艺术遗址：过去的遗产、现在的状况和未来的前景
　安东尼奥·巴塔尔达　费尔南德斯　布鲁诺·纳瓦罗 096
威兰德拉湖人类足迹化石：遗产数据在遗产地展示和保护中的作用　塔尼亚·查尔斯　琳恩·米切尔
　达里尔·帕潘　丹·罗森达尔　克里斯·利特尔 103
亚美尼亚史前文化遗产的研究、保护和利用：从阿雷尼 1 号洞穴的角度看　阿特·佩德罗斯扬
　鲍里斯·加斯帕安 107
多方位探讨史前遗址的开放——以土耳其加泰土丘遗址和哥贝克力石阵遗址为例　泽内普·阿克图尔 112
博物馆设计作为展示的一种手段：考古遗址和文化旅游对象的遗址——以印度尼西亚西爪哇省古农巴东

v

遗址为例　多尼·费勒则　阿德利·纳迪亚　卢特菲·永德里 ……………………………………… 121

联合国教科文组织世界遗产和当地社会团体：关于马来西亚玲珑谷保护和管理的思考　肖·梅·戈赫 …… 133

沉浸式视觉技术在促进和保护史前景观中的应用——以越南宁平南安世界遗产地为例　T. Kahlert, L. T. T. K. Hue, F. Coward, C. M. Stimpson, B. V. Manh, R. Rabett ……………………………… 135

考古学中文化遗产文献的工具、程序和系统　斯特图斯·斯蒂利安尼迪斯 ……………………………… 150

选择与平衡——以陶寺遗址为例初步探讨新石器时代考古遗址的展示方法　王力恒　张稣源 …………… 153

联合国教科文组织全球地质公园：一种保护和合理管理重要地质、古生物学和古人类遗产的新工具——以莱斯博斯岛为例　尼古拉斯·佐罗思 ……………………………………………………… 162

数字化在制止非法贩运文化财产和提高对文化遗产认识方面的作用——以伊斯兰堡博物馆为例
　　桑德斯·阿斯拉姆　Maria Mala ……………………………………………………………… 167

史前遗迹标准对史前考古博物馆质量的影响（案例研究：大不里士铁器博物馆）
　　尼尔赫梅·阿萨蒂安·扎伽 ……………………………………………………………………… 173

文化遗产保护中的数字考古技术应用研究探讨——以史前考古数字化应用为例　孟中元 ……………… 180

基于大遗址保护视角的遗址文化展示与旅游开发探讨——以万寿岩国家考古遗址公园为例　黄　敏 …… 186

德国梅塞尔坑穴世界遗产地的管理、公共通道和地球科学普及　玛丽·露易丝·弗雷 ………………… 193

东方考古遗址及其当地社区构成　冯　健　周晓晨 ……………………………………………………… 196

成都平原史前城址群展示利用规划初探　毕　燃 ………………………………………………………… 202

促进史前遗址可持续发展的几点拙见　高　飞 …………………………………………………………… 212

东胡林人遗址保护与文化旅游发展探讨　杨　艳 ………………………………………………………… 218

贵安新区史前洞穴遗址原址保护　谢依伊 ………………………………………………………………… 226

文化遗产内涵的传播学探讨　邢启坤 ……………………………………………………………………… 236

遗址博物馆藏品保护与研究的跨界应用　明文秀 ………………………………………………………… 240

北京周口店人类起源遗址保护与展示共识 ………………………………………………………………… 246

周口店遗址在古人类学中的位置

吴新智[①]

女士们、先生们，今天我讲的题目是"周口店遗址在古人类学中的位置"。

周口店附近的化石地点被古人类学家关注和研究至今已经有100年，期间有4个地点发现了人类化石，分别是第一地点、第四地点、山顶洞和田园洞，最重要的是第一地点，它在古人类学上的重要位置曾经发生过好几次变化，以下我将对这些变化加以说明。

1891年，爪哇Trinil出土50万年前似人似猿的头盖骨，由于没有工具伴存，而且脑量太小，当时的主流观点主张，没有工具伴存的化石就不能属于人，因此这批化石属人属猿的争论持续多年，发现这些化石的学者杜布哇一气之下将化石锁进保险柜，不再让人研究。1929年，周口店第一地点发现第一个完整的头盖骨，1931年确定这个洞内有石器伴存，符合人的定义，因此周口店这种猿人被公认为最早人类的代表。爪哇Trinil的头盖骨形态上与周口店相似，因此与其并列为最早古人类的代表。此外，还有一个是德国海德堡，只出土了一个下颌骨。

与这两个地点相比，周口店古人类遗物更为丰富，有大量的石制品，还有大量人工用火的遗迹和动植物化石。大家在博物里就可以看到大量的标本。因此，在20世纪上半叶，周口店的头骨化石占据着古人类研究的第一把交椅（图1）。

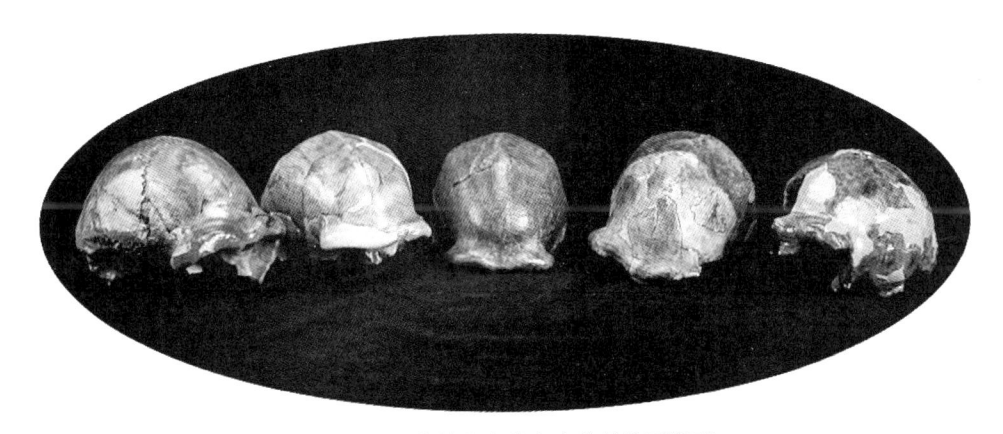

图1 周口店的北京猿人头盖骨化石模型

但是1959年，坦桑尼亚奥杜韦峡谷（Olduvai Gorge）地区发现了170万年前的东非人（Zinjanthropus）和伴存的石器。周口店第一地点的古人类不再是最早的古人类，但仍是中国最早的古人类。

1964年，中国发现了蓝田公王岭的头盖骨，其后又在云南元谋和湖北郧县发现许多比周口店早的人类

[①] 中国科学院院士。

化石，周口店的古人类也不再代表中国最早的古人类。

不过周口店第一地点还是独一无二的，既有最多的人类化石又有大量遗物反映古人类生产生活信息和古环境的遗址，这些遗物包括动植物化石、生产工具、用火遗迹等。在世界范围内，虽然西班牙的Atapuerca SH 的人类化石数量比周口店第一地点略多，但是它没有石器伴存，动物化石很少，更没有人工用火的遗迹。所以周口店第一地点还是具有独特而重要的位置，为关于中更新世古人类身体构造、生产、生活的知识和古环境贡献了丰富的信息。

1987年出现了以DNA研究为基础的现代人近期出自非洲假说（夏娃假说），主张包括周口店第一地点古人类的中国早期古人类都不是现代中国人的祖先。

但我相信多地区进化说，因为它有丰富的证据：第一，中国古人类有一系列共同特征；第二，中国旧石器技术传统一脉相承，与西方的经过第一、第二、第三、第四、第五模式的分阶段递进的模式不同；第三，中国东部古环境气候温和，在冰期时不可能无人居住，不利于当地古人类被非洲移民完全替代的假说。

这两个假说都认为最早的古人类从非洲出来，逐步迁徙到了欧洲或亚洲（图2）。

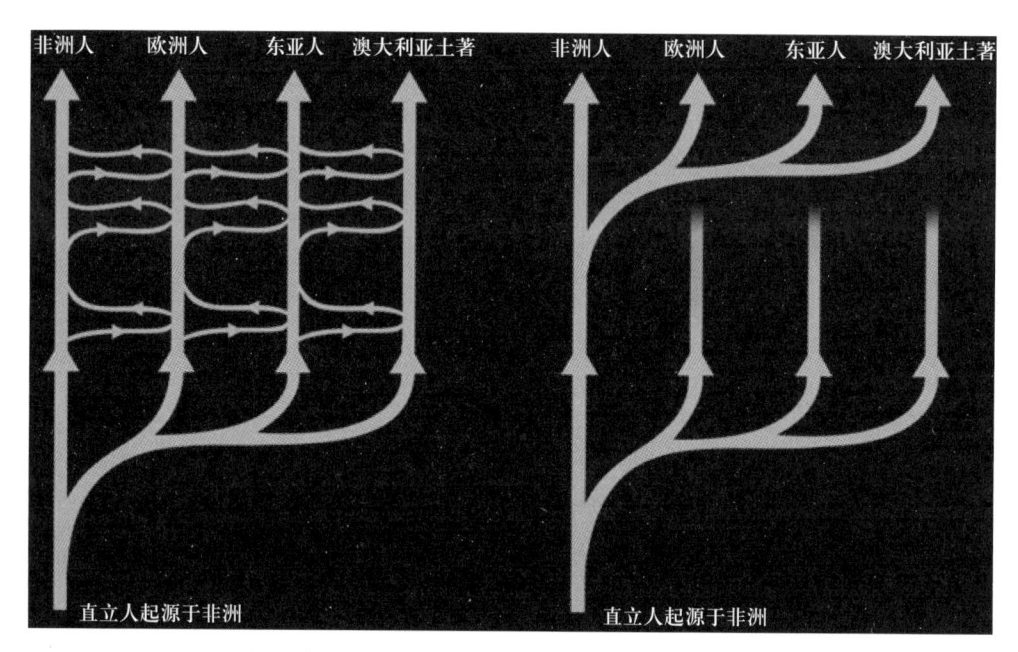

图2 多地区进化假说（左）和夏娃假说（右）模式图

中国比一万年前更早的人类中具有一系列共同的特征：上面部低矮并且比较扁，鼻颧角较大；颧骨额蝶突前外侧面的朝向比时代相当的许多欧洲、非洲标本较为偏向前方；鼻区横向较扁，纵向不高耸；眼眶较近角型；眼眶外下缘圆钝；上颌骨颧突与上颌体前外侧面之间凹陷；上颌骨颧突下缘弯曲，其下端与齿槽缘距离较大；额鼻缝和额上颌缝连续成微向上凸的弧形；脑颅最宽处在颅长的中三分之一段；额骨正中矢状线上最突隆的位置在其下半；上门齿呈铲形；早期头骨有正中矢状脊，多见印加骨或顶枕间骨。

而非洲和欧洲的绝大多数更新世颅骨与上述表现有较大差异。一个英国学者不认同以上观点中的眼眶呈角形，他说中国现代人眼眶是不规则形的。我说他是混淆了时间概念，很像说关公战秦琼。我说中国古人类大多呈角型，指的是比一万年前更早的人化石。在距今不到一万年的时间中，基因交流导致中国地区人的形态吸收了外来人的基因，有了些改变。

按照夏娃假说，6万年前中国古人类完全被非洲来的移民取代了。中国在此之前的石器都是用第一模式的技术制造的，而非洲和西亚那时的人用第几模式技术制造石器？第三模式。拥有比较先进技术的外来者不可能放弃自己先进的技术退而完全采用被他们取代的人的比较落伍的技术。因此从6万多年前到5万多年前乃至 4 万多年前，中国制造旧石器的技术主流应该变成第三模式，但是中国已经出土的大量石器表明，第三模式在中国不是在 6 万年前—5 万年前就有了，却是从 4 万多年前才开始有，而且只出现在很少的地点，所以夏娃假说无法解释中国旧石器的情况。

根据这些证据，我为中国人类演化提出了网状的连续进化附带杂交的假说（Reticulated Continuity with Hybridization）。这些证据为 1984 年 Wolpoff, Wu & Thorne 为现代人起源提出的多地区进化假说（Multiregional Evolution hypothesis）提供了更加扎实的证据（图 3）。

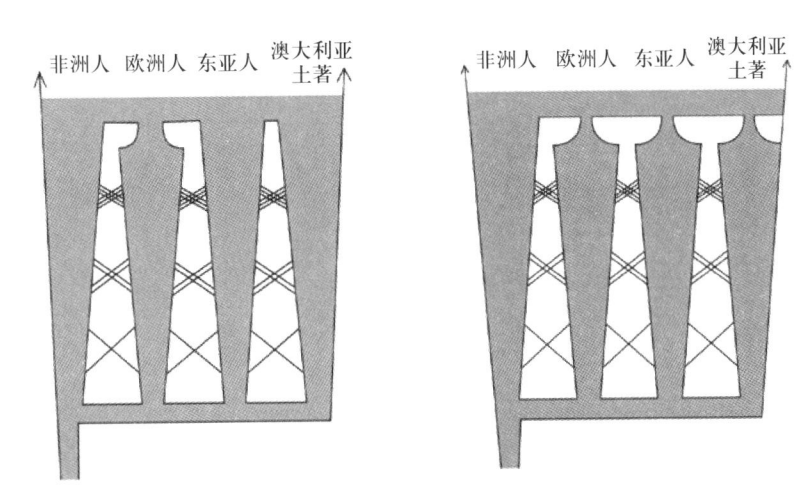

图 3　多地区多模式进化（左）和同化假说（右）示意图

1997 年，科学家从人类化石中成功提取出了古 DNA。经过多年努力，Green 等于 2010 年在美国的 Science 杂志公布了尼安德特人（Neandertal）基因组草图，显示现代人与尼安德特人有杂交。有学者整理千人基因组的资料，2014 年发表论文指出，杂交的幅度可达 30% 之高。而夏娃假说根据的是活人的 DNA，所有核心主张都离不开一个假设：从非洲来的现代人与欧亚大陆古老的人没有发生过杂交。现在古 DNA 和千人基因组研究证明有杂交，于是夏娃说不得不退出历史舞台。西方主流学者和媒体改而更相信 20 世纪 80 年代末提出、但长期被冷落的同化假说（Assimilation Hypothesis）。

多地区进化说与同化假说相同而与夏娃说不同之处主要是：亚欧大陆的古人类对现代人形成也有贡献，非洲不是现代人唯一的起源地，各大洲古人类之间有基因交流。不同之处主要是，多地区进化说主张东亚的现代人起源主要得自当地古人类的贡献，欧洲则可能更多是得自外来古人群的贡献，现代人起源在亚欧大陆表现出多样性，而不是遵循单一的模式；同化假说主张现代人主要源自非洲，欧洲和亚洲的古人类对现代人形成都只有很少的贡献。现在西方和日本学者普遍认同同化假说。同化假说也主张现代人不是只起源于非洲，欧亚对此也有贡献，所以实际上是多地区进化说的另一个版本。因此近年用 DNA 研究现代人起源的新成果是在向多地区进化说靠拢，过去分歧很大的不同假说逐渐协调。目前不同假说之间的关键分歧在于对各大洲古人类的贡献分量有不同看法。

20 世纪 60 年代，外国许多学者就主张包括周口店第一地点古人类在内的直立人不可能进化成智人，当时以及在相当长一段时间中这个观点成了西方古人类学界的主流。对此，我写了专业的论文，不同意他们的主张，现在就不再重复解释了。目前学界一般都承认直立人是智人的祖先，但还不能排除一些学者仍然认为周口店第一地点古人类与现代人祖先无关。

除了周口店外，中国比较重要的中更新世古人类化石发现地点有大荔、金牛山、南京、和县、马坝、哈尔滨和安徽东至县。这些地点发现的古人群都可能为中国的现代人、世界的现代人的形成做出贡献。

周口店第一地点的古人类虽然多数特征比较原始，同时还有几项特征的测量数据和一些比值已经达到现代人的水准，比如眶间前宽、鼻额矢高与两额宽的比值和正中矢状弦鼻根点区段与额骨正中矢状弦的比值等。表明现代人的这几项特征不是不可能源自周口店中更新世人的贡献。

大荔颅骨有更多特征的数据达到现代人的水准，可以推测大荔颅骨所代表的古人类群体可能在这些特征方面对现代人的形成做出过贡献。

总的来讲，中国现代人很可能是中更新世多个古人群的后代，已有形态学证据提示，较多的贡献可能来自陕西大荔的中更新世古人群。

古人类遗址何时成为人类起源地？

亨利·托马斯·巴恩[1]

摘要：许多保存骨头化石或其他化石遗迹的古代遗址告诉我们过去的生活。这些遗址大多缺乏古人类活动的证据，通常被称为古生物学遗址，我们可以把它们看作是古代自然历史遗址。在过去几百万年中，人类进化过程中的少量遗址确实包含了人类存在的明确证据，这些遗址通常被称为"自然遗址"、"考古遗址"或"人类化石遗址"。最后，有许多化石遗址包括上述两方面的证据，是不同的自然历史和人类起源证据的混合物。这些混合的遗址对科学家来说是一个重大的挑战，他们寻求关于过去所发生的事情的明确证据，然后将发现告诉感兴趣的公众。

本演示文稿使用来自世界各地的经典遗址示例，强调了一种科学的方法，在这种方法中，坚实的证据，而非一厢情愿的想法，为了解过去提供了必要的基础。科学家接受各种真实的人类起源的确凿证据，以及如何确定接受，都要在埋藏学和对影响骨骼的许多过程的科学研究的背景下讨论，为制定教育公众的最佳策略提供了一些指导。

关键词：旧石器时代考古学；埋藏学；古人类学；刻痕

在一个完美的世界中，古代古生物学或人类学遗址的发现将产生一份对那里发生的所有事件的完整记录。科学家和其他教育工作者面临的直接的任务，便是重建发生的事情和发生的时间，并将这些信息传达给公众。当然，现实会起干预作用。自然界中的许多埋葬过程（影响骨骼的所有过程）都可以破坏、修改，有时保留持久的化石遗骸，并保证古代遗址的证据不完整。随之而来的是一个科学的侦探故事，其中的挑战是当我们不能直接观察过去的事件时，如何从不完整的证据中重建发生的事情及发生的时间？古生物学家研究时间范围内的化石远远超出人类在过去五百万年左右的相对较短的近期演变（例如恐龙在 6,500 万年前灭绝）和古人类学家研究古代人类（或类人，包括古代和现代）分享这一挑战并用同样的科学方法。两组科学家都使用确凿的证据来测试关于过去事件的其他假设。共同的问题是：现有证据可以保证哪些行为重建？

对于过去 500 万年左右类人进化的遗址，特别是在过去的 250 万年左右智人的早期物种产生了石器和动物骨骼的考古记录时，行为重建的挑战变得急迫。有化石骨骼的遗址可能是古生物遗址，人类遗址，或两者兼而有之！我们能否区分这些可能性，以提供最准确，基于证据的过去重建，既作为史前史的一般叙述，又作为对特定化石遗址发生的具体解释？如果我们无法实现这一目标，那么我们就会对过去进行更多创意甚至一厢情愿的思考，从而可能提升最佳遗址的娱乐价值，但会降低其教育价值。确定古生物遗址何时成为人类遗址，促进以科学为基础的教育作为娱乐，既适用于媒体制作的消费者，也适用于文化遗产地的实际游客。以下讨论提供了科学家如何确定某个人类遗址时间的关键例子。

一般而言，确定古代遗址为人类起源遗址，需要满足以下所有三个条件：

---

[1] 美国威斯康里·麦迪逊大学人类学系非洲古人类学教授。

(1) 人类存在的明确证据;
(2) 可靠的日期;
(3) 人类存在证据与日期的明确联系。

对条件（2）和（3）的充分考虑超出了本演示文稿的范围。如果根据一个可靠的日期，一个遗址及其推定的人类内容远远超出了人类进化的已知时间或地理范围，那么这一发现表明某些事情可能是不正确的，在得出任何新的人类结论之前都需要进一步审查。人类证据和日期的明确关联可以追溯到样本恢复时的野外考古和地质。在很久以前研究过的一些经典遗址中，任何这样的重新评估都可能成为问题，因为过去的现场程序和文件遵循了那一代的不同标准。本讨论的重点是条件（1）：人类存在的明确证据。

人类化石

毫无疑问，人类化石提供了人类存在的最直接证据。由于许多化石是零碎的，并且可以与非人类高等灵长类动物有共同的解剖学特征，在推定的证据确定之前，科学家必须达成对样本分类身份作为类人的共识。毫无疑问，由人类制造或修改的人工制品和文物，提供了不明显的人类化石的证据类型，但人工制品在逻辑上也提供了人类存在的确切证据。实际上，人工制品通常比人类化石更丰富，值得进一步讨论。

石制工具

旧石器时代最持久的文物是石器。至少260万年前，在非洲一些类人发明了制造第一个片状石材工具的技术，以提高其觅食和食品加工活动的效率（Klein，2009）。通过一种称为直接敲打的程序，那些工具制造者将两块手持石块撞在一起，一块锤石和一块考古学家的词汇中的核心石块，用足够的力量从核心石块开裂出锋利边缘的碎片。已知最古老的碎石人工制品并不复杂，基本上是破碎的岩石。考古学家定义并命名了这种核心石块和薄片的特殊特征，但也有挑战，特别是对于非常古老的假石器，挑战是自然破碎的岩石可以与人为的具有非常相似的特征。直接撞击的过程发生在自然界，想想洪水河道和强大的水流移动鹅卵石和巨石并将它们弹回，产生片状鹅卵石和薄片。这种困境的解决方案包括识别和理解古老的环境背景，这种背景中有破碎的岩石或推定的石头制品，并且基于这些知识对人类或自然的任何解释进行诠释。相反，当基本薄片通过额外的剥落或修饰进一步改变到工具和武器的对称的边缘（例如长矛或箭头）时，这种证据的真正人类性质变得显而易见。

骨头和屠宰的证据

通常在旧石器时代考古遗址中发现的动物化石骨骼提供了过去饮食的假定的人类证据，通过狩猎和觅食，甚至使用骨骼工具来获取饮食的肉类部分的能力和方法。由于自然的、非人类的埋葬过程可以产生类似于真实人类骨骼证据的证据，考古学家必须证明而不是假设与其他人类证据一起发现的骨骼实际上也是人类活动的产物。相反，如果它们不是人类证据（或两者的某种组合），那么确定其他的埋葬过程对恢复的证据的贡献会加强我们对古代遗址发生的最佳重建（Lyman，1994）。

为了发展区分不同的埋葬过程与其对产生的骨骼影响的能力，考古学家进行了数十年的现代实际和实验研究，包括直接观察许多已知的埋葬过程和产生的骨骼的因果关系，如骨骼表面修饰的研究所示。一个起始前提涉及直接的推理，如果由人类过程产生，那么骨头应该保留屠宰用石器损坏的证据。或者，如果由其他非人类过程产生，包括食肉动物喂食和啃咬，啮齿动物啃咬和沉积物磨损等，那么骨骼应该显示出这些过程的修改证据。

为了记录人类起源原因和对骨骼的影响，关键的证据是在动物屠宰过程中切割动作涉及剥皮、肢解和去肉的切痕，石片引起的线性凹槽进入骨头表面。切割痕迹本身和它们的解剖图案都揭示了是否是由人类进行的屠宰，实现了什么特定的活动，甚至关于当时人类屠宰时动物尸体状况的线索。尖锐的石片造成的切割痕迹是肉眼可见的精细线性凹槽，横截面为V形，约为1/4至1/3毫米，宽度为骨头表面最宽处。使用10倍手动镜头或其他显微镜，沿着单个切割标记的侧壁可以看到线性微条纹，反映了片状物本身前缘的微观不规则性造成的损坏（Bunn，1981；Bunn和Kroll，1986；Shipman，1981）（图1、图2）。

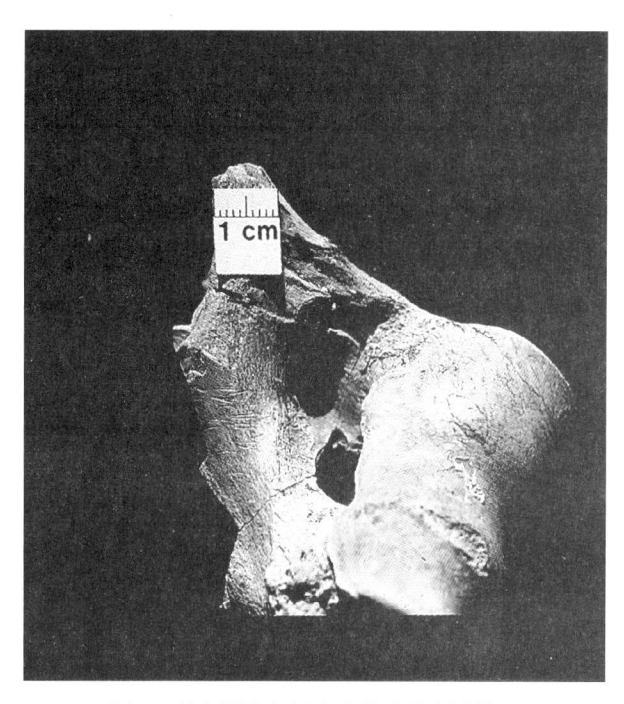

图1　V形石制工具　　　　　　　　　图2　具有剔肉切割痕迹的肱骨末端化石

担心其他类型的线性凹槽可能被错误识别为石头工具切痕和人类证据，特别是动物啃痕（食肉动物、啮齿动物和其他）和沉积物磨损（通常称为"践踏"），会导致详细研究这些过程及其独特的损害（Lyman，1994）。不出所料，鉴于食肉动物和啮齿动物牙齿的前缘形状与锋利边缘的薄片不同，这些研究的结果证实，保存良好的骨骼表面上的石头工具切痕可以轻松准确地与啃痕分开。

埋葬骨头时的沉积物磨损会刮伤骨骼表面，并有可能模仿真实的人类切割痕迹。一块有角度的岩石划过较软的骨头表面的过程类似于屠宰过程中石片的切割动作。根据沉积颗粒的尺寸组成（例如更细的淤泥或更粗的砂子），这种划痕经常发生在磨损区域，具有许多非常精细的平行线性凹槽，深度最小，与石头工具切痕混淆的可能性极小。在其他情况下，较粗糙的有角砂粒可以刮擦具有内部微条纹的较深凹槽，该内部微条纹的尺寸与真实切割标记相似。然而，实验表明，即使在这种不常见的情况下，凹槽的整体结构及其解剖图案也能够明确区分这种伪切痕和真正的切割痕迹（Dominguez-Rodrigo等，2009）。

火与人类控制的证据

与破碎的岩石和骨骼上的线性凹槽一样，火可以是自然过程或人为过程的产物，并且在古代遗址发现火灾的重要证据并不能使其成为人为的产物。必须再次证明这种可能的结果。在非洲的几个地方存在争议，有人称人为火灾的证据可以追溯到150多万年前，而更广泛接受的人类控制火灾证据可以追溯到不到一百万年前的亚洲西南部和欧洲（Klein，2009）。一些熟悉的火灾证据，包括灰烬和木炭，可能是短暂的，因为在古代遗址没有保存。其他类型的证据包括颜色、纹理和骨骼及石头的内部微观结构的变化，磁性和包裹沉积物颜色的变化，以及古代遗址中火的证据的分布。

归纳总结

记录人类旅程中主要步骤的古代遗址都经过严格评估，以证明它们确实是人类遗址。随着新的分析技术的发展，相同的证据被重新评估为一个持续的科学过程。这就是科学的作用，冷静而客观，拥有发现人类旅程中实际发生的事情的持久决心。本文的重点是如何区分古代人类遗址与自然的非人类化石遗址，以便在很小程度上为人类的理解做出贡献。作为教育工作者，我们的角色绝不仅仅是用惊人的但未经证实的故事来娱乐公众，这些故事无法用科学证实。我们的职责是提供真实的证据，并对过去实际发生的事情进行合理的行为重建，这个故事本身充满冒险和娱乐。这就是我们继续探索的原因！

致谢

我非常感谢中国政府，感谢纪念周口店遗址发现100周年暨史前文化遗产保护、研究与可持续发展国际会议的组织者，庆祝周口店博物馆建立65周年的组织者，以及中国科学院脊椎动物古生物学和古人类学研究所高兴教授的邀请和支持，使我有幸参加本次会议，感谢大家！

参 考 文 献

Bunn, H. T. 1981. 库比福勒和奥尔杜瓦伊的上新世—更新世原始人食肉的考古证据. 自然. 291, 574-577.

Bunn, H. T., Kroll, E. M. 1986. 坦桑尼亚奥尔杜瓦伊峡谷的上新世 - 更新世原始人类系统屠宰. 当代人类学. 27, 431-452.

Dominguez-Rodrigo, M., de Juana, S., Galan, A., Rodriguez, M. 2009. 区分踩踏标记与屠宰切割标记的新协议. 考古科学杂志. 36, 2643-2654.

Klein, R. G. 2009. 人类事业：人类生物和文化起源. 第三版. 芝加哥：芝加哥大学出版社.

Lyman, R. L. 1994. 脊椎动物埋葬. 剑桥：剑桥大学出版社.

Shipman, P. 1981. 扫描电子显微镜在埋葬问题中的应用.（Cantwell, A. M., Griffin, J. B., Rothschild, N. A., 编辑）人类学博物馆藏品的研究潜力. 纽约科学院年报. 376, 357-385.

关于周口店遗址保护、管理、利用的探索与实践

董翠平[①]

尊敬的各位专家、各位领导、嘉宾朋友们：大家上午好！

我报告的题目是《关于周口店遗址保护、管理、利用的探索与实践》。

周口店遗址是著名的古人类遗址，位于北京市房山区。100年前，瑞典地质学家安特生发现了周口店遗址，在他向世界公布这一消息后，周口店便成为全世界瞩目的焦点。20世纪二三十年代是周口店遗址发掘、研究最辉煌的时期，全世界几乎所有最具权威的古人类学、古生物学、地质学专家，都曾主持或参与过周口店遗址的发掘或研究工作。在无数中外科学家们的共同努力下，才有了现在的这一世界文化遗产——周口店遗址。到目前为止，共发现具有学术价值化石地点27处，遗址的科学考察工作仍在进行中。其中发现了50万年前的直立人、20万年前—10万年前的早期智人以及3万年左右的晚期智人化石，同时还发现数百种动物化石、近十万件石制工具和丰富的人类用火遗迹。迄今为止依然是世界范围内更新世古人类遗址中内涵最丰富、材料最齐全和最有科研价值的遗址之一（图1、图2）。

图1　1921年试掘照片

周口店遗址的考古发掘、科学研究是中国考古史上的重大事件，在国际学术界占有重要地位。1961年被国务院公布为首批全国重点文物保护单位之一。1987年以符合世界文化遗产适用价值标准第三条和第六条，被联合国教科文组织列入《世界遗产名录》，成为中国首批世界遗产之一。

1. 北京人头盖骨化石模型　　2. 新洞人牙齿　　3. 田园洞发现的人类下颌骨

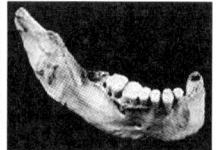

图2

[①] 周口店北京人遗址管理处。

列入《世界遗产名录》，特别是进入21世纪后，为了保护这一珍贵的世界遗迹，充分发挥政府部门的保护优势和科研部门的科研优势，2002年8月北京市人民政府和中国科学院签署了市院共建周口店遗址协议。市院共建后，在双方的共同努力下，依照"保护为主、抢救第一、合理利用、加强管理"的文物工作方针，围绕遗址的科研、保护、管理、利用等进行了探索和实践，取得了一些成绩，先后荣获国家一级博物馆、国家考古遗址公园、全国科普教育基地、全国百家爱国主义教育示范基地、全国青少年教育基地、世界遗产青少年教育基地等荣誉称号。同时也遇到过困难和问题，下面做简要汇报。

1 工作回顾

1.1 遗址价值的研究与保护

近年来，我们对遗产价值进行了深入的调查、研究，科学编制保护规划，完善法律保障体系，在保护方法和措施方面进行了探索与实践，把先进的保护理念和科技方法，如三维扫描、无人机测量、物联网等运用到遗址监测、保护工程中，使遗址的保护工作更加科学、精确。下面主要从9个方面进行展示：

（1）整治遗址内外环境。遗址环境是周口店遗址突出普遍价值的重要组成部分，按照"近期有改观，长远有变化"的指导思想，不断加大对遗址周边环境的整治力度。一是拓宽京周公路，治理沿线环境，绿化面积40余万平方米；二是关闭、关停了遗址周边9家水泥厂11条立窑生产线、非煤矿山40家、煤矿13家等污染和破坏自然环境的工矿企业（图3）；三是治理周口店河道，拆除遗址门前废弃建筑，建设文化广场（图4）；四是整治遗址周边废弃矿山，植树造林1054亩，植树11万余株；与此同时开展了多次对遗址核心区的环境治理，先后拆除了与遗址环境不相协调的建筑物6600余平方米，种植各类绿植117种，绿化面积达3万余平方米。改造、新建参观步道，扩大参观范围，由原来的1322米延伸到2600余米。完善服务设施，新建游客中心、观景平台2处、卫生间3座、休闲座椅60组、垃圾箱桶20个，为观众创造了舒适、安全的参观环境（图5）。

图3 关停关闭的水泥厂和煤矿

图4 治理周口店河道前后对比图   图5 新建景观平台

（2）开展基础调查。一是开展周口店遗址27个化石地点调查。对遗址27个化石地点的现状情况以及地点的具体位置进行了调查，查清了各个地点的地理坐标、具体位置等，出版了《周口店遗址27个化石地点——系统调查与资料整理报告》（图6）；二是开展周口店遗址27个化石地点地质病害调查。经过实地的勘察、测量、绘图，完成了《周口店遗址群地质病害调查报告》（图7）；三是开展周口店遗址植物资源调查。对周口店遗址保护范围和建设控制地带内植被资源进行调查，通过野外采集植物标本，开展区域生态

图6 专家顾问现场考察及《周口店遗址27个化石地点——系统调查与资料整理报告》

图7 专家顾问现场考察及《周口店遗址群地质病害调查报告》

研究等，掌握区域内当代植物和古植物种类，从而进行对比研究，出版《周口店遗址植物》一书。

（3）编制《周口店遗址保护规划》。在前期调查的基础上，2003年开始编制《周口店遗址保护规划》。2005年10月《周口店遗址保护规划》（以下简称《保护规划》）得到国家文物局批准，2006在北京市市长办公会上通过，同年由北京市文物局代市政府公布实施。《保护规划》被评为"全国十佳文物保护规划"。《保护规划》划定了保护区（遗产区）和建设控制地带（缓冲区），保护范围由0.24平方公里扩大到4.8平方公里，其中包括重点保护区0.4平方公里和一般保护区4.4平方公里，缓冲区（建设控制地带）为8.88平方公里。提出了建设内容，对遗址化石地点保护措施、迁建遗址博物馆以及区域内景观、绿化和生态环境保护、道路交通、教育科普、安全防灾等进行了科学规划和设计（图8）。

（4）修订《周口店遗址保护管理办法》。2003年，依据《中华人民共和国文物保护法》相关内容，结合《周口店遗址保护规划》，对原有保护管理办法进行了修订，2009年3月31日《周口店遗址保护管理办法》经市人民政府第31次常务会审议通过，市人民政府第212号令公布，2009年6月1日起施行。

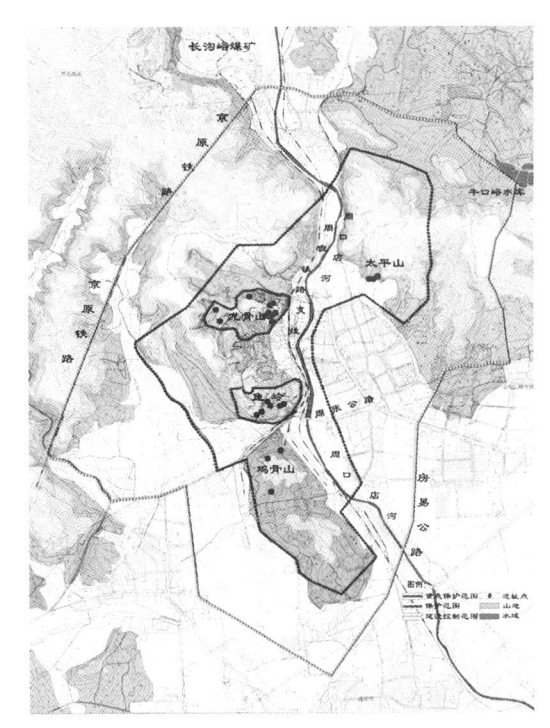

图8 遗址分级保护规划图

（5）实施遗址本体加固保护工程。依据地质病害调查结果和专家意见，先后实施了3期加固保护工程，对猿人洞、山顶洞等遗址核心区内的化石地点进行了加固保护，有效地消除了坍塌、滑坡、危岩等隐患（图9）。

（6）完成遗址新博物馆建设。为落实市院共建协议和《保护规划》，2006年启动周口店遗址博物馆新馆建设。于2010年5月奠基，2011年7月开工建设，2014年落成开放。新馆位于周口店遗址南侧约800米，建筑面积8000余平方米，建筑设计突出"以人为本"、绿色、节能、环保理念，其粗粝、刚毅的建筑外观源于"北

加固前的山顶洞遗址

加固后的山顶洞遗址

图 9　实施遗址本体加固保护工程

京人"最早制造和使用的工具——石器，给人以强烈的视觉印象和深厚的历史感，充分突显了周口店遗址文化元素。集展示、收藏、科研、教育、服务等基本功能于一身，设有基本陈列、临时展览和 4D 影院等内容。

（7）实施周口店遗址第 1 地点猿人洞保护建筑工程。自 20 世纪 20 年代发掘以来，长期遭受日晒、雨淋、风蚀等自然力的破坏，为使猿人洞得到有效保护，2009 年起，根据地质病害情况和专家意见，与中科院古脊椎动物与古人类研究所联合对猿人洞西剖面开展保护性清理发掘工作，同时启动了猿人洞保护方案的征集、论证。在前期开展了大量勘察、测量等工作的基础上，通过公开征集、专家反复论证，《周口店遗址第 1 地点（猿人洞）保护建筑设计方案》于 2013 年得到了联合国教科文组织世界遗产中心和国家文物局的批准。工程不论是在设计，还是施工都具有较大难度，为了确保设计方案科学、可行，先后进行了采光试验、风动试验、排水试验等，并对主体结构的稳定性，邀请国内权威专家进行了多次论证。在施工方面，鉴于是在文物本体上直接施工，委托专业机构设计了工程监测系统方案，针对施工中和建成后的振动、基础沉降、结构受力、结构变形等进行监测和数据分析，以确保保护设施安全稳定。工程已于 2015 年正式开工，经过三年的紧张施工，2018 年 8 月完成全部施工，顺利通过验收，并于 9 月 21 日正式对社会开放。工程还荣获中国建筑钢结构行业工程质量最高荣誉奖——中国钢结构金奖（图 10—图 13）。

图 10　主体钢结构安装　　　　图 11　上下叶片安装

图 12　工程监测

（8）建设周口店遗址动态信息及监测预警体系。根据实施《世界遗产公约》操作指南和国家文物局对世界文化遗产的相关要求，结合遗址遗产价值，2011年完成了遗址动态信息及监测预警系统方案设计，2012年周口店遗址监测中心正式挂牌成立，并被国家文物局列为中国世界文化遗产监测试点单位之一。几年来，已完成了3期建设，系统包含了信息管理、保护管理、监测管理、预警管理、数据分析、数据利用和系统维护等7个子系统，涵盖了本体稳定性，表面病害，沉降，积水，微环境以及遗址大环境，酸雨，土壤水分，游客统计等24个监测项，共336个监测指标在线监测，实现了对众多数据的实施传输，目前已积累上亿条采集数据，为今后遗址保护数据分析提供了坚实基础（图14）。

图13　保护棚竣工验收　　　　　　图14　猿人洞内前端检测设备

（9）完善安全防范体系。一是加强安全管理。实行24小时值班制度。建立健全相关安全管理制度20项、应急预案17项，增加安保人员40名。定期召开安全工作部署会、安全生产工作会、防汛工作部署会等重要节点会议。每年定期组织防火应急演练、防汛应急演练以及消防安全知识培训。二是夯实安防技防措施。遗址、博物馆实现视频监控全覆盖，紧急报警设备，遗址、博物馆安全探头216个、红外探测81个，周界报警65个，灭火器200个，蓄水池4座，消防栓69个，确保消防设备设施正常使用。三是建立标本库房，实现藏品分库、分类保存。藏品安保储藏柜可抗8级地震，设置保管修复设备、温湿度调节设备，标本化石专人专管，全面确保文物标本安全及藏品安全。

1.2　遗址价值的展示与阐释

近年来，我们在遗址价值的展示和阐释方面进行了深入的研究和探索，在遗址原址展示的基础上，充分发挥博物馆职能，举办各类特色展览，开展文化交流，丰富科普内容，提高科普品质，更直观的向观众展示遗址价值，特别是近年来现代科技展示手段的广泛运用，使遗址价值的展示和阐释更具趣味性和互动性，受到了广大观众的欢迎和好评。

（1）在本体展示方面。鉴于史前类遗址可视性差、趣味性不强的问题，我们进行了深入研究和大胆尝试。首先，为了丰富展示内容，延长参观路线，并根据周口店遗址植物调查成果，打造特色植物展示区和动物展示区，建设遗址公园。其次，实施科技展示项目，在猿人洞实施科技展示，让沉寂的"北京人"活起来，使观众在参观遗址过程中，更深入的了解遗址价值（图15—图17）。

（2）发掘研究成果的展示与传承。博物馆是遗产价值展示和阐释的载体，为做好新馆基本陈列，召开多次论证会，深入探讨研究，修改完善展陈方案。新馆基本陈列荣获第十二届全国博物馆十大陈列展览精品奖。为丰富博物馆展览内容，积极开展"请进来"、"走出去"，在文化交流、展览展示、成果转化等方面进行探索实践。

图15 人类进化展示

图16 古人类生活时期动物展示　　图17 猿人洞实施科技展示

一是开展交流合作。我们不断加强与国内外类似遗产地和科研机构开展交流与合作。先后与法国、印度尼西亚、西班牙、克罗地亚、韩国、瑞典、加拿大、马来西亚等国的科研机构和文化遗产，以及中国科学院力学所、地质与地球物理所、动物所、植物所、中国文化遗产研究院、故宫、八达岭、十三陵、敦煌、圆明园、大明宫、金沙遗址等单位，建立了友好合作关系，互派代表交流学习，互换展览相互借鉴（图18）。

二是"请进来"，举办特色展览。先后在馆内举办了《镜鉴昭明——故宫典藏铜镜展》《说年道节》——北京春节民俗文化展》《文明之光·圆梦"北京人"周口店遗址主题书画展》《韫玉良缘——良渚文化玉器精品展》《普洱文化，茶马春秋——普洱茶马文化风情展》《燕人始祖，九重圣地——北京镇江营遗址文物展》等27个临时展览。

三是"走出去"，举办文物巡展。积极推进国际文化交流，先后在韩国、意大利、马来西亚等国家举办周口店遗址特展。在国内开展巡展，香港、安徽、浙江、江西、云南、上海等16个省、市、自治区、特区，举办《"我"从远古走来——世界文化遗产：周口店遗址文物特展》35个，广泛掀起远古人类文化传播热潮，为当地民众带去了丰富的精神文化食粮。

四是推进文物资源共享，举办文化惠民活动。在国际博物馆日、文化和自然遗产日期间，积极举办形式多样的文化惠民活动。通过免费开放、赠送图书、开展科普知识讲座、走近工程现场等形式，增进公众对文化遗产保护的认识，拉近博物馆和文化遗产与观众的距离，让文化遗产保护成果更好地惠及民众。

（3）提升科普品质。立足科普创新，将科普教育与青少年教育结合起来，加强馆校合作和志愿者队伍建设，不断丰富参观内容，使博物馆和遗址成为青少年提高综合素质的实践基地和重要课堂。

一是增加互动体验。为了进一步丰富观众的参观体验内容，在原有模拟发掘、模型制作、钻木取火等互动项目的基础上（图19），完成了博物馆老馆改造项目，打造了数字科普体验馆。开发了多点触控、VR远古幻镜、回到石器时代等近20种体感互动项目。制作了《龙骨山探秘》动画片、《北京人》《山顶洞人》

图 18　国际交流

图 19　增加互动体验

4D 影片，为文化插上了科技的翅膀。

二是创新活动内容。策划了"小小讲解员"、"我做遗址导游员"、"寻根溯源　传承文明"、"考古一日营"等主题教育活动等 10 多种形式多样的主题教育活动，积极开展中小学校外实践项目、"阳光少年"、社会大课堂实践活动。在传统节假日期间开展互动体验课，丰富青少年文化生活，提高动手动脑能力。

三是挖掘教育资源。编写了《周口店遗址博物馆校外实践课程研究性学习手册》以及《社会大课堂实践活动手册（教师篇、学生篇）》系列丛书。编写的《探寻祖先的历史》实践课被列入《北京市 30 家社会资源单位课程方案汇编》，开发的《"五小"实践校本课程》被评为优质校本课程一等奖。

四是积极开展宣讲。周口店遗址科普知识宣讲团先后在北京、云南、浙江、安徽、贵州等 10 多个省市百余家院校、社区，开展科普知识讲座近千场，宣讲受众群体超过 100 万人次，有效发挥了博物馆社会教育职能，弘扬了远古人类文化。

五是扩大志愿者队伍。与多家院校达成合作协议，成立了"寻根古遗址　共圆中国梦"志愿者服务队。组织开展了"知家乡、爱家乡——我是小小讲解员"、"让我们共同传承文明"等活动。迄今，博物馆拥有近 130 名在册志愿者。

1.3　科学规范管理，培养高素质干部队伍

（1）建立管理标准化体系。严格按照 ISO9000 质量管理体系、ISO14000 环境管理体系、国家一级博物

馆运行标准、国家考古遗址公园运行标准、旅游标准化、安全标准化等有关要求开展日常工作，促进工作标准不断提升。完善制度，建立四有文物档案，标本数据库，加强工作考核和绩效管理，编制《周口店遗址管理处内控手册》等。

（2）加强队伍建设。我们坚持四个结合，加强人员培训。即理论与业务相结合、全员培训与重点培训相结合、集中培训与实践相结合、请进来与走出去相结合；从领导能力、职业道德、职业礼仪、专业知识、岗位技能、多语种等多方面加强人员培训。选派干部、业务骨干参加国家文物局、北京市文物局组织的文物保护、遗产监测、博物馆管理等各类培训，选派讲解员到专业院校学习英语、日语、法语和韩语，聘请有关院士、专家、教授等到遗址授课，有效提升了干部职工的综合能力（图20）。

图20　ICCROM世界遗产监测管理培训班

通过多年来环境治理、遗址保护、新馆建设、科普活动，交流合作，遗址的社会影响力不断提升，观众数量逐年递增。

2　面临的问题

经过多年的工作，虽然取得了一定成绩，积累了一些经验，但是仍然面临着一些问题有待深入的研究。

（1）遗址本体展示手段还比较单一。虽然我们在猿人洞引入了科技展示手段，但是这种方式是在保护建筑实施后，猿人洞形成了相对封闭空间，才可以实施。遗址绝大部分化石地点还是处于露天状态，展示方式还是单一的说明牌配合原址展示，还需要我们进一步加强对遗址展示的研究，丰富展示手段，更好地阐释遗址价值。

（2）专业人员匮乏。遗址保护、管理和利用等工作涉及多个学科，需要专业技术人员作为基础保障。目前，缺少遗址保护和展示等方面的专业技术人员。

（3）尚未充分发挥遗址品牌作用。周口店遗址虽然是史前考古遗址的圣地，是世界文化遗产，被世人所熟知，但是品牌作用还没有得到充分发挥，如解决周边人民就业和提高生活水平等方面存在欠缺，没有很好地利用品牌带动地区经济发展。

3　未来展望

回望过去，成绩斐然；展望未来，更觉任重而道远。今后我们将加强以下几个方面工作：

（1）加强遗址科技保护力度。随着现代先进的科学技术在文博领域的广泛应用，标志着文物保护工作已经进入到数字化时代。下一步我们将更多地引入三维扫描、无人机、物联网、云数据、"互联网+"等先进的理念和技术，为遗址保护服务。

（2）加强考古遗址公园建设。考古遗址公园是已经证明的一种既能够保护好遗址，又能带动地方经济发展的大遗址保护模式。周口店遗址是中国首批国家考古遗址公园，今后我们将加快公园规划编制和公园建设，实现遗址保护和区域经济共同发展。

（3）加强国际交流与合作。作为世界文化遗产，我们将进一步加强与国际交流与合作，特别是文化遗产保护组织、科研机构以及与周口店遗址类似的世界文化遗产地的交流、合作，吸收、借鉴先进的遗产保护、管理、利用等方面的理念和做法，使周口店遗址与世界接轨。

（4）加强专业技术人员培养。进一步加大人员培养力度，丰富培训方式，如通过交流合作、互派代表学习等，同时广泛招募专业人才，建设一支高学历、高素质的遗址保护、管理团队。

（5）加强文化创意产品开发。目前，遗址的文化创意产品开发还相对较弱，今后我们将借助周口店遗址品牌效应，充分利用社会资源，同时加大此方面的投入力度，加强与其他遗产地的相互学习、借鉴，丰富遗址文创产品。

（6）充分发挥品牌作用，带动地区经济发展。进一步发挥周口店遗址的品牌带动作用，通过国家考古遗址公园建设改善地区环境、增加就业概率、提升人民生活水平，为区域经济发展做出应有的贡献。

我们坚信，在各级领导的高度重视下，在国内外专家的支持帮助下，在我们的共同努力下，周口店遗址的明天会更加美好。

最后，预祝各位嘉宾在会议期间工作、生活顺利，身体健康！谢谢大家！

（2018年10月11日）

关于保护世界遗产的几个问题

河野俊行[①]

谢谢主席先生！

女士们，先生们，下午好！大家上午很辛苦，所以我会尽量压缩我的演讲内容。

我的演讲标题很笼统，但是不要担心。我不会谈论太多的遗产地保护。我想介绍的只是最近被提名世界遗产的两个遗址，其历史不像赛提亚那样悠久，而是一个相对古老的遗址。这个想法就是最近讨论过的。

第一个案例是直布罗陀的戈勒姆洞穴。直布罗陀是英国的海外领土，因此，这项提名是由英国政府提出的。戈勒姆洞穴于2015年被列入《世界遗产名录》。该遗产地的特殊性是有四个具有广泛考古和古生物学沉积物的洞穴，这些洞穴为尼安德特人占领了100,000年提供了证据。因此，与北京人遗址相比，它的历史更悠久。

尼安德特人和早期现代人对直布罗陀的占领以及有助于介绍尼安德特人生活的自然资源和环境背景的景观设置的证据，这是该遗产地的简要说明。给大家看一些照片，以帮助理解。

这是一张图片。这些洞穴位于悬崖上，可以在此图片中更清楚地看到，这是悬崖，而这是海上剩余的部分。也许这张照片显示得更加清晰。科学研究仍在进行中，从山洞中，可以欣赏到海洋的美丽景色。这是直布罗陀的地图，红色部分是被列入《世界遗产名录》的遗产边界，然后是一个相当大的缓冲区，悬崖的另一边就是港口。从战略上讲，直布罗陀是地中海的重要组成部分，因此数百年来，它确实是各个国家的目标。我想稍后再谈这一点，但这在某种程度上与当代问题有关。另外缓冲区位于地面上。因此，这是确定为世界遗产的标准。并采用标准（iii）来决定，理由如下。

戈勒姆洞穴在大约120,000年的时间里为尼安德特人和早期现代人占领，文化传统和物质文化提供了非凡的见证。在这段漫长的岁月中，洞穴中丰富的考古证据，罕见的岩石雕刻（可追溯至39,000年前），尼安德特人以鸟类和海洋动物为食的罕见证据以及沉积物描绘半岛的气候和环境条件的能力就体现了这一点。继续通过考古研究和科学辩论来探索洞穴的考古和科学潜力，为理解尼安德特人的生活，包括他们抽象思维的能力提供了持续的机会。

因此，这是非常令人信服的理由，因此该标准和理由的适用性受到了广泛好评。然后是管理和保护问题。

当前的管理系统得到了风险防范计划，研究与保护策略和综合游客策略的进一步支持。此外，还有一个五年《考古发掘行动计划（2016—2020年）》概述了计划的工作，并解决了平衡发掘和保护沉积物的需求。

那么问题出现了。那里的游客压力还不是大问题，但是，游客数量可能会增加。严格限制进入洞穴，参观者必须由直布罗陀博物馆馆长批准。监控到位，并每年审查该遗产地的承载能力。实施综合游客战略将改善游客体验并展示突出普遍价值。因此，这里的问题是游客将不会主要参观洞穴。但是，游客来直布罗陀度假，然后会被吸引去参观一个令人担心的地方。因此，这将是未来的压力，应加以防范。

还有一点，根据欧盟法律和直布罗陀法律[《海洋自然保护区法规》（1995年）]、《海洋战略法规》

[①] 国际古迹遗址理事会主席。

（2011年）和《海洋保护条例》（2014年）与该遗产地相邻的海域位于东部海洋保护区之内。

这是另一个问题。正如我所说，直布罗陀是英国的财产，这是1588年西班牙海军和英国海军之间战斗的结果。自从西班牙海军被击败以来，这块领土就通过1713年签署的《乌得勒支条约》交给了英国。此后，两国之间进行了辩论，辩论哪个国家应拥有此领土。1967年进行了全民公决，居民说希望属于英国，所以这是英国的领土。但是，大家还记得地图吗？缓冲区仅在陆地上设置，而洞穴面向大海。因此，海上没有保护区。直布罗陀是如此重要的港口，有许多游轮航行。一旦一艘大型游轮停在直布罗陀，那么数十万名游客可能会同时乘坐游轮上的较小船只来参观。

因此，出现了一个问题：如何控制海上游客？有可能在海上建立缓冲区，我们在海上创建一个保护区。情况的复杂性在于，根据1713年签订的《乌得勒支条约》，该领土属于英国，但海洋属于西班牙。因此，这位于整个英国，这就是为什么它由英国提名。这很正确，符合约定。我们该怎么处理海洋？沿海海域由该海域的主权国家根据海洋法公约管理。因此，在2015年，西班牙和英国之间实际上就1713年签署的《乌得勒支条约》进行了辩论。这场辩论非常有趣。

请不要忘记有关由谁来完全控制海洋的国家级辩论。我们再来看看立法不良的情况，不良的立法保护了这一地区，所以应该没问题。但这里有一个新问题：英国脱欧后会发生什么？如果英国在这方面没有任何安排就离开欧盟，问题将再次出现。我们不知道以后会发生什么，但这是一个潜在的问题。在这种情况下，我想提一件事。

我想提的另一点是，针对这些洞穴的特殊性，即洞穴中，存在潜在的问题。这不是直布罗陀。这是加拿大阿拉斯加旁的一个小镇的地图。这个小镇几乎位于最长河的尽头。这些是考古学家，他们试图在考古遗址被海浪冲走之前保存考古遗迹，这意味着如果海平面上升，海岸的考古遗址就有遭受损失的风险。这是担心气候变化的典型例子，直布罗陀也可能发生这种情况。

这是沿海考古遗址的一个非常特殊的情况。但是太平洋的小岛国对此非常担心。因为冰岛的一些考古遗址已经被冲走。这可能是一个潜在的问题，需要在遗产保护的背景下提高对提高气候变化的认识。

主席已经提到了下一个案例，是被列入名录的德国遗产地。第一种情况是在沿海地区，这个案例在山上。这是施瓦本侏罗山的洞穴和冰川时代的艺术，有六个洞穴。这六个洞穴揭示了记录人类存在的悠久历史，包括解剖学上的现代人类和之前的尼安德特人，所以它更年轻。该遗产地的重点是具有奥瑞纳层次的洞穴，其历史可追溯到43,000至33,000年前。这些是遗产地的一些图片，有有趣的考古遗迹。在此遗产地发现的文物包括雕刻雕像、乐器和个人装饰品。这些小雕像描绘了在那个冰河时代环境中生活的动物物种，例如洞穴中的狮子、猛犸象、鸟、马、牛和鱼。其他小雕像描绘的是半动物、半人类的生物，并且有一个女人的小雕像。

所以这又是合理的，标准（iii）是适用的。施瓦本侏罗山的洞穴和冰川时代的艺术为第一个定居于欧洲的现代人类的文化提供了非凡的见证，特别是这些山洞中保存着这种文化的雕刻雕像、个人装饰品和乐器。这里的艺术品是世界上较为古老的艺术品，而乐器是迄今为止在世界范围内发现的最古老的艺术品。这是一个示例，这是象牙或哺乳动物的角，这是另一个，可能一半是动物、一半是人，目前仍然不清楚。

这是整个世纪不同时期的层次，已经在这些洞穴中进行了科学研究。我们应该引起高度重视的是提高认识的活动，包括旅游计划和旅游管理、旅游设施、交流和特别活动。之前的演讲者已经介绍了在此遗产地组织的虚拟活动，这可能同样有趣。

这是其中一个洞穴中的考古公园，这是信息中心，有趣的是，它们有五个信息点，其中两个非常靠近洞穴，还有另外三个不在遗产地内，但它们有助于理解洞穴。我再说一遍，由于该信息中心的位置分散，似乎有助于减轻旅游业的压力。前两个是史前历史博物馆。这些都在遗产地附近。图宾根斯图加特符腾堡州立博物馆、霍恩图宾根宫博物馆和乌尔姆博物馆三个博物馆都位于周边城镇中，因此人们会从这些博物馆开始，然后进一步前往该遗产地。这似乎是该游客管理的策略，而且似乎运行得很好。

遗产地附近有两个信息中心，这是其中的一个。这是一个活动的图片，有更多的家庭参与并吸引了孩子，这里的家人和孩子似乎是这次活动的目标，他们为此付出了很多努力。这种策略似乎很受欢迎。但是，ICOMOS建议如下。遗产地管理者应继续确保和保持考古发掘与保护之间的平衡。应开发一个文档数据库，包含有关洞穴，发现物和所有已发掘的数据。那么如何继续研究？如何使用调查结果？以及如何保护该网站？这三个问题在决策过程中以及将来的实施中都应予以充分考虑。

这是最后一张幻灯片。这些问题也向第三方提出，委员会已收到第三方回复。但我将其放在此处是因为这些问题似乎适用于大多数考古遗址，尤其是此处的同类遗址。

第一个问题是开发。开发意味着定居点可能会扩大，从而可能给遗产地带来压力。其背后的原因是，有计划建造高速公路和新的铁路线。附近也有类似的计划，将来解决这些问题的唯一工具是加强法规并最终发布新的法规方案。

第二个问题是环境问题。这与气候变化有关。在德国南部山区的这个特殊遗产地，将列出以下可能的灾难，一种是滑坡，另一种是洪水、森林火灾或自然侵蚀，因为它在沿海地区。不同于直布罗陀，强浪或海平面上升不是问题，这种滑坡、森林火灾和洪水随时可能发生。这不再是非常具有威胁性的现实，但这会随时发生。因此，应该进一步考虑气候变化问题。

还有旅游。他们做了充分的研究，试图弄清楚在不给每个遗产地施加太大压力的情况下可以容纳多少人，他们提供的统计数据是一个考古公园中有大量游客的原因。2014年有40,000名游客，没有引起任何问题。他们认为这是该特定遗产地的目标，每年接待40,000名游客，而不是一天。而且在这种情况下，正如我所说，信息中心的分布有助于避免大量游客来访。

接下来是建筑工作。建设工作意味着如果人口增加，土地可以重新用于农业或林业，而不能用于居住，然后可能会威胁到该遗产地。就目前而言，该地区人口增长的步伐似乎尚可，仍处于控制之中，还不是很大的威胁。但这在其他国家，尤其是在发展中国家可能是一个巨大的威胁。我不知道规划，因为它位于世界上最大的城市北京的郊区。因此，这种人口压力可能是一个值得考虑的问题。

最后一点，也是重要的一点，我想强调指出，非法发掘也可能构成威胁。当然无法与明代的陶器相提并论，但是世界遗产可能会吸引此类活动。因此，如何防止这种非法发掘需要适当的注意。当然，洞穴相对容易控制，但极端活动可能会发生。在这种情况下，非法挖掘也可能是保护工作的重点问题。

今天上午听了内容丰富的演讲之后，我个人认为该列表显示了类似遗产地的常见问题。因此，与最近列入《世界遗产名录》的这些遗址交换信息将是一个很好的策略。

最后，感谢主办方的邀请，祝贺北京人遗址成立一周年，并祝会议圆满成功。谢谢大家！

文化遗产阐释方法研究

——以史前遗址为核心

杜晓帆[①]

针对传统概念中的文物价值或者文物内涵进行阐释，其方法是比较明确的。但随着遗产概念越来越宽泛，比如历史街区、乡村遗产等，如何向公众阐释其价值，阐释其于利益相关者及社会的意义，就显得不是那么容易了。考古学的意义似乎比较容易被大众所理解，但是对于大量的考古遗址，特别是史前遗址，由于与当下的社会与生活跨度太大，如何阐释清楚它们对人类、对当下社会、对人类未来到底有什么启示，是我们面临的非常大的问题。一个史前遗址，通过对它的认知，怎么把信息比较准确的传递给观众，是一个不仅仅在中国，而且也是国际社会的难题。

遗产价值阐释的重要性不言而喻，但价值阐释通常的手段还主要是通过展览把信息传递给公众。上午几位演讲嘉宾在讲的过程中间，特别是董翠平馆长介绍周口店的时候都讲到，怎么让普通的参观者能够理解遗址的价值。虽然专业人员认为考古遗址有着很深的内涵和价值，但是我们的展览往往难以完全展现出来，展览所传递给观众的信息与我们的期望还有距离。另一方面由于展览中各种因素的限制，观众在参观遗址时所获取的信息就更加有限了。

史前遗址长期不受关注的原因当然是多样的，今天会议的议题是关于周口店遗址发现100周年，虽然我们不愿意看到这种情况，但周口店遗址与北京地区的其他世界遗产地相比，观众量相对较少。如果和故宫作比较，前些年可能故宫一天的游客量比周口店一年的观众还要多。这也侧面反映出，在面对那些过去的遗址时，观众可能有很多问题和困惑需要解答。史前遗址历史年代久远，和现代人的生活有一定的割裂感，且大多数遗迹或遗物缺少观赏性与趣味性，在视觉上缺少冲击力与吸引力，且历史、科学、艺术价值抽象，无法从表面简单解读，需要借助一定的手段。大多数观众处在看不懂、难理解的状态。如何在当下让人们参观这些遗址时更好地理解？针对史前遗址，社会各界过展览、通过各种阐释手法想了很多办法让大家去理解，但是我们还是要面临很少人关注的问题。举一个例子，华南地区一个美丽城市的近郊有一处非常重要的新石器时代遗址，年代距今9000—7500年，是华南地区新石器早期有代表性的遗址。这个城市的旅游业在中国还没有改革开放之前就有很好的发展，现在游客非常之多，但去这个遗址的人却非常少。遗址博物馆做了很多努力，希望众多到这个城市旅游的人也能光顾博物馆，到这个遗址看一看，但效果甚微，至今这种状态没有改变多少。为了扩大遗址博物馆的影响，他们与一家社会企业合作，在一个与旅游景点比较相近的地方，营造了所谓新石器时代的场景，并且雇用了一些西南地区的少数民族，让他们演绎当时的历史，被游客称为原始人旅游项目。如果我们不考虑历史的真实性，不考虑原始人扮演者的权利，只从旅游的角度看，这个项目是受游客欢迎的（图1、图2）。

我曾与故宫博物院前院长张忠培先生和国际博物馆协会的同仁一同去过这个遗址，并且参与了旅游项目。张忠培先生从考古专家的角度出发，一再表示这个项目与历史不符。而国际博协的一位副主席则不断

[①] 复旦大学教授。

图1 原始人旅游项目照片之一 　　　　　　图2 原始人旅游项目照片之二

地向我追问：扮演婴儿的小孩儿还不会走路，也还不会说话，有没有考虑过人权的问题？我被质问的很难堪，但也只能无言以对。据说类似的旅游项目并不是孤例。为了让公众能对人类早期的社会生活有一个直观理解，其动机可以理解，但采取的方法和手段应该说是不恰当的。

遗址阐释的方法似乎有很多，也有很多理论上的依据，但实际操作的时候往往实施起来很困难。从内部来说，如何理解遗产价值并在此基础之上进行展示设计是一大难题。对于外部，从外面来的观众也好、学习者也好，他们对展览的需求是什么，这些问题需要进行访客研究。虽然现在每个遗址、每个博物馆都会做一些访客调查，但针对不同的群体，具体通过什么样的方式去表达时，又会很困难。

我们简单地对史前遗址价值阐释方式作了很粗浅的分类，大概是以下几个方法：一是基于遗址本体的原址展示、一是设立遗址博物馆、还有一种方式是修建遗址公园。在此过程中，又以各种相应的方式辅助展示，比如文化教育活动、创意产品等。现在周口店已经在思考如何以建立国家遗址公园的方式，把遗址价值及内涵通过衍生的各种方式方法展示给大家，我想这也是一个基本的方法。

一个是基于遗址本体的原址展示：这是在国内外遗址保护与利用中最基本的方法。20世纪50年代以来，中国有很多的史前遗址采用了基于原址的保护与展示的方式。例如西安半坡的史前聚落遗址，今天也依然以原址展示为主。还有较新的田螺山遗址，作为浙江省新近发现和发掘的又一处重要的河姆渡文化遗址，也是通过大型设施做现场展示。

另外一种较为常见的方式是在遗址保护区修建遗址博物馆，后天大家将去参观的周口店就有一个博物馆，博物馆通过展览对遗址的内涵和价值做一些阐释。其他的例子还有现在很有名的、正在申报世界遗产的良渚博物院（图3、图4）；还有沈阳新乐的博物馆也十分受大众关注。我们在网上利用大数据平台作了一些调研，因为新乐遗址离沈阳城市比较近，绝大多数人去都是只去新乐遗址，而非其博物馆，也是一种有趣的现象。

图3 良渚博物院第三展厅——玉魂国魄照片之一

图4 良渚博物院第三展厅——玉魂国魄照片之二

　　第三种方式是采用遗址公园的形式。考古遗址能不能做成公园，在国内外考古界都有一些争议，有的学者认为，考古遗址就是遗址，怎么可以成为公园？在许多国家，公园和遗址的管理机构不同，服务的对象和目的也不同。所以，将考古遗址当作公园区建设的话，展示如何去做？展示的内容是否能真实地阐释了遗址的价值？很多时候为了满足公园的需求，需要做很多超出遗址价值之外的事情。这些东西怎么去评价、怎么去看，目前还缺少很好的商讨机制。日本是比较早就有遗址公园制度的，一般采取露天保护、复原展示、文物陈列和考古发掘展示相结合的展示手法。但是考古遗址一旦成为公园，它的管理也就由文部省转为国土交通省了。日本的吉野里遗址是日本弥生时代大规模环濠聚落的遗迹，位于佐贺县神埼郡吉野里町和神埼市的吉野里丘陵上，面积约50公顷。遗址在1986年被发现，现在大部分属于国有的吉野里历史公园了。作为弥生时期的考古遗址，游客很多很热闹，大家当游乐园去看待，但是在日本也有争议，也有人质疑，复原那么多房子，很多的娱乐活动，是不是反映了真实的历史？是否能够重现遗迹的真实原貌？是否会给观众带来误导？考古遗址是否需要以这样的方式解释它的价值。这些都是我们面对史前遗址要有更多思考的原因，就是到底通过什么样的方式作价值研究。

　　以上是遗址的三种基本的展示模式。作为考古遗址价值阐释的补充，现在各个考古遗址也都在积极地寻求创新的文化教育活动，包括像周口店遗址的科普进校园互动活动等。另外，所谓文化创意产品也被认为是一个博物馆或者遗址的文化价值的延伸，而且成为了近来文博界非常重要的一项工作，在有些博物馆甚至有喧宾夺主之势。文创产品的开发本来是属于商业行为，本来不应该属于文博事业的范畴。社会企业有利益驱动，与文博单位合作开发一些纪念品等，本来无可厚非，但如果变成了文博事业中的一部分，甚至是重要的部分，就值得商榷了。况且，大多数史前遗址类的文创产品不易开发，对于阐释其价值也意义不大。包括一些遗址博物馆或者遗址公园的很多创意活动，虽然有的吸引了很多游客，得到了游客的认可，但也存在着模式化的趋向。现在很多史前遗址都有钻木取火的活动，问题是该遗址在那一时期是否有钻木取火的技术？只要有陶瓷出土的遗址就做陶艺活动，不管陶艺技术和那个时期有没有关系。这样的遗址创意活动是否能真正诠释或者阐释遗址的价值也需要有更多地思考。

　　我们认为，目前史前遗址的价值阐释存在以下三个的问题：

　　一是缺乏完整性。我们对遗址的价值阐述，可能一个外来人、一个观众进入史前遗址，最后离开的时候能够对遗址本身或者对整体有比较完整的印象是很少能够做到的。这是由于在空间上遗存的展示多以遗址区域内某单体遗存（如墓葬、房址等）展示为主，难以揭示史前人类生活面貌；另一方面，对遗址周边环境缺少关注与研究，往往将核心遗址区外围景观做成休闲公园；在时间上，遗址的展示多停留在某一个时间段，难以展现史前人类生活的历时性演变。比如说周口店遗址，我非常有感情，也深知其价值与重要性，但是，整体的展示我想还有很大空间可以去思考。我在一些场合和学校教学过程中，经常以周口店为例做些调查，应该说很多观众参观后并没有留下深刻的印象，展览也没有达到理应产生的效果。我想，周口店的展示如果能够帮助观众对人类的起源有所了解，对人类的未来有所感触，对史前遗址的价值有所认知，我们的目的就达到了。尽管面临很多困难，但是周口店仍然有很多优势，利用外部机会，不断地通过国际交流，更多地向专业工作者学习。比如周口店特别需要中国科学院古脊椎所的专家指导，某些方面怎么表达，最核心的东西是什么，对人类的意义是什么，这个展览可能做得更简洁，形成一个完整的系统，更容易被观众理解。

二是缺乏学术支撑。史前遗址最大问题是学术支撑不够，或者说是对遗址价值的理解不足，主要原因是作展示的人和专业研究人员之间的沟通不够。这也造成了由于展示说明文字、解说系统表达信息内容不够充分，一定程度上影响了遗址价值与内涵的传递。此外，建筑遗迹、生活场景复原等复原性方式，一定程度上有失遗址的历史真实性。特别是史前遗址、早期人类历史怎么去理解，怎么展示需要有一些更好的方式。

我们可以通过两处各具特点的案例，来说明遗址阐释可以采用的各种灵活且具有创新的方法。一个是西班牙的阿塔皮尔卡考古遗址的临时展览：乐高立体模型展示阿塔皮尔卡项考古遗址（图5）。这个遗址展示非常受欢迎，公众评价非常高，作为史前遗址展览最后得到公众很好的评价，与观众尤其是儿童进行了很好的互动。

图5 临时展览：乐高模型展示阿塔皮尔卡项考古遗址

另一个是阿尔塔米拉洞和西班牙北部旧石器时代洞窟艺术展览，作为世界遗产在国际社会上得到很大关注。其实能够进这个洞内参观的游客人数非常少，为了保护遗址，每天只有15个人可以到原址参观，展示遗址更多的是通过外部展示方法来做。在遗址博物馆中，通过展示旧石器时代洞窟艺术出现的前中后期的情景，做到了时间上的连续性（图6、图7）。根据网上和社会对它评价，这个遗址的评价度非常高，是

图6 阿尔塔米拉洞展示工程图片之一 　　图7 阿尔塔米拉洞展示工程图片之二

史前遗址中满意度最高的,80%受访者对展示的手段是非常认可的。

最后通过一个遗产价值阐释的意义图,我想强调,无论是史前遗址还是考古遗址,包括历史城区、历史街区价值的阐释,怎么向观众传递其价值,我想最核心的是要把遗产对人类社会的未来有什么意义阐释清楚(图8)。如果这个问题没有清晰的解答,解释系统就很难做到成功。

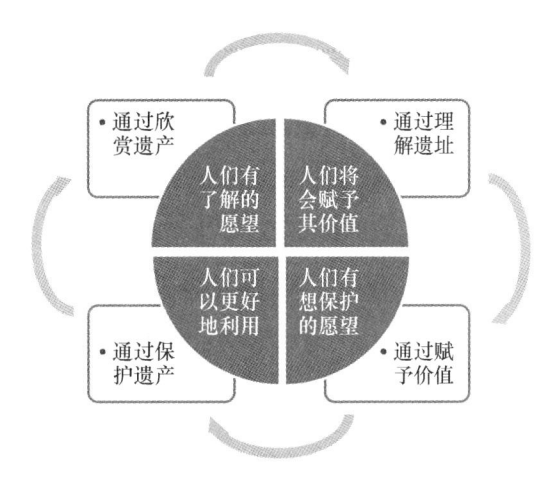

图8 遗产价值阐释意义图

早期人类遗址的管理

——能为周口店提供什么国际经验？

迈克尔·皮尔森[①]

摘要：本文考察了《世界遗产名录》中一系列早期遗址的管理和保护问题的经验，以及这些经验对周口店的管理规划的帮助作用。主要是从《ICOMOS评估报告》《任务报告》《定期报告》和《保护状况报告》中汲取相关经验，用以解决当前问题并提出解决方案，跟踪变化。

关键词：周口店；遗址管理；国际经验

1 引言

本文考察了《世界遗产名录》中一系列早期遗址的管理和保护问题的经验，以及这些经验对周口店的管理规划的帮助作用。主要是从《ICOMOS评估报告》《任务报告》《定期报告》和《保护状况报告》中汲取相关经验，用以解决当前问题并提出解决方案，跟踪变化。

2 周口店提出了哪些管理问题？

《ICOMOS评估报告》《任务报告》《定期报告》和《保护状况报告》中已发现许多管理和保护问题。
2001年《保护状况报告》：
- 沉积物易遭受地震。
- 植被增长影响沉积物。
- 地表水和降水可能影响地面稳定。
- 缺乏有效地对状况，威胁和游客的监控系统。
- 缺乏保护和管理计划来控制：
  - 游客移动。
  - 遗产地外部采矿和采石场的振动。
  - 工业污染对遗产地的影响。
  - 遗产地博物馆的运营。

2003年中国《定期报告》：
- 2004年将关闭附近所有污染企业。
- 正在升级基础设施。
- 正在制定管理计划。

---

① 国际古迹遗址理事会极地遗产委员会主席。

- 正在拆除多余的建筑物（正在进行的项目）。
- 博物馆开放，但迫切需要展览厅和旅游设施。
- 没有正规的教育方案。
- 正在对周围地区进行植树造林。
- 仍没有监视系统，但计划监视灰尘沉积，裂缝增长和植被生长速率。
- 周围居民和产业的负面影响仍然是一个问题。
- 2003—2006年改进措施的实施时间表。

通过了2006年《保护计划》，包括缓冲区。

2009年通过了《周口店遗址保护条例》，修订了1989年的条例。禁止进行可能损害遗产地价值的活动，例如采矿和烧窑。

通过了《2012年回顾性界限和突出普遍价值声明》。

网上没有可用的最新信息来表明2001年和2003年发现的问题是如何解决的，因此，在检查之前，我无法指出这些问题是否已解决。但是，更广泛地看待可能在其他世界遗产地中发现的问题以及已经提出或采用的解决方案很有用。

3　在其他早期人类世界遗产地中是否也遇到过类似的问题？

附件1列出了《世界遗产名录》中的早期遗址。《ICOMOS评估报告》《ICOMOS遗产地访问报告》《定期报告》和《保护状态报告》说明了许多遗产地遇到的一系列常见问题，其中一些比较突出。

3.1　沉积物易受水干扰

许多人类化石遗址已经确定了水质和流量（地表水和地下水）以及洪水风险管理问题，这些问题与邻近的采矿和采石作业，农业灌溉计划和水坝，天气事件和城市发展有关。在这种情况下，土地使用变化，水管理系统和持续监测是标准建议。在某些地方，海平面变化和与气候变化有关的洪水事件已成为威胁，需要进行有针对性的监测。

3.2　邻近的采矿和采石场造成振动和污染问题

在许多与相邻采矿和采石作业有关的遗产地都发现了问题，特别是采矿处理过程，地下水污染，排水和污染处置以及采矿爆炸和矿物运输系统振动。在这种情况下，标准建议是土地使用区划和改变采矿和采石活动的距离，减轻污染风险和进行持续监测。ICOMOS通常建议进行遗产影响评估。

3.3　当地社区的发展压力：农业，住房

在许多遗产地，当地社区施加压力，要求将农业或放牧活动和住所扩大到该遗址。这些可以通过明确标明的边界，监控，有效的地方规划法规以及在遗址外部提供更好的替代方案来控制。至关重要的是，当地社区参与对保护遗址，并使他们能够分享遗址成为世界遗产带来的经济和社会利益。

3.4　游客活动控制不力，解释基础设施欠佳

许多遗产地游客控制不力，旅游基础设施欠佳，ICOMOS定期建议纳入和实施《旅游和解释计划》，作为《保护管理计划》的组成部分。许多遗产地缺乏足够的旅游基础设施，例如充足的停车位、平整的轨道、标牌和博物馆、游客中心结构，以影响游客的活动和行为。

在少数情况下，控制附近城镇旅游基础设施发展的需求也被视为遗产地管理的必要组成部分，因为它

与本地规划控制相交并与社区共享利益。

如果未进行事先的游客规划来设定载客量，管理游客的活动和行为，以及最大限度地减少对当地社区的破坏，那么列入《世界遗产名录》带来的旅游业增长就成为了潜在的风险。

3.5 缺乏有效的管理系统和现场管理

在某些情况下，法律或规划法规没有得到适当的现场保护和管理的支持，因此，诸如无节制的游客访问，非法挖掘化石或鸟粪以及涂鸦等活动仍然是一个问题。在某些情况下，尚未获得当地社区对列入世界遗产的支持，也没有将当地社区纳入管理职能，这种情况被视为主要的保护风险。

在一些遗产地，《管理计划》无法有效执行，因为缺乏强大而适当的管理实体或机构来支持开展工作，或者决策是由多个机构分担的，没有明确定义的稳定管理承诺或控制，分散的责任人之间很少沟通。

3.6 变化发生之前未充分利用遗产影响评估

ICOMOS 和 IUCN 认可的遗产和环境影响评估流程在做出发展决定之前通常不会执行。在某些情况下，甚至没有要求遗产影响评估的流程。

考古调查和清单记录的紧迫需求被确定为支撑遗产影响评估流程的必要数据集。通常，与已确定的世界遗产突出普遍价值有关的具有考古潜力的矿床范围尚未确定，但是在可能受影响的地区仍在进行开发。此类调查和清单还可能确定遗产地和缓冲区区域边界的未来扩展。

3.7 保护和管理计划的缺乏或不足，包括保护行动计划、游客管理计划、解释计划

一个经常出现的关键问题是需要制定适当的管理计划并不断更新。

ICOMOS 的一再评论是，管理计划之所以无效，是因为它没有为遗产地和缓冲区提供足够的保护机制，通常是因为缺乏切实可行的保护行动计划以及旅游业和游客管理控制措施。

许多遗产地已经确定了《考古区划计划》的需要，需要在其中帮助规划遗产地和缓冲区的使用和开发变化，在这些遗产地和缓冲区中，可以预测潜在的考古遗迹，并且在做出破坏性的决定之前，应先进行物理测试。

在某些遗产地，《管理计划》在法律和体制框架中的地位不高，并且很容易受制于发展压力。

在某些情况下，由于未提供必要的人力和财力资源，因此未实施《管理计划》。

3.8 缺乏对状况，威胁和游客的有效监控系统

一个非常普遍的问题是，尚未开发出有效而适当的监控系统，因此难以随时间量化变化的影响，并且无法及时识别特定风险。在早期遗址，对土壤和斜坡侵蚀，水质和水流，游客流量和活动以及保护行动的有效性进行监视，通常可以为保护该遗址的决策提供关键信息。

3.9 遗产地边界定义不充分

在许多遗产地，ICOMOS 建议扩展缓冲区，以将较宽的景观作为遗产地环境，并在整个遗产地周围提供缓冲区。在考古沉积物位于相关景观环境中的遗产地，ICOMOS 认为边界定义不充分可能对突出普遍价值造成威胁，在研究尚未确定潜在考古沉积范围的情况下尤其如此。

在某些遗产地，管理上的问题是由为法律保护定义的边界与为世界遗产和缓冲区指定的边界不匹配而引起的。

在某些遗产地，没有在地上标明的遗产地边界，这更容易侵占当地发展。

4 这些案例研究可能会提出哪些有用的建议？

通过对世界遗产的可比性进行案例研究，可以发现与早期遗址保护和管理有关的共同主题。

（1）在遗产地内以及与遗产地共享地下水和地表水集水区的相邻区域内，有效管理水质以及地下水和地表水流量，对于保护早期人类化石沉积而言可能是一项必不可少的行动。控制相邻的采矿，采石场和相关水系，防洪工程以及污染是该过程的一部分。

（2）当地土地的使用，居住环境和社区对遗产地的态度可能是取得良好保护成果的关键因素。世界遗产委员会认可与之相关的战略，与当地社区合作解决威胁和压力，使社区参与遗产地的保护，并确保经济和社会利益反馈给社区。

（3）游客管理以及提供足够的旅游基础设施对于有效保护突出普遍价值至关重要。这要求将游客和解释计划整合到总体《管理计划》中，并有足够的人力和财力资源来实施旅游基础设施，并提供对游客体验的持续控制和管理。

（4）应定期检查遗产地和缓冲区边界的定义，以确保它们：1）由于新的研究或遗产影响评估过程，反映出对与突出普遍价值有关的场所了解的变化；2）反映出有必要控制缓冲区内的活动，以充分保护遗产地的突出普遍价值。

（5）一个有效的管理体系，具有足够资源的管理机构，明确界定的责任，致力于实施适当且正式通过的《管理计划》，并以必要的法律和计划工具作为后盾，是确保早期人类遗址保护和有效呈现的最佳方法。

最新的《保护和管理计划》，包括保护行动计划、游客管理计划、解释计划和社区参与计划，应成为管理机构工作的基础。

《管理计划》应得到有效的监测计划的支持，该计划应在规定的时间进行监测，其中包括：土壤和边坡的侵蚀和沉积，水质和运动，游客活动和保护行动的有效性。

（6）一个有效的遗产影响评估系统，必须在开发决策之前确保实施，这对于防止遗产地和缓冲区的不当开发或变更至关重要。为了有效，这种遗产影响评估系统必须被所有参与周边地区的管理和开发的机构接受为世界遗产的要求。

附件1：《世界遗产名录》中的早期人类遗址

澳大利亚	1981年威兰德拉湖区
阿塞拜疆	2007年戈布斯坦岩石艺术文化景观
中国	1987年周口店北京人遗址
埃塞俄比亚	1980年奥莫低谷
	1980年阿瓦什低谷
印度尼西亚	1996年桑义兰早期人类遗址
以色列	2012年迦密山人类进化遗址
肯尼亚	1997年和2001年图尔卡纳湖国家公园
马来西亚	2012年玲珑谷地的考古遗址
西班牙	2000年阿塔皮尔卡的考古遗址
南非	1999年和2005年斯泰克方丹，斯瓦特科兰斯，科罗姆德拉伊和维罗恩斯的化石遗址
英国（直布罗陀）	2016年尼安德特人洞穴
坦桑尼亚联合共和国	1979年恩戈罗恩戈罗自然保护区

莱托利足迹的保护

东纳瑟斯·卡曼巴[①]

摘要：莱托利上新世遗址保存了人类和动物群的踪迹，以及人类、动物和植物的化石，具有巨大的科学价值，尤其是有助于对人类进化的理解。莱托利的脚印碰巧保存在几层火山灰沉积岩上，不仅记录了东非上新世大草原的生物多样性，而且更重要的是，它提供了 360 万年前人类就是双脚直立行走的独特证据。

1996—1997 年，美国盖蒂保护研究所与坦桑尼亚古物司合作进行野外季节勘察，让考古队重新挖掘原始人轨迹，以便研究和了解原始人，以及保护行走足迹不受威胁。考古队发现足迹的北段和中段已受到严重的风化和侵蚀。他们努力稳定脆弱的凝灰岩，在可能的情况下，将刺入原始人足迹凝灰岩的金合欢树桩和树根切掉，并将其清除干净。

我们正在研究的保护方案是，如何最好地保存这条原始人的足迹，并将其展示给公众，而不把它掩埋。目前正在对凝灰岩的条件、特征值以及合适的凝灰岩环境进行科学研究，应对今后的干预措施提供指导。

关键词：莱托利脚印；保护；化石

坦桑尼亚西北部莱托利的原始人脚印在理解人类进化过程中具有重要意义（图 1）。莱托利是非洲发现的最不寻常的上新世区域之一，位于坦桑尼亚北部，在奥尔杜瓦伊峡谷以南约 50 公里处。该遗址位于恩戈罗保护区的塞伦盖蒂平原内，在大裂谷东段埃亚西湖以北断层块的边缘，地处构造活跃的地区，在此区域

图 1　莱托利脚印遗址

[①] 达累斯萨拉姆大学建筑保护工程与技术学院讲师。

内发现了许多原始人类化石。这些足迹距今已有 360 万年的历史，比人类能够制造工具的时间早 100 万年，清楚地证明了双脚行走早于大脑的进化（玛莎、德玛斯，1998 年）。

1978 年至 1979 年，玛丽·利基博士对莱托利脚印凝灰岩进行挖掘，发现了两条平行的人类脚印，长约 27 米（89 英尺）。莱托利脚印证明，早在那个时期，早期的原始人就是完全用双足行走，这意味着他们用直立的姿势走路，用两只脚前进（欧顿加等）。该遗址于 20 世纪 70 年代末由玛丽·利基博士挖掘，记录在案并重新掩埋。在随后的几年中，掩埋地上重新出现植被生长，并因根系生长对足迹造成了损害。松散的再掩埋填土和熔岩大石覆盖提供了一个有利于植物萌发和生长的环境。到 1992 年至 1996 年再次对足迹进行干预时，区域内生长的一些相思树的高度已超过 2 米，根系生长正在损害脚印遗迹，这引起科学界的关注（GCI，1997 年 6 月）。

国际科学界对这一关切做出反应，警告有必要进行干预。1992 年，制定了一项养护战略，1994 年至 1996 年执行了该战略。这项保护工作的主要目标是保护这一文化遗产不受损失和损耗。根据在制定保护战略过程中发现的重大科学挑战，坦桑尼亚政府成立了一个国际技术委员会，成员包括国内和国际遗产保护各领域的专家。除其他事项外，委员会的主要目标是就如何以最佳方式重新挖掘埋在地下的足迹，以及最终在不损害该遗址为世界遗产地的杰出普世价值的情况下，展示和确保足印的原址保存，对此向政府提供意见。

多年来，专业人士、政界人士和整个国际社会面临的难题是，这些足迹是否仍应埋在地下，还是应该向大家开放，让人们享受和庆祝足迹的存在。在制定养护战略的特定时期，有几种保护脚印的办法可供选择。供讨论的备选方案如下：

（1）切断整条人类足迹，将它挖掘出来，并带到位于达累斯萨拉姆的国家博物馆内。专家们对这一备选方案进行了充分讨论。拆除行为将是非常危险的，因为无法保证切割、提升和运输这么大一块软石头的技术。脚印凝灰岩不是一个均匀的结构。凝灰岩由许多薄薄的火山灰层组成，每一层都具有不同的风化过程、硬度和内聚力。这将要求用粘着树脂加固凝灰岩，以巩固凝灰岩，这种干预可能会长期产生未知的后果。此外，移除足迹或个人脚印将其与许多其他动物的脚印分开，而这些脚印都是同时产生的。

（2）在足迹上建起一座保护性建筑，以遮住足迹。这也是提出和讨论的另一个备选方案。这项建议是在足迹上建起一座保护性建筑物，以保护足迹。足迹可向公众开放，并可供访问学者研究（图 2）。这一备选办法虽然实际上是可以接受的，但非洲的经验表明，如果没有适当的资金、训练有素的人员和适当的基础设施，为该地点提供保护可能带来灾难性的影响。这一选择可能导致足迹的恶化，而不是将其很好的保

图 2　开放保存的脚印

存（N.阿格纽和玛莎，1995年）。即使在资源充足的国家，考古遗址也因规划不足而受到破坏，因为气候控制的围场没有如预期的那样生效。这一点莱托利的其他地方已经清楚地向我们证明了。在那里，大象和其他动物的脚印已经完全消失了。

出于其他原因，我们的保护性建筑不是一个有效的保护工具。在那个特定的时期，没有一个掩蔽所被公认为能够完全保护足迹不受风化影响。地面的水分会通过毛细管作用季节性地上升到地表。水中的可溶性盐会在表面结晶，造成压力，最终破坏足迹。在旱季，灰尘堆积在印刷品中，需要经常清洗，这不可避免地会对足迹造成损害。

（3）第三个选择是重新挖掘足迹，移除破坏足迹的植被，然后更小心地重新掩埋场地，采取措施防止可能破坏脚印的根部生长。当时，普遍认为重新掩埋的建议是最好的保存方法。重新掩埋是一种很容易逆转的方法，如果其他选择变得更可行，今后就可以再挖掘脚印（N.阿格纽和M.德玛斯，1998年）。考虑到上述原因，坦桑尼亚政府与盖蒂保护研究所合作，并与一组专家协商，决定重新掩埋足迹。

1994年开始重新掩埋足迹，并于1997年成功完成。这一过程始于1994年，当时所有生长在掩埋地及其附近的树木和灌木都被砍掉了。将一种可生物降解的除草剂综合应用于树桩上，以防止再生。在这一过程中，杀死了150棵树木和灌木，其中69棵原本生长于重新掩埋的土墩上，其他的树和灌木则生长在土墩附近（N.阿格纽和D.马萨，1995年）。1995年和1996年，从南段开始的田野季节重新挖掘了足迹。这是植被最密集生长的地方。巧合的是，人们于1979年发现了保存最完好的脚印。

在足迹的南段，由于凝灰岩的硬度，其根系为不定根而不是深的主根，这些树根生长得很浅。因此，人们担心会发生的损害要少得多，大多数脚印一般处于良好状态。然而，在凝灰岩风化的地区，树根穿透了足迹。在风化地区，保护小组切除了树桩和根部后，加强在邻近地区分散破坏凝灰岩的水基丙烯酸。小组使用微型旋转锯修剪树根，提取已经渗透到足迹表面的部分。用丙烯酸和气相二氧化硅填充去根后形成的孔洞，以稳定这些孔洞，防止其碎裂。

在完成保护和记录工作的同时，重新将足迹掩埋在周围地区和附近河流的多层沙子和土壤中。筛除填充物，去除粗大的物质，并去除相思种子。保护小组在脚印表面撒下细粒的沙子，然后将一片土工织物——一种透水聚丙烯材料——放置在脚印上方约5厘米处，作为标记。然后，然后倒上一层细沙，覆盖上一种叫作"生物屏障"的特殊土工织物，从而阻止树根侵入掩埋地。

在土工织物层的上方，将一层沙子放置在南北凸起的位置，向东和西放置的沙量逐渐变小。这一层之后是水土保护毯，是一层10毫米厚和一米宽的土工织物，可以减少了前一层的滑动。再之后一层是厚达20厘米的沙层，由均匀放置的河沙组成。在沙层之上，还有另一层，它是由在莱托利地区随处可见的黑色棉质土壤组成的。最后一层是火山（熔岩）巨石，由大、中、小熔岩组成的岩层。这些火山岩和棉花土在这个地点形成了最具保护作用的掩埋层。

问题和挑战：

在将莱托利足迹对公众开放评估的同时，如何保护足迹也是一个严峻的挑战。坦桑尼亚共和国总统贾卡亚·姆里绍·基奎特博士阁下于2011年2月13日正式访问足迹现场，并于现场向专家和公众发表讲话。总统十分赞赏专家所做的专业工作，同时指示相关部委，应该建造一个现代博物馆来保护整个凝灰岩（D.卡玛姆巴等），并在选择保护方法之前，扩大对凝灰岩的研究，以便在完全暴露后能够永久保存脚印。

专家们审议了这一指令的执行情况。可供选择的方法包括重新挖掘和保存足迹，开放或将其掩埋。每一个选择都意味着风险和危险，也都能带来益处。重新挖掘能让公众进入并接受教育，因为他们将见到足迹，并可以向公众传递知识。另一方面，重新挖掘可能造成各种恶化情况的发生。该遗迹将需要在特殊的博物馆条件下受到保护或暴露，需要维护、监测并配备工作人员。任何一点都可能导致足迹保存状态恶化并最终失去足迹（D.卡玛姆巴等）。

再掩埋提供了一种行之有效的保存方法。这里的保存是通过稳定物体的环境来完成的。但是，我们无法看到物体，也不能通过重新挖掘监测物体。在这种情况下，公众无法接触到脚印。在此情况下，如何保存这些开放的脚印是一项挑战，而在有些情况下，可以成功保存这些脚印。查步恐龙遗址位于中国内蒙古鄂托克旗查布地区。这些脚印在开放后被保存在原地，由一个模拟环境的掩蔽所保护，经由造型技术来展示现场的地质情况。

每三个月，通过使用喷在凝灰岩上的加固剂材料来巩固足迹。在场址周围选好了电线气泡屏障，并建起入口门，以避免践踏查布的场址。清除灰尘的方法是使用硬扫帚，这表明博物馆的工作人员没有足够的保存遗迹的技能。脚印保存在环境可控的建筑物中。建筑物内安装的天气记录仪可定期监测温度和湿度的变化。政府为博物馆的保存活动提供资金。因此，博物馆向专家提供这些资金，便于其在恐龙博物馆进行保护和研究。尽管已有上述技术。

有人指出了一些挑战，包括地下咸水渗出，其中含有化学物质和盐类。盐会改变足迹岩石的颜色，并让外来植物发芽，如海草和某些类型的细菌、藻类和真菌。而温度的变化会导致脚印开裂。

周口店第一地点：新发掘与新发现

张双权[①]

我的报告由以下几个部分组成：第一部分是发掘背景。大家知道周口店在北京西南部，是属于太行山脉和北京华北大平原，生态多样性比较丰富。我们看到周口店地区最著名的点是周口店第一地点。其实周口店第一地点最早是大型的洞穴类遗址，经过多次发掘，现在洞穴主体部分已经发掘完毕，西边还有西剖面有残存的原始堆积，主要发掘工作是基于西剖面，这次发掘不是考古发掘，是以抢救性工作为目的，发掘之前我们看到周口店遗址在遗址保存方面存在一些问题，比如周口店遗址第四层，就是早些年的上坝层，由一些比较松散的细腻堆积组成，风的长期作用下凹陷比较厉害，导致第三层出现严重的裂隙、裂缝，会导致上浮堆积消亡，也会导致下浮的堆积有潜在的风险，所以周口店遗址博物馆申请了抢救性发掘项目（图1、图2）。

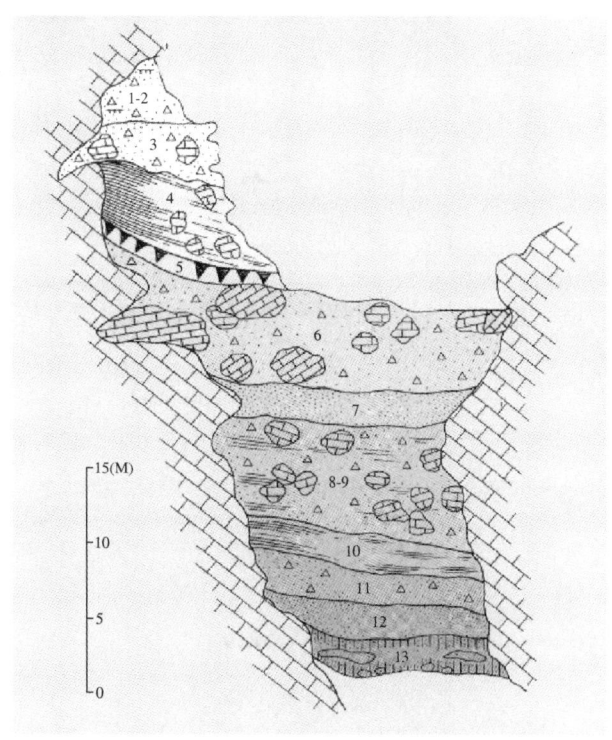

图1 猿人洞（第一地点）西剖面   图2 猿人洞（第一地点）照片

当然我们还希望在发掘过程中解决一些科学性的问题。从目前来看，周口店遗址研究的黄金期尽管可

[①] 中国科学院古脊椎动物与古人类研究所。

能是在20世纪的三四十年代，但科学价值却远远没有消失。之后20世纪七八十年代包括21世纪的学术刊物有关于周口店的研究和重要的争议，包括周口店猿人洞是不是猿人之家，周口店"北京人"是不是能用火，周口店是不是一个完美的狩猎者还是一个捡食其他猎物的对象的食谱者或者是低能的角色，这样的问题经常见诸报端和杂志。针对这些问题，我们通过一些材料对相关问题有一些解答。

我们的发掘目的，总体来说是一个以研究为目的的抢救性发掘，遗址保护工作范围内所进行的常规性工作。

发掘流程和早年发掘相比，早年发掘在中国考古甚至在世界考古范围内都是一个非常好的典范。这次发掘在沿袭早年发掘优良传统的基础之上，采取了一些相对于其他的技术手段以辅助我们的工作。首先是对原始剖面做了三维扫描，为以后的展示包括为我们发掘过程中提供良好的参考，包括发掘的深度控制、宽度控制等等（图3）。当然在发掘过程中，由于周口店西剖面经过多年发掘，现在已经成为高高矗立30多米的悬崖，为了安全，一些安全措施是必要的，这是中国考古第一梯的电梯搭建起来，一方面辅助与发掘，另外一方面保证考古人员的安全（图4）。还有用一些布保护上面落下的落石造成下面的损害。

图3　三维扫描　　　　　　　　　图4　用于周口店遗址发掘的电梯

发掘过程中，早年用铁锤、钢钎，现在偶尔情况下会用到电脑等现代的机械设备。我们当然是尽可能减少此设备的使用，因为它们不可避免地会对一些堆积造成一些影响。早年发掘中采取传统的方式，在出土物空间和位置控制方面欠缺精准，这次按照现代考古的规范使用前瞻仪，对所有遗物出口有很好的控制，便于以后研究遗物的空间关系，这些关系是至关重要的（图5）。

在发掘过程中如果有一些相对比较重要的层面，比如说我们可能会有一些类似现在考古上所说的古人类居住面上的，对于这些特殊的价值明显的，会采取另外手段，主要是采取三维扫描，把这些层面保留下来。包括发掘过的框面都有完整的三维记录。这个三维模型建立是可测量的，一方面有助于后期博物馆需要的情况下做一些展示，还可以进行室外研究。还有对出土的化石、石制品进行清洗、编号、收存。过程中会采取筛洗，这个过程获得了一些小的哺乳动物化石和鸟类的化石，随后我们会看到比较典型的材料产出。

与此前发掘不同的是，这次还有一个重要的区别是采取系统的沉浸学的取样，解决来源问题和年代问题。我们的取样沿着一个层面（自然面，不是水平发掘面）来走，沿着整个面系统取样，这样可以做相应的对比。后面的研究工作就可以看到它的价值所在。另外是野外收获。从发掘过程来看，我们在猿人遗址

图5 周口店遗址的发掘探访

中发现了原地的动物化石，有比较好的石制品，甚至有些是石制品和动物化石伴生出现，这暗示了人类行为或者人类对这些动物化石、人类对这个遗址材料形成过中的作用（图6）。

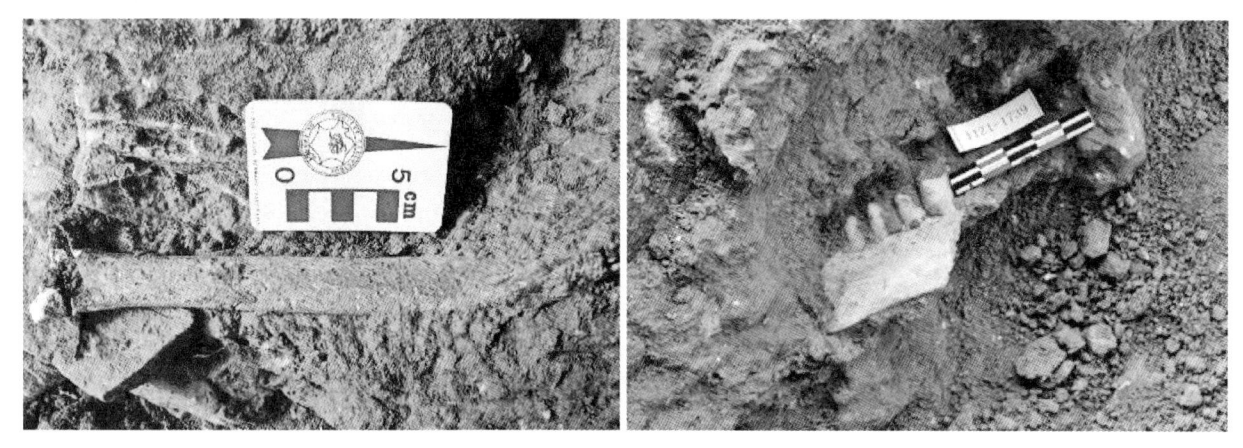

图6 周口店遗址出土的动物骨骼化石

我们还发现了一些石制品和动物化石的伴生出现，有许多动物化石颜色偏蓝甚至偏黑、偏白的迹象，可能与用火有关系，实验室工作正在进行更深入的研究。从产出的动物化石种类来说，我们发现的这些动物化石基本上是早年发掘中非常常见的种类，我们的材料，尤其是从后第四层开始大部分材料比较破碎，这是早年比较常见的，周口店是一个非常具有代表性的动物类群。对于更新世的洞穴来说，人类和动物交替入住是很常见的现象，我们在猿人洞发现了有确切意义的猎狗粪的化石，说明猎狗有居住过。还有石制品，原料质地比较差，可控性比较差，加工并不是那么漂亮，让人印象深刻。但从分析角度来说，毫无疑问是人类加工序列的产品，有比较典型的石片、石锤，及周口店代表性的砸击碎块。我们这儿有一个比较好的刮削器。还有一些相对来说材料性能更优的透明材料，这是比较好的水晶材料，在遗址中比较少，产品往往修整痕迹比较明显，代表人类晚期相对比较完备的技术。

目前为止我们发掘了大概五六个年头，已经发掘有十来米。在北京猿人遗址中一个重要的野外收获是用火的证据，发现有灰烬和五彩斑斓地面堆积的出现，可能跟猿人洞里的石灰受热之后变成生石灰，包括地面砖红色受热的改变等等有关，有些地球化学的分析研究正在深入。目前来看还是比较正向地指向猿人用火的结果。这些现象都是有的。个别部位的颜色比较深，是不是人工火需要其他工作证明。总之红色土壤出现和遗址内其他区域的堆积状况有明显差别（图7、图8）。

出现了黑色的动物骨骼（图9），从动物骨骼埋藏学的角度来说，并不代表人类的烧烤行为，只是表明有一定的过火事件，经过火烧，是自然的还是人工的还不能确定，进一步这些骨骼烧灼的目的是为了烤肉吃，还是为了以后处理垃圾，甚至作为燃料等等，更深层的学术问题目前还在进行之中，首先需要工作确认分析它是属于烧灼的产品。这有大量的黑色骨骼和发白的骨骼。

另外一个是室内研究，这是几个研究组的成果，我简单介绍一下。其中一个是磁化率的分析，这是对我们

图7 北京猿人的疑似用火证据

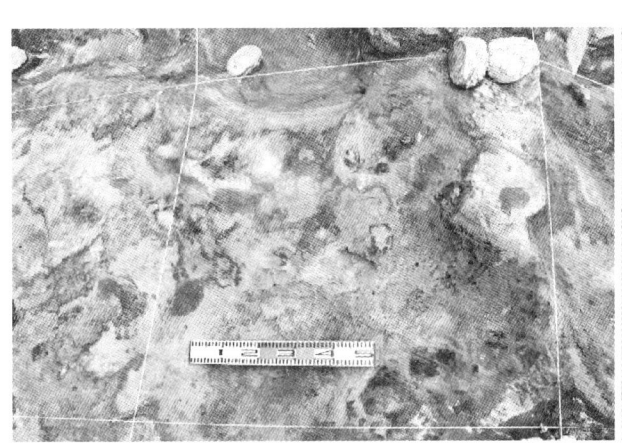

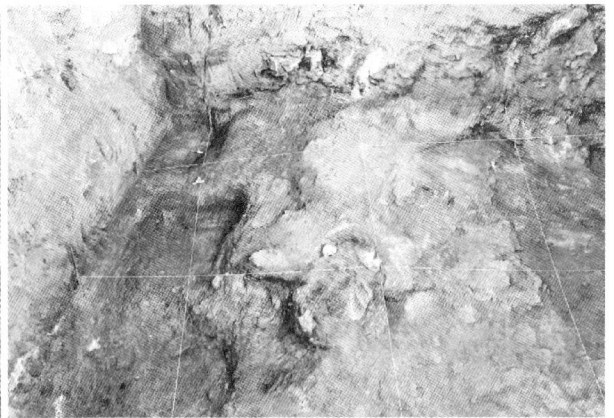

图8 北京周口店第一地点发掘土壤照片

图9 2013年出土黑色动物骨骼

发现的重要层面，有几个疑似的火塘，通过对颜色的分析表明，我们发现疑似的火塘都远远高于我们的对比样。我们也做了一个热磁分析，大概经过600—700℃的高温，这样的温度在自然条件下无法达成，我们相信很有可能是与人工控制用火有关。

我们对灰烬产品做了元素分析，灰烬中常见的一些矿物元素，硅、铝、铁、钾都发现了，包括对物质成分分析也确认了这一点（图10）。还有对第三层、第四层做了动物埋藏学的研究，第三层上面没有人工痕迹，也没有对骨骼造成的破坏。第四层有可能烧过的动物骨骼，有好的石制品，还有骨骼留下的切割痕，第三层更多是堆积层，第四层显然是人类活动的遗留。这个过程与人类堆积过程有关或者洞穴发育过程有关。在洞穴第四层结束的时候，洞井已经全部坍塌了。进入到第三层的时候，人类已经不在西剖面居住了。我们也发现我们所探到的第三层，这和早年南裂隙发现的不同，这表明洞穴的形成过程是复杂的，各个部分有不同的沉积历史，我们要进行分别研究和对待（图11）。

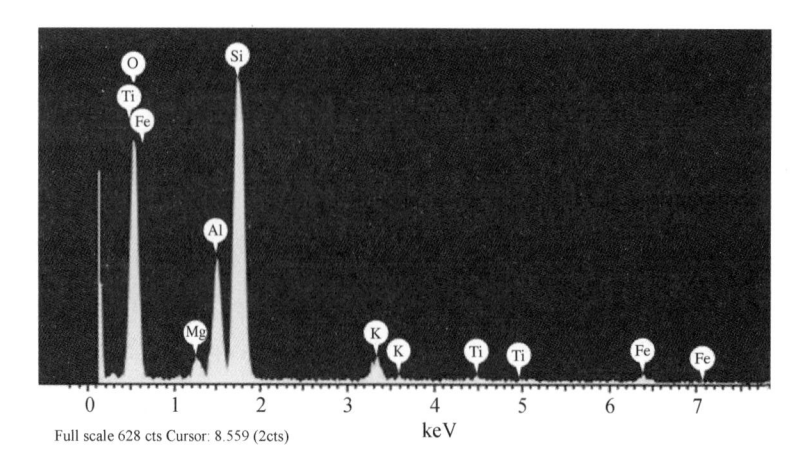

图10 灰烬中的矿物元素分析

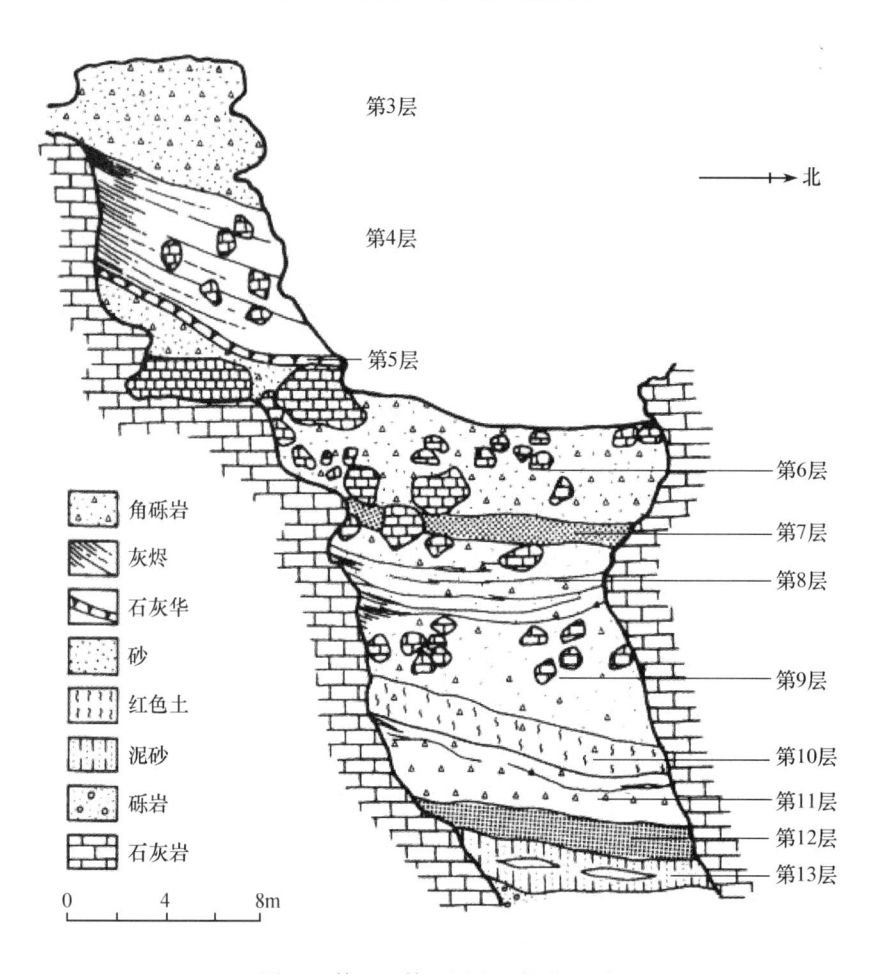

图11 第三、第四层出土物的区别

从第三层开始增加，这个工作已经到了北京猿人的真正生存状态，发现的证据表明第四层是北京猿人的重要生活时期。北京猿人的联系证据和系统样品的采集，为我们以后其他更深层次的研究奠定了基础。

周口店遗址价值与北京文化产业发展

王国华[①]

人类社会已经全面跨入了互联网时代。

互联网时代强调的是互联互通、开放共享与跨界融合。今天，来自几十个不同国家、不同领域的"史前文化遗产保护与研究者"聚集在北京周口店参加"2018年周口店遗址史前文化遗产保护、研究与可持续发展国际会议"，共同探索"遗址史前文化遗产保护、研究与可持续发展"问题，这本身就是践行"开放共享、互联互通、跨界融合"理念的具体行动。

周口店遗址考古工作已经持续了100多年，今年是周口店遗址发现100周年的纪念周年，中外众多的科学家以及考古工作者为周口店遗址史前文化研究做出了巨大的贡献。尤其是对"史前文化遗产价值研究与可持续发展"等问题提出了许多极有启迪意义的思考。现在北京以创意产业作为主导产业，而创意产业主要靠人类辉煌的历史文化遗产作为创意的元素，没有这些文化遗址的价值挖掘，我们的创意产业可以说是无米之炊。

联合国教科文组织遗产委员会在1987年将北京周口店遗址作为世界文化遗产的重要组成部分，也是北京第一批世界文化遗产单位。大家知道世界上遗产最多的国家是意大利（2016年），仅次于意大利是中国。周口店遗址入选时间是1987年，是世界上史料最丰富、最系统、最有价值的早期旧石器时代人类遗址，考古学家先后三次在北京洞穴遗址发现三枚人类牙齿化石，及人工制作的工具和用火遗迹，遂成为震惊世界的重大考古发现。

周口店文化价值有哪些方面？纵览目前对周口店史前文化的研究成果，我们认为周口店遗址价值主要体现在五个方面：

第一是社会发展的演进价值；

第二是历史文化的再现价值；

第三是人类生活演进价值；

第四是创意产业的驱动价值；

第五是对北京建设国际设计之都的推动价值。

北京建设世界设计之都，一定要有设计的源泉。而这个源泉之一就是北京丰富的历史文化资源。北京房山是一个历史文化非常丰厚的区域，它的丰富历史文化可以用"文化三源"来概括：即"人之源"、"城之源"、"都之源"。第一，北京房山区是"北京人"之源，"北京人"从房山这个地方来的；第二，在房山区琉璃河镇发现的西周燕国完整的城池，非常震撼人，是北京城的"城之源"。可惜房山区对此宣传得不够；第三，把北京作为全国性的都城并不是明代的永乐大帝，也不是成吉思汗的孙子忽必烈所建设的元大都，而是金国海陵王完颜亮（女真名字"迪古乃"）。完颜亮于1151年（天德三年）下诏增扩燕京城，建筑宫室。1153年"以迁都诏中外"。1154年（海陵王正隆元年）完颜亮下诏将大金国祖陵由今天的黑龙江阿

[①] 北京工业大学教授，北京工业大学文化创意产业研究所所长。

城迁至北京房山,"葬始祖以下10帝于大房山"。至此,大金国首都正式迁至燕京。北京第一次成为全国性的都城是从金朝开始的。所以,北京市房山区可以称之为"三源之地"(人之源、城之源、都之源)。

由此可见,房山这个地方的历史文化遗产是何等之丰富和深厚,北京的文化创意产业如果能够从这些丰富的历史文化遗产中吸取养分,一定会迅速提升北京的文化创意产业品牌价值和它的巨大文化魅力……

周口店遗址的第一大价值是它的社会发展的演进价值。考古发现,当时周口店"北京人"的脑量已经达到了1088毫升,头部特征比较原始,但有明显的现代蒙古人特征,身高在一米五六左右……我们可以从"北京人"的演进过程看到人类怎么样一步一步走向文明、一步一步走向现代。

周口店遗址的第二大价值是"历史文化的再现价值"。"北京人"懂得怎么用火和吃熟食,知道怎么样保存火种。用火使人移动的半径大大扩大,能够抵抗很寒冷的环境。吃熟食能够大大增加人的蛋白质吸收,使得人的寿命大大延长……所以,用火是一个了不起的进步。"北京人"会用火的特征,为人类不断演化成为今天的直立人的演进过程奠定了实物证据。

西方基督教认为,人是上帝创造的。而"北京人"的发现证明,人就是从猿人慢慢演化出来的。当然,中国远古时代有人说人是女娲创造的,"女娲造人"是神话传说。因为神话传说是人类利用想象、借助想象,征服自然、改造自然的工具(马克思语)。"北京人"发现为人类进化理论提供了有利证据,从猿人到爪哇人到直立人,从社会演进学角度可以看见历史文化,"北京人"更加完备了作为人的特征,山顶洞人化石和文化遗物的发现充分表明了"北京人"的发展和延续,"北京人"发现为中国古人类和文化研究奠定了基础,是当之无愧的人类远古的文化宝库。

周口店遗址发现的第三大价值是人类生活的演进价值。"北京人"创造了旧石器时代文化,对中国华北地区旧石器文化产生了深远影响,怎么用工具,怎么用火和树枝,怎样用树枝作为火的燃料来燃烧。这种生活方式是人类对自然认知所产生行为方式的综合。今天生活方式也是不断地演进。

周口店遗址发现的第四大价值是文化创意产业的驱动价值。对于文化艺术家来说,周口店史前文化遗址是一个历史文化的万花筒,许多学者能够跳出古人类考古发掘以及历史研究,探讨今天人类能从古代联想到什么、看到什么、如何能够超越古人类。美国电影《侏罗纪公园》,是借着考古的故事做成的电影,这就是文化创意。这种创意创造了极其丰富的文化艺术内容与及文化价值。《侏罗纪公园》拍到了第六集,衍生出了许许多多的周边产品。而周口店史前文化遗址有着极其广阔的想象空间等待着文化创意者去深度开发。创意产业是一种依赖人的丰富想象和创造力驱动的"精神产业",创意产业将使人类不断向着美好生活方式和美好世界演进。

周口店史前文化遗址的第五大价值是对北京建设国际设计之都的推动价值。北京已经被联合国教科文组织列为"世界设计之都"。设计之都设计什么?设计衣服、椅子?不,最精彩、最迷人、最具影响力的设计是"人类生活方式的设计"!设计之都应当为人类设计更美的生活样态、更美的生活样品、更舒适的生活方式。这才是大设计。人类有这样的设计,人类文明就会不断地演进。

对于周口店遗址价值发掘与北京文化创意产业发展之关系,我讲三个观点。

第一个观点:创意产业不仅要在现实生活中寻找创意灵感,更重要的是在人类远古文化中去寻找创意灵感。马克思曾经说过,古希腊神话是欧洲文学的武库。直到今天,许多欧洲的大品牌都是借用古希腊神话中各类天神的名称来命名的。例如达芙妮、波塞冬、阿波罗、雅典娜等等。因为这些古老的神话传说已经是家喻户晓的经典,商家稍稍借用这些名称并辅助以系列的品牌传播手段,立即就会引起消费者的"情感共鸣"……尤其是在当今互联网时代,消费者对于产品的艺术属性向往远远胜过对产品的物理属性的需求。因而,借助历史文化丰富蕴含打造产品品牌成为许多商家塑造品牌的不二法门。周口店史前文化遗址的品牌价值,将会成为推进北京文化创意产业发展的最具市场潜力的重要资源。

第二个观点:"理念创新"是文化遗产保护与利用的基本要求。周口店史前文化遗址本身就是一座文化创意产业富矿,可以挖掘的创意价值极其丰厚。但必须要转变"资源观念"、"学科观念"、"保护与利用观念",不但要跟其他的学科和其他领域跨界融合,互相砥砺,协同创新,更需要"跳出遗址考古,关注并研究当下大众对远古文化的需求特征"。现在,有很多地方领导对于文化遗产的保护与利用关系理解片面,要么机械地"保护",要么"破坏性的开发";要么"这不能动、那也不能动,这也不能做那也不能做";要么"挂羊头卖狗肉"、"风马牛不相及"、"生搬硬套"地糟蹋文化遗产。其结果什么都做不了、什么都做不好。联合国教科文组织希望世界文化遗产是在充分利用、开发基础上予以保护,尤其是对大众的传播。所以,挖掘周口店遗产的价值要充分运用全新理念和方法找到今天社会对周口店价值的需求点,研究和总结周口店遗址价值创意发掘和方法。尤其对广大民众,要以形象、生动、通俗的语言告诉他们遗址价值作用是什么,它的历史蕴含在今天社会的意义是什么。

还有,我们要对周口店史前文化遗址的品牌形象给予必要的现代传播。现在很多人不太知道周口店,更谈不上了解周口店史前文化遗址的价值与意义。其根本原因就是我们的管理者不善于运用现代传播理念和传播方法来提升周口店的品牌认知度。目前有些说法认为,周口店遗址是非常专业的,外行不懂不要插手,这种说法其实是不对的。任何专业的东西都可以通过现代传播技术来进行形象、生动的大众传播。现在很多球星、明星收入那么高?很重要的因素是因为"大众传播"。因此,理念创新十分重要!传播理念与传播方法的转变,是改变目前周口店史前文化遗址品牌知名度缺失的重要措施。

现在很多人不知晓如何塑造品牌、如何提升品牌、如何提高历史文化遗产知名度,其重要因素是他们不知道任何商品都具有多重属性,除了商品的物理属性之外,其艺术属性、审美属性、心灵感知属性等在今天的社会里显得更为重要。我们许多旅游产业从业者,只知道周口店遗址的物理属性(遗址年代、考古价值、考古属性),但很少研究周口店史前文化遗址还具有极其丰富的美学属性、艺术性属以及"让人追忆逝水年华"的心灵感知属性。挖掘周口店史前文化遗产价值,一定要跳出具体的"物理属性",凸显周口店遗址的艺术属性、美学属性,研究它跟今天人类生活的关联性与启示性,并以周口店遗址的现代价值去唤醒游人的审美追求以及情感共鸣……只有这样,游客才愿意光顾,并虔诚地拜谒。

理念创新不仅需要勇气,更需要一套系统的创新激励的"制度安排"。美国为何在文化艺术以及科技等领域长期引领全世界潮流?其根本原因是得益于它创造了系统的"激励创新的制度安排"。美国在她的诸多产业发展过程中逐步建立起来的一整套制度安排,比如反垄断、知识产权保护、R&D 的体制化等等。这些制度安排,保证了美国经济增长,而不仅仅只是技术创新与资本、劳动力和自然资源禀赋的积累,最重要的是重视人、重视专家、重视研究者。

周口店史前文化遗址价值挖掘与品牌塑造,在理念创新的同时,必须建设一套系统的"激励创新的制度安排"。

第三个观点:周口店遗址文化价值挖掘应当"创新开发模式与开发路径"。如何创新开发模式?我们认为,第一是牢记"他山之石可以攻玉"的古训。应当广泛地借鉴世界各地的文化遗产利用的先进经验。要认真地研究同类型的博物馆,它们的成功在哪里。比如美国大都会博物馆的经营理念,他们认为"非营利机构不等于不盈利"。大都会博物馆除了文物展示、文化传播做得十分出色之外,它的各类"衍生产品"也做的非常精彩……比如它的餐饮服务、纪念品制造以及博物馆文化氛围的营造等等,都是极具创造力的;意大利庞贝古城的开发有很多经验值得我们学习与借鉴,意大利遍地都是残垣断壁,但能够用很好的方法使这些古迹抓住世界游客的心理需求。第二是重视对软件系统的投资。周口店史前文化遗址博物馆能不能提供更多的平台让更多的专家学者从市场角度设立各种讲座,让各类专家团队、文化规划和开展各种专家咨询。这是当下迫在眉睫的工作。第三是重视对人的投资。创意产业的核心是人的无穷无尽的创意,而人的创意产生并不神秘,其关键点就是"重视人"、"尊重人"、"激励人"。人的创意是在学识、环境、动机、方法等要素相互作用下产生的。有人说,创意是多要素的函数。一般来说,创意的诞生离不开如下四个要素:一是较为丰厚的学识积累;二是良好的社会环境(宽松、宽厚、宽容);三是强烈的动机(利益、好奇、质疑、兴趣、信仰、偏好……);四是先进的科学的方法(一般性方法:敏于观察、勤于思考、好学多问、相互启发、不迷信、多质疑；专业的方法：假设与反假设；德菲尔法；演绎法；假说法；证伪法；类比法、归纳法……）。要保持创意源源不断，就要不断地增加学识、营造环境、激发动机、改进方法。美国一直在强调：要在全社会建立学习型的组织（以强烈的危机意识为学习的宗旨；以解决实际问题为学习的目的；以不断地手法创新为学习的方法……）。第四是要持之以恒地开展"人力资源开发活动"、不间断地进行从业者的产业技能培训。建议周口店史前文化遗址博物馆下一步要做一系列的专题讲座。提升周口店的大众知名度，从品牌打造入手，将周口店遗址博物馆打造成北京文化创意产业的靓丽风景线。

总之，周口店史前文化遗址的价值挖掘与可持续发展，取决于我们有没有一个好的理念、好的方法和好的模式。取决于我们能否高屋建瓴地鸟瞰人类历史发展进程、不断发掘和引领人类未来的前进道路。

从奥尔杜瓦伊峡谷（坦桑尼亚）到周口店（中国）：两个考古遗址关于公共参与和可持续旅游业的经验

查尔斯·穆西巴[①]　康冬龄（音译）[②]　陈晓凌（音译）[①]

摘要：1923年中国周口店发现了直立人的牙齿遗迹，引发了大量的考古研究（1923—1927），出土了200余件类人化石，是亚洲最大的化石收藏地之一。在考古发掘方面，1960年报道了在坦桑尼亚奥尔杜瓦伊峡谷直立人的另一个重大发现。这两处遗址的发现时空都是分开的，引发了对现代人类起源和传播的强烈的古人类学争论。这两个遗址是标志性的考古遗址，被列为世界遗产，从而展示了它们重要的普世价值，以及对我们理解人类进化历程的贡献。这两处遗址通过建立对游客友好的现场博物馆以及吸引地方、区域、国家和国际旅游的研究设施，努力保持其全球重要性。两个遗址最近完成了一些旨在促进当地和国际旅游的重大基础设施项目。本文讨论了两个遗址在2012年京都愿景、2013年杭州和2016年罗本岛宣言框架内，为促进保护和可持续性、旅游、文化和自然遗产保护所做的努力。该研究的数据是通过当地和国际公共政策文件、新闻稿、现场观察和现场及场外访谈收集的。两个遗址之间的对话将继续促进在遗产保护、国际教育和加强全球南部跨文化交流方面的潜在合作。

关键词：奥尔杜瓦伊峡谷；周口店；考古遗址；保护和可持续旅游业

1　引言

　　直立人的出现以及现代人类的起源和传播是人类进化学的核心问题，他们在理解人类共同的过去中占有特殊的地位。这些引人入胜的问题的核心不仅是"何地"和"何时"的问题，而是"现代人类如何"进化和分散的问题。继续古人类学研究和非洲、亚洲的大量类人发现强烈表明，直立人不仅是一个成功的物种，而且是一个狂热的探险家和旅行者。几十年前直立人的发现和中国周口店的相关文物（Weidenreich，1939；Wu和Poirier，1995；Shen等，2016）以及坦桑尼亚的奥尔杜瓦伊峡谷（Leakey，1966；Leakey，1971；Clark，1994；Tattersall和Schwartz，2000；Dominguez等，2017）将这两个遗址从当地未知的考古遗址升级为世界著名的古人类遗址，为对人类起源和传播的理解做出了重要贡献（图1）。奥尔杜瓦伊峡谷和周口店被列为世界遗产，有点类似的突出的普遍价值。这两个遗址也在世界遗产史前主题计划的框架内运作，即"人类进化：适应，分散和社会发展"，为直立人的形态学理解提供了丰富的知识（Rukang和Shenglong，1983；Day，1971；Leakey，1971；Wu和Dong，1985；Rightmire，1993）。这两个遗址产生了一些最重要的中旧石器时代石器和人类遗骸，包括鲍氏傍人（在奥尔杜瓦伊峡谷；Leakey，1958；Tobias，1975；Tobias，1967；Wood和Constantino，2007；Dominguez-Rodrigo等，2013）、直立人和古代智人（在

[①] 美国科罗拉多大学丹佛分校人类学系。
[②] 美国佛罗里达州墨西哥湾沿岸大学传播与哲学系。

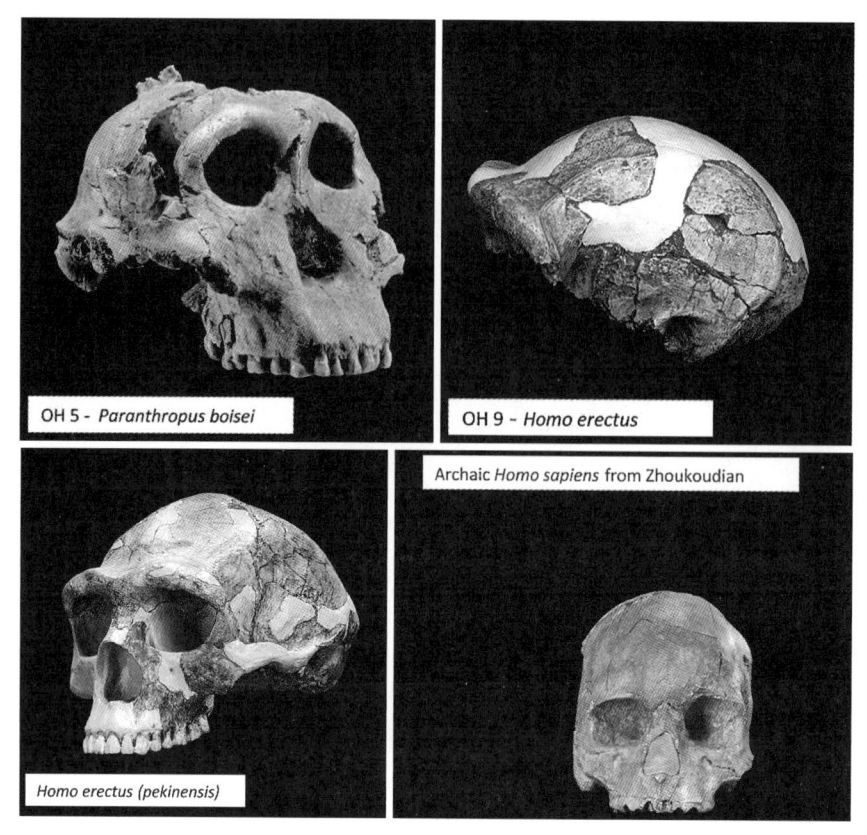

图 1　来自奥尔杜瓦伊峡谷（坦桑尼亚）和周口店（中国）世界遗产地（OH 5，OH 9，北京人和古代智人）的一些标志性类人发现的照片

奥尔杜瓦伊峡谷和周口店：Wu 和 Zhang，1985；Kamminga 和 Wright，1988）。

认识到2012年的《京都愿景》，加强当地社区在实施"世界遗产公约"方面的作用，显而易见奥尔杜瓦伊峡谷和周口店世界遗产地的管理不仅取决于缔约国，还取决于周围的社区，确保遗产地保护和未来的可持续利用（Musiba 和 Kang，2018）。本着这种精神，并承认2013年的《杭州宣言》，要求"将文化置于可持续发展政策的核心"，奥尔杜瓦伊峡谷和周口店最近完成了一些以社区为中心的重大遗址改善项目，这些项目极大改善2015年《旅游与文化暹粒宣言》框架提出的突出的普遍价值，通过建立新的伙伴关系模式以实现更大程度的融合来保护文化和自然遗产。奥尔杜瓦伊峡谷和周口店遗址已经开始响应号召，完成了所需要的工作。虽然相隔甚远，但两个遗址在保护和可持续发展方面非常相似。例如，在奥尔杜瓦伊峡谷，一个大型的现场博物馆，研究和参观设施已被添加到该遗址的缓冲区，而在周口店，类似的改进工作从2000年开始逐步进行。为充分了解这两个遗址类似的保护工作，公众参与，以文化为基础的地方旅游和可持续利用方面的重要性，我们在此简要讨论它们作为世界遗产地的历史。

1.1　坦桑尼亚奥尔杜瓦伊峡谷

奥尔杜瓦伊峡谷考古遗址位于恩戈罗恩戈罗保护区内，位于东非裂谷系统西侧，南纬2°59′，东经35°21′（图2）。奥尔杜瓦伊峡谷所在的恩戈罗恩戈罗保护区，是世界遗产地，于1979年根据自然标准（7）、（8）、（9）和（10）以及2010年文化标准（4）将奥尔杜瓦伊峡谷和莱托利古生物遗址列入。恩戈罗恩戈罗保护区的完整性声明在1979年列入之日与其自然价值的完整性相呼应，在2010年修订之日，对于其文化价值，标准（4）指出恩戈罗恩戈罗保护区已经产生了特殊的与人类进化和人类-环境动态相关的长期关键证据，从四百万年前一直延伸到这个时代的开端，包括人类进化发展中最重要基准的物证。虽然奥尔杜瓦伊峡谷的许多集合的解释仍然存在争议，但是它们的范围和密度是显著的（Diez-Martin等，2015）。人类血统中的几种类型化石来自奥尔杜瓦伊峡谷，该遗址的未来研究可能会揭示更多关于解剖学上现代人类、现代行为和人类生态学兴起的证据（Organista等，2016；Dominguez-Rodrigo等，2012）。

图2 奥尔杜瓦伊峡谷主要和侧峡谷（上面）航拍图像和主峡谷（下面）照片

就古人类学而言，奥尔杜瓦伊峡谷在1911年被称为一个重要的古生物遗址，当时德国昆虫学家Wilhelm Kattwinkel意外地在奥尔杜瓦伊峡谷发现了一些哺乳动物化石，引发了一些科学兴趣，因此1913年由德国火山学家和古生物学家Hans Reck领导了一次彻底探险，产生了一些化石类人遗骸（OH 1，一个完整的现代人类骨骼，侵入性埋葬到RK遗址的Ⅱ号底层）。在Hans Reck的指导下，Louis Leakey于20世纪30年代世界大战不久后进行了进一步的探险，这次探险被命名为1930—1932年东非考古探险队，1935年探险队发现了另外的类人遗骸（OH 2）和许多其他哺乳动物化石和岩屑材料。这些发现导致了Louis和Mary D. Leakey领导的从1955—1972年和1973—1982年的探险，发现了鲍氏傍人、能人和直立人（OH 3-61）等类人化石。1986年，Donald Johansen和他的团队也在奥尔杜瓦伊峡谷工作，并发现一些能人（OH 62）的类人遗骸。Johanson和他的团队在奥尔杜瓦伊峡谷工作时间不长，他们将工作转移到埃塞俄比亚，在那里他们有了一些非常了不起的发现。Robert Blumenschine和他的同事在1993年发现了两个重要的人类头颅（下颌和上颌）化石为卢多尔夫人（OH 63-64），最近，由Dominguez-Rodrigo博士领导的团队建立了一个研究和奥尔杜瓦伊峡谷的国际田间学校项目，发现了人类颅骨和颅后遗骸（OH 80和OH 81）。也许在奥尔杜瓦伊峡谷最重要和最具代表性的一个发现即是1959年Mary和Louis Leakey发现的鲍氏傍人，将奥尔杜瓦伊峡谷遗址作为非洲古人类学研究的圣地。L. S. B. Leakey的1935年考察主要集中在对峡谷的调查，其中确定了各个地点，如FLK，FLKNN，BK，SHK，DK和HWK等等。

就地理而言，奥尔杜瓦伊峡谷是一个约25公里长的Y形干峡谷，主峡谷从杜图湖向东穿过塞伦盖蒂平原，穿过上新世-更新世地层，然后从南部加入侧峡谷，排入Olbal-bal在恩戈罗恩戈罗-奥尔莫蒂高地的Olbal-bal洼地。奥尔杜瓦伊峡谷的地质特征是一系列上新世到上更新世的湖泊和河流的沉积矿床，其日期为1.9至0.01 Mya（Hay，1976，1990；Leakey，1984；Walter等，1991）。峡谷的特点是一系列断层和暴露的沉积物，细分为七个不同的地层：Ⅰ-Ⅳ地层，马塞克地层，杜图地层和Naisiusiu地

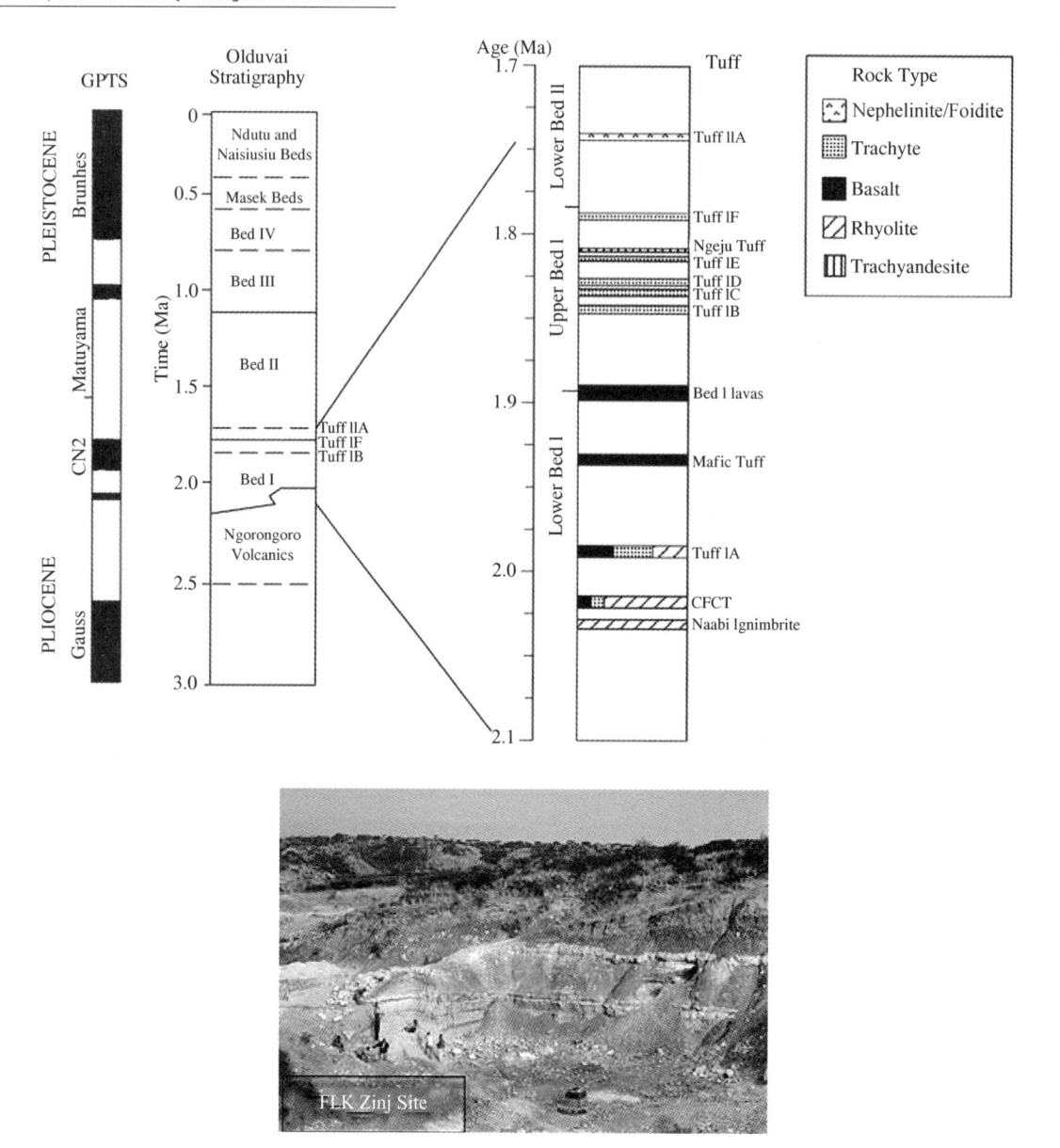

图3 奥尔杜瓦伊峡谷世界遗产的广义地层剖面

层（图3）。地层Ⅰ是峡谷中暴露最少的沉积物，它们被放置在一个浅的碱性湖泊中，里面有支流的淡泉水。这些地层的日期为1.9至1.75 Mya，产生了奥尔杜瓦伊峡谷的大部分类人（OH 7，OH 8，OH 24，OH62和OH 64，为能人），还生产了一些原石，描述了奥尔杜瓦伊石材业（Leakey，1971）。此外，地层Ⅱ沉积物的年龄介于1.75—1.4 Mya之间，也是在一个以爆破活动为特征的活跃时期的火山爆发中形成的湖泊，这使得湖泊的大小减少到1.6 Mya左右。地层Ⅱ沉积物还保留了一些类人化石，例如能人化石（一种副标本）的碎片头骨（OH 13），还有一种较老的碎片能人头骨（OH 16）追溯到1.6—1.5 Mya以及直立人的大脑颅盖骨（OH 9），追溯到1.5—1.4 Mya。这些地层也产生了一些被认为是发达的奥尔杜瓦伊工具的岩屑材料，如屠刀和手斧。地层Ⅱ沉积物的上部产生了大量的阿舍利手斧和切割器（Diaz-Martin等，2015），这些地层被地层Ⅲ和Ⅳ沉积物覆盖，这些沉积物通常在岩石学上一起考虑，它们跨越1.4—1.0 Mya的时期（Shwartz和Tattersal，2003）。地层Ⅲ产生了许多哺乳动物的动物遗骸和文物，而地层Ⅳ产生了一些人类遗骸，包括为直立人的OH 28。马塞克地层（～1.0—0.75 Mya）位于地层Ⅳ之下，只有一个位置保留了阿舍利手斧，而杜图地层（~0.75—0.075 Mya）和 Naisiusiu 地层（0.02—0.015 Mya）保留了指定为非洲中晚期石器时代的工业。

1.2 中国周口店

周口店位于北京市西南 50 公里的房山区，北京市房山镇以西 5 公里处，周口店遗址于 1987 年 12 月 1 日根据标准（3）和（6）被列为世界遗产，面积约 2 平方公里，由华北平原和燕山山脉交界处的北纬 39°43′ 和东经 115°55′ 的陡峭山丘（当地称为"龙骨"和"鸡骨"）组成（图 4）。该遗址保留了亚洲一些重要的中更新世古人类遗骸和岩石。该遗址产生了著名的北京人头骨，1939 年，Weidenreich 从 70 万年前到 20 万年前分类分配到直立人的属和种中。该遗址还产生了许多古老/早期的智人遗骸（200—3,000 年前），记录了亚洲人类早期的长期遗址（Wu 和 Lin，1983；Pei 和 Zhang，1985；Wu 和 Poirier，1995；Norton 和 Gao，2008；Li 等，2018）。周口店还保留了一些重要的考古遗迹，包括中更新世的石器，有时被称为类似阿舍利工具，以及有意使用火的早期证据（Kamminga 和 Wright，1988；Kamminga，1992；Norton 和 Gao，2008）。从地质学角度来说，周口店古人类遗址目前有二十个，其中确定的七个由化石地区组成，其中下层洞穴中的地点 1 产生了所有的北京猿人化石遗骸（图 5）。这些遗址不仅体现了相当数量的岩石和动物遗骸，展示了类人文化进化和转变的区域观点，而且还展示了早期/古代智人和解剖学现代人类的类人化石遗骸，推进了亚洲人类进化研究。确定了 17 个地层，并分配了从 A 到 O 的字母（Pei 和 Zhang，1985；Schwartz 和 Tattersall，2003；Boaz 等，2004；Norton 和 Gao，2008；Shen 等，2016）。

也许很明显，周口店是亚洲最重要的古人类遗址之一，保存了记录人类起源和文化进化的重要史前遗迹，从而为我们理解和重建人类进化轨迹做出了重要贡献，如联合国教科文组织世界遗产标准（3）和（6）的规定。这两个标准表明，"周口店遗址见证了从中更新世到旧石器时代的亚洲大陆人类群落，说明了进化的过程"，此外"原始人的发现仍然存在于周口店，后来的研究在 20 世纪 20 年代和 30 年代激起了普遍的兴趣，推翻了当时普遍接受的人类历史的时序。"因此，周口店遗址的发掘和科学工作在世界考古史上至关重要，在世界古生物科学史上发挥着重要作用。早在 1929 年就从地点 1 中回收了直立人的化石遗骸，随后在地点 4 进一步发现了一颗可能属于东亚海狸鼠类个体变种的孤立牙齿，以及从地点 26（最初命名为上层洞穴遗址）和地点 27（天元洞遗址 -Shen 等，2016）的一些智人遗体。因此，在 27 个确定的地区的六个地方已经恢复了丰富的岩屑组合沉积物，这表明亚洲的类似阿舍利的核心 - 薄片工具行业的持续发展让人联想到欧洲和非洲的阿舍利工业（Shen 等，2016）。

图 4 周口店世界遗产地下洞穴 1 区的翻新工程图

图5 显示周口店世界遗产地的地图和照片

2 对研究和教育的贡献

2.1 坦桑尼亚奥尔杜瓦伊峡谷

从20世纪50年代到现在,奥尔杜瓦伊峡谷的持续研究已经提供了80多种类人和150多种已经被认可的已灭绝的哺乳动物,包括鱼类、海龟、鳄鱼、猪、长颈鹿、马、羚羊、啮齿动物和许多鸟类,让我们可以一睹近200万年前奥尔杜瓦伊峡谷的生态环境(Organista 等,2016;Dominguez-Rodrigo 等,2017)。目前,在奥尔杜瓦伊峡谷的几个地点进行了三个主要的研究项目(图6),其中包括:奥尔杜瓦伊景观古人类学项目(OLAPP),该项目于1989年启动;奥尔杜瓦伊地质年代学和考古项目(OGAP)成立于2006年;奥尔杜瓦伊古人类学和古生态学项目(TOPPP)也于2006年成立;奥尔杜瓦伊脊椎动物古生物学项目(OVPP)成立于2010年。此外,所有这些项目都是多学科和国际合作项目,旨在提高我们对奥尔杜瓦伊峡谷人类进化和行为的理解。例如,OLAPP研究跨越共时景观的古人类学事件的环境背景,针对在峡谷中追踪和定期挖掘的单一视野,OLAPP为四个奥尔杜瓦伊类人景观建立了广泛的栖息地结构:1)下层地层 I;2)中层地层 I;3)上层地层 I;4)最下层地层 II,而OGAP侧重于地层 II的地质和考古,寻求了解地层 I和地层 II之间技术转换的生物和生态基础。OLAPP、OGAP和OVPP共享这三个项目的所有研究资源和研究人员。

另一方面,CODI的创建是为了编制从奥尔杜瓦伊峡谷回收的所有脊椎动物化石材料的数据库,这些材料要么被借出,要么被存放在世界各地的几个研究所中,从而使数据库可以自由而轻松地被科学家、公众和坦桑尼亚政府使用。该数据库旨在促进研究,提高公众了解古生物科学过程的能力,并帮助坦桑尼亚政府重新控制过去100年来世界各地众多科学家分散的化石组合,由坦桑尼亚国家博物馆Leslie Hlusko和Jackson Njau博士引领。同样,TOPPP目前的研究在一些最重要的遗址如FLK Zinj、PTK、FLK North、SHK、TK、BK和FLK West采用了最先进的技术,这些地方结合了露天开挖和景观考古学,以便更好地理解早期人类行为。

OLAPP、OGAP、OVPP和TOPPP也为奥尔杜瓦伊峡谷的现场研究实验室的建设做出了贡献。例如,

2010 年 TOPPP 建造了 Aguirre-Mturi 野外研究站，其中包括两个宿舍，浴室和淋浴，一个包括厨房和储藏区的大型复合物，以及一个实验室（图 7，A_1、A_2）。该野外站以两名著名研究人员命名，分别是西班牙人和坦桑尼亚人：Emiliano Aguirre（西班牙古人类学的创始人之一）和 Amin Ezra Mturi（坦桑尼亚第一位古物主任和坦桑尼亚考古学的创始人之一）。此外，OLAPP、OGAP、OVPP 还在 MaryLeakey 营地（图 7，B_1、B_2）共同建立了一个研究实验室。最近他们通过在 Mary Leakey 营地内增加另一个大型脊椎动物古生物学比较研究实验室来扩大实验室。同样谨慎的是，奥尔杜瓦伊峡谷出土的大量化石和岩屑材料确实需要多个研究方向。因此鉴于该遗址的极端丰富性，多个研究团队的存在对于最大化其科学产出至关重要（Domínguez-Rodrigo，Mabulla & Bunn，2007）。

图 6　奥尔杜瓦伊峡谷世界遗产地不同地点的研究活动照片

2.2　中国周口店

Chen、Zhang 和 Gao（2016）指出，周口店的研究重点最近已经从人类狩猎转向以多学科研究焦点为指导的保护和公共教育。他们进一步认为，"从周口店简单地寻找直立人的一心一意的目标转变为专注于保护、教育和跨学科研究的多方面目的……"一直是中国三代旧石器时代考古学家的努力（Chen 等，2016）。这也反映了一个事实，即被称为北京人洞穴的地方 1 也许是最多受调查和最负盛名的地方，其在人类进化的古人类学研究中具有前所未有的重要性。到目前为止，已经确定了 17 个化石地层的收集，其中包括 6 个颅骨，40 个不完整个体和 98 种非人类哺乳动物，自 20 世纪 20 年代以来，在英国和中国文献中都有仔细记录（Shen 等，2009）。在 3—11 层之间发现的 6 个著名的头骨，日期在 0.23 到 0.78Mya 之间，被分类分配到直立人的属和种，因此代表了科学证明是智人直接祖先的物种的后期生存（Shen 等，2009；Wu，Schepartz 和 Liu，2009；Wu，Schepartz 和 Norton，2010）。虽然周口店对人类进化的古人类学意义已经确立并得到高度认可，但它对中国历史考古经验和古代人类学作为中国学科的贡献有些欠缺和低估。

周口店发掘的历史可以追溯到 1921 年，当时瑞典地质学家 J. Gunnar Andersson 从龙骨山的 U 形夹中发现了一些石英碎片。随后在 1927 年加拿大人类学家 Davidson Black 进行了另一次挖掘工作，他从该遗址（北京人）恢复了类人白齿。从 1929 年到 1937 年进行了规划性的大规模挖掘，在此期间，考古学家发现了

图 7　奥尔杜瓦伊峡谷世界遗产地各种研究项目所建立的研究设施照片

不同年龄的男性和女性的完整头骨、下颌骨、牙齿、腿骨和其他化石。标本最终被重新分类为直立人。不幸的是，在第二次世界大战期间挖掘工作停止时，这些精美的化石丢失了，只留下它们的铸件用于后续研究。以 1929 年第一个直立人头骨的发现为标志，周口店的研究见证了裴文忠博士（1904—1982）和贾兰波（1908—2001）等众多国际合作的兴起与崛起，为中国古人类学的发展奠定了基础（Shen，Zhang 和 Gao，2016）。从 20 世纪 50 年代到 80 年代期间，国际合作已从中国主导的封闭式研究中脱离出来。然后，大多数研究都集中在更多化石的恢复上，特别是直立人的性质，优先关注地点 1，结构是直立人的其他材料的挖掘，其中包括超过 100 个化石人类遗骸，代表超过 40 个人（Chen 等，2016）。最值得注意的是，新训练的古人类学家正在领导二战前发现的岩屑组合的分析，并起草了一份题为《中国人的岩石伪影研究》的中国报告，详细记录了中国人类使用的人工制品（Shen，Zhang 和 Gao，2016）。这些古人类学的研究工作最终得到了周口店于 1987 年被联合国教科文组织列为世界遗产的奖励，为古人类学研究和可持续保护的潜在投资铺平了道路。例如，1995 年，由于对地方 1 墙壁恶化的担忧，因此建立了一个教科文组织 - 中国联合项目，旨在保护该地点并鼓励在那里进行调查。

过去 20 年来，专注于人类遗骸定位的一心一意研究，以及综合了古人类学、地理学、生物信息学、古生物学、化学和地质学等跨学科方法的全面和包容性研究方法（Boaz 等，2004；Norton 和 Gao，2008；Chen 等，2016）。除周口店外，其他地方的令人兴奋的发现和进步也证明了中国研究人员的能力，陕西蓝田地区的公王岭、上辰、陈家窝，南京附近的葫芦洞，安徽的和县等地都产生了大量的类人化石和岩石。例如，在公王岭遗址发现的头骨已经过了 160 多万年，因此成为北亚地区最古老的直立人化石（Zhu 等，2015）。此外，在上辰遗址出土了由 2.1—1.3 Mya 遗址的人类制造的大量有价值的工具，其中六个发现在一个可追溯到 2.1 Mya 的地层中，它们成为非洲以外最古老的工具（Zhu 等，2018）。这一发现推动了类人（如果不是直立人）在非洲移出了 25 万年，因为它打破了格鲁吉亚共和国 180 万年前德马尼西遗址所保留的先前记录。人们普遍认为，根据非洲、欧洲和中东的古人类学发现，中国的发现很可能"重写"人类历史（Greshko，2018）。

科学研究往往通过可持续的保护努力、教育计划和经济激励相互作用和推进。对于像周口店这样的古人类学遗址的调查和保护尤其如此。调查表明，对周口店的认可通常受到"民族自豪感和民族自尊感和所有权感"的推动，而感兴趣的社区和公众很少参与，因而对建立和保护博物馆缺乏持久的热情（Chen 等，2016；Musiba 和 Kang，2018）。中国研究人员、政府和公众应该从其历史考古经验中汲取教训，培养他们对古人类学证据的科学认识及其对人类进化的贡献，而不是将与北京人相关的重要标本的丢失视为二战期间的羞辱。这在 Chen 等（2016）中得到了真实体现，他们提到从 2009 年开始，周口店的研究重点已经转移，现在主要集中在保护和减灾，教育和公共宣传，社区参与和科学四个主要目标：①稳定和防止西墙沉积物的截面形状进一步侵蚀，可能造成很大的坍塌危险；②保护并使该遗址更容易被后代学生用于研究和教育活动；③进行系统的地貌抽样和多学科分析，以获得遗址形成、遗址利用和地质年代的新见解；④寻找人类行为的新证据，如化石遗骸、生态因子和文物所证明。这一转变最终得到了大量的学术研究（国际合作），旨在恢复周口店研究的可信度。引领这项工作的是中国科学院（脊椎动物古生物学和古人类学研究所），该研究所的任务是重新调查、重新挖掘，策划和设计周口店的新研究议程（世界遗产中心，2002）。这项任务与国家局、中国科学院和北京市政府的联合建议下，后者要求采取适当措施：管理和保护遗址；采取行动减轻遗址附近的污染源；制定长期管理计划；该遗址的美学恢复到以前的状态；由于考古活动，对该遗址贫瘠地区进行了重新植被和修复；改善了参观者在博物馆的中心和展览；并为该遗址制定明智和适当的研究议程（图 8）。周口店世界遗产的管理和研究体系进行了修订，2002 年 9 月 1 日，中国科学院与北京市政府签署了一项联合管理协议，共同管理周口店，中国科学院负责协调研究和教育，房山区政府负责该遗址的整体日常管理（包括现场博物馆的遗址保护和行政职责）。

图 8　周口店世界遗产地已完成的各种改善项目照片

3 保护工作

也许与古人类学遗址相关的最具挑战性的问题之一是保护遗址。在进一步探讨保护话语之前，需要了解挖掘活动实际上是破坏性的，无论它们是如何进行的，认识和理解这一点对于制定世界遗产地的保护计划或政策至关重要。同样重要的是承认自然的力量，一旦人们接受了这些事实，那么遗址管理人员就可以更容易地在世界遗产地制定合理而明智的保护和减灾计划。此外，认识到这些遗址周围社区的角色同样重要，特别是在必须做出艰难决定时。围绕世界遗产地的社区和许多其他利益相关者拥有高风险、情感、文化和心理储备，以确保作为这些遗址未来的保管人。例如，在奥尔杜瓦伊峡谷，一家法国-坦桑尼亚旅游公司选择在峡谷远东地区（主峡谷）的边缘建立一个豪华帐篷营地，这引起了当地考古学家的强烈抗议，成功地向政府（古物部）提出上诉，并将营地从峡谷边缘移走。这一事件还帮助古物部和恩戈罗恩戈罗保护区制定了禁止在峡谷边缘建造任何类型的规则。在发现OH 5-南方古猿头骨，建立恩戈罗恩戈罗保护区和塞伦盖蒂国家公园50年庆祝活动中，有人建议奥尔杜瓦伊峡谷需要一些遗址改进，特别是在发现OH 5，FLK North站点的地方。改进遗址的想法包括建造一个平台，该平台完全被当地考古学家拒绝，并且在2011年教科文组织的一次定期监测中引起了重大关注。从那时起，这个想法就被废弃了，而且这个遗址仍然完好无损。

自2016年以来，将莱托利和奥尔杜瓦伊峡谷世界遗产地的行政管理和遗产管理从自然资源和旅游部的古物部转移到恩戈罗恩戈罗保护区管理局，这是坦桑尼亚保护、管理和可持续利用自然和文化遗产资源的标志。此外，也对恩戈罗恩戈罗保护区提出了另一项要求，即需要有效管理和可持续利用这些遗址，以确保这些遗址的未来保护。尽管文化遗产地（奥尔杜瓦伊峡谷、莱托利遗址和杜图遗址）位于恩戈罗恩戈罗保护区边界内，但在过去的52年里，这些遗址由古物部负责管理。恩戈罗恩戈罗保护区内的地理位置以及与古物部的距离提供了保护和管理方面的挑战，导致忽视了这些遗址。然而，人们认识到恩戈罗恩戈罗保护区接近奥尔杜瓦伊峡谷，恩戈罗恩戈罗保护区的资源为奥尔杜瓦伊峡谷的可持续保护、管理和使用提供了最佳机会。今天，奥尔杜瓦伊峡谷以及莱托利世界遗产地都在恩戈罗恩戈罗保护区的地理公园和文化遗产部的管理下。

此外，2016年《恩戈罗恩戈罗宣言》要求保护非洲世界遗产作为可持续发展的动力，并呼吁采取保护措施，确保可持续利用遗产资源，使周围的社区受益，同时也强调保护和保护这些遗址。例如，在奥尔杜瓦伊峡谷，挑战和保护工作现在根植于两个主要方面：①为后代保存考古遗址；②为场地周边社区提供可持续发展的经济机会，同时不影响其完整性。2016年《恩戈罗恩戈罗宣言》宣布，非洲遗产对于保护和促进文化至关重要，从而在日益全球化的世界中为当代和后代提升身份和尊严。因此，有人呼吁非洲联盟及其区域经济共同体促进可持续发展，同时保证非洲文化和自然遗产的保护，还要求缔约国遵守各项公约的承诺，包括1972年《世界遗产公约》，以可持续的方式开展发展项目，并采用新的和新兴的技术，确保世界遗产的保护和可持续发展。负责保护和可持续利用奥尔杜瓦伊峡谷世界遗产地的恩戈罗恩戈罗保护区响应号召，并为奥尔杜瓦伊峡谷和莱托利古人类遗址制定了一些保护指南。这些指导方针要求将Mary Leakey营地恢复原状，作为该遗址历史的一部分，并将其转变为生活博物馆，以承认Leakey在奥尔杜瓦伊峡谷和莱托利遗址的家庭研究贡献和保护工作，营地进行了翻新，现在将用作博物馆。此外，恩戈罗恩戈罗保护区从欧盟获得了超过200万欧元，用于在奥尔杜瓦伊峡谷建造新的和扩建博物馆（图9）。新博物馆和社区经济活动中心是平衡保护工作和奥尔杜瓦伊峡谷古人类遗址可持续利用的例子。

缔约国必须确保当地社区参与有关其社区，地区和地区世界遗产地未来的各个决策阶段。参与2002年《布达佩斯宣言》的人明确承认这一点，并被迫强调且明确表示需要"确保在保护、可持续性和发展之间取得适当和公平的平衡，以便通过适当的活动保护世界遗产。社会经济发展和我们社区的生活质

图 9　奥尔杜瓦伊峡谷世界遗产地的新博物馆（左）和社区中心（右）照片

量"。事实上，这已经在奥尔杜瓦伊峡谷和周口店得到了回应，在过去的 15 年里，这些地方都进行了保护工作。

周口店的保护工作以联合国教科文组织（世界遗产中心）定期审查的建议为指导。世界遗产地的定期审查使各利益攸关方不仅可以评估遗址的保护状况，还可以评估提高遗址完整性所需的任何其他改进。以周口店为例，1998 年世界遗产委员会确定了以下内容：

（1）在确定现场之前发生的重大损害，包括采石、战争、工业发展和进行考古挖掘的方式的影响；

（2）自然力的损害，包括侵蚀、雨水冲刷现场、扩大洞穴表面墙壁的开裂和裂缝；

（3）地点 1 东部"鸽子洞"屋顶的危险状态，支撑不良；

（4）地点 1 坑的矿床和墙壁上的植被生长，对矿床造成根系破坏；

（5）由于维护不善和缺乏温度和湿度控制，现场博物馆展出的文物受到潜在破坏。

北京市政府减轻了周口店发现的可能对该场地产生不利影响的问题，其中一家水泥厂和两家石灰厂关闭并重新安置。植被清除被添加到场地管理计划中，每两年进行一次植被清理。此外，博物馆的状态得到了改善，建造了一个改进了展览的新博物馆。现在展览的内容包括一些侧重于遗址历史和地质背景的互动活动。该遗址还引入了视频设备和新的解释标志，并在线提供互动虚拟博物馆以覆盖更广泛的受众（图10）。此外，周口店的新管理计划还纳入了《中华人民共和国文物保护法》的若干条款，规定文物保护主要是各级政府的责任，并在法律上保证文物的真实性和完整性。法律的若干条款［第 1 条（第 7 和第 9 段），第 4、9 条（第 1 和第 2 段），第 11、17、18、19 和 26 条］有助于指导周口店当前的保护工作。如今周口店虽然仍然面临着一些保护挑战，但已经得到了改善，因为上面提到的大部分问题都得到了解决。最近完成了一项重大改造项目，其中包括超过 3.8 平方公里的保护区，覆盖地点 1，2.4 平方公里的古人类公园，一个文化圣地，以及遗址的综合景观美化工作（图 10，A）。在过去 10 年中，国家、市政和地区各级政府已投入近 5,000 亿元人民币（约 730 亿美元）用于保护和建设该遗址。

053

图 10　最近竣工的古生物遗址公园（A）、文化度假村（B）、综合景观美化工程（C）和周口店世界遗产地的游客活动（D）照片

4　公众参与和可持续旅游

奥尔杜瓦伊峡谷和周口店都实施了各种公共参与计划，其中包括针对学龄儿童的教育计划和针对大学的研究活动（田间学校）。例如，在奥尔杜瓦伊峡谷，目前在该遗址进行的研究活动包括各种田间学校计划。奥尔杜瓦伊峡谷有三个与正在进行的研究活动相关的国际田间学校课程。还应该承认，除了FLK "Zinj" 之外，坦桑尼亚学生无法参观和学习奥尔杜瓦伊峡谷的其他遗址，特别是中学和小学以及该遗址周围社区的成员。最近，恩戈罗恩戈罗保护区与奥尔杜瓦伊峡谷的上述研究项目合作，制定了一项针对该遗址（马赛）、地区（坦桑尼亚）和国际社区周边社区的扩展计划，以保证该遗址的价值和接触便利：

（1）将与当地社区成员举行年度会议，分享奥尔杜瓦伊峡谷各种研究项目的相关信息。此外，在奥尔杜瓦伊峡谷进行的所有研究项目最终雇用当地的现场支持人员，与社区和当地学校进行部分联络。

（2）这些项目的新发现将在新建和改建的博物馆展出，因此，在奥尔杜瓦伊峡谷进行的项目将有助于改善奥尔杜瓦伊博物馆的展览。

（3）在较大的恩戈罗恩戈罗地区，研究项目提供就业，而社区，特别是马赛妇女受益于手工艺销售，因此考古旅游收入仍然在社区内。计划正在进行中，其中一个项目（TOPPP）的博物馆部门正在为恩戈罗恩戈罗保护区内的中小学和 Kiloki、Senyati 和 Loonguku 的"文化博物馆"创建一些移动展览，马赛人和参观者以恭敬的非侵入性方式在这里展开互动。

（4）在奥尔杜瓦伊峡谷为遗址参观者建立一个带导游的考古步道。恩戈罗恩戈罗保护区管理局通过其新建的地质公园和文化遗产部管理奥尔杜瓦伊峡谷，计划在奥尔杜瓦伊峡谷建立考古、地质和文化"解说小径"。

奥尔杜瓦伊峡谷的教育和社区扩展计划显然利用《罗本岛宣言》"与非洲世界遗产共存"和"保护非洲世界遗产的恩戈罗恩戈罗宣言"作为可持续发展的推动力（联合国教科文组织 - 世界遗产中心 - 恩戈罗恩戈罗宣言，2016）。

因此，在周口店，该遗址已经被改造为生活和学习实验室，作为北京市第15中学、周口店中学和周口店中心小学的教育基地。此外，该遗址还成为大多数公共教育项目的基地，包括全国爱国主义教育示范基地、北京爱国主义教育基地和国家大众科学教育基地（图10B）。所有这些课程目前由博物馆的教育部门管理。

5 结语

2012年《京都宣言》呼吁以人为本，保护世界文化和自然遗产，缔约国不仅可以促进关键的学习模式，以实现可持续发展，还可以确保社区与环境之间的和谐关系。奥尔杜瓦伊峡谷和周口店作为这一呼吁的见证，开展了以人为本的包容性保护和教育项目。此外，该宣言承认遗产概念是可持续发展意义的基础，遗产属性不存在于真空中，它们是动态的，无论是文化遗产还是自然遗产，它们确实作为社区与环境之间相互作用的存在而存在。因此，遗产必须在其周围社区的生活中发挥至关重要的作用，因为社区的关注和愿望必须平等地参与保护和管理工作。例如，我们已经看到奥尔杜瓦伊峡谷和周口店的管理和行政结构的变化带来了一些新的保护工作。此外，当人们看到这两个遗址的历史记录及其对世界古人类学的贡献时，也看到了一些共同的殖民经历，争取身份的斗争导致他们在全球地图上的位置，以及缔约国为从殖民地影响中解脱出来，并将这些遗址建立为国家和全球身份的平台。作为世界遗产地，奥尔杜瓦伊峡谷和周口店有能力将我们聚集在一起，毕竟，我们只是一个物种，在理解人类起源和分散时，地理界限无关紧要。这些遗址是当今人类多样性和地缘政治问题的核心，通过研究、教育和可持续旅游，它们可以作为调解人权、移民和身份话语的平台。

参 考 文 献

Boaz, N. T., Ciochon, R. L., Xu, Q. 和 Liu, J. 2004. 中国周口店1号直立人体位点的定位和分析. 人类进化杂志，第46卷：519-549.

Clark, J. D. 1994. 非洲和其他地区的阿舍利工业园区. R. S. Corrucini 和 R. L. Ciochon（编辑），过去的综合路径：古代人类学对 F. Clark Howell 的荣誉进展. 新泽西州恩格尔伍德克利夫斯普伦蒂斯霍尔出版社, pp. 451-469.

Diez-Martin, F., Sanchez Yustos, P., Uribelarrea, D., Baquedano, E., Mark, D. F., Mabulla, A., Fraile, C. Duque, J., Diaz, I., Perez-Gonzalez, A. Yravedra, J., Egland, C. P., Organista, E. 和 Dominguez-Rodrigo, M. 2015. 阿舍利起源：拥有170万年历史的奥尔杜瓦伊峡谷 FLK West（坦桑尼亚）. 科学. 共5, 17839；数字对象识别码：10.1038/srep17839（2015）.

Day, M. H. 1971. 来自坦桑尼亚奥尔杜瓦伊峡谷的 IV 地层的直立人的颅后遗骸. 自然，第232卷：383-387.

Dominguez-Rodrigo, M., Baquedano, E., Mabulla, A., Diez-Martin, F., Egland, C. 和 Santona, M. 2017. 奥尔杜瓦伊峡谷（坦桑尼亚）奥尔多万和阿舍利考古学的新方法和技术方法 - 简介. 国际第四纪研究期刊，第46卷：700-804.

Dominguez-Rodrigo, M., Pickering, T. R., Diez-Martin, F., Mabulla, A., Musiba, C., Trancho, G., Baquedano, E., Bunn, H. T., Barboni, D., Santonja, M., Uribelarrea, D., Ashley, G. M., de sol Martinez-Avila, M., Barba, R., Gidna, A., Yravedra, J. 和 Arriaza, C. 2012. 坦桑尼亚奥尔杜瓦伊峡谷，拥有150万年历史的人类最早的多孔性骨肥厚. 公共科学图书馆：综合，第7卷（10）：1-7.

Gao, X., Zhang, S., Zhang, Y. 和 Chen, F., 2017. 周口店使用和保持火的证据. 当代人类学，58（S16），Pp. S267-S277.

Greshko, M. 2018. 非洲以外最古老的工具被发现，重写人类故事. 国家地理. 2018年8月访问：https://www.nationalgeographic.com/science/2018/07/news-china-human-tools-africa-shangchen-hominin-paleoanthropology/.

Hay, R. L. 1976. 奥尔杜瓦伊峡谷的地质. 洛杉矶：加州大学出版社.

Hay, R. L. 1990. 奥尔杜瓦伊峡谷：解释东非原始人古环境的案例. L. F. LaPorte（编辑）：建立古人类学地质框架. 博尔德：美国地质学会, pp. 23-37.

Kamminga, J. 和 Wright, R. V. S. 1988. 周口店上层洞穴与蒙古族的起源. 人类进化杂志, 第17卷：739-767.

Leakey, L. S. B. 1958. 最近在坦桑尼亚奥尔杜瓦伊峡谷的发现. 自然, 第181卷：1099-1103.

Leakey, M. D. 1966. 坦桑尼亚奥尔杜瓦伊峡谷的奥尔杜瓦伊文化回顾. 自然. 210：462-466.

Leakey, M. D.（编辑）, 1971. 奥尔杜瓦伊峡谷, 第三卷：1960-1963年地层Ⅰ和Ⅱ的挖掘. 剑桥：剑桥大学出版社.

Li, F., Bae, C. J., Ramsey, C. B., Chen, F. 和 Gao, X. 2018. 中国北方周口店上层洞穴的重新定位及其区域意义. 人类进化杂志, 第121卷：170-177.

Musiba, C. M. 和 Kang, D., 2018. 建立以社区为基础的坦桑尼亚遗产保护和可持续利用. 非洲可持续发展的世界遗产, p. 225.

Norton, C. J. 和 Gao, X. 2008. 周口店上层洞穴再探. 当代人类学, 第49卷（4）：732-745.

Organista, E., Dominguez-Rodrigo, M., Egland. C. P., Uribelarrea, D. Mabulla, A. 和 Baquedano. E. 2016. 直立人是否在BK（奥尔杜瓦伊峡谷）杀死了牛群？BK5的一项分类学研究. 考古人类科学, 第8卷：601-624.

Pei, W. 和 S. Zhang. 1985. 中华猿岩屑的研究（中英文摘要）. 古生物学报, 168, n. s. D., 12：1–277.

Rightmire, P. G. 1993. 直立人：一种已灭绝的人类物种的比较解剖学研究. 剑桥大学出版社.

Rukang, W. 和 Shenglong, L. 1983. 北京人. 科学美国人, 第248卷, No. 6（1983年6月）, pp. 86-95.

Shen, C., Zhang, X. 和 Gao, X. 2016. 周口店转型：研究历史, 岩性技术, 中国旧石器时代考古学的转型. 第四纪国际, 第400卷：4-13.

Shen, G., Gao, X., Gao, B. 和 Granger, D. E., 2009. 用 $^{26}Al/^{10}Be$ 埋葬测年确定周口店直立人的年龄. 自然, 458（7235）, p. 198.

Shipman, P. 2014. 坦桑尼亚的Leakeys. M. Dominguez-Rodrigo and E. Baquedano（编辑）, 人类的摇篮, 第1卷. 地区考古博物馆, 马德里和人类进化博物馆. 布尔戈斯出版社, pp. 275-281.

Schwartz, J. H. 和 Tattersall, I. 2003. 人类化石记录, 第2卷. 人类的颅骨形态学（非洲和亚洲）. 新泽西州：约翰威立出版社.

Tobias, P. V. 1965. 南方古猿, 能人, 工具使用和工具制作. 南非考古公报, 第20卷：167-192.

Tobias, P. V. 1967. 奥尔杜瓦伊峡谷第二卷：南方古猿的颅骨和上颌牙. 剑桥：剑桥大学出版社.

Walter, R. C., Manega, P. C., Hay, R. L., Drake, R. E. 和 Curtis, G. H. 1991. 激光融合40Ar/39Ar时期坦桑尼亚奥尔杜瓦伊峡谷地层Ⅰ. 自然, 第354卷：145-149.

Weidenreich, F. 1936. 北京人头骨；原始人类头骨的比较研究. 中国地质调查. 兰卡斯特出版社, 宾夕法尼亚州兰卡斯特.

Wood, B. 和 Constantino, P. 2007. 鲍氏傍人：五十年的证据和分析. 体质人类学年鉴, 第50卷：106-132.

Wu, R. 和 Dong, X. 1985. 中国的直立人. Wu Rukang and John W. Olsen（编辑）. 中华人民共和国古人类学与旧石器时代考古学, pp. 79-88. 学术出版社.

Wu, X 和 Poirier, F. 1985. 中国的人类进化. 纽约：牛津大学出版社.

Zhu, Z. Y., Dennell, R., Huang, W. W., Wu, Y., Rao, Z. G., Qiu, S. F., Xie, J. B., Liu, W., Fu, S. Q., Han, J. W. 和 Zhou, H. Y., 2015. 中国蓝田（公王岭）直立人头颅的新定年. 人类进化杂志, 78, pp. 144-157.

Zhu, Z., Dennell, R., Huang, W., Wu, Y., Qiu, S., Yang, S., Rao, Z., Hou, Y., Xie, J., Han, J. 和 Ouyang, T., 2018. 大约210万年前中国黄土高原类人遗址. 自然, 559（7715）, p. 608.

文旅融合背景下的文化遗产保护与创意开发

范 周[①]

今天我主要想从传播学角度和文化创意角度,对古文化遗址的有效开发问题进行演讲。我准备了三个方面的内容:第一,保护文化遗产就是守住人类文化。第二,文旅融合背景下文化遗产保护开发的基本原则。第三,文旅融合背景下文化遗产保护开发的三个途径。

刚才听到很多专家和学者的论述,第一部分的内容简单论述一下就可以,因为这些内容大家在前面已经讲过,而且都很专业,非常翔实。在这些名录当中所说到的内容有很多已经是国内外从事这个专业的人非常清楚的。我想特别跟大家分享的是,人类有许多共同的文明,由于保护方面没有尽职尽责,或者由于种族矛盾,由于国家地缘政治的原因,很多文物遭到了破坏。有人说只有文化活着,这个国家才活着。我对这句话非常认同。文化是一个国家(无论富有和在一定时期的贫穷)的核心生命力。正是因为在这样的过程中,不论是被烧毁的博物馆、被恶意纵火烧毁的号称韩国一号国宝的崇礼门也好,都是人类的灾难,我们可以找一千个、一万个理由对这样的人类灾难不予以饶恕(图1)。我们也可以看到对人类遗产的保护,因为战争的原因对它疯狂破坏都造成了不可挽回的伤害。在这个过程中我们看到了吴哥这样的古迹先作为世界遗产后来又在世界遗产过程中被拿掉,都是因为人们在遗产态度上发生了扭曲。从这个意义上来说,保护作为开发的基础是非常重要的。

图 1 被恶意纵火的韩国崇礼门

最近国家主席习近平先生在谈到中国大运河时,特别讲到要保护好、传承好、利用好,这个顺序是不可以颠倒的,首先要做好保护。当然对于这样的大遗址,还有一个保护前期的考古和科学研究作为基础。

第二部分是在文化和旅游融合的背景下,文化遗产保护的几个原则。

第一个原则是有机融合。文化和旅游不能是简单地拉郎配,也不是简单的文与旅的相加,应该从它们

[①] 中国传媒大学文化产业管理学院院长。

内在血脉上、内在的逻辑关系上找到文化资源、找到公共服务资源、找到旅游开发资源相互之间的结合点。

正是基于这样的考量，我们讲的第二个原则就是有效融合。有效融合不能搞两张皮，文化和旅游之间有各自特性，现在文化部和旅游局合并了，不意味着文化和旅游就融合了。现在文化和旅游两个部门的业务司局的许多工作一样共同面对文化旅游融合下的新社会发展需要，这道题目还没有做出来，因此要利用好这些载体，用科学方法让它有效地重合在一起。

我们看到四川成都三星堆，它的开发在迄今为止所看到的文旅项目中是比较成功的。政府正围绕三星堆这个核心，按照文旅融合、农旅互动的方式，构建起以三星堆博物馆为核心，三星堆古遗址展示区、三星堆文化产业园区为两翼，西外、南兴、新平三个特色乡镇为外环的旅游格局。打造文化旅游创意园、文化产业园、遗址公园、水木西外田园美食公园、新平三星堆特色人居小镇、南兴文化生态体验区六大板块。

我留下一半时间讲讲最后一个问题，文化和旅游融合之后，文化遗产保护开发应该在这三个途径上下功夫：

第一个途径是向挖掘上要资源。有人以为挖掘资源是考古者的事情、资源挖掘是记录者的责任。其实对于所有文化从业人员都是任务，从单一文化保护到文化场景要素的综合保护开发是重要的原则。在这个原则的基础上，我们能够看到许多挖掘工作很到位，为后来的开发、利用奠定了坚实的基础。不仅保护文化遗产的文化要素，也要积极保护自然生态和生活生态，将文化遗产作为一整套社会文化生态工程来看待。

文化遗产当中还有丰富的历史信息、科学信息、文化信息，具有很高的历史价值、科学价值、审美价值、教育价值和经济价值等多重价值。所以要重视我们的物质投入，更要重视价值挖掘。在这一点上还要重视物质要素保护由向物质与非物质兼重的两个方面共同开发。

中国大运河在2014年被联合国批准为世界遗产，中国大运河是由三部分组成的，大家俗称的京杭大运河是一条主干线，两千多公里。除此之外，还有浙东大运河、隋唐大运河，这些大运河构成了大运河的总体面貌，总长约4万公里。中国大运河公里数最长，所拥有的城市规模最多，其经济价值和影响力也是最大的。今天看到的隋唐运河是它的中期发展，早在中国的春秋时期大运河已经形成一定的气候。2500多年来大运河在维护国家统一、繁荣社会经济发展、促进文化交流、兴盛沿线城市方面发挥了不可磨灭的作用。以中国为例，大运河所有集中的地方都是中国的政权核心区，从西安、洛阳、开封到南京、扬州，最后到北京，大运河的发展史也是中国的变迁史、变化史（图2）。所以对大运河的利用和开发要注重历史价值、文物价值。去年中国国家主席习近平专门提到大运河文化带建设是我国新时期社会经济带建设的重要组成部分，因此才讲到大运河文化带的建设要做好统筹，在统筹保护、开发方面要下功夫。

图 2　大运河的线路图

我们的团队也在2014年沿着应行大运河走了十天，十天时间里召开了6个座谈会，为了解大运河提供了一些实际基础（图3）。最近国家发改委已经制定了大运河文化发展规划纲要。我们参与了这个规划纲要后，深深感到对文化遗产的重要性。

第二个思路是向科技上要思路。2017年中国的数字经济总量达到了27.2万亿，占到GDP比重32.9%。但这个数字和美国比，我们整整比美国少了50%的数字经济规模。中国经济发展在未来的三十年当中，数

图 3　中国传媒大学文化产业管理学院教师两次"运河文化行"调研

字经济将是中国经济结构当中的重要组成部分，在这个组成过程当中，我们如何利用好数字经济，搞好数字开发，搞好数字创意，中国政府已经在两年前列入了中国五个新型战略的其中之一，叫作"数字创意产业"。我在这里举的例子是"数字敦煌"项目，让许多希望到敦煌的人在两个 20 分钟当中能够非常清楚地了解敦煌的千年历史，这对后面去观赏、研究敦煌意义很大（图 4）。而且这些数字开发内容不仅局限在我们对文物的保护上，还有很多文物的开发上。去年故宫博物院的整个文创产品的销售额已经突破了 10 亿人民币，他们在未来五年左右文创消费市场占有率达到 100 亿美元，这不是一个神话，因为中国有足够的市场接受这些产品，问题是我们的开发能力有待提高。

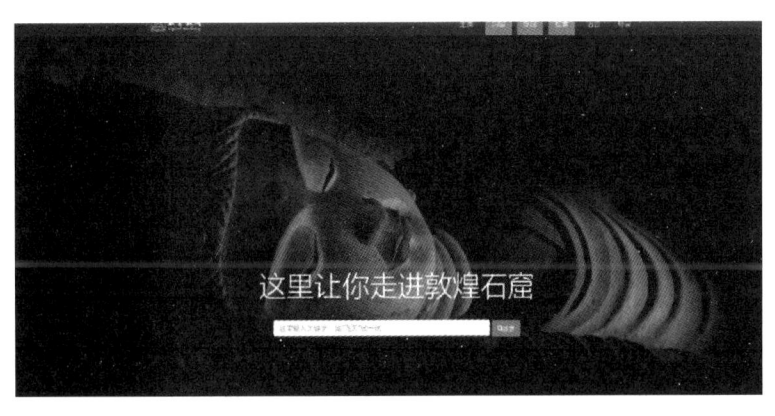

图 4　"数字敦煌"网站

第三个是要向传播上要效果。刚才北京工业大学王国华教授讲到传播的重要性，现代社会传播就是生产力，好的传播已经构成了社会经济发展的重要组成部分，在数字互联网上流量就是重要的富矿，向传播要效果，要整合各种媒介，让传统媒介和现代媒介、让公共媒介和自媒体同时发挥作用。这一方面，随着世界互联网的迅速希望发展，传播领域当中传统媒体的示弱已经越来越凸显，美国纸质印刷、出版广告的收取量和发放量连续 15 年逐年递减。中国中央电视台 CCTV 已经从最早的将近 20 年中国广告第一台变成了现在第二台，而第一台让给了中国的民营数字门户网站。接下来还有更多的门户数字网站特别是一些民营的门户数字网站在吸收广告资金的时候，远远超过 CCTV，这就是在数字经济当中传播的发展变化对广告业主来说他们的选择也是非常清晰的。正因为这样，我们对传播的温度和质感要非常清晰。

《我在故宫修文物》中国拍的纪录片，全世界销售是中国纪录片界60年来最好的一部片子，原因很清楚，就是全世界各个国家、各个民族、各种宗教信仰的人，看到这个片子都能找到自己需要的东西，这就是温度和质感让文化找到了大家共同欣赏的话题（图5）。

图5 《我在故宫修文物》纪录片照片

　　同时，我们看到故宫举办了《千里江山——历代青绿山水画特展》，大部分去观赏的人是18—22岁，而且青年人的消费主体逐渐从80后向90后转移。所以我开玩笑讲，现在80后在互联网世界里头已经是中老年人。从这点来说，我们也需要关注未来，关注青年。

尼泊尔史前文化遗产与展望

卡吉·曼·普拉库雷[①]

摘要：人类进化会留下人类过去的物质遗迹。文明源远流长，带来了文化的各个方面。人类能够在生存环境中共同发展物理进化和物质进化。在学会通过文物和工具记录之前，这些文化材料是人类文明的真实证据。本文旨在展示尼泊尔史前研究、工具、类型以及遗址的现状。这将有助于提高决策者的认识；政府（三级）、管理者和考古学家可以了解史前文化遗产工具和遗址的现状、管理和推广。许多外国和尼泊尔本国学者进行了史前研究活动，在该国不同地区发现了各种形式的文化（旧石器时代、中石器时代和新石器时代）和工具类型。研究表明，西瓦利克山脉是史前人类良好的居住地，环境十分宜人。除了少数发现外，大部分的发现都保存在储藏室里。普通公众、学生和研究人员应该可以访问这些对象。因此，建立"史前博物馆"是文物古迹管理的一条出路。本文从制度层面和非制度层面研究对丰富的史前文化遗产的保护、保存和开发。

关键词：史前；西瓦利克；工具；博物馆；文化

1 背景

尼泊尔是一个内陆国，位于亚洲南部。北与中国西藏接壤，南、东、西三面与印度接壤。这一小国占地 147,181 平方公里。从东向西长度约 885 公里，从北向南长度约 193 公里。从地理角度，尼泊尔可分为三个生态带，即北部山脉 - 山区，中部山脉 - 丘陵和南部山脉 - 平地。尼泊尔是自然美景和文化多样性的天堂。它也以坐拥世界最高峰——珠穆朗玛峰和佛陀出生地的土地而闻名。

尼泊尔现行宪法宣布尼为联邦民主国家，由七个邦组成。现在国家已经实行联邦、省、地方三级，有761 个政府机构。尼泊尔有着丰富的文化、宗教和遗产。佛教和印度教传统的繁荣，形成了历代独特的文化和遗产。蓝毗尼是佛陀的出生地，周围的考古遗址是尼泊尔文化遗产的地标。加德满都是具有多样文化价值和遗产的国家的首都，拥有世界优秀的遗址。

2 尼泊尔史前文化遗产

地球和人类的进化经历了很长的时间，在许多阶段发生了变化。百万年来，人类努力进化身体，同时发展文化。一般说来，在文字发明之前的漫长的回溯时期被称为"史前时期"。世界各地，特别是欧洲、非洲和亚洲，发现了很多的史前遗址和人类过去活动的物质遗迹。有历史记载之前的时间是史前时期。这与研究古人及其文化有关。史前史是一门学科，讲述的是人类以及所有与他相关事情的故事，从人类第一次从动物血统中出现的那次模糊与遥远的运动到遗存的书面记录将调查引向真实的历史本身（伯基利，1985：1）。

[①] 尼泊尔国家考古局勒立布德尔地区史前遗址和文化遗产保护专家。

尼泊尔拥有丰富的文化和遗产，具有多样性，如人、地理、物质和非物质文化。尼泊尔因留有人类进化和史前文物的最早证据而持有世界纪录。许多国内外学者在尼泊尔各地进行了史前探索和研究工作。1896—1899年在蓝毗尼和卡皮尔瓦斯图进行了第一次考古研究工作。但是，史前研究开始于20世纪60年代这十年间。

2.1 史前地理学

尼泊尔是喜马拉雅山脉沿线国家，不同区域具有不同的地理特征。自远古史前时期至今，国家地理的多样性决定了不同的气候、人类定居和文化。在喜马拉雅山脉发现的连续矿床表明，多次地质动荡形成了喜马拉雅山脉的目前形状（什雷斯塔，2008：42）。喜马拉雅山脉、山峰和西瓦利克山脉是在不同时期形成的。到更新世，喜马拉雅山脉已形成（沙玛，1973：36）。更新世时期，在喜马拉雅山脉以南形成了摩诃婆罗多或西瓦利克山脉。摩诃婆罗多山脉与丘里亚斯山脉相连，但通常被称为沙丘的宽阔山谷将这两个山脉分隔开来。摩诃婆罗多山脉和西瓦利克山脉的大部分山谷是中新世和更新世沉积岩的构造成因，含有页岩、石英岩和砂卵石层。它们主要由变质岩和一些火成岩组成（潘迪，1997：48）。喜马拉雅山成了尼泊尔不同地区许多河流和湖泊的发源地。地质证据证明，加德满都河谷的起源以湖泊为转折点。尼泊尔的水系和湖泊对于了解人类文化和文明在不同时空的起源和发展具有重要意义。在这些河流阶地和湖泊上进行的考古探索揭示了一些史前文化的痕迹，这些文化是由于尼泊尔不同地区古代居民的活动而繁荣起来（什雷斯塔，2008：44）。

在尼泊尔史前史研究的地理背景方面，此领域研究工作很少但却意义重大。尽管在尼泊尔喜马拉雅山脉不同地区以巨大的洞穴居民点的形式存在着大量史前人类活动的痕迹，关于尼泊尔史前人类和文化的研究却很少（同上：47）。国内外学者在尼泊尔不同地理区域进行了广泛的史前研究，如在加德满都谷地木斯塘地区（喜马拉雅山脉深处）、德瓦库里县、纳瓦尔巴拉西、马霍塔里、苏尔赫特、多拉卡等。德国学者古丹·科菲努斯（Gudrn Corvinus）博士将研究区域集中德瓦库里县山谷，并在该地区发现了许多史前遗址和工具。尼泊尔西部是非常突出的史前考古遗址（图1、图2）。这些遗址是在德瓦库里县河谷以及西瓦利克山脚下向平原方向的河流阶地上进行系统调查时发现的（科菲努斯，1985：4）。包括对喜马拉雅山脉西瓦利克山脚进行古生物学和地层学两个方面的研究，因为在西瓦利克山脉发现糖蜜沉积物并在喜马拉雅山麓史前第四纪未知资源调查（科菲努斯，2007：11）。著名学者对此进行了史前研究，他们的活动基于尼泊尔的以下地理区域：

图1 尼泊尔西部史前遗址当德瓦库里　　图2 尼泊尔西部史前遗址当德瓦库里

（两张照片均由科菲努斯收藏的关于尼泊尔史前文化光碟提供）

- 意大利的 G. 图奇教授第一个前往木斯塘，他追踪了洞穴中的住所。
- 托尼·哈根对尼泊尔喜马拉雅山进行了广泛的地质调查，并表示其具有史前的可能性。
- 1964 年，R. V. 乔西是第一个在尼泊尔开始史前探索的考古学家。1969 年，N. R. 班纳吉博士和拉姆·尼瓦斯·潘迪教授紧随其后。他们发现了大量的工具类型，如史前石斧、凿子和斧头。
- 这些新石器工具是从加雷县、扎瑞科特（多拉卡附近）、卢布胡（加德满都河谷内）、丹达河（Narayanghat 以西）和当河谷收集到的。
- 1979 年，M. 福特和 V. 古普塔从纳克呼河采集了属于下更新世时期的化石。
- 1969 年，在纳瓦尔帕拉斯地区的丹达进行了史前探索，发现了几件石英岩工具，它们可能由鹅卵石制成的，或本身就是鹅卵石。这些工具由手斧、劈刀、砍刀和刮刀组成，制作于旧石器时代中后期。
- 最近，斯克腾科教授在加德满都河谷纳塔神庙附近的多比河床上发现了一些手斧和岩芯切割工具。这一发现表明，尼泊尔的文化遗产不是地方现象，而是属于全人类，曾有助于推动世界文明的发展（斯克腾科，1978 年）。
- 1981 年，哈钦森博士在距离提诺河畔的布特瓦尔几英里处发现了腊玛古猿的左磨牙。在西瓦利克山脉的发现让尼泊尔成为大约 1100 万年前人类就开始生活的国家之一。这是人类进化史上的一个伟大成就。尼泊尔的历史始于人类最近的祖先腊玛古猿的活动。
- 德国学者古丹·科菲努斯在 1984—1994 年间在尼泊尔西部当德瓦库里山谷发现了大约 64 处史前遗址。该遗址位于苏莱河、阿尔琼河、巴拜河和拉普提河的河床上。此外，她还在尼泊尔东部马赫托里区巴度附近的拉托河发现了史前工具。
- 1984 年，德文德拉·纳特·蒂瓦里先生在尼泊尔北部（喜马拉雅山脉）木斯塘区卡利甘达基河岸的图库哈村发现了一个名为乔克赫巴尼的洞穴埋葬地点。此后，德国和尼泊尔考古队在此地进行了挖掘工作，发现了更多史前和考古发现。

上述各点表明，尼泊尔史前地理基本上延伸到全国各地。西瓦立克山脉发现的腊玛古猿是人类进化史上最古老的化石，而其同西瓦立克山脉发现的其他史前器物一道，清楚地证明了这一山脉是史前时期人类定居的适宜环境。

3 史前文化：工具与类型

史前文化的特点是工具性和发现性。学者们从史前工具的类型和特点出发，将尼泊尔史前文化与欧洲和印度史前文化进行了比较。拉姆·尼瓦斯·潘迪教授在当发现了一些旧石器时代早期的工具，并认为与欧洲的阿舍利文化有关。茂密的森林、河岸、山谷岩石掩蔽处和石灰岩洞穴的生态表明，尼泊尔绝对是早期原始人的安全家园，在那里，古人类培育了他们的第一个石器时代文化（什雷斯塔；2008：58）。国外学者和尼国内学者对此进行了科学的研究；并对尼泊尔当德瓦库里河谷和木斯塘地区进行勘探和挖掘工作。除了这些遗址，也进一步调查了许多其他史前遗址，发现了洞穴埋葬的不同工具、人工制品和骨骼遗迹。尼泊尔的人类活动痕迹至少可以追溯到中更新世晚期，因为发现了这一时期的一种手斧文化。在更新世和更早的全新世期间，古代人类继续生活在尼泊尔山麓地区，制造了各种薄片和砍刀工具。由于工具组合的不同，整个石器时代被划分为旧石器时代、中石器时代和新石器时代文化三个主要阶段。

3.1 旧石器时代文化

同时给出了印度次大陆 H. D. 史前年代表。Shankaliya 将尼泊尔置于三个阶段的早期和中晚期旧石器时代，时间大约为公元前 15000 年和 25000 年。拉姆·尼瓦斯潘迪教授发现了 ChanceFindHandAxe，并将其与 DangValley 的阿舍利洞穴工具相关联。位于当加达里遗址和萨塔提遗址的阿切利人包括由手斧、劈刀、锋和薄片组成的两面工具，与来自印度次大陆的阿切利人的工具相比，所有这些工具都没有显示出新的特征。它们属于早期旧石器时代（科菲努斯，2007：57）。古丹·科菲努斯从当的嘎达里和蓝毗尼和图尔·布拉克乎提地区的萨帕提发现的阿舍利工具类型包括由手斧、劈斧和薄片组成的两面工具，与印度次大陆的阿舍利工具相比没有新的或特殊的特征（什雷斯塔；64）。当德瓦库里山谷是一个广阔的史前遗址，在此处发现了许多工具和文物，既有片状的，也有核状的。斯克腾科教授、贾纳克·拉尔·沙玛和 N.R. 班纳吉博士还在甘达基河附近的纳瓦尔帕拉斯区的丹达河和柯坦迪发现了旧石器时代的工具。

3.2 中石器时代文化

人类的不断进化让弓、箭、鱼叉针等发达的工具类型和器物被归类为中石器时代的特征文化。科菲努斯和其他学者在尼泊尔西部的当德瓦库里山谷和马赫塔里区的拉托河发现了中石器时代的工具。科菲努斯通过实地研究的结论是，1985年，在尼泊尔东部马赫塔里区拉托河较古老的遗迹上发现了一种非常丰富的中大型石器文化，其中有制作精良的扁斧、斧头和洞穴刮刀。拉托工业的中石器工具的特点是具有双面和单面扁斧、斩波器、锥形刮刀和薄片。在中部地区，在纳拉亚尼河上还发现了另一个大石器类型的中石器遗址。这些工具包括鹅卵石上的单面圆盘、刀、单面和双面切碎机、刮刀、岩芯刮刀等（什雷斯塔，2008：72）。拉姆·尼瓦斯·潘迪教授的团队还发现了具有中石器时代特征的不同工具和人工制品。

3.3 新石器文化

农业的发明和畜牧业等是人类进化到新石器时代文化的基本特征。在尼泊尔摩诃婆罗多和西瓦利克山脉的全地区，包括山谷在内，都可以发现新石器时代居民点的遗迹。当德瓦库里地区史前最年轻的居住者生活在新石器时代，他们留下了磨光的石斧和有核标记的陶器，这是他们曾在当德瓦库里盆地和山谷存在过的证据（科菲努斯，2007：285）。在尼泊尔不同地区发现了新石器时代的工具和类型，如当德瓦库里、拉托河、多拉卡、卡夫雷·巴兰乔克的科帕奇、勒利德布尔的卢布胡、奇特旺、贾帕、莫朗、桑库瓦萨巴区等等。这些地区发现的大多数工具属于环形和近矩形的史前石斧，中间有弯曲的内侧磨边，这与印度阿萨姆人和印度东北部人的主要工具类型相似（沙玛，1983：1）。新石器时代的工具一般由黑云质火山岩组成，火山岩有红、黑、灰三种颜色。尼泊尔新石器时代的大部分岩石似乎是由发热的或页岩花岗岩、玄武岩、板岩和石英岩组成的细粒岩石（什雷斯塔；2008：75）

20世纪末，尼泊尔的喜马拉雅木斯塘地区发现了一种新的史前文化。在许多洞穴遗址发现了许多由不同材料制成的洞穴、墓葬和相关文物。它是一个丰富的遗址和著名的洞穴史前考古学。第一次考古调查的初步结果是，多层洞穴系统代表了史前和中世纪由农业人口居住或使用的定居点的遗迹（西蒙斯，1992-93：8）。

4 史前博物馆概念

史前研究工作在多个季节和地区进行，发现从旧石器时代到新石器时代文化的突出遗址和工具类型。学者们为史前文化的研究做出的贡献，以及他们在勘探和发掘工作中付出的辛勤劳动，一直以来都是非常重要的。这项工作是极其艰苦的野外工作。他们编制了基本框架，显示尼泊尔史前地理的总体草图。根据法律规定，这些物品可能属于尼泊尔政府在考古学领域的财产。从旧石器时代早期到新石器时代的所有史前发现的材料现在存放在尼泊尔国家博物馆。所有收集的对象都得到存储，公共没有访问权限。目前，仅有由古古丹·科菲努斯收藏的几件文物可以在博物馆和美术馆（图3、图4）展出。同样，从木斯塘发掘中发现的史前物品也很少在博哈拉地区博物馆（木斯塘美术馆）和卡皮尔瓦斯图遗址博物馆展出。

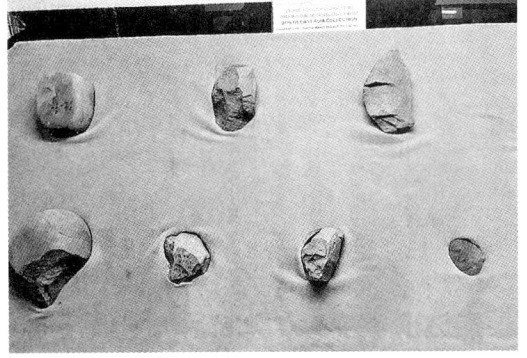

图 3　史前文物在国立博物馆展出　　　　　　　图 4　史前文物在国立博物馆展出

4.1　计划中的当德瓦库里史前遗址博物馆

从旧石器时代下半叶到新石器时代的史前文物和文化大多发现于当德瓦库里河谷及其周边地区。当德瓦库里山谷的史前遗址是一个巨大的古代遗址，具有广泛的文化背景。这个遗址有丰富的史前考古文物和工具类型。扩展地点包括农村（塔鲁社区）、山谷和森林。对整个史前遗址的保护也对自然、文化和环境的可持续发展具有巨大的潜力。当德瓦库里可以像其他地方的野生动物保护区一样被宣布为保护区。在遗址地大门处建立博物馆是合适的做法。需要对这一宏大项目进行大量评估，并需要与各级政府、当地居民、社区、专家和学者进行协商。开设这类新博物馆必须满足一些基本要求。基础设施建成后，收集的大量史前文物应转移到此处。展品的设计和展示技术必须由负责机构进行管理。

"史前遗址博物馆"是一门新兴的概念和学科。它具有多学科的重要性，有助于保护当地的文化和自然资源，并让人们认识到产品的真正价值。这类博物馆和受保护的史前遗址可能是促进旅游业和创收的手段。它可以成为学生、学者、地质学家、古生物学家、考古学家等不同群体的实验室和研究中心。

建立"史前遗址博物馆"可以由考古系作为主导机构，负责技术管理和保护体系的建设。在这种情况下，五（5）级联邦、省政府和地方政府可以直接参与，因为这些财产和地点位于其所在地区。尼泊尔新宪法已经明确规定了联邦、省和地方政府的共同职责和责任清单。史前遗址，如纳瓦尔帕拉斯、苏尔凯德、马赫塔里的拉托河、木斯塘（喜马拉雅史前）等遗址和收集到的物品，对于丰富的史前文化遗产和人类进化也将发挥非常重要的作用。

5　结论

不同时期和不同地点的史前文物的收集是尼泊尔历史和考古学上的一大里程碑。这些也是我们的原始遗产。悠久的史前史、历史、文明和考古学是我们的民族骄傲和特征。它们具有重要意义和普遍的杰出价值。从旧石器时代到新石器时代，史前文化在尼泊尔西部、中部和东部的山谷，河流阶地和西瓦利克地区得到了很好的发展。收集的对象和遗迹具有同等的重要性。为了今后的前进，我们必须促进这些对象的发展并把它们放在一起。如果我们把史前遗址博物馆确立为一个新的概念，它将是一个强有力的制度，是保护、管理和可持续开发当地资源和产品的手段。它将是以社区为基础的博物馆，积极宣传文化资源和遗址。

参 考 文 献

Burcket M. C. 1963. 旧石器时代. 新德里：卢帕出版社.
Corvinus, Gudrun. 1985. 尼泊尔的第四纪和史前研究项目报告. 古代尼泊尔. 第86-88卷. 加德满都：考古学系.
Corvinus, Gudrun. 2007. 尼泊尔史前文化. 德国：哈拉索维茨·韦朗·威斯巴登出版.
Pandey, Ramniwas. 1997. 现代尼泊尔的制造. 德里：尼拉拉出版.
Shrestha, Hari. 2008. 史前尼泊尔：简要观察. 博卡拉：尤巴出版.
Sharma, C. K. 1973. 尼泊尔地质学. 加德满都：马尼拉木·沙玛出版.
Sharma, J. L. 1983. 尼泊尔新石器时代的工具. 古尼泊尔. 第75卷. 加德满都：考古学系.
Simons, Angela. 1992—1993. 洞穴系统之开挖试验. 古代尼泊尔. 第130-133卷. 加德满都：考古学系.

马来西亚文化遗址：旅游与挑战

法里扎·伊德里斯[①]　雅兹德·奥斯曼[①]

　　马来西亚的遗迹被联合国教科文组织列入世界遗产名录后，带来了旅游者，旅游部门的经济取得了惊人的增长。城镇和地方议会以及国家遗产部必须在规划旅游发展概念方面发挥重要作用，将其作为旅游吸引力。在世界遗产地带动城乡社会经济发展的同时，世界遗产地的管理也面临着更大的挑战，遗产管理者和国家遗产持有者在规划和发展指定区域的旅游、提升旅游吸引力方面面临着更大的挑战。

　　马来西亚的历史十分荣耀，根据在霹雳州玲珑谷史前遗址和吉打州布秧谷原始遗址等早期定居点发现的证据，可以追溯到4万年前。在15世纪，马来西亚马六甲帝国达到了的文明高峰，之后先后被葡萄牙、荷兰和英国等几个殖民大国侵略，最后于1957年获得独立（尼克·哈桑·苏海米，尼克·阿卜杜勒·拉赫曼，1998）。史学家对发生的全部历史事件撰写了许多史料，他们在马来西亚历史的形成过程中发挥了重要作用。今天，大多数历史学家创造了"传统历史学家"和"现代历史学家"两词，以表明这两类史学家在进行学术综合方面的任务和方法的差异（阿拜亚·穆罕默德·努尔，2006年；穆得·尤瑟夫·易卜拉欣，2010年和罗兹曼·阿布·哈桑，2004年）。16—18世纪，马来西亚逐渐出现传统史学家，如敦·室利·拉囊、拉惹·朱兰、拉贾·阿里·哈吉和阿卜杜拉·蒙思义。实际上与当时马来群岛爪夷文的扩张是一致的。尽管他们的作品中含有大量的神话和传说，没有使用适当的历史方法，而且作品都是从叙事来源中收集得，仍将他们的作品视为主要的历史来源。

　　再近一段时间，史学研究出现，出现了许多受过专业培训的历史学家。如20世纪20年代，阿卜杜勒·哈迪·哈桑、布容·阿迪尔、达拉斯·艾哈迈德、A.萨马德·阿哈默德、尼克·阿努尔·马哈茂德、尼克·哈桑·书海米和邱凯金成为学者（穆得·尤瑟夫·易卜拉欣，2010年）。除了以上史学家，还有一群来自西方的历史学家对马来人的历史渊源作了深入研究，或者说他们大多将马来西亚的史料归类为文学进行研究。这类史学家包括J. M. 归里克、弗兰克·思维特哈姆斯、R. H. W. 里斯和R. O 文斯泰特（阿拜亚·穆罕默德·努尔，2006年）。过去历史的流线让我们从祖先那里继承下来价值观念、风俗习惯、传统、自然和文化，成为每一个文明的遗产。根据国际古迹遗址理事会（2002年）发布的文件，文化遗产是世代相传的生活方式，包括风俗、习俗、遗址、物品、艺术表现和价值。文化遗产通常被表述为非物质文化遗产或物质文化遗产。这里强调的是从过去到现在再到未来的文化连续性，同时也要认识到遗产正在发展和演变。为了回顾历史本身的作用和意义，2005年，马来西亚颁布并通过了《国家遗产法》，取代了以前的《宝藏法》（1957年）和《古物法》（1976年）。这是马来西亚最全面的遗产法之一，它规定了保护和保存国家遗产、自然遗产、有形和无形文化遗产、水下文化遗产和鲜活的人类珍宝。该法规定要对古迹和历史遗迹、考古遗址和遗迹、古物和历史物品进行管理和保存、研究并刊登宪报，并对古物和历史物品的交易和出口进行管理。还禁止与这些遗迹地点有关的具体活动。

　　虽然真正意义上的文化遗产包括实物、结构、遗址和景观等形式的物质遗产，以及音乐、手工艺、表

[①] 马来西亚国家遗产局考古处遗产专员。

演艺术、文学、口头传统和语言等形式的非物质遗产；根据第645号法令，对遗产的实际使用意味着另一种含义。《牛津词典》对遗产给出的定义是，与一代传给下一代有关。它描绘了一个象征着文明的民族一生的记忆。但是，根据《国家遗产法》第2节，遗产一词指的是遗址、文物、水下文化遗产和任何在世的人，都可以被国家遗产部部长宣布为国家遗产。该法分为17个部分，126条，涉及关于该法的管理、成立国家遗产委员会、遗产基金、国家遗产登记、指定遗址、申报文物、水下文化遗产、申报和保护国家遗产、宝藏、许可证、上诉、执法权力和犯罪等规定。

国家遗产部在提升和促进马来西亚世界遗产宝藏方面发挥作用。这与旅游、艺术和文化部为促进马来西亚文化遗产成为独特的旅游景点所做的努力是一致的。执行2005年颁发的《国家遗产法》和其他相关法律的规定。国家遗产部的主要职责和使命如下：

- 按照2005年《国家遗产法》规定的程序申报和登记国家遗产；
- 保存、养护、发展、保护和监测马来西亚的国家遗产和世界遗产，并促进它们为国家带来经济效益和增加地方社区收入；
- 开展研究，以电视纪录片、书籍、小册子和其他手稿的形式记录和出版遗产材料，为后代留下遗产记录；
- 由教科文组织，伊斯兰教科文组织和其他补充人类发展史和人类成功史的组织向世界提名国家遗产并保护国家遗产；以及通过当地人在内的所有利益攸关方的参与，开展尊重和保护国家遗产认识的活动，弘扬优秀遗产。

在国家遗产部的协调努力下，马来西亚的多个遗址已被列为世界遗产。这也证明了遗产部致力于提升马来西亚的国家遗产，而这些遗产象征着马来西亚社会的特性。

基纳巴卢公园

2000年12月2日，基纳巴卢公园被列为世界遗产。它位于婆罗洲岛北端的沙巴州，主要是喜马拉雅山脉和新几内亚之间的最高峰基纳巴卢山（4095米）所构成。公园内栖息地范围很广，包括丰富的热带低地和山地雨林、热带山地森林和在较高海拔处的亚高山森林和灌木丛。它已被指定为东南亚植物多样性中心，物种特别丰富，有来自喜马拉雅山脉、中国、澳大利亚、马来西亚以及泛热带植物区系的物种。

该地区生物多样性丰富，地方性强。从热带森林到高山的海拔梯度和气候梯度，加上陡峭的地形、多样的地质和频繁的气候变化，为新物种的发展提供了理想的条件。公园内生物多样性很高，具有一半以上每一科开花植物的代表。婆罗洲的哺乳动物、鸟类、两栖动物和无脊椎动物（许多受到威胁且易受伤害）大多生活在公园里。

姆鲁山国家公园（2000年12月2日）

位于沙捞越州婆罗洲岛上的姆鲁山国家公园因其丰富的生物多样性和岩溶特征而具有重要意义，是世界上研究最多的热带岩溶地区。公园占地52,864公顷，共有十七个植被地带，约有3500种维管植物。其棕榈科植物种类极为丰富，有20属109种。公园以高达2377米的砂岩尖峰——姆鲁山为主。院内至少长达295公里的洞穴探险呈现出壮观的景象，是数以百万计的洞穴金丝燕和蝙蝠的家园。沙捞越洞长600米、宽415米、高80米，是世界上已知最大的洞穴。

姆鲁山国家公园内洞穴的集中及其地貌和构造特征是一个突出的特征，能使人们能够更好地了解地球的历史。姆鲁山洞穴具有典型的地下地貌特征，其演化历史超过150万年。可以在此找到世界上最好的岩溶塌陷过程。姆鲁山国家公园为洞穴动物起源理论的研究提供了极好的科学机会。姆鲁山的峡谷极深，河流纵横交错，雨林覆盖山脉，石灰岩峰顶景色壮观，洞穴通道和装饰物众多，具有突出的景观价值（图1）。

马六甲和乔治城历史名城

马六甲和乔治城于2008年7月7日被列为世界遗产。马六甲海峡沿线的著名历史城市在马六甲海峡贯

图 1　姆鲁山国家公园景观

穿东西贸易和文化交流的 500 多年间得到了很好的发展。亚洲和欧洲的影响丰富了城镇的物质和非物质文化遗产。马六甲的政府大楼、教堂、广场和防御工事展示了这段历史的早期阶段，包括 15 世纪的马来苏丹统治时期和 16 世纪初葡萄牙和荷兰殖民时期。乔治城以住宅和商业建筑为特色，代表了 18 世纪末的英国时代。这两座城市代表了东亚和东南亚无与伦比且独特的建筑和文化景观。

马六甲和乔治城是亚洲多元文化遗产和传统所受欧洲殖民影响的鲜活见证。这个多元文化的物质和非物质遗产表现在各种宗教建筑中，它们代表不同信仰、民族聚居区、多种语言、礼拜和宗教节日、舞蹈、服装、艺术和音乐、食品和日常生活。这两座城市，特别是马六甲，反映了各种影响的混合结果，创造了东亚和南亚独有的建筑、文化和城市景观。值得注意的是，它们还展示了一些特别的店铺和联排房屋。这些房屋展示了建筑的不同类型和发展阶段，有些起源于荷兰或葡萄牙时期（图 2）。

图 2　马六甲和乔治城历史名城

玲珑谷考古遗存

2012年6月30日，在俄罗斯圣彼得堡举行的世界遗产委员会第三十六届会议上，玲珑谷的考古遗迹被确认为世界遗产，马来西亚再次站上了世界级的中心舞台。玲珑谷面积达398.64公顷，遗迹里含有从旧石器时代到新石器时代和金属时代同年代顺序和空间关联的文化序列。这些遗址的年代可追溯到183万年前至1,000年前。因此，玲珑谷的考古遗迹是世界上在同一个地方发现的时间最久的考古文化序列之一。玲珑谷的考古遗迹还包含大量原地未受干扰的旧石器时代遗址，因此在这方面，它是除非洲外独一无二的遗迹，对研究旧石器时代人类文化具有特别重要的意义。原地旧石器时代遗址极为罕见，因为在很长一段时间内，自然过程和人类活动扰乱了原始环境，模糊和混淆了文化记录。2007年，在玲珑谷内武吉布农的考古遗迹内发现了极为罕见、保存至今的早期旧石器时代考古证据。在183万年前，陨石撞击了熔融的软铝石，其内保存了许多旧石器时代的石器。从武吉爪哇（200,000—100,000年前）到哥打淡板（70,000年前），再到武吉布农BBH 2001（40,000年前），在玲珑谷的考古遗迹中按时间顺序排列的一系列露天石工坊遗址中发现了原始人持续存在的证据。

a. 武吉布农

距今已有4万年历史的武吉布农内共挖掘出了20条战壕，自2005年以来已回填了5条战壕，正在考虑回填或准备展示其余15条战壕。对武吉布农出土的所有石器进行了分析、研究，并公布了研究结果。大部分石器现今存放在马来西亚大学科学学院。这是183万年前的第一块镶嵌有手斧的原始陨磺砾岩。2009年，这把镶嵌在陨磺砾岩中的手斧作为国家遗产物品（P.U.[A]第399号公报）列入国家遗产登记册。自发现首把石斧以来，又发现了14把类似埋藏在陨磺砾岩中的石斧。武吉布农占地约268.31公顷，在其上发现了散布在地表和地下的陨磺砾岩和石制品。这些陨磺砾岩既无商业价值，也无观赏价值，因此，它们一直在武吉布农未受干扰。

b. 哥打淡板

在哥打淡板进行了两次系列挖掘。1987年开挖的工地和沟渠标为KT1987，2005年开挖的工地和沟渠标为KT2005。至少在7万年前，一次灾难性的事件发生。经由光释光确定，托巴特大火山爆发，其火山灰与在哥打淡板发现的石器混合在一起，这一混合物表明那里的石器作坊遗址有7万年的历史。在哥打淡板遗址，从KT 1987和KT 2005战壕中发现的石器组合表明，哥打淡板的旧石器时代居民当时对原材料（石英和石英岩）有很好的了解，知道如何生产在制造和使用方面最经济和最有效的工具，也就是说他们正在形成和经历石器制作的心理或认知模板。2009年，哥打淡板被列入国家遗产登记册（第 -- 号公报，正在办理中）。工坊遭遗弃的原因是灾难性的自然事件，工坊处于未受干扰的状态。这一灾难性事件就是托巴火山的特大喷发，普遍认为发生在7.4万年前。工坊与托巴火山喷发之间存在联系的证据是在哥打淡板发现了混合在一起的火山灰与石器。KTA2005对哥打淡板文化层的光释光测试独立地确定其年代为7万年前。这些日期加在一起，可确认工坊遭遗弃的时间在7万4千年至7万年前。

c. 昆仑龙都洞穴

昆仑龙都洞穴遗址中保存着东南亚最古老、最完整的旧石器时代人的骨骼——具有标志性的霹雳人的遗骸，用放射性碳技术测定年代为旧石器时代晚期$10,120 \pm 110$ bp（Beta-38394）（图3）。对霹雳人遗骸的分析表明，他们自出生时就有一种先天性畸形，称为A2型短管畸形，这种情况在现代人中仍然很少见。由于气候条件不利于人类遗骸的保存，在东南亚，遗骸的保存极为罕见。这种情况使我们能够了解早期人类群体的基因构成和病史。对霹雳人遗骸的详细分析表明，他与印度尼西亚群岛西部的一种原始人类类同的狩猎者和采集者。可能是在霹雳人尸体僵硬之前准备埋葬尸体，尸件体周围有停尸房的物品。霹雳人同10件石器、2,878贝壳和骨骼残留物重1.261公斤的肉中一同掩埋。霹雳人是东南亚迄今发现的最古老，最完整的现代人类骨骼。霹雳人遗骸现今属于国家遗产（P.U.[B]第235号公报）（图4）。

图 3　昆仑龙都洞穴入口　　　　图 4　霹雳人骨架

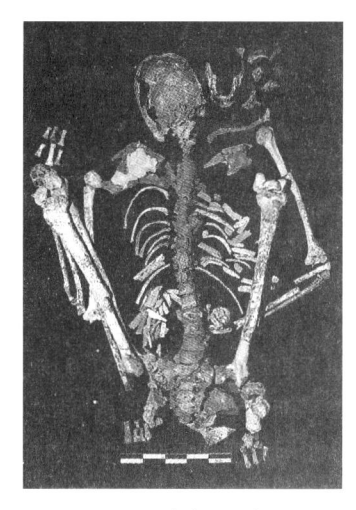

d. 武吉爪哇

武吉爪哇遗址被认为是旧石器时代的工具作坊，位于岛屿的海岸上，这个岛屿位于一个现在早已干涸的旧石器时代湖泊中。该地带一般不受干扰，文化层受到厚覆盖层的保护。这两个遗址发现内容的丰富程度和范围表明，旧石器时代的人口相对较多，他们长期采用类似的岩性技术，可能是因为遗址所在地是原材料的来源而定居在此。该遗址现受《国家遗产登记册》（P.U.[B] 第 149 号公报）保护。使用铁砧和锤子制作工具的技术与在哥打淡板发现的技术相似，但在技术上不如在哥打淡板那么发达。制作完工具仿佛是哥打淡板工具的初级品。一般来说，这些工具大多用石英制成，用大块薄片粗加工而成，让人联想到旧石器时代中期的工具。有些工具太大了，需要双手才能握住。

e. 加影洞

2007 年，马来西亚国家遗产部和马来西亚科学大学联合在加影洞进行了发掘。这次发掘表明，该洞穴的使用年限约为 10,820±60bp 至 7,890±80bp（取自对河流贝壳的放射性碳测年数据）。在加影洞，还发现了两个可能来自不同文化层次的人类墓葬。然而，这些骨架并不完整。一次挖掘时，发现了一具 50% 不完整的女性骨骼，被发现时尸体脸朝下，可能处于屈曲姿势（俯卧屈曲），双腿叠在胸前，双臂叠在肩膀上。在大约 1 米远的地方，发现了另一具人骨的腿骨。这两个墓穴的骨骼残骸已被确认为成年人，但无法确定他们的死亡年龄。古人类学研究表明，第一次发掘具有印尼西亚群岛西部原始人类的特征的遗骸，这与迄今在玲珑谷的考古遗迹发现的旧石器时代晚期骨骼相当一致。

f. 蝙蝠洞

2004 年，在蝙蝠洞进行了系统的挖掘，发现了一处人类墓地。这句遗骸被发现时，位置仿佛如胎儿一般紧密，骨骼极其脆弱，保存得很差，部分被压碎，无法辨认。根据放射性碳测定，随葬的贝壳样品所处年代为 8,400±40bp（Beta-193,000）。一同埋葬的有石器、动物骨头和不落提亚贝壳，它们类似于两个霹雳人的停尸房物品。古人类学研究表明，埋葬的是女性，和霹雳人一样，具有印尼西亚群岛西部原始人类的血统。

g. 虎洞

这是这一核心地带唯一的大型洞穴遗址，威廉姆斯-亨特于 1951 年对其进行了简要调查，他发现了一具幼年人的骨骼遗骸，还有石雕和陶器，经放射性碳测定年代为 3450±150bp（威廉姆斯-亨特，1952 年）。1987—1988 年间，马来西亚科学大学的进一步挖掘又发现了 7 处人类墓地（1—7 号墓地），年代为 4920±270 BP 至 1760±195 BP1.4.20。1995 年，在虎洞还发现了 4 个人类墓穴（8—11 号墓穴），年代为 3 170±60 bp 至

3 080±60 bp。第 1 至第 11 号墓穴是不完整的，而且埋葬条件非常脆弱。随葬品有陶器、石器、石砧、打皮器、贝壳和石饰、食物残骸、青铜斧头和青铜模具等。在虎洞发现了玲珑谷的考古遗迹中拥有最具代表性的一套陶器。大多数陶器是绳纹碗和用当地黏土制成的脚形容器。这些类型在史前东南亚大陆很常见。

旅游业与挑战

一般来说，一个地方被列入世界遗产名录的原因，也是吸引数百万游客涌向遗址的原因。考虑到遗产是过去的信息提供者，是了解当代生活的重要组成部分，有权进入与历史有关的地点是一项基本权利。根据教科文组织公布的准则，遗产地，特别是世界遗产地，必须在良好管理方案的监督下向公众开放，以维护其完整性和真实性。然而，无障碍出入这一遗迹的同时，也带来了对保护遗址的担忧。游客管理对保护遗迹和为游客提供高质量的体验都是至关重要的。

旅游业是马来西亚经济增长的主要动力之一，并已被指定为社会经济发展战略的重要经济部门之一。每一个列入世界遗产名录的遗址都突出了旅游业的发展。因此，必须维护和保护每个遗址的完整性和真实性，否则旅游业的经济和教育机会将与马来西亚不可替代的遗产资产一起丧失。可持续旅游业的概念植根于对遗产的保护和维护，以便今世后代都能享受这一遗产。这意味着要保护物质遗产，包括额外的便利设施以及开展这些活动的自然特征。

游客管理包括指导各国政府和遗迹管理人员采取可持续的旅游做法，并在遗迹的承载能力范围内控制游客人数并管理他们在遗迹的行为。在不危及遗产资源的前提下，充分发挥区域旅游潜力。如果发展是不可持续的，计划不周的旅游业和不适当的基础设施将破坏每一处遗迹宝贵和独一无二的特点，并导致子孙后代的经济和教育机会减少。因此，遗产遗迹和旅游支助基础设施，如道路、标志、游客设施和食品店，都必须以不降低世界遗产价值的可持续方式适当选址和开发。让我们看看每一个世界遗产地的游客统计数字（表 1—表 4）。

表 1 基纳巴卢公园

游客类别	2000	2001	2018 （截至 8 月）
国内	119,663	121,151	446,634
国外	107,937	75,865	345,172
共计	227,600	197,016	101,462

资料来源：第二周期定期报告（2003 年），教科文组织网站

表 2 姆鲁山公园

游客类别	2012	2007	*2018 （截至 8 月）
共计	13,711,134	6,023,311	8,739,047
国内	10,198,855	4,857,248	5,447,974
外籍人士	3,512,279	1,366,063	3,291,073

资料来源：沙捞越林业公司 / 林业部；* 沙捞越旅游业

表 3 马六甲

游客类别	2012 （列入世界遗产后）	2007 （列入前）	2018 （截至 8 月）
共计	13,711,134	6,023,311	8,739,047
国内	10,198,855	4,857,248	5,447,974
国外	3,512,279	1,366,063	3,291,073

资料来源：马来西亚移民局

表 4　乔治城

游客类别	2012 （列入世界遗产后）	2007 （列入前）	2018 （截至8月）
共计	6,093,189	5,186,611	616,232
国内	2,996,282	2,787,260	126,518
国外	3,096,907	2,399,351	489,714

资料来源：马来西亚移民局

基于上述统计数字，人们对联邦政府和市级地方理事会如何能够确保在今后长期促进旅游业持有严重关切。当一个地区被列入联合国教科文组织世界遗产名录时，人们对此产生了一种误解，以为这将是吸引众多游客前往该地区的通行证。然而，我们不能忽视自然或文化遗址的承受强度这一因素，能否经得起暴涨的游客数量。由于遗址世界遗产日益受欢迎，需要对游客管理机制进行认真管理，以确保符合遗迹承受能力限制。此外，列为世界遗产名录的主要目的是"促进世界各地被认为非常值得人类重视的文化和自然遗产的承认、保护和养护"。基本上，旅游业是列入名录的附带结果，需要管理和透明的监督。

玲珑谷的考古遗迹作为一个标志性的遗址，已列入世界遗产地名录，需要完全从保守保护的角度对其进行保护。霍尔和皮金（2003）在对世界遗产地名录及遗迹旅游地的综合研究中发现，虽然旅游地的列入名录增加了其价值，吸引了更多的游客，但大多数列入名单的旅游地一直都吸引大量游客，即使没有列入世界遗产地名录，其游客数量也会继续增长。在这方面，玲珑谷尚未被列入马来西亚最重要的旅游目的地名单，尽管它有可能成为从吉隆坡到皇家柏隆这条激动人心旅游走廊的一部分。玲珑谷作为旅游景点，吸引了许多特殊的旅游市场（尤其是群体教育），其中解说和讲故事对游客的体验至关重要。此外，物理和物理环境工件要求严格根据遗迹容纳量执行访问者管理准则。

在管理开发方面，根据玲珑谷遗址作为联合国教科文组织世界遗产的地位，提出旅游开发理念，旨在增加良好的考古遗址可利用性，使之成为一种有趣的、符合国际标准的考古旅游产品。对玲珑谷考古遗址提出了以主要考古旅游和次要考古旅游的产品概念，缓冲区以展示乡村旅游、文化和农业为配套产品。武吉爪哇哥打淡板和考古遗产美术馆的玲珑谷考古旅行体验将是这一地区的三大旅游产品。主要产品将配备六大次要考古旅游的产品，形式为旅游活动考古，主要包括昆仑龙都洞、蝙蝠洞、虎洞、加影洞、武吉布农和武吉沙比。基本上，主要产品需要开发和包装为"必看"景点，而次要产品则适合于对考古学有更多了解的游客作为参观可选项。此外，配套产品还面向有兴趣在农村地区逗留较长时间探索和体验各种旅游景点的旅行者。缓冲区则包含乡村旅游产品和文化支持，如留宿村落、捕鱼活动、划船、参观中小企业以及品尝当地美味。这一产品将得到加强，除了给周围的社区带来经济效益外，还将增加另一种旅游体验。主要产品、次要产品和产品组合将为每个旅行者带来不同的体验。本产品将以旅游套餐的形式提供（图5）。

目前，除昆仑龙都洞穴外，大部分地区都已兴建多项基建设施。在武吉爪哇和

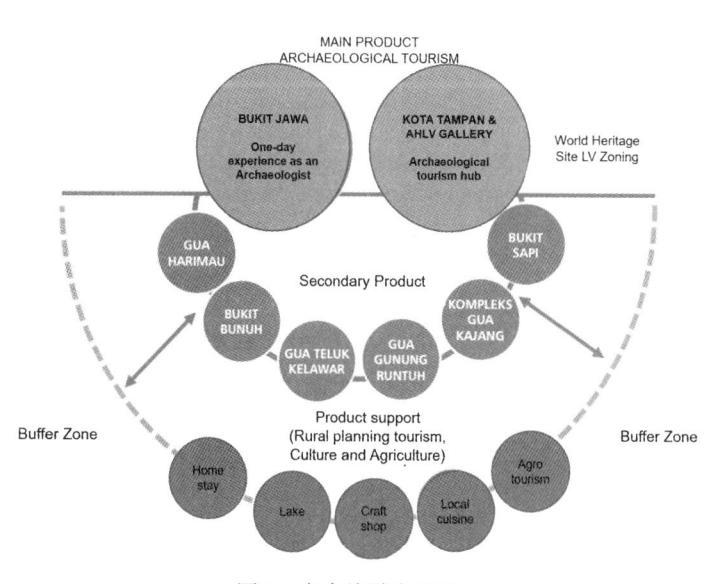

图 5　考古旅游发展理念

蝙蝠洞建造了住所，可以容纳一定数量的游客。这些住所提供了足量的信息板，上面包括每个地点的相关信息。加影洞修建有一条人行道，帮助游客轻松地探索洞穴周围地区，而解说中心和玲珑谷的考古遗迹画廊则是抵达时基本要参观的主要兴趣点。然而，玲珑谷并不适合一次性、大规模的旅游，而是需要进行市场营销，并将其划分为与旅游教育相关的部分。因此，为了保护脆弱的考古资源，应对其容纳能力有一定限制，以防止给游客带来问题和造成事故（图6）。

图6　建议的访客旅行安排

参 考 文 献

J.C 波顿斯. 1965. 一些马来历史的资料：书目注释. Soedjatmoko（编辑），印度尼西亚史学导论. 纽约.

R.G. 科灵伍德. 1951. 历史观. 克拉伦登出版社.

国际古迹遗址理事会. 2002.

玲珑谷考古特别区计划报告草稿. 国家遗产部.

穆得·尤瑟夫·易卜拉欣. 2010. 历史学家和马来人的史学：传承与延续. 吉隆坡：国家语文局.

努尔·阿拜亚·穆罕默德·努尔. 2006. 过去与历史（Cetakan Kedua 编辑）. 吉隆坡：国家语文局.

尼克·哈桑·苏海米·尼克·阿卜杜勒·拉赫曼. 1998. 早期历史：马来西亚百科全书（第四卷）. 群岛出版社.

马来西亚考古遗产. 国家遗产部. 2013.

马来西亚世界遗产. 国家遗产部. 2013.

史前洞穴遗址价值认定与保护

李梦静[①]

摘要：穴居是史前人类生活的一种重要形式。我国境内发现的多处史前洞穴考古遗址中，39处被列为全国重点文物保护单位，纳入国家级保护管理体系。其中，仅有部分遗址的保护规划已批准实施，剩下大部分遗址的保护规划尚在讨论中。此时，正需要我们讨论如何认识和保护史前洞穴遗址。从已公布的部分保护区划来看，多数遗址保护范围以洞口外扩一定距离，主要保护对象为已做考古发掘的洞穴区域。然而，通过对已有考古材料的研究，史前人类活动的范围和对自然环境利用的空间通常不仅局限于洞穴内部及洞口的狭小区域。如此，将洞穴遗址作为史前人类活动空间来考察，构建合理保护管理框架，需要与考古工作密切配合，对相关材料进行充分研究，在此基础上，进行价值认定和遗址定位，有预见性地制定保护管理规划，保护遗址的完整性。

关键词：洞穴遗址；聚落；价值研究；保护对象认定

为人类使用的自然洞穴遗存是人类对自然认知深度，以及空间利用能力的实物见证。本文所讨论的洞穴遗址，是指在人地关系探索初期，即史前时期（主要是旧石器时代至新石器时代初期），人类长期栖居或使用的自然洞穴遗址。

世界各地目前已通过考古发掘发现了大量史前洞穴遗存，他们多与人类进化历程、居住环境变迁、技术变革息息相关，具有重要价值，从而作为文化遗产受到保护。

我国境内发现的史前洞穴遗址众多，为人类起源、文化传播、生业模式、社会形态等重要研究课题提供了至关重要的考古材料，是珍贵的不可再生资源。如何科学、完整地保护这些遗址，是非常值得充分探讨的问题。只有遗址得到科学保护，未来深入的科学研究方可有效展开，展示利用工作方能在充分展开，建立科学的阐释体系。

科学保护遗址的首要前提是全面准确地遗址认知，其中价值评估应置于首位[②]。科学评估遗址价值内涵，做出准确的遗址定位，以此确认文物保护对象，从而制定保护管理措施是遗址保护的一般流程。[③]

价值评估源于对考古材料的充分研究。不只局限于孤立的保护目标遗址，更应进行同类遗址的横向比较研究。对于史前洞穴遗址而言，保护研究的内容不应只局限于该遗址现已发现的考古遗存的实物资料，更应将对史前人类的生存活动纳入研究考虑内容。结合已有的考古研究成果，分析人类活动、空间利用模式，充分探讨遗址的性质内涵，明确定位，从而有预见性地确认保护对象，制定保护措施。

[①] 北京国文琰文化遗产保护中心有限公司项目负责人。
[②] 国际古迹遗址理事会中国国家委员会制定，中华人民共和国国家文物局推荐：《中国文物古迹保护准则》，2015年，北京：文物出版社，第7-8页。
[③] 中华人民共和国国家文物局：《中华人民共和国文物保护标准化指导性技术文件：大遗址保护规划规范》，2016年实施，第5页。

1 我国洞穴遗址保护现状

我国现已公布的全国重点文物保护单位中,有 39 处史前时期的古遗址所属类型为洞穴遗址(表1)。[①]

表1 全国重点文物保护单位中史前洞穴遗址列表

公布批次	遗址名称	省份	时代	保护范围类型 环境区域	保护范围类型 独立山体	保护范围类型 洞口外扩
第一批	周口店遗址*	北京市	旧石器时代	√		
第三批	金牛山遗址	辽宁省	旧石器时代		—	
第三批	和县猿人遗址	安徽省	旧石器时代		—	
第三批	穿洞遗址	贵州省	旧石器时代		√	
第四批	大洞遗址	贵州省	旧石器时代			√
第四批	石佛洞遗址	云南省	新石器时代		—	
第五批	海城仙人洞遗址	辽宁省	旧石器时代		—	
第五批	万寿岩遗址*	福建省	旧石器时代	√		
第五批	仙人洞、吊桶环遗址	江西省	新石器时代	√		
第五批	玉蟾岩遗址*	湖南省	新石器时代		—	
第五批	落笔洞遗址	海南省	旧石器时代		—	
第五批	甑皮岩遗址*	广西壮族自治区	新石器时代		√	
第五批	黔西观音洞遗址	贵州省	旧石器时代			√
第五批	花石浪遗址	陕西省	旧石器时代	√		
第六批	塔水河遗址	山西省	旧石器时代		—	
第六批	庙后山遗址*	辽宁省	旧石器时代		—	
第六批	人字洞遗址	安徽省	旧石器时代			√
第六批	织机洞遗址	河南省	旧石器时代			√
第六批	建始直立人遗址*	湖北省	旧石器时代		√	
第六批	白莲洞遗址*	广西壮族自治区	旧石器时代	√		
第六批	鲤鱼嘴遗址	广西壮族自治区	旧石器时代		√	
第六批	南京人化石地点[②]*	江苏省	旧石器时代		√	
第六批	感驮岩遗址	广西壮族自治区	新石器时代	√		
第七批	四方洞遗址	河北省	旧石器时代			√
第七批	化子洞遗址	河北省	旧石器时代			√
第七批	金斯太洞穴遗址[③]*	内蒙古自治区	旧石器时代	√		
第七批	前阳洞穴遗址	辽宁省	旧石器时代			√
第七批	寿山仙人洞遗址	吉林省	旧石器时代	√		
第七批	乌龟洞遗址	浙江省	旧石器时代			√
第七批	奇和洞遗址	福建省	旧石器时代		√	
第七批	长阳人遗址	湖北省	旧石器时代			√

---

① 数据来源全国重点文物保护单位综合管理系统网站。
② 南京人化石地点主要载体是发现人类化石的汤山葫芦洞,遗址申报类型为"其他遗址",本文仍将之列为洞穴遗址分类。
③ 金斯太洞穴遗址的保护范围描述为洞穴外扩型,但外扩范围广大,包含了遗址周边重要环境,故将其视为环境区域型。

续表

公布批次	遗址名称	省份	时代	保护范围类型 环境区域	保护范围类型 独立山体	保护范围类型 洞口外扩
第七批	梅铺猿人遗址	湖北省	旧石器时代			√
	黄龙洞遗址	湖北省	旧石器时代			√
	独石仔洞穴遗址	广东省	旧石器时代			√
	柳城巨猿洞	广西壮族自治区	旧石器时代		√	
	布兵盆地洞穴遗址群	广西壮族自治区	旧石器时代	√		
	信冲洞遗址	海南省	旧石器时代		√	
	龙广观音洞遗址	贵州省	旧石器时代			√
	大河遗址	云南省	旧石器时代			√

标 * 遗址保护规划已由省政府公布实施。
标 — 遗址保护范围信息不详。

上述遗址的保护规划有八处已经由省政府公布实施，九处已通过立项，正在编制中①。大半洞穴遗址尚未通过编制保护规划来进行充分的保护策略研究（图1）。

未编制保护规划的洞穴遗址类国保单位，省人民政府公布的文物保护单位保护区划是其保护管理的最重要法律依据。

保护范围是"依照《中华人民共和国文物保护法》规定、为满足大遗址本体保护的完整性和安全性划定的区域"。②完整性是世界遗产至关重要的两个特征之一。"只有同时具有完整性和/或真实性的特征，且有恰当的保护和管理机制确保遗产得到保护，遗产才能被视为具有突出的普遍价值。"

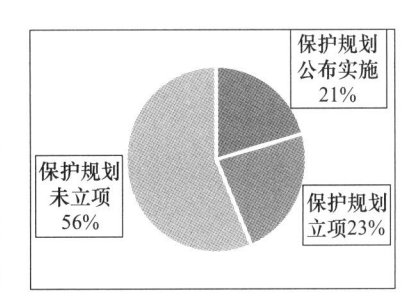

图1 全国重点文物保护单位洞穴遗址保护规划编制实施情况

完整性的评价标准包括："1. 包括所有表现其突出的普遍价值的必要因素。2. 面积足够大，确保能完整地代表体现遗产价值的特色和过程。3. 收到发展的负面影响和/或缺乏维护。"③

能否保护遗址的完整性取决于对遗址的价值认知和内涵定位。

通过对各洞穴遗址公布的保护范围划定和边界描述分析，可略知遗址性质及文物本体，即核心保护对象的认识定位。

国保单位中洞穴遗址的保护范围划定方式大致可分三类：一是包含较为广大的范围、纳入周边山水环境。这类区划包括已列入世界遗产名录的周口店北京人遗址。二是以洞穴所在单独山体山脚或山脊为边界。三是洞口外扩若干米（图2）。

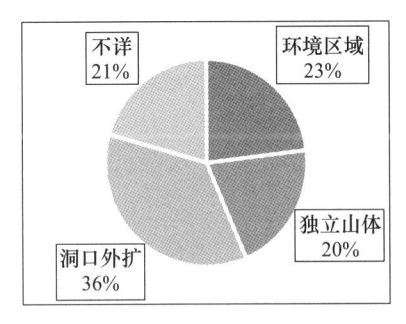

图2 全国重点文物保护单位洞穴遗址保护范围分类

从统计数据分析可知，多数保护规划编制完成通过审批实施的洞穴遗址，保护范围为按环境区域划分类型。保护对象除洞穴本身外，包括"文物可能分布区"和"文化堆积物"等丰富的人类活动遗迹内容④。

---

① 数据来源全国重点文物保护单位综合管理系统网站。
② 中华人民共和国国家文物局：《中华人民共和国文物保护标准化指导性技术文件：大遗址保护规划规范》，2016年实施，第2页。
③ 联合国教育、科学及文化组织保护世界文化与自然遗产政府间委员会：《实施〈世界遗产公约〉操作指南》，2015年实施，第16页。
④ 内容参考自国家文物局网站，文物局关于洞穴遗址保护的批复：《文物保函［2012］15号关于甑皮岩遗址保护规划的批复》、《文物保函［2008］1335号 关于建始直立人遗址保护规划的批复》、《文物保函［2010］410号 关于白莲洞遗址保护规划的批复》、《文物保函［2013］343号 关于庙后山遗址保护规划的批复》、《文物保函［2005］41号 关于三明万寿岩遗址保护规划的批复》、《文物保函［2018］286号 国家文物局关于奇和洞遗址保护规划的意见》。

可看出保护规划将洞穴遗址定位为早期人类与自然互动关系中的重要一环，认可洞穴遗址反映人类在一定区域内利用不同类型空间，组织社群生活的价值。保护对象不仅是洞室空间。

洞口外扩型保护范围的14处遗址中，有8处外扩范围在50米以内。可见，以洞口外扩若干米为保护范围的洞穴遗址，保护对象的核心是洞室空间及洞穴内的文化遗存，重视天然洞穴作为人类居所空间的价值。

在充分协调洞穴遗址所在区域的城镇发展规划、尊重保护范围可操作性要求的情况下，如何能更好地保护洞穴遗址的完整性，与保护者在以上两种遗址价值定位中选择何种有密切的关系。在多数洞穴遗址尚未进行保护规划编制的当下，对这种问题的讨论也是颇具现实意义的。

2　史前洞穴遗址与人类活动关系

对于史前洞穴遗址的科学价值评估，基于对考古资料的深入分析，以及对同类型考古遗址的比较研究、对于当时人类生存形态的研究。

对于史前人类居住、活动行为方式，众多考古学及人类学者通过对不同遗址的大量调查、研究工作，曾提出不同的假说进行解释。天然洞穴是早期人类利用的重要活动场所。同时，也存在大量的露天遗址。根据遗址堆积内容的不同，学者们试图解释这些遗址的性质，诸如"石器作坊"、"肢解遗址"和"中心地区"等。这些遗迹密集地分部在相对集中的区域内，可以共同呈现史前人类的活动模式及社会组织形式。

这里"相对集中的区域"，可以是洞口附近的狭小区域，或洞穴与周围河流、丘陵共同组成的相对狭小的空间。也可以是与生产、生活所需资源获取密切相关的，更大的地理范围。通过对于不同地点的石制品的成功拼合实例可证明早期人类的活动范围至少可达63公里以上。[①]

现有的全国重点文物保护单位中，福建明溪南山遗址[②]，发现了洞穴遗址，并在洞穴所在山顶发掘了同时期的旷野遗址，反映了人类在有限区域内，对不同类型空间的利用（图3）。国保申报类型为"聚落址"

图3　南山遗址全景照片

---

① 王社江、沈辰：《洛南盆地旧石器早期遗址聚落形态解析》，《考古》，2006年第4期，第49-60页。
② 中国社会科学院考古研究所东南工作队等：《福建明溪南山遗址4号洞2013年发掘简报》，《考古》，2017年第10期，第3-22页；范雪春等：《福建明溪南山遗址入选2017年中国考古六大新发现》，《福建日报》，2018年01月17日，第002版。

而非"洞穴遗址"。

南山遗址的洞穴遗迹面临溪流，考古工作探明了人类活动与河岸滩地的关系。丰富了空间利用研究内容。为保护对象认定的探索，和保护策略制定起到重要支持作用。

陕西洛南盆地[①]内通过长期的考古调查、发掘工作，发现了大量旧石器早期遗址地点，包括龙牙洞洞穴遗址及大量露天遗址（图4）。通过对遗址空间分布及石制品的研究，学者推测，龙牙洞为一处长期的生活营地或中心类型遗址，而整个洛南盆地是由一些不同的早期人类小群体以龙牙洞等居住类型遗址为中心构成区域性的聚落系统。[②]

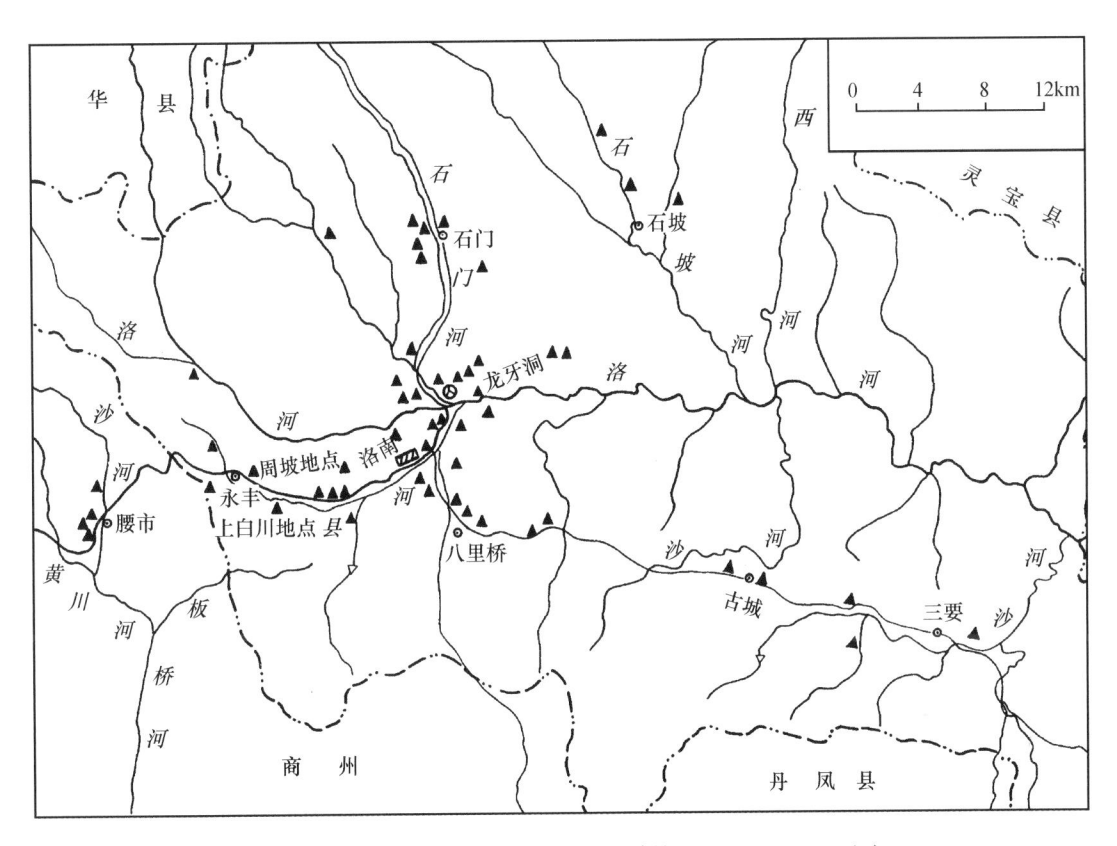

▲—野外地点（open-air sites）　☉—龙牙洞遗址（Longyadong cave site）

图4　洛南盆地旧石器地点和龙牙洞遗址地理位置

洛南盆地旧石器地点相互关联，共同反映早期人类生活模式。但分布范围广大，考虑区域社会经济发展需求，以及保护管理的可行性，如何科学保护遗址尚需进行深入探讨。目前国保管理体系中，将遗址群分为花石浪遗址（洞穴遗址）和洛南盆地旧石器地点群（聚落址）两个单位进行保护管理。

3　世界遗产中的洞穴遗址

考察世界遗产名录中，与早期人类进化、发展关系密切的，包含洞穴遗址类型的文化遗产的价值研究

---

① 王社江、黄培华：《洛南盆地旧石器遗址地层划分及年代研究》，《人类学学报》，第20卷　第3期，2001年8月，第229-237页；王社江等：《洛南盆地1995—1999年野外地点发现的石制品》，《人类学学报》，第24卷，第2期，2005年5月，第87-103页。
② 王社江、沈辰：《洛南盆地旧石器早期遗址聚落形态解析》，《考古》，2006年第4期，第49-60页。

与认知，及在其基础上划定的有效保护边界。对保护洞穴遗址的完整性具有重要参考价值（表2）。

表2 世界遗产中代表性洞穴遗址及其价值标准[①]

遗产名称	国家	价值标准					
		ⅰ	ⅱ	ⅲ	ⅳ	ⅴ	ⅵ
周口店北京人遗址 Peking Man Site at Zhoukoudian	中国			√			√
迦密山人类进化遗址 Sites of Human Evolution at Mount Carmel: The Nahal Me'arot/Wadi el-Mughara Caves	以色列			√	√		
南非化石遗址 Fossil Hominid Sites of South Africa	南非			√			√
肖维-彭达克岩画洞穴 Decorated Cave of Pont d'Arc，known as Grotte Chauvet-Pont d'Arc，Ardèche	法国	√		√			
奥莫低谷 Lower Valley of the Omo	埃塞俄比亚			√	√		
阿塔皮尔卡考古遗址 Archaeological Site of Atapuerca	西班牙			√		√	
桑义兰早期人类遗址 Sangiran Early Man Site	印度尼西亚			√			√
阿瓦什低谷 Lower Valley of the Awash	埃塞俄比亚		√	√	√		

法国肖维-彭达克岩画洞穴，因其突出的岩画而使用了标准ⅰ："代表一种独特的艺术成就，一种创造性的天才杰作"[②]，代表当时人类的突出的艺术天才及岩画绘制技巧。出于这样的价值认知，确定遗产保护的主要对象是洞穴空间及其内部的岩画艺术。表现在遗产区的划定上，核心保护洞穴本体，遗产区以洞穴所在独立山体的山脊为界，未将山间谷地、河流滩地等更广阔的空间环境纳入（图5）。[③]

周口店北京人遗址、南非化石遗址和桑义兰早期人类遗址，使用了与其他价值标准共同使用才能作为列入世界遗产的标准ⅵ，即"与具特殊普遍意义的事件或现行传统或思想或信仰或文学艺术作品有直接或实质的联系。"[④]强调遗产地的发掘对人类历史研究史上的重要作用（图6、图7）。遗产地在特定区域内，现在及未来长期内将继续提供丰富的研究材料，连接过去及当下。这条价值标准与遗址完整性中"遗产价值的过程"相关。

同时，从表述来看，使用标准ⅵ的遗产地定位中，充分肯定遗址所在区域空间环境作为人类生存活动组织场所的重要价值（表3）。

表3 世界遗产洞穴遗址标准ⅵ表述

遗产地	价值表述
周口店北京人遗址	周口店发现的直立人遗存，以及随后的研究在20世纪20年代和30年代激起了广泛的兴趣，推翻了在当时被普遍接受的人类历史序列。因此，周口店遗址的发掘和科学工作在世界考古史上具有重要价值，在世界科学史上发挥了重要作用。

---

① 数据来源联合国教科文组织世界遗产中心网站。
② 联合国教育、科学及文化组织保护世界文化与自然遗产政府间委员会：《实施〈世界遗产公约〉操作指南》，2015年实施，第13页。
③ 图片来源联合国教科文组织世界遗产中心网站，以下世界遗产区图纸均来源于此，不再重复标注。
④ 联合国教育、科学及文化组织保护世界文化与自然遗产政府间委员会：《实施〈世界遗产公约〉操作指南》，2015年实施，第13页。

续表

遗产地	价值表述
南非化石遗址	系列遗产地位于独特的自然环境中，为产生和保存人类和动物遗骸创造了一个合适的环境，使科学家们能够一窥过去。连续提名的遗址位于独特的自然环境中，为捕获和保存人类和动物遗骸创造了一个合适的环境，使科学家们能够进入过去。因此，该遗址构成了具有普遍范围和相当大潜力的科学数据的巨大储备，连接人类最古老时期的历史。
桑义兰早期人类遗址	该遗产地展现了在同一环境中人类长期的体质进化和文化变迁的方方面面。该遗产地还将继续如此，持续提供充沛丰富的资料信息。

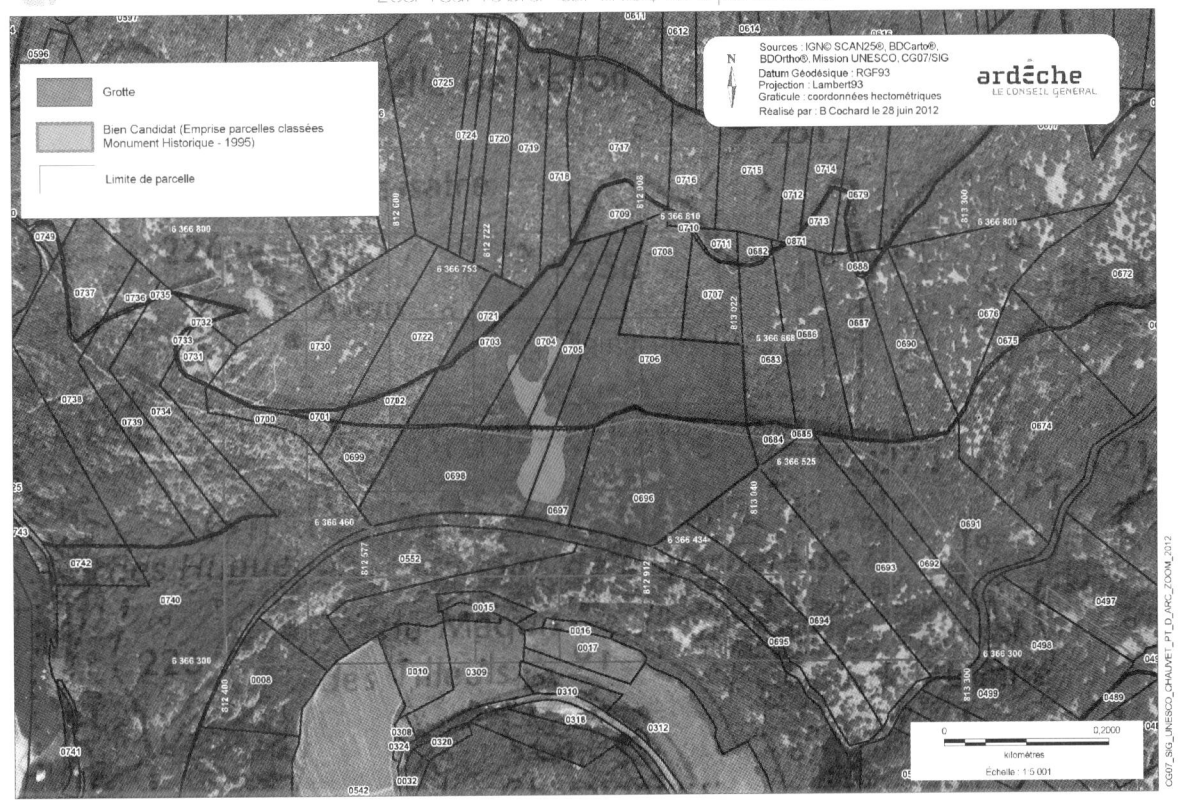

图 5 法国肖维岩画洞穴的遗产区、缓冲区平面图

作为世界遗产的史前洞穴遗址，在价值认定时，普遍使用标准ⅲ，即"能为一种已消逝的文明或文化传统提供一种独特的至少是特殊的见证"[1]。各遗产地对这一价值标准的表述，皆是反映人类起源与进化、技术发展历程的价值，核心载体是发掘出土的早期人类化石、反映技术工艺的出土物。这一价值与我国多数史前洞穴遗址价值基本吻合。埃塞俄比亚阿瓦什低谷因为发现了著名的露西（Lucy）人类骨骼化石，从此证实了阿尔法南方古猿是南方古猿及智人的祖先，从而改变了对整个人类历史的认知，而使用了标准ⅱ："能在一定时期内或世界某一文化区域内，对建筑艺术、纪念物艺术、城镇规划或景观设计方面的发展产生极大影响"[2]。

---

[1] 联合国教育、科学及文化组织保护世界文化与自然遗产政府间委员会：《实施〈世界遗产公约〉操作指南》，2015 年实施，第 13 页。
[2] 同上。

Peking Man Site at Zhoukoudian

图 6 周口店北京人遗址遗产区

这样的价值定位，突出强调与人类进化有密切关系的化石出土地点的重要性。同时强调全部遗迹出土地点之间的联系，他们共同形成人类发展历程的实证。周口店北京人遗址的标准iii论述中，强调了遗址对"人类社会"的见证作用。

在这一价值定位指导下，遗址保护对象会将全部人类活动重要遗迹出土地点纳入，保护完整的人类活动遗存信息。

世界遗产中史前洞穴遗址使用的价值标准中，标准iv和标准v也是多被使用的价值标准（表4）。

表 4 世界遗产洞穴遗址价值标准iv、标准v的表述

价值标准	遗产地	价值表述
标准iv	奥莫低谷	下奥莫河谷的发现代表了史前时期文化活动领域的特殊发展。
	阿瓦什低谷	该遗产地发掘出的人类遗存可追溯到300万年前，提供了对人类发展史一种解释的杰出材料。
标准v	迦密山人类进化遗址	该遗址是地中海核心区Natufian文化的中心遗址。这个晚期的旧石器时代的重要区域文化呈现了从旧石器时代到新石器时代生活方式的过渡。从游牧到复杂的定居社区，是最后一个狩猎-采集社会的例证，反映了它适应农业社会的多种尝试。
	阿塔皮尔卡考古遗址	该遗产地的化石遗址构成了关于欧洲最早的人类社区的物理性质和生活方式的特殊信息储备。

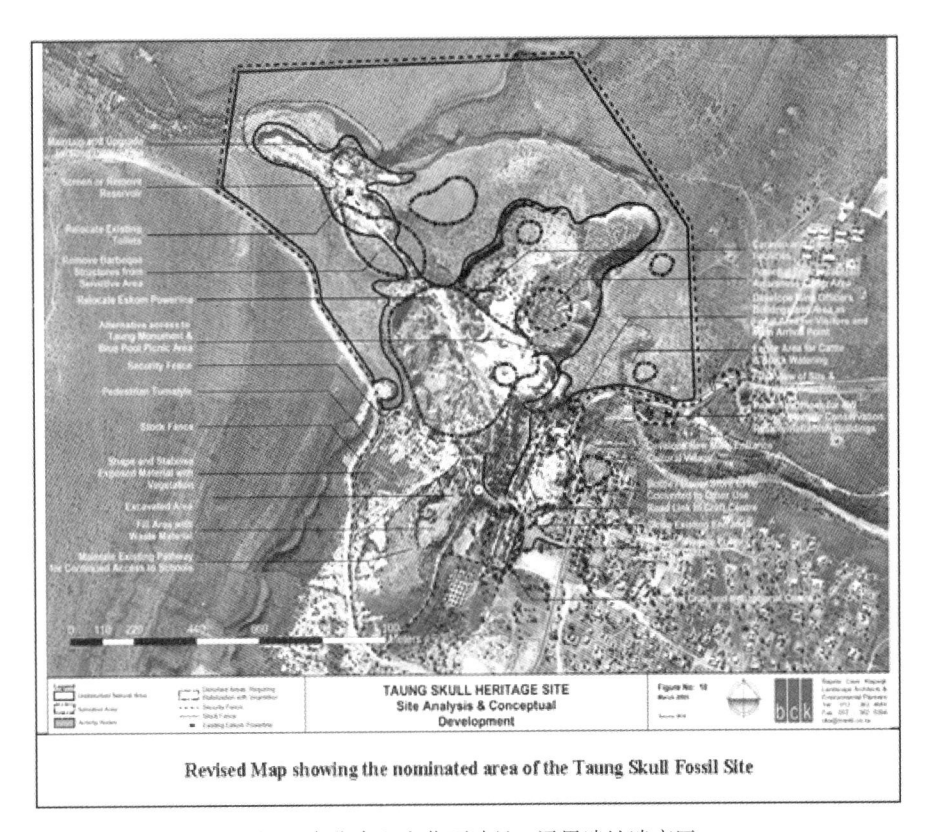

图 7　南非直立人化石遗址 - 汤恩遗址遗产区

这两条价值标准更加强调了史前洞穴遗址与周边相互关联的同时期其他类型遗迹的关系，并且强调人类居住形态、对景观空间的组织利用。反映人类社会信息与生产模式。在这样的价值定位指导下，对遗产区的划定，通常会包括周边更为广阔的不同类型人类活动空间（图 8）。

多条价值标准的共同作用，增加了对遗址保护对象认定的考核条件。同时，丰富了保护要素的内容。在此基础上指导了遗产区的划定，以及相关保护策略的制定。

4　小结

史前洞穴遗址内涵丰富，涉及人类起源等重大课题，具有重要意义。其保护需进行充分的研究探讨。首先需要做的就是确定遗址价值，在价值研究的基础之上明确遗址定位，认定保护对象，制定科学保护管理策略。而价值研究过程中，需要将遗址放入时空框架下考察，进行同类型遗址的比较研究，并充分吸取考古学、人类学等研究成果，将对人类活动、社会组织等因素纳入对遗址认定、保护的探讨要素之中。

在充分的价值研究基础之上进行保护对象的认定，从而充分结合具体的遗址周边环境，城乡发展规划，有预见性地划定保护范围，制定保护策略，能最大限度地保护洞穴遗址作为文化遗产的完整性。同时，为未来的科研探索留下了宝贵空间。

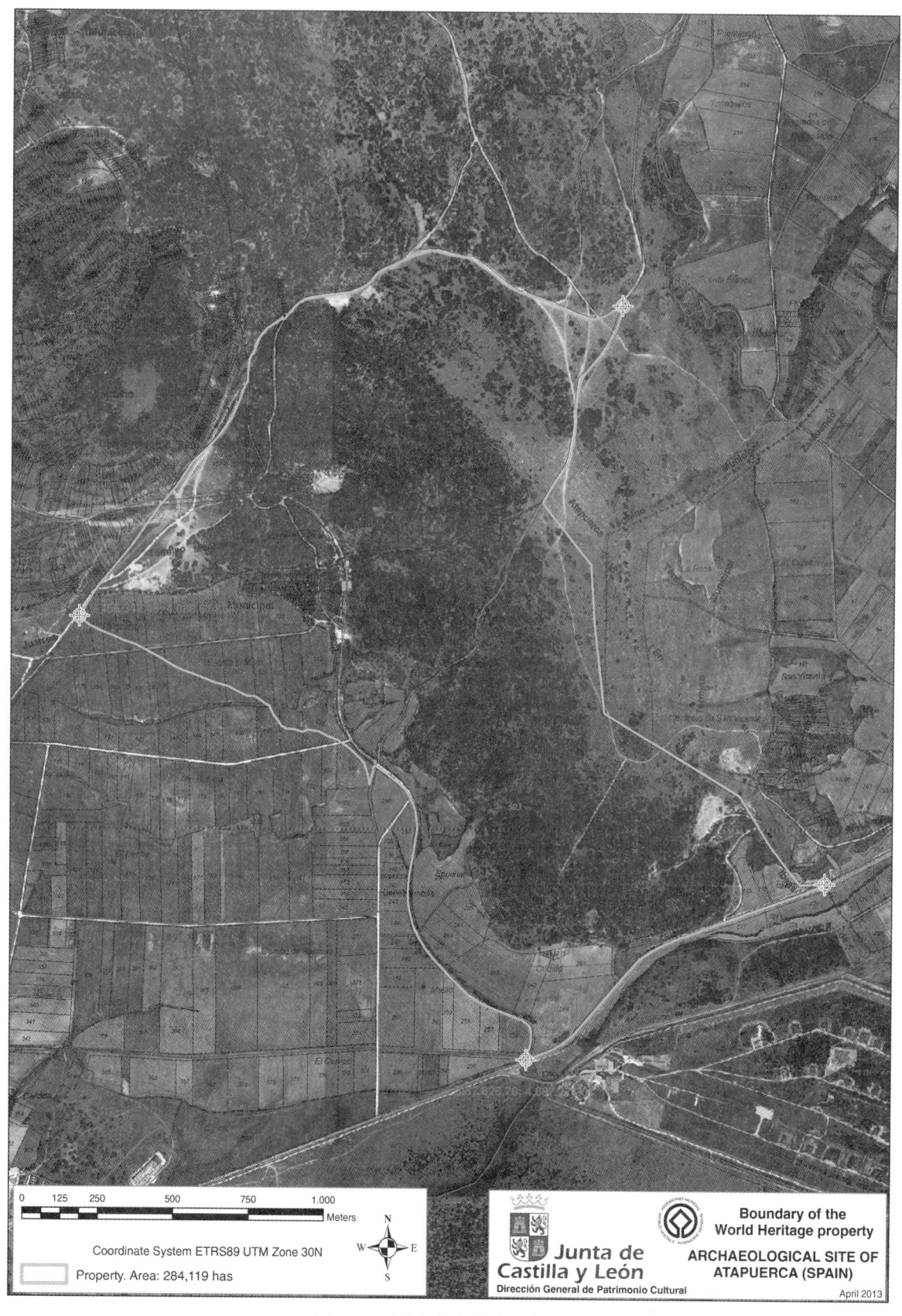

图8 阿塔皮尔卡考古遗址遗产区

参 考 文 献

范雪春等. 2018. 福建明溪南山遗址入选2017年中国考古六大新发现. 福建日报（2018年01月17日）.

国际古迹遗址理事会中国国家委员会制定，中华人民共和国国家文物局推荐. 2015. 中国文物古迹保护准则. 北京：文物出版社.

联合国教育、科学及文化组织保护世界文化与自然遗产政府间委员会. 2015. 实施《世界遗产公约》操作指南（2015年实施）.

联合国教科文组织世界遗产中心网站.

全国重点文物保护单位综合管理系统网站.

王社江，沈辰. 2016. 洛南盆地旧石器早期遗址聚落形态解析. 考古，4.

王社江，黄培华. 2001. 洛南盆地旧石器遗址地层划分及年代研究. 人类学学报，20（3）.

王社江等. 2005. 洛南盆地1995-1999年野外地点发现的石制品. 人类学学报，24（2）.

文物保函［2012］15号关于甄皮岩遗址保护规划的批复.

文物保函［2008］1335号关于建始直立人遗址保护规划的批复.

文物保函［2010］410号关于白莲洞遗址保护规划的批复.

文物保函［2013］343号关于庙后山遗址保护规划的批复.

文物保函［2005］41号关于三明万寿岩遗址保护规划的批复.

文物保函［2018］286号国家文物局关于奇和洞遗址保护规划的意见.

中华人民共和国国家文物局. 2016. 中华人民共和国文物保护标准化指导性技术文件：大遗址保护规划规范（2016年实施）.

中国社会科学院考古研究所东南工作队等. 2017. 福建明溪南山遗址4号洞2013年发掘简报. 考古，10.

"百年"巨石阵：做21世纪世界史前遗址的领军者

希瑟·罗斯·塞比尔[①]

摘要：一百年前，我们在周口店洞里发现了北京人；同样，今年也是发现巨石阵一百周年纪念，这个遗址是送给英国的。自发现伊始，英国政府一直在保护和管理巨石阵，同时欢迎本地、本国和国际游客前来参观。1986年，总占地面积约50平方公里的巨石阵连同埃夫伯里和相关遗址被列入世界遗产名录，由此给遗址带来了新的责任，但也面向更多受众开放。随着全球文化旅游的不断发展，英国文化遗产已经开发出了适合现代的旅游设施。巨石阵环境改善项目的愿景是为恢复巨石阵的庄严感和奇迹感，并为所有游客提供高质量的体验。这包括在离巨石更远的地方建造一个新的游客中心，并提供鼓舞人心的新解说和展览。通过拆除该遗址附近的一条道路和过时的游客设施，恢复了古代巨石阵的景观环境，并将纪念碑与其古老的游行路线"大道"重新结合起来。自2013年12月新设施启用以来，巨石阵的游客人数增加了50%以上，而且还在继续增长。本文研究了巨石阵在其景观和新游客中心的表现，并讨论可持续管理大众旅游和长期保护该地点的意义，尤其是一条规划中的重要道路距离巨石阵非常近，这将对游客的访问产生影响。本文还将与英国其他世界遗产和其他欧洲史前遗址进行比较。

关键词：巨石阵；保护；管理；文化旅游；可持续发展

一百年前的1918年，人们在中国的周口店洞穴中发现了被称为"北京人"的化石。为了庆祝一百周年纪念，周口店洞穴遗址已经被惊人的生态盖保护起来，附近建有新的游客中心，向人们解说周口店的故事和考古发现的意义。今年也是被称为"巨石阵"的标志性石圈一百年纪念，不是纪念它被发现一百年，而是它被赠送给全英国人民的第100周年纪念（图1）。

图1 巨石阵

[①] 英国巨石阵遗址资深馆长。

英国政府自1918年以来一直在保护和管理巨石阵，同时欢迎本地、本国和国际游客来此参观。巨石阵是世界上最具标志性和最著名的考古遗址之一。它建于四千多年前，至今仍是世界上最耐人寻味和引人注目的纪念碑之一。1986年，联合国教科文组织将巨石阵连同埃夫伯里和相关遗址列入世界遗产名录，因为这里有许多杰出的史前遗迹。从那时起，世界遗产遗址管理计划中包含的愿景最好地说明了巨石阵的重要性（西蒙兹 & 托马斯，2015）："巨石阵世界遗产在全球范围内都很重要，不仅因为巨石阵，还因为遗产内独特而密集的众多杰出的史前遗迹和遗址共同构成了无与伦比的风景。"

世界遗产遗址位于两个不同的地理区域，相距约36公里，具有不同的特点。

世界遗产遗址的巨石阵部分占地约2 600公顷（26平方公里），有700多处已知的埋藏完好的考古遗址和纪念碑，其中的175处列为古遗迹。有些遗址和纪念碑比巨石阵时间更早，有些则更晚。早于巨石阵的遗址包括巨石阵古赛道遗址和新石器时代的长冢和温特伯恩斯托克长冢公墓（公元前3500年）。人们认为可以追溯到巨石阵时代（公元前2500年左右）的纪念碑包括由石环组成的复杂纪念碑以及大道、巨木阵和杜灵顿城墙、石堆和定居点。比巨石阵年代更晚的遗址包括唐诺曼顿墓穴和许多其他青铜时代的墓穴和墓地，共同形成了英国已知的遗址最集中的地方（约1800年）。因此，巨石阵并不是孤立存在的，而是非常复杂的史前景观的一部分（图2）。

图2 巨石阵景观的空中照片

埃夫伯里是巨石阵世界遗产遗址的一部分，占地2500公顷（25平方公里）。它的特点之一是古老的仪式性景观，有300座纪念碑可追溯到5,000多年前。

这些遗址包括埃夫伯里（公元前2600年至1800年间）、西尔布利山、由史前居民建造的欧洲最大的坟堆、圣所、西肯尼特大道和风车山新石器时代的堤道定居点（图3）。

图3 埃夫伯里石圈的鸟瞰图

巨石阵 100 周年

1915年9月21日，包括巨石阵在内的一块土地被拍卖。一位名叫塞西尔·丘布的当地人买下了这块土地，购入价为6600英镑。"巨石阵"是埃姆斯伯里庄园的一部分，在第一次世界大战开始后几个月里，遗产继承人去世，之后，该庄园被分成几块出售。这件不幸的事发生在庄园主埃德蒙·安特罗斯爵士去世后不久。当时家族成员都不愿意接管这片土地。

故事是这样的。塞西尔·丘布在妻子的要求前往索尔兹伯里市的宫殿剧院参加拍卖会，要买一套餐椅。但实际上，他买下了"第15号地块：巨石阵"，占地约30英亩，含两根柱子、37处毗邻的土地，这显然是送给他妻子的礼物。事实上，后来关于该块土地所有权的全部文件中都出现了他们夫妻两人的名字。塞西尔·丘布对记者说，当他走进拍卖厅时，根本不打算买巨石阵。丘布说："我在房间里待着的时候，就觉得索尔兹伯里人应该买它，事实上我也是这么做的。"三年后，丘布把巨石阵赠给了英国，随后，英国政府部门开始了一百年的保育和保护工作，巨石阵成为英国的遗产。

巨石阵访客中心

今天，巨石阵是英国最著名的旅游目的地之一，2018年游客超过150万，其中四分之三来自海外。2013年，此前的参观设施不再适合使用。游客必须经过一些过时的临时建筑。遗址处必须提供票务服务、咖啡馆和小商店。在旅游旺季，这里人来人往，主要的游客设施点都非常拥挤。到2013年底，景观也受到损害，因为A344公路从大道处切断了巨石阵，而且公路的运行与锤形石非常接近。

经过多年的规划，巨石阵环境改善项目（SEIP）得到启动，并在世界遗产遗址边缘处的艾尔曼之角建造了新的游客设施。新的游客中心的设计初衷是尽可能不起眼地坐落在山谷中，而且设计是可逆的。大部分资金来自英国传统彩票基金和私人捐助者。由马歇尔建筑事务所的建筑师斯蒂芬·昆兰设计的新游客中心于2013年12月18日向公众开放（图4）。

图4 巨石阵新游客中心

除了建设新的游客设施外，巨石阵环境改善项目还有其他目标。这些目标是：

- 改善巨石阵景观环境，减少不适当结构和道路带来的噪音和视觉干扰；
- 通过提供改善的、环境上可持续的游客设施，显著提升游客体验；
- 加强对世界遗产遗址的解说，并改善访问选定古迹的途径；
- 加强教育／学习经验，从而增进对世界遗产遗址的了解。

原有的参观设施已被拆除，地面已重新恢复为草地。也有可能关闭A344的道路，因为这条路离巨石阵非常接近，特别是踵形石。A344公路的部分路段仍在使用中，将游客从游客中心带到巨石圈，但离巨石阵最近部分的路段已被拆除并恢复为草地。大道的顶端重新与巨石圈相连。这是一个巨大的进步（图5）。

然而，A303 主要公路仍然延伸到遗址的南部，并将此世界遗产遗址一分为二。目前计划修建一条隧道，以便将公路从这部分景观中移开，直接连接到石圈的南面为止。然而，该项目存在一定争议，因此将受到国际古迹遗址理事会和教科文组织的规划调查和审查。2020年初将对此做出决定。

最近施行的巨石阵环境改善项目为实现改善巨石阵景观环境的目标做出了很大努力，减少了不适当结构和道路造成的噪音和视觉干扰；通过提供改进的、环境上可持续的游客设施，大大提高了游客的体验；改善了对选定古迹的诠释和参观，从而提高了游客的学习体验，并增进了对更广泛的世界遗产遗址的了解。许多这方面的工作是通过与其他遗产合作伙伴的紧密合作共同完成，包括国民托管组织（英国保护名胜古迹的私人组织）和威尔特郡议会。该项目的成功与全球旅游业的增长相吻合，并大幅增加了游客数量——远远超过计划制定之初的设想。

图 5　巨石阵与大道相连

现在面临的挑战是保护和管理世界遗产，同时保护其真实性和突出的普遍价值，即保持该遗址的可持续性，保护它在未来 100 年及以后的状况。保持巨石阵的远景，确保不会发生商品化现象，也要完成《世界遗产公约》中提到的战略目标：信誉；保护；能力建设；交流和社区，将此视作保护和管理遗址及保障遗址顺利运作的前沿问题。

联合国教科文组织于 1972 年起草了《保护世界文化和自然遗产公约》，2002 年又增加了《布达佩斯世界遗产宣言》（联合国教科文组织，2002 年）的目标，其中包括信誉、保护、能力建设和传播等战略目标。2007 年，新西兰要求加入社区这一目标，构成 5C 目标，得到教科文组织的接受（联合国教科文组织，2007 年）。

我们正在以许多不同的方式实现巨石阵的这些战略目标。

信誉

信誉的第一个目标与英国遗产的核心价值——真实性密切相关。

我们要忠于地点和艺术品的故事真实性，如实关心和呈现它们。我们不会为了娱乐而夸大或编造事情。相反，通过仔细的研究，我们把事实与虚构区分开，把迷人的真相公之于众（英格兰遗产组织，2019，第 40 页）。

每一个新的解说项目都是经过充分研究的，而且往往是基于最近的挖掘或分析结果。策展团队的高级成员经常与其他博物馆合作举办临时展览，例如目前与大英博物馆就有合作伙伴关系。展览名为"建立联系：史前世界中的巨石阵"。展览关注的是在巨石阵时代，人们如何通过制造和分享物品来与他人和周围的世界建立联系。展览设在巨石阵游客中心的临时展厅，讲述了宝石、粉笔、黄金和青铜等珍贵物品如何改变史前联系的故事。一般来说，这些展览的展期为六个月。

鼓励和尽可能支持大学和其他机构的研究方案。这些方案可能涵盖地球物理调查、地形调查，在某些情况下还包括小规模的有针对性的挖掘。最近的研究工作包括巨石阵河畔项目（帕克·皮尔森，2008 年）和隐藏景观项目（加夫尼，2012 年）、教育方案和活动，甚至还对零售产品进行了真伪检查。

保护

教科文组织的第二个目标"保护"与英国遗产的核心价值"责任"密切相关。

无论是接待数以百万计的游客，还是保护英格兰最好的历史遗迹和艺术品，我们都非常认真地对待不同角色的责任。（英格兰遗产组织，2019，第 40 页）

089

对该遗址的保护工作受到了非常认真的对待，如果怀疑遗址发生了任何损害，通常会向专家机构征求意见，如草地管理专家、地衣学家和石头管理员。

2012年，对每一块巨石进行了激光扫描，主要是为了给游客中心新的常设展览提供部分信息，但这也是一个很好的管理工具。对每一块巨石的表面都有记录，所有工具痕迹和工作痕迹、所有早期和现代涂鸦都一并记录下来。随着技术的进步，可以重复进行扫描，这将对巨石的损坏或磨损状况提供比较记录（阿尔伯特，2012年）。

许多巨石被地衣覆盖，2003年研究人员在调查时发现巨石上共生长有77种不同的地衣物种，其中有几种在英国全国范围都罕见或稀少。巨石阵的地衣类型大致类似于附近埃夫伯里石圈的地衣类型，但也有一些有趣的例外。在2017年的一项最新调查中发现了两个新物种，表明地衣仍在蓬勃成长（V贾瓦里尼 & P詹姆斯，2003）。

大部分的保护都围绕着草地管理进行（图6）。纪念碑田的外围地区用于放牧羊群，但羊群不会在巨石圈内行走。持续监控游客参观路径，可根据需要改变路径方案，防止因脚底塌陷而产生侵蚀。然而，由于气候变化的影响和不同的天气模式，这可能是一个挑战。游客路线近来已发生改变，包括在A344旧公路上参观。作为巨石阵环境改善项目的一部分，这有助于游客充分环绕石圈参观。

图6 巨石阵内的草道

能力建设

巨石阵环境改善项目需要在游客中心安装新的基础设施，为游客提供服务。这包括游客中心本身，即"欢迎来到巨石阵"。中心坐落在世界遗产遗址的边缘地带，让现代建筑尽可能远离巨石。基础设施包括运输系统、环保巴士、环保供水和污水处理系统，这些系统都是在远离巨石的地方建造的。

游客的足迹是石圈中的一个主要因素，因为许多小路都在草地上，如何始终保证适合在小路上面行走是持续面临的挑战。我们可以通过几种方法管理游客的数量。我们知道大巴什么时候到达，因为游客都是提前预定参观，这让我们了解游客的到达模式。预订系统包括定时售票，这样网站在任何时候都不会超载。网站在春季和夏季开放时间更长。然而，不可能立法禁止大多数英国本地游客在暑假期间来此度假，英格兰的文化遗产在夏季不得不接待大量游客，因为它是一个户外景点，因此参观非常依赖天气状况。

旅游规划对于保护巨石阵及其乡村环境是非常重要的，英国遗产的政策是通过鼓励人们乘坐公共汽车而不是坐车来保持平衡。自2013年启用新游客中心以来，乘公共汽车和机动大篷车参观的人数增加了，因此停车场的容量出现了问题。为了解决这一问题，制定了新项目，并批准了建造更大的客车停车场的规划许可。英格兰遗产组织解决了这一问题，评估了应对这类需求的最可持续的方式，并投入资金，满足需要。

冬天，巨石阵相对处于淡季。我们在平月会举办展览活动，吸引英国当地的回头客，但我们明白巨石阵永远是吸引全球游客的旅游目的地。

社区

英国遗产的战略支柱之一是参与，而以巨石阵为中心的活跃社区很好地证明了这一点。

这包括蓬勃发展的志愿者项目，有100多名志愿者承担不同的角色，尤其是在复制的新石器时代房屋内向游客展示新石器时代的生活（图7）。

在游客中心的户外展览馆里，志愿者在卢克·温特的指导下成功地建造了五座新石器时代的房屋。现在，这也是游客中心室外解说的部分。目前在巨石阵，志愿者分为游客志愿者、新石器时代解说、展览志愿者和教育志愿者。在志愿服务数据库中，仅在巨石阵就有110名志愿者可担任148个角色。尽管有这些统计数据，英格兰遗产组织网站仍然鼓励人们去做志愿者，特别是为巨石阵复制的新石器时代房屋提供志愿服务。

由60名志愿者组成的团队，巨石阵复制的新石器时代房屋给了我们极好的机会，让我们向游客展示4500年前人们的生活。房屋内都是当时用的工具和家具，但我们需要志愿者通过展示石器时代的日常技能和技术来为房屋增添生机（英格兰遗产组织网站 www.english-heritage.org.uk）。

图7　巨石阵游客中心新石器时代村

英格兰遗产组织认识到需要对志愿者的技能进行投资，从而他们才能成长为巨石阵和组织的倡导者。

另一个积极参与巨石阵的例子与异教徒团体有关，他们希望在他们的日历中观察特殊的事件，如夏至和冬至（沃辛顿，2004年，57）。

除英格兰遗产组织，其他所有人也都可以自由加入，管理由异教徒和德鲁伊社区代表组成的"圆桌会议"，我们与他们保持联系，处理他们的需求和担忧。这些团体中的许多人相信巨石阵是他们崇拜的地方，因此这些精神需求必须得到尊重。

我们每年还接待60,000多名免费教育访客（年轻人和成年人），并设有专门的空间欢迎学校团体，让他们能够接触史前历史。在规划游客中心时，制定了一项解说和教育计划，以确保扩大服务范围成为主要因素（卡佛，2011年）。

沟通

参与的另一个表现是以巨石阵为中心的交流。

除免费教育计划外，当地居民以及英格兰遗产组织和国家信托基金成员可以免费参观巨石阵。

英格兰遗产组织帮助推动由伯恩茅斯大学的蒂姆·达维尔教授领导的"人类巨石阵"项目，这个项目非常成功，它在巨石阵和其他地方为有心理健康问题的人举办活动。"人类巨石阵"是同里士满奖学金、英格兰遗产组织和伯恩茅斯大学合作开展的一项倡议，由遗产彩票基金和埃姆斯伯里地区委员会提供资金。该研究项目旨在将巨石阵作为治疗心理健康的纽带。蒂姆·达维尔教授是该项目的首席学者，他是一位著名的巨石阵考古学专家。这个项目不是关于景观本身的考古学，而是关注健康和幸福的重要性。它利用巨石阵和巨石阵所能提供的一切作为为患者带来幸福的治疗背景。"人类巨石阵"是一个突破性的项目，创造了有趣的会议、提供体育活动和支持社交网络。已举行了一系列的散步、讲座和互动活动，小组成员积极参与了该项目。

英格兰遗产组织还每年发送两次社区通信，并为工作人员提供内部通信。我们坚持开放和与公众接触的政策，积极听取公众对活动的建议。我们参加了一个土地所有者论坛，具体到事件管理。我们经常派代表出席地方议会的会议。

商品化

对英格兰遗产组织来说，我们不认为巨石阵是用于商业目的的商品，但我们确实面临着许多挑战，我们正通过审慎的可持续发展规划来应对这些挑战。目前正在与多家利益攸关方起草为期十年的总体规划，以解决巨石阵在保护古迹的同时如何保持成功的问题，并为英格兰遗产组织慈善机构找到适当的平衡点。巨石阵遗址的成功为英格兰遗产组织慈善机构做出了贡献，该机构在英格兰还拥有超过420处受国家保护的遗址。我们必须平衡自身的愿望和公众需求的现实。然而，现今首要任务是代表国家永久保护好古迹，为游客提供丰富体验，并维持基础设施可持续性。

我们也有必要为《世界遗产遗址管理计划》优先事项做出贡献。《管理计划》为保护和管理世界遗产提供了总体框架，英格兰遗产组织是其关键伙伴。我们一直在监测所做的工作，并在现有基础上，在现实的参数范围内开展工作。

猫途鹰（在线旅行社区）有时有助于我们了解公众评论：

太棒了！很棒的经历，让人惊讶于这是如何建造的，甚至如何移动巨石。

看了四个小时的展览和巨石。

搭乘免费的公共汽车请问巨石阵，愉快地步行回到了旅游中心和停车场。

强烈推荐。

一定要来！！

我和儿子、两个孙子一同参观，孩子们年龄分别是14岁和10岁。我们觉得博物馆很有趣，在巨石周围散步也是很吸引人的体验。我的孙子们永远不会忘记这次参观。

来自卡罗莱纳州的夏洛特。

真的只是巨石。

我们认为这是关于英国历史的兴趣点。我们都很无聊。巨石就是……整齐地放置在田野里的巨石。坦率地说，门票很贵。我会再来吗？不了。来往行人的车辆多得可笑！当然，汽车会开得慢下来，看巨石阵，这就会导致后面压车或者得到一张罚单！

其他世界遗产

除了巨石阵之外，英格兰遗产组织还负责保护其他世界遗产遗址。其中之一是世界上最具标志性和革命性的工业革命纪念碑。这是在什罗浦郡的煤溪谷的铁桥。这是世界上第一座铸铁桥。这座宏伟的建筑横跨塞文河，建于1777年至1781年间，以托马斯·普里查德的设计为基础，由铁匠亚伯拉罕·达比资助。因为桥上有许多有裂缝和生锈的部件，英格兰遗产组织最近实施了一项大型维修计划。最后决定在工程阶段推行"保护行动"计划，在桥上悬吊了一个特殊的脚手架，让参观者有机会透过脚手架看到正在实施的工程。这条走道非常受游客欢迎，因为它能让游客有机会穿过脚手架，仔细检查桥和保护工程（图8）。

图8 "保护行动"铁桥上的脚手架

卡纳克

法国布列塔尼的卡纳克遗址以其由新石器时代石阵和巨型墓室组成的建筑群而闻名于世。正准备提名该遗址为世界遗产。作为科学委员会的一名成员，我和其他成员参观了许多古迹，这些古迹遍布大片地区，涵盖26个社区。这项工作具有挑战性，因为纪念碑分布范围很广，部分位于村庄和城镇内或靠近海洋（图9）。各种专家一直就该遗址的不同方面提供咨询意见。

图 9　卡纳克平面图

要求我做的一项任务是准备卡纳克和巨石阵的对比图表（表 1）。

表 1　卡纳克与巨石阵对比表

巨石阵和埃夫伯里的世界遗产遗址	准备提名为世界遗产遗址的卡纳克石阵
标志性的著名纪念物	著名、标志性的整齐排列石阵
埃夫伯里坐落在村子里	卡纳克地区的许多遗址都坐落在乡村
巨石阵吸引了大量游客，必须对此进行管理	卡纳克吸引了许多游客，特别是在夏天
非凡的考古遗迹	卡纳克也有特殊的历史遗迹
具有获知新石器时代和青铜时代墓葬做法的进一步信息的潜力	具有进一步了解新石器时代和青铜时代的墓葬做法的潜力
具有研究纪念碑上的艺术雕刻的潜力	具有进一步研究特殊艺术雕刻的潜力
具有通过激光扫描研究建筑技术的潜力	具有通过激光扫描研究建筑技术的潜力
世界遗产遗址整体易受大众旅游的影响	得到提名的世界遗产可能容易受到大众旅游的影响
世界遗产遗址所在地区容易受到发展带来的影响	得到提名的世界遗产遗址的所在的某些地区可能容易受到发展带来的影响

这有助于考虑今后在卡纳克场址管理计划中需要处理的问题。

结论

2018 年，巨石阵庆祝了自 10 月 26 日塞西尔·丘布向国家捐赠巨石阵 100 周年（图 10），并举行了特别活动来庆祝。在巨石里演奏了一首特别的音乐，并举行了茶话会，邀请了许多当地人，其中包括一名 100 岁的当地居民。在这一年里，巨石阵有许多活动并邀请公众参与，例如实验性抬起巨石活动和贯穿全年的每月讲座。

所有在巨石阵工作的人都期待着在接下来的 100 年里继续保护这些纪念碑。

图10 于2018年在巨石阵现场举办庆祝"巨石阵100周年"活动

参 考 文 献

E 卡佛. 2011. 巨石阵世界遗产遗址解说、学习和参与战略（2010-2015）. 英格兰遗产组织.

英格兰遗产组织. 2019. 确保我们的未来2019-2023战略计划. 斯温顿.

英格兰遗产组织网站招募志愿服务 https：//www.english-heritage.org.uk/support-us/volunteer/

V 加夫尼. 2012. 巨石阵隐藏景观工程（2012年4月30日发表于威利在线图书馆）（wileyonlinelibrary.com）DOI：10.1002/arp.142.

M 派克·皮尔逊. 2008. 杜灵顿墙挖掘. https：//www.sheffield.ac.uk/archaeology/research/2.4329/intro

S 西蒙兹 & B 托马斯. 2015. 巨石阵、埃夫伯里和相关遗址世界遗产遗址管理计划（代表巨石阵和埃夫伯里世界遗产遗址指导委员会出版）.

联合国教科文组织. 2002. 世界遗产委员会第二十六届会议关于世界遗产决定的布达佩斯宣言. WHC-02/CONF.202/25.

联合国教科文组织. 2007. 关于将"社区"列入战略目标的建议. WHC-07/31.com/13B

M 阿尔伯特 & H 安德森·威马克. 2012. 巨石阵激光扫描：考古分析.（英格兰遗产组织研究报告系列32，2012年）. 英格兰遗产组织.

V 贾瓦里尼 & P 詹姆斯. 2003. 巨石阵地衣调查报告（威尔特郡埃姆斯伯里市，非正式分发的报告）.

附录1

布达佩斯世界遗产宣言

1. 我们——世界遗产委员会的所有成员，认识到1972年UNESCO"世界遗产公约"所具有的普遍意义，因而认为有必要将公约应用于多样的遗产保护中，成为促进社会全体在对话和相互理解基础上实现可持续发展的手段。
2. 凡列入《世界遗产名录》的资产，将确保作为人类财产合法地传承后世。
3. 鉴于人类的共同遗产正面临越来越多的挑战，我们将：
   a. 鼓励那些尚未加入公约的国家，尽早签署"世界遗产公约"以及其他遗产保护的相关国际文件；
   b. 激励"世界遗产公约"缔约国，鉴别和申报那些代表文化与自然遗产多样性的各类遗产，以列入《世界遗产名录》；

c. 努力寻求在保护、可持续性和发展之间适当而合适的平衡，通过适当的工作使世界遗产资源得到保护，为社会、经济的发展和提升社区生活质量做贡献；

d. 在遗产保护过程中应通力合作，必须认识到对任何遗产的损害，同时都是对人类精神和世界遗产整体的损害；

e. 通过交流、教育、研究、培训和公众舆论等策略宣传推广世界遗产；

f. 在鉴别、保护和管理世界遗产资产方面，努力推动包括本地社区参与在内等各层面的保护活动；

4. 我们，世界遗产委员会将与支持世界遗产保护的所有组织通力合作，并谋求广泛的协作。为此，我们邀请所有有志于此的团体，为实现以下目标而努力：

a. 提升《世界遗产名录》的可信度，使之成为具有突出普遍价值的文化与自然资产、考虑了代表性和地域平衡的见证；

b. 确保世界遗产资产保护的有效性；

c. 积极提升建设性措施的实务效率，包括向《世界遗产名录》申报遗产的准备工作，以及理解、执行《世界遗产公约》及相关文件方面提供必要援助；

d. 通过交流传媒提升公众了解、参与和支持保护世界遗产的程度。

5. 在2007年召开的第31届大会上，我们将对实现上述目标和承诺的情况进行评估。

世界遗产委员会审查了 WHC-07/31.COM/13B 号文件。

欢迎新西兰关于加强社区在执行"世界遗产公约"方面的作用的建议：

1. 3. 在世界遗产委员会第26届会议（2002年，布达佩斯）通过的《布达佩斯世界遗产宣言》的现有战略目标基础上，增加了"社区"的"第五个C"。全文如下：

"加强社区在执行《世界遗产公约》方面的作用"。

2. 4. 鼓励所有有关各方促进和执行第五项战略目标。

3. 5. 感谢新西兰为执行"公约"做出的这一重要贡献。

世界遗产提名 20 年后的科阿山谷的史前岩石艺术遗址：过去的遗产、现在的状况和未来的前景

安东尼奥·巴塔尔达·费尔南德斯[①] 布鲁诺·纳瓦罗[②]

摘要：2018 年是科阿山谷史前岩石艺术被列入教科文组织世界遗产名录 20 周年。20 年前能够列入名录这表明了 1996 年葡萄牙政府决定保护岩石艺术的重要性，当时没有在科阿河的最后一段修建大坝，以免淹没史前遗址。科阿谷考古公园创建于 1996 年，其使命明确为保护、保存和促进科阿谷的岩石艺术，并组织公众参观从旧石器时代至今的各个遗址。2010 年，科阿博物馆向公众开放，该博物馆被设计成通向"真正"博物馆的大门，即岩石艺术所在的河谷。科阿公园基金会（www.arte-coa.pt）于次年成立，是公园和博物馆的管理机构。本文旨在对世界遗产名录 20 年后的现状进行简要总结，回顾目标有助于充分利用非凡的科阿山谷岩石艺术团队和周围环境，但主要是预测目前为了重新启动科阿可持续发展总体项目而正在实施的各种行动。如果公园的建立改变了该地区最近的历史，游客吸引力和经验排名对进一步的增长至关重要，这可以加强葡萄牙传统上欠发达的内陆地区的区域经济和社会活力。

关键词：科阿山谷的史前岩石艺术遗址；考古遗址公园；预防性保护；社区活力

1 引言

1994 年发现的科阿山谷岩石艺术综合体，在过去二十年里一直是全球保护、养护和考古研究项目的关注中心（巴普蒂斯塔和费尔南德斯，2007 年；费尔南德斯，2004 年）。该项目还旨在以被联合国教科文组织列入世界遗产名录的独特岩石艺术遗产为基础，促进和创造旅游和教育机会。从 2010 年起，附近的冰河时代西班牙岩石艺术遗址西加·维德作为科阿山谷的延伸而被列入提名名单（费尔南德斯·莫雷诺和巴普蒂斯塔，2010 年）。这一整体遗产保护和管理项目有助于促进葡萄牙贫困内陆地区以及邻近的西班牙卡斯蒂利亚和莱昂地区的可持续发展。自 2010 年 7 月开放的科阿博物馆一直致力于展示山谷中的岩石艺术，已经成为一个主要的地区旅游景点。科阿山谷考古公园（创建于 1996 年）和科阿博物馆每年都会吸引成千上万的游客来到这个地区（费尔南德斯，2010 年）（图 1、图 2）。

可以说，真正的博物馆是科阿河的最后 17 公里，这里有 80 多个岩石艺术遗址，总共有 1200 多个刻有图案的片岩露出地表（图 3）。这片约 200 平方公里的土地构成了科阿山谷考古公园。科阿岩石艺术图像的年代学范围从旧石器时代晚期（最古老的年龄约为 25,000 年前）到 20 世纪 50 年代其他重要的艺术时期，包括新石器时代和铁器时代。

[①] 科阿博物馆和科阿公园基金会考古公园工作的考古学家；葡萄牙科英布拉大学考古、艺术和遗产科学中心综合研究员；英国伯恩茅斯大学考古学和人类学中心客座研究员。

[②] 科阿公园董事会主席——科阿山谷保护和估价基金会（科阿公园基金会）；葡萄牙高等教育科学研究所历史副教授（里斯本 ISCE）；新里斯本大学大学间研究中心科学技术史成员；里斯本大学历史中心成员（历史文化政治研究组）。

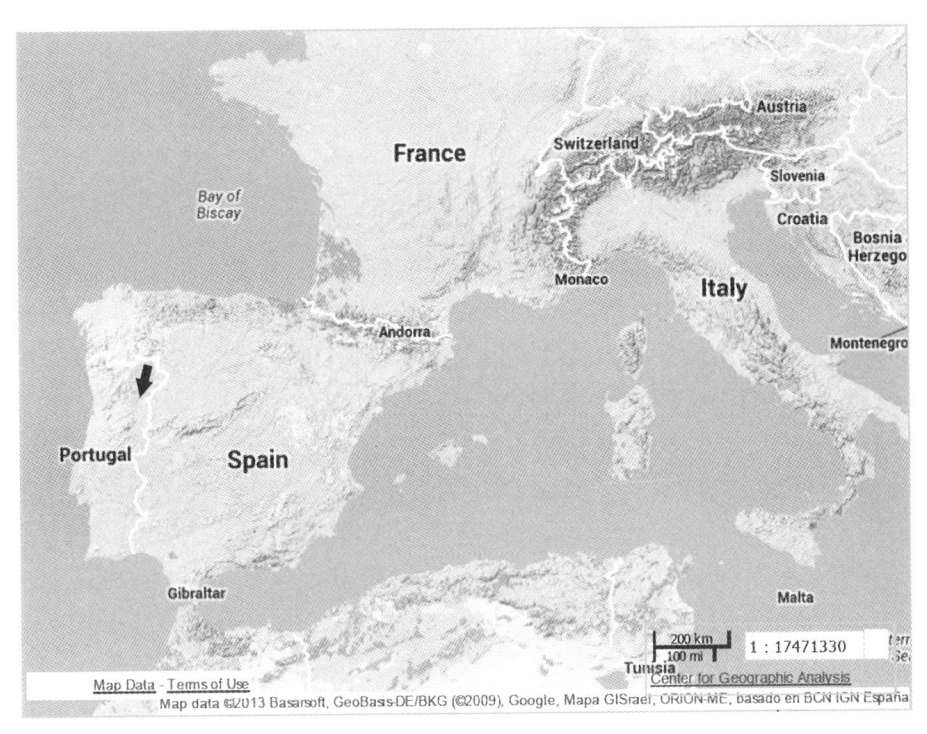

图 1 科阿山谷岩石艺术区

图 2 科阿山谷岩石艺术的自然环境

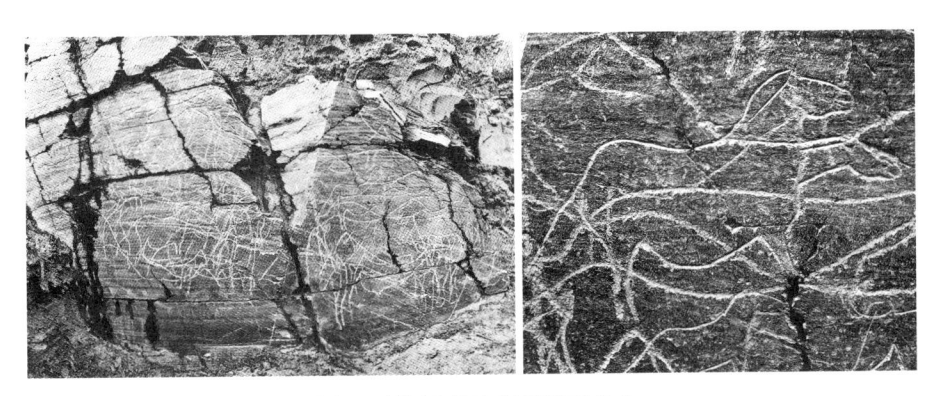

图 3 科阿山谷法利苏岩石艺术

在公园的 80 多个岩石艺术场所中，有三个对公众开放：加拿大炼狱、佩纳斯科萨和里贝拉·德皮斯科斯。只允许由导游带领的旅行：由基金会的专业人员和经授权的私营当地旅游公司进行的旅游，这些公司像公园导游一样接受了关于科阿岩石艺术和该地区其他自然和建筑遗产的专门培训（费尔南德斯，2004 年）。

将公园视为真正的博物馆意味着科阿博物馆应被视为大型的解说中心和满足游客需求的入口。博物馆的永久展览包括雕刻面板的复制品、岩石艺术主题的图画和照片、多媒体展示和挖掘过程中出土的旧石器时代旧石器材料（图 4、图 5）。

图 4　科阿博物馆的餐厅

图 5　科阿博物馆

2　2017 年初基金会情况

2010 年，科阿博物馆开张后，科阿悠久历史开始了一个新篇章。2011 年，对公园和博物馆的管理责任从遗产管理政府机构（IGESPAR）转移到新成立的科阿公园基金会。基金会继承了此前由政府遗产管理机构履行的保障、保护和管理法律义务。令人遗憾的是，这一转移恰逢影响欧盟区（即葡萄牙和其他国家）的金融危机产生最严重影响的时期。因此，自成立以来，尽管第一届董事会（2014 年）做出了努力，但基金会开展活动的资金和总体杠杆非常有限。因此，到 2016 年，这种情况导致技术破产，严重危及基金会的运作（奎尔罗斯，2016年）。糟糕的财务状况横向影响着基金会的所有业务领域，导致缺乏有效的人力资源管理，无法参与国家或国际合作网络，没有任何资金项目收入的前景，没有综合文化规划计划，也没有任何增加公园和博物馆旅游吸引力的战略计划。后几种限制带来的影响尤其严重，因为缺乏指导自由行旅游经营者活动的条例，只有3辆20年前的汽车（最初有8辆）保证公园能够向公众开放岩石艺术遗址。总体而言，无法保持游客数量和收入持续增长的连续轨迹（表1，另见奎尔罗斯2016年）。然而，需求也呈现出令人鼓舞的趋势，这表明公园和博物馆的旅游吸引力继续有效，例如私人经营者和参加博物馆教育服务处开展的活动的游客人数增加（表2）。

表1　2010—2016年期间公园和博物馆接待游客总数

表2　2010—2016年期间私人旅游公司参观公园的游客总数

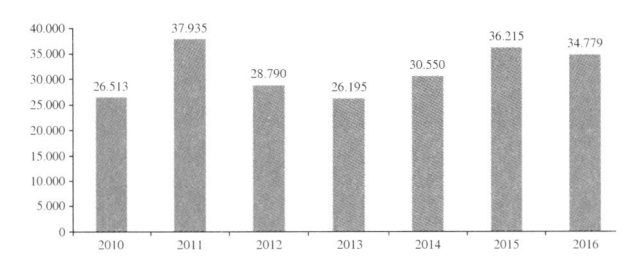

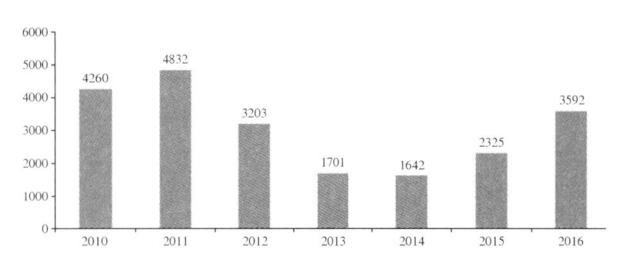

然而，如果财政和营销问题是当务之急，而结果却是加大对岩石艺术的保护，特别是位于向公众开放地点的艺术，这就导致非常不稳定的情况。由于预算削减，监督力度不够，在里贝拉·德皮斯科斯岩石艺术遗址发生了一起破坏事件，被媒体广泛报道，对机构的形象产生了非常负面的影响（费尔南德斯，2018年）。此外，公园缺乏监测和综合管理计划，这严重削弱了该机构有效管理大约200平方公里岩石艺术所在地的能力。博物馆本身也受到影响，因为其技术基础设施显示出退化迹象，设备受损或几乎过时。实际上不存在宣传材料，或者已经过时，并且不如博物馆商店出售的产品那样有吸引力。

所有这些制约因素都需要立即予以关注，同时考虑到公园和博物馆在增强对该地区旅游流的吸引力方面，以及在经济和社会动态方面可以发挥的主导作用，也不应忽视依法归属于基金会的保护和保存岩石艺术遗产的责任。

3 实施解决方案

2017年6月新任命的科阿公园基金会董事会上任后（安德拉德，2017年），他们的第一步是将SWOT分析中发现的弱点和威胁与现有优势和机会联系起来。关于优势，作为世界遗产地位的受益者，现有遗产的历史、文化和自然遗产相关性也许是最重要的，同时不要忽视栖息地的生物多样性和丰富的景观、植物和动物群以及岩石艺术保存近代史的历史遗产（巴普蒂斯塔和费尔南德斯，2007年）。董事会还注意到了不同的机会，例如杜罗河（科阿河是其支流）的旅游需求增长，河流巡游带来了良好的前景，增加了参观博物馆的访问量，还可以小幅增加参观公园的人数。另一方面，旅游经营者越来越多地承诺向客户提供独特、真实和复杂的参观体验，例如基金会提供的体验。总体而言，科阿山谷地区受益于多个利益点，这些利益点经过适当阐述，可能构成主题路线，并进一步巩固其作为主要旅游目的地的吸引力，从而有助于加强葡萄牙传统上不太富裕地区的经济复原力和社会凝聚力（图6、图7）。

2018年初，在完成上述诊断和设计了全面振兴进程后，实施了第一套措施，旨在于2018—2022年期间，作为基金会运作总体战略计划的垫脚石。其中，最重要的是对公园和博物馆的价目表进行修订；为博物馆设定新的开放和关闭时间，每天开放时间更长一些，包括午餐时间和每周每一天都开放；设定参观岩石艺术景点的新时间表和程序，即与当地私人旅游经营者达成协议，加强对公众开放的公园岩画景点的参观；以及重组基金会职能单位并重新定义工作人员职责（图8）。

图6 改善探访条件

图7 参观佩纳斯科萨的高中生

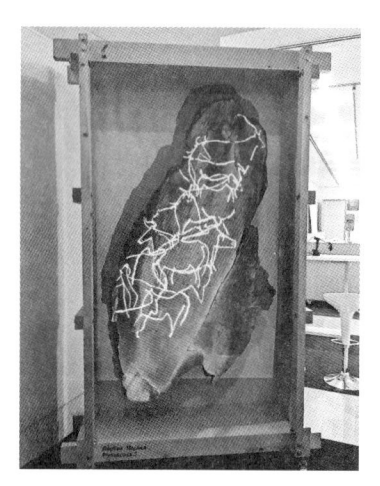

图8 岩石艺术的创新展览

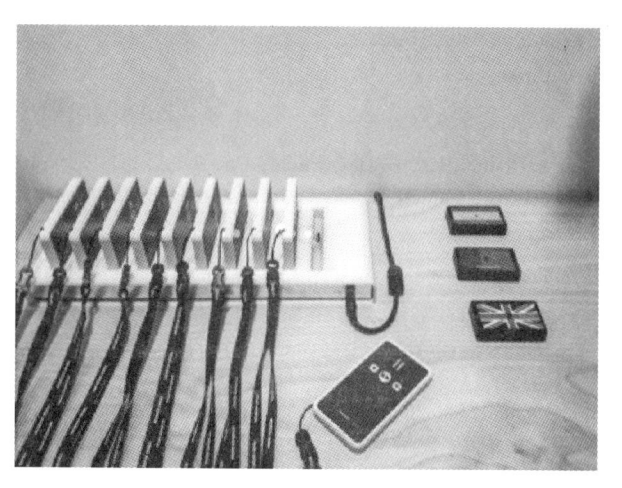

图9 多语言讲解设备

其他措施包括为参观博物馆购置多种语言的音频指南系统（图9）；建立科学咨询委员会，帮助确定和跟踪基金会将采取的研究政策；或者通过建立一个数字"知识文件"来实施一项开放科学政策，该文件存放在葡萄牙可公开获取科学知识库的机构区域（RCAAP，https://comum.rcaap.pt/handle/10400.26/19193）。

这些只是在一个更广泛的计划中实施的第一批行动，该计划包括到2022年要实现的宏伟目标：将每年参观公园的游客人数增加到14,000人，参观博物馆的人数提高到超过60,000人；营业收入达到50万欧元（从€217,000欧元增长到€500,000欧元）；将合作伙伴数量增加一倍，推广基金会的旅游服务；增加受益于基金会定期和季节性活动的学生人数；并保持目前的游客满意度，90%以上（关于最后一个目标，见费尔南德斯2018年）。

为了实现这些目标，2018—2022年战略计划中纳入了不同的行动。最重要的是：

• 改善公园和博物馆的参观条件，包括对进出道路和接待中心进行重新评估，或购买新车。如果是前者，则修复现有吉普车；如果是后者，则升级永久展览内容和设备；

• 创造和开发新的旅游产品，例如向公众开放新的岩石艺术景点，或设计新的景点参观方式，例如乘坐皮艇；

• 进一步向私人机构开放公园，即增加与基金会合作经营的公司、导游、旅游经营者和旅行社的数量；

• 基金会对传播战略进行更新，包括设计更好的新内容和宣传材料，或通过创建新网站，包括网上商店，扩大社交媒体和网络影响力；
- 创建新的、更直观的公园参观预订系统，包括在线平台；
- 将博物馆视作多功能场所，促进其在机构和企业活动中的使用；
- 促进从最多样的环境下吸引观众，并提高公众对科阿山谷地区文化和自然遗产重要性的认识；
- 在各种公众群体中扩大基础教育服务的活动，提供历史、地质和生物学领域的参考方案；
- 结合教育课程，让葡萄牙和西班牙学校社区参与博物馆和公园的现有遗产价值；
- 让当地社区参与博物馆和公园现有遗产价值，提高人们对遗址重要性和基金会保管作用的认识，并将此作为博物馆在当地身份的结构要素；
- 制定跨学科的优秀文化方案，将自身作为领域创新的框架，即通过与古尔班基安、文化博物馆、塞拉维斯、雷纳·索非亚博物馆、韦拉尔多博物馆、杜罗博物馆等国家和国际参考博物馆和机构建立伙伴关系，同时与私人收藏者和艺术项目建立伙伴关系，以上均旨在确保临时展厅的展览质量；
- 加强与葡萄牙博物馆网络或葡萄牙世界遗产网络等不同文化和博物馆协会的联系；
- 重新设计对公众和博物馆开放的公园岩石艺术场所的实物监视、视频监视和出入控制；
- 为园区制定综合风险管理和可持续性计划；
- 为基金会的导游开展新的培训活动，包括参观博物馆、科阿山谷岩画遗址和该地区的其他岩画遗址；
- 为基金会的私人旅游经营者伙伴实施新的培训行动；
- 与大学和研究中心合作，以实施专门针对科阿山谷遗产特征的研发项目；
- 适用于具体但多学科领域的国家和国际研究项目，并由该机构的科学战略制定；
- 创建考古科学目录和相关的更新数据库，这对更好地管理公园的领土至关重要；
- 继续在公园地区开展岩石艺术考古调查计划，并定期监测其状况，更新科阿岩石艺术目录；
- 投资一条专门的销售线，能够规划并巩固博物馆和公园的形象和品牌；
- 永久评估参观博物馆和公园的游客满意度；
- 评估博物馆、岩石艺术遗址与科阿河和杜罗河之间陆地连接的可能性，即通过使用人行道建立步行线路；
- 加强和改善指向科阿博物馆和公园的地方和区域道路交通标志；
- 发展博物馆以外的活动（文化中心、礼堂、历史中心），以促进当地社区的更多参与；
- 加强实验考古讲习班，将其范围扩大到卡斯特洛·梅尔霍接待中心（参观路线从接待中心出发前往佩纳斯科萨岩石艺术遗址），扩大到科阿山谷地区的学校；
- 与本地区的中学合作，继续实施"科阿入校园"项目；
- 与国家科学界合作组织生物多样性营地；
- 2018年庆祝科阿山谷岩石艺术被列为世界遗产20周年，举办国际大会等活动；与AAP合作举办当代艺术和考古展览并出版书籍（葡萄牙考古学家协会）。

4 结论：行动的预期总体结果

《2018—2022年战略计划》完成后，在实施上述行动后，若干成果被认为是可以实现的。第一是普遍承认科阿山谷考古公园和博物馆均为遗产，对该地区的可持续发展至关重要。这将通过各种规模的伙伴和利益攸关方的参与来实现，包括公共部门、私营部门，也包括该地区的市政当局。

第二个预期结果是，通过一个整体的愿景，巩固公园和博物馆在国家和国际舞台上的地位，这不仅保护而且珍视被教科文组织列为世界遗产的独特遗产的完整性和脆弱本质。科阿公园基金会的行动必须侧重于在国家和国际两级整合文化、旅游和科学网络，以加强和巩固其形象，并成为国家国际化的一个组成部分。

另一个预期结果与加强公园和博物馆与当地和本地社区的关系有关。此外，由于该公园位于特拉斯-奥斯-蒙特斯和贝拉地区之间的土地范围内，这些地区都拥有独特的遗产价值，如上杜罗酿酒区、国际杜罗河自然公园和萨博尔河流域，建筑、自然和文化遗产中的共同的内部、物质和非物质资源将有助于实现这一目标。

其他预期结果还包括加深对科阿山谷考古公园及其整体遗产的综合知识，即岩石艺术和生态多样性特征。从持续认可、保障和促进的角度解释公园的过去历史和当前背景，也有利于当地的参与，这将通过广泛和严格的知识掌握来实现。这些知识有助于有效地对领土及其认知和象征资本进行估价。

与此同时，所有这些振兴进程预计将促进服务和部门的全面重组，使工作人员适应基金会的运作，消除冗余，优化技能，促进员工的认可以及专业和个人发展。

最后，预计该战略计划将公园和博物馆定位为综合遗产管理的广泛参考案例研究。重要的是最大限度地发挥基础管理模式的潜力，利用公共行政工具和程序的最有利资源，以及源自自治法规的更大灵活性，始终着眼于采取严格和透明的政策，永久致力于维护公共利益。

参 考 文 献

S. 安德拉德. 2017. A primeira semana do resto da vida do Vale do Côa（科阿山谷余生的第一周），2017年6月29日[在线]，可查阅：http//www.publico.pt/2017/06/29/culturaipsilon/noticia/a-primera-semana-do-resto-da-vida-do-vale-do-coa-1777402 [2018年8月28日查阅].

A. M. 巴普蒂斯塔和A. P. B. 费尔南德斯. 2007. 岩石艺术和科阿谷考古公园：葡萄牙史前顶骨遗产保护的案例研究. 欧洲背景下克雷斯韦尔岩洞的旧石器时代洞穴艺术. 牛津：牛津大学出版社. 263-279.

A. P. B. 费尔南德斯. 2004. 游客管理和岩画保护：葡萄牙东北部露天岩画遗址的两个案例研究：科阿山谷和马祖科. 考古遗址的保护和管理，6（2）：95-111. https：//doi.org/10.1179/135050304793137892.

A. P. B. 费尔南德斯. 2010. 新的科阿博物馆. 国际岩石艺术报，58：26-28.

A. B. 费尔南德斯. 2018. 但是会有游客吗？利用社交媒体和在线方式在科阿山谷博物馆和考古公园开展公共外联活动（葡萄牙）. 考古（网络版），47. https：//doi.org/10.11141/ia.47.5.

J. J. 费尔南德斯·莫雷诺和A. M. 巴普蒂斯塔. 2010. 科阿山谷的延伸部分：杜罗河流域的露大旧石器时代艺术.

L. 奎罗斯. 2016. 迫使科阿博物馆关门（2016年3月15日），[网络]可查阅：http//www.publico.pt/2016/03/15/culturaipsilon/noticia/penhora-obriga-museu-do-coa-a-fechar-loja-1726261 [2018年8月29日查阅].

L. M. 奎罗斯. 2016. 建立考古公园二十年后，科阿需要新的动力（2016年8月14日），[网络]公共广播公司. 可查阅：https：//www.publico.pt/2016/08/14/portugal/noticia/vinte-anos-apos-criacao-do-parque-arqueologico-o-coa-precisa-de-um-novo-impulso-1741274，2018年8月22日查阅.

F. 雷尔. 2014. 科阿公园基金会的目标、毅力和工作的挑战. 共同愿景，16：79-82.

威兰德拉湖人类足迹化石：遗产数据在遗产地展示和保护中的作用

塔尼亚·查尔斯[①]　琳恩·米切尔[②]　达里尔·帕潘[③]　丹·罗森达尔[④]　克里斯·利特尔[⑤]

很高兴参加周口店遗址百年庆典。我们报告的题目是《威兰德拉湖人类足迹化石：遗产数据在遗产地展示和保护中的作用》。我们是谁？原住民探索计划协调员 Tanya Charles 很遗憾没能来到现场，社区项目协调员 Leanne Mitchell，执行官兼团队负责人 Daryl Rosendahl，格里菲斯大学博士生 Chris Little。有更多的人参与这个更广泛的项目，但是我们是核心团队，试图将所有人团聚在一起。

致谢：新南威尔士州国家公园和野生动物服务局，共享故事基金会，Vera Hong 制作，澳大利亚悉尼博物馆，格里菲斯大学（澳大利亚），墨尔本大学（澳大利亚），邦德大学（澳大利亚），悉尼科技大学－数据竞技场。处理遗留数据，将其引入新系统和技术可能很困难。因此，我们正在与许多不同的团队合作以有意义的方式进行此操作。

世界遗产地区由滥用的遗产地组成，其中 30% 在蒙哥国家公园的保护标志内，其余的则由私人牧场或养羊站组成。我们与各站点紧密合作，以减轻对文化遗产和侵蚀的影响。威兰德拉湖是澳大利亚最重要的考古遗址，并因其考古意义和地质意义在 1991 年被列为世界遗产。人们一直不间断地使用了威兰德拉湖大约 50,000 年。

17,000 代人经历了 1800 多万个日出和日落。人类足迹化石的目标与无法访问的遗产地建立了有意义的互动。人们为什么不能去那里？最好的保护方法是用天然材料掩埋沙子并重新利用收集的数据进行监测。

由于沙丘覆盖并随盛行风移动，该遗产地最初是暴露在外的，沙丘由于干旱和随后的植被剥夺而变得不稳定，不断移动。

该遗产地由 Mary Pappin Junior 发现。足迹非常详细，以至于最初访问该遗产地的一些专家认为它们已经存在了几年。直到从覆盖的沙丘和下层沉积物中获得 OSL 数据，才证实已有 20,000 年（图1、图2）。

自被发现以来，它已被广泛记录。由于大型结构会改变系统中的风向，并在脚印周围造成更多侵蚀，因此无法在遗产地上方建造棚屋。

这是 2003/2004 年 8 月的时间表，在例行调查中发现了足迹，开挖过程中暴露出更多足迹，进入遗产地受到限制。2005 年，挖掘过程中出现了 457 个脚印。乳胶模具有数条痕迹，探地雷达显示路面存在，遗产地向公众公开。2006 年，由墨尔本大学进行激光扫描，土著追踪者探访了该遗产地，潮湿的天气和霜冻损坏了遗产地，足迹被埋没了（图3~图5）。

[①] 原住民探索计划协调员。
[②] 原住民遗产计划官员。
[③] 社区项目协调员。
[④] 执行官兼团队负责人。
[⑤] 格里菲斯大学博士生。

图 1　人类足迹化石的位置

图 2　该遗产地的足迹

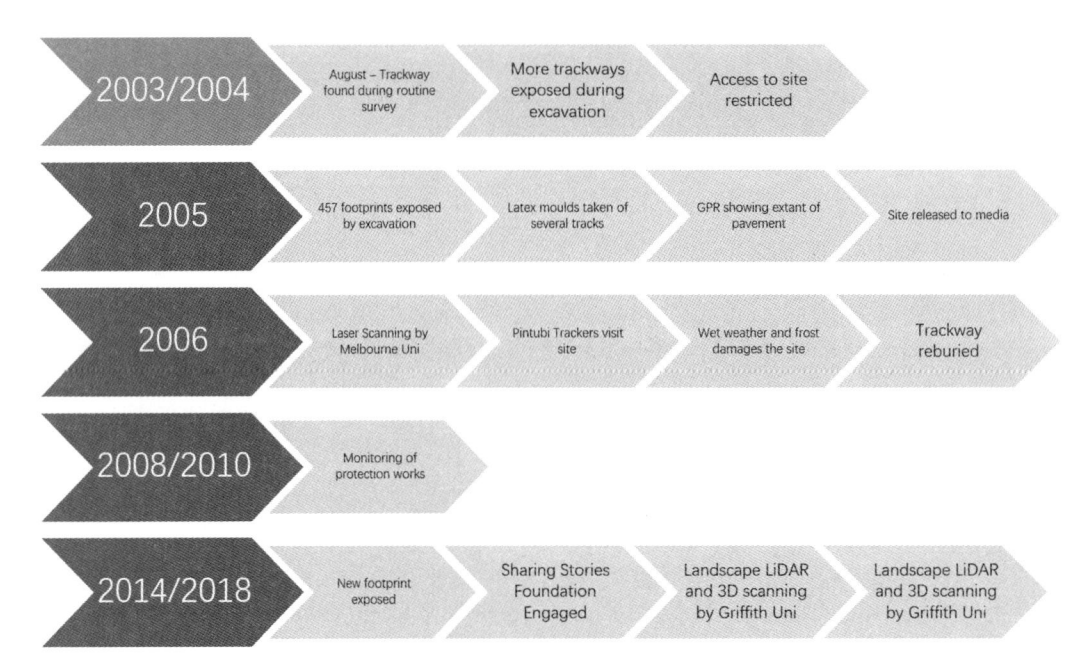

图 3　2003—2018 年的时间表

2008/2010 年的时间表，保护工作的监测。2014/2018 年，新的足迹被曝光。共享故事基金会。格里菲斯大学的景观激光雷达和 3D 扫描。这是一个事件时间表，显示在保护和记录的每个阶段发生的事情。

大约 2 万年前，我们的第一个澳大利亚人在黏土盘上行走和奔跑，将威兰德拉湖的冰河时代足迹嵌入了黏土盘中，并将其足迹保存在泥土中。

详尽的研究发现，保存下来的足迹不仅是一个人的足迹，而且是各种足迹的组合，包括男人、女人和孩子。

由于其保存得好，有可能了解每组足迹所涉及的故事。2014/2018 年的时间表暴露了新的足迹，由格里

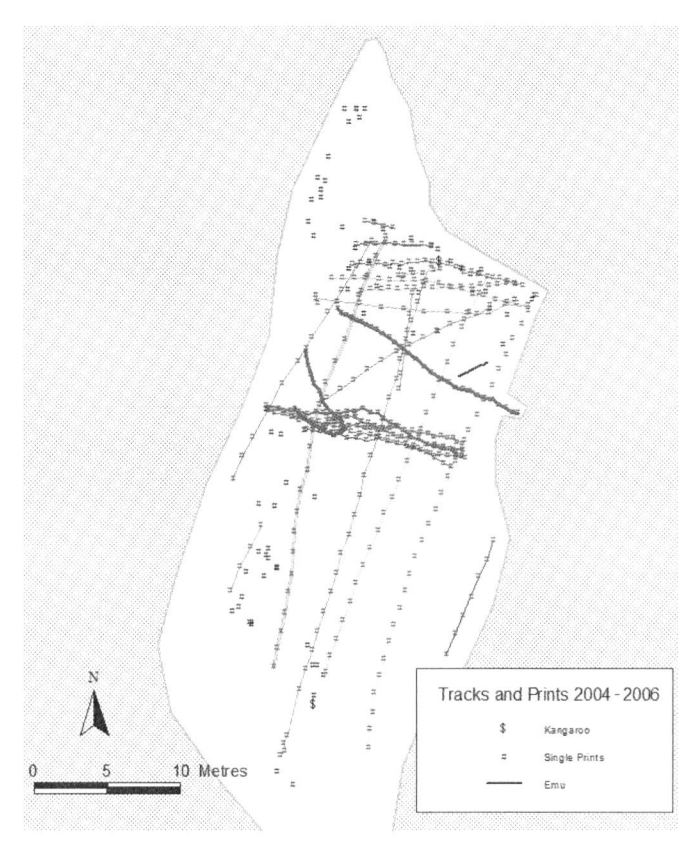

图 4　轨迹和足迹分布图

图 5　遗产地挖掘过程

菲斯大学提供，共享故事基金会，景观激光雷达和 3D 扫描。首先尝试通过用沙子填充长袜并将长袜放到脚印中来保护脚印部位。乳胶踏板——这些踏板随后进行了 3D 扫描。2006 年土著追踪者探访了该遗产地，来自澳大利亚中部的长者被邀请用他们的传统跟踪技能来解释足迹遗址。追踪者在该遗址停留了十个小时。这是足迹的延伸。扫描仪的顶部有盖，需要深色才能扫描轨道。60 吨的沙子重新填埋足迹遗址，用网眼覆盖并用沙袋装袋，以使沙子覆盖足迹遗址，以防止受到更多侵蚀。

这是更多的时间表。2014 年，当新的脚印曝光时。这提出了有关可以记录哪些技术的新问题。威兰德拉湖的 3TTG 或树木传统部落团体想推广该遗产地，并指示国家公园和野生动物保护人员研究接触广大观众的新方法，并对他们进行有关蒙哥和威兰德拉人民的教育。我们如何吸引在校学生，这是与共享故事基金会合作完成的。

　　该遗产地的持续侵蚀意味着定期对这些区域进行暴露和恢复，并且新发现正在不断出现。但不幸的是，正是这种情况也使这些足迹变得如此脆弱，并有可能受到人员和环境的进一步损害。因此，在保护这个原住民早期生活的遗址之前，先将其埋在沙子中。

　　使用3D激光扫描捕获了世界遗产的精确三维模型。因为最初的想法是使用这些扫描来监视单个足迹的恶化。但是有了如此精确的足迹三维数据，我们决定将信息用于保存和分析。在个人层面上，用户需要与地面上的足迹交互，这需要更高水平的3D细节。首先，我使用中距离3D激光扫描仪捕获了足迹现场周围区域的高分辨率3D扫描。下面播放视频。

　　这是一种基于相位的扫描仪，在两毫米范围内的精确度可达三百米。激光一旦碰到物体，就会离开扫描仪并改变频率，将其记录为三维点（称为点云）。当激光在轴上旋转时，每秒可以捕获一百万个点。

　　然后，我使用北极手持式扫描仪捕获了个人足迹。这款扫描仪非常精确且非常便携，我们希望为游客提供非常真实的身临其境的体验，因此我们需要捕获所有精细细节，甚至突出显示足迹中的裂缝。尽管足迹点云格式很有用，但对于我的扫描而言，尤其是对于科学分析而言，它总是看起来不错，而软件在计算机图形性能方面非常高效。例如，足迹的较小扫描部分可能具有一千万个点，这使得它非常精确，对详细分析很有用，但是对于交互式环境（如令人惊叹的现实和游戏）而言却不常见。这些是我们正在探索的媒介，用于与威兰德拉，增强现实，演示和解释，电影、3D打印、出版物、地藏之旅进行有意义的互动。

　　谢谢大家！

亚美尼亚史前文化遗产的研究、保护和利用：从阿雷尼1号洞穴的角度看

阿特·佩德罗斯扬[①]　鲍里斯·加斯帕安[②]

摘要：阿雷尼1号洞穴是一个巨大的岩溶洞穴，包含从新石器时代到中世纪晚期的考古文化阶层。洞穴中独特的微气候条件促成了有机材料（芦苇、绳索、纺织品、植物遗骸和木制品）的特殊保存，可以窥见易腐物品的技术、风格和功能。发现了洞穴的多个围墙细分，可能是一个防御墙围绕洞穴入口和一大堆人工制品，包括据说是世界上最早的皮鞋。对石英陶瓷陶片残留物的化学分析表明该遗址有消耗葡萄酒。阿雷尼1号洞穴可能更好地解释为一个邪教场所，周围社区的人们去"与他们的神交流"。

关键词：阿雷尼1号洞穴；新石器时代至中世纪晚期；世界上最早的皮鞋；葡萄酒储藏；考古层的保护

　　阿雷尼1号洞穴（也称为鸟洞）是一个三室岩溶洞穴，位于阿拉斯河的支流——阿尔帕河流域的左岸，位于南亚美尼亚瓦约茨佐尔省现代阿雷尼村的东部（图1、图2）。该遗址的挖掘始于2007年，由Boris Gasparyan（亚美尼亚国家科学院考古与人种学研究所）执导，由Ron Pinhasi（爱尔兰都柏林大学考古学院）和Gregory Areshian（美国加州大学洛杉矶分校科森考古研究所）共同执导。在最初的挖掘过程中，当保存完好的铜石并用时代（公元前4300—前3400年）和中世纪（公元4—18世纪）遗址被暴露时，该遗址的主要意义非常明显（Areshian等，2012；Pinhasi等，2010；Wilkinson等，2012）。在洞穴的第一个画廊内

图1　阿雷尼1号洞
1. 全视图；2. 洞穴入口

[①] 美国国家科学院考古与人种学研究所助理研究员。
[②] 美国国家科学院考古与人种学研究所助理研究员。

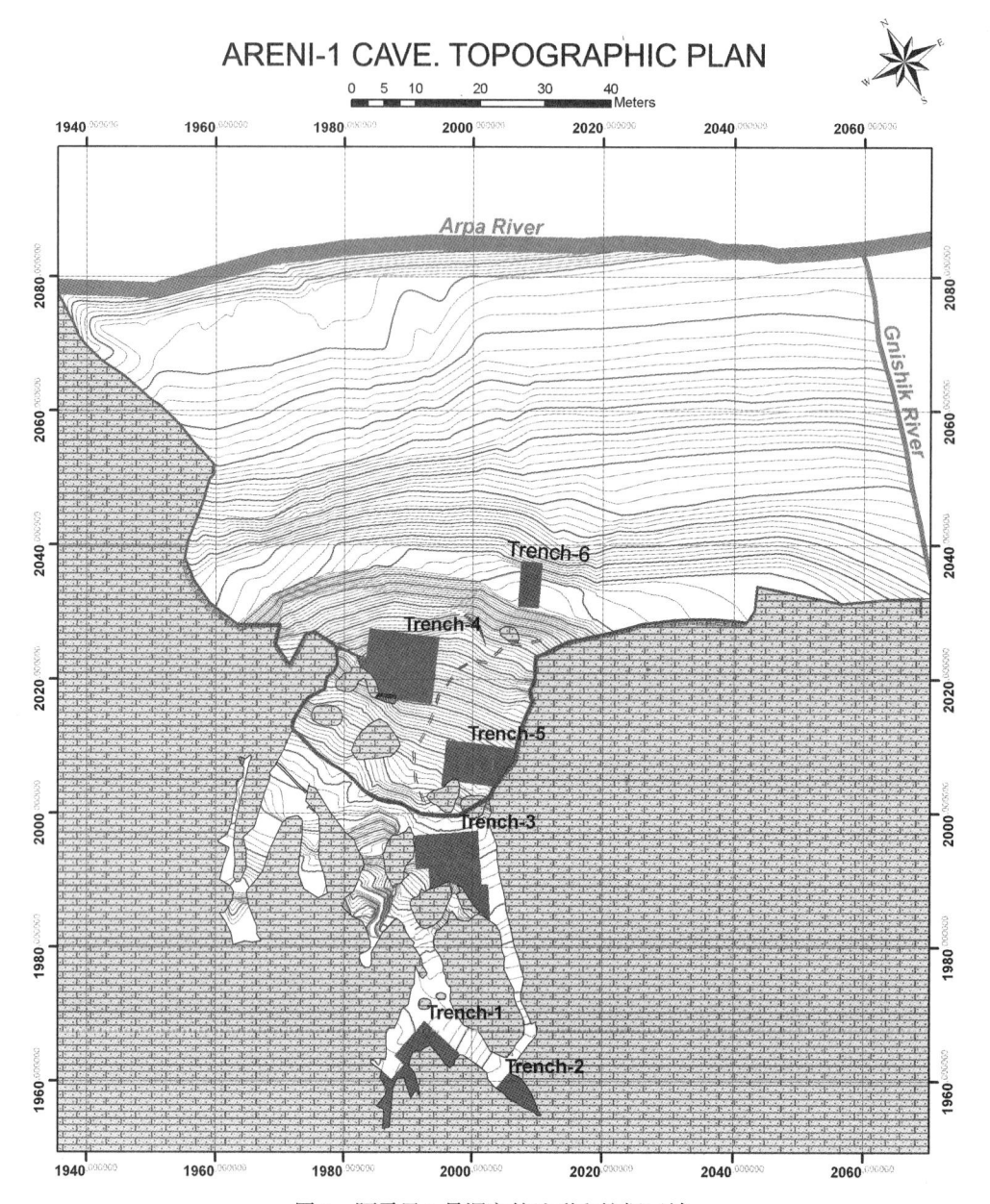

图2 阿雷尼1号洞穴的地形和挖掘区域

的铜石并用时代发现包括许多大型储存器皿，其中一些包含青少年男性和一个女性的头骨。葡萄酒遗迹和典型的储存葡萄酒的容器，与器皿内东西的化学分析相关，指向一直的铜石并用时代葡萄酒生产（Barnard等，2011）。核心从公元前5千年末开始，人们将洞穴用于不同的目的，如作为居住地，用于饲养动物和储存植物性食物，用于生产葡萄酒以及用于仪式目的。来自洞穴的数据提供了早期社会复杂性的明确证据。工场，葡萄酒生产建筑物，以及丧葬特征或"墓葬"代表了一个共同的仪式和生产导向的复合体。

洞穴中的中世纪发现贯穿了公元4世纪至18世纪的整个中世纪时期。保存完好的圆形住宅的遗迹跨越公元7世纪至公元9世纪。后来的发现可以追溯到公元11世纪至14世纪，其中包括构筑物、亚美尼亚手稿的碎片、两个保存完好的烤箱、一个储酒罐、相关的陶器、玻璃碎片和其他小发现（Areshian等，2012；Wilkinson等，2012；Gasparyan，2014）。通过一组有限的14世纪的小发现也记录了公元4世纪和7世纪早期以及公元15至18世纪后期洞穴的使用情况。

虽然非常有限且寿命不长，中晚期铜器和铁器时代时期遗址在阿雷尼1号洞穴也很明显。沟渠1到5中回收了大约十几件可追溯到这些时代的文物（陶瓷陶片、青铜斧和珠宝碎片）。缺乏相关的建筑和整体发现突显了这些遗址的简洁（Smith等，2014）。

洞穴内的最低温度振荡和恒定的低湿度水平为保存有机残骸提供了理想的环境。由于这种恒定的微气候，阿雷尼1号洞穴已经产生了大量保存完好的有机遗骸，包括世界上最古老的皮鞋（Pinhasi等，2010）以及篮筐和服装（Stapleton等，2014）。大量的铜石并用时代晚期和中世纪干燥的植物遗骸也被保留下来，这是一个难得的机会，可以在社会复杂性日益增加的时期更好地了解亚美尼亚的植物使用情况。

阿雷尼1号洞穴被认为是主要的考古学来源，其研究显示了从公元前5世纪中叶开始形成复杂社会的过程。这个洞穴在其风景如画的环境中呈现出世界遗产的重要性，拥有保存完好的考古遗迹。因此亚美尼亚共和国政府决定将洞穴用作旅游目的地，并将遗迹交给专门的基金会。该基金会实施该计划的目标将是科学，保存和遗迹开发任务相结合。我们的报告介绍了完成这一任务的目标、程序和方法。

一方面，考古层的保护和考古作品的保护与洞穴中的科学研究工作有关，特别是与考古发掘有关，另一方面与洞穴的安全使用问题有关，不可能彼此分开。保护洞穴中考古层的最佳解决方案之一是位于挖掘区域上方的通道路径，游客有机会从上方观察遗址。在洞穴第一个走廊的起点，阿雷尼1号洞穴沿着3号沟渠的左侧建造了一条类似的通道，长度约为25米。使用钢建造这种铰链结构，地板由木材制成，这是临时的，预计将来会被玻璃取代。该通道解决了三个问题：首先，保护考古带并进入洞穴，然后从内部挖掘地形，最后将3号沟渠挖掘到洞穴的左侧。阿雷尼1号洞穴中的保护问题，特别是黏土结构，在挖掘工作的初始阶段已经出现，因为很明显它们在土壤清除后逐渐分解。阿雷尼1号洞穴黏土结构的保护本身应该是一个单独的研究和实验计划，旨在找到保存和保护的最佳选择。

阿雷尼1号洞穴中的考古情景，考古层的保护和相互连接为这里的旅游业发展提供了极大的可能性。从这个角度来看，1号和3号沟渠特别令人感兴趣，因为围绕这些部分打开的情况是多层的和壮观的（图3）。但是需要进行预防性保存和保护，但仍然可以向公众开放。可以获得有趣的效果，特别是在第三部分，在其左侧，25米长的通道允许沿着洞穴的第一个大厅的入口继续进行考古发掘。

图3　1号和3号沟渠
1. 1号沟渠中的葡萄榨汁器（公元前4世纪初）；2. 3号沟渠全视图

在这种情况下，木制通道将由玻璃地板代替，允许游客从上面跟踪挖掘过程。所描述的方法在世界范围内被广泛使用，因此可以将外国经验纳入计划事件的实施。类似的活动也可以在1号和2号沟渠进行，将允许游客从上面跟踪洞穴挖掘。在实践中，如果没有在洞穴中建造新的通道，挖掘工作是不可能的，因为通往洞穴的路径将被损坏。上述项目的专业基础建议继续挖掘洞穴，遗迹中发现的考古价值的研究，评估和出版，以及准备在博物馆出版和展出。除了这些活动之外，还设想了视频电影制作，出版小册子和指南以及网站准备。洞穴区有 8 个信息面板供游客使用。第一个面板提供了有关遗迹的一般信息，提到了挖掘部分的位置。第二个面板详细介绍了洞穴挖掘的组织和参与挖掘的科学机构的数据，以及关键赞助人的简要信息。恢复早期葡萄酒生产的细节是亚美尼亚游客在阿雷尼 1 号洞穴和瓦约茨佐尔省地区推广旅游的最佳先决条件之一。因此，黏土结构和葡萄酒生产复合体的保护是必不可少的。创建洞穴的 3D 模型也是基本要求。

参 考 文 献

A. Bobokhyan, Kh. Meliksetyan, B. Gasparyan, P. Avetisyan, C. Chataigner, E. Pernicka. 2014. 亚美尼亚在石器时代结束时向采掘冶金和社会转型过渡. B. Gasparyan 和 M. Arimura（编辑）. 亚美尼亚石器时代. 亚美尼亚共和国石器时代考古学指南. 日本学术振兴会 - 双边联合研究项目专著. 金泽大学出版社，日本印刷. 2014. pp. 283-313.

A. Petrosyan, B. Gasparyan. 2012. 亚美尼亚一些洞穴中的埋葬仪式，伊特鲁里亚的史前史和原始历史. 第十一次研究会议，仪式和发掘事件. 史前史和考古研究中心. Valentano（VT），Pitigliano（GR），14-16. 2012 年 9 月. 米兰. pp. 23-24.

A. Petrosyan, B. Gasparyan. 2014. 礼仪地下景观：亚美尼亚一些洞穴的埋葬仪，伊特鲁里亚的史前史和原始历史，仪式景观研究和发掘. 第二卷，埃尔科勒内格罗尼的盖子设计，米兰史前史和考古中心. 米兰. pp. 529-542.

A. Smith, T. Bagoyan, I. Gabrielyan, R. Pinhasi, B. Gasparyan. 2014. 铜石并用时代晚期和中世纪亚美尼亚阿雷尼 1 号洞穴（鸟类洞穴）考古遗址. B. Gasparyan 和 M. Arimura（编辑）. 亚美尼亚石器时代. 亚美尼亚共和国石器时代考古学指南. 日本学术振兴会 - 双边联合研究项目专著. 金泽大学出版社，日本印刷. 2014. pp. 233-260.

B. Gasparyan, M. Arimura. 2014. 亚美尼亚共和国石器时代研究：成就和观点. B. Gasparyan 和 M. Arimura（编辑）. 亚美尼亚石器时代. 亚美尼亚共和国石器时代考古学指南. 日本学术振兴会 - 双边联合研究项目专著. 金泽大学出版社，日本印刷. 2014. pp. 13-33.

B. Gasparyan. 2014. 2013 年 10 月 17 日至 19 日，美国国家科学院阿雷尼 1 号洞穴调查，亚美尼亚研究第二次国际会议，亚美尼亚研究和现代挑战调查的主要结果. 论文集. 科学与技术月刊. 埃里温. p. 183-186.

D. Zardaryan. 2014. 关于南高加索的铜石并用时代陶器上的某些类型的装饰品. B. Gasparyan 和 M. Arimura（编辑）. 亚美尼亚石器时代. 亚美尼亚共和国石器时代考古学指南. 日本学术振兴会 - 双边联合研究项目专著. 金泽大学出版社，日本印刷. 2014. pp. 207-218.

G. Areshian. 2012. 亚美尼亚的新石器时代和铜石并用时代. Simonyan 等. 亚美尼亚考古遗产. 编辑 H. Simonyan. Hushardzan 出版社. 埃里温. pp. 8-12.

G. Areshian, B. Gasparyan, P. Avetisyan, R. Pinhasi, K. Wilkinson, A. Smith, R. Hovsepyan, D. Zardaryan. 2012. 近东和欧洲东南部的铜石并用时代：来自亚美尼亚阿雷尼 1 号洞穴群的发现和新视角. 古物，86（2012），pp. 115-130.

H. Barnard, A. N. Dooley, G. Areshian, B. Gasparyan, K. F. Faull. 2011. 公元前 4,000 年左右铜石并用时代晚期近东部高地地区葡萄酒生产的化学证据. 考古科学杂志，38，2011，pp. 377-384.

I. Lazaridis, D. Nadel, G. Rollefson, D. C. Merrett, N. Rohland, S. Mallick, D. Fernandes, M. Novak, B. Gamarra, K. Sirak, S. Connell, K. Stewardson, E. Harney, Q. Fu, G. Gonzalez-Fortes, E. R. Jones, S. A. Roodenberg, G. Lengyel, F. Bocquentin, B. Gasparian, J. M. Monge, M. Gregg, V. Eshed, A. -S. Mizrahi, Ch. Meiklejohn, F. Gerritsen, L. Bejenaru, M. Blüher, A. Campbell, G. Cavalleri, D. Comas, Ph. Froguel, E. Gilbert, Sh. M. Kerr, P. Kovacs, J. Krause, D. Darren McGettigan, M. Merrigan, D. A. Merriwether, S. O'Reilly, M. B. Richards, O. Semino, M. Shamoon-Pour, G. Stefanescu, M. Stumvoll, A. Tönjes, A. Torroni, J. F. Wilson, L. Yengo, N. A. Hovhannisyan, N. Patterson, R. Pinhasi, D. Reich. 2016. 基因组学对古代近东农业起源的见解. 自然，第 536 卷，2016 年 8 月 25 日，pp. 419-424.

K. Wilkinson, B. Gasparyan, R. Pinhasi, P. Avetisyan, R. Hovsepyan, D. Zardaryan, G. Areshyan, G. Bar-Oz, A. Smith. 2012. 亚美尼亚阿雷尼 1 号洞穴：南高加索地区铜石并用时代 - 青铜时代 A 130 早期定居点和仪式遗址．野外考古学杂志，2012 年，第 37 卷 1 号，pp. 20-33.

L. Stapleton, L. Margaryan, G. Areshian, R. Pinhasi, B. Gasparyan. 2014. 编织古老的历史：亚美尼亚阿雷尼 1 号洞穴铜石并用时代的篮子和纺织技术．B. Gasparyan 和 M. Arimura（编辑）．亚美尼亚石器时代．亚美尼亚共和国石器时代考古学指南．日本学术振兴会 - 双边联合研究项目专著．金泽大学出版社，日本印刷．2014. pp. 219-232.

N. Wales, J. Ramos Madrigal, E. Cappellini, A. Carmona Baez, J. A. SamaniegoCastruita, J. A. Romero-Navarro, C. Carøe, M. C. Avila-Arcos, F. Penaloza, J. V. Moreno-Mayar, B. Gasparyan, D. Zardaryan, T. Bagoyan, A. Smith, R. Pinhasi, G. Bosi, G. Fiorentino, A. Maria Grasso, A. Celant, G. Bar-Oz, Y. Tepper, A. Hall, S. Scalabrin, M. Miculan, M. Morgante, G. Di Gaspero, M. T. P. Gilbert. 2016. 古生物组学技术在葡萄驯化重建中的局限性和潜力．考古科学杂志，72（2016），pp. 57-70.

N. Zarikian, B. Gasparyan，2016. 来自亚美尼亚阿雷尼 1 号洞穴的微哺乳动物遗骸．国际科研组织人文社会科学杂志，第 21 卷，第 10 期，第 4 版（2016 年 10 月），pp. 20-25.

N. Zarikian, M. Marjanyan, B. Gasparyan. 2016. 来自亚美尼亚阿雷尼 1 号洞穴的古生态学证据．国际动物与生物研究杂志，217，4（3），pp. 32-38.

N. Hovhannisyan, M. Dallakyan, A. Yesayan, T. Bagoyan, G. Melyan, B. Gasparyan. 2015. 阿雷尼 1 号洞穴葡萄品种特性的多学科研究．生物技术创新组织网络会议 5，01013，EDP 科学出版社．数字对象识别码：10.1051/bioconf/20150501013-4.© 由作者所有，由 EDP 科学出版．2015.

P. Avetisyan, A. Bobokhyan. 2012. 区域背景下的亚美尼亚考古学：成就与展望．区域背景下的亚美尼亚考古学，2009 年 9 月 15 日至 17 日在埃里温举行的致力于考古和人种学研究所成立 50 周年国际会议的会议记录．美国国家科学院助理研究员 P. Avetisyan and A. Bobokhyan 编辑．Gitutyn 出版社．埃里温．pp. 7-20.

R. Pinhasi, B. Gasparian, G. Areshyan, D. Zardaryan, A. Smith, G. Bar-Oz, T. Higham. 2010. 来自近东高地铜石并用时代鞋类的第一个直接证据．公共科学图书馆：综合，10.1371. http://www.plosone.org/article/info:doi/10.1371/journal.pone.0010984.

多方位探讨史前遗址的开放

——以土耳其加泰土丘遗址和哥贝克力石阵遗址为例

泽内普·阿克图尔[1]

摘要：土耳其的加泰土丘遗址和哥贝克力石阵分别于2014年和2018年被列为世界遗产，位列世界遗产名录上保留建筑遗骸的最古老的史前遗址。早在公元前8,000—前7,000年，加泰土丘遗址在20世纪50年代末被提升为地球上最古老的城镇，而后来的科学研究显示，这个地方的社区生活更简单（平等主义、半定居）。哥贝克力石阵在20世纪90年代重新发现之后被世界所知，是早在公元前10—前9世纪由狩猎-采集社区建造的最古老的寺庙，而正在进行的考古研究揭示了丘上的居住空间。在这些变化和多样性的解释的基础上，本文将参考Umberto Eco的"开放式工作"的符号学概念，讨论在这些主要史前遗址的解释，管理和展示中保持开放性的必要性。

关键词：加泰土丘遗址；哥贝克力石阵；解释和展示史前世界遗产地；开放工作

1 引言：联合国教科文组织世界遗产地突出的普遍价值的理由

本文的重点是来自土耳其的两个史前联合国教科文组织世界遗产地，其灵感来自于在中国北京市房山区周口店北京人遗址发现一百周年举办的科学活动，周口店遗址于1987年被列入联合国教科文组织世界遗产名录。正如《世界遗产公约实施操作指南》（2017年）中所述，要列入世界遗产名录，指定的遗址应被证明具有在其真实性和完整性方面得到保护的属性，以证明根据指南[2]中列出的十项标准中的至少一项，该遗址对全人类具有突出的普遍价值。周口店北京人遗址的突出的普遍价值，参考标准（3），证明"对文化传统或生活或消失的文明的独特或至少特殊的见证"，以及标准（6）"与事件或生活传统，思想或信仰直接或切实相关，具有突出普遍意义的艺术和文学作品"。该遗址已通过以下方式证明符合这两个标准：

标准（3）：周口店遗址见证了亚洲大陆人类社会从更新世中期到旧石器时代的演变过程。

标准（6）：类人残骸的发现仍然存在于周口店，随后的研究在20世纪20年代和30年代激起了普遍的兴趣，推翻了当时被普遍接受的人类历史时序。因此周口店遗址的发掘和科学工作在世界考古史上具有重要价值，在世界科学史上发挥了重要作用。[3]

这两段中的中立描述性（与解释性不同）表达是值得注意的。该遗址的突出普遍价值开始的《简要综合》还包括事实信息，遗址及其自然资源的位置，列入前和列入时的遗址科学研究状况，遗址出土的遗骸类型和遗骸的发现、定年和分类的位置，以及它们在说明人类进化过程中的重要性。重要的是，突出普遍价值的理由并不是指关于人类进化过程本身的任何理论，而是将现存的不同类型遗骸与中更新世直立人

---

[1] 国际古迹遗址理事会土耳其国家委员会成员；伊兹密尔理工学院（IZTECH）建筑系（土耳其伊兹密尔）博士。
[2] 标准列表可在联合国教科文组织世界遗产中心，1992—2018找到。《选择标准》，http://whc.unesco.org/en/criteria/，最后访问时间：2018年9月11日。
[3] 周口店北京人网站：http://whc.unesco.org/en/list/449/，最近一次访问时间：2018年9月11日。

（公元前 700,000—前 200,000 年），古老的智人（公元前 200,000—前 100,000 年）和最近的智人（公元前 30,000 年）等联系起来。这使得突出普遍价值的理由具有永恒的品质，除了参考遗址的研究状况，即使在关于遗址过去、现在和未来的科学发现，在人类进化过程的讨论和多样性提案的情况下也保证其有效性。

在本文中，参考 Umberto Eco 制定的"开放工作"的符号学概念，将简要介绍土耳其的两个案例加泰土丘遗址和哥贝克力石阵，以讨论证明其突出的普遍价值的需要和平行难度，即没有提及任何具体的解释或理论，同时将后来的史前遗址列入世界遗产名录。

2 改变对史前世界遗产地的解释：加泰土丘遗址和哥贝克力石阵的案例

截至 2018 年，来自土耳其的 18 个遗址被列入世界遗产名录。其中 10 个为考古遗址[①]，两个是混合的自然文化遗址和考古遗迹[②]，三个是具有考古成分的遗迹或遗址[③]。因此考古遗产在世界遗产名录上的土耳其遗址中占绝大多数，这些考古遗址中的两个以其建筑和艺术遗迹而脱颖而出，为所谓肥沃的新月的遗传主义演变的竞争理论提供了物质证据。这两个遗址为加泰土丘遗址（图 1）和哥贝克力石阵，分别于 2014 年和 2018 年被列入世界遗产名录。

图 1 加泰土丘遗址

2.1 加泰土丘遗址

正如世界遗产委员会批准的列入世界遗产名录的《突出普遍价值声明简要综合》所描述的那样，加泰土丘新石器时代遗址包括两个 20 米高的分叉布局的土墩，即是该遗址名称的由来。据描述，东部土墩有 18

---

① 赫梯首都哈图沙（1986），内姆鲁特达格（1987），桑索斯和莱顿遗址（1988），特洛伊考古遗址（1998），新石器时代加泰土丘遗址（2012），帕加马及其多层次的文化景观（2014），以弗所（2015），阿尼考古遗址（2016），阿弗罗戴西亚斯（2017），哥贝克力石阵（2018）。
② 格雷梅国家公园和卡帕多西亚岩石遗址（1985），希拉波利斯 - 棉花堡（1988）。
③ 迪夫里伊大清真寺和医院（1985）由博物馆化的宗教和健康综合体组成，伊斯坦布尔历史区（1985）以建筑杰作为特色，如君士坦丁竞技场和圣索菲亚大教堂，迪亚巴克尔堡垒和赫维塞尔花园文化景观（2015），自史前围绕迪亚巴克尔的历史核心。

个公元前 7,400—前 6,200 年新石器时代的遗址层,而西部土墩则是公元前 6,200—前 5,200 年铜石并用时代遗址层,两者都有保存完好的房屋,背靠背布局,有屋顶通道,还有代表其创作者象征性世界的壁画和浮雕(图 2)。正如《简要综合》第一段所述,这些属性如何构成"史前社会组织和文化习俗演变的独特证据,阐明了人类对定居生活和农业的早期适应",仍然无法解释。相反,根据标准(3)和(4),以下列方式证明遗址的突出普遍价值:

图 2　加泰土丘遗址的壁画和浮雕

标准(3):加泰土丘遗址为新石器时代的一个时刻提供了一个独特的见证,其中第一个农业定居点在安纳托利亚中部建立,并在几个世纪以来从村庄发展到城市中心,主要基于平等主义原则。这些定居点的早期原则通过几千年来放弃遗址得到了很好的保护,这些原则可以在城市规划、建筑结构、壁画和埋葬证据中读到。多达 18 个沉降层的地层学为该定居点的逐步发展、重塑和扩展提供了特殊的证据。

标准(4):加泰土丘遗址的房屋群特点是无街区,有屋顶通道的住宅,以及根据基本方向对齐的明确空间顺序表示活动区域和特征的高度限定分布的房屋类型,形成一个出色的新石器时代定居点类型。整个城市的住宅规模相当,说明了基于社区和平等主义理想的早期城市布局。

除了采用"城市布局"的概念,《突出的普遍价值声明》用比较中立和描述性的语言解释了加泰土丘遗址如何符合标准(4)(作为"一种建筑,建筑或技术集合或景观的杰出范例,说明人类历史中的重要阶段")。然而,标准(3)的理由首先提出了安纳托利亚中部从第一个农村村庄到城市中心逐步发展定居生活的想法,接下来认为这应该主要基于平等主义原则。

这些想法指的是 1993—2018 年期间在美国斯坦福大学的 Ian Hodder 科学协调下,通过项目网站[①] 的 25 年研究项目中收集的不同类型数据的当前解释,以及展览、出版物和其他媒体[②]。在这方面,加泰土丘新石器时代遗址的《突出的普遍价值声明》与周口店北京人遗址的重要不同之处在于提及对遗址物质遗存的特殊解释。

在特别是微观文物分布的基础上,这种特殊的解释将加泰土丘遗址描述为由普通房屋组成,分为更清洁和不太干净的地区,属于平等主义的新石器时代社会,约有 8,000 人,没有政府(Hodder,2016; 2014)。这个描述中强调房屋的"普通性"和加泰土丘社会的"平等主义",是对英国考古学家 James Mellaart(1925—2012)为该网站推广的早期和更轰动的图片的回应,James Mellaart 于 1958 年重新发现遗址,于 1961—1965 年挖掘遗址。

当时的传统观点定位于西南亚城市的起源。因此狩猎采集者加强对野生动植物的开发,定居在更加永久的营地,以驯化植物和动物,最终导致更加分层的社会秩序。农村的繁殖和扩散引发了农业或新石器时代的革命,由于不断创新和适应环境,这些村庄不断扩大(Soja,2003:27)。这些发明是通过农民为专业

---

① 加泰土丘研究项目,2018。加泰土丘 - 新石器时代的安纳托利亚土墩的发掘,http://www.catalhoyuk.com/,最后访问时间:2018 年 12 月 12 日。
② 加泰土丘研究项目在这方面取得了相当大的成果,本文引用了许多成果。项目网站是探索各种结果的最佳起点。

工匠、商人、牧师、官员和文员的新城市人口生产剩余粮食而实现的（Childe，1971：30-31），为下一个重大突破铺平了道路，即城市革命。Mellaart 来到安纳托利亚寻找考古支持安纳托利亚作为陆桥的假设，西南亚早期的农业发展将向西扩散。

Mellaart 在加泰土丘遗址出土了约 200 个多层新石器时代的房屋，约占东部土墩的 3%，现在受到在 Hodder 指导下的第二期研究期间建造的避难所的保护。Mellaart 很快就开始称加泰土丘为"城市"，因为土墩的大小和精致的小发现和壁画的象征性语言被标记为"神龛"。这个标签解释了对 Hodder 后来解释中"普通"的强调。Mellaart 在《科学美国人》（1964）中发表的这个"城市"假说在他的专著《加泰土丘：安纳托利亚新石器时代城镇》（1967）之前，使加泰土丘引起了全世界的关注。这些图片描绘了安纳托利亚中部高原是新石器时代世界最具文化先进性的地区，加泰土丘拥有一个发展中的定居点网络和约 10,000 名居民的当地城市社会，其中贸易（用于制造工具的黑曜石以及谷物、豆类和动物）发育良好。

在《城市经济》（1969）中，Jane Jacobs（1916—2006）从这一点开始，将第一个已知城市加泰土丘描绘成一个"前农业猎人城市"，围绕着关键的黑曜石贸易、经济增长来自其自身资源和不断扩大的劳动分工，也适用于农业、牧业、贸易和服务处理的下属网络（Soja，2003：26）。因此 Jacobs 提出了农业革命的城市起源。这两个关于城市生活方式出现的假设的竞争一直持续到现在（例如 Taylor 2012；Smith，Ur，Feinman，2014），挑战了 20 世纪中叶关于线性进化线的公约，线性进化线认为更多永久性营地中的狩猎采集者，以农村村庄的繁殖和扩散为最终的城市生活方式。在没有比普通土坯单元更大的遗骸的情况下，遗迹建筑在这场比赛中从未发挥过任何作用，这将随着 1995 年在哥贝克力石阵遗址的挖掘开始而改变。

2.2　哥贝克力石阵遗址

认识到哥贝克力石阵是一个具有考古意义的地方，可以追溯到芝加哥大学和伊斯坦布尔在加泰土丘（Benedict，1980）的 Mellaart 发掘时期在安纳托利亚东南部的联合调查项目。巨大的 T 形圆石柱顶部是哥贝克力石阵最显著的特征，然后显然被误认为是史前层的拜占庭墓碑以及仍然可见的伊斯兰墓葬。经过几十年的农业使用，部分摧毁了土丘的上层，根据哥贝克力石阵北部的 Nevali Çori 遗址经验，该遗址于 1994 年由德国考古研究所的 Klaus Schmidt（1953—2014）重新审查。那时 Nevali Çori 遗址产生了最早的驯化一粒小麦和真人大小的独立式拟人石灰岩雕塑，以及两个相似但较小的"特殊"T 形柱状空间，水磨石地板与同样正交的"明显不同"普通的"住宅"（Schmidt，2007：22；Atakuman，2014：12）。Nevali Çori 遗址的 T 柱形空间目前在最近的大都市中心的尚勒乌尔法博物馆展出，旁边是哥贝克力石阵遗址的一个圆形的复制品。

1983—1991 年期间，在幼发拉底河上建造阿塔图尔克大坝 - 土耳其最大的大坝和世界上第六大土石坝填筑堤坝，淹没了许多考古遗址，其中包括 Nevali Çori 遗址的材料。由于在哥贝克力石阵遗址的较小雕刻石灰石材料中观察到的相似性，我们现在更加怨恨遗址的淹没。为了寻找一个类似的遗址，Schmidt 来到了哥贝克力石阵遗址（意为土耳其语中的"Potbelly Hill"，指挖掘前的土墩形状）。与尚勒乌尔法博物馆合作，在他的指导下进行的挖掘于 1995 年揭示了第一个 T 形柱子在圆形水磨石地板上的边界墙，在较小的镶嵌柱之间有"长凳"，而不是那些独立于中心的柱子。这些支柱被解释为代表具有非饮食野生动物图像的男性人类，Schmidt（2007：119）认为这些图像对多种解释持开放态度（图 3）。他自己的比较涉及石柱、埃及方尖碑、巨石阵、加泰土丘的图像，包括牛头和豹子、伊朗的沉默塔、大津巴布韦和迈锡尼圆顶墓及希腊古墓地道（Schmidt，2007：114-162）。

直到 2014 年他的过早死亡，Schmidt 在最低层沉降层中发现了其中四个空间（A，B，C，D），共有 51 个支柱，可追溯到前陶器新石器时代 A。总之，最近通过地理调查发现了 20 个这样的圈子，其中有超过 200 个巨大的柱子。这些揭示了一个较小的正交空间的前陶器新石器时代 B 层，来自第一个重复使用的材料，就像那些仍然受 Schmidt 建造的避难所保护的那些，以及一个充满伊斯兰时期墓葬的天然土壤填埋层和植被，包括仍然使用的愿望树，每层中有许多不同阶段的清晰痕迹。周围岩石高原的部分调查显示，除

图 3　哥贝克力石阵遗址中非饮食性野生动物图像的 T 形柱子

了在罗马时期之前的密集使用痕迹之外，还有一些地方显然已经开采了这些柱子（Schmidt，2007：108-113）。

在没有更多"普通"空间暗示国内使用的情况下，例如那些构成加泰土丘的空间，Schmidt 团队得出的结论是，哥贝克力石阵遗址的遗迹不属于一种村庄类型的定居点（Schmidt，2007：107）。他在专著中继续这种解释，2006 年首次出现在德语中，2007 年出现在土耳其语翻译中，Schmidt 将哥贝克力石阵遗址指定为一个邪教场所，将其巨大的建筑和象征意义与包括来自假定的邪教背景的加工头骨的发现进行比较，被称为"图腾柱"和在国内背景下假定使用邪教的小物件，特别是来自 Eriha 的中东前陶器新石器时代定居点，其中"陶器新石器时代"的概念是在完全没有陶器遗骸、Ayn Gazal 遗址、Nahal Hemar 遗址以及来自安纳托利亚的加泰土丘遗址、Çayönü 遗址、Nevali Çori 遗址和 Gürcütepe 遗址的情况下发明的（Schmidt，2007：40-48）。正如 Mellaart 早些时候为加泰土丘遗址所做的那样，Schmidt 将哥贝克力石阵遗址的肖像画解释为一种宗教倾向，就像在陶器制造技术和文化发展之前的一种有组织的宗教仪式一样（Schmidt，2007：102）。Lewis Mumford（1895—1990）《开创性的历史之城》（©1961）中找到了城市的起源，而不是在规模和规模发生变化的村庄，而是在方向和目的方面发生变化的仪式中心（Mumford，1966：70-113），Schmidt 随后声称"首先来到寺庙，然后是城市"，建议将哥贝克力石阵遗址作为城市之前的寺庙。通过这种方式，哥贝克力石阵遗址作为一个整合了扩展网络的中心，加入了加泰土丘遗址作为关于在美索不达米亚北部出现城市生活方式的演变路径的辩论的关键场所（Schmidt，2007：275-282）。

事实上，在他的专著序言中，Schmidt 已经认识到将哥贝克力石阵称为"寺庙"的争议，在一个具有纯粹宗教功能的屋顶地方，与考古学家称之为"封闭清真寺"不同，意为封闭的露天神圣空间（Schmidt，2007：14-15）。然而，这并没有阻止他将他的书命名为《石器时代猎人的神秘圣地 - 哥贝克力石阵 - 第一圣殿的建造者》。因此，哥贝克力石阵被引入学术和流行世界，成为"地球上最古老的寺庙"，特别是自伊斯坦布尔的 Doğuş 集团成为未来 15 年哥贝克力石阵遗址考古研究和现场管理活动的主要赞助商。为世界遗产名录提名哥贝克力石阵遗址的准备工作始于这一概念，使该遗址在 2011 年首次列入暂定名单。然而，世界遗产中心在 2018 年讨论的提名文件，即 Schmidt 的专著出版后的十多年后，证明了自 2014 年 Schmidt 去世以来的一个重要范式转变，体现在为该遗址的突出的普遍价值理由标准的制定中。

在最初的提名文件中，哥贝克力石阵遗址的突出的普遍价值在标准（1）、（2）、（3）和（4）的基础上是合理的。在《执行摘要》[①] 中，标准（1）关于代表人类创造天才的杰作的理由是指建筑遗迹在遗址的重要性，作为早期狩猎采集者的成就，特别是所需的基础设施、地域性、分工、工艺专业化等，良好的仪式冲动和信仰；最后的结论是"因此，人们认为，哥贝克力石阵的邪教和相关的纪念性建筑代表了世界历史上

---

① 检索自：https://whc.unesco.org/document/160485，来自哥贝克力石阵遗址，https://whc.unesco.org/en/list/1572/，最后访问时间：2018 年 10 月 6 日。《执行摘要》"第二部分：标准的理由"由于本文件的长度限制，不能完全包括在这里。

关键时刻人类创造天才的杰作。"标准（2）的理由关于展示人类价值观的重要交换是指在一些石头和T形柱子上雕刻的图像，"为公元前10世纪和9世纪的人民的信仰和世界观提供独特的见解"，讲述"甚至可能包括基础神话故事的故事，从而在人口增长和与渐进式新石器时代相关的社会网络不断增长的时代，强调社区的起源和身份。"标准（3）关于对生活或消失的文化传统作出独特或特殊证词的理由，是指公元前10世纪至9世纪后期中美洲上部新石器时代的社会仪式方面，其特点是涉及早期驯化尝试。野生植物和动物物种，雕刻的图像在主要的社会经济转型期间提供了对共同"邪教社区"的归属感。标准（4）的理由关于成为一种建筑群的杰出典范，它说明了人类历史上的一个重要阶段，提到了用拟人化的方式来建造"世界上第一座寺庙"和"人造巨大（巨石）建筑"的想法被认为代表"祖先或初期神灵"的T形柱子，在规划的建筑环境中和动物图像的组成部分之外，作为专业工匠的存在的证明，并且可能出现比前面更多的等级形式，更平等的狩猎-采集社会。

总而言之，哥贝克力石阵遗址最初提名文件中的《执行摘要》中的"标准理由"部分以其解释性质脱颖而出，不仅仅是那些在现场建造建筑遗迹的人，还有那些遗骸上的图像，特别是与上文所述的周口店北京人遗址的《突出的普遍价值声明》中的标准的中立描述性语言相比较。除了标准（3）之外，同样标准的理由发生变化，如下所述。国际古迹遗址理事会提出的批准世界遗产中心的决定草案如下所示，反映了土耳其缔约国对国际古迹遗址理事会评估初步提名文件期间提出的批评的回应，最终导致邪教、信仰、世界观、故事、神话，以及最重要的是寺庙的参考完全消失：

标准（1）：建立哥贝克力石阵遗址巨石结构的社区生活在人类历史上最重大的转变之一，从狩猎-采集者的生存方式到第一批农民的生活方式。这些建筑专长见证了前陶器新石器时代社会的创造性人类天才。

标准（2）：哥贝克力石阵遗址是人类最具人造纪念建筑的表现形式之一，其建筑技术（带有柱子的半地下建筑）及其图像在中东的其他地方传播和复制。最早的新石器时代，前陶器新石器时代A和前陶器新石器时代B，从此开始。

标准（4）：哥贝克力石阵遗址是一个巨大的纪念性巨石结构集合的杰出典范，展示了人类历史的重要时期。整块T形柱子是从相邻的石灰岩高原雕刻而成，证明了建筑和工程技术的新水平，见证了专业工匠的存在，并可能出现更多等级形式的人类社会。.

在重新制定的论证文本中，中立描述性的表达没有提及任何关于人类进化过程的特殊性的理论，如在现场所证明的那样，不仅可以解释Schmidt的解释，也可以解释他的遗址研究继承者的解释。自2014年Schmidt去世后，该工作由德国考古研究所的Lee Clare的科学协调下。Clare参与了在撰写本文时正在进行的修订工作，该修订将由世界遗产中心在2019年第43届会议上批准的哥贝克力石阵遗址的《突出的普遍价值声明》。国际古迹遗址理事会关于哥贝克力石阵遗址的决定草案的《简要综合》确实指的是复杂性的较小建筑结构，这在最近的发掘中被揭示并认为是家庭建筑，但不是当前研究团队对Schmidt将寺庙作为公共会议场所的解释。

作为一个平行的观点，Çiğdem Atakuman（2014：20）等研究人员也通过象征性的场所确定活动将哥贝克力石阵遗址与社会关系的管理联系起来，这些活动涉及在大规模宴会的背景下建筑和食物分享（而不是Schmidt所提出的宗教仪式），整合区域规模的"扩展网络"，由相互联系的地方规模的"有效网络"组成，这些网络通常围绕着共同的埋葬地点[①]的"亲密网络"。在这方面，哥贝克力石阵遗址没有葬礼证据是值得注意的。后来放弃这些区域中心及其"特殊"纪念性建筑将对应于"美索不达米亚北部许多地区大规模采用生命和陶瓷的时期"，当时"家庭"作为一个"坚定性别与年龄组和权力结构之间等级关系的机构"逐渐出现在普通民居中定期埋葬（Atakuman，2014：28），而"生育能力"得到强调而不是像加泰土丘那样的"共

---

① Atakuman采用Clive Gamble为狩猎-采集社区假设的标量排序：Gamble，Clive，1998."旧石器时代社会和邻近释放：亲密关系的网络方法"，世界考古学，29/3：426-449。

同性"（Atakuman，2014：35）。因此，这种解释将东南安纳托利亚背景下的新石器时代过程概念化为"通过地方代理对社区和人格的看法的转变"，"成为社会谈判的表达媒介，以多种但可比较的方式命令身份和社区。"（Atakuman，2014：34）

3 解释过程中的"开放性"：结论性观察报告周口店共识文件

实际上，Schmidt（2007：215）已经至少间接地认识到，他在哥贝克力石阵遗址的T形支柱和小型发现上用于他的野生动物图像版本的章节中可能存在如此多样的解释。标题为"在意义与解释之间"。本章从Schmidt的命名观察，定义和理解开始，作为我们通常用来理解绘画的心理步骤。他指出，如果这幅画属于我们自己的文化背景，例如来自教堂的十字架组，那么这个过程就会毫不费力地运作。在我们从古老的Laocoön小组等不那么熟悉的作品转向古埃及艺术品和原始亚洲高等文化（需要该领域专家的支持）之后，注意到难度逐渐增加，Schmidt强调缺乏这样的解释学解释机构在时间和空间方面，在哥贝克力石阵遗址附近的地点的图像（图4、图5）。

图4 建设保护棚前的哥贝克力石阵主要发掘区　　图5 建有保护棚的哥贝克力石阵遗址发掘区

另一方面，Ian Hodder（2006）在解释过程中挑战了专家代理的想法，他决定在加泰土丘遗址的新研究阶段探索后处理领域方法的可能性。他提出的方法集中于三个主题：从外部强加的类别和代码的问题化，在学科话语中发展，在现场和分析过程的所有方面建立本地和关系理解，以及当地参与更广泛和多方辩论的反馈允许通过项目网站直接访问研究数据。通过这种方式，Hodder承认，项目参与者根据不同类型的数据得出的结论总是瞬间的、流动的和灵活的，因为可以通过交互式地从不同角度进行提问和接近来建立新关系的可能性，包括不熟练的人在内的各种各样的人。

这两个考古过程的概念化将唤起意大利哲学家和符号学家Umberto Eco（1932—2016）所提出的"开放式工作"的概念。Eco解释了解释过程不仅取决于作者的意图，还取决于读者的意图以及作品的内部连贯性，这应该作为其解释的参数，以避免说出我们想要讲述的东西（Eco，1994：60）。由于这个原因，解释是一个开放的过程，其中作为一个物理实体的作品具有作者的意图和读者所享有的参与自由（Eco，1989：176-177）的自主权，阻挡了大量的解释（Casetti & Grespi，1998：267）。

这一观点的前提是："一种解释理论 - 即使它假定文本对多个读数开放 - 也必须假设有可能达成一致，即使不是文本鼓励的意义，至少关于那些文本不鼓励的意义"（Eco，1994：45）。这表明这项工作是"可以证明某些解释无效的空间。有些情况下，即使我们无法在各种可能的解释之间做出决定，我们仍然可以消除错误的解释"（Violi，1998：37）作为过度解释（Colini，1992；Eco，1994）。这将工作所鼓励的可能解释定位在通过将每个信号转换为单个消息而传达的单个已建立的含义之间，以及可以从工作中得出的所有可能的无限的含义，无论其内部完整性如何。

在解释考古学数据时，我们显然总是处理不完整的作品，这些作品已经并且还在运动中，即通过添加新颖的研究材料和各种类型的数据而改变。在哥贝克力石阵遗址的例子中，在乌尔法地区的其他地方也发现了 T 形柱子，包括乌尔法市中心，那里出土了人类最古老的人类雕像，但这些地方都没有系统地进行调查（Atakuman，2014：9）。此外，对土墩周围的高原进行了深入调查，其中石柱似乎已经被挖出，但未来几年仍有待完工，意味着在该遗址继续进行考古研究，其结果对于已经在土墩中挖掘的遗骸的解释具有决定性作用。在 Hodder 指导下的 25 年加泰土丘遗址研究项目中，这种类型的区域调查极大地促成了有意开放式的解释过程。

正如在加泰土丘遗址所做的那样，目前尚未开发的哥贝克力石阵遗址部分也在等待通过采用非破坏性方法进行更详细的研究，这符合现有的避免进一步挖掘的共识，以免将新区域暴露于不断恶化的当地气候的影响。已经被挖掘出来的地区现在被保护性屋顶遮挡，其中一个允许参观，就像加泰土丘遗址一样。这两个避难所都是标志性的结构，旨在促进这两个地点的可见性，这种方式可能会因为它们对远处两个山丘的感知产生的主要视觉影响而受到批评。此外，由两个避难所的清晰形式和现代语言所创造的距离似乎通过将空间转化为用于沉思的物体来创造"博物馆效应"，这一观察也可以扩展到现在在尚勒乌尔法博物馆展出的哥贝克力石阵遗址复制品。

虽然来自加泰土丘遗址和哥贝克力石阵遗址的最重要的小型发现分别在安卡拉和尚勒乌尔法的大都会博物馆中存储和展出，但在这两个地点都有解释中心，其中采用先进的数字技术与广泛的访客共享研究数据和结论。此外，这两个网站都有官方网站。在这两种媒体中，加泰土丘遗址和哥贝克力石阵遗址遵循的策略完全不同。作为后处理领域方法的结果，Hodder 决定在加泰土丘遗址进行探索，在访客中心和项目网站中都采用了互动工具，以鼓励访客积极参与。然而，问题仍然是这是否真正为专家提供了对该网站的一些同样可能的解释的反馈。

另一方面，在哥贝克力石阵遗址的情况下，尽管在世界遗产名录提名文件中删除了"神圣的标准"中的"寺庙"理念，但"世界上最古老的神庙"的想法仍然是在官方网站和解释中心存在。因此，哥贝克力石阵遗址就是一个很好的例子，可以强调对长期、全面和深入的科学研究的需求，以及关于提供史前考古景观的耸人听闻的标签的预防措施，以确保准确地解释其遗产价值。由于世界遗产名录提名文件是对公众开放的最全面的文件之一，因此通过科学透明而不是规定单一解释来允许多种解释可能性的开放性至关重要，特别是在执行摘要中是最广泛传播的文件。本文开始的周口店北京人遗址的《突出的普遍声明》就是这方面的一个范例。

参 考 文 献

Atakuman, Çiğdem. 2014. 安纳托利亚东南部新石器时代早期的建筑话语与社会转型. 世界史前史杂志，27：1-42. 数字对象识别码：10.1007/s10963-014-9070-4. 最后访问时间：2018 年 10 月 7 日.

Benedict. Peter. 1980. 安纳托利亚东南部的调查工作，pp. 150-191，出自伊斯坦布尔和芝加哥大学混合项目东南安纳托利亚史前研究 - 东南安纳托利亚里. Halet Çambel & Robert J. Braidwood 编辑. 伊斯坦布尔文学院出版社.

Casetti, Francesco & Grespi, Barbara. 1998. 翁贝托生态学的选择：文化政治与解释的模糊性的第 13 章 - 电影和接受问题，pp. 257-279. Norma Buchard & Veronica Pravadelli 编辑. 纽约蓝彼得出版社.

Childe, Vere Gordon. 1971. 历史上发生了什么. 企鹅书籍，米德尔塞克斯.

Colini, Stephano（编辑）. 1992. 解释和过度解释. 剑桥大学出版社，剑桥.

加泰土丘研究项目，www.catalhoyuk.com，最后访问时间：2018 年 10 月 8 日.

Eco, Umberto. 1994. 解释的限度. 印第安纳大学出版社，布卢明顿和印第安纳波利斯.

Eco, Umberto. 1989. 开放工作. 剑桥. 哈佛大学出版社, 马萨诸塞州.

哥贝克力石阵遗址, https://whc.unesco.org/en/list/1572/, 最后访问时间: 2018年10月6日.

哥贝克力石阵遗址 - 世界上最古老的寺庙, http://gobeklitepe.info, 最后访问时间: 2018年10月8日.

Hodder, Ian. 2014. 9,000年前的加泰土丘 - 没有政府的居民生活. *CNN Türk*（9月22日）, http://www.cnnturk.com/haber/turkiye/catalhoyukte-9-bin-yil-once-hem-yerlesik-hem-de-hukumetsiz-esit-bir-yasam-vardi, 最后访问时间: 2018年9月13日.

Hodder, Ian. 2006. 这座老房子. 自然历史06. http://www.naturalhistorymag.com/htmlsite/0606/0606_feature.html, 最后访问时间: 2018年9月12日.

Mellaart, James. 1964. 土耳其的新石器时代城市. 科学美国人 210/4: 94-104.

Mellaart, James. 1967. 加泰土丘: 安纳托利亚的新石器时代小镇. 麦格劳希尔, 纽约.

Mumford, Lewis. 1966. 历史之城. 鹈鹕, 米德尔塞克斯, 英格兰.

新石器时代的加泰土丘遗址, http://whc.unesco.org/en/list/1405, 最后访问时间: 2018年9月12日.

周口店北京人遗址, http://whc.unesco.org/en/list/449/, 最后访问时间: 2018年9月11日.

Schmidt, Klaus. 2007. 石器时代猎人的神秘圣所 - 哥贝克力石阵 - 伊斯坦布尔最古老的寺庙. Rüstem Aslan 从德语翻译而来. 考古学和艺术出版物, 伊斯坦布尔.

Soja, Edward William. 2003. 城市的伴侣的第3章: 把城市放在第一位: 重新定位都市主义的起源, pp. 26-34. Gary Bridge 和 Sophie Watson 编辑. 布莱克威尔出版社, 牛津等.

联合国教科文组织保护世界文化和自然遗产政府间委员会, 2017. 世界遗产公约实施操作指南. 检索自: https://whc.unesco.org/document/163852, 最后访问时间: 2018年9月11日.

联合国教科文组织世界遗产中心. 1992-2018. 选择标准, http://whc.unesco.org/en/criteria/, 最后访问时间: 2018年9月11日.

Violi, Patrizia. 1998. 翁贝托生态学的选择: 文化政治与解释的模糊性的第1章: 个人和公共百科全书, pp. 25-38. Norma Buchard & Veronica Pravadelli 编辑. 纽约蓝彼得出版社.

博物馆设计作为展示的一种手段：考古遗址和文化旅游对象的遗址

——以印度尼西亚西爪哇省古农巴东遗址为例

多尼·费勒则[①]　阿德利·纳迪亚[②]　卢特菲·永德里[③]

摘要：当考古遗址向公众开放和展示时，他们面临着必须保护考古遗址的新挑战，又要可以立即进行研究和参观。然而，这可能导致考古研究中的挖掘与保持物理结构的真实性和完整性之间的冲突。一旦遗址成为旅游业的对象，情况就变得复杂了，容易受到经济利益损失和损害。西爪哇省展玉市的古农巴东遗址是东南亚拥有2,500年历史且规模最大的巨石遗址，也无法应对这一挑战，并且由于旅游人数较多而易受损害。本文讨论了博物馆的设计如何解决古农巴东遗址作为文化旅游对象的保护和解读延续研究。其中包括：①通过提供有关考古和建筑关系的信息，调查遗址作为一个场所的特征；②选择将现代性、历史功能和未来规划与管理联系起来的遗址展示模式的类型；③分析计划因素，如位置、背景和使用；④将遗址设计的前几个阶段作为景观空间和考古场所的组合进行协同作用。理想的结果是博物馆作为教育旅游的地方，主要定位于古农巴东遗址的保护和考古研究。

关键词：史前考古遗址；博物馆展览设计；文化旅游；文化遗产解读和展示；古农巴东考古遗址

1　引言

在考古研究的挖掘和遗址物理元素的保护之间，一个考古遗址可能存在潜在的冲突，如果遗址成为旅游对象，这将变得更加复杂，包含场地真实性和完整性的资产很容易丢失，如果受到干扰可能会损害经济利益。考古遗址是一种文化遗产，具有人类文明必须受到保护的重要价值。保护考古遗址的主要目的是保护文化遗产免受损害和损失，这将涉及考古文物的预防和补救干预（Matero，2006）。但是，这些保护行动应该确保公开研究、展示和参观文化遗产。

西爪哇省展玉市的古农巴东遗址也没有摆脱威胁。如果管理不当，过度和不受控制的旅游会降低遗址的价值。该遗址至少有2,500年历史，是东南亚最大的巨石遗址，是印度尼西亚的考古遗址之一，有可能成为宝贵的文化遗产。游客参观对该地区产生了相当大的影响，这意味着开放遗址供广泛的公众参观需要在保护这一文化资产的背景下进行特殊处理。

同时，参观者对遗址的兴趣更多的是它的神话而不是它的文化意义价值和历史。这个遗址是Prabu Siliwangi（1482—1521）隐居的故事，假设巴东山的遗址建于上一个冰河时代的文明（Sutarman等，2016），传奇故事与民间传说增加了遗址参观者的好奇心。

[①]　印度尼西亚波多莫罗大学建筑学课程的讲师和研究员。
[②]　印度尼西亚波多莫罗大学建筑学课程的讲师和研究员。
[③]　西爪哇省考古办公室史前考古学的主要研究员。

图1 古农巴东考古遗址：这是第一层露台（在北侧），向南看见第二层石头堆砌的露台（来源：实地调查）

上述故事以及过去7年来政府对该遗址的关注，导致很多参观者参观该遗址。假期期间每天有6,000—7,000人次参观。一方面，参观带来的积极影响是该地区经济价值的增长。虽然出现的负面影响表明，该遗址的历史部分实际上是被未经授权的人触摸过，可能会造成损害并降低遗址文化意义价值。今天参观者可以自由进入遗址的所有部分，无须进行适当的监督。石头的位置可以移动，甚至石头本身也可以被抢劫。

古农巴东遗址本身仍然没有充分探索考古和文化内容。到目前为止，古农巴东遗址的原始形式和历史都是假设的形式，包括学术和想象断言。因此，古农巴东遗址的考古调查仍将继续进行，必须保持现有的物质和环境条件（图1）。一般而言，考古保护行动分为对遗址潜在内容的理解、遗址文化意义的价值、遗址保护的威胁以及遗址保护行动。这些理解将在考古遗址展示模型的概念规划中作为保护媒介实施。

博物馆是该遗址面向公众，保护和保存遗址收藏资产的代表性媒介。博物馆是一个仍在考古研究过程中的遗址，因此不应被过多地参观。此外，博物馆也可以作为一个教育景点，游客的集中地区可以分为遗址的核心区域和其他支持区域，从而可以分担参观者过多的负担。通过博物馆，博物馆对其收藏和控制的主要藏品的保护，接触和解读具有特定责任的原则（国际博物馆协会，2017）得以实现。

2 方法

该研究结合了考古遗产管理、考古资源管理和文化资源管理。博物馆作为考古保护媒介，可以说这项活动是作为应用考古学研究形式的一部分定性研究。在寻找古农巴东遗址当地文化背景中的文化内容和价值观时，将应用历史方法，特别是启发式、批评性、解释性和历史学来揭示这些价值观。在将文化价值与自然环境价值相结合案例研究中，将使用现象学方法来理解古农巴东遗址中的相互作用。这种理解将在博物馆规划和设计模拟作为遗址保护媒介中解读。

3 古农巴东考古遗址的文化意义价值

重要的是要了解考古遗址的潜在文化内容，以便减轻损害和损失的来源。这些潜力与影响感知和真实性条件的视觉可读性有关，因此保存的材料必须受到保护，因为它具有重要的科学和美学信息，具有激发和产生情绪反应的能力（Matero，2006）。

古农巴东遗址是一个史前巨石遗址，以阶梯金字塔为基本结构，有诸如竖石、石棚、阶梯金字塔和石阶等遗产（图2）。根据从石头上层采集的样本的碳定年法，这个遗址建于公元前117—47年，同时还有一个推测，即来自亚洲平原的南岛人带来的祖先崇拜仪式。

考古遗址的文化内容不仅包括材料，还包括场所。当自然环境影响物理和地方环境之间的联系时，就会发生这种情况，这种联系是由人类思维和享受它的经验形成的。因此，研究一个考古遗址的文化内容也必须对场所进行研究。然后保护将不断揭示遗址的文化特征和历史叙事（同上，2006）。该遗址的空间方面位于阶梯式金字塔结构，其顶部由5个露台组成，从北部最大的露台1开始，到最南端的最高、最狭窄的第5个露台，每个露台都有自己的故事，并没有全部透露，这是该遗址空间方面的一部分。

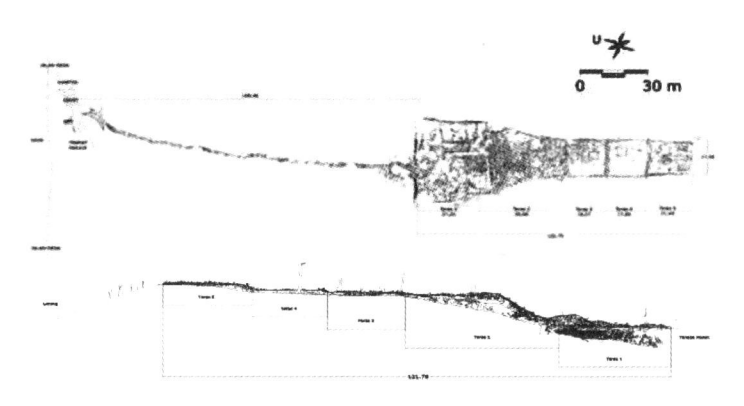

图 2　古农巴东遗址阶梯式金字塔建筑的摄影测量结果（来源：Yondri，2012）

文化意义价值的范畴可以归结为历史价值、精神价值、社会价值、艺术价值、研究价值、象征价值和经济价值（Mason R 和 Avrami E，2002；Demas M，2002）。古农巴东遗址的历史价值尚不清楚。其中一个原因是没有发现碑文等有关该遗址存在的书面证据。使用该遗址的历史只能通过其物理形态和位于该遗址北坡山脚的泉水井的存在来表达，该井位与通往该遗址中心的石阶并排。可以假设该遗址具有作为宗教仪式活动场所的功能（图 3）。考古学家 Sukendar 也在其功能（Yondri，2017）中说明了泉水井在该地区南部的重要性，这被解释为人们在遗址顶部进行仪式、礼拜、典礼之前在井边净化自己。然后，这个井被称为 Kahuripan 泉，意为生命。

图 3　该遗址的组成部分据称是仪式活动的一部分：从泉水井、石阶开始（从左上方顺时针方向），最后在第五个露台的祭坛上结束（来源：实地调查）

Sutarman 等（2016）认为该遗址意味着祖先精神的伟大之处。他还表示，在这个遗址形成的露台就像一个礼拜场所，隐居场所，以及国王和祭司之间会见的场所。崇拜方向是位于其西北偏北的吉德潘格伦格山，这是该遗址视野内最高的山峰（Akbar，2013）。它与历史时期的文化有关，这种文化对崇高的地方有崇拜倾向，因此吉德潘格伦格山可以被认为是古农巴东遗址的生业活动。

古农巴东遗址被认为具有与其构造相关的社会价值和艺术价值。从社会价值的角度来看，个人、当地社区和环境之间的辩证过程被认为是当地的智慧。规划和建设遗址的过程当然涉及一个既定的社会系统，其中有领导角色（Yondri，2017）。

根据Koentjaraningrat，社会价值观可以根据遗址的建设过程，即领导、决策审议、相互合作和宗教情感，在遗址社区建设者中找到（Yondri，2017）。特别是对于在这个地方做出决策的商议价值，其中一个露台上的石制宝座和圆形石头的特征证明了这一点。从露台的使用开始对社会等级进行了解读，从较宽和较低的露台1开始，到更高的一般功能，到最高和最窄的第五个露台，提供更多私人和有限的功能给国王和牧师（Akbar，2013）。

至于艺术价值，最突出的是该遗址所包含的柱状接点石头的构造（图4）。挡土墙上的石块布置特别采用了抗滑坡和抗侧力施工技术（Akbar，2013）。这种石头建造技术还考虑了遗址的自然条件，因为它位于万丹省断层区域，该区域位于地震易发区。作为一种非常独特的构造艺术价值，这种石头形成的存在是最需要保存的物质。

图4 该遗址的艺术价值包含在石头构成的构造中：五角形石头的柱状接点在各种布置中占主导地位（来源：实地调查）

必须通过保护来保留这些重要价值，特别是针对干扰其存在的威胁。Palumbo（2012）对古农巴东可能发生的考古遗址的威胁的分类有：发展和人口影响，不受控制的旅游业，抢劫，遗址材料用于其他用途，以及对遗址的错误干预。了解考古遗址文化意义和威胁减轻的价值，通过遵循遗址保护、规划和管理原则设计景观模型形式的考古遗址展示模型，提出了保护遗址原则的主要框架。

4 考古遗址展示模型

Mosler（2006）指出，为了在考古遗址上提出可能的景观设计模型，需要一种考古遗址展示的类型，需要展示模型来指出考古景观的具体方法，使得通过景观设计进行的保护规划将更加集中和有针对性。Marotta（2012）也强调了这一观点，认为改善博物馆与其景观之间关系的想法是为了回应以下方面：①保护环境；②防止土地开发；③避免技术事故；④减少污染。此外，Christian Norberg Schultz还提出了天才轨迹理论，认为自然不再被理解为一种温和的元素，而是一种不稳定和动态的元素。这些现在被用作设计考古遗址博物馆的范例。

在研究了几个考古遗址作为先例（Bianchini，2017a，2017b，2018a，2018b，2018c）后，根据现场的实际情况，如由于缺乏历史证据和文物的数据质量、构造的特征，以及环境和地形背景，为该博物馆的设计概念选择的考古遗址展示模型是解释模型和纯粹模型的结合（图5）。这种结合应该强调这两种模式，实现博物馆作为教育和保护手段的目的。

这两种模式相结合的重点还在于加强对人工制品和历史文物的保护，其中解释模型在博物馆中起作用，在意义的背景下加强遗址与其景观之间的联系是纯粹模型的任务。这一重点还要求在与遗址发生的现象有关的两个模型之间建立联系。

国际洞穴艺术中心
法国蒙蒂尼亚克
该博物馆为参观者提供体验，就好像他们是第一次探索洞穴并发现这幅画的考古学家一样。

博物馆位于两个景观的交汇处：被森林保护的斜坡山和韦泽尔峡谷的农田。
该博物馆在展示其收藏时考虑了风景名胜、内部和场景的融合。
该博物馆的展示模型被认为是诠释与纯粹主义的结合。
纯粹主义是通过尽可能全面，准确地展示洞穴壁画的复制品和周围环境的感觉来获得游客的真实体验。
另一方面，当博物馆希望将实际事实与最近的背景联系起来并希望发挥游客的想象力时，将使用诠释模型。
两种体验都与过渡空间有关。

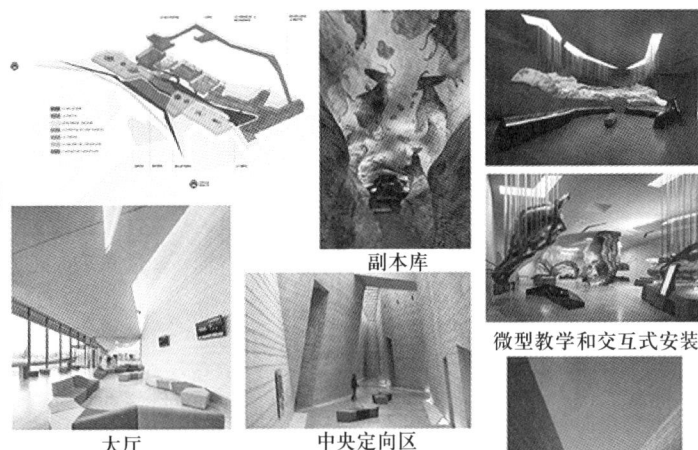

副本库

微型教学和交互式安装

大厅　　　　中央定向区

3D 电影院　　想象力画廊　　过渡空间

图 5　几个博物馆的先例研究之一：这里展示的是法国的博物馆，它结合了解释和纯粹的模型（来源：Bianchini，2018）

5　遗址分区和博物馆的位置选择

古农巴东遗址位于一座山丘的顶部，周围环绕着山丘和山谷。这些山丘是：爱姆派特山（南部），其新月形状向北开放，其西端称为梅拉提山，北部是玛琅山，巴西多玛斯山，巴西坡格山和坎查纳山。吉德潘格伦格山在附近的山丘之外，它位于北部，据称是该地区的终点方向（Bronto S 和 Langi B，2016）（图 6）。古农巴东遗址本身具有自然边界，作为其区域的边界，包括北部的茨茫库河、东部的茨库塔河、西部的茨盘古拉安河、南部的新月形的爱姆派特山。

在古农巴东遗址需要保护区的想法刚刚在 2012 年 11 月进行的一项研究中被提出。结果随后被纳入教

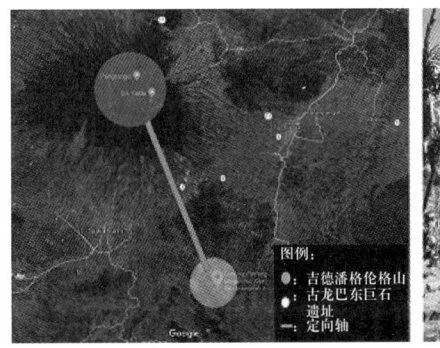

吉德潘格伦格山

图例：
吉德潘格伦格山
古龙巴东巨石
遗址
定向轴

图 6　概念定位计划和从遗址到吉德潘格伦格山方向的西北偏北的现有视图：尽管该遗址面向较高的山丘，但从该遗址看到的最高山峰吉德潘格伦格山也是该遗址的终点方向（来源：实地调查，谷歌地图和分析）

育和文化部长的法令。023/M/2014 颁布日期为 2014 年 1 月 17 日，指定巴东山作为国家遗产地，将保护面积从 17,196.52 平方米增加到 291,800 平方米。

政府在阶梯式金字塔结构周围以及围绕古农巴东遗址征地后，2017 年 8 月对计划区域和指定区域进行了审查（Yondri，2017）（图 7）。该遗址的边界指定试图与土地使用权和需求、环境特征、保护需求、土地利用和未来空间利用相匹配。根据审查结果，对 1 区和 2 区进行了修改。3 区则为 2014 年教育和文化部定义的古农巴东遗址的范围。

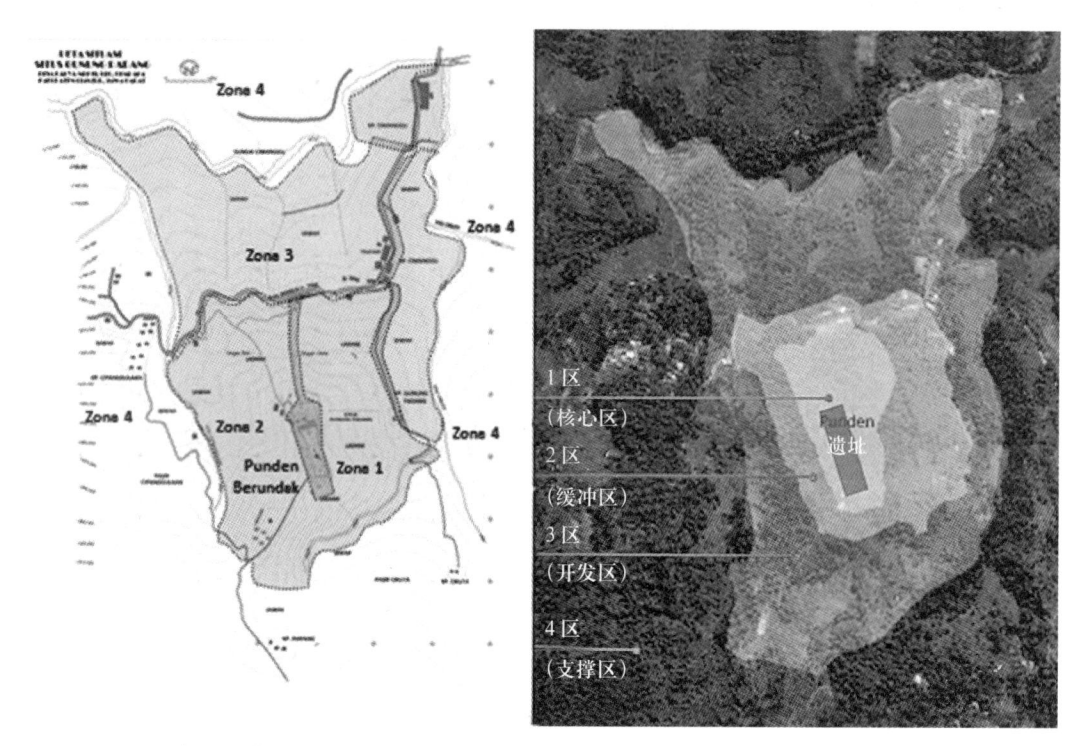

图 7 2017 年 8 月审查前（左）和之后（右）的古农巴东遗址分区规划（来源：Yondri，2017）

分区分配的基础如下：核心区（1）旨在全面保护阶梯金字塔（露台结构及微观围绕结构）；缓冲区（2）在核心区域提供全面保护，并在山坡和斜坡上增加有限的设施；开发区域（3）用于放置设施以支持遗址利用（村庄、稻田、花园和村庄间连接道路）；支持区域（4）用于转移游客，不至于挤满核心区和缓冲区。

解释模式和纯粹模式的结合需要博物馆的正确位置。位置本身将在 3 区内分配，但博物馆的确切位置将通过分析一些指标来确定（图 8）。指标的主要框架是实现与遗址现象相关的两种展示模型之间的联系。根据此遗址先前的考古研究结果，将这些展示模型与遗址本身联系起来的是：①从博物馆到核心区和吉德潘格伦格山的视觉联系；②仪式活动的经验，从场地底部的卡胡潘泉开始到遗址顶部的第 5 个露台。

这两个联系因素用于提出第三区内潜在的博物馆位置，该区域提出了 5 个位置。将通过这些指标分析这六个地点：①不在遗址和吉德潘格伦格山之间的直线轴线上。这是为了加强这个轴线作为遗址的终点方向；②具有正确的高度，以创建与遗址和吉德潘格伦格山的最佳视觉联系；③在一个景观中具有最佳视野面对原始遗址和吉德潘格伦格山；④具有良好的可达性，方便参观博物馆并转移到原始遗址体验所包含的价值。该分析的结果是位置 4 最适合放置博物馆（图 9、图 10）。

6 博物馆建筑

根据 Ioannidis 等（2003），博物馆概念已经转变，从仅仅是一个场所到储藏用于保护、展览和研究的文

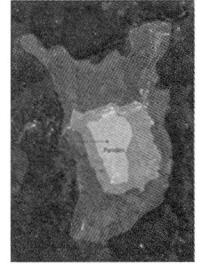

博物馆设计作为展示的一种手段：考古遗址和文化旅游对象的遗址——以印度尼西亚西爪哇省古农巴东遗址为例

博物馆选址

选址时要考虑很多因素，首先要确定博物馆的潜在位置在Ⅲ区。然后，将遗址到吉德潘格伦格山遗址之间的主轴线绘制为主方向路径，该区域必须没有任何视觉干扰。因此，建议的位置不应朝这个方向。

之后，选址是根据指标来指定的，例如，吉德潘格伦格山和原址的视觉清晰度，适当的高度以获得最佳角度以在原址和吉德潘格伦格山之间建立视觉联系，最后一个是良好的可达性，以方便参观者参观博物馆并转移到原址，从而获得参观遗址的最佳体验。

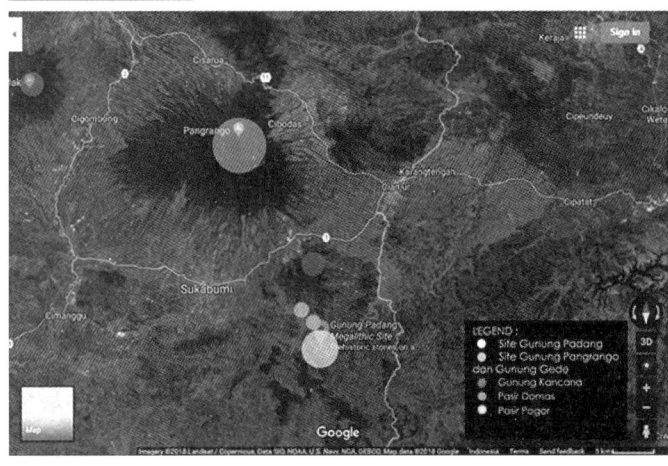

结果是建议的 5（五）个位置点被认为可能是具有诠释模型作为其展示模型的博物馆的位置。

图 8 根据遗址现象确定标准选择博物馆的初步过程

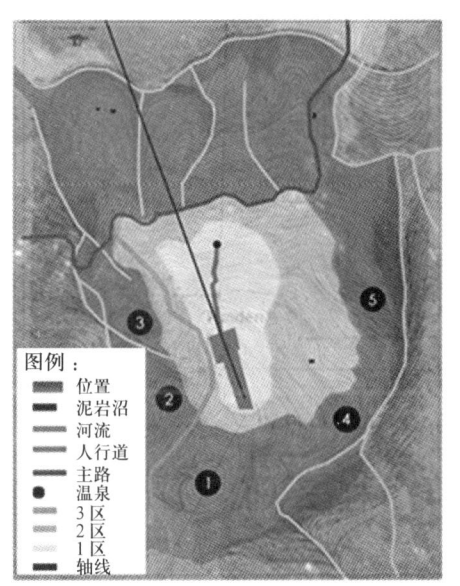

进行分析以从五个点中选择一个作为博物馆的位置。

通过模拟以下 3 个视图进行视觉联系分析：从该点（1）到古农巴东巨石遗址，（2）到吉德潘格伦格山遗址，和（3）到周围，分析可知，最好的点是 4 号位置。

图 9 建议将 5 个潜在点作为博物馆的所在地：将分析每个位置以选择要开发的合适位置

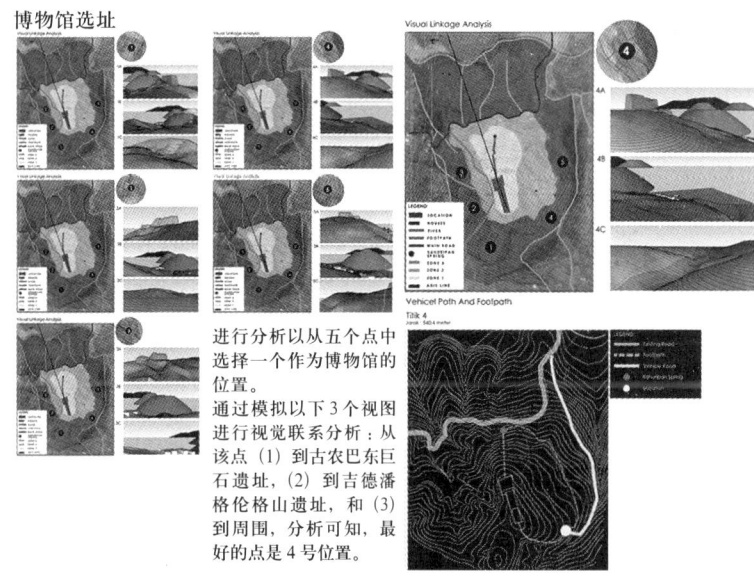

图 10 对 5 个潜在位置（左）的 5 个视觉分析，视觉连接分析到位置点 4（右上），以及车辆和行人的可到达性分析（右下方）

物，现在作为一个分享知识信息和更灵活的沟通互动的地方。藏品不仅是静态文物，而且已经通过主题游览的场景将虚拟和真实空间相结合，直接或间接地使参观者参与。设计需要与原始遗址中的纯粹模型直接相关。一个现代化的博物馆将以诗意的方式设计，因此设计不仅要提供历史见解，还要在情感上纳入参观者。

Bayer（1961）指出，博物馆举办的展览是临时性的形式，可以展示不同的展览模式。作为博物馆教育发展原则的支持者并吸引更多的参观者（国际博物馆协会，2017），展览模式之一是有趣的设计，但仍然与演示模型相关。

Villa X. M. 等（2003）认为，展示博物馆的藏品需要另一种方法，名为考古建筑。考古建筑是考古学建筑，即如何根据建筑师提供的所有信息从过去的状况中进行构建和最大化。因此，展示不仅是如何显示所收藏的文物，而且过去状况的物理形式也被视为对所展示文物的支持。在展览的技术规划中，展示将涉及诸如循环路径、照明和展示结构之类的事物。

在博物馆空间规划的背景下，Mike Bal in Tzortzi（2015）指出，参观者有两种叙述，就像读书一样：①将展览的文物与其起源、功能和历史的故事联系起来的文本叙述；②与参观中的本能序列相关的空间叙述。第二个叙述变得很重要，因为在空间叙述中，人们会在参观博物馆时在他的脑海中形成如此多的事件，这将形成空间体验。对于建筑师，这种形式可以在参观者之间建立集体协议。

作为公共空间的一部分，博物馆最大化地吸引公共活动，并且应引导游客的运动（Robillard，1982）。没有行程的参观者会在没有方向的情况下闲逛，没有明显的模式，容易疲倦和厌倦，然后离开博物馆。参观者只会停留在他们认为有趣的地方，而不会关注想要展示的博物馆文物的解释故事。除了为游客提供方向、行程之外，还应该在物理上规划博物馆设计，以便使参观其空间更有趣。

在空间规划中，必须发挥对空间的感知，无论是静态的还是动态的（Rotea et. al, 2003）。这个空间将对参观者的情绪状态产生影响，其中空间体验由一系列和谐方式引导到体积配置和循环秩序（同上）。设计中的应用，感官和动作塑造参观者所期望的感知应该由主要展示模型的使用驱动。

根据 Osman（2014）的观点，现代博物馆类型学可以从两个方面进行评论：性能和功能，形式和形态。在性能方面，现代博物馆的发展涉及技术进步、设计理念和公众参与问题。同时，从形式和形态上看，博物馆设计与时代的物质技术和产业发展密切相关。有一个基本问题，即博物馆是否会以保护其遗产收藏或更加面向消费者为导向（Wise C 和 Erdues A，1975）。因此博物馆建筑应该能够采用这两个概念，以整体的规划概念形式提出，这些理论将继承这个博物馆的形式和结构设计，支持作为遗址保护手段的主要目标，并适应仍在进行中的考古研究。

上述所有理论将构成博物馆的设计标准，在下表（表1）中列出：

表 1　博物馆的设计标准，包括解释模型和纯粹模型

I		区划	可及性	纯粹型联系
1	展示理念	私人区域	从公共区域进入，疏散通道，服务和维修通道	在视觉上与其他功能相关联，以观察和提升视觉效果
2		公共区域	从外部（正门）进入和疏散通道	视觉连接，以建立博物馆中富有想象力的区域与考古遗址之间的距离
II		项目	容量	特点
1		大厅	50人	易于进入，可作为其他房间的定位中心
2		管理处	20人	易于监控访客活动
3		厕所和储物柜	20人	易于所有访客进入
4		会议室	30人	易于从大堂进入，而不是票务室的一部分
5	空间规划	储藏室	30人	易于从展览室和装卸区进入
6		剧院	20人	无需与纯粹博物馆或原址有视觉联系
7		展厅	30人	灵活的空间，可适应诠释型内容的增加
8		观景台	20人	清晰观赏原址和吉德潘格伦格山
9		装卸区	15人	汽车可进入
10		纪念品店 & 餐馆	30人	易于所有访客进入

续表

		项目	容量	特点
II	空间规划			
11		研究室	10人	无需与纯粹博物馆或原址有视觉联系
12		图书馆	20人	足够的视野可以看到原址和吉德潘格伦格山
III	形态结构	设计理念		
1		由于考古研究的开挖过程仍在持续，因此底层架空量或与土壤的接触最少		
2		建筑群会分散，因此将尽可能减少基地的使用		
3		通用设计的良好合规性（与婴儿，儿童和老年人兼容）		
IV	景观设计	纯粹型博物馆设计理念（核心区）		
1		访客路线已调整为现场的仪式活动路线		
2		在地形崎岖的路线上放置口袋区/休息设施。这些站点还用作沿途的访客拥堵控制器		
3		安全理念和疏散计划明确		

7 博物馆设计概念模拟

将模拟上述所有规划产生博物馆的设计概念，模拟结果如下所示：

通过这种设计，参观者可以分为两个主要阶段。第一个是将参观者定位到容量有限的博物馆，在这个阶段，对该遗址的解释呈现为考古研究结果展示给参观者。下一阶段是步行到卡胡潘泉，通过模拟疑似该网站的真正功能的仪式过程来吸引参观者到原始遗址。在解释-纯粹模型阶段之后，参观者将被引导回博物馆，并根据他们之前的经历做出自己的解读（图11—图14）。

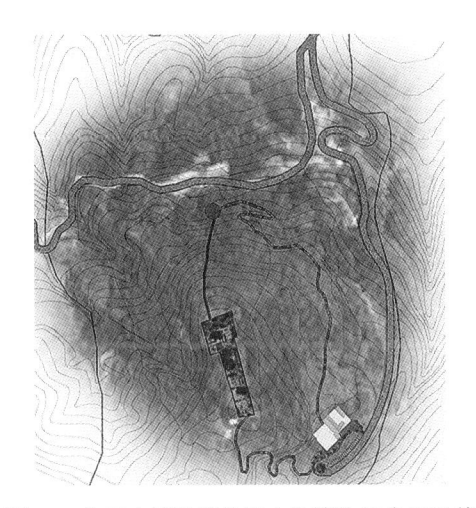

图11 位于吉德潘格伦格山的博物馆位置及其原址和主要道路的位置：新路是为了到达博物馆而建造的，从建筑物到卡胡潘泉（显示为红点）的步道也是博物馆景观展示的一部分。博物馆位于3区（开发区），以保护核心区内的遗址，但足够近可以更好地观看遗址和吉德潘格伦格山

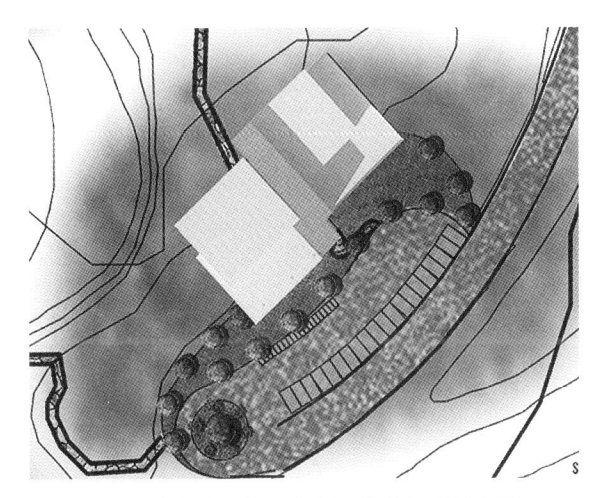

图12 博物馆的场地规划：停车场数量有限，以限制参观者数量，保护遗址

8 讨论

作为应用考古研究，重要的是这个博物馆能够将整个考古遗产转化为文化资源，以便将来使用。通过

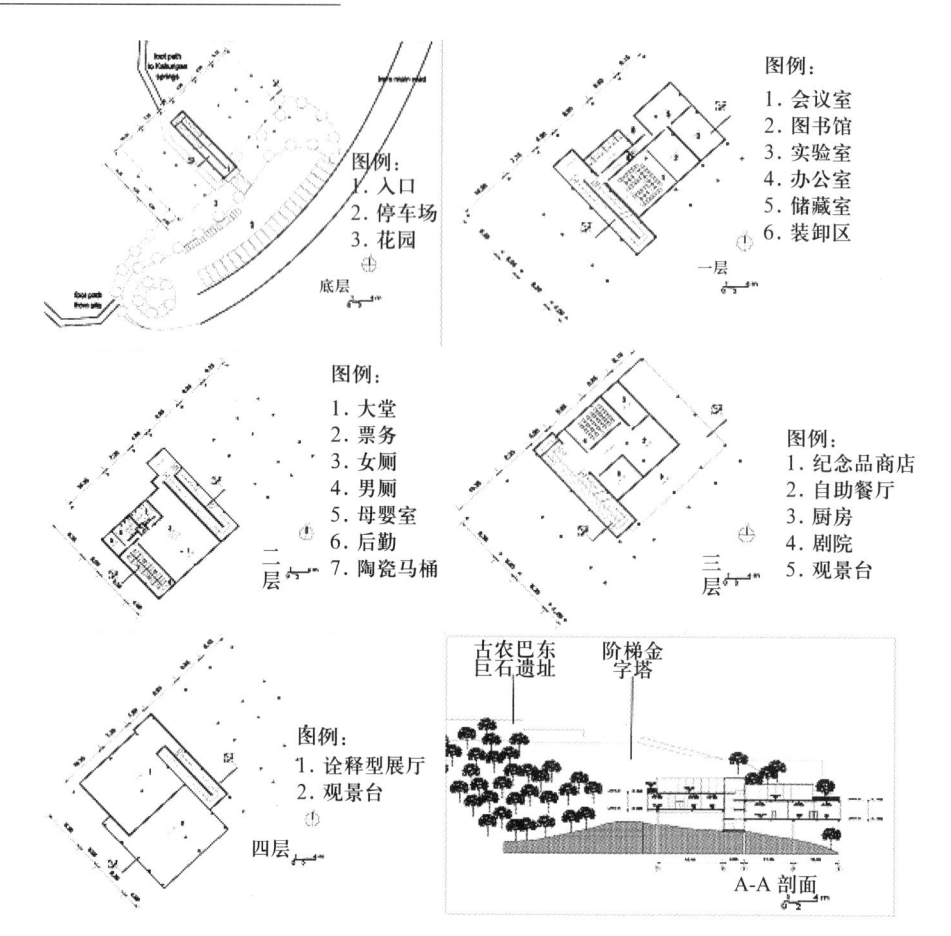

图 13 博物馆从底层平面图到四楼的示意图设计完成了概念部分：为了适应倾斜的遗址，该建筑采用错层设计，也可满足残疾参观者的需求。这座博物馆建筑内没有楼梯，只有坡道存在，使用了底层架空建筑系统，建筑物建在桩子上，这样就可以继续进行遗址的挖掘，作为考古研究的一部分

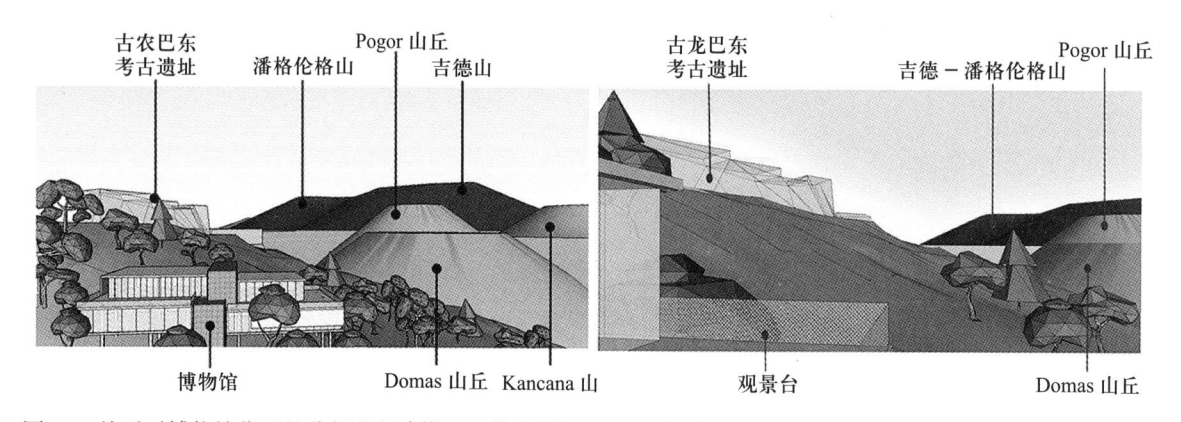

图 14 然后对博物馆位置的分析进行建模，以模拟周围山丘、吉德潘格伦格山、古农巴东遗址的位置，以及它们与博物馆位置的关系（左）。通过这种模拟，可以从位于三楼（右侧）的观景台看到这些组件的视觉连接

这个博物馆，可以实现遗址保护、考古科学的发展和当地的经济效益之间的平衡。

通过尝试限制到原始遗址的参观者数量来显示对遗址的保护，旨在降低不受控制的旅游的风险。博物馆的容量以及从解释模型到博物馆的纯粹模型的参观路线也是有限的。这可能与政府所针对的参观数量不符，但应将其视为保护这些文化资源的努力。

决定在底层架空概念中建造博物馆是为了确保考古研究的过程仍然可以继续，最小的足迹将允许挖掘过程仍然可以在遗址内进行，允许核心区域扩大，这也与在遗址上建造仍然可能包含其他遗物或人工制品的概念相结合，因此必须尽量减少对该遗址的工程干预。选择方框结构作为建筑形式以简化空间组织，倾斜地形，展示分层设计概念。

解释模型与纯粹模型之间的联系在于视觉联系，这在博物馆中非常重要。吉德潘格伦格山被认为是该遗址的主要方向，因此博物馆的设计决定能直接观看这些山脉和原址。从博物馆遗址的放置开始，到选择建筑物朝向，是通过密切关注这种视觉联系来完成的。根据之前进行的考古研究结果，这一决定非常直观，因此选择视觉联系作为这两种模型的结合的决定仍然需要进行验证，必须继续进一步研究原址上的考古科学，以更好地确认该遗址与吉德潘格伦格山之间的相互关系。

博物馆展出的藏品也是需要讨论的主题。作为纯粹主义模型，遗址本身就是藏品。使用解释模型的博物馆建筑展示了考古研究的解释结果，这里应该展示的内容取决于之前考古研究的发展。因此，规划展示从博物馆看到所有考古研究结果的解释，通过步行穿过卡胡潘泉的原始路径，并爬上原来的楼梯到达遗址。然后从露台1到5参观遗址，最后返回博物馆。整个步行过程被认为是博物馆的纯粹模型，因为它涉及可能是原始遗址主要目的的仪式过程。在这里，允许参观者在整个行程之后对该遗址进行自己的解释应该提高他们对博物馆的参与度。

这些讨论主题将该遗址及其遗产视为一种文化资源，应该被视为处理考古资产的新系统。通过这些行动，保护遗址将采用全面的方法，因为它涉及限制参观者的过程，允许遗址研究的过程继续发生，并且还适应其考古教育旅游的功能。

参 考 文 献

Akbar, A. 2013. 古农巴东遗址，神秘和考古学. 雅加达：变更出版社.

Australia ICOMOS. 2013. 巴拉宪章：针对具有文化重要性的场所的国际古迹遗址理事会澳大利亚委员会宪章. 伯伍德：澳大利亚国际古迹遗址理事会公司.

Avrami, E., Mason, R. 2002，2000年5月. 遗产价值与保护规划的挑战. 在考古遗址管理规划中提交的论文：希腊科林斯国际研讨会.

Bayer, H. 1961. 展览和博物馆设计方面. 策展人：博物馆杂志，4（3），257-288.

Bianchini, R. 2017. 阿莱西亚公园博物馆考古遗址. 2018年8月12日检索：https://www.inexhibit.com/mymuseum/museo-parc-alesia-bourgogne/.

Bianchini, R. 2018a. 庞贝城考古遗址. 2018年8月12日检索：https://www.inexhibit.com/mymuseum/pompeii-archaeological-site-naples/.

Bianchini, R. 2018b. 赫库兰尼姆考古遗址-那不勒斯. 2018年8月12日检索：https://www.inexhibit.com/mymuseum/herculaneum-archaeological-site-naples/.

Bianchini, R. 2018c. 阿宫图博物馆. 2018年8月12日检索：https://www.inexhibit.com/mymuseum/aguntum-archaeo-logical-museum-tyrol-austria/.

Bianchini, R. 2018d. Snohetta事务所Casson Mann设计师：拉斯科4号国际洞穴艺术中心. 2018年8月12日检索：https://www. inexhibit. com/case-studies/snohetta-casson-mann-lascaux-center-cave-art-montignac/.

Bronto, S. 2015年11月. 从巴登山及其周边地区可见的地质. 论文在印度尼西亚马格朗的婆罗浮屠作家和文化节上发表.

Demas, M. 2002，2000年5月. 规划保护和管理考古遗址：基于价值的方法. 在考古遗址管理规划中提交的论文：希腊科林斯国际研讨会.

Ennabli, A. 1998. 迦太基博物馆：一个活的历史课. 国际博物馆：考古遗址和遗址博物馆，50（2），23-32.

Heim, E. B. 2002，2000年5月. 以色列马萨达. 在考古遗址管理规划中提交的论文：希腊科林斯国际研讨会.

International Council of Museums, 2017. 国际博物馆协会博物馆道德准则. 巴黎：联合国教科文组织国际博物馆协会.

Ioannidis, Ch., Xipnitou, M., Potsitou, C., Soile, S. 2003. 现代几何记录与可视化方法在新博物馆概念实施中的贡献. 国际摄影测量及遥感探测学会（第34-5/C15卷），相机和影像产品协会国际研讨会论文集，419-424.

Jones, K. L. 2014. 关注考古遗址：保护和管理新西兰考古遗址的实用指南. 惠灵顿：保护科学技术出版部.

Marras, A. M., Messina, M. G., Mureddu, D., Romoli, E. 2016. 一个包容性博物馆的案例研究：卡利亚里国家考古博物馆成为"液体". Borowiecki, K. J et. al（编辑）. 变化世界中的文化遗产，（pp 99-109），施普林格开放出版社.

Marotta, A. 2012. 类型学：博物馆. 2018年7月15日检索：https://www.architectural-review.com/essays/typology/typology-museums/8640202.article

Matero, F. 2006年6月. 制作考古遗址：保护作为被挖掘的过去的解释. 论文在美国华盛顿特区第五届世界考古大会上发表.

Mosler, A. S. 2006. 考古遗址的景观建筑：通过土耳其西安纳托利亚的例子，为考古遗址建立景观设计原则. 慕尼黑：慕尼黑建筑技术大学.

Osman, K. A., Farahat, B. I. 2014. 传统与现代之间的博物馆：以犹太博物馆一样的纪念博物馆为例. 艾斯尤特大学工程科学学院学报，43（5），1294-1316.

Palumbo, G. 2002，2000年5月. 地中海考古遗产面临的威胁与挑战. 在考古遗址管理规划中提交的论文：希腊科林斯国际研讨会.

Robillard, D. A. 1982. 博物馆的公共空间设计. 密尔沃基：威斯康星大学建筑与城市规划研究中心.

Rotea, R. B., Borrazas, P. M., Vila, X. M. 2003. 建筑考古学：景观考古学的理论，方法和分析. Vila, X. M., Rotea, R. B., Borrazas, P. M（编辑）. 考古学：建筑考古学，（pp 17-40），牛津：英国考古报告.

Simard, C. 2004. 皇家广场纪念馆：三重挑战. Mgomezulu, G. G. Y.（编辑）. 国际博物馆：遗址博物馆，（pp 53-59），牛津：布莱克威尔.

Sutarman, Hermawan E. H., Hilman, C. 2016. 展玉市古农巴东：保护世界上最大的巨石遗址. 苏里亚日报：社区服务系列，2（1），57-64.

Tzortzi, K. 2015年7月. 博物馆理论与实践中的空间概念. 论文在英国伦敦举行的第10届国际空间结构研讨会上发表.

Vasileiou, E. 2014. 在希腊伊庇鲁斯的约阿尼纳的翻新考古博物馆的行动伦理. 保护与博物馆研究杂志，12（1）：3，1-7.

Vila, X. M., Rotea, R. B., Borrazas, P. M. 2003. 考古建筑：寻求建筑的新考古愿景. Vila, X. M., Rotea, R. B., Borrazas, P. M（编辑）. 考古建筑：建筑考古学，（pp 1-16），牛津：英国考古报告.

Wise, C., Erdues, A. 1975. 博物馆建筑. 博物馆，26（3/4）. 巴黎：联合国教科文组织.

Yondri, L., Mundardjito, Permana, C. E. 2012. 古农巴东巨石遗址考古研究报告. 雅加达：国家考古中心.

Yondri, L. 2014. 关于古农巴东救援遗址发掘结果的报告. 万隆：万隆考古中心.

Yondri, L. 2015. 古农巴东遗址发掘报告. 万隆：万隆考古中心.

Yondri, L. 2015. 古农巴东：考古学及其文化价值. 群岛的山区，灾难和神话. 日惹：波浪，82-99.

Yondri, L. 2017a. 古农巴东遗址：文化，人与环境. 万隆：简历符号学.

Yondri, L., Atmodjo, J. S. 等. 2017b. 古农巴东遗址分区研究报告. 雅加达：文化保护局和印度尼西亚教育和文化部博物馆.

联合国教科文组织世界遗产和当地社会团体：关于马来西亚玲珑谷保护和管理的思考

肖·梅·戈赫[①]

玲珑谷地位于马来西亚北部，距离泰国南部边境约120公里，距离西部乔治市世界遗产遗址约180公里，属于东南亚最重要的考古地区之一。对玲珑谷地的考古研究始于1917年。2012年，玲珑谷地在一系列提名后被联合国教科文组织列入世界遗产，其中包括三个开放遗址和四个洞穴遗址。玲珑谷地占地398公顷，缓冲区面积达1700公顷。

联合国教科文组织列为世界遗产的玲珑谷地包括两大集群。南面有两个开放遗址，其历史可追溯到10万余年前，河流形成了自然边界。北面还有一个由洞穴遗址和开放遗址组成的集群，总占地面积高达150多公顷。玲珑谷地是根据两大通用标准命名——标准（ⅲ）指出一系列洞穴和开放遗址实际上代表了183万年到1700年前的见证，而标准（ⅳ）指出玲珑谷地包含一系列未受干扰的旧石器时代原石工具作坊，有助于对东南亚早期石器技术的初步理解和分类。

哥打坦潘和武吉朱平是马来西亚旧石器时代重要遗址的典型例子。发现这些遗址时，上面覆盖着厚达3米的托巴火山灰。最上面的土层大约厚1米，下面是厚达2到3米的托巴灰。托巴火山在大约74,000年前爆发。

灰烬下面是完整的旧石器时代石器工具作坊，距今已有74,000年历史。集群2包含了若干人类居住过的洞穴，其历史可以追溯到1000至2000年前。迄今为止，考古队已在地图上标出了72个洞穴。在这当中，已对8个洞穴遗址进行了系统调查。

图为第二集群的布基特·卡帕拉·加贾（Bukit Kepala Gajah）石灰岩地块。考古研究发现了一个可以追溯到10,000年前的旧石器时代人类墓葬。另一个被称为加影洞（Gua Kajang）的洞穴遗址内含有两次人类埋葬遗迹，时间约为10,000年前到3,000年前。另一个洞穴遗址是虎洞（Gua Harimau），距离加影洞大约2公里，迄今为止已在虎洞发现了至少12个距今3000年至1500年前的新石器时代个体。

在虎洞发现的史前墓葬里，埋葬着一堆堆陶器，不同类型的装饰物品，如吊坠、耳环、手镯、珠子和石器。2010年，在虎洞发现了人类墓葬。不幸的是，墓葬状况保存得很差。总的来说，玲珑谷地的早期人类墓葬可以追溯到更新世至全新世晚期。考古记录表明，早期的玲珑谷地聚落靠近湖滨居住。大多数洞穴遗址被早期的狩猎采集者用作临时避难所或墓地。

随着玲珑谷底被联合国教科文组织列为世界遗产，适当的《保护和管理规划》得到制定，成为促进玲珑谷地长期可持续保护的有效手段。在玲珑谷地获得教科文组织列为世界遗产之前，还没有针对其的《保护和管理规划》。2012年之前，玲珑谷底遗址的保护和管理规划主要由国家遗产部负责，并在考古学家和地方区议会等地方力量支持下进行。已在遗址现场建立了本地博物馆，监督玲珑谷地遗址的日常保护和维护。

[①] Hsiao Mei Goh，澳大利亚生物多样性和遗产声学研究中心；澳大利亚悉尼南威尔士大学生物、地球和环境科学学院研究人员。

随着玲珑谷地于 2012 年获得教科文组织承认的地位，正式的《保护和管理规划》得以出台。与世界上其他遗址不同，玲珑谷地区域内居住者大量人口，景观也因种植行为而发生了巨大的变化。大多数洞穴遗址是当地土著人民文化景观和社会景观的一部分。值得一提的是，在第二次世界大战（1942—1945 年）和马来西亚独立战争（1948—1960 年）期间，大多数洞穴遗址被用作避难所。因此，这些遗址具有很高的历史和社会意义。

联合国教科文组织将玲珑谷地列为世界遗产后，最初版《保护和管理规划》得以出台，成为保护考古遗产的先导。后续结果是编写了一份较短的《保护和管理规划》，主要着眼于保护和影响财产的因素，并为遗产地的保护和管理提出一些基本建议。

但是，我们能否做得更好些？本文调查了当前在多大程度上解决了过去六年来保护和管理中出现的问题。本文确定了五个基本方面作为评估玲珑谷地管理计划是否成功的基准，即立法、现场评估和管理目标、行动和实施、社区价值观和态度、利益攸关方和社区参与。鉴于现今生活在玲珑谷地的人口超过 10,000 人，我们认为社区价值观和利益相关者的参与对于这一得到联合国教科文组织认可的世界遗址的长期保护至关重要。

如各位所见，我们已经确定了五个不同的维度和总共三十个编码项目。每一个编码项目都与《保护和管理规划》相互参照，核查这些项目被提及并被纳入日常保护过程的程度。共有 11 名遗产从业者和 4 名当地社区成员参与了评估。我们向他们提供了《保护和管理规划》的副本，并参与评估全过程。

评估过程包括具有适当编码标准的编码过程。如果该项目完全被忽略，且不在管理计划中，则没有任何计分。如果项目被提到但未得到描述，则积一分。如果对项目进行了简要描述并至少有一个组件包含该项目，则积两分。如果项目被提及、定义和描述，或者对项目仔细做出定义并很好地包括到管理计划中，则积三分。最后计算每个项目的平均分数，如下所示。

以下是每个评估项目的概述。第一个层面是立法，这一层面主要审查《保护和管理规划》在处理和界定遗产概念方面采用的法律机制的有效性，以及处理该问题的立法如何与条款、世界遗产许可和遗产法的执行等相关联。

第二个方面着眼于遗址演变和管理目标，主要调查《保护和管理规划》如何以及在多大程度上处理了指定区域的遗产特征。鉴于玲珑谷地是一个人口稠密的地区，需要确定其人口特征。本文还探讨了玲珑谷地的文化意义，如社会意义、历史精神元素在多大程度上融入了《保护和管理规划》中。

第三个维度以行动和实施为中心。它评估了行政结构，及其在管理玲珑谷地联合国教科文组织世界遗产方面的优势、劣势和挑战，以及如何整合国家、区域和地方各级的规划政策。

在马来西亚，联邦和州一级有不同的遗产管理机构。在联邦一级，部门和国家遗产管理机构专门负责国家遗产的研究和管理。在州或地方一级，附属的遗产办公室专门管理地方遗产事务。

最后两个评估维度旨在核查当地价值观和参与情况。它倾向于探讨《保护和管理规划》在多大程度上体现了地方社区的价值观和态度，以及确定地方是否参与《保护和管理规划》的决策、规划和执行。

这一评估结果表明，玲珑谷地《保护和管理规划》高度重视并采用了良好的立法机制，接受《国家遗产法》《国际古迹遗址理事会宪章》以及《教科文组织宪章》作为主要的立法指导方针，平均得分为 1.9 分。需要强调，管理目标的平均得分为 1.66 分。另一方面，利益攸关方参与玲珑谷地的保护和管理的程度相当低，平均得分不到 1 分，而社区价值观在《保护和管理规划》中完全没有得到体现。

总之，可以得出以下结论：当代《保护和管理规划》还不足以解决这些问题，特别是与社区价值观和参与有关的问题。当然，在全球多地，考古学家们正在处理社区事务，尤其是那些与当地土著社区一起工作的考古学家。就玲珑谷地而言，当地完全不存在对遗产价值的概念及对遗产地的态度。这在一定程度上导致了当地居民的遗产意识低下。他们中许多人根本不了解教科文组织的概念，当地对教科文组织世界遗产地位的准备程度相当低。

谢谢大家！

沉浸式视觉技术在促进和保护史前景观中的应用

——以越南宁平南安世界遗产地为例

T. Kahlert[1]，L. T. T. K. Hue[2]，F. Coward[3]，C. M. Stimpson[1]，B. V. Manh[4]，R. Rabett[1]

摘要：宁平南安世界遗产地被列入联合国教科文组织世界遗产名录的文化和自然世界遗产，位于越南宁平省红河三角洲的南缘。自2014年被列入世界遗产名录以来，宁平南安作为一个旅游景点和研究活动场所，已经引起了越来越多的国际关注。2016年年中，SUNDASIA研究项目（Ryan Rabett指导）在宁平南安开始了一项工作计划。这个共同资助的（AHRC & Xuan Truong Enterprise）多学科和多机构项目正在调查过去人类对气候引发的海侵和回归循环的反应，这些循环在过去的6万年将宁平南安从内陆环境转变为沿海环境至少三次。

SUNDASIA工作的核心部分是创建宁平南安核心区的详细数字表面模型（DSM）。建立了一个地理信息系统数据库，用于整理地形、环境、考古和地质信息，目的是重建自更新世晚期以来的古环境条件，以及这一不断变化的景观中过去的人类生存和定居模式。除了作为有价值的研究工具之外，3D建模和地理信息系统也是公共宣传计划的有效工具，创建一系列虚拟景观和文物，从而实现远程沉浸式参观，同时不会影响敏感考古遗迹的完整性，还可以为遗产管理者提供功能强大，具有成本效益的监测和保护工具，能够提供参考区间，以便跟踪和评估遗址或景观完整性的变化。

关键词：宁平南安世界遗产地；史前景观；沉浸式视觉技术

1 引言

晚更新世，中晚全新世海侵使宁平南安断层暂时从内陆转变为沿海景观，显著影响当地条件，可能影响当地居民的生活。SUNDASIA项目调查这些变化是如何演变的，以及如何影响人类的生存策略、遗址选择和移动模式。这是通过考古发掘、古环境和气候重建以及景观建模来实现的，由此产生的材料档案和学术成果在地理信息系统中进行编目和整理，可以在其空间背景下进行分析。宁平南安地理信息系统为研究人员和其他利益相关者提供了一个通用的访问点，并以标准化格式传达当前对该数据的解释，正在采用不同尺度的三维建模，从整个景观扫描到个别遗址，沟渠和人工制品。这些模型将用于重建和可视化复杂的环境过程和相应的文化反应。研究人员、文化资源经理和虚拟访问者可以访问结果。

由于开发了越来越经济实惠且功能强大的计算机，地理信息系统已经从2D地图解决方案转变为沉浸式3D建模工具，让用户体验沉浸式虚拟现实中的重建环境。在重建的景观环境中查看考古遗址可以丰富分析能力，因为它允许用户通过视觉上的增强视图从第一人称视角检查分析结果（Forte，2014；Landeschi，2018）（图1）。

---

[1] 贝尔法斯特女王大学自然与建筑环境学院，英国贝尔法斯特爱姆伍德大道 BT7 1NN。
[2] 越南宁平市宁平遗产地管理委员会。
[3] 伯恩茅斯大学塔尔博特校区科学与技术学院考古学，人类学和法医学系，英国多塞特郡普尔市弗恩巴罗 BH12 5BB。
[4] 越南宁平省宁平市东城区南安街06号旅游部。

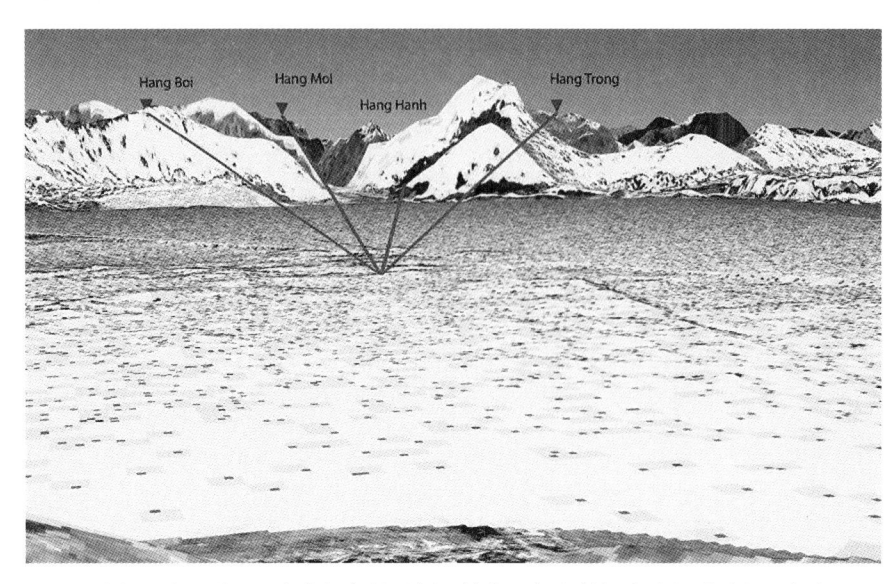

图1 从太平省1增强观察者视角的示例，其中叠加的数据来自视域分析（灰度）和直视线到考古洞穴附近的最高海拔（初步模型）

广泛可用的软件包（如 ArcGIS Pro）将 ArcGIS 套件（桌面、场景、地球仪）的各个元素组合到一个集成平台中，通过将它们覆盖在集成的地形基础地图上，自动在 3D 环境中显示 2D 数据集，可以通过添加当前或重建的过去地形的自定义高分辨率高程模型来增强默认地形。尽管 3D 技术取得了重大进展（Jerald，2016），文化资源管理、考古研究和交流中基本视觉虚拟现实的实施仍然比较少见，但它们的用处仍有争议（Reilly 和 Beale，2015；Klinkenberg，2016；Lanjouw，2016；Landeschi，2018）。

作为标准商业和开源地理信息系统平台的一部分，视觉虚拟现实技术可供考古学家和文化资源经理使用。它允许远程协作，从地面或高架视角的考古现象的视觉体验和多个数据层的可视化，从而协助解释和决策过程（Forte 和 Kurillo，2010；Forte，2014；Lanjouw，2016；Marques 等，2017；Rajangam 和 Rajani，2017）。例如，3D 模型被广泛用于加泰土丘（土耳其东部安纳托利亚）的新石器时代早期遗址，以记录多个国家和国际团队的考古发掘的每一步。按时间顺序分层扫描以及背景信息使考古学家能够在挖掘的不同阶段重新访问该地点，并在暴露时审查不同的背景层，同时查看相关的档案和分析数据。这种整体观点和对挖掘的虚拟回归，能够新发现和新解释考古记录，否则可能会错过（Forte 和 Kurillo，2010；Forte，2014；Lercari 等，2018）。

2 研究领域

宁平南安风景园区位于越南宁平省红河三角洲南部的一个孤立的石灰岩地块上。世界遗产地包括一个 62.2 平方公里的"核心区"，周围环绕着类似程度的缓冲区（图2）。核心区的特点是塔形和锥形喀斯特（Waltham，2009），并表明了一个成熟的热带喀斯特地区，在边缘周围的老式和中心的年轻形式之间有独特的过渡区域（Tuy 等，2013）。虽然最高峰，位于 Truong Yen 公社的 Cot Den 山，达到海拔 245 米，但大部分山峰位于或略低于 200 米，而东部和南部的峰值密度和高度明显减少（Tuy 等，2013）。岩溶塔朝向核心区域的周边变得更加孤立，显示出高度降低和结构完整性降低，有特色的圆锥形景观逐渐变为更容易进入的塔式喀斯特地貌，其中垂直的喀斯特塔群与沿着缓慢流动的河流和湖泊形成的平原相交，通常通过可通航的淹水洞穴相互连接。

该地块的西部以平底的溶斗为特征，侧面是锥形岩溶和山脊。除了溶斗底和喀斯特山谷，后者是几

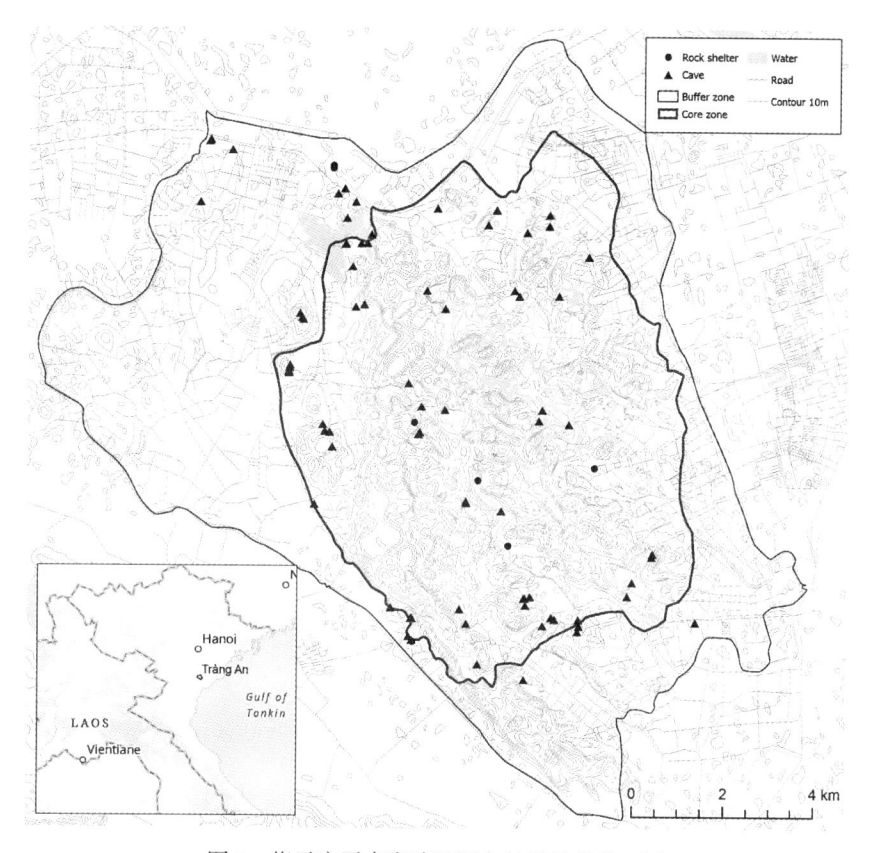

图 2 指示宁平南安遗址洞穴的属性的位置图

个农村社区的家园，该地区覆盖着茂密的热带石灰岩森林和次生植物。森林的范围仅限于山区，而缓冲区的周围平原要么种植，要么由沼泽地组成。大多数平原靠近地下水位，在雨季期间造成大面积和长时间的洪水。

在遗址的指定区域内可以找到中小型村庄以及与游客相关的基础设施，列入遗产地后的访问量增加，对此的当地经济反应有可能影响房产的传统突出普遍价值（突出的普遍价值），因此需要能够在景观范围内工作的有效管理工具。

3 宁平南安考古学

宁平南安的考古调查始于 2007 年，应越南当局的邀请，在 Ryan Rabett 的指导下，由多学科团队挖掘 Boi 洞穴。宁平南安考古项目是当地利益相关者为提名宁平南安为世界遗产地而做的准备工作（Rabett 等，2009）。该项目在 Boi 洞穴的发掘中发现了考古材料深度沉积目前在 10,000 至 13,000 cal 之间［目前存在于 1950 年之前，之后进行校准（Reimer 等，2016）］。随后的开挖活动由剑桥大学，贝尔法斯特女王大学和越南考古研究所领导，在河内发现了更多的洞穴和岩石庇护所，人类活动现在可以追溯到至少 3 万年（Rabett 等，2017b）。来自鼓洞、太平省 1、Boi 洞穴、Moi 洞穴、行谷和 Mai Da Vang 等遗址的证据表明，在此期间人类存在于景观中，揭示出与和平文化和 Da But 文化相似（尽管不一定相同）的背景和组合（Rabett 等，2009；Rabett 等，2011；Huong 和 Anh，2012；Rabett，2012；Su，2012；Su 和 Tuan，2012；Rabett 等，2017b）。

4 世界遗产地

考古学的丰富性和宁平南安的独特地貌使得它在2014年被联合国教科文组织列为文化自然世界遗产地，因为它是"一个杰出的原生态档案，可以改变环境条件和人们对这一变化的反应。深入过去"（联合国教科文组织，2014，8）。申请程序和随后的题词导致起草了管理计划，其中概述了遵守当前世界遗产地管理、保护、文献、研究和整体保护准则的措施（联合国教科文组织，2015）。这些指南建议对遗址进行持续的记录和清点，并鼓励通过非侵入性技术和有限的破坏性方法进行调查，例如：挖掘，以尽量减少脆弱的考古遗址的破坏和干扰。他们进一步鼓励外展和公众参与作为保护措施。

通过激光雷达（光探测和射程）和摄影测量方法记录，保存和管理世界遗产地，正在成为世界遗产地管理和研究中不可或缺的一部分（Gheyle 等，2008；Corns 和 Shaw，2013；Agapiou 等，2015；Megarry 等，2016）。这些技术有助于大规模评估景观，帮助管理并揭示以前未被发现的结构，例如爱尔兰博因宫考古景观综合体中的100多个野外古迹或柬埔寨吴哥窟寺庙群周围的广泛定居点（Evans 等，2013；Megarry 和 Davis，2013；Evans 和 Fletcher，2015；Megarry 等，2016）。在SUNDASIA项目期间，宁平南安的无人机航空工作表明，这些技术可以应用于研究和文化资源管理框架。这些将在下一节中更详细地讨论。

获得世界遗产地位引起国际关注，因此可以促使游客数量显著增加，并且在与经济地位较低相关的地区，这种影响可以放大（Su 和 Lin，2014），作为最近列入的世界遗产地，宁平南安作为旅游目的地的发展仍处于起步阶段。从2015年到2017年，游客数量每年增加10%，达到270万，预计到2020年将进一步增加到350万，精心规划和监督以规范进入和发展是必不可少的，并且正在实施，以确保遗址的文化和自然突出普遍价值的完整性得到保护，目标是增加的参观人数不会开始危及吸引人们进入遗址的特征。

5 宁平南安的景观模型

宁平南安的数字高程模型是从多个数据源创建的。现有的常规机载激光雷达数据集是在宁平南安核心区18平方公里和缓冲区21平方公里获得的，这些激光雷达数据在该遗址的南部和东南部延伸，覆盖了地块的边缘，其特征是聚集的喀斯特塔和陡峭的石灰岩脊（图3）。在本次调查之前，越南地质矿产资源研究所委托进行了10米内插数字高程模型，其粗糙的分辨率不允许我们确定该模型是否是真正的数字地形模型，其中所有非表面结构（例如建筑物、植被等）被移除，或者数字表面模型所有表面结构保持完整。因此，我们将整个模型称为通用数字高程模型。

除上述数据外，30米和90米航天飞机雷达地形任务数据提供了更为粗糙的地块复杂地形表示。特别是后者，即使在更高分辨率下进行调查时，也经常无法可靠地绘制高浮雕地形图，例如宁平南安（Hancock 等，2006）。从德国航天局获得的串联X卫星阵列产生的12米数字表面模型，包含大量无数据点和高浮雕区域周围的高误差（图4）。对于宁平南安，受影响最大的地区部分是地块中部和东部的高地形起伏区域，其中山峰经常超过150m asl。除非卫星拍摄位于最低点位置，否则相关的窄谷将被信号阴影完全或部分遮挡。

越南地质矿产资源研究所提供的数字高程模型在视觉上比卫星数据更具代表性，因此适用于更高分辨率的3D可视化。然而，其基础矢量模型具有较低的空间分辨率，并为空间分析程序引入了高误差范围，例如成本距离，视域和古代海岸线建模：SUNDASIA项目的目标（图5）。

选择基于无人机的运动结构映射作为一种现成的、经济有效的方法，来生成准确、高分辨率的宁平南安的数字表面模型，可与显著更昂贵的机载激光雷达相媲美（Hancock 等，2006；Jaud 等，2016；Gindraux 等，2017）。2017年3月、9月和11月，以及2018年1月和4月，使用配备1200万像素摄像头的现成紧凑型四轴飞行器，在宁平南安的多个调查季进行了调查任务。由此产生的调查范围东西向扩展，作为一个2

图 3 为宁平南安遗址获得的 0.5m 激光雷达数据的阴影浮雕覆盖图（数据被剪切到遗址边界）

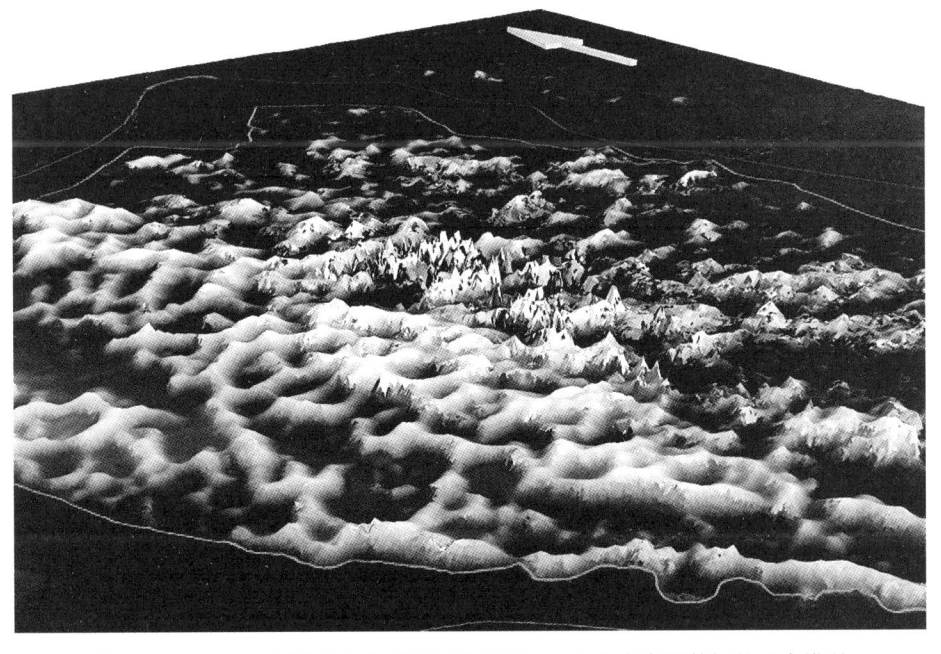

图 4 tanDEM-X 网格图上的斜视图显示了中心地块内高程数据的重大错误

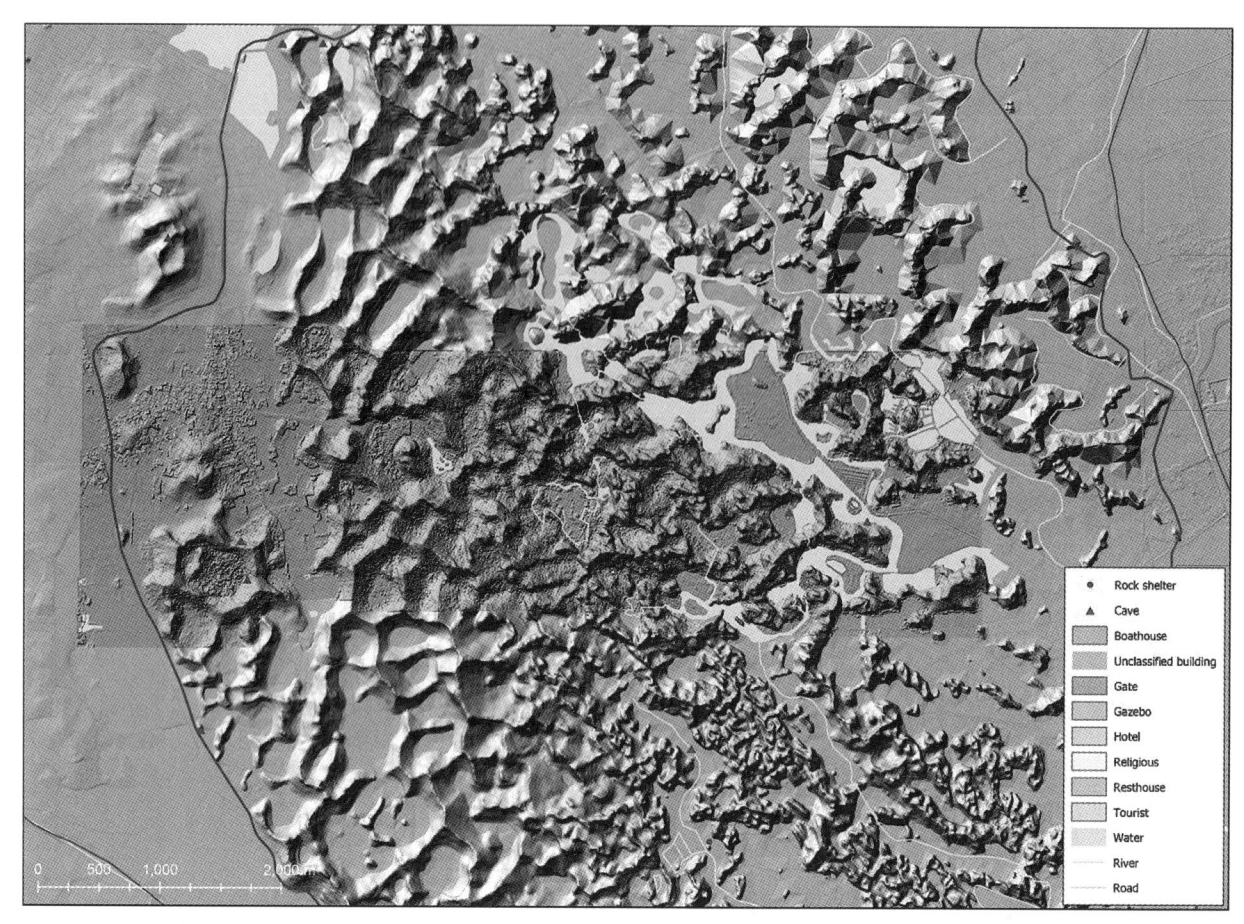

图5 中央地块的阴影浮雕图，显示由越南地质矿产资源研究所（灰色）提供的原始数字高程模型和新的无人机数字表面模型覆盖（黄色）。最初的数字高程模型受到平铺伪影的影响，可以看作是东边的垂直线和水平线以及低分辨率的区域，最明显的是无人机数字表面模型的东部和东北部

公里宽的代表，跨越核心区域，覆盖超过1500公顷，占核心遗址的25%。它分为39个不同大小和几何形状的单个部分。每个扇区的足迹反映了它们确定无人机飞行参数的各自的地形特征（图6）。目前的模型来自6,871张单个照片，地面采样距离为9.59厘米。在点密度为6.79点/平方米时，可达到的最大数字表面模型分辨率为38.9厘米/像素，这降低到0.5米/像素，以匹配现有的基于激光雷达的数字表面模型。在某些情况下，能见度差、照片重叠不足以及无人机无法聚焦图像，导致多个季节对同一部分的重复调查。这为我们提供了创建时间样本的机会，并将其与旧的航空照片进行比较，以展示如何利用无人机调查来监测由于自然和人为原因引起的景观变化（图7）。

宁平南安受深海时期过程的影响，例如海侵、回归循环和新构造隆升，为虚拟现实可视化提供了充分的机会来说明这些过程如何塑造地貌演化。这种可视化需要精确的景观模型，海平面重建的结果可以添加到跟踪更新世和全新世海岸线变化（Tuy等，2013）。景观模型基础使我们能够在特定时间点重建景观，并模拟这些过程如何影响栖息地和人类活动，目标是提供这些变化如何呈现新挑战，选择和可能性的可能情景，而不将其描述为对过去事件的绝对叙述，这是对解释性3D重建经常提出的批评（Lanjouw，2016），而是作为一组潜在的结果。虚拟现实解决方案可以说明这些人-景观相互作用以及不确定性水平，从而更好地理解所呈现模型的局限性（Llobera，2012）。观察者可以选择观察点，例如特定洞穴位置并选择时间帧，虚拟现实通过过滤并相应地显示数据来响应。相反，观察者可以选择时间跨度并观察场地或整个景观随时间的变化情况。

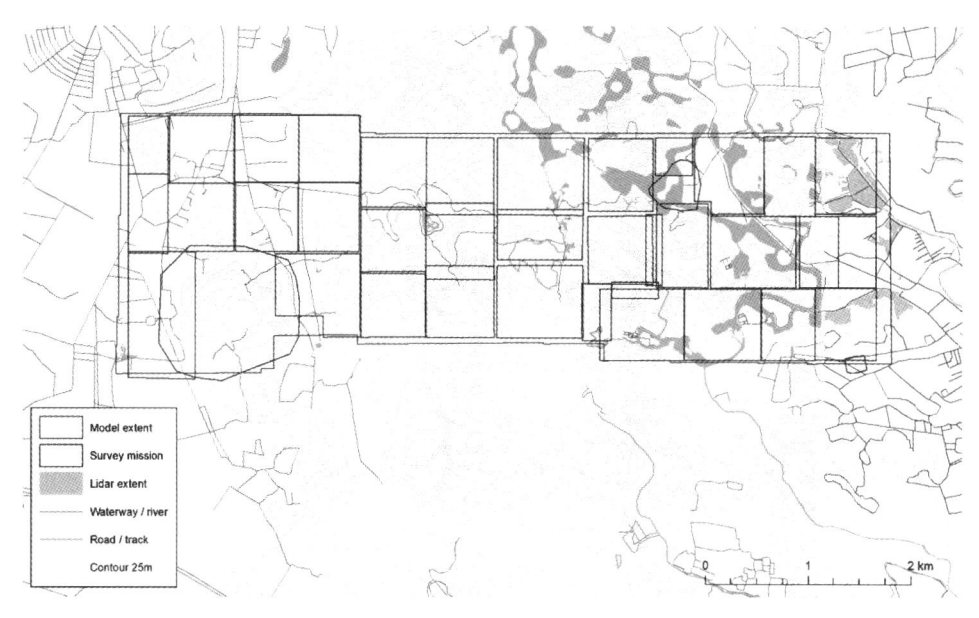

图 6　2017 年 9 月至 2018 年 4 月期间 39 次单个调查任务的足迹

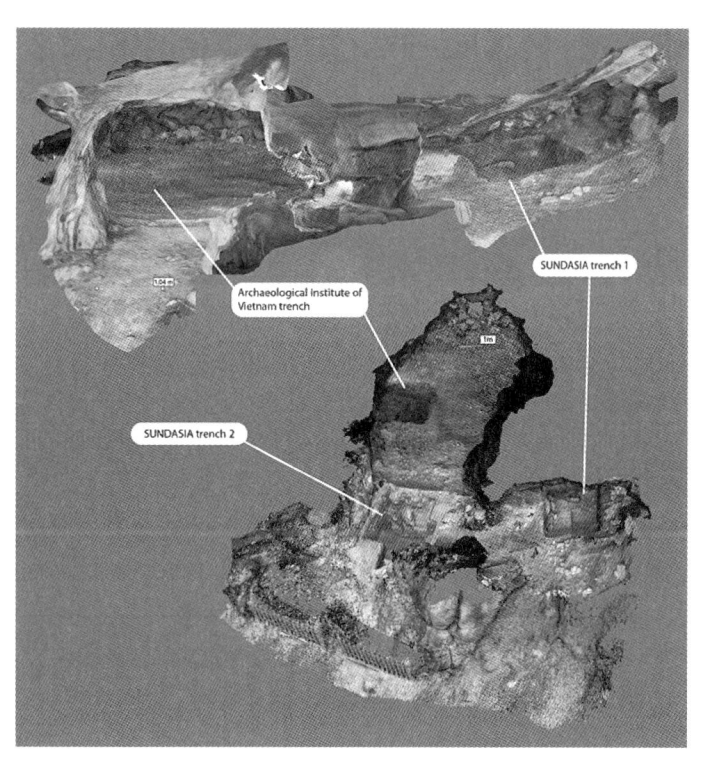

图 7　太平省的三维模型 1（顶部：使用手持式数码单反相机在 2017 年 9 月挖掘期间进行的原始扫描。底部：2018 年 4 月进行的额外扫描包括通过无人机扫描洞穴的外部以及沟渠 2）

为此，准备在交互式虚拟现实内显示的任何数据需要存储在 4D 参考帧内。虽然位置信息是地理信息系统的默认功能，但与复杂的考古时间框架相关的时间数据显示并不容易实现（Johnson 和 Wilson，2003；Green，2011b）。现有的集成时间功能（例如在 ArcGIS 中实现）提供了具有最小值和最大值的直观界面，允许观察者设置时间窗口，该时间窗口关闭超出指定阈值的任何数据层。但是，此功能仅限于现代日历。

在灵活的系统站点中，可以在新材料可用时显示和修改对象数据。目前，项目焦点在于文本，照片和插图以及精选的人工制品 3D 模型，例如，2017 年 3 月对太平省 1（HTB1）进行了无人机的运动结构映射扫描（图 8）。它的主室长 12 米 × 宽 5 米，最大天花板高度为 2.5 米，洞穴的宽度和高度都朝向后方逐渐变细。该洞穴目前正在由 SUNDASIA 团队进行挖掘，随着工作的进展，沟槽无人机的运动结构映射模型将在不同阶段创建。

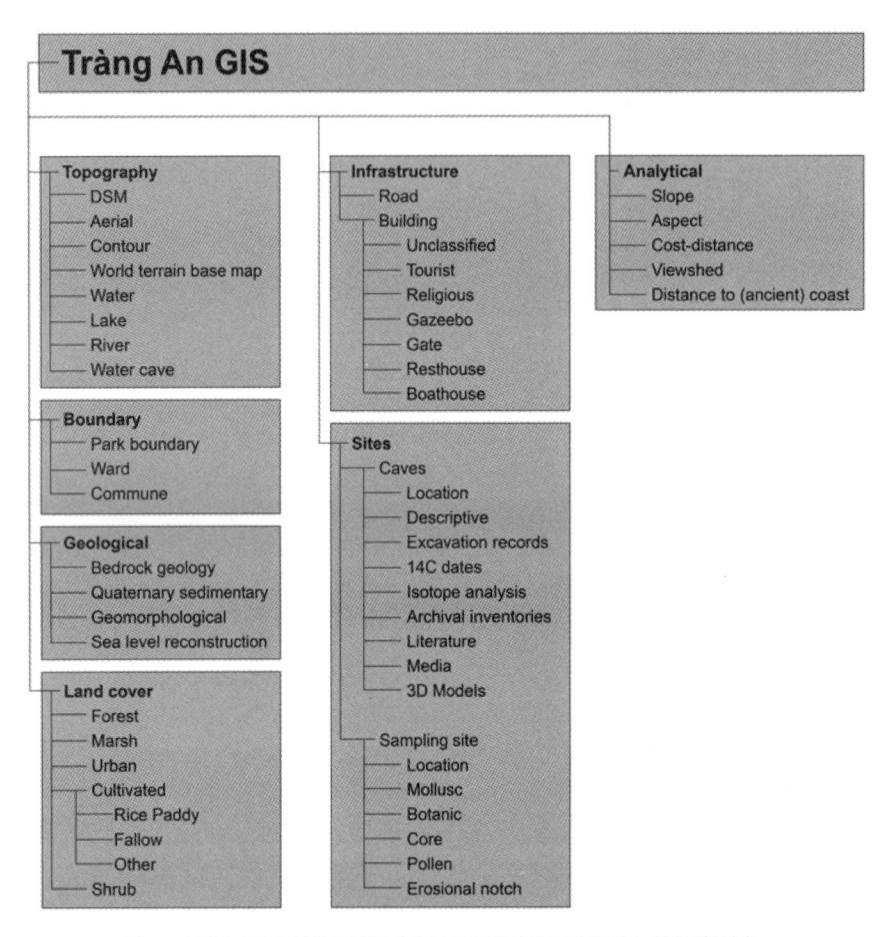

图 8　宁平南安显示当前数据层的地理信息系统基本数据库结构

继 2008 年越南考古研究所首次发现 HTB1 后，2012 年在主室后部附近开辟了一条 2 米 ×2 米的沟渠。在一层薄薄的灰烬下面的大量中间层主要是陆地蜗牛与一些动物的哺乳动物残骸混合在一起，还有一些石头工具和改良的贝壳和骨头形成的文化沉积物。占领层最初归因于全新世中期，但随后的 ^{14}C 年代回归早期为 17,500—17,900 cal. BP（Huong 和 Anh，2012；Su，2012；Rabett 等，2017a）。SUNDASIA 项目于 2010 年开始对 HTB1 进行开挖，另外还有两个沟渠：一个在上室，另一个在主室入口附近。

虽然通过无人机的运动结构映射扫描记录的挖掘的不同阶段说明了现场工作如何随着新证据的暴露而演变，但由于其空间有限，沉浸式虚拟现实模型的开发将提供令人不满意的体验，洞内的虚拟运动非常有限。外部高架视图更可行，并允许观察者通过交互元素检查洞穴及其内容。三个挖掘出来的战壕揭示了一个复杂的地层学，并产生了重要的发现，是通过互动虚拟现实探索的理想选择。

6　宁平南安 3D 地理信息系统

ArcGIS Pro 和 Desktop 被选中用于实现交互式地理信息系统，以便在贝尔法斯特女王大学进行整合，该项目在该大学进行。虽然还考虑了免费的开源解决方案，但通过 ArcGIS Enterprise 提供的服务器基础架构被认为是主持项目并提供来自最广泛的硬件平台和操作系统的最可行的解决方案。

一旦到位，Web 地理信息系统将提供一个三层访问框架：

（1）研究人员

提供对所有数据的访问，包括原始数据，库存和输出，以及提供和编辑现有数据或进行空间分析的选项。

（2）利益相关者

提供与研究人员相同的数据访问权限，但编辑权限有限。

（3）访问者

查看选定的研究成果和分析层的可视化，这个级别针对虚拟访问者，以易于理解和引人入胜的方式呈现数据。虽然基于 Web 地理信息系统解决方案，但访问仅限于选择无法下载或修改的数据层。

内容进一步分为三个主要类别和子类别，每个类别和子类别可以是单个要素类或两个或更多要素类的组合（图9）。所有数据都作为要素类存储在文件地理数据库中，如点要素、折线、多边形、网格文件和洞穴的 3D 模型，可以集成建筑物的 3D 模型，然而，这不属于本研究的范围。

图9 宁平南安喀斯特特征。左上图：三谷碧洞 Vu Lam 淹没的天坑。右上图：靠近南安寺的封闭式天坑。左下图：拜订寺宝塔以南的古代岩溶盆地。右下图：宁平南安游客中心以北的喀斯特山谷

除数字表面模型和地质图外，地形图主要用作基本地图，并在世界遗产地的管理中发挥作用。可以使用空间敏感数据填充各个数据库表，以识别和建议本地需求，并为开发文化资源管理策略提供信息并丰富

143

管理计划。

宁平南安世界遗产地的 2 千米范围的数字表面模型进一步改进准确性，提供了中央地块的地形的详细模型，允许在更宽的空间背景中检查各个遗址位置并且有助于理解遗址间空间关系。在详细的 3D 框架内提供有关文化资源和基础设施的详细记录，有助于确定遗产管理中的挑战并制定解决方案，以及评估和降低风险，确定增加旅游业和改变基础设施需求的领域，同时尽量减少对敏感遗址的影响。这可以通过地理信息系统模拟和选择多个案例场景来有效实现（Al-kheder 等，2009；Rajanga 和 Rajani，2017）。例如，计划的结构变更可以数字化建模并结合到 3D 地理信息系统中，并且可以通过分析方法和目视检查来评估它们对特定地点的视觉影响。

除了对文化敏感地点的视觉影响外，世界遗产地内的结构改变也会使自然地层和栖息地面临风险。就宁平南安而言，包括景观的独特特征，包括但不限于封闭和开放的溶斗、淹没的喀斯特山谷、古老的岩溶盆地和岩溶洞穴沉积装饰的洞穴（图 10）。例如，一些充水的溶斗由自中全新世以来形成的含水天然洞穴供给（Tuy 等，2013）。在这里，这些河流系统是当地人的主要交通工具，并作为旅游景点。宁平南安管理委员会在三个主要区域开设了五条旅游船路线，使用了喀斯特崖脚溶穴。模拟自然因素（如季风降雨）和人为变化（如基础设施的隧道建设）如何影响排水和补给模式，这些都有助于识别和减轻公园生态系统的潜在风险。

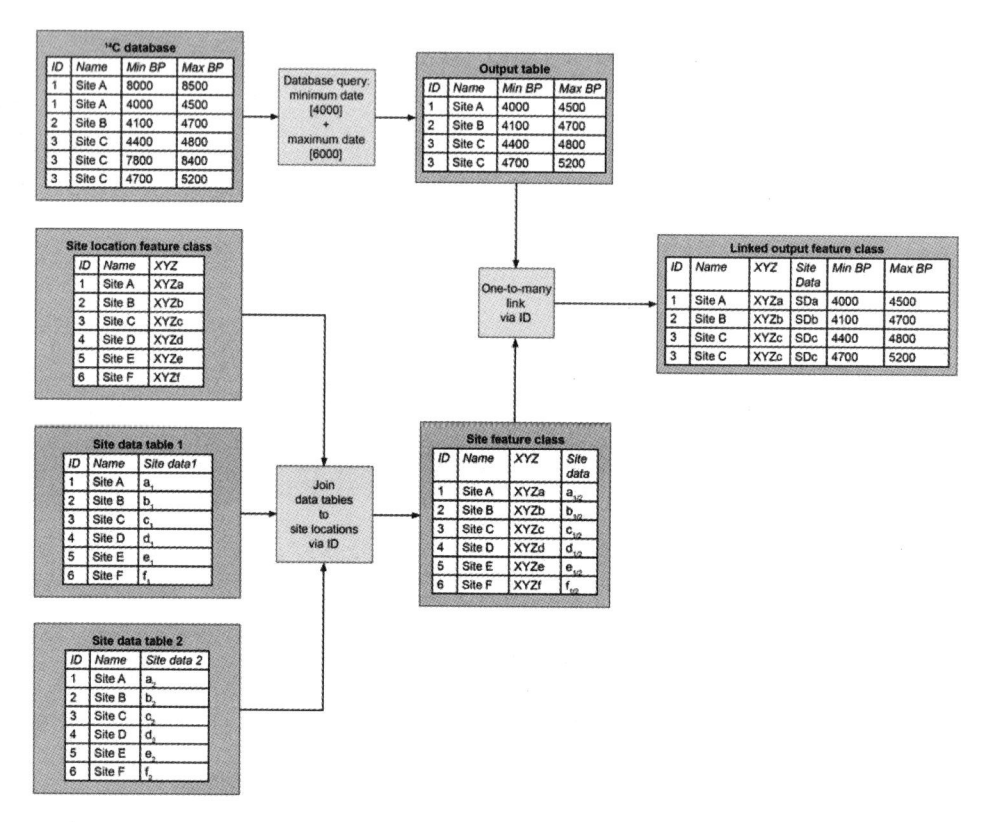

图 10 将几个非空间数据库链接到 ArcGIS 中的地理配准特征，以便集成到地理信息系统工作流程中

宁平南安被列为世界遗产地在两个方面对当地人口产生了重大影响。核心区内的土地利用，以及缓冲区内的土地利用受到更加严格的监管，越南农村普遍存在的狩猎被禁止。伴随着新近获得的世界遗产地身份吸引的游客涌入的需求和机会，游客增加导致住宿、生活和娱乐需求增加，从而为当地人口开辟了新的商业前景。在世界遗产地内监测实地开发往往困难，并且资源密集。在这种情况下受保护的遗址并不是特别大，但由于其地形，许多地区，特别是在人口较少和森林茂密的西部地区，不容易到达。卫星衍生的

高光谱图像和航天飞机雷达地形任务数字高程模型产品可免费获得，可用于远程监控宁平南安遗址内的变化，其地面采样距离通常为 10 米至 30 米，虽然这适用于大型景观评估（Foody，2003；Hardin 和 Jensen，2011）。仅仅评估需要更详细地检测到变化的较小景观是不够的。此外，云层经常掩盖了航天飞机雷达地形任务传感器的视图，这限制了可用图像的可用性。配备多光谱传感器的无人机越来越多地用于环境研究和资源管理，以监测、预测和减轻对植被的破坏（Foody，2003；Anderson 等，2008；Breckenridge 等，2011；Hunt 等，2011；Laliberte 等，2011；Manfreda 等，2018）。高分辨率近红外图像和数字高程模型衍生数据层已被用于识别植被覆盖和监测植物健康或识别和绘制城市发展。标准分析工具使用不同地形的特定地形和光谱特征来识别和分类结构，例如建筑物和道路。小型无人机可以在低空飞行，因此地面采样距离 <10cm，受云层影响的程度远低于航天飞机雷达地形任务。固定翼平台的定期调查任务可以在 2—3 天内记录宁平南安的所有遗址，允许频繁飞越研究和监测目的。

土地覆盖的差异，特别是建筑，可以通过数字表面模型和近红外图像的栅格分析来检测，作为遗址检查的指南（Jaime 等，2014）。由于其相对较小的占地面积，目视检查定期进行的无人机调查宁平南安的正射影像也是检测建筑环境变化的有效工具。来自预先登记的航拍图像和 2018 年无人机图像的重叠正射照片的比较显示了住宅区内的新发展，其说明了如何以相对低的投资或分析知识远程监控施工活动。

可以通过"分析数据"存储库向协作者提供各种空间分析的结果。这些包括地形变化、观察棚、最低成本路径和预测图（例如，对季风洪水的响应）。

"洞穴"和"样本遗址"构成了宁平南安地理信息系统的主要数据库，这两个数据库被细分以适应来自不同研究领域的数据集。由于洞穴目前是生成考古材料的专属遗址类型，因此该数据库整理来自多个数据表的输入，这些数据表通过站点编码链接连接到洞穴数据库。大量数据集将来自挖掘和挖掘后的记录，其中包括地层数据、环境样本、发现、照片、调查和 ^{14}C 日期，仅举几例。这些数据还附有洞穴调查，文献档案数据和以前的挖掘报告。

洞穴和遗址数据库还与跨越 SUNDASIA 项目期间的广泛库存相关联，并且包含了早期挖掘活动的材料。材料档案目前在越南和英国的多个地点之间分配，一项重要的任务是对这个不断增长的档案进行编目和策划。迄今为止，库存已按季节进行管理，并提供跟踪每个项目的位置以及将其送往分析的位置。在集中式系统中，几乎实时更新当前栖息地的变化，这使得文化资源管理人员能够更密切地监控档案材料的使用。归因于引用原始查找位置的主库存 ID，分析人员可以确定单个项目的来源，将其映射到站点级别并查看地理信息系统中的相关地层记录及其当前栖息地。

地理信息系统当前面临的挑战之一是考古探究所涉及的大量时间跨度。为了在空间和时间背景下有效地分析考古现象，地理信息系统需要能够处理深度的考古时间。地理信息系统具有集成的时间维度，但它被设计为在当前或相对较新的时间帧中运行。为了解决这个问题，Green（2011b）创建了一个功能正常的时态地理信息系统插件，但后来停止了开发（Green，2011a）。当前的解决方法是通过指向相应遗址输出的链接，在 ^{14}C 数据库上创建具有最小和最大日期过滤器和属性位置数据的数据库查询。这将导致具有单个共享位置的多个功能。或者，可以在数据库表之间创建关系，该数据库表将 ^{14}C 数据库中的一个遗址的多个 ^{14}C 日期条目链接到遗址位置数据库中的单个对应遗址。

在我们寻求实施满足基本管理和研究需求的关键功能的同时，并不总是能够预测将来需要哪些分析工具。因此，地理信息系统的分析目标应该是可扩展和灵活的，以允许研究人员根据他们的需要开发和实施工具。

交互式和沉浸式考古 3D 模型经常用于呈现从个体建筑到整个城市的建筑环境的数字重建（Peter Earl，2007；Lercari 等，2013；Campanaro 等，2016；Landeschi 等，2016）。地形是将个别建筑物置于其正确空间环境中的不可或缺的组成部分，并提供增强整体虚拟现实体验的背景。为人类交互的更广泛景观的虚拟现实重建比城市环境更难以实现，因为前者的虚拟空间明显大于后者的受限空间。

内部建筑场所的虚拟现实模型可以使用比自然环境低得多的多边形来可视化，因为它们由简单的几何形状和常规纹理组成。一个令人信服的城镇重建可以建造一些标准化的建筑物，这些建筑物与各个地标结构交织在一起。简化的基面足以提供地形背景，而有限的植被足以提供更真实的环境（Piccoli，2018，225 ff.）。

开发考古景观模型需要采用不同的方法。像每一个自然景观一样，宁平南安的自然景观由独特和不规则的自然结构组成，与建筑结构不同，它影响人们如何感知、移动并与之互动。在宁平南安，这一点变得特别尖锐，高耸的山脉和蜿蜒的山脊夸大了它们的真实足迹。今天在不同地点之间旅行可以通过当地划艇、汽车、摩托车或自行车沿着蜿蜒穿过喀斯特地貌的道路前行或步行。每个都很耗时，可能会留下扭曲的规模感。与建筑环境不同，自然景观不是故意设计的。人类如何感知或穿越自然景观是由社会文化线索和行为规范以及个人意图和身体能力的结合引导的。因此，与建筑环境相比，自然环境中的运动虽然仍然受到经验和期望的影响，但往往不那么线性和可预测。此外，由于地形复杂，植被覆盖更加复杂，因地而异，需要详细的地形测量和自然环境的绘图来创建精确的区域特定表示。

考虑到这些因素，需要将令人信服的沉浸式虚拟现实环境建模到高水平的细节、复杂性和灵活性。显而易见的是，如果没有大量的资源和时间投入，就无法实现从第一人称或第三人称角度到宁平南安等景观的每个角落的完全可访问性，并且不在本项目的范围之内。鉴于这些限制，在博物馆的信息亭或在线网络地理信息系统中，不太沉浸式、非基于地面的3D地理信息系统解决方案更适合。默认的鸟瞰视角可以最大限度地提高移动自由度，并且与基于地面的导航相比，所需的细节要少得多。后者仍可用于特别感兴趣的选定位置，例如存在3D模型的洞穴和建筑物。

7 结语

参考宁平南安，目前正在开发一个带有沉浸式元素的三层三维地理信息系统，以满足关键利益相关者的特定需求，包括研究人员、文化资源经理和访客。利用集中式地理信息系统将所有可用数据集中到一个框架中，这种方法已被证明是最有效和可管理的解决方案。集成的多语言功能允许更方便的本地的越南用户，但是将内容翻译成越南语的工作流程以及双语系统中的内容同步仍然需要被概念化。

基于游戏引擎的解决方案已被视为交互式博物馆展示的一种选择，但实施的规模和内容使这种方法变得不可行。通过对沉浸式体验的一些妥协，基于 ESRI webGIS 平台的 3D 地理信息系统提供了最灵活和可定制的解决方案，可以适应当地需求，同时为研究人员提供最大的访问权，以便在生成新数据时进行进一步分析和扩展地理信息系统。开发包含这三个前端的解决方案需要灵活性和可访问性，以便在 SUNDASIA 项目的持续时间内实施变更，进而地理信息系统仍然是未来研究人员和文化资源管理人员的宝贵工具。我们的目的是在研究项目结束时实现这些目标，希望我们的努力将有助于保护、促进和理解这个和其他独特的景观。

参 考 文 献

Agapiou, A.; Lysandrou, V.; Alexakis, D. D.; Themistocleous, K.; Cuca, B.; Argyriou, A.; Sarris, A. & Hadjimitsis, D. G. 2015. 利用遥感数据和地理信息系统进行文化遗产管理和监测：塞浦路斯帕福斯地区的案例研究. 计算机, 环境和城市系统, 54, 230-9.

Al-Kheder, S.; Haddad, N.; Fakhoury, L. & Baqaen, S. 2009. 地理信息系统分析现代实践和政策对约旦伊尔比德城市遗产的影响. 城市, 26, 2, 81-92.

Anderson, J. E.; Plourde, L. C.; Martin, M. E.; Braswell, B. H.; Smith, M. -L.; Dubayah, R. O.; Hofton, M. A. & Blair, J. B. 2008. 将波形激光雷达与高光谱图像相结合，用于北温带森林的清查. 环境遥感, 112, 4, 1856-70.

Breckenridge, R. P.; Dakins, M.; Bunting, S.; Harbour, J. L. & White, S. 2011. 北美艾灌丛草原生态系统评估植被覆盖的无人机平台比较. 牧场生态与管理, 64, 5, 521-32.

Campanaro, D. M.; Landeschi, G.; Dell'unto, N. & Leander Touati, A. -M. 2016. 用于文化遗产修复的 3D 地理信息系统："白盒子"工作流程．文化遗产杂志，18，321-32．

Corns, A. & Shaw, R. 2013. 爱尔兰的激光雷达和世界遗产地：为什么会收集如此丰富的数据来源，如何利用它，以及吸取了哪些经验教训？Opitz, R. S. & Cowley, C. (编辑)．解释考古地形：机载激光扫描，三维数据和地面观测．牛津：Oxbow 出版社，146-60．

Evans, D. & Fletcher, R. 2015. 重新定义的吴哥窟景观．古物，89，348，1402-19．

Evans, D. H.; Fletcher, R. J.; Pottier, C.; Chevance, J. -B.; Soutif, D.; Tan, B. S.; Im, S.; Ea, D.; Tin, T.; Kim, S.; Cromarty, C.; De Greef, S.; Hanus, K.; Bâty, P.; Kuszinger, R.; Shimoda, I. & Boornazian, G. 2013. 使用激光雷达在吴哥窟发现考古景观．美国国家科学院院刊，110，31，12595-600．

Foody, G. M. 2003. 遥感热带森林环境：为可持续发展监测环境资源．国际遥感杂志，24，20，4035-46．

Forte, M. 2014. 虚拟现实，网络考古学，远程考古学．Remondino, F. & Campana, S.（编辑）．考古学与文化遗产中的三维记录与建模．理论和最佳实践．牛津考古出版社，113-27．

Forte, M. & Kurillo, G. 2010发表．网络考古学：试验远程考古学．Anon 编辑．2010 年 10 月 20 日至 23 日 2010 年第 16 届虚拟系统和多媒体国际会议．2010 年 10 月 20 日至 23 日朝鲜首尔会议．电气电子工程师学会，155-62．

Gheyle, W.; Goossens, R.; Wulf, A. D.; Dvornikov, E. P. & Bourgeois, J. 2008. 通过航空摄影和卫星图像进行考古遗产管理：Uch Enmek 公园 - 俄罗斯阿勒泰共和国．*In:* Lasaponara, R. & Masini, N.（编辑）考古与文化遗产管理遥感研究进展．2008 年 9 月 30 日至 10 月 4 日在罗马举行的第一届国际欧洲遥感实验协会研讨会论文集．罗马：Aracne，275-80．

Gindraux, S.; Boesch, R. & Farinotti, D. 2017. 无人机在冰川上的数字表面模型精度评估．遥感，9，2，186．

Green, C. 2011a. 考古 TGIS for ArcGIS［在线］．网址：http://www.zen26819.zen.co.uk/TGIS.html（2018 年 7 月访问）．

Green, C. 2011b 发表．这是关于时间：时间性和遗址地理信息系统．Jerem, E.; Redö, F. & Szerényi, V., 编辑．在重建过去的道路上．考古学中的计算机应用与定量方法．第 36 届国际会议记录．布达佩斯，2008 年 4 月 2 日至 6 日，布达佩斯考古会议．

Hancock, G. R.; Martinez, C.; Evans, K. G. & Moliere, D. R. 2006. 航天飞机雷达地形任务与高分辨率数字高程模型的比较及其在流域地貌和水文学中的应用：澳大利亚的例子．地球表面过程和地貌，31，11，1394-412．

Hardin, P. J. & Jensen, R. R. 2011. 介绍 - 用于环境遥感的小型无人机系统．地理信息科学和遥感，48，1，1-3．

Hunt, E. R.; Hively, W. D.; Mccarty, G. W.; Daughtry, C. S. T.; Forrestal, P. J.; Kratochvil, R. J.; Carr, J. L.; Allen, N. F.; Fox-Rabinovitz, J. R. & Miller, C. D. 2011. 用于评估冬季作物生物量的近红外 - 绿蓝高分辨率数字图像．地理信息科学和遥感，48，1，86-98．

Huong, N. M. & Anh, N. T. 2012. 宁平南安地区的考古遗址中的动物和花卉遗骸．越南考古学，2012，7，53-64．

Jaime, P. -G.; Michael, K. M.; Brian, M. N.; Serge, A. W. & Lian Pin, K. 2014. 基于社区的森林监测的小型无人机：评估其在热带地区的可行性和潜力．森林，5，6，1481-507．

Jaud, M.; Passot, S.; Bivic, R. L.; Delacourt, C.; Grandjean, P. & Dantec, N. L. 2016. 评估 PhotoScan® 和 MicMac® 在次优测量条件下计算的高分辨率数字表面模型的精度．遥感，8，6，465．

Jerald, J. 2016. 虚拟现实书：以人为本的虚拟现实设计．ACM．

Johnson, I. & Wilson, A. 2003. TimeMap 项目：开发基于时间的文化数据地理信息系统显示．考古地理信息系统杂志，1，2003 年 4 月．

Klinkenberg, V. 2016 发表．我们到了吗？在考古研究中的 3D 的地理信息系统，以叙利亚的 Tell Sabi Abyad 为例．Kamermans, H.; Neef, W. D.; Piccoli, C.; Posluschny, A. G. & Scopigno, R., 编辑．第十七届国际史前及原史科学协会世界大会（2014 年 9 月 1 日至 7 日，西班牙布尔戈斯）考古学会议论文的三个维度，2016 年会议：Archaeopress 出版社，39-47．

Laliberte, A. S.; Goforth, M. A.; Steele, C. M. & Rango, A. 2011. 无人机的多光谱遥感：图像处理工作流程和牧场环境的应

用. 遥感, 3, 11, 2529-51.

Landeschi, G. 2018. 重新思考考古学中的地理信息系统, 三维性和空间感知. 世界考古学, 1-16.

Landeschi, G.; Dell'unto, N.; Lundqvist, K.; Ferdani, D.; Campanaro, D. M. & Leander Touati, A. -M. 2016. 3D地理信息系统作为视觉分析的平台：调查庞贝房屋. 考古科学杂志, 65, 103-13.

Lanjouw, T. 2016 发表. 讨论显而易见或捍卫有争议的问题：为什么我们仍在讨论考古学中 3D 应用的"科学价值"？ Kamermans, H.; Neef, W. D.; Piccoli, C.; Posluschny, A. G. & Scopigno, R., 编辑. 第十七届国际史前及原史科学协会世界大会（2014年9月1日至7日, 西班牙布尔戈斯）考古学会议论文的三个维度, 2016年会议：Archaeopress 出版社, 1-12.

Lercari, N.; Forte, M. & Onsurez, L. 2013. 严肃的遗产游戏中的景观多模式重建：洞察俄罗斯堡垒虚拟仓库严肃游戏的创造. 2013年数字遗产国际大会, 2013年10月28日至11月28日.

Lercari, N.; Shiferaw, E.; Forte, M. & Kopper, R. 2018. 沉浸式可视化和考古遗产数据的管理：加泰土丘遗址和 Dig @ IT App. 考古方法和理论, 2018, 25, 368-92.

Llobera, M. 2012. 像素中的生命："解释性"景观考古框架中数字方法发展的挑战. 考古学方法论杂志, 19, 4, 495-509.

Manfreda, S.; Mccabe, M.; Miller, P.; Lucas, R.; Pajuelo Madrigal, V.; Mallinis, G.; Ben Dor, E.; Helman, D.; Estes, L.; Ciraolo, G.; Müllerová, J.; Tauro, F.; De Lima, M.; De Lima, J.; Maltese, A.; Frances, F.; Caylor, K.; Kohv, M.; Perks, M.; Ruiz-Pérez, G.; Su, Z.; Vico, G. & Toth, B. 2018. 论无人机系统在环境监测中的应用. 遥感, 10, 4, 641.

Marques, L. F.; Tenedório, J. A.; Burns, M.; Romão, T.; Birra, F.; Marques, J. & Pires, A. 2017. 文化遗产 3D 增强现实环境中的建模和可视化, 基于地理信息技术和移动平台. 建筑, 城市和环境, 11, 33, 116-36.

Megarry, W. & Davis, S. 2013. 不只是弯曲：爱尔兰博因河谷的遥感数据和考古遗址勘探. Comer, D. C. & Harrower, M. J.（编辑）从太空中绘制考古景观. 纽约：施普林格, 85-95.

Megarry, W. P.; Davenport, B. A. & Comer, D. C. 2016. 激光雷达/机载激光扫描在世界遗产管理中的应用. 考古遗址的保护和管理, 18, 4, 393-410.

Peter Earl, G. De. 建筑遗址：罗马人和数字游乐场. Bowen, J.; Keene, S. & Macdonald, L., 编辑. EVA 伦敦 2007, 伦敦传媒学院, 2007 年伦敦. 5.1-5.12.

Piccoli, C. 2018. Piccoli 2018. 可视化古典古城的风景：从早期的现代重建图纸到数字 3D 模型. 访问考古学系列, 牛津：Archaeopress 出版社.

Rabett, R.; Appleby, J.; Blyth, A.; Farr, L.; Gallou, A.; Griffiths, T.; Hawkes, J.; Marcus, D.; Marlow, L.; Morley, M.; Tan, N. C.; Son, N. V.; Penkman, K.; Reynolds, T.; Stimpson, C. & Szabo, K. 2011. 内陆贝壳中部地层形成：从越南北部的宁平南安开始对晚更新世至早全新世中期的调查. 第四纪国际, 239, 1-2, 153-69.

Rabett, R.; Barker, G.; Hunt, C. O.; Naruse, T.; Piper, P.; Raddatz, E.; T. Reynolds; Son, N. V.; Stimpson, C.; Szabó, K.; Tâń, N. C. & Wilson, J. 2009. 宁平南安项目：越南下宋洪谷的晚更新世后期定居点. 皇家亚洲学会杂志, 19, 1, 83-109.

Rabett, R.; Coward, F.; Van, T. T.; Stimpson, C. M.; Kahlert, T.; Bachtsevanidou; Strantzali, I.; Utting, B.; Trung, N. D.; Green, A.; Holmes, R.; Hue, L. T. T. K.; Lien, V. T.; Ludgate, N.; Linh, V. D.; Loyer, J.; Mann, D.; Dong, N. T.; Loan, N. T.; Khanh, P. S.; Son, P. T.; Simpson, D.; Quy, T. T. K.; Verhoeven, M.; Tan, N. C. & Manh, B. V. 2017a. 人类对沿海演化的适应：来自东南亚的晚期第四纪证据（SUNDASIA）- 关于项目第一年的报告. 联合国教科文组织（编辑）. 教科文组织 7B-VietNam-Trang An_20171206_public-1 分附件 1.1.http://whc.unesco.org/en/list/1438/documents/.

Rabett, R.; Ludgate, N.; Stimpson, C.; Hill, E.; Hunt, C.; Ceron, J.; Farr, L.; Morley, M.; Reynolds, T.; Zukswert, H.; Simpson, D.; Nyiri, B.; Verhoeven, M.; Appleby, J.; Meneely, J.; Phan, L.; Dong, N. N.; Lloyd-Smith, L.; Hawkes, J.; Blyth, A. & Tâń, N. C. 2017b. 热带石灰岩森林恢复力和晚更新世在 MIS-2 期间在越南宁平南安断层中觅食. 第四纪国际, 448, 62-81.

Rabett, R. J. 2012. 亚洲旧石器时代的人类适应：人类在第四纪晚期的分散与行为. 剑桥大学出版社.

Rajangam, K. & Rajani, M. B. 2017. 地理空间技术在文化遗产管理中的应用 - 印度地区的潜力和挑战. 当代科学, 113, 10, 1948-60.

Reilly, P. & Beale, G. 2015 发表. 添加剂考古学：虚拟考古学精神再版. 添加剂考古学：虚拟考古学的精神重印了希腊考古学会议的第一次计算机应用和定量方法, 2014-03-06-2014-03-08, 2015 年会议.: https://eprints.soton.ac.uk/374358/1/Reilly-libre.pdf.

Reimer, P. J.; Bard, E.; Bayliss, A.; Beck, J. W.; Blackwell, P. G.; Ramsey, C. B.; Buck, C. E.; Cheng, H.; Edwards, R. L.; Friedrich, M.; Grootes, P. M.; Guilderson, T. P.; Haflidason, H.; Hajdas, I.; Hatté, C.; Heaton, T. J.; Hoffmann, D. L.; Hogg, A. G.; Hughen, K. A.; Kaiser, K. F.; Kromer, B.; Manning, S. W.; Niu, M.; Reimer, R. W.; Richards, D. A.; Scott, E. M.; Southon, J. R.; Staff, R. A.; Turney, C. S. M. & Van Der Plicht, J. 2016. IntCal13 和 Marine13 放射性碳年龄校准曲线 0-50，000 年 cal BP. 放射性碳定年法, 55, 4, 1869-87.

Su, N. K. 2012. 宁平南安洞穴考古学具有突出的文化和历史价值. 越南考古学, 2012, 7, 24-37.

Su, N. K. & Tuan, N. A. 2012. 在 Vang 悬岩的挖掘. 越南考古学, 2012, 7, 81-93.

Su, Y. W. & Lin, H. L. 2014. 全球国际游客入境分析：世界遗产地的作用. 旅游管理, 40, 46-58.

Tuy, P. K.; Van, T. T.; Nguyen, D. T. & Nguyen, P. D. 2013. 宁平南安的地貌和杰出的景观价值. 越南地质学, 2013, 36-49.

Unesco. 2014. 越南宁平南安世界遗产地. 联合国教科文组织.

Unesco. 2015. 世界遗产公约实施操作指南. 巴黎, 联合国教科文组织世界遗产中心.

Waltham, T. 2009. 锥形喀斯特和塔形喀斯特. 洞穴和喀斯特科学, 35, 3, 77-88.

考古学中文化遗产文献的工具、程序和系统

斯特图斯·斯蒂利安尼迪斯[①]

非常感谢教授让我发言。首先，感谢主办方的盛情邀请，很荣幸能向大家介绍这项工作。我不会专注于特定的项目，但会尝试向大家展示我们在文化遗产建档中使用的最新技术。我说过，过去25年我一直在与建筑师和考古学家合作，这种互动使我参与了这一领域并意识到了它的潜力。25年前，在撰写文凭论文时，我参与的第一个项目就是关于希腊塞萨洛尼基史前遗址的记录建档。

除了过去25年在该领域的工作外，我荣幸地为国际建筑摄影测量委员会（CIPA）服务，2015年担任秘书长，该委员会是ICOMOS的国际科学委员会之一。

因此，我将更多地关注建档。什么是建档？建档是我们在保存文化遗产的任何步骤中都必须遵循的一个过程。因此，即使某个遗产地或发掘处于危险之中，或者只是被发现而已，也应始终对其进行建档。建档是从项目的规划阶段开始的过程。我们拥有数据采集和所需的所有信息，具体取决于遗产地、文物或纪念碑，我们必须处理这些数据。当然，我们必须存储数据，因为有必要保护它们，不仅是现在，下一代也应如此。

我们应该始终牢记一些关键问题，即5W和1H，包括谁、什么、什么地方、什么时候、为什么以及如何建档。

建档并不是什么新鲜事物，其历史可以追溯到1964年的ICOMOS《国际宪章》。我只是强调了ICOMOS或联合国教科文组织的国际文件中的一些文字，强调了文档的重要性以及在各种类型的古迹和遗址中应如何做。

国际科学界充分利用了1964年的《国际宪章》，与国际摄影测量与遥感学会一起，于1968年成立了CIPA，以弥合那些在捕获数据或拥有数据与使用数据方面的差距。这就是建档的由来。

如前所述，CIPA是ICOMOS的科学委员会，也是最活跃的委员会，每两年举行一次国际研讨会，去年在加拿大渥太华举行，2019年将在西班牙阿维拉举行。还有很多其他活动，例如针对学生和专业人士的培训课程和工作活动。今年年初，我们在克罗地亚的扎达尔开设了暑期学校，希望下一所学校开办在远东，因为我们正努力在世界范围内拓展，以推广相关技术并培训人们，尤其是年轻人，让他们了解这个过程。应韩国的邀请，明年暑期学校将在韩国这个亚洲国家举行。我想邀请您访问CIPA网站（cipa.icomos.org）并注册以接收我们的时事通信，世界各地都可以接收。如果您有什么要发表的东西，或者想在整个遗产届中广为人知，我们的时事通讯是免费的，欢迎您的来稿。因此，请向我们发送您的高见，并且可以将其发表。

我们继续谈建档。建档很重要，因为有了建档，无论是发掘遗产地、纪念碑、建筑物还是文物，我们都在评估遗产本身的价值和重要性。当然，建档是一种工具，因为它支持监督管理活动，最重要的是因为它使我们有机会与他人共享和交流收集到的信息。

这里的许多数字均来自我目前正要完成的一本书。我常说建档是文化遗产的DNA分析，因为如果想

[①] 国际古迹遗址理事会遗产纪录委员会文物文献秘书长；希腊塞萨洛尼基亚里士多德大学副教授。

在许多方面将文化遗产分割开来，可以通过建档来分析每个角度、每个细节、每个元素。此外，通过这种方式，可以深入研究文物、纪念物以及遗产地的起源。但在过去的几年中，我们必须面对人类威胁和自然灾害。

我只是给大家展示一些令人遗憾的例子。大家应该记得2001年阿富汗的巴米扬佛。现在展示一个来自我的祖国希腊的重要例子，这座重要的桥梁于2015年倒塌。当然，大家都了解叙利亚最近破坏的文化遗产。这是帕尔米拉古城的建档，来看看为什么它很重要。因为时间有限，我只提供一个例子，即阿富汗巴米扬佛的例子。1970年，一位奥地利教授有幸在那里，他是奥地利格拉茨大学的一位同事。他几乎五十年前就在那里捕获了这些图像，他做得对，他捕获了这些图像，这些是销毁后拥有的原始图像，这些图像被用来对那个特定区域的佛像进行3D重建。重要的是，我们每次收集和拥有的材料必须正确地捕获和获取，当然也要正确地存储。因此我们今天仍有此信息。

建档关乎数据收集，这就是我们谈论数据过程的原因，我们必须确定什么是数据，必须测量才能捕获数据。当然，我们必须应用规则来捕获数据。数据是建档的重点，我们正在使用不同类型的技术。在此图中可以看到，从手工测量（到卫星测量）开始，我们正在使用不同类型的技术，情况通常不是如此，但当我们无法获得技术时却是必要的。

在该图中可以看到有关文物尺寸的复杂性以及文物的复杂性，这里的文物要点涉及考虑我们正在使用的技术，精度或高或低，从几毫米到几米。这里看到文化遗产、建筑、建筑物和考古学构成了几厘米的区域。

数据在哪里？数据无处不在。当然，数据需要捕获。但数据不仅是我们正在捕获的，而且在世界各地还以许多其他形式存在，不仅仅是图书馆和馆藏中的档案材料。当今流行的是众包，所有公民似乎都充当传感器，这意味着我们正在使用人力来收集我们所需的信息。那么我们正在搜索什么类型的数据？我们正在寻找描述性数据、草图、照片、数字图像、地图、绘图、卫星图像，我们正在搜索有用的每种数据。即使我们无法想象这些数据有用，但它们确实有用。

我们如何收集数据？如何通过简单的方法或最先进的技术（例如移动绘图系统）来收集数据？我将在下一张幻灯片中展示。可以使用双手、全站仪、全球导航卫星系统技术、无人机、激光扫描仪、照相机、卫星、移动系统等。

我们要在建档过程中做什么？我们正在尝试把物理空间中的文物转换成3D图像，必要时获取4D模型。如果考虑时间，特别是随着时间的推移监视某些情况时，这是一个重要的参数。因此，我们正在使用传感器和平台来收集数据，并且还使用了从文物转换到模型的工具。

我们有两种技术，一个是被动技术，一个是主动技术。为了方便大家理解，我们使用了基于图像的建模或无源传感器，例如摄像头，这是大家最熟悉的传感器。在有源传感器中，采用激光扫描等3D技术和无人机。

大家都知道这是无人机。大家认为它是简单的无人机吗？大家会惊讶这是什么，这是波音公司刚刚发布的，它能够运载227公斤的有效载荷，这意味着在不久的将来，我们将能在工作中使用它们。什么意思呢？我来自一个有着悠久历史的国家，就像中国一样。大家可以想象或可以预测该技术，特别是超级无人机或许多其他技术将如何影响纪念碑的保存。我敢肯定，在不久的将来，我们将在保护项目中使用它们来运送石头、大理石或其他重物。

我们来看看当前趋势。我不一一解释，但是随着所有这些技术进步，我认为趋势是我们正在朝着一体化的概念迈进。这意味着每个人，每个事物都将放在这个简单的移动设备中。在不久的将来，我们将看到越来越多的进展。这里有一个来自中国的示例，它是40百万像素的摄像头。有了这样的设备，我们可以做很多事情。接下来，我将向大家展示使用移动技术也可以创建密度模型，点密度模型。

关于软件，我不想花时间谈这个问题。我们使用的是商业工具，同时也使用免费和开源工具，这适用于你们所有人。我们并非每次都能获得商业解决方案的资金，我们确实也需要开源。因此，可以随意使用免费的开源技术。它不是那么容易，但是它是免费的，您可以自行完成。这是一个我和我的学生一起使用的例子。当然，不管怎样，我们可以得到 2D 和 3D 矢量或纹理的许多不同类型的结果。

这里有四个不同的示例，尤其是最后一个示例。大家能想象这是来自手机的 3D 纹理模型吗？是的，这意味着我们有了算法，有了产生这种结果的技术。那是来自希腊的考古遗址，我们已经使用了这项技术。我向大家展示一些最先进的技术：物理空间的高质量快速 3D 可视化。3D 相机使用 2D 和 3D 传感器阵列来快速捕获空间的外观和尺寸。它计算内部尺寸并捕获文物、颜色和纹理。这些摄像机具非常划算，易于使用，并且可以产生始终如一的高质量 3D 模型，任何人都可以使用。

第二个例子在这里。大家可以看到使用简单设备可以完成的操作。我们可以访问，可以创建一个简单的设备。该示例将进一步缩小尺寸，这意味着我们将使用简单的手机，附加设备已连接到移动电话。我们可以使用这项技术捕获特别小的文物。这不是大型文物的解决方案，但请注意，其重量不足一公斤，可以用来做很多不同的事情。

另一个示例来自 GeoSlam 公司。这是 DotProduct 的产品，是组合产品。大家可以坐在这里看着。同时，它使用数位板捕获图像以创建更多信息。所以大家看这里，在这种情况下，使用它的人想要创建更详细的内容。NAVIS 公司开发了一种创新的 3D 室内地图和导航技术，它在许多方面都是革命性的，但通过其简单性令人信服。六个高分辨率摄像机捕获全景图像，然后将其链接到收集详细测量数据的大范围激光扫描仪。从收集到的数据中，即使是宽敞的建筑物也可以在短短几个小时内完成映射。

我刚刚发现，下一个示例来自中国。这是无线手持式 3D 扫描仪，不需要任何电缆，可以使用此设备并转到需要记录的遗产地。

大家看到我们有许多可用工具的示例，我只是选择了一些我们在文化遗产建档中使用的最新的工具。最后，我想说建档非常重要。我坚信，建档是多学科环境中必不可少的过程，可确保记录现在及未来的各种类型的文物，遗址和古迹。

谢谢大家！

选择与平衡

——以陶寺遗址为例初步探讨新石器时代考古遗址的展示方法

王力恒[①]　张稣源[②]

摘要：新石器时代是人类文明孕育与奠定发展基础的关键时期，是现代人们了解人类自身发展进程，理解文明要素形成的重要一环。对公众展示新石器时代考古遗址即是宣传与传播新石器时代文化内涵，帮助人们了解与学习新石器时代相关知识的重要手段。由于新石器时代的时间跨度长，文化类型庞杂多样，且缺乏像信史时代那样相对成熟稳定的制度模式与可靠的文献记录，不具备一定专业知识的人群很难理解与把握它们，更难培养人们去重视与欣赏这一类遗址，所以新石器时代考古遗址对普通大众的展示成为联系专业知识领域与普通大众审美的重要桥梁。考古遗址信息的筛选与展示对象具体形象的表达是新石器时代考古遗址展示设计的关键。本文以陶寺遗址的展示为例，着重从信息表达与形象设计两项内容出发，探讨在展示设计过程中，展示方式的选择问题与展现程度的平衡问题。

关键词：展示方法；新石器时代；考古遗址；陶寺遗址

新石器时代是人类文明孕育的关键时期，奠定了人类文明形成的基础。随着学界对我国范围内新石器时代遗址的不断深入研究，人们已逐渐意识到新石器时代是中华文明孕育萌芽时期中不可或缺的重要一环，是探索和了解中华文明起源的关键阶段。展示我国的新石器时代考古遗址是帮助公众理解中华文明起源、培养文化自信、了解与学习新石器时代相关知识的重要途径。

1　展示的定义与内涵

1.1　展示的定义

"展示"按照《辞海》的定义，指：清楚地摆出来，明显地表现出来。新石器时代考古遗址的展示，即是清楚、明显地将考古遗址表现出来。考古报告等考古类学术文献已可实现上述内容。但事实上，考古遗址的展示作为一种交流活动[③]不仅局限于考古学领域，而应是一种长期持续地联系考古专业与公众的桥梁，承担着宣传教育与知识传播的职能。

1.2　展示设计的定义

展示设计作为一项专业设计门类，针对考古遗址，就是要从考古研究成果中提炼信息要点，运用设计

---

① 中国建筑设计研究院有限公司建筑历史研究所城乡规划师。
② 中国建筑设计研究院有限公司建筑历史研究所助理建筑师。
③ ICOMOS《文化遗产的阐释与展示宪章》(2008)：展示更多地指对解说内容经过认真规划的交流，交流借助于对文化遗产的解说信息、实地可达性和解说设施的安排。可以通过不同的技术手段实现，包括诸如信息板、博物馆式的陈列、规范化的徒步旅行、讲座和引导式旅游、多媒体应用和网站等要素，尽管不要求。

语言，在特定的时间和空间范围内塑造展示环境，使公众通过各种互动体验获取信息、得到反馈，发生互动，达到公众与考古遗址完美沟通的目标[①]。

2 展示的分类

考古遗址的展示按场所分类，可大致归纳为博物馆展示与遗址现场展示两种。博物馆展示主要位于博物馆、陈列馆等室内场所，易于人工化控制，借助现有技术手段，展示设计的实现程度很高。

遗址现场展示以遗址本体与环境的保护为前提，展示设施设备的规模、位置、形象等存在诸多限制，与博物馆展示在设计方法上有较大区别。就新石器时代考古遗址论，因对田野考古的依赖度高，遗址现场展示节点的选择，往往与考古发掘关系密切，所以，新石器时代考古遗址的现场展示可按与考古发掘的时间关系进行分类。

2.1 发掘前展示

发掘前展示主要是对考古调查与勘探成果的表达，可使用地表标识的方式，让公众了解遗址的大体格局与遗存分布关系等信息。信息简略、操作手段简单，对遗存本体的影响小、可逆度高。学界对这类展示的认知较一致，可不作重点探讨。

2.2 发掘过程展示

发掘过程展示是随着公共考古日趋受到重视发展而来，以考古发掘现场的公众开放活动作为遗址展示的一种方式，真实、直观、专业。但考古发掘活动为动态过程，展示场所难以固定、展示时间和能够参与的人群也十分有限。出于学术研究与保护的目标，展示需要精心严密的策划，对遗址保护与管理的要求很高，需要与考古工作的安排密切结合，更大程度属于公众考古探讨的领域，非展示设计重点关注的内容。

2.3 发掘成果展示

发掘成果展示是本文重点探讨的内容，指考古发掘完成后，依据考古发掘资料，针对考古发现的遗存进行的展示设计。按考古信息表达的程度与方式不同可分为遗存本体揭露展示、遗址地表标识展示、遗址地表模拟展示、遗址原址复原展示[②]。新石器时代遗址现场展示中，展示方式的选择与运用，主要需满足两方面的条件：一方面是展示方式选取的前置条件；另一方面是展示方式的内在限制条件。

3 新石器时代遗址展示方式选择的前置条件

我国新石器时代考古遗址的特征已在诸多讨论史前遗址展示的论文中论述过，综合而言，即新石器时代考古遗址绝大部分为土遗址，时代久远，遗存本体的残损程度高，且新石器时代无系统的文字类信息留存，新石器时代考古遗址的信息几乎只能依靠田野考古获得[③]。因此，新石器时代遗址在考古学方面的一些特点成为遗址现场展示的前提条件。

[①] 参考刘东峰著《展示设计》（中国轻工业出版社，2017年）。
[②] 参考柴晓明、刘爱河在文章《大遗址历史文化内涵的展示与阐释》中归纳总结的大遗址保护展示实践工作中的多种展示方式名称。
[③] 综合总结了惠召（西北大学）、魏敏（复旦大学）、张文博（郑州大学）等人硕士论文中对史前遗址特征的分析结论。

3.1 考古学文化特征的准确反映

通常，考古界将距今 10,000—4000 年前认定为中国的新石器时代。这一阶段历经 6000 年之久，遗留下来的遗址数量庞大。考古类型学作为考古学理论的基本内容之一，为我国新石器时代考古的研究提供了重要手段。据此方法，《中国考古学·新石器时代卷》中缀以"文化"二字的分类就有 60 处之多。

以展示设计的视角看，冠以不同文化的遗址，在某些方面的差异甚微，尤其以聚落、建筑、墓葬等不可移动文物更为突出，设计需尽量寻找能够表现遗址所属考古学文化的特征；同时，另一些属于同一文化的不同遗址，却因地理环境的不同而在遗址总体格局，单体建筑、墓葬的朝向、布局等方面表现出个性化特征，设计亦需要在差异中寻找统一元素，表现同一个考古学文化。

因此，要求展示方式应能够精准、明确的呈现包括地理、文化等，代表考古学文化特征的信息。

3.2 时间信息清晰的表达前提

大部分新石器时代遗址都经历过数百年漫长的时间发展，当中一些从新石器时代发展至夏商周三代，甚至延续至秦汉时期。正是由于新石器时代遗址延续的时间长，同一处遗址点可能由多个时期遗存构成。遗址时间延续的长短，及遗址不同时期携带的信息，是帮助公众理解新石器时代遗址价值的重要方面。

展示设计中有必要清晰表达遗址的时间信息。具体到新石器时代遗址的考古现场，大多数情况下，要么是地层堆积与叠压，要么是遗址相互打破，时代信息交错杂糅。无论是考古地层剖面，还是遗址平面，对公众而言，都不易于辨认与厘清。

由此，遗址现场展示选用的展示方式，应能够有组织、有重点的呈现时间信息[1]。

3.3 解释性研究的适度呈现

新石器时代遗址的信息几乎全部由田野考古工作提供。田野考古作为一项科学活动，客观的揭示遗址所包含的信息。考古发掘需要事无巨细的将发现的各类信息记录保存。面向公众的展示不能仅呈现考古发掘的原始信息。展示设计可借力解释性研究建构遗址现场的信息与意义[2]。

显然，解释性研究是建立在考古信息基础上的逻辑推理，会因证据选择和推理方法的不同而产生不同的结论。新石器时代考古遗址区别于历史时期的突出特征即新石器时代并无成熟稳定、为后人理解的文字信息佐证各类解释性研究。针对同一考古现象的不同解读，往往在各自的证据链中自圆其说。现场展示设计中采信不同的解释性研究，会呈现出形态不同的展示方案。按 ICOMOS《文化遗产的阐释与展示宪章》要求，遗址现场展示设计不应依赖一家之言，应以客观的考古信息为主，各种解读均有必要谨慎、适度的呈现，润色展示。

4 展示方式信息表达的内在条件

新石器时代遗址现场的展示设计除需要满足上述前提，还需考虑，各类展示方式对新石器时代考古遗址信息的呈现方面有其内在的限制条件。

4.1 遗存本体揭露展示

指被发掘的遗存本体不经保护回填，直接展示的方式（图 1）。遗存本体保护的可操作性与遗址形态的

---

[1] 遗址现场展示是在特定空间中进行的展示，要么在统一空间内表达同一时间的信息，其他时间的信息通过解说板、讲解器等其他手段呈现；要么将统一空间切分为不同单元，在不同单元内结合解说板、讲解器等手段表现不同的时间信息。

[2] 参考蒂姆.科普兰、黄洋所撰《将考古学展示给公众——建构遗址现场的深入了解》(《南方文物》2013 年第 1 期）。

图1 本体揭露展示——日本平城宫遗址
（拍摄者：李金蔓）

可观赏性是判断是否应用该展示方式的要点。

保护的可操作性方面，保护棚或覆罩等设施通常是必需的，以提供稳定的保存环境。保护棚或覆罩等设施的设置易造成遗址与选址环境空间联系阻断的状态。不利于新石器时代遗址地理环境特征的展示。

可观赏性方面，遗址信息的直观、形象程度起决定性作用。纵向比较，遗址年代越久远，人们的认知越模糊，遗存保留程度也越低，信息的直观度越弱；横向比较，信息的直观度与遗存类型、历史上的重要程度、材质等相关。新石器时代墓葬普遍优于居住址、作坊址，祭祀建筑、宫殿等重要设施的遗存普遍优于一般用途的遗存，石质或包含石材的遗存普遍优于土木材质的遗存。

因此，新石器时代遗址的现场展示运用遗存本体揭露展示时，首先，应客观、审慎的评估遗存本体信息的直观程度。其次，应注意保持和呈现遗址与环境的内在联系。

4.2 遗址地表标识展示

指在已考古回填的遗址原址地表运用简单、抽象的形式展示遗址的方式（图2）。

该展示方式需要对遗址信息进行一定程度的梳理与抽象，在表现遗存的位置、数量、密度、集群的分布状态等信息时，操作简单、对遗址负面影响小，无须设置保护设施，能较好地展现遗址与其赋存环境的内在联系。

就表现力而言，该方式呈现的信息少，构成关系简单，对考古地层信息综合或本体形象复杂的展示对象运用，往往表现力不足。更适用于可观赏性不强、形式相对简单、重复性出现或重要程度较低的遗址。或用于表达遗址总体空间格局、遗址布局关系等大尺度的对象，不单独使用于需要精细表现的展示对象上。

4.3 遗址地表模拟展示

在考古回填的遗址原址地表模拟考古遗存、遗物的展示方式（图3）。一般运用于信息丰富，但不适于

图2 地表标识展示——日本平城宫兵部省遗址
（拍摄者：李金蔓）

图3 地表模拟展示——日本平城宫遗址
（拍摄者：李金蔓）

揭露展示的遗址。

地表模拟展示无论是在考古学文化特征，考古地层关系，还是解释性研究的表达与呈现方面，均有较高的适用性。相比揭露展示，模拟展示可有重点的选取遗址信息进行展示，避免次要信息的干扰，还可适当结合解释性研究。相比标识展示，模拟展示呈现的信息丰富、具象，可独立运用也可精细表达。

虽然地表模拟展示在遗址现场的适用性高，但需要在真实性、信息源与可持续性[①]等三方面特别注意。真实性方面，地表模拟的构造物应避免人为添加信息或使用易引起误导的信息；信息源方面，由于地表模拟可有选择地表达信息，且能结合解释性研究的内容，所以在展示中明确信息的来源、已表达的信息、未表达的信息、展示过程的相关信息等十分必要；可持续性方面，应从方案设计、技术手段选择、工程实施三个方面着手，保证模拟展示的遗址现场具备一定的灵活性与可逆性，保持随着研究与认知的不断深入，展示可科学、客观、有效、持续地发挥作用。

4.4 遗址原址复原展示

在遗址原址进行复建、重建的展示方式（图4）。按有无实体，可分为实物复原与虚拟复原。

虽然遗址原址复原展示可提供具体而丰富的形象，但需要有充分、科学的复原依据。针对我国新石器时代考古遗址，信息来源几乎全部依靠考古，而遗存本体保存的部分以地面、地基居多，可用于房屋、设施等遗址复原的信息不足，无直接证据的推理与想象复原均不满足遗址现场展示的真实性原则，适用程度很低。

图4 遗址地表复原展示——日本平城宫朱雀门
（拍摄者：李金蔓）

就复原展示的两种类型比较，实物复原会在遗址现场形成固定的建构筑物，更适用于被广泛认可，无学术争议的对象复原；虚拟复原主要依靠视觉手段呈现复原对象，因无实体对象、灵活可变，可快速调整与更换形象，或同时表达不同复原推测的成果，更适于运用在新石器时代遗址现场的复原展示中。实际应用中，虚拟展示设备设施的选型、安装与使用应满足遗址本体的保护要求、遗址环境的景观和谐性要求等。

5 案例分析

考古发掘后的四种展示方式对考古遗址信息的呈现各有不同，既可单独使用，也可组合表达。陶寺遗址作为第三批全国重点文物保护单位，对探索中华文明起源有重要意义。它的大型建筑基址ⅡFJT1的遗址现场展示设计就综合运用了上述多种方式。

5.1 陶寺遗址及大型建筑基址ⅡFJT1概况

陶寺遗址位于山西省襄汾县城东北约7.5公里处，是黄河中游晋南地区新石器晚期龙山时代的大型聚落遗址，距今4500—3900年，考古划分为早、中、晚三个时期。遗址规模280万平方米，包含城墙、夯土建筑基址、墓葬、陶窑、灰坑等遗存，是一处具有都邑性质的城址。

大型建筑基址ⅡFJT1俗称"观象台"遗址，位于陶寺中期大城中心点以东625米，以南662米位置，

[①] 《文化遗产的展示与阐释宪章》的原则2信息源；原则4保持真实性；原则5为可持续性进行规划。

紧贴中期小城北城墙南壁，中心点地理坐标：35°52′55″，东经111°29′55″，海拔572米[①]（图5）。遗址面积约2000平方米。遗址内发现三层台式建筑的基址、狗骨架、柱洞、环形路土、圆形夯土台芯与考古编号D1-D13、E1-E2的15道环形柱列基础及柱缝等遗迹。

5.2 大型建筑基址ⅡFJT1展示的信息来源

大型建筑基址ⅡFJT1展示的信息源，主要可以分为：考古发掘提供的信息与解释性研究的信息两类。

考古发掘提供的信息，主要以考古报告的形式体现。包括《山西襄汾县陶寺城址祭祀区大型建筑基址2003年发掘简报》《山西襄汾县陶寺中期城址大型建筑ⅡFJT1基址2004～2005年发掘简报》等。

解释性研究的信息来源丰富，如周晓陆的《对襄汾陶寺大型建筑基址的几点看法》、武家璧等人的《陶寺观象台遗址的天文功能与年代》、陈久金的《试论陶寺祭祀遗址揭示的五行历》等解读基址功能的论文；2004年与2005年的两次对基址定性的专家论证会[②]；2003年至2005年间基址现场模拟观测太阳的实验，等等。

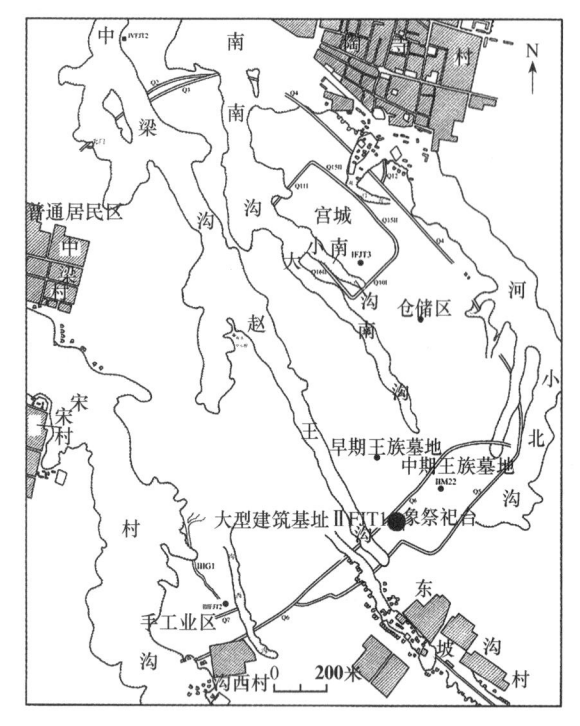

图5 陶寺遗址大型建筑基址ⅡFJT1选址示意图

其中，遗址现场的模拟观测实验，对大型建筑基址ⅡFJT1的展示有重要影响。2008年，考古人员在《中国科学院知识创新工程重要方向项目"陶寺史前天文台的考古天文学研究"任务书》（KJCX-YW-T15）的要求下，于遗址原址，用红砖按考古编号D、E的环形柱列的平面修建了4米高的观测柱，进行实地科学模拟验证观测（图6）。

图6 大型建筑基址ⅡFJT1遗址现场的模拟观测柱
（左图2012年韩真元拍摄，右图2017年王力恒拍摄）

---

① 参考何驽所撰《山西襄汾县陶寺城址祭祀区大型建筑基址2003年发掘简报》(《考古》2004年)。
② 作者根据"考古人许宏的博客"中围观陶寺"观象台"系列博客内容整理：2004年ⅡFJT1遗迹性质及功能专家论证会上，包括严文明、黄景略、叶学明、赵辉、陈美东、陈久金、杜升云、白云翔等考古学专家和天文学专家各执一端，考古学专家主张不要过早下结论，尚需进一步的工作，天文学专家则倾向于这就是一处史前观象遗迹。2005年10月22～24日中国社会科学院考古研究所在京举行了"陶寺城址大型特殊建筑功能及科学意义论证会"。来自中国科学院自然科学史研究所、国家天文台、国家授时中心、北京古观象台、北京天文馆、上海交通大学人文学院、南京紫金山天文台、西安美术学院中国艺术与考古研究所等单位的15位天文学家基本肯定了该大型建筑为天文观测遗迹。

2013年，襄汾县地方对观测柱进行了"美化"处理，并被陶寺遗址所在地各级政府当作对外宣传的重要形象标志之一。以大型建筑基址ⅡFJT1模拟复原环形柱列为代表的陶寺遗址在各类文化接待与文化交流中，均作为重要地点对外介绍，大型建筑基址ⅡFJT1可能具有的天文观测功能作为重要内容向社会各界进行宣传。模拟复原的观测柱在一定范围内已成为陶寺遗址的标识形象之一。迫于社会压力，观测柱成为展示设计中必须保留的对象。

5.3 大型建筑基址ⅡFJT1的展示

大型建筑基址ⅡFJT1作为一处明确具有祭祀功能，可能兼备天文观测功能的建筑基址，遗址现场的模拟复原观测柱仅能片面表达遗址所蕴含的信息，且有违展示的真实性原则。因此，展示设计的目标为真实、客观、全面的表达大型建筑基址ⅡFJT1所承载的信息。

5.3.1 补充与祭祀相关的考古信息

展示设计中需要将大型建筑基址ⅡFJT1的选址、基址与中期小城城墙、城址的区位关系、基址内各遗迹的空间结构、体现祭祀功能的具体遗存构造、其他特殊现象等信息在遗址现场充分表达。展示方式的选择是信息表达的第一步（图7）。

（1）保护与展示的最优化选择

遗址现场地表模拟展示较遗存本体整体揭露展示更优。首先大型建筑基址ⅡFJT1选址于陶寺遗址的高处，贴临中期小城北城墙，南望崇山，北观陶寺全城，视野开阔，临近苍穹。山岳、天空、高地等要素与遗址本体的祭祀功能密切相关。若揭露展示，因基址规模大，需配备体量巨大的保护棚等保护设施。展示设计很难既满足保护需求，又保持本体与环境的内在联系；其次，大型建筑基址ⅡFJT1晚期遭人为破坏，地面大部分被平毁，遗留多处灰坑打破基址，遗址信息的直观程度不高，可观赏性不强，不适于整体揭露展示。但狗骨架等祭祀遗留的局部遗存，因存在骨架等有形象的要素，能生动反映该基址的祭祀功能，设计中选取一处狗骨架遗迹进行揭露展示。

（2）展示信息的精细化选择

遗址现场地表模拟展示较遗址现场标识展示更精细。大型建筑基址ⅡFJT1平面呈半圆形，包含多种类型的遗迹。各遗迹之间不仅是平面上的组合，在竖向空间上也存在丰富的相对关系。竖向信息与祭祀空间的组织使用密切联系。在不揭露本体的情况下，只能通过地表模拟的方式才能够精细地展示竖向信息。

5.3.2 补充与观测柱相关的解释性研究信息

准确地说，观测柱是实验设施，而非展示设施，但因后期的"美化"而降低了可识别性，且形象高大、明确，很容易对观众产生误导。展示设计从三个方面对观测柱进行改造，优化其外观形象，避免对观众误导。

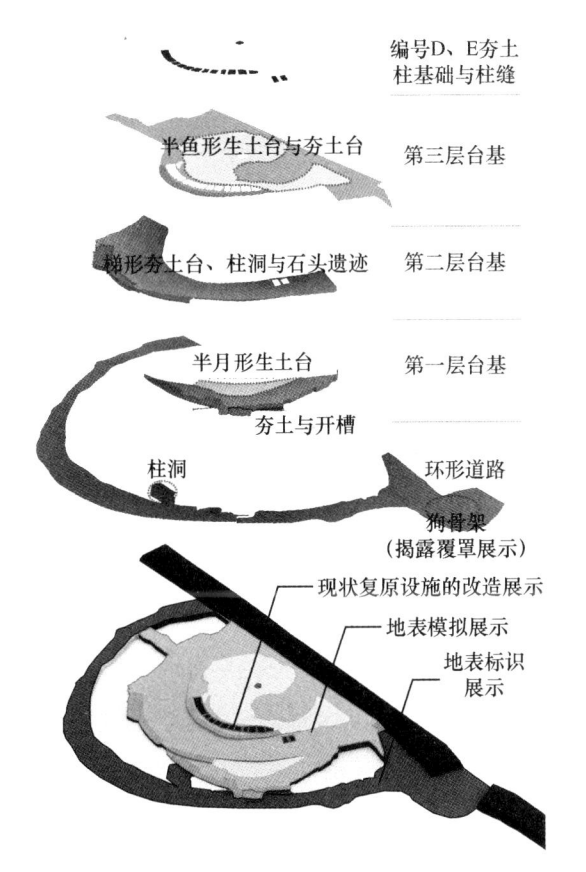

图7 大型建筑基址ⅡFJT1展示补充祭祀相关考古信息后的展示构成解析图

（1）整体降低观测柱高度

以满足天文观测要求的4米为限，整体降低观测柱高度，减弱环形柱列的封闭感，留出更多天空与山岳的视觉空间，呈现ⅡFJT1遗址具有山岳与天空崇拜等祭祀功能的特征（图8）。

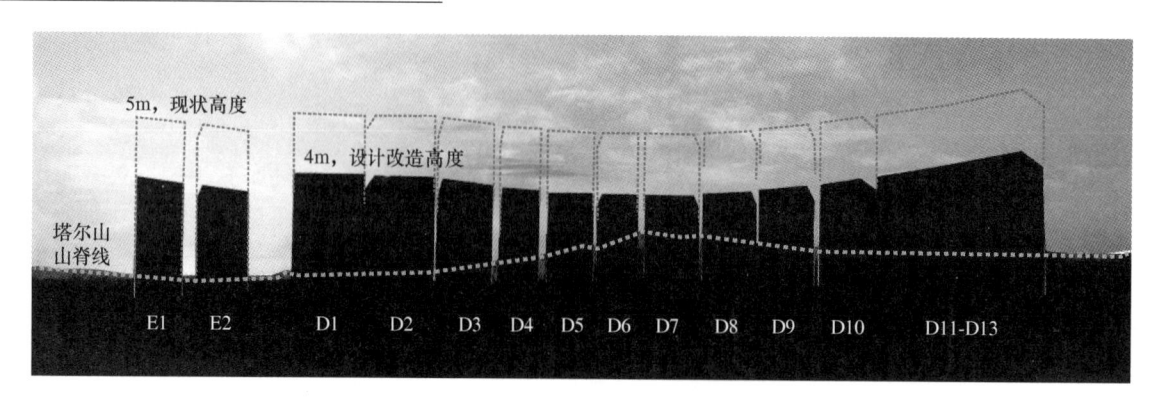

图 8　整体降低观测柱高度的效果图

（2）调整观测柱外观材质

由于考古发现为ⅡFJT1遗址留存为夯土台基的基础部分，地面以上结构的材质已无直接证据，无论使用任何材料均属推测。展示设计跳出材质复原的局限，去除现状仿石材贴面，选择外观上可形成原始粗糙感的材质，掺黄土粗砂的水泥浆对柱身抹面，做到立柱与环境和谐性的同时，兼具可识别性（图9）。

图 9　观测柱立面材质改造与设立信息补充设计

（3）补充观测柱设立的信息

在每一立柱上嵌入铜材的考古编号和立柱的修葺与改造时间，如：E1，公元二零零三年发现柱基础，公元二零零八年修建实验观测柱，公元二零一三年第一次改造，二零一七年九月三十日第二次改造竣工。保证观众可以明确了解该立柱为满足当代研究需求而设置的构筑物（图10）。

6　结语

为更好地保护新石器时代遗址，学界越来越倾向于将它们视作重要的文化资源，加以利用。我国新石器时代遗址数量众多，分布广泛。时间范围、空间范围及规模差异都是巨大的，遗址的保存环境千差万别，遗址所在地经济、社会、资源条件良莠不齐。每一处遗址都是一个独特案例，在保护与展示利用中面临的困境与问题各不相同，很难有放之四海而皆准的应对方法。

本文仅就遗址现场考古发掘成果展示中运用的几种不同展示方式在展示信息表达与展示形象呈现方面做出初步比较。依据新石器时代遗址的固有特质，分析提出此类遗址展示设计中需满足准确反映遗址的考古学文化特征，清晰表达遗址的时间信息，适度呈现不同的解释性研究等三方面的要求。结合分析不同展示方式在信息表达上的不同特点，提出展示考古发掘成果的四种展示方式在新石器时代考古遗址展示设计

图 10　大型建筑基址 Ⅱ FJT1 展示设计效果图

中的适用性评价。最后结合陶寺遗址大型建筑基址 Ⅱ FJT1 的展示设计案例探讨了展示方式选择与展示形象表达的问题。

参 考 文 献

柴晓明、刘爱河，2014．大遗址历史文化内涵的展示与阐释．北京：中国文物科学研究．
蒂姆．科普兰、黄洋，2013．将考古学展示给公众——建构遗址现场的深入了解．南方文物．
郭璇．2009．文化遗产展示的理念与方法初探．建筑学报．
何驽．2004．山西襄汾县陶寺城址祭祀区大型建筑基址 2003 年发掘简报．考古．
何驽．2007．山西襄汾县陶寺中期城址大型建筑 Ⅱ FJT1 基址 2004~2005 年发掘简报．考古．
惠召．2012．史前遗址的展示问题研究——以龙岗寺遗址为例．西北大学．
黄洋．2014．中国考古遗址博物馆的信息诠释与展示研究．上海：复旦大学．
刘东峰．2017．展示设计．北京：中国轻工业出版社．
陆建松，朱峤．2012．浅议遗址博物馆的功能及其展示传播学术支撑体系建设．园林．
魏敏．2009．公众考古学与史前遗址信息阐释．上海：复旦大学．
许宏．2010．围观陶寺"观象台"系列考古人许宏的博客 http://blog.sina.com.cn/s/blog_5729cae10100hx2a.html
解希恭 主编．2007．襄汾陶寺遗址研究．北京：科学出版社．
夏征农 主编．2009．辞海．上海：上海辞书出版社．
中国社会科学院考古研究所．2010．中国考古学·新石器时代卷．北京：中国社会科学出版社．
中国建筑设计研究院有限公司建筑历史研究所陶寺项目组．2017．陶寺遗址 Ⅱ FJT1 遗址考古编号 D1-D13、E1-E2 立柱改造设计说明（内部资料）．
张文博．2017．体验视角下的史前遗址公园设计策略研究．郑州：郑州大学．
Freeman Tilden. 2008. INTERPRETING OUR HERITAGE [M] The University of North Carolina Press, Chapel hill.
Prepared under the auspices of the ICOMOS international scientific committee on interpretation and presentation of cultural heritage sites. 2008. The ICOMOS Charter for the Interpretation and Presentation of Cultural Heritage Sites, Ratified by the 16th General Assembly of ICOMOS, Québec (Canada).

联合国教科文组织全球地质公园：一种保护和合理管理重要地质，古生物学和古人类遗产的新工具
——以莱斯博斯岛为例

尼古拉斯·佐罗思[①]

  首先，感谢房山政府和周口店北京人遗址博物馆馆长的邀请。简要介绍一下地质公园的历史，这是联合国教科文组织新的第三个遗产地。从第一张图片中可以看到，如今，我们在38个国家、地区拥有140个领地，构成了联合国教科文组织认可的全球地质公园网络。众所周知，全球地质公园网络是我们共同遗产的一部分，但是不幸的是，直到最近，在保护具有国际价值的遗址保护计划中，其代表性还不高。

  自1972年以来，《世界遗产公约》第一次在国际上将具有文化、生态和世界遗产元素置于同等考虑，因为它们在保护和管理方面具有突出普遍价值。但是，如果看这项公约的实施，2018年拥有来自167个国家的1076个遗产地，其中832个为文化遗产，206个为自然遗产，35个为自然文化双重遗产。

  根据《世界遗产公约》的标准（ⅷ），在这些遗址中，只有1.8个被列为地质宝藏。图中有一个遗产地是加拿大的乔金斯化石崖壁，因2008年发现的化石的重要性而被列为世界遗产。所以说世界遗产的代表性不足。

  1991年，联合国教科文组织在法国北部组织了国际地质遗产保护专题讨论会，有80多个国家参加。中国在这次会议上的代表性强，并通过了关于地球记忆权的国际宣言。

  1991—1996年，在不同的国家组织了世界遗产保护倡议。这是一项世界遗产，即法国普罗旺斯自然保护区的亚扪人实验室，正是在此组织了这次会议。

  几年后，在北京召开的第30届国际地质大会上，首次讨论和形成了地质公园这一新概念。

  为什么？因为会议上介绍了被列入《世界遗产名录》的德国麦塞尔化石遗址的悠久历史，以及为帮助将地质价值列入《世界遗产名录》而进行的40多年的努力。还有周口店北京人遗址。这是鼓舞人心的时刻，激励与会者讨论了建立一种新工具的可能性，该新工具将对全世界的遗产保护工作有效。

  因此，根据这个概念，地质公园是实验性领地，通过增强被承认并位于同一级别的领地的地域身份来促进人与地球之间的关系。通过对整个领土进行历史性管理并在当地社区的参与下，对于各种形式的遗产，包括地质、生物和文化遗产以及其他资源，我们可以拥有一个新的工具对其进行增强和保护，但要加以利用，作为促进当地可持续发展的真正工具。

  实际上，这一概念是执行《里约宣言》以来众所周知的当地《21世纪议程》。因此，这一新概念认识到了对保护、维护、解释和增强具有国际重要性的地质遗迹的地区。地质公园有明确定义的边界，应具备带有装饰材料和财务资源的管理结构。为了执行其任务，不仅要有一个法律框架，还应制定一个管理计划，其中应包括教育活动，陪审团的发展，并支持这一遗产领域内当地社区的可持续经济活动。当然，沟通策

---

① 联合国教科文组织世界地质公园网络执行局主席。

略对于在当地居民和管理机构之间架起桥梁非常重要。

这个概念中最重要的一点是，我们不是在谈论将在现实中单独起作用的遗产地，我们谈论的是一种网络和合作网络，它将通过会议，交流和分享最佳实践，通过协作和共享来协助所有合作伙伴。这是全球地质公园网络成立的时刻，全球地质公园网络成立于 2004 年 2 月，仅由 25 个领地组成，其中有 17 个来自欧洲，8 个来自中国，并由国际专家团队进行了评估。

首次地质公园国际会议也在北京举行，并促进了地质公园的概念在全球的传播。自 2015 年 11 月 17 日以后将近 11 年的时间，联合国教科文组织大会通过并批准了关于建立国际地球科学和地质公园方案的建议，两个支柱分别是国际地质对比方案和联合国教科文组织全球地质公园。联合国教科文组织全球地质公园是联合国教科文组织与全球地质公园网络合作的一个体现。但地质公园到底包括什么？这两个部分包括静止的风景，真正具有国际价值的美丽景点，其中有些是列入《世界遗产名录》的纪念碑，例如中国的张家界。还有拥有真正的自然之美的遗产地，可以从日本、韩国、泰国、越南中看到不同的示例，但也可以证明地球活动日期和地球动力学过程。

这是一座无名火山，位于冰岛的联合国教科文组织全球地质公园内。这座火山在 2010 年中断了整个欧洲的空气流通，提醒人们人类不能为所欲为，必须尊重地球进程。去年全球不同的例子表明，我们必须尊重、必须学习、必须了解地球动力学过程。

地质公园当然包括具有科学意义的地球遗产。这是周口店和 Jiambuduki 佳布基的两个例子。第一个了解人类进化的非常重要的遗产地，第二个是了解我们的星球如何运作的非常重要的遗产地，也是第一个科学记录地球磁极性变化的遗产地。

这是另一个例子，显示了两大洲之间的界限。我们知道地球上有大洲，这是马尼拉 Fall Sha 公园和日本 Initoyika 地质公园，可以看到亚欧板块如何与美洲板块接触。

也有塞浦路斯的例子，例如，我们可以看到大洲如何分裂以及它所处的高度。在联合国教科文组织全球地质公园的喉咙山脊中部的海洋中间形成了城市的灯光。这是来自希腊的最后一块石化森林，一个独特的景象，提供了有关过去的生态系统的信息，该森林由于火山喷发而被火山灰覆盖。而且，整个生态系统都位于原始位置，不仅有超过 50 种不同的树种，而且还有基因中存在于肌球蛋白环境中的 50 多种不同的动物。

这是另一个著名的化石遗址：德国的麦塞尔化石遗址。我们稍后将在德国联合国教科文组织全球地质公园代表演讲中了解这个遗址，有着生命演变说法的独特记录，这是最年轻的一个成员。昨天我们听到了有关坦桑尼亚恩戈罗恩戈罗自然保护区的演讲，该保护区也是全球网络中年轻的成员，不仅连接着人类进化的重要遗产地，还连接着非洲独特景观的生态价值，还有当地居民，居住在该地区更大范围内的部落，包括全部自然、文化和地质宝藏。

全球最北端的地质公园（芬兰联合国教科文组织全球地质公园）拥有独特的自然生态系统。在冰川形成的环境中，我们可以看到针叶林，在马来西亚兰卡威联合国教科文组织全球地质公园中有红树林。地质公园内存在所有类型的生态系统，地质公园有责任解释这种独特的自然生态系统中地质过程与不同环境的创造之间的关系。

地质公园在保护和合理管理自然方面也负有特殊责任。这是在日本联合国教科文组织全球地质公园重新引入东方场所的示例。下一张幻灯片展示的是位于阿拉姆斯的联合国教科文组织全球地质公园，在那里实施了一项标志工程，目的是在该地区引入濒危物种。

当然，地质公园拥有非常重要的文化遗址，如中国的泰山、西班牙的加泰罗尼亚中心。瑞奇·马丁基金会将艺术与自然联系在一起，这是联合国教科文组织全球地质公园位于加那利群岛的现代艺术博物馆，是研究地球上火山作用的标志区。

当然，中国长城保存最好的部分是延庆联合国教科文组织全球地质公园的地质景观、花岗岩景观，非常接近中国的房山。但是非物质遗产也是地质公园内受保护遗产的重要组成部分。这是一个来自希腊的示例，该示例将洞穴与Filth的神话联系在一起，这位音乐家吉他弹得很出色，不仅人类而且野生动物都学会了唱歌。真正令人印象深刻的是这只小鸟，在这里找到白喉知更鸟，这种鸟全球只有50对。有些人只是来看看这些真正奇怪而优美的飞鸟，这些飞鸟是关于Filth唱歌的神话而来的。

我说过地质公园管理计划中最重要的是，地质公园应该在地质保护方面制定全面的管理计划，地质保护不仅包括对遗产地的保护。法律框架适用于地质公园中具有国际重要性的遗产地，这是先决条件，但也包括基础设施和遗产地解释。如果人们不了解遗产的价值，那么可以确保他们不会在乎。而且，我们必须说服居住在遗产地的人们，这些遗产不仅对科学家或遗址管理人员至关重要，而且对改善他们的生活也至关重要。这是我们的责任，我们必须通过解释来做到这一点。

我们的文化遗产也需要保护，我们需要保护主题，需要遵循特定的保护伦理、方法和技术，并使用适当的保护材料和设备。但这还不足以保护地质公园，我们需要对参观遗产地的人员进行持续管理，对遗产地本身进行自然退化的管理，还需要持续监控我们的工作、工作的影响以及保护遗产地的方式。

我们确实还需要开展活动和提高认识、教育和沟通。如果年轻一代不了解这一遗产，那么社会将不会尊重这一遗产。当然，也要持续沟通。这里有一些最简单的遗产地保护方法示例。这是位于德国中部的联合国教科文组织全球地质公园中的恐龙脚印，经过生物气候保护周口店北京人遗址。作为现场保护，这是法国普罗旺斯地质公园于80年代初的第一个现场化石保护，该遗产地是用箭头挖掘的。人们没有将化石搬到巴黎的自然系统博物馆，而是将其保存在那儿，以便人们参观它，直到位于中国自贡的联合国教科文组织全球地质公园的精致恐龙博物馆为止，那里的恐龙骨骼都位于大博物馆中间。

当然还有就地保护化石的新方法。在这里可以输入化石遗址的修复，可以在中国延庆联合国教科文组织全球地质公园看到化石保护。地质公园设置了游客中心进行解释，之后我们将有游客在现场指导他们。这是房山联合国教科文组织全球地质公园博物馆最好的一个。还有其他一些例子，例如内蒙古阿拉善联合国教科文组织全球地质公园和延庆联合国教科文组织全球地质公园。

由于参观，地质公园也正在积极发展。为什么呢？因为地理旅游将为这些遗产地的管理带来必要的资源。地质公园创造游客体验，我们的职责是允许游客以相同的方式分享我们领土上最珍贵的东西，为子孙后代保护这些遗产。我们与来自国家地理联合国教科文组织国际科学联盟的全球所有地理旅游参与者一起组织了一次国际会议。

我们给出了地质旅游的定义。因此，地质旅游可以维持并促进旅游业发展。领地的身份涉及地质、环境、文化、美学、遗产和居民的福祉。我们不希望地质旅游破坏当地人民的生活，相反，我们希望这会改善当地人民的生活。当地社区的参与也非常重要，因为这会创造就业机会。我们需要当地人民的就业和参与我们的活动。在这里可以查看一些联合国教科文组织全球地质公园中的地质公园指南。当地人喜欢这样的活动来引导他们所在地区和地质公园的游客，并在接受培训后解释遗产，因为我们对这些人进行了特殊的培训。可以从巴西联合国教科文组织全球地质公园再次看到当地社区的向导作用。

地质公园正在与其员工和训练有素的向导一起开展活动。为什么？因为我们不喜欢单独旅游，所以我们希望他们参加活动。如果有我们的人员或导游或培训向导与他们合作，则对环境和遗产地的影响很小。地理遗产地解释、导游、追踪、骑马、骑自行车、漂流、奔跑或登船都是我们的活动。可以看到法国的活动，在阿尔卑斯山的活动，有导游带领去遗产地，有导游的旅行，去发现地质历史。年轻的学生在森林或地质公园中体验攀岩这样的冒险活动或在地质公园接力跑320公里。欧洲难的冒险赛跑是在芬兰洛克威联合国教科文组织全球地质公园中的挑战，地质公园社区开展了沿岸地质遗产地解释和活动。

这是日本、英国、西班牙、中国香港以及意大利联合国教科文组织全球地质公园在水下的地质遗迹中的地质浮潜。地质公园也在组织中。这是一个旅游企业网络。为什么？我们知道企业有自己的利益，但是我们需要与他们合作。因此，我们与旅行社、企业、团体旅游合作社、当地酒店、饭店、企业合作开展户外活动等。这是一对年轻夫妇经营的自贡联合国教科文组织全球地质公园啤酒厂，生产烈酒。如果拥有这个网络，我们就可以为地质公园游客提供更高质量的服务，还可以传播有关遗产和遗址的信息。这有来自中国和巴西的例子显示了我们如何通过放置地质公园徽标来标记合作伙伴。

还有其他活动，如葡萄牙联合国教科文组织全球地质公园的地热田中进行的烹饪活动，或在里斯本联合国教科文组织全球地质公园的合作社准备当地食物。为什么团体合作社如此重要？因为在有地质遗产的农村地区，妇女通常没有与男子平等的权利。通过这种方式，我们可以赋予妇女权力，这对于地质公园努力推进的社会凝聚力和包容性发展非常重要。我们还在博物馆和游客中心举办依托当地美食和产品的旅游节。为什么？我们再次需要赋予当地生产者权力，并找到使他们与我们的活动联系起来的新方法，以使他们真正了解遗产对于改善他们的生活至关重要。

本地产品的标签体现在意大利的蜂蜜，出产于柔和的白兰地地质公园，在市场上的价格是本地蜂蜜和其他本地产品的三倍。劳动与地质公园质量的标签一同存在，地质公园的环境教育是我们最重要的活动，我们想向年幼的孩子讲述地球的故事以及与地球有关的人类的故事。我们希望就环境问题开展比赛，与遗产相关的气候变化和自然灾害是活动的核心。这是联合国教科文组织全球地质公园的火山，来自土耳其或德国。与化石保护有关的教育活动在于开发不同的教育工具和发掘针对儿童的教育。这是在房山地质公园博物馆和周口店北京人遗址中发现房山联合国教科文组织全球地质公园的地球过程，地质公园和地质过去等各种活动。

当然，我们也帮助跨国教育活动。这是来自莫斯科艺术联合国教科文组织全球地质公园的八个不同的地质公园的学生。这个交通地质公园位于德国和波兰之间，是欧洲一个棘手的边界，它使欧洲公民真正团结起来，使他们思考地球的未来以及亚洲与欧洲之间交换学生。这是日本的一所学校，参观欧洲化石遗址。这是中国地质大学今年八月与联合国教科文组织全球地质公园进行野外考察的地方。这是保存的公共工程发掘中发现的一个非常奇妙的化石遗址。这条路将因为此遗产而被建造，被保存并在将来被游客参观。将过去的灾难记忆带到整个教育场所，对于地质公园来说，这是最大而且是最重要的任务。这个地质公园是关于火山灾害、自然灾害的教育和地震灾难的模拟，以给学生提供帮助。一周后，在一次强烈的地震中，学校倒塌了，学生离开了学校，没有受伤。这表明我们该如何造福当地社会。

对地质公园所在地的年轻人和失业者进行的职业培训，将帮助当地社会的年轻人了解并参与遗产保护活动，这再次在国际层面上开展，通过地质公园的合作在德国对失业人员进行教育。地质公园还有另一个在其他遗产地中并不常见的工具。

地质公园成为全球网络的成员仅有四年时间，每四年由国际专家进行评估和重新验证，这种机制有助于我们在运营中保持很高的质量水平。而且，我们已经看到了列入不同名录的遗产地不是那么活跃。四年后将是展示地质公园工作的时刻。因此，对地质公园的认可并不是贴上标签，而是地质公园管理者进行进一步工作的工具。

这是日本Morotto地质公园的验证任务，为什么这个程序如此重要？只是为了发展国际旅游业，当然，保持国际水准将有助于国际旅游业的发展，将通过联合国教科文组织和地质公园使用联合国教科文组织的标签将其作为可持续的旅游胜地进行推广。这也很重要，但这不是领地获得的唯一的东西。在地质公园服务中遵循国际标准会帮助人们提供更好的服务，对于国际市场也是如此。要保持运营管理结构的高质量，有时我们会发现失去能力、丢失资源甚至丢失东西，这仍然是至关重要的。答案是，对于评估和重新验证而言，最重要的是地质公园，以有效地支持地质公园对当地的可持续发展和为当地人民创造新的工作。这样，遗产对于当地社区和当地人民将具有巨大的价值。

全球地质公园网络还具有几种通用工具，不仅是国际地质公园会议，而且还有区域会议，最佳实践奖，能力建设活动，参加有助于促进特别是没有能力去那里进行自我宣传的地区的旅游交易会，全球地质公园网络网站，新闻通讯和普通出版物。这是一拓展活动和能力建设，可帮助拉丁美洲的地质公园发展。这是在墨西哥。这是在伊朗。这是去年五月在日本。这是我们每年在北京举行的国际培训课程和地质公园管理活动。

下届会议将于10月底在北京开幕，是第11届地质公园国际强化培训班。接着是联合国教科文组织全球地质公园的气候变化适应和自然灾害缓解措施。

最后，我们庆祝国际日。我们举办活动是为了尝试将这里的地质公园概况做成海报。明天是国际减灾日。这些是地质公园中庆祝地球日的海报。

地质公园正在促进可持续发展目标的实现。我们之所以努力，是因为我们认为，在这些实验性领地上，我们可以实现联合国的所有不同目标。最后，我要说的是，如果我们共同努力、分享经验、建立网络并使用我们拥有的所有人力和财力资源，终有一天，我们可以共同努力，为遗产赢得人类的尊重。

谢谢大家！

数字化在制止非法贩运文化财产和提高对文化遗产认识方面的作用

——以伊斯兰堡博物馆为例

桑德斯·阿斯拉姆[①] Maria Mala[①]

摘要：伊斯兰堡博物馆于1996年成立，由巴基斯坦考古与博物馆部管理。它展出了大约400件文物，涵盖石器时代、果德迪吉、印度河文明、犍陀罗墓葬文化、犍陀罗文明、印度教时期、伊斯兰时期和殖民地时期。除了在伊斯兰堡博物馆展出的文物外，考古与博物馆部还收藏了大约14,000件其他文物。根据《1975年文物法案》，文物出口管制是考古与博物馆部的一项重要义务。近年来，在巴基斯坦海关的积极合作下，考古与博物馆部在机场、海港、陆港等不同出口点拯救了11,000多件文物，使其免于非法出口。滞留文物包括从史前到殖民地时期的雕塑、陶瓷、硬币、珠宝、武器等，均由考古与博物馆部监管。盗窃文化财产在巴基斯坦是一个持续存在的问题，因此需要特别注意保护该国的文化遗产。通过与联合国教科文组织合作，考古与博物馆部于2018年4月启动了一个项目，记录了5,000件文物，使其数字化并开发了2,000个3D视景和二维码。这一举措将有助于编制文物的数字清单，便于与有关利益攸关方分享信息，制止非法贩运文化财产，与合作博物馆举办非公开展览，开发教育内容，促进该国的创意产业发展。这不仅有助于吸引公众参观博物馆，而且最终将提高人们特别是青年人对文化财产的认识。该项目旨在发展各省和私有博物馆的能力，以期建立国家文化财产数据库。

关键词：考古与博物馆；数字化；创意产业；伊斯兰堡博物馆；文物；非法贩运

1 引言

博物馆是收集、保存和展示文物和其他科学艺术或具有历史意义的物品的建筑物，供公众永久或临时观看。博物馆和公众之间有着密切的联系，因此世界上所有发达国家都在推动其文化遗产的发展，投资博物馆，提高公众对博物馆的兴趣。博物馆是一个关注（保存）一系列文物和其他具有艺术、文化、历史或科学意义的物品的机构（Alexander和Mary，2007；2008；Skyrda，等2012）。

博物馆有许多类型，有艺术博物馆、自然历史博物馆、科学博物馆、战争博物馆和儿童博物馆。世界上规模最大、访问量最大的博物馆，包括巴黎的罗浮宫、北京的中国国家博物馆、华盛顿的史密森尼学会、伦敦的大英博物馆和国家美术馆、纽约大都会艺术博物馆和梵蒂冈博物馆。据说在第一次参观一个国家时参观该国博物馆非常重要。

博物馆的定义随着社会的发展而发展。自1946年创立以来，国际博物馆协会根据全球博物馆界的现实更新了这一定义。根据2007年8月24日在奥地利维也纳举行的第22届大会通过的《国际博物馆协会章

---

① 伊斯兰堡考古和博物馆司编目员和古籍专家。

程》，博物馆是"一个为社会及其发展服务的、非盈利的永久性机构，向公众开放，为研究、教育、欣赏之目的征集、保护、研究、传播、展示人类及人类环境的有形遗产和无形遗产。"（国际博物馆协会，2012）

与许多其他国家一样，巴基斯坦还拥有一些重要的博物馆，如拉合尔博物馆、卡拉奇博物馆、白沙瓦博物馆和塔克西拉博物馆，展示了其最丰富的历史特色。因此，它迫切需要在首都伊斯兰堡建立国家博物馆作为国家中心。虽然该博物馆尚未建立完整的形式，但为拟议的巴基斯坦国家博物馆提供了基地，创建了一个名为伊斯兰堡博物馆的巴基斯坦国家博物馆的核心。临时位于伊斯兰堡 G-5/1 阿塔土耳克大道的赛伊德纪念大楼内。该博物馆收藏了大约 1,350 件文物，分别来自石器时代、梅赫尔格尔、印度河文明、犍陀罗墓葬文化、犍陀罗文明、印度教时期、伊斯兰时期和殖民地时期（《伊斯兰堡博物馆指南》）。伊斯兰堡博物馆由考古和博物馆部负责。考古学和博物馆部是伊斯兰堡国家历史和文学遗产部的附属部门。该部门是"印度考古调查"的延续，该调查于 1861 年创建，用于考古调查、考古研究、包括挖掘和保护英属印度的可移动和不可移动的文物。巴基斯坦成立后，该部门的名称改为"考古和博物馆部"，以充分表达其职能义务。考古和博物馆部的全部收藏是 14,000 件物品，包括塔克西拉博物馆的 1,200 件。

因为巴基斯坦是教科文组织公约（教科文组织 2003 年）1970 年关于禁止和防止非法进出口文化财产和非法转让其所有权的方法的公约的签署国，考古与博物馆部的一项重要义务是控制文物的出口［根据《1975 年文物法》和《1969 年海关法》（1969 年第 4 号）第 15、16 节的规定和《1975 年文物出口规则》，该规则根据《1975 年文物法》第 37 节制定］。自 2011 年 4 月起，通过与巴基斯坦海关的积极合作，考古与博物馆部在不同的出口点，即机场、海港和陆港，拯救了 11,000 多件非法出口文物。包括雕塑、陶器、金属物件和硬币在内的被扣留的文物属于不同的历史时期。考古与博物馆部还认识到需要提高认识并教育公众参与保护文化遗产，可以通过加强博物馆在其职权范围内的教育作提高这种意识和加强教育。

就博物馆和考古部门的馆藏而言，一个社会或一个地方的物质和非物质因素的遗产可以被视为文化遗产，这些遗产已被传承下来并为后代保留。国际古迹遗址理事会将"习俗、惯例、场所、文物、艺术表现形式和价值观"以及建筑环境视为文化遗产范围的代表（Alexander，2008）。这些文化遗产机构通过收集、管理和展示不同地方和社会的文物和习俗，努力教育，促进和记忆过去（Horan，2013）。

第一个博物馆在公元前 3 世纪由托勒密·索特（公元前 367—前 283）建立，托勒密·索特是将军，还是马其顿国王亚历山大大帝（公元前 356—前 323）的继承者。此后，博物馆开始成为雇用私人收藏作为教学工具的学术机构（Werner，2013）。这些机构充当教育资源的储存库，从哲学家的雕塑到天文工具和科学标本（Alexander，2008）。这些艺术、历史、人类学和科学文物的公开展览和解释为不同的观众开辟了一个学术世界。然而，直到最近，体验这些文物的唯一方法是通过参观实体博物馆（Horan，2013）。

2 数字技术在博物馆中的作用

数字时代的到来改变了公众与博物馆的互动方式，并影响了文化和档案机构馆藏管理方法的未来（《大英百科全书》，2013）。社会沉浸在技术世界中改变了世界的运作方式（Smith，1999）。知识的激增比以往任何时候都更快，联邦政府以及专业商业部门都注意到了这一点（Smith，2000）。随着计算机化学科开始融入日常生活，文化转型发生了。20 世纪 70 年代，尽管有计算机技术的存在及其在文化遗产机构中使用的历史，这些组织开始认识到数字化提供的机会。这一部分是由于对进入主流文化的技术和数字世界的回应。文化遗产机构开始采用适用于其行政和收藏管理方法的计算机技术的数字和组织属性（Hughes，2004；2012；Parry，2007；Stromberg，2013）。

20 世纪 80 年代和 90 年代，对这些能力的承认使文化遗产组织能够通过其数据记录软件和最早的因特网版本，立即连接和交流。数字化为各种规模的机构提供了相同的学术，解释和与虚拟受众建立联系的能力。占用数字化过程的计算机和适当软件的使用极大地影响了馆藏经理、策展人、教育工作者和管理人员正在执行的记录和组织工作（Reilly，2000；Jabbari，2015；Hutcheson，2014）。在程序和信息指南中开发最佳实践，在创建时还为文化组织工作人员配备了标准化程序，以便在整个数字化过程中始终如一地生成高质量的数字代理。博物馆和档案馆藏的数字化不仅为这些机构提供了更好地管理藏品的机会，还为他们提供了在全球传播知识和文化的机会（Horan，2013）。

本文的目的是追踪博物馆和考古部门利用数字技术制止非法贩运文化财产和提高人们对文化遗产的认识。意识到数字技术在考古领域的需要和实用性，为了保护文化遗产，考古与博物馆部于2018年3月在巴基斯坦瑞士合作办公室和巴基斯坦-联合国教科文组织的帮助下开始了其文物数字化。

在该主题项目下，考古与博物馆部主动将其收藏品中的5,000件文物数字化，目的不仅是保存其数字格式的文物，还有遏制非法贩运巴基斯坦丰富的考古遗产。这项工作是通过使用考古与博物馆部数字化中心的设施完成的，该设施于2017年5月在巴基斯坦政府的资助下成立。项目完成后，考古与博物馆部将能够建设省级部门的能力，并敦促他们复制考古与博物馆部的工作。同样，考古与博物馆部可以向私人博物馆展示其作品，并帮助他们改善教育角色和建立库存。

3 数字化过程

考古与博物馆部的数字化过程遵循几个步骤，包括记录和编目，为每件文物生成二维码，创建数据库，为伊斯兰堡博物馆开发网站，最后培训工作人员，将该项目扩展到其他地区（图1）。

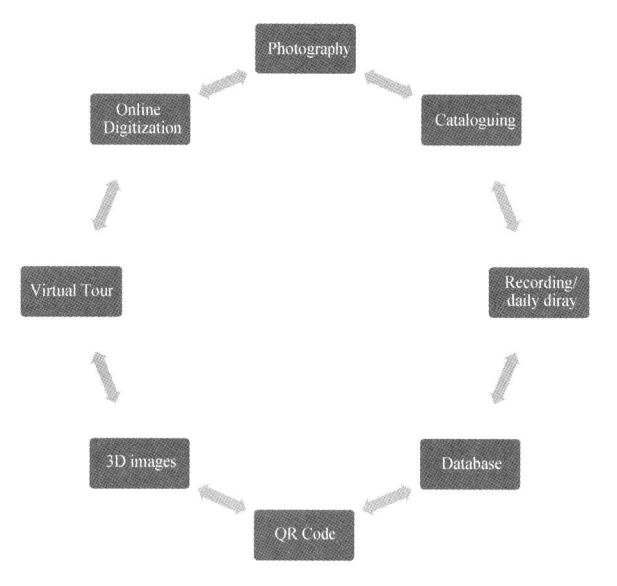

图1 循环显示数字化过程

3.1 文物记录和编目

文物的记录和编目按以下方式组织。

- 伊斯兰堡博物馆

首先，选择伊斯兰堡博物馆的文物进行记录，对公众开放，以便公众能够优先受益于数字技术。

- 考古与博物馆部

第二步是记录位于伊斯兰堡考古与博物馆部保护区的文物。考古与博物馆部在打击非法贩运中截获了这些文物。

- 塔克西拉博物馆（考古与博物馆部财产）

最后，我们记录了位于塔克西拉博物馆保护区内的文物，这些文物由考古与博物馆部保管。

3.1.1 步骤

记录和编目过程包括下列步骤：

（1）清洁。首先清洁文物以准备摄影和记录。

（2）摄影。使用好的相机和特殊灯光，根据国际标准捕捉文物目录。每件文物至少拍摄6张照片。此外，拍摄了大约350到600张用于3D图像的照片。

（3）测量。摄影后，根据文物的性质，使用游标卡尺，电子秤和其他手动刻度精确测量每件文物。

（4）编目。在摄影和记录之后，数据被输入数据库系统，准备编目。对于编目，给出文物的以下内容：1）编号；2）名称；3）类型；4）尺寸；5）材质；6）时期；7）来源；8）原产地；9）描述。

3.1.2 文物性质

登记的文物具有多种性质：雕塑、硬币、珠子、陶瓷、小雕像、荔枝、海豹、艺术浮雕、手稿等。文物的清单是基于给定的例子完成的（图2）。

1.		
文物编号/新增藏品	编号1	
文物名称	佛	
类型	雕像	
来源	没收	
时期	公元2—4世纪	
尺寸（cm）	50×31	
材质	灰色片岩	
原产地	巴基斯坦犍陀罗	
描述：布道姿势的佛		
状况：良好		

图2　库存记录表

3.2 数字化过程

在编目和库存记录之后，数字化过程在以下步骤中开始。

- **数据库开发**：基于数据库的基本视图中存储了在 PHP MySQL 中创建的数据（图3、图4）。

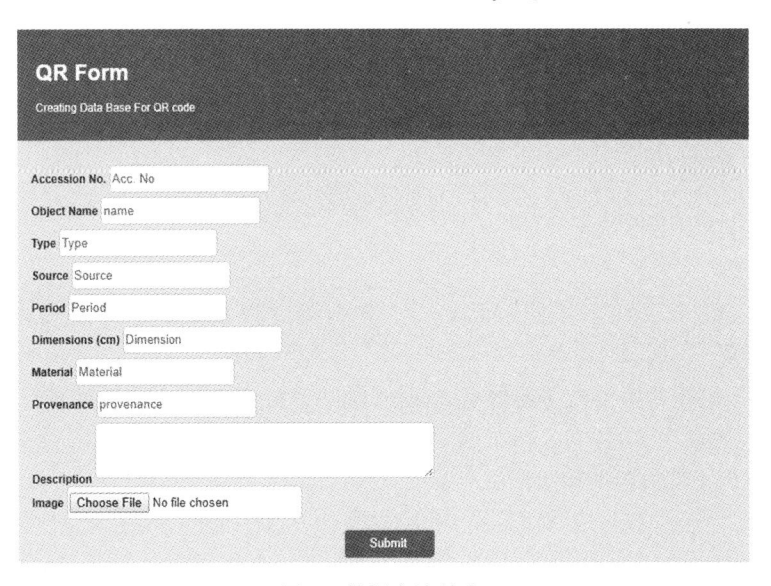

图3　数据库清单表

- **网站开发**：为了发布文物，考古与博物馆部创建了一个主要网站，即 http://doam.gov.pk/。博物馆网站的链接是 http://isbmuseum.doam.gov.pk/。

- **网站状态**：

网站包括：1）网站模板；2）二维码生成；3）图库；4）数据库中的文物记录；5）安全访问。

二维码软件：该项目的主要目的是使用包括二维码生成在内的最新技术对文物进行数字化处理。对于二维码，创建了用于保存系统的基本软件，对于展示，创建了基于 Web 的自定义插件，用于生成文物完整数据二维码。

生成二维码：每个文物分离的二维码，已经最少生成了 3—6 个图像（图 5）。

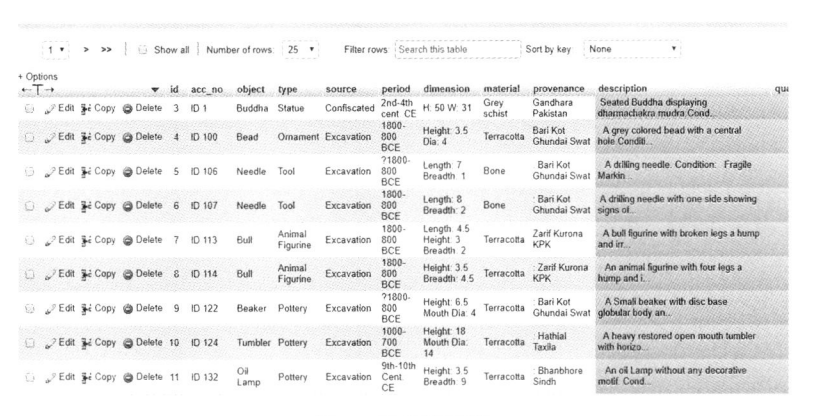

图 4　数据库信息

图 5　生成文物二维码

3D 图像：除了二维码之外，还创建了 3D 图像，以便向公众全面展示文物。

过程：第一步是从各个角度拍摄文物照片。一件小文物大约拍 300 张照片，而一个大文物大约拍 650 张照片。之后，图片将导入软件并执行以下步骤：对齐；组合；几何形状；纹理；组块（图 6）。

图 6　3D 过程

虚拟旅游：伊斯兰堡博物馆已创建了虚拟旅游，其中包括将被上传到伊斯兰堡博物馆网站上的博物馆的所有细节。

3.3 考古与博物馆部工作人员的能力建设——不断发展的特征

该项目的最后阶段是考古与博物馆部工作人员的能力建设，复制和扩展其他地区和省份的数字化项目，保护共享的文化遗产并帮助制止非法贩运。它涉及以下步骤：1）员工记录培训；2）数据库存储培训；3）摄影培训；4）3D图像培训。

4 结语

伊斯兰堡博物馆的文物数字化是一项了不起的举措，将在保护文化遗产和避免非法贩运文物方面发挥关键作用，而且还可以通过博物馆提高教育的作用。数字技术（照片、虚拟视频、3D图像）的使用将提高公众（所有年龄段）对博物馆的兴趣。此外，网上提供的信息将方便世界各地的研究人员和学者在网上查阅材料。通过开发3D图像，考古与博物馆部将能更方便地与其他国家和国际博物馆进行远程展览。最后，项目小组将在其他城市、省份举办讲习班，分享这一知识。该项目的成功将激励其他省份复制这一模式，并进一步发展数字化中心，发展计算机化的库存。

参 考 文 献

伊斯兰堡博物馆指南. 伊斯兰堡巴基斯坦国家历史与文学遗产部考古与博物馆部出版.

联合国教科文组织. 2003. 保护非物质文化遗产公约. 由国际文物保护与修复研究中心3工作组提供.

大英百科全书. 2013. 计算机技术（模拟和数字）. 2013年4月3日检索：http://www.britannica.com/EBchecked/topic/130429/computer.

Alexander, Edward P. 和 Alexander, Mary. 2008. 动感博物馆. 纽约：阿尔塔米拉出版社.

Alexander, Edward Porter, Mary Alexander. 2007. 动感博物馆：博物馆的历史和功能介绍. 莱曼和赖特菲尔德出版社. 2008. ISBN 978-0-7591-0509-6. 2009年10月6日检索.

Horan, Genevieve. 2013. 数字遗产：博物馆和档案馆的数字化. 南伊利诺伊大学卡本代尔分校.

Hughes, Lorna. 2004. 信息管理员数字化馆藏战略问题. 伦敦：英国图书资讯学出版社.

Hughes, Lorna. 2012. 评估和衡量数字馆藏的价值，使用和影响. 伦敦：英国图书资讯学出版社.

Hutcheson, Natasha. 2014. 数字化：一个简单的博物馆指南. 英国艺术委员会出版. 2018年4月1日检索：collectionstrust. org.uk/.

Jabbari, Tahireh. 2015. 数字化保护的重要性. 2018年4月1日检索：blogs.commons.gorgetown.edu.

Parry, Ross. 2007. 重新编码博物馆：数字遗产和技术变革. 伦敦：罗德里奇.

Reilly, Bernard. 2000. 馆藏：博物馆藏品在线. 2013年4月5日检索：http://www.clir.org/pubs/reports/pub88/reports/pub88/pub88.pdf.

Skyrda, Maryna 等. 2012. 博物馆在教育和文化旅游发展中的作用. 在教科文组织莫斯科办事处和独联体国家教育，科学和文化合作政府间基金会（IFESCCO）的财政支持下出版.

Smith, Abby. 1999. 为什么要数字化？图书馆与信息资源委员会. 2013年4月5日检索：http://www.clir.org/pubs/reports/pub80-smith/pub80.html.

Stromberg, Joseph. 2013. 数字化将为博物馆的未来做些什么. www.Smithsonin.com.

Werner, Robert. 2013. 托勒密·索特. 不列颠百科全书. 2013年4月6日检索： http://www.britan-nica.com/EBchecked/topic/482132/Ptolemy-I-Soter/5967/King-of- Egypt.

史前遗迹标准对史前考古博物馆质量的影响
（案例研究：大不里士铁器博物馆）

尼尔赫梅·阿萨蒂安·扎伽[①]

摘要：近几年来，关于博物馆如何在游客中创造记忆和兴趣的思考在学术文献中得到了发展，但对于史前考古博物馆来说却很少深入。提高这些博物馆的展示质量的一种方法似乎是利用所有感官来增加设计环境的感官丰富性，以创造吸引力和增加包容性。除了考虑其在提高史前考古博物馆质量方面的应用之外，本文还提出了感官风景方法的概念，以案例研究为基础，它考察了游客参与，难忘的旅游体验和大不里士铁器博物馆感官风景的相互作用。此外，对过去一年参观铁器博物馆的20个人进行了深入访谈，确定了有关博物馆视觉和非视觉属性可用性的更多重要信息。土壤的气味、木制楼梯的声音效果、博物馆内部和外部的明暗对比，博物馆内感到寒冷以及他们触摸博物馆墙壁的能力是可以向家人和朋友描述的难忘事件。访谈表明，游客的感官认知与他们谈论和宣传博物馆的意愿之间存在关联。最后，提出用于史前考古博物馆设计环境的感官丰富性的模型。这项研究发现可以帮助设计师在史前考古博物馆中提出适用和适当的元素组合。

关键词：史前考古遗产；博物馆设计；感官风景；感官认知

1 引言

近年来，学术文献中已经开始考虑如何设计博物馆以创造记忆、兴趣和教育，但很少深入研究史前考古博物馆。因此，需要采用新方式充分利用为旅游业提供的新创新方法。提高博物馆展示质量的一种创新方法是通过利用所有感官来增加设计环境的感官丰富度，以创造吸引力并增加包容性（Gretzel & Fesenmaier，2010；Pan & Ryan，2009；Agapito 等，2013）。尽管如此，感官在博物馆参观者体验中作用的设计研究仍然不足以涵盖这一主题，需要更多的概念化努力，今天提供了重要的研究机会。

本文的目的是提出一个感官风景方法的概念，并考虑其在提高史前考古博物馆质量方面的应用。为实现这一目标，采用了案例研究方法，探讨了参观者感官体验与博物馆功能之间的关系（如创造场所精神、记忆和学习机会）。衡量参观者体验将提供信息，因为其重点是产生满意度的细节。对于参观者来说，重要的是体验式维度，即这次参观的感觉如何，如何丰富他们的生活（Schmitt，2003）。

该研究在大不里士进行，大不里士是伊朗最重要的历史名城之一，其历史可以追溯到伊斯兰时期之前（Sultanzade，1997）。研究遗址为大不里士铁器博物馆、史前墓地，与两三个铁器时期有关，即第二个千年末和公元前一千年初。这个博物馆就像一个庇护所，覆盖了考古遗址的一小部分并保存其内容。本文基于参观者的视角，对20位参观过铁器博物馆的人进行了深度采访。受访者被要求回答关于他们参观博物馆的感受、体验和评估的开放式问题，他们希望他们如何重视这种体验，以及他们如何向亲戚朋友描述这个地方。

[①] 尼尔赫梅·阿萨蒂安·扎伽，伊朗塔比阿特莫达勒斯大学园林规划学博士生（2017）。

2 感官博物馆学

Tony Bennett 概述了博物馆中感官的历史影响，解释了启蒙运动之前博物馆是如何公开接受参观的，因为不同的感官体验的结合有助于创造知识（Bennett，1998）。David Howes 在他的文章《感官博物馆学概论》（Howes，2014）中进一步阐述了感官的作用。他提到了"审美欣赏"，并将触觉作为博物馆中的反复出现的组成部分。Howes 写道："新博物馆学中最突出的趋势可能就是触摸的恢复"。他称"博物馆现在是参观者运用感官的地方，而不是制止运用感官"。

目前的文献，包括 Urry（2002）的分析，指出了所有身体感官在理解全球旅游体验中的作用，强调了对感官风景整体方法的需求，即增加其他种类的风景，如听觉风景、味觉景观、触觉景观和嗅觉景观（Agapito，2013）。

2.1 触觉

也许新博物馆学中最突出的趋势是触摸的恢复（Howes，2014）。目前对博物馆研究中的触觉感受的重要性由最近出版的有关该主题的出版物的数量证明，包括《参与博物馆》（Black，2005），《触摸的力量：处理博物馆和遗产领域的文物》（Pye，2007），《触摸博物馆》（Chatterjee，2008），《艺术、博物馆和触摸》（Candlin，2010）和《博物馆实体性》（Dudley，2010）。

2.2 嗅觉风景

嗅觉和感官体验是遗产和历史的重要组成部分。嗅觉代表了物质世界的创造、操纵和重要部分，可以通过非物质遗产和记忆来表达和保存。通过尝试定义遗产地的嗅觉风景，并探索这些气味如何变化，可以更加详细地记住地方和事件，发现价值观和新的遗产，并且可以更完整地获得和回味共同和个人的重要记忆（Davis & Thys-Şenocak，2017）。测试表明气味引起的记忆产生比其他感官更高的情绪强度（Herz，1998；Herz 等，2004；Buchanan，2007）。换句话说，在长期记忆中，气味被保存为情感记忆，而不仅仅是"嗅觉人工制品"（Herz 2011，269）。此外，这种将气味、记忆和情感联系起来的过程会产生与气味有关的"好"或"坏"的感觉（Davis & Thys-Şenocak，2017）。

2.3 听觉风景

博物馆研究最近开始研究"感官博物馆学"（Howes，2014），并专注于"感觉"而不是"意义"（Message and Witcomb，2015）。然而，除了少数例外，博物馆中声音和沉默的使用几乎从未涉及过。在博物馆中，声音用于以感官方式传递历史知识，也有效地吸引游客并使他们记住（de Jong，2018）。

2.4 博物馆和感官风景的作用

博物馆是调动物质文化来代表过去的机构。因此，博物馆与其他形式的历史创造和学习的区别在于其提供的感官体验。与教科书不同，博物馆叙事的原材料是文物，文物在所有感官中都有潜力（如果不是总是在实践中）。根据这一趋势，博物馆研究的学者们开始参与博物馆的性质和功能（Howes，2014）。博物馆体验的这种多感官性质可以成为个人记忆的强大刺激。Gaynor Kavanagh 在探索博物馆的"梦想之地"时解释了这一潜力："形状或阴影或其他东西，纹理或颜色，空间的运作以及穿梭的人们可以成为触发器，触发无穷无尽的个人情感。因此，我们必须更充分地接受想象力，情感，感官和记忆作为博物馆体验的重要组成部分"（Kavanagh，2000）。她继续指出，"博物馆的多感官体验，加上参观的社会性质，使许多参观者处于自然回忆，甚至是自发回忆的状态"（同上）。博物馆也是可以观察到感官和集体记忆之间联系的地方（Saunders & Cornish，2017）。

当前许多博物馆理论和实践强调了讲故事的重要性以及在多层次的博物馆解释中包含多种观点，其主要目标是在其他时间和地点引发对人们生活的同情和个人互动（Dudley，2014）。博物馆有可能成为一个"前线"，创造学习空间，建立新的身份，在不同的群体和他们自己的历史之间建立新的联系（Golding，2016）。

为了吸引博物馆参观者讲述故事，并产生持久影响，需要采用情节、戏剧效果和真实性来实现。真实性可以通过收集提供"真实"体验，物理现象的动手实验以及真实个人表达和创造力的机会来实现。博物馆中最基本的戏剧效果包括明暗。"清醒，渗透，意识，发现，内心，奇迹"（Jones，1941）。除了光，还可以通过环绕声，视频和音乐创造潜在的戏剧效果。在某些情况下，这些技术用于强调情节；在其他情况下，这些技术操纵环境（Counts，2009）。剧情是一个重要的特征，其中"叙事或戏剧中的事件模式或主要故事"为观众创造了紧张感。博物馆展览中不常见的设计元素是情节，一个强有力的情节将吸引参与者的情绪，并将他们拉入一个故事（同上）。

2.5 作为旅游体验维度的感官

了解游客体验是博物馆游客研究的一个重要焦点，因为它关注对游客重要的方面。能够从游客的角度理解和捕捉游客体验，将使博物馆工作人员能够构建环境，方便或鼓励个人的意义创造和满意的体验。参观者体验被定义为"个人对其通常环境之外的活动，场景或事件的直接或持续的主观和个人反应"（Packer & Ballantyne，2016）。Meacci & Liberatore（2015）指出，体验过程的第一阶段以感官为代表。该过程从物理刺激开始，由事件引起（图1）。有了这种观点，提升游客体验的框架提高了刺激感官的重要性，以到达游客的心灵和思想（Agapito等，2013）。

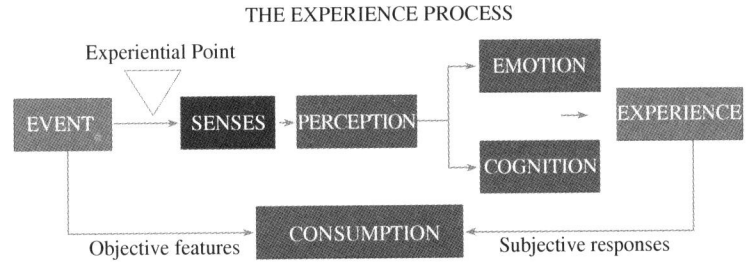

图 1　旅游体验过程（Meacci & Liberatore，2015）

2.6 博物馆感官丰富度模型

根据文献综述，利用感官进行遗产研究，不仅有助于以独特的方式将人们与过去和现在联系在一起，而且有助于更全面地了解人们和地方的生活遗产，并在感官记忆的光谱中记忆和重新体验。图2试图将研究结果总结为博物馆感官丰富度的框架。

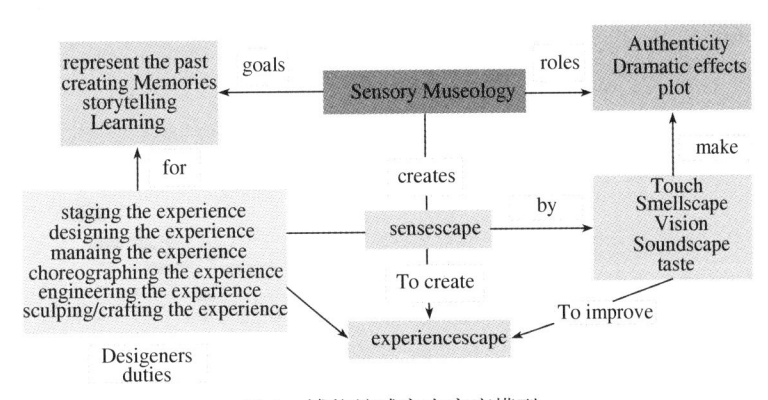

图 2　博物馆感官丰富度模型

3 研究

3.1 研究定位

如上所述，该研究是在伊朗最重要的历史城市之一——大不里士进行的，其历史可追溯到前伊斯兰时代（Sultanzade，1997）。研究遗址，即铁时代博物馆、史前公墓位于蓝色清真寺东北部的大不里士，位于现有清真寺底部的几个沉积物和地质层下，与两三个铁器时期有关，即第二个千年末和公元前一千年初。

1997年，在大不里士的蓝色清真寺[①]附近建造了一个购物中心，发现了一个史前墓地的遗迹（Motamedi，1999）。随后的考古发掘揭示了几个可追溯到铁器时代的坟墓。该遗址见证了2000年开始的四季考古发掘（Hojabri Nowbari，2002），考古发掘可能会持续到2003年，从这一年开始，博物馆正式开放。

蓝色清真寺遗址最重要的遗迹是属于公元前一千年的坟墓（Azarnoush & Helwing，2005），并以胚胎的形式被埋葬。这些坟墓的主人似乎相信死者的死亡和复活后的世界，因为这种信念他们埋葬工具，例如盛有食物和饮料的陶器。

所有骷髅残骸，如牙齿和骨头，都保存在遗址博物馆中，并没有转移到另一个地方；该遗址（墓地）已被重新安排为半开放的墓地，并覆盖着透明的外壳。因此，这个博物馆的特殊属性是在调查地点展示骷髅和陶器，并展示出挖掘出来的土层（图3）。

图3 大不里士铁器博物馆

3.2 研究模式

要求被调查者回答关于他们对参观博物馆的感受、体验和评估的开放式问题，尽可能多地写关于他们如何重视这一体验，以及他们如何向亲戚朋友描述这个地方。样本包括来自大不里士和伊朗其他城市的20名游客。根据定性研究的惯例，该样本比许多已发表作品的例子要大。当然，样本大小足以显示主题的重复（数据饱和），这通常被看作是关键维度的确认点（Elo等，2014年）。这些样本是在博物馆的院子里或者后来被社交网络采访的。只对一个民族团体（伊朗）进行了访谈，以减少调查结果中的文化因素。

数据以定性方法进行检查。这种方法源于传统的实证主义哲学，Guba（1990）认为自17世纪以来实证主义哲学一直占据主导地位，Riley和Love（2000）认为这是主要旅游期刊中旅游研究的主导方法。Guba

---

① Masjed-e-Kabud。

和 Lincoln（1994）将定性研究描述为其主题的解释性、自然主义方法，Creswell（1998）以此定义为基础，并补充道：

定性研究是一种基于探究社会或人类问题的独特探究方法传统的理解探究过程。研究人员构建一个复杂的整体背景，分析词语，报告信息提供者的详细信息，并在自然环境中进行研究（Creswell，1998）。

在选择之后，作者首先阅读了该文本，并按照 Saldaña（2009）提出的原则进行了主题分析。随后，提取代码的任何初步单词或短语，并将其写在标识感兴趣项目的注释上。通过这种方式，出现了初始代码（表1）。最后，阅读并比较了文本。

表1　定性研究的初始代码

初始代码	
非常特别的地方，精彩的	多亏墙上留下的痕迹，才有一层层的参观
独特的博物馆和清新的微风	博物馆是完整的墓地，只被庇护所盖住了
从历史的深度	半开放坟墓和覆盖的透明外壳
我永远不会忘记这次参观	参观的小而有趣的地方
我见过的最好的博物馆，非凡的博物馆	好消息是考古学家决定不将他们搬到博物馆并将其安排到工场
真实的、引人思考的、惊人的地下历史	真实的东西在地下8米的真实位置
精湛的介绍	你将走在安全的人行道上，走过挖掘过的坟墓，这些坟墓一定是高级别的人和/或战士
……	……

3.3　发现

3.3.1　游客感知

大不里士铁器博物馆参观者提供的文字输出清楚地表明了三个重要概念，即博物馆的学习方面、真实性和感官设计（图4）。

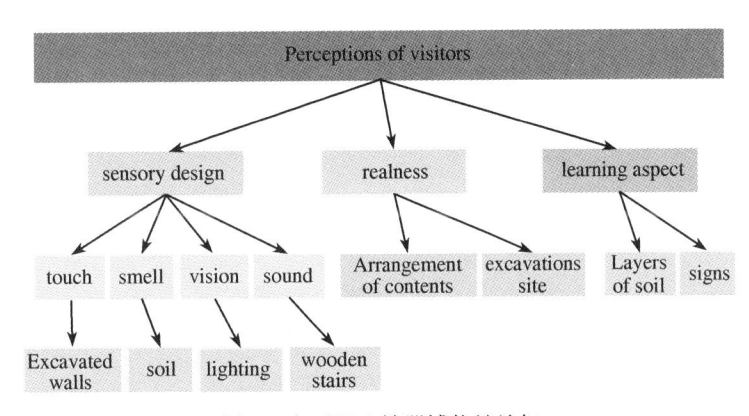

图4　大不里士铁器博物馆认知

这一分析也表明，写博物馆的学习方面是文本的第一个也是重要的部分。例如，其中一位游客写道：参观了这个博物馆后，我才知道我对我出生的城市一无所知。3000年前，人们生活在这个地区，看到铁器时代的坟墓是多么令人惊奇，带陶器的骷髅。我会推荐我的朋友来参观这个博物馆。

从文本的角度来看，博物馆墙壁的现有标志和土壤层显示出每层的历史记录，这些都是帮助参观者改善认知的学习因素。

博物馆的真实性和保持原始遗址中的挖掘内容是第二个问题，游客倾向于强调使用"真实"和"不制造，不是人工制品"等词语——可能是因为对这种形式的博物馆不太熟悉。有趣的评论出现在可以注意到参观者对博物馆的感官设计和物理特征做出评论的过程中，其中包括以下内容：

当我进入博物馆时，我很惊讶，里面很黑，橙色的光聚焦在骷髅上。

进入博物馆，你应该走在比骷髅更高的狭窄的木质小路上，在里面行走时，它会发出噪音，提醒你在重要的地方，应该小心，享受你的时间。

如上所述，一组主要评论涉及博物馆的感官设计或其他感官设计。这个评论按人的四种感觉分类：触觉、嗅觉、视觉和听觉。触摸博物馆崎岖不平的土墙，嗅到土味，内部和外部之间的光线对比以及橙色的光线存在和可听见的木质小径，是这个博物馆可识别的感官风景，也是除了独特性和真实性，参观者用来描述这个博物馆的术语。调查结果表明，在博物馆设计中，特别是使用和整合感官风景与独特性和学习方面的史前设计，使得博物馆后来被参观者记住、描述和推荐。

4 结语

本文旨在确定博物馆设计的感官维度，以提高博物馆（尤其是史前博物馆）的旅游体验质量。博物馆及其环境是感官的，提供多感官的邂逅。因此，关于博物馆旅游体验的多感官信息似乎对记忆、记娱乐和学习都很重要，从而成为鼓励他人到博物馆参观的动机。

根据研究目的，作者遵循定性方法，通过深度访谈和受访者撰写的相关案例研究，收集了大不里士铁器博物馆的信息。调查结果表明，这个涉及人类感官的博物馆的设计元素可以为参观者所识别，并对其乐趣和记忆产生积极影响，也创造了地方精神和实际考古遗址的存在感。除了创造记忆之外，博物馆的感官风景也影响了参观者对该地区历史以及史前人类雕刻方式的了解。可以说，参观者的感知认知与他们谈论和宣传博物馆的意愿之间存在关联。在这个博物馆中使用整体方法来运用人类的感官和四种参与感官（触觉、听觉、嗅觉和视觉）似乎已经得出了这个结论。

大不里士铁器博物馆的感官设计揭示了将景观转化为博物馆环境并不困难。博物馆有机会利用他们拥有的感官风景和文物来创造真正非凡的展览。John Dewey（1938）认为"个人与当时构成他的环境之间的转化即是体验"。为了实现这些转化，设计着和开发人员必须考虑博物馆的设计，有意识地使用感官设计很重要。感官设计可以帮助那些旨在让观众沉浸在故事中的博物馆，让他们有机会见证不同的世界，或者让人难忘。

参 考 文 献

Agapito, D., Mendes, J. 和 Valle, P. 2013. 探索旅游体验的感官维度. 目的地营销与管理. 2（2），62-73.

Azarnoush M, Helwing B. 2005. 伊朗史前史到铁器时代的最新考古研究. AMIT 期刊；3B2：189-246.

Bennett, Tony. 1998. 教育对象，擦亮眼睛和流行教学：关于感官制度和博物馆教学法. Configurations 杂志 6.3. 约翰斯·霍普金斯大学出版社和文学与科学学会. pp. 345-371.

Black, Graham. 2005. 参与博物馆：开发参观者参与的博物馆. 牛津：罗德里奇.

Buchanan, Tony W. 2007. 检索情绪记忆. 心理学公报. 133（5）：761-779.

Candlin, Fiona. 2010. 艺术，博物馆和触摸. 曼彻斯特：曼彻斯特大学出版社.

Chatterjee, Helen. 2008. 触摸博物馆：文物处理中的政策与实践. 牛津：伯格出版社.

Counts, C. M. 2009. 博物馆展览中的壮观设计. 策展人：博物馆杂志. 52（3），273-288.

Creswell, J. 1998. 定性探究与设计：五种传统的选择. 伦敦：赛吉出版公司.

Davis, L., & Thys-Şenocak, L. 2017. 遗产和气味：研究和展示伊斯坦布尔不断变化的嗅觉风景. 国际遗产研究杂志. 23（8），723-741.

De Jong, S．2018．感伤教育：历史博物馆的声音和沉默．博物馆与社会．16（1）．

Dewey, J．1938．（1997版）体验与教育．纽约：试金石出版社．

Dudley, S. H．2014．抽屉里有什么？皮特河博物馆的惊喜和本体感受．感官与社会．9（3），296-309．

Dudley, Sandra（编辑）．2010．博物馆实体：文物，参与，解释．阿宾顿：罗德里奇．

Elo, S., M. Kääriäinen, O. Kanste, T. Pölkki, K. Utriainen, 和 H. Kyngäs. 2014．定性内容分析：关注可信度．赛吉开放出版社1-3月：1-10．

Golding, V．2016．在博物馆前线学习：身份，种族和权力．罗德里奇．

Gretzel, U., & Fesenmaier, D. 2010．通过半结构的微妙问题捕捉感官体验．在 M. Morgan, L. Lugosi, & J.R.B. Ritchie（编辑）中，旅游和休闲体验：消费者和管理角度（pp.137-160）．英国：频道观看出版社．

Guba, E.G．1990．范式对话．伦敦：赛吉出版公司．

Guba, E.G. 和 Lincoln, Y.S．1994．定性研究中的竞争范式．在 N.K. Denzin and Y.S. Lincoln（编辑）定性研究手册中．（pp. 105–117）．加利福尼亚州：赛吉出版公司．

Herz, Rachel S．1998．气味是记忆的最佳线索吗？联想记忆刺激的跨模态比较．纽约科学院年报．855（1）：670-674．

Herz, Rachel S．2011．气味记忆．在牛津社会神经科学手册中，由 Jean Decety 和 John T. Cacioppo 编辑．269．牛津：牛津大学出版社．

Herz, Rachel S., James Eliassen, Sophia Beland 和 Timothy Souza．2004．神经成像证据表明气味诱发记忆的情绪效应．神经心理学．42（3）：371-378．

Hojabri Nowbari AR．2002．大不里士蓝色清真寺的考古遗址第四次挖掘季节的报告。德黑兰：文化遗产，手工艺和旅游组织文献中心（CHTO）．

Howes, D．2014．感官博物馆学概论．感官与社会．9（3），259-267．

Jones, R. E．1941．戏剧性的想象力．纽约：戏剧艺术书籍．

Kavanagh, G．2000．梦想空间：记忆和博物馆．布卢姆斯伯里出版社．

Meacci, L., & Liberatore, G. 2015．走向以感官为基础的体验式旅游模式：the youtooscany. com 案例．管理．2（2），62-73．

Message，K. 和 Witcomb，A．2015．简介：博物馆理论 - 扩展的领域．Andrea Witcomb 和 Kylie Message（编辑）国际博物馆研究手册：博物馆理论．xxxv-lxiii. 奇切斯特：约翰威立股份有限公司．

Motamedi N．1999．大不里士蓝色清真寺考古遗址的第一个挖掘季节的初步报告．德黑兰：文化遗产，手工艺和旅游组织文献中心（CHTO）．1999．

Packer, J., & Ballantyne, R. 2016．概念化参观者体验：文献综述和多方面模型的发展．参观者研究．19（2）：128-143．

Pan, S., & Ryan, C. 2009．旅游意识形成：感官和旅游新闻的作用．旅游与旅游营销杂志．26（7）：625-639．

Pye, Elizabeth（编辑）．2007．触摸的力量：处理博物馆和遗产背景中的文物．加州核桃溪：左岸出版社．

Riley, R.W. 和 Love, L.L．2000．定性研究现状．旅游研究年鉴．27（1）：164-187．

Saldaña, J．2009．定性研究人员的编码手册．洛杉矶：赛吉出版公司．

Saunders, N. J., & Cornish, P.（编辑）．2017．现代冲突与感官．泰勒与弗朗西斯出版集团．

Schmitt, B. H．2003．客户体验管理．新泽西州霍博肯：威利．

Sultanzade, H．1997．大不里士 - 伊朗建筑的坚实基石．文化研究局：德黑兰．30-35．

Urry, J．2002．旅游目光（第二版）．伦敦：赛吉出版公司．

文化遗产保护中的数字考古技术应用研究探讨

——以史前考古数字化应用为例

孟中元[①]

摘要：考古学是一门科学，是历史科学的分支学科。数字考古是科技考古的一个重要组成部分，是现代计算机信息技术与人文科学相互融合和渗透的产物。在考古学研究中可结合多学科的理论、方法与技术以探索古代文明。本文以数字考古的基础理论与实践为依据，从技术层面上对数字考古所涉及相关技术进行梳理，以探讨应用于史前文明探索与研究的相关技术实现的可能性。数字考古研究的范围非常广阔，在"互联网＋文明"下研究探索史前文明其意义非常之大。在基于独立编程开发创建秦汉文化网实践的基础上进行深入思考和研究，提出从知识管理的理念出发，充分利用信息技术在互联网云计算环境下建立起史前文明知识网络。通过利用数字博物馆、数字图书馆、OA 等技术对学术知识资源进行整合，构建史前文明知识与信息网络体系，建立史前文明学科门户网站，以数字化形式对人类文化遗产进行科学管理、保护、传播和利用。

关键词：科技考古；数字考古；数字博物馆；数字图书馆；OA 技术；学科门户网站

文化遗产保护是对人类历史发展过程中形成的物质文化和精神文化采用科学的手段和方法完整真实的记录、管理、保护、利用与传承这一完整的过程。史前文明作为人类文明发展过程中不可或缺的重要组成部分，对于探索人类起源、自然界的奥秘和人类历史发展的规律有着重要意义。在考古学研究中，将传统考古学与现代自然科学技术密切结合进行多学科研究成为现代考古学发展的方向。科技考古为史前文明的研究提供了强有力的技术方面的支持，数字考古作为科技考古的一个重要组成部分，在历史、文物、考古研究以及文化遗产保护方面起着非常重要的作用。将传统考古学理论和方法与现代自然科学技术紧密结合、相互渗透，对史前考古遗址和遗迹进行多学科、多层面、多角度、全方位的研究和揭示，将人文科学与自然科学紧密结合，从不同的研究视角去探索、研究、认知史前文明，探索人类社会和自然发展的规律，保护和传承文化遗产。本文对史前文明研究中涉及的科技考古、数字考古方法进行梳理，在创建开发秦汉文化网学科门户实践的基础上提出采用数字博物馆、数字图书馆、网络办公自动化 OA 技术，用知识管理的理念去构建史前文明研究学科门户网站，以数字化形式保护和传承文化遗产。

1 史前文明研究的特点

1.1 考古学对史前文明的定义

考古证实在世界范围内存在着史前文明，史前文明研究和探索具有世界性，本文仅以中国史前文明为基础展开话题来论述。

[①] 秦始皇帝陵博物馆副研究馆员 CIO，研究方向为数字博物馆、数字图书馆应用研究。

"史前"一词是学术界约定俗成的一个大的时代概念，有文字记载以前的历史称为史前，"文化"是个广义的大文化概念，它包括了物质文化、精神文化等人类全部活动的社会现象。从考古学记年来看，中国的史前文明的时间段上可追溯到距今 260 万年前的旧石器时代，下可追溯到距今约公元前 1600 年经考古发掘证实出现甲骨文、金文记载历史的商周时朝，期间经历了旧石器时代、中石器时代、新石器时代、铜石并用时代到青铜时代，在考古学上将这一时期定为史前文明时期。

1.2 史前文明的分期

旧石器时代是以使用打制石器为标志的人类文化发展阶段，是石器时代的早期阶段，距今约 250 万年—约 1 万年前，元谋猿人、蓝田猿人、北京人、山顶洞人基本上处于这一时期。旧石器时代是由原始人群阶段进入母系氏族社会，靠采集、狩猎、捕捞获取食物。旧石器时代考古主要是依据地质年代学来判定古人类遗存所处时代。

中石器时代人类使用打制石器，也有用磨制石器，距今 15 000—10 000 年至 8000 年。这一时期以石片石器和细石器为代表工具，在中石器时代人类会用天然火烤熟猎物，渔猎和采集比旧石器时代有了发展。

新石器时代是以使用磨制石器为主的时代，从距今约 1.8 万年前开始，结束时间从距今 5000 多年前到 2000 多年前不等。在新石器时代的人类已经会使用陷阱捕捉猎物。新石器时代按时间序列出现有大地湾文化、仰韶文化、河姆渡文化、马家窑文化、马家浜文化、良渚文化等，在早期出现了原始农业的雏形，开始驯化野生植物和动物，种植稻谷和制造陶器。

铜石并用时代是新石器时代与青铜时代之间的过渡阶段，距今 6600 年至距今 4600 年，出现有红山文化、马家窑文化、大汶口文化。

青铜时代处于铜石并用时代之后，早于铁器时代之前，到了商、周时代出现甲骨文和金文，从此揭开了人类有文字记载历史的新篇章。

由于史前遗址分布广泛，各个时期有不同的分期，出现具有代表性的文化遗存，因此建立起史前文明谱系序列就必须建立在系统的、科学的对史前遗址考古调查、发掘和研究的基础之上。

1.3 史前文明研究的特点

史前时期考古学年代久远，研究的对象多样，涉及到有动物遗存、植物遗存、古人类遗骸、古人类生活遗迹、遗物等，通过研究古人类的进化史和赖以生存的自然环境变迁探索史前文明发展的脉络。由于没有历史文献记载，不能使用传统历史学、考古学研究的"二重证据法"，史前文明研究依靠史前考古发掘所收集到的考古资料，利用考古学研究方法对考古遗址进行地层学和类型学研究，采用科技考古方法和手段对考古遗址采集的遗迹、遗物进行科学检测、分析、研究、判断和阐释。从史前考古发展历史的来看，对史前考古遗址做出正确分析判断和认识需要漫长的过程，由于史前遗址分布范围广，考古发掘报告发布需要很长的周期，受当时科技限制，不可能完全对考古遗址中的遗物、遗迹进行科学检测来分析判断并阐释考古遗存，进行多学科研究，科技考古专业人才密切配合是必需的。

史前文明研究是要根据考古资料还原人类在自然环境条件下的生活场景，研究工作必须将传统考古学和科技考古有机地结合起来。史前文明在历史岁月中形成的文化层只有通过科学的考古调查、勘探和发掘，并通过自然科学的检测手段对古人类生活环境下的遗存进行研究，才能有助于揭示史前文明的遗存，还原古人类生活的场景。考古遗址出土的有些遗迹、遗物尽管不能视为文物，但从全面揭示考古信息，从科技考古的角度来看，这些遗迹、遗物都有可能成为考古学研究中要分析、检测的对象。史前考古研究的对象复杂多样，如古人类生活中遗留下来的陶窑、水井、墓葬，以及斧、铲、凿、镰、刀等石器，以及鱼漂、镞、刀、锥、针等骨和陶器等，对古人类的遗骸与牙齿、动物骨骼与皮毛遗存，对古环境的动植物遗存植硅体、孢粉进行科技考古研究分析，并借助传统考古学地层学和类型学进行研究建立史前文明考古学文化序列。

对史前考古遗址进行研究，既有宏观分析，又有微观研究，全方位、多角度的揭示考古遗址所包含的丰富内涵才能使考古发掘和研究工作建立在科学的基础上。史前考古学断代分期、构建史前考古学文化序列是史前文明研究的核心，属于宏观研究。采用科技考古的研究方法，利用科学检测手段分析某一遗迹、某件遗物属于微观研究。将宏观研究与微观研究结合起来，由面到点，由点到面，使史前文明研究系统化，对不同时期、分期的文化特征进行比较研究是研究工作的重点。

史前遗址范围分布广，文化内涵丰富，遗址发现往往带有偶然性，不可能对发掘的每个有历史价值、文化价值和科学价值的考古遗址都筹建博物馆，所以应尽可能地使用科技考古和数字考古的各种手段来捕捉考古信息，并完整地以科学的方法和手段记录下来，通过数字化手段来保护、传承文化遗产，建立起史前遗址考古GIS系统，建立史前文明研究学科门户构建史前文明研究知识库，以数字化形式管理、保护、展示和传承史前文明。

2 研究史前文明的意义

通过考古遗存揭示考古遗址的文化内涵，研究人类文明的起源是史前文明研究的宗旨，研究中将传统考古学研究和科技考古结合起来。通过北京人遗址文化堆积层中用火的痕迹、木炭、烧石、烧骨的遗存，表明了北京人已经具备了用火和管理火的能力；考古学家对周口店北京人遗址出土的头盖骨、下颌骨、牙齿等化石和丰富的石器、骨器、角器与用火遗迹，揭示了距今70万年前到20万年前之间古人类的活动，为人类进化理论提供了有力实证，对于揭示人类起源具有重要意义；通过新石器时代早期裴李岗文化中发现的骨笛，西安半坡遗址仰韶文化的陶埙说明新石器时代已经出现原始音乐；通过姜寨遗址出土的黄铜片、黄铜管充分说明了在6500年至7000年前人类已经掌握了对铜的冶炼、铸造技术；通过古代先民刻画在器物上的绘画、刻在岩壁上岩画以及刻画象形文字进一步了解古代先民从实物记事、刻木记事、结绳记事、绘画记事、象形文字记事的发展过程；通过对河姆渡遗址中普遍发现有稻谷、谷壳、稻秆、稻叶等植物遗存和许多动物遗存，证实了河姆渡文化的社会经济是以稻作农业为主，兼营畜牧、采集和渔猎。干栏式建筑遗迹证实了建筑技术的高超，纺织工具将纺织技术的起源时间上溯到距今7000多年前；植物考古研究史前文明，周口店、河姆渡、西安半坡等都进行了孢粉分析，通过古代植物遗存孢子和花粉的分析研究，建立起孢粉序列，对于研究恢复古代气候、自然环境起到了重要作用；通过甘肃大地湾遗址发现的一处仰韶文化晚期的殿堂遗址，说明在新石器时代人类就开始建造结构复杂的房屋建筑；通过浙江余杭县区渚发现的良渚石器、生活陶器、祭祀玉器以及良渚文化祭坛遗址证实了良渚文化发展分为石器时期、玉器时期、陶器时期，说明了祭祀是远古先民精神世界的一部分。通过分时代、分期研究，将史前文明研究中的一系列点形成面，由模糊到清晰一点点揭开史前文明的神秘面纱，展现史前文明发展的脉络。

3 史前文明研究可能用到的科技考古的研究方法

随着考古学理论的不断发展成熟和考古学方法的多样化，在考古遗址的调查、发掘与研究中，以现代考古科学为基础，以考古学所能涉及的多个学科为背景，从多层面、多学科、多角度、全方位的发掘史前遗址所蕴含信息，借助科技考古、数字考古技术来研究和探索史前文明已成为考古学研究必不可少的重要手段。

3.1 应用科技考古进行多学科研究

（1）借助遥感探测技术结合地形、地貌进行考古调查与勘探

古人类从采集、狩猎、捕鱼、种植到建造房屋建立原始部落居住一般都是选择可以避免自然灾害、适宜人居住的地方，根据当地的地貌条件来决定，据此可以在考古调查和勘探中采用卫星遥感探测和物探技

术主动寻找史前遗址。

（2）自从自然科学引入到考古学与考古学结合，史前考古年代学才真正建立在可靠的基础之上，利用自然科学的 ^{14}C 测年断代，将 ^{14}C 断代结合树轮校正用于确定考古遗存的绝对年代。

（3）用模糊聚类法、X射线照相法、中子射线照相法来研究史前遗址中的各类遗迹、遗物。模糊聚类法是模糊集理论应用到聚类分析，X射线照相法、中子射线照相法是用于探测检测物的内部结构，原理是中子射线法穿透较厚的物体，X光射线照相法用于穿透较薄物体。

（4）用偏光显微镜用于陶器及生物和非生物物质的鉴定。

（5）采用原子吸收光谱、原子发射光谱、X光荧光光谱、红外吸收光谱、拉曼光谱用于分析文物的成分、产地，分析研究古陶器的制造原料。

（6）借助植物考古学、动物考古学、聚落考古学研究史前遗址，充分发掘史前文明包含的信息。将考古遗址中发现的与采集的植物的孢粉、植硅体、动物骨骼等结合 ^{14}C 断代和树轮年代矫正，在考古学研究中将植物考古学、动物考古学、聚落考古学、^{14}C 测年技术、树轮校正技术等结合起来研究探索人类起源，揭示史前文明，揭示古人类生存的自然环境变迁，进而还原史前遗址的环境自然风貌。在研究中通过对植物孢粉的研究，根据植物孢粉和气候变化存在着的统计学上某种相对稳定的数量关系来研究古气候，恢复与当时人类活动密切相关的古植被、古气候和古地理环境。根据人与植物、动物的关系，研究与人类活动直接相关和间接相关的植物遗存、动物遗存，如通过植物采集、栽培、炊煮、狩猎、捕捞和建筑等活动留下的植物遗存，进行古气候重建和动物考古、植物考古方面的相关工作。

（7）通过分子生物学DNA分析法，通过对植物和动物DNA分析建立古代植物和动物的DNA序列，借助统计方法进行定性、定量分析，探索人类对动物的利用程度，古人类的食物结构以及动物家畜化过程，研究方法采用浮选法、植硅体分析法，从动物骨骼、毛皮提取DNA法。参照一些动物和植物的灭亡时代和编年可以确定考古地层所处的年代。

3.2 将数字考古应用于史前文明研究

科技考古学研究领域广阔，其所包含的数字考古涉及多个学科，科技考古与数字考古相互融合，在文化遗产的管理、保护、利用和传承方面有着很大的应用潜力。

考古地层学和类型学是考古学研究的方法论。按照考古发掘规程，必须对考古调查、钻探、发掘所获得的考古资料进行完整的、真实客观的记录，涉及照相、绘图、摄像、遗址与文物的三维建模。

数字考古技术的发展使得采用多种手段采集、管理、分析、检索、处理、展示考古发掘资料信息成为可能。

在考古绘图中采用正投影法摄影，借助AUTOCAD软件绘制考古矢量图，还可借助双数码相机采集立体显卡显示借助AUTOCAD测图技术进行。在云计算平台上可借助数据中心超强处理能力用于考古摄像的非线性编辑制作。可将网络协同办公的工作流处理应用于考古资料处理，在网络环境下协同工作。在协同办公处理考古资料的流程中，可以为考古资料的使用和阅读这设置权限，也可借助DES加密技术实现考古资料的加密保存和解密阅读。

借助地理信息系统GIS技术，利用GIS的多数据源输入、多媒体数据库存储、Web查询、空间数据分析、可视化图层显示等能力，结合GPS、RS数据应用于考古学研究。如通过基于GIS技术对已发现的史前聚落遗址的数量、规模、空间分布、空间相互关系以及与地形、地貌的空间关联等进行可视化的表达分析，并充分挖掘空间及属性信息，揭示"聚落群"与"聚落群团"的组织形态特点，辅助分析该地区聚落形态和社会演变规律，为史前文明进程的研究提供空间分析支撑。

在研究史前考古遗址解释史前文明引入聚落考古学，将GIS与考古学相结合，可以对空间分析结果做出科学的推断与解释，为聚落考古学的研究做出更好的决策服务，揭示考古遗址的分布与自然环境等因素的关系和人类社会发展规律。

GIS 技术的发展从互联网环境下的 Web GIS 到 3D GIS 成为考古地理系统发展的趋势。

借助 GPS 定位和全站仪测量技术用于史前考古遗址的调查与发掘。

将统计学引入考古类型学和地层学的研究中，通过对器形、纹饰和其他文化特征的统计分析，建立了考古文化分期的关系。

借助全景制作技术获得考古遗址全景照和制作虚拟漫游展示，可采用三维全景制作软件 Stitcher 4.0，这在秦兵马俑数字化保护与展示中得到成功应用，也可以史前文明陈列厅使用杰图全景拼接软件——造景师制作全景图片，利用全景 VR 软件——漫游大师，结合 Flash 技术、以 XML 数据读取全景场景信息形成热点多媒体虚拟漫游。如周口店北京人遗址博物馆网站采用 360°全景展示周口店遗址的全貌，采用虚拟现实技术在 Web 网站上构建起虚拟展厅。

三维建模分为场景三维建模和物体三维建模。采用激光扫描仪对考古遗址或文物表面的数据采集形成密集的"点云"，通过专业软件处理，结合数码照片贴图构建具有真实色彩纹理的考古遗址或文物外观的三维空间模型，可用于数字化保护与展示。采用基于数码相机图像序列的文物三维建模技术，用 Agisoft PhotoScan 软件来完成文物的三维建模。

史前遗址博物馆可在展示中使用数字化展示手段，使用三维虚拟重建技术对史前考古遗址、建筑、古人类生活环境借助考古资料进行还原，可借助 Maya、3Dmax 三维建模软件和 Flash 技术，将二维动画和三维动画结合起来完成。

4 建立史前文明研究学科门户的可行性

创建史前文明研究学科门户有着有利的外部条件。我国高等院校设有史前考古学科博士点、硕士点和本科教育，省级考古研究所设有史前考古研究机构，有不少的史前文明遗址博物馆和史前考古遗址，有专业的学术和科研队伍和热爱史前文明研究的读者群。

"网站就是软件、网络就是计算机"，在互联网＋、云计算环境下建立起史前文明研究学科门户就是"互联网＋考古"、"互联网＋中华文明"的具体实施，建立史前文明研究学科门户网站的意义是以数字化来实现文化遗产的管理、保护、研究、展示和传承。

秦汉文化研究学科门户网站的创建实践经验证明了在互联网云计算环境下建立学科门户网站的可行性。建立学科门户网站采用动态网站编程技术，结合互联网云计算、数据库技术、移动互联网技术，通过数字博物馆、数字图书馆、办公自动化 OA 技术，采用知识管理的理念来构建，提供开放存取服务，通过软件开发在互联网云计算环境下建立起集数字博物馆、数字图书馆和网络办公为一体的、多用户管理、开放式的一站式录入和检索软件平台。从技术上是采用网站编程开发语言 ASP、PHP、JSP 等结合关系型数据库 ACCESS、MySQL、SQL Server 等进行网站的编程开发，手机移动客户端版可借助 QuickWap 移动端开发组件来开发。秦汉文化网开发是采用 ASP＋ACCESS，结合使用 JavaScript、VbScript、ActionScript、JQuery、BootStrap 脚本语言与技术，采用可视化编程开发工具 DreamWeaver、Notepad ＋＋来完成，结合 QuickWap 开发组件，在云计算服务器平台的中文 Windows Server 2012 数据中心上使用互联网信息服务 IIS 搭建网站。采用两套程序一套数据库完成电脑端的录入实现电脑端和手机移动端的同步更新。

史前文明学科门户网站可包含史前文明知识库、专家学者库、学术文献库、文物欣赏库、考古资料库、展示资料库、考古动态等。可以对不同时期、不同类型的史前文化遗址建立数据表进行分类存储、分栏目展示，内容来自史前遗址博物馆网站，或来自史前遗址考古发掘知识资料库，可包含图像、文字、视频、音频、三维动画等多种媒体。对于学术文献内容可以追加超链接形式、pdf 文献、图文文献，可用于整合微信公众号、百度百科、互联网学术网站、学术资源库中的学术资源，通过程序实现文献的整合和聚合形成超链接网状知识网络。对于文物的展示可按同一时代、同一质地、同一文化类型、同一遗址相关文物来对文物进行整合和比较研究，遗址也可以采用相似方法，还可将学术文献与文物展示建立联系，将专家学者与发表文献建立联系。

在数据库设计中可包含会员数据库、资料数据库，通过会员数据库的会员表可做到对会员的分级、分权限管理，根据管理员、VIP会员、会员、评委的不同权限，实现会员对学术资料的追加、评委为学术论文的在线评审、管理员对追加文献的审核等功能。可将史前文明研究的大量分散的文物信息资源、学术文献资源、专家学者资源、微信公众号学术资源进行整合，形成以史前文明研究为内容的知识库，也可以借助追加的文物欣赏数据表和史前研究知识资料库中的内容开展数字化虚拟陈列展示。

创建秦汉文化研究学科门户的实践可为构建史前文明研究学科门户网站提供借鉴，秦汉文化网http://qinhan.org.cn可供参考。

5 结语

在互联网+时代进行史前文明考古学研究，应该充分利用现代科技方法和手段，结合科技考古、数字考古的技术与方法来真实、完整的记录考古资料信息，利用云计算、大数据环境技术下可用于文化遗产的优势，充分发掘其应用潜力，将人文科学与自然科学结合，进行多学科研究，不失时机地创造条件建立起史前文明研究学科门户网站，以使史前文明研究适应信息时代发展的需要，以数字化保护和传承文化遗产。

参 考 文 献

韩佳宜. 2017. 孢粉与植硅体的史前自然环境指示意义——以两处史前遗址为例. 文物世界，3.

孟中元. 2018. 基于创建秦汉文化研究学科门户实践的相关问题探讨. 秦陵秦俑研究动态，2. http://www.qinhan.org.cn/viewinfo7pdf.asp？ID=15166.

武慧华，杨瑞霞. 2009. 基于GIS的聚落考古研究综述与展望. 科技情报开发与经济，19（19）：125-126.

杨林，裴安平，郭宁宁，梁博毅. 2012. 洛阳地区史前聚落遗址空间形态研究. 地理科学，8.

赵丛仓. 2006. 科技考古学概论. 高等教育出版社.

基于大遗址保护视角的遗址文化展示与旅游开发探讨
——以万寿岩国家考古遗址公园为例

黄 敏[①]

摘要：展示作为大遗址保护和管理的重要手段，展示不是单向的信息传输而是双向的价值沟通过程。本文将以万寿岩国家考古遗址公园为例，从遗址历史文化内涵出发，梳理遗址价值阐释主题，进而从大遗址保护的视角探讨遗址文化展示与旅游开发的新思路和新方法。

关键词：大遗址；考古遗址公园；展示；阐释

国家文物局先后制定了《"十一五"期间大遗址保护总体规划》《国家考古遗址公园管理办法（试行）》，《"十一五"期间大遗址保护总体规划》的实行，标志着中国考古遗址保护进入了一个快速发展阶段，《国家考古遗址公园管理办法（试行）》代表了国家考古遗址公园作为一种新型的文化遗产保护管理模式正式出台。

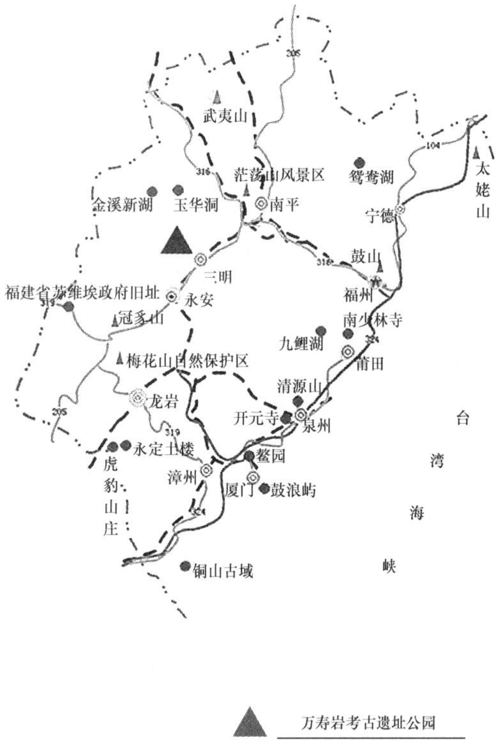

"考古遗址公园是对考古类文化遗产资源的一种保护、展示与利用方式，"[②] 遗址展示与阐释是在过去和现在之间架起的桥梁，是今人感悟历史、认知文化的重要途径。"现阶段的考古遗址的保护和展示，已经从过去文物部门和考古工作者孤军奋战的行业行为，提升到社会广泛理解和参与的文化公益事业，特别是考古遗址公园理念的提出，是在考古遗址保护理念发展到一定阶段，国家经济社会实力具备一定基础后出现的考古遗址保护方式"[③]。如何将大遗址的历史文化内涵以较好的直观方式呈现出来，成为大遗址保护成败的关键。考古遗址公园模式促使保护工作从单纯的本体保护到兼顾遗址环境的综合性保护。本文以万寿岩国家考古遗址公园为例，从大遗址整体保护的视角出发，探讨遗址文化展示与旅游开发的新思路和新方法（图1）。

万寿岩遗址位于福建省三明市三元区岩前镇，于1999年发现并发掘，由灵峰洞、船帆洞、龙井洞等7个洞穴组成，是目前华东地区发现最早、最具代表性的洞穴类型旧石器时代遗址之一，曾先后被列入2000年度全国十大考古

图1 万寿岩遗址位置

[①] 三明市文物保护中心。
[②] 单霁翔：《大型考古遗址公园的探索与实践》，《中国文化科学研究》2010年第1期。
[③] 单霁翔：《实现考古遗址保护与展示的考古遗址博物馆》，《博物馆研究》2011年第1期。

新发现、第五批全国重点文物保护单位、"十一五"全国百项大遗址之一、大遗址保护"十二五""十三五"专项规划项目之一、国家级重点保护古生物化石集中产地、国家郊野地质公园、福建省科普教育基地、爱国主义教育基地，与邻近的三明市示范性综合实践基地形成良好互动，是三明市广大中、小学生校外实践、科普学习的重要活动中心。2013年12月，列入国家考古遗址公园立项名单，2017年11月，成功入选第三批国家考古遗址公园。万寿岩国家考古遗址公园，由万寿岩山体、遗址博物馆、宋代五级涌泉区、渔塘溪滨水区及三钢工业遗产等部分组成，总面积81.5公顷。遗址公园按功能划分为遗址展示区、文物展示区、管理服务区、生态资源展示区四个部分，形成"一轴一环四区"的空间布局（图2、图3）。

图2 遗址公园景观

图3 遗址公园环境整治

1 万寿岩遗址价值解读

1.1 考古科研价值

万寿岩遗址的旧石器文化遗存时代较早，延续时间长，洞穴形态及周围环境保存完好，保存了大量有关当时人类生活极其环境背景的信息，出土文物丰富，在距今约十几万年左右的早期遗存中，既有加工石器的初级产品如石核、石片，也有经过第二步加工的刮削器、砍砸器等，同时还有哺乳动物化石，这些发现是研究早期人类在中国东南地区演化历史的重要证据。时代较晚的船帆洞文化遗存尤为丰富，众多的石制品、骨角制品与动物化石，是研究中国东南以及东南亚地区旧石器时代晚期文化发展的重要资料。船帆洞下文化层中所发现的人工石铺地面和排水沟槽遗迹，是远古人类为改善自身居住环境，对地面进行大面积构筑的伟大创举，这对研究早期古人类适应改造生活环境的能力，提供了珍贵的实物资料，同时对末次冰期古人类生存地域和文化演进研究也有着极其重要的意义。

1.2 社会文化价值

万寿岩遗址作为涉台文物关于地缘文化遗存的重要代表，不仅记载了古人类在福建乃至东南沿海地区生活发展的历史，同时也是海峡两岸血脉传承的实物见证。遗址出土的锐棱砸击石片和石核，其在技术和类型上与台湾发现的锐棱砸击石片和石核相同，有利于较明确地解释大陆史前文化迁入台湾的路线，是公众追溯人类文明起源，认同大陆与台湾同宗同血的重要场所，具有政治教育意义。时任福建省代省长习近平同志曾先后两次对万寿岩遗址保护作重要批示，习近平总书记当年对文化遗产保护的思想情怀，与现如今提出的"绿水青山就是金山银山"的保护理念是一脉相承的。万寿岩遗址是当代社会关于文化遗产保护的代表性案例：早期为经济利益炸山采石对遗址造成严重破坏，而后又将厂矿停产、迁产使得珍贵的文化遗产得以保护和延续，这些反映当今社会公众对文化遗产的关注度以及保护观念的重大转变。这些对于增强公众的文物保护意识，提高人民的文化认同感等具有重要的社会价值。

1.3 科普旅游价值

万寿岩遗址及其发掘的各类遗存遗迹是三明历史文化的物质载体，具有重要的科普价值。遗址作为三明当地独特的地域文化资源，是城市人气名片之一，遗址文化内涵丰富，小范围内集中了多个不同时期的洞穴遗址，出土大量石制品，把福建有人类活动的历史提前到了18.5万年，举世罕见的人工石铺地面等文物遗迹，加上当今城市人对古人类遗址有着与生俱来的遥远、神秘的直观感受，能够激发人们在景区探索人类文明起源的奥秘，对游客具有较强的吸引力。目前，遗址所在的岩前村设有高速互通口，三明市区至岩前可全程高速，时间约20分钟，交通便利，与坐落于同乡镇的格氏栲景区、忠山十八寨联合推出"百年栲、千年寨、万年居"一日游备受青睐，具有巨大的旅游开发潜力。

2 分析遗址文化展示与旅游开发主题要素

万寿岩国家考古遗址公园展示定位是：以万寿岩遗址旧石器文化为内涵，以遗址本体为核心，以三明地区旧石器时代遗址为依托，以三明史前文化为背景，以展现海峡两岸的远古家园为主题，打造成为集旧石器时代遗址考古发掘、爱国主义教育、科学文化知识传播、闽台文化渊源研究为一体的体现考古特色的生态型国家考古遗址公园。万寿岩遗址及其周边环境包含了不同时代特色的文化主题：早期人类活动的洞穴文化、传统聚落的农耕文化、现代工业文明，在展示与阐释的设计上可实现不同文化形态的时空穿越。

2.1 旧石器时代文化

主要围绕万寿岩地区30万年间的地质地貌、气候、生物环境的变化，旧石器洞穴文化的古人类生活场景，早期人类对石器加工和使用的技能，考古体验等展开。遗迹展示区主要有船帆洞、灵峰洞、龙井洞三个古人类洞穴遗址。已发表考古发掘报告的船帆洞和灵峰洞考古信息较充分、出土文物丰富，已作为遗址现场展示的重点内容。船帆洞目前主要展示人工石铺地面和文化层剖面（图4）。灵峰洞出土石器虽然不多，但其中出土的两件锐棱砸击石器则是有测年记录最早的标本，同时也是闽台血脉传承的实物资料之一。

图4 船帆洞内文化层

2.2 传统村落与农耕文化

万寿岩遗址属多山丘陵地带，河谷盆地与溪流错落相间，溪水两岸绿树葱茏，村落棋布，生态环境保持较好。附近的吕厝自然村人口约100人，以吕姓为主，有少部分官姓。以种植水稻为主，烟叶是当地村民的主要经济来源。该村落至今仍保留着传统的聚落形态和闽西北传统农耕生活，村内有若干幢保留较好的清代古民居建筑，其中吕厝成祖公祠建筑规模壮观，用材高大，布局形式独特，对研究祠堂类建筑提供实物资料。

2.3 现代工业文明

万寿岩考古遗址公园规划区原为三明钢铁厂的采石厂，石料丰富，运输及生产条件优越，岩前镇与岩前村曾纷纷在这里建厂投产。在考古遗址公园建设中，已拆除了砖瓦结构的民房工棚14间，现留存有原三钢石灰石破碎加工筒仓8座和石灰窑4座。

3 万寿岩国家考古遗址公园文化展示与旅游开发探讨

万寿岩遗址蕴含的价值内涵丰富，虽然得到了一定程度的展示与阐释，但随着国内外文化遗产保护展示理念与技术的日益进步，遗址目前保护、展示的内容只是一些片段性的遗存，没有把握住遗址的整体格局。从目前考古揭示的信息和周边环境调查看，万寿岩遗址的历史文化信息丰富，除旧石器时期的人类遗迹外，还包括古生物化石、跨越几十万年反映生物演变的文化堆积、两处商代文化遗址、宋元时期寺院遗址及传统村落等。

3.1 展示理念

（1）真实性

真实性和完整性是考古遗址保护和展示的基本原则，考古遗址公园的展示与阐释设计应以考古研究成果为依据，符合遗产的真实性。遗址展示区未经考古调查或发掘的区域采取"留白"方式，并以持续开展的考古、研究和保护工作为基础，做好可行性研究和调查论证工作。目前，万寿岩遗址已完成的考古发掘工作范围非常小，仅有船帆洞、灵峰洞开展考古工作，整个万寿岩旧石器时代遗址的分布和规模尚需开展考古工作作进一步揭示。

（2）主题性

考古遗址公园要有明确的保护展示主题，各功能分区也要有明确的主题，在设计理念、环境氛围塑造、依照设定的主题布置相关的设施和活动，成为具有文化连贯性的公共文化空间。万寿岩遗址展示工作应紧紧围绕古人类这一中心内容，要讲究知识性、趣味性和观众的参与性，要根据洞穴遗址的分布与内容的特殊性，分门别类有所侧重地进行展示。

（3）可读性

考古遗址公园未来面对的开放群体大部分是大众游客，而非考古专业人员，大多缺乏考古、历史专业知识。遗址公园在历史文化内涵的展示设计上要"接地气"，如在参观指南、语音导览系统等解说内容的编排上要能够在"深入"学术研究的基础上，"浅出"地向公众传达信息，使遗址具有可接近性和吸引力。

3.2 展示方式

结合遗址自身的历史文化内涵，拟从感悟性、传播性、体验性三个层面出发，建立大遗址多层次的保护与展示体系。

（1）感悟性展示

万寿岩遗址是古人类生息活动的聚集地，需要运用整体性思维对整个遗址公园规划区的环境要素进行串联，将遗址的载体万寿岩纳入遗址主题展示的视野，形成"一轴一环"的整体格局。一轴：渔塘溪-门区-博物馆-万寿岩山体，一环：吕厝村-厂址改造的文化交流教育基地-五级放生池遗迹-洞穴遗址，形成不同时代、不同文化线索的环形空间布局。基于考古研究成果，将数字虚拟场景与人造景观相结合，突出万寿岩遗址的地质构造特点和景观特色，模拟古人类生活环境，并辅以必要的信息提示，增设少量的考古类文化主题雕塑，通过环境整治及考古勘探工作，恢复历史上曾有的"五级叠水"特色景观，改善遗址公园微环境，并适当引入生态概念，链接历史时空。遗址绿化要适应旧石器时代遗址氛围特点，根据县志记载及从文化层孢粉样品分析出的旧石器时代植物种类，选择性种植适量活化石类植物，逐步恢复万寿岩生物群落体系，让公众进入遗址公园完成现代到旧石器时代的时空转换。在灵峰洞及万寿岩山坡选取最佳位置作为观景平台，让公众感受遗址环境格局和南河北岸的传统聚落景观。要充分考虑考古遗址所在生态环境的诸多要素，结合遗址范围内近现代留下的具有地域特点的聚落环境、与万寿岩密切相关的工业遗迹，体现宏观地理框架中遗址与其他文化旅游资源的联系。

（2）传播性展示

"考古遗址公园带我们走进的是历史，而不是公园"[①]，考古遗址公园以考古现场结合博物馆室内展示为主，博物馆是考古遗址公园重要的展示节点之一。万寿岩遗址博物馆作为福建省目前唯一一处旧石器时代遗址专题博物馆，2006年建成开放，2014年又对其进行改版提升，围绕"海峡两岸的远古家园"为主题，根据万寿岩遗址的发现发掘过程、考古成果和文化内涵，展厅陈列分为重大发现、沧桑巨变、洞天遗珍、闽台一脉和遗址保护五个单元。改造后的博物馆充分体现了高科技含量，拉长了展览线路，丰富了展览内容，增进了与观众的情景交融。通过实物展示、场景再现等互动性、数字化展示手段，展现遗址的历史文化内涵，追溯万寿岩远古人类的生产和生活状态，创作开发以万寿岩为主题的3D影片《万寿岩》及动画片《万寿岩历险记》。为增强展示的知识性和趣味性，博物馆采用以动漫形式演示大陆史前文化传播台湾的路线，还设置"考古知识互动体验区"。船帆洞是万寿岩遗址已进行考古发掘信息最丰富的位置，也是遗址的核心价值载体之一，作为遗址的核心展示区，对船帆洞内具有展示价值的石铺地面遗迹、钙板、文化层剖面以及船帆洞独特的洞内风貌进行现场参观展示。对灵峰洞的展示工作主要以展示出土石器为主，可将钙板中存留的石器做出标记，便于人们识别。同时对旧石器时代石制品制作、发展的过程做系列展示。保护洞内残存的宋代庙宇柱础遗迹，尊重历史的延续性。在出土文物的展示上要抓住万寿岩遗址发展时序及闽台历史渊源等特殊性主线，主题鲜明，集历史文化、科学研究、情感趣味于一体。整合、治理水泥厂址内的环境和设施，利用原三钢石灰石破碎加工筒仓等工业遗产为基础资源，将工业遗迹打造为集科普教育、文化宣传与交流、专业培训等功能于一体的文化交流中心，开展古生物、考古学、地质学等特色教育培训（图5）。

（3）体验性展示

遗址博物馆有供中小学生互动参与的三维影像触摸屏幕，让游客体验遗址科技探秘。除此之外，着力打造户外拓展体验项目。根据万寿岩旧石器文化层出土的哺乳动物化石和孢粉分析结果，以及石器的类型，推测当时古人类主要靠采集和狩猎生存，由此可推出打制石器、钻木取火、原始采摘等互动体验项目，让游客充分感受东南地区史前人类的生活状态。对至今还未正式进行发掘的龙井洞进行展示工作，可结合考古工作做一个考古发掘现场展示，创造条件促进考古工作成果社会化，将开展公众考古列入日常工作。适当对公众开放过程，在确保文物和人员安全的前提下，让游客亲身参与考古发掘及文物修复的过程，通过严谨而生动的形式与公众开展互动，使公众体验考古学的魅力，增强文化认同感，支持和参与大遗址考古

---

① 刘斌：《从良渚遗址谈关于遗址公园建设的思考》，《中国文物报》2013年7月24日。

图 5 遗址公园博物馆展示

和保护工作。船帆洞→龙井洞→灵峰洞内部有溶洞相通，溶洞通道宽处可直立通行 2—3 人，最窄处可供 1 人爬行钻过，全程用时需 40 余分钟，在条件允许的情况下，可开发溶洞探险项目。结合传统村落吕厝保护、改造与环境整治，开展有序的特色农业体验活动，在合理利用遗产环境的同时，为万寿岩周边原住民带来经济和社会效益（图 6）。

图 6 遗址公园体验性展示

总之，遗址公园在寻求文物保护的基础上，通过有效的室内空间展示遗址现场及出土文物，同时结合室外特色文化景观的延伸展示，使得陈列展览在内容体系、文化内涵上实现外延和拓深。遗址公园作为独具内涵的公共服务场所，可以充分利用好开阔的园区优势，结合遗址文化内涵设计一系列室外展示内容，打造符合遗址特质的文化景观、互动参与项目等，这样可使遗址公园的展示体系更加多元化、立体化和全面化，也使观众在休与闲中学习知识，在观与乐中感受文化，使陈列展示这一特殊的传播语言最大化地被利用，从而实现真正的文化传承。

参 考 文 献

清华大学建筑设计研究院. 2013年4月. 万寿岩考古遗址公园规划.
中国文化遗产研究院. 2012年10月. 福建省三明万寿岩旧石器遗址保护规划.

德国梅塞尔坑穴世界遗产地的管理，公共通道和地球科学普及

玛丽·露易丝·弗雷[①]

欢迎来到梅塞尔化石坑，即使人们看到一些工业残留物，这它不是考古遗址。在梅塞尔化石坑成为世界遗产之前，它曾是采矿区。采矿始于19世纪中叶。有趣的是，没有这些活动，没人会知道岩石中真正的古生物学宝藏：油页岩。因此，请大家与我一起探讨如何将开发场所转变为世界遗产。

进入矿坑的视图显示了一个巨大的树木丛生的洞，其中有挖掘地点。采矿持续了100多年，矿工将岩石运到窑中，将其加热到约500—600摄氏度。他们使用的岩石（油页岩）是该矿的宝藏，因为它包含独特的化石。通过这种窑炉烧制原油的方法，许多人有了工作。

这张图片显示了20世纪70年代所有开采活动都停止之后的情况。大家看到，梅塞尔化石坑是一个美丽的地方。它看起来很和谐，气氛宜人，但是研究如何授予访问权限，如何将有关此宝藏的知识以及该遗产地的价值传递给公众，并不是一件容易的事。我们需要询问哪种类型的钥匙适合公众打开此宝物箱，这样他们才能了解梅塞尔化石坑的价值并喜欢它。

采矿停止后，一些人和机构希望将矿坑变成废物处理场。经过长时间讨论后，黑森州终于在20世纪90年代购买了该矿区，在这之前，当地居民与科学家们共同反对该废物处理场进行了激烈斗争。国家采取的第一个措施是让人们有机会看一下矿坑，以便他们对遗产地有印象。

在具有特殊价值的遗产地中拥有这种历史情况，问题是该如何管理该遗产地。黑森州决定不再只找一个组织来负责该遗产地，任务分给两个组织，一个是森肯伯格自然研究协会，负责该遗产地的研究。另一个是梅塞尔化石坑有限责任公司，最初是100%的国有公司，然后改为非营利性有限公司，对公众开放，承担知识传播、科学普及和其他任务。

梅塞尔化石坑所面临的一个重要问题是，人们对矿井有了第一印象，他们并没有看到突出普遍价值，而只看到了有很多树木的大洞。只有当他们以导游的形式或在游客中心获得更多信息时，他们才能意识到并欣赏其突出普遍价值。此外，采石场的地面上并不是到处都是化石，它们被藏在油页岩中，必须用敏感的方法进行挖掘。梅塞尔化石坑的化石不仅是单颗牙齿，而且大部分都是完整的骨骼。通常，软组织会石化，例如胃内容物或羽毛。即使是人类只能用显微镜才能看到的微小化石和结构，也得以保存。还有细菌，蝴蝶翅膀的鳞片和藻类，包含化石的油页岩含40%的水。

当阳光照在岩石上时，岩石变干并遭到破坏。阳光进入的每个部分都破坏了，科学家们必须用特殊方法保存它们。那么，如何将这个非常敏感的话题传播给公众呢？

公众进入管理还涉及与地面参与者的对话：该做什么，定义一个名称，定义消息的发件人并试图找出游客的期望，满足游客的需求，我们从中完成哪些任务？

我们关注的主要参与者是公众，不仅是居民，还有游客，也包括大家，因为所有世界遗产都是全球财产。因此，我们欢迎大家来到我们的世界遗产地。区域内其他参与者包括不同的博物馆，例如梅塞尔的化

[①] 联合国教科文组织世界地质公园网络执行局商务经理。

石与当地历史博物馆。我们的主要合作伙伴是联合国教科文组织全球地质公园-贝格施特拉瑟奥登瓦尔德自然公园。世界遗产梅塞尔化石坑是这个全球性地质公园的北入口。

举办活动时，我们必须考虑当今游客的需求。从科学观点转变为一般公众观点并不容易，因为通常我们都有科学观点，我们必须从不同角度审视主题。因此，我们决定向游客展示他们在我们遗产地的受欢迎程度。我们还希望游客记住在我们遗产地的旅行。梅塞尔化石坑有限责任公司试图通过将两者结合起来做到这一点，以一种公众理解的方式向游客展示科学成果和活动。

在第二阶段，梅塞尔化石坑有限责任公司变得活跃起来，并开始为游客中心提供物流服务，因为从一开始就看到，没有官方规定如何进入前采石场，即该世界遗产地。梅塞尔化石坑有限责任公司不断开发并提供各种服务，以提供特殊的氛围，兴奋，服务，满足年轻人和老年人的好奇心，目标是使人们变得满足，了解遗产地并对遗产地有良好印象。人们应该意识到，他们不仅是游客和客人，还是主人。

主题仍然是旅游业和地球科学的普及，以及可持续发展。非政府组织的资金不足，必须通过自己的活动来筹集资金（超过总预算的50%）。

非政府组织拥有社会科学冲突管理和技能，可以将地球科学知识转移给团队和名誉自由职业者以及与非政府组织合作的人员。因此，在考虑如何做到这一点时，梅塞尔化石坑世界遗产团队开始研究矿坑中的岩石，油页岩及其干燥过程特别有趣。可以说，这不仅是一堆沉积岩。这是一本四季日记，表明了4800万年前的情况，其薄薄的前藻类泥浆暗示了干燥季节和潮湿季节。

这样一来，科学家们便能够读懂季节并找出有关季节中发生的事情以及当时生活的生物类型的更多信息。对于世界遗产地森肯伯格自然研究协会的负责人来说，重要的是不仅要管理世界遗产，而且要保护在停止所有采矿活动后生长的森林。

梅塞尔化石坑世界遗产地的游客是非常不同的人：不同年龄、不同国家、不同教育背景、不同性别。有些人想学习一些东西，有些人想娱乐。

因此，梅塞尔化石坑世界遗产小组尝试开发有关地标、地质遗产、火山岩和化石的新方案。它始于整体观点，而不仅是化石。该团队还尝试开发新的传播工具，从讲故事，与导游进行户外活动开始，这些导游不仅向团体提供信息或像老师一样工作，而且还开始对话并吸引游客。他们就像教练，激活孩子们并试图使他们成为科学家。该小组与联合国教科文组织全球地质公园-贝格施特拉瑟奥登瓦尔德自然公园的同事分享了经验，并与德国埃菲尔山脉联合国教科文组织全球地质公园，希腊莱斯沃斯岛联合国教科文组织全球地质公园，德国贝格施特拉瑟奥登瓦尔德自然公园以及中国香港联合国教科文组织全球地质公园进行了一些培训交流。

自20世纪90年代以来已经建设了许多基础设施，新的游客中心位于矿井的南部边缘，有些发现区人们无需支付任何费用就可以参观和活动，例如，前面提到的观景平台，一些花园和解释面板子，人们在我们开放时间内可以免费参观。

有一个大讨论，讨论是否真的有必要建立一个新博物馆，还是不应该允许发展一个博物馆？我们需要向游客展示什么以满足他们对遗产地的期待？最终，黑森州决定建立一个游客中心，并且游客中心的重点应与博物馆不同。此时选择的依据是，它应该成为全球人口的交流平台，通过利用自然力、油页岩和遗产地等的美学，梅塞尔化石坑为该交流平台的发展助力，展示了科普成果并促进了社会和经济发展。建筑师从干的油页岩中采用了新的游客中心建筑。因此，如果将油页岩块旋转90°，便有了新游客中心的体系结构。

考虑不同的目标群体并不容易。如何进行环境教育以促进地球科学的普及？游客中心并没有变成博物馆，这些化石被视为活的宝藏，表明陨石撞击地球后大约1700万年的生命发展。

这里有主题室，从宏观到微观，以及从扫描电子显微镜照片到美学，都有不同的处理方法，给游客以不同的印象，并引起他们对不同主题的兴趣。森肯伯格自然研究协会和黑森州立博物馆有时会由专业人员进行准备工作，以表明进行保护化石的准备工作的重要性。然后人们才能了解，如果没有准备，就无法对化石进行科学研究。此外，它还为游客提供了难得一见的幕后景象，游客对此表示赞赏。

梅塞尔化石坑有限责任公司开辟了令孩子们兴奋的新的途径和方法。非政府组织开发的标签以不同的方式发展，因为该团队发现年轻一代与其他一代不同，包括他们在学校学习的知识。非政府组织希望遵循联合国教科文组织的公约，以支持和强调人类与文明的价值，能够思考，能够阅读，能够具有创造力。这也被团队整合到书籍和其他教育材料中。例如，梅塞尔化石坑有限责任公司开发了面向儿童的图画书，拼图游戏，一张发现地图以及随马匹进化的杯子。这些材料可以帮助孩子阅读，理解梅塞尔的生态系统，并通过着色来进化，这对孩子之后上学也有帮助。他们可能会很有趣地做这些事情，甚至与父母在一起也可以，因此他们可以与家人共度时光。

梅塞尔化石坑有限责任公司也开始开发纪念品，因为该团队发现人们想从参观的地方随身携带一些东西。一种首批产品就是人们也喜欢在日常生活中使用的帽子。梅塞尔化石坑有限责任公司与葡萄牙纳图特乔联合国教科文组织全球地质公园合作开展项目，一个联合项目包括在游客中心烘烤当地的葡萄牙产品，它重新激活了家庭，并鼓励孩子们与父母一起烘烤，在家中活动。

与旅游组织的合作对非政府组织非常重要，因为梅塞尔化石坑是联合国教科文组织在德国的第一个世界自然遗产。促进文化遗产发展的确是众所周知的，但是《世界遗产名录》中的自然遗产很少，促进地球科学和科学普及非常重要。有一个学习过程，起初，梅塞尔化石坑有限责任公司杂志的外观与较新的杂志不同，例如这是2018年的杂志。杂志封面上的骨架无法起到作用，因为人们觉得这些照片与梅塞尔化石坑没有联系，他们没有感到一体化。从此刻起，团队就将活跃在梅塞尔化石坑中的人的照片放到标题页上，潜在的游客对此产生了兴趣。此外，人们感到自己被包括在内，并且可以在梅塞尔化石坑和游客中心发现对他们来说有趣的事情。

这些方案也被整合到远足杂志中。梅塞尔化石坑有限责任公司已经找到了一个新的渠道，不仅可以自己推销，还可以由其他经验丰富的合作伙伴推销。通过这项活动以及2009年至2013年德国联邦政府的计划，该公司有机会发展成为旅游目的地贝格施特拉瑟奥登瓦尔德自然公园的灯塔。现在，这个旅游胜地总是把梅塞尔化石坑世界遗产和其他世界遗产作为附近的亮点，吸引该地区度假的人们。

对梅塞尔化石坑世界遗产而言，在世界范围内拥有可以与之合作并落实项目的合作伙伴一直非常有用。直到今天，这些都是联合国教科文组织全球地质公园的网络，而不仅仅是德国的网络。此外，梅塞尔化石坑有限责任公司是德国联合国教科文组织所有世界遗产的合作伙伴。

在国外拥有合作伙伴并不容易。梅塞尔化石坑有限责任公司很高兴有一个基础和平台来交流和分享经验以及分享最佳实践。梅塞尔化石坑有限责任公司作为世界遗产的目的是为了满足后代的需求。凭借梅塞尔化石坑灯塔的独特品质，梅塞尔化石坑有限责任公司已迈出了第一步，但由于我们的社会在不断变化，进步永远不会停止。联合国教科文组织的世界遗产具有很好的质量、形象和潜力。联合国教科文组织世界遗产将为我们所有人带来好处。

谢谢大家的聆听，欢迎来到我们的世界遗产地德国梅塞尔化石坑。谢谢大家！

东方考古遗址及其当地社区构成

冯 健[①] 周晓晨[②]

摘要：本文考察了西安四种不同类型的考古遗址及其内的非物质遗产。通过对当前考古遗址保护管理压力、保护工程和当地社区构成的分析，指出东方考古遗址与当地社区的关系，以及社区在遗址相关非物质遗产中的作用。通过案例研究可以看出，促进考古遗址的保护将增加遗址的识别，鼓励当地居民对遗产的认识，提供当地社区的文化功能，培养该地区的文化认同和文化归属感。同时，地方社区对文化遗产保护的意识和责任也是推动和监督文化遗产保护的一种积极的基础性力量。

最后，文化遗产保护解释工程和非物质遗产继承应积极改善东方考古遗址与当地社区的关系。不过，在进行保护工程时，由于遗址的物理变化，当地社区正面临一个调整的过程，而这些改变若能适当地实施，将有助于形成当地社区的文化认同。

关键词：东方考古遗址；社区；保护和解释；文化鉴定

1 西安大型考古遗址

西安有着3000年的历史，当选中国古代首都的历史有1300年，这使得西安成为中华文明乃至东方文明的摇篮。在西安，大量的木结构考古遗址被保存下来，包括秦阿房宫、汉长安城遗址、唐大明宫遗址、秦咸阳城遗址和半坡博物馆遗址。

就数量而言，西安的大型考古遗址无疑比中国大多数古城要多，这些遗址都见证了中国历史和古代文化的黄金时代，尤其是周、秦、汉、唐时期的首都遗址，因此具有重要意义。西安总面积400多平方公里，其中大型考古遗址占地200平方公里。特别是丰镐遗址、秦阿房宫遗址、汉长安城遗址、唐大明宫遗址占地面积达108平方公里。同时，其中一些遗址和遗迹已列入世界遗产名录，150个大型遗址受国务院保护，其余被列为国家级重点文物保护单位，享有相应的保护办法和措施。

虽然这些大型遗址，包括地表的残余夯土、遗址和地下废墟，代表了那个时代技术和文化发展的最高水平，但它们并不易识别，容易遭到破坏。在这种情况下，保护这类遗产很困难也很昂贵。另外，不良的观赏价值也使保护投资得不到社会效益和经济效益。因此，高成本、低效率已成为遗址保护规划的最大障碍，在一定程度上制约了文化遗产保护的发展。

大型遗址和城市之间有着不同的关系。例如，方丰镐遗址位于农村地区，完美地保持了原址的状态。秦阿房宫遗址和汉长安城遗址，位于城市边缘，其外部物理空间和内部居民状态随着城市的发展而发生了巨大的变化，而被城市包围的唐大明宫遗址和兴庆宫遗址已成为城市的一部分，其保护必须适应城市的发展。

同时，这些遗址与居民之间有三种不同的关系。居民相对独立于遗址，他们在遗址附近居住但与该遗

[①] 国际古迹遗址理事会西安国际保护中心常务副主任。
[②] 国际古迹遗址理事会西安国际保护中心员工。

址没有任何关系，如天坛遗址。居民与遗址关系密切，他们居住在遗址以外，可以自由进入遗址内锻炼、休息、玩耍，如唐代文物公园城墙、唐大明宫遗址等。此外，居民也可能与遗址混在一起，他们世代居住在遗址内，生产、生活、文化、日常活动等都受到遗址的影响，如汉长安城遗址。

2 遗址和社区的建议

社区是一个或大或小的社会单位（一群人），有共同的规范、宗教、价值观或同一性。社区通常通过通信平台共享位于特定地理区域（例如国家、村庄、城镇或邻里）或虚拟空间的位置感。超越直接联系的持久关系也定义了一种社区感。人们倾向于认为这些社会关系对他们的身份、实践和社会机构中的角色（如家庭、工作、政府、社会或整个人类）十分重要。

在西方国家，遗址通常指建筑遗产。它们极易识别，具有很强的观赏价值，提供了清晰的历史信息。它们具有深厚的文化底蕴，存在于内外环境相同的现实生活社区中，为遗产提供了和谐、积极的环境。它们受到遗址附近社区的保护，从而实现可持续发展。因此，这些文化社区为居民与遗址和谐共处提供了积极的动力。例如，雅典、罗马和耶路撒冷古城。

目前，东方国家根据遗址类型对遗址进行分类，可分为遗迹和遗址两类。

2.1 遗迹

如大雁塔、小雁塔、钟鼓楼等，均可视为清晰可见的遗迹。与西方文化社区类似，这类遗迹的相对文化社区可以很容易地建立起来。居住在那里的居民的生活方式和文化习俗深受该遗迹独特的文化和环境的影响，已经成为遗迹文化的一部分。

2.2 遗址

建筑遗址现在已经不起作用，也很难识别，这使得它们在一定时期内灭绝了文化现象或历史符号。这些遗址的价值很难被周围的居民所认知和理解，因为它们很难吸引游客，也不能直接给居民带来明显的经济收入。因此，很难形成一个可能影响周边居民的内外文化社区。

作为西周都城的丰镐遗址，是中国文化形成的根源，并对后世产生了深远的影响。该遗址位于西安西南部，占地17平方公里。经过50多年的考古发掘，对都城的范围、祭祀的重点地区、墓葬的范围有了基本的认识。但由于没有明显的塔楼遗址，整个都城格局、道路和宫殿的信息仍然是空白的。居住在这里的居民了解当地的历史地区和各种政府政策，但他们并不认同这个遗址，也就是与周围的村庄有着相同的生活方式和生产模式。因此，我们很难称它为真正的文化社区。

汉长安城遗址的主要城市面积达36平方公里，城墙边界相对清晰，夯土遗迹较多，是保护最完整的城市遗址之一。城内分布着55个村庄，有5万多名集体所有制的农民居住在这里。为了更好地保护该遗址，政府对该场址的生产活动实行严格限制，例如，只能在遗址地区种植浅根作物，不允许进行大规模的工业生产。所有这些限制都阻碍了该地区的发展，农民的收入与居住在该地区以外的居民相比差异很大。虽然政府强调遗址保护的重要性，居民的遗址保护意识也很明确，但由于这种行为没有经济效益，他们并没有致力于保护遗址。因此，这种社区在某种程度上可以称为文化社区，但并没有真正发挥文化社区的作用。居民在遗址保护方面的积极性和热情还没有得到很好的体现。

唐大明宫遗址位于西安东北的龙首原。这是一座面积约为3.5平方公里的大型宫殿，目前已有40多个文物古迹得到了验证，包括大厅、舞台、楼层和凉亭，是国内保存最完整的唐代宫殿遗址，对研究唐代建筑具有重要意义。特别是大明宫位于西安居住环境较差的棚户区。为了满足遗址保护的需求，政府禁止在这一地区进行大规模的住房建设，居民的居住环境根本没有改善。该地区居民收入低于其他地区。此外，严重的城市问题，如卫生条件差，生活设施不便，犯罪率高，导致该地区居民文化遗产保护意识薄弱。因此，我们不能把它称为一个有效的文化社区。

总之，地方建筑遗址见证了遗址创造的历史，见证了遗址与居民共存与发展的历史。遗址应得到可持续的保护，并促进其社区的发展。然而，由于遗址保护的重要性很难为公众所认可，所以很难形成真正的文化社区。

3 基于西安实践的社区问题

3.1 单一考古遗址及其社区的构成

在不断挖掘遗产地文化价值的基础上，从单一的考古遗址到一定范围的文化社区都得到了保护。唐代西市遗址是古代丝绸之路的发源地，是古代中外商人频繁进行贸易的场所。高度发达的商业文明代表了那个时代最高的城市水平。同时，唐代西市遗址也是民间遗产地保护的典型成功案例。西市地区通过对遗址的保护和展示，将文化产业和房地产业结合起来，形成了以商务、贸易、商业为特色的社区。主题为唐代商业和民间文化的国际旅游文化产业建立在唐代西市的原址之上，改善了该地区恶劣的居住环境，便利了该地区的基础设施建设。此外，将商人与周边居民结合起来，形成了唐代文化社区的西市。

3.2 线性考古遗址及其社区的构成

一系列相关的单一遗址分布在一条线上，其居民分散在沿线，如隋唐长安城遗址。以延平门和南郭城遗址（位于曲江区）保护和展示项目为基础，建立了一座线性城市花园，将其延伸到有绿色植物的城墙上，并在其中建造了娱乐和休闲设施。它作为城墙的象征，展示了隋唐长安城墙遗址的宏伟规模，为附近居民提供了休闲休憩的场所，形成了具有特色的文化区，加深了周边居民对遗址的认识。在这方面为居民创造了新的生活习惯，并形成了一个新的文化社区。

3.3 大型地区考古遗址及其社区的构成

随着城市发展的不断扩大，大明宫成为城市中心区。促进和加快大明宫保护工作是当务之急，居民的居住环境需要改善。随着西安市的快速发展和扩张，大明宫遗址已进入市中心，大明宫遗址保护工程需要加快推进。2007年，西安市政府决定将保护和利用大明宫遗址纳入北城改造工程中，进行统一规划、安排、部署和实施。因此，大明宫国家遗址公园即将建立起来。原来居住在遗址内的居民需要迁移，而遗址周围的居民则需要重新安排。整个区域将以大明宫国家遗址公园为居住中心进行规划，购买该地区公寓或办公室的新居民和原居民均再次居住，居民的数量、他们的生活方式和文化活动将发生很大变化。保护工程不仅有效地保护了代表传统文化的建筑遗存，而且成为周边居民文化记忆的象征。遗产公园是为新居民提供新文化空间的一种城市文化空间。文化空间重构与民间文化融合不仅可以作为一个文化空间发挥作用，而且可以丰富周边居民的业余生活，极大地提高居民的数量、居住环境和人文素质。城市的整体品味也可以随之得到改善。

3.4 大型跨地区考古遗址及其社区的构成

住满居民的遗址与居民融合在一起。汉长安城的主城区约36公里，规划面积75公里。遗址内有成千上万的居民居住。目前，在重点地区，汉长安城采取了严格的保护措施，部分居民居住在未央宫外，其保护限制不如汉长安城那么严格。一方面，重新定居的居民没有受到遗址保护的制约，居住条件有所改善。另一方面，政府在充分保护遗址和自然生态环境保护的基础上，对全区进行总体保护和规划，探索更积极、更长远的遗址与居民之间的关系。此外，政府还积极实施了文化遗产保护展示项目，突出了遗址的文化形象和文化内涵,改善了周边环境和基础设施,使遗址地区居民生活更加舒适。这些措施都有助于形成文化产业。同时,通过居民的自愿保护,遗址得到完美的保护,缓解了发展与遗产保护的矛盾,修改了保护规划,形成了以汉文化为核心的文化社区。目前该保护方案正进行修改,并接受不断的争论。

4 东方大型考古遗址构成分析

4.1 原始社区与考古遗址的关系

东方大型考古遗址具有面积大、不易识别的特点,虽然有一定规模的社区,居民居住在遗址内或周围,但由于缺乏与遗址相关的文化活动,没有形成与文化相关的社会结构。因此,我们很难称之为文化社区。

4.2 新社区的形成过程

遗产地首先要通过考古发掘才能形成保护区。通过区域规划,进行遗址保护与展示工程,研究其文化内涵,形成一种新的亚地区模式。社区原型形成后,居住在社区中的居民产生了文化认同和文化归属感等心理情感。整个社区都具有受遗产地文化影响的社区意识,最终形成了遗址文化社区。

4.3 调整文化社区的方式

目前,文化社区的形成和调整是通过政府的行政和经济措施进行的,因此文化社区的形成速度慢、质量差。应采取自愿的方式进行社区调整,实现由被动向主动的转变,其核心应是居民的选择,激发居民对与遗产地关系的思考。因此,应该在文化社区形成上具有更多的优势,达到遗址保护与居民生活共享发展成果的理想境界。

5 社区文化的传承与发展

5.1 社区与社区文化的关系

非物质文化遗产不仅来自社区,而且由社区传承,特别是与民间文化活动和传统节日密切相关。社区是非物质文化遗产的所有者,是非物质文化遗产长期保护的传承人。应培养社区的文化意识,鼓励和支持社区人民自觉、自愿地继承非物质文化遗产。此外,文化氛围的营造在社区凝聚力和认同感的建设中也起着非常重要的作用。

5.2 西安大型考古遗址的社区文化活动

隋唐长安城遗址城墙线性花园,通过雕塑、书法、工艺美术、绘画等手段,展示了传统文化元素。花园改善了周边文化环境,包括遗址文化展示区、文化交流区、遗址展示区等,还有一个特殊的地方供市民和游客创作诗歌。离遗址较远的市民也会被花园的文化氛围所吸引。一些家长带着孩子去花园里的孩子区,培养孩子对中国传统唐诗文化的学习和传承。

音乐表演空间分为自发表演空间和职业表演场所。如今,大明宫国家遗址公园已成为居民自发演奏音乐的场所。音乐非物质文化遗产活动经常在这一地区举行。居民经常自发地参加这类活动,活动的组织也很灵活,例如音乐迷们在业余时间在这个地方演奏。这里也是放风筝的好地方。此外,大明宫遗址管理部门还在传统节日时组织了一些非物质文化遗产活动,如春节和元宵节期间的消防表演、秦腔表演、花灯、剪纸和皮影戏等。第二届丝绸之路国际风筝节于今年四月举行。所有这些活动都旨在唤起居民对非物质文化遗产的兴趣(图1—图3)。

图1　第二届丝绸之路国际风筝节

图2　秦腔（来源：《陕西日报》2016年2月11日）

图3　剪纸

随着汉代长安城未央宫保护工程的实施，部分村庄得到了重新安置。现在，南吴店村、阁老门村、楼阁台村等几个村庄都得到了保护。随着人们在一些村庄重新安置，重点保护区的民俗文化也逐渐消失。为了解决这一问题，未央宫遗址管理部门做了大量的工作来推广非物质文化遗产。汉服传承人赵朝艺应邀和他的朋友在长安城未央宫遗址举行了一次推广活动。他们在汉宫遗址穿中国传统服饰，以推广传统服饰（图4）。今天的中国青年对中国服饰越来越感兴趣，许多地方都建在汉宫，许多年轻人自发地组成了团体推广中国服饰。此外，还举办了一些民间文化活动，如舞龙舞狮表演、武术和杂耍等，对游客和周围的村庄产生了文化影响（图5）。枣园村位于该遗址周围，有2,000人口。政府为村民建立了一个文化中心。近年来，在村委会的支持下，村民参与文体活动的积极性不断提高，包括太极拳（刀）、中国功夫、击鼓、秦腔等。

图4　赵朝艺和他的朋友们在未央宫遗址穿着中国传统服饰（来源：http://www.whjlw.com 2015年7月14日）

图5　舞龙舞狮（来源：《陕西日报》2016年2月11日）

参 考 文 献

毕景龙，王慧．2011．大唐西市的空间形态与文化特质解析．华中建筑，2：146-148．

陈稳亮，杨新军，赵荣．2007．城郊大型遗址区农村居民生活质量研究——以汉长安城遗址保护区为例．规划师，2：84-88．

葛承雍．2013．古迹新知 - 人文洗礼下的建筑遗产．北京：文物出版社．

梁思成．2011．中国建筑史．北京：新知三联书店．

陕西省文物局．2014．陕西省大型考古遗址保护的探索与实践．北京：文物出版社．

郑育林．2014．唤醒遗迹：城市化背景下的大遗址保护与利用问题．北京：文物出版社．

Ferdinand Tonnies．2011．社区与社会．多佛出版社．

成都平原史前城址群展示利用规划初探

毕 燃[①]

摘要：在成都公园城市建设的契机下，成都片区大遗址展示利用迎来新的机遇。成都平原史前城址群是"十三五"大遗址之一，主要包括宝墩遗址、郫县古城遗址、鱼凫村遗址、芒城遗址、双河遗址及紫竹遗址六座城址。本文确定了成都平原史前城址展示利用总体规划思路，通过对各城址保护研究、遗存特征及区位发展条件分析，将城址群的展示定位分为考古遗址公园、生态型文化遗址公园、遗址保护研究地三类，并提出特色化、差异化展示主题及方式，为宝墩文化形成完整的阐释体系提供参考。

关键词：成都；史前考古城址；展示利用

1 引言

成都自古以来就是中国西南地区最重要的城市之一，成都市域内分布着大量的历史文化遗存。2017 年，习近平总书记在川考察时提出成都应突出"城市公园"特性，建设"美丽宜居公园城市"。目前，成都公园城市建设进程全面启动，成都平原史前城址群的展示利用是丰富公园城市内涵，实现其文化载体功能的重要途径。所以本文通过对成都平原史前城址群展示条件分析，探究其展示利用定位及方式，为成都片区乃至全国大遗址展示利用提供案例借鉴（图1）。

图 1 成图平原史前城址分布图

[①] 毕燃，现就职于北京国文琰文化遗产保护中心有限公司，从事古遗址保护工作.

2 成都平原史前城址群概况

成都平原史前城址群属宝墩文化遗址，于九十年代陆续被考古学家发现，是我国西南地区发现的年代最早、规模最大、分布最密集的史前城址群。宝墩文化，距今3700—4500年，是成都平原迄今为止能追溯到的最早的考古学文化，与三星堆文化、金沙文化一脉相承，其发现将成都地区古蜀文化历史向前推进2000余年。成都平原史前城址是四川即将跨进文明门槛的历史见证，为研究成都平原、四川地区文化渊源与演变提供了重要的资料。2015年，以宝墩遗址、郫县古城遗址、鱼凫村遗址、芒城遗址、双河遗址及紫竹遗址六座城址为代表的成都平原史前城址群被正式公布为第五批全国重点文物保护单位（详见表1）（图2—图7）。

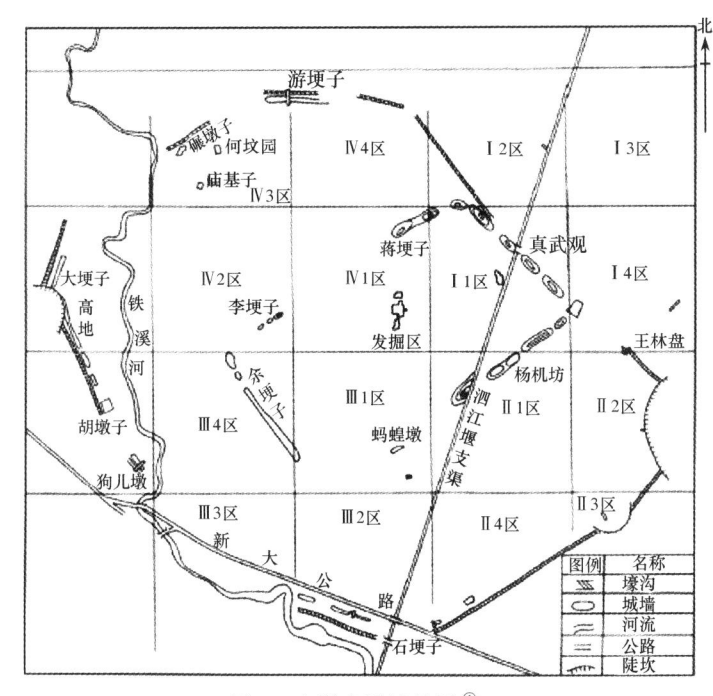

图2　宝墩古城遗址图[①]　　　　　　　图3　芒城遗址[②]

表1　成都平原史前城址基本信息表

遗址名称	地点	城址规模	使用时期	城垣结构	已发现的重要遗存
宝墩遗址	成都新津县龙马乡	276公顷，其中内城60公顷	宝墩文化一期、二期，延续时间或更长	双城单垣、内城矩形、外城不规则	田角林聚落遗址、内城道路遗迹、多组大型台基建筑、若干居住性质建筑遗址、墓葬43余座、宝墩文化时期种植作物
芒城遗址	都江堰市青城乡	10公顷	宝墩文化二期	双垣长方形	内外壕沟遗迹、11处建筑遗址（含1座竹骨泥墙建筑）
紫竹遗址	崇州市燎原乡	20公顷	初步断定为宝墩文化二、三期	双垣长方形	壕沟、灰坑遗迹
双河城址	崇州市上元乡	11公顷	宝墩文化三期	双垣长方形	中部较大型建筑遗址1座、卵石遗迹、出土细石器

---

① 江章华，李福秀，曾雳，严彬，何锟宇，左志强，杨洋，白铁勇，程远福，颜斌，石涛. 新津县宝墩遗址鼓墩子2010年发掘报告[J]. 成都考古发现，2012（00）：1-63，592-594.
② 颜劲松，江章华，樊拓宇. 四川都江堰市芒城遗址调查与试掘[J]. 考古，1999（07）：14-27.

续表

遗址名称	地点	城址规模	使用时期	城垣结构	已发现的重要遗存
郫县古城遗址	郫都区古城镇	31公顷	宝墩文化三期、四期	单垣长方形	推测城门、壕沟遗迹、中心大型房基建筑遗址、小型建筑遗址13座、墓葬1座
鱼凫村遗址	温江区万春镇	32公顷	宝墩文化三期、四期	单垣不规则形	建筑遗址14座、房址12座、墓葬4座

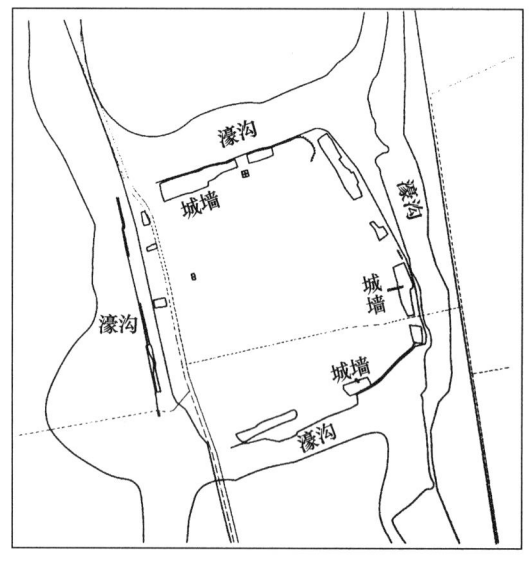

图4 紫竹遗址[①]

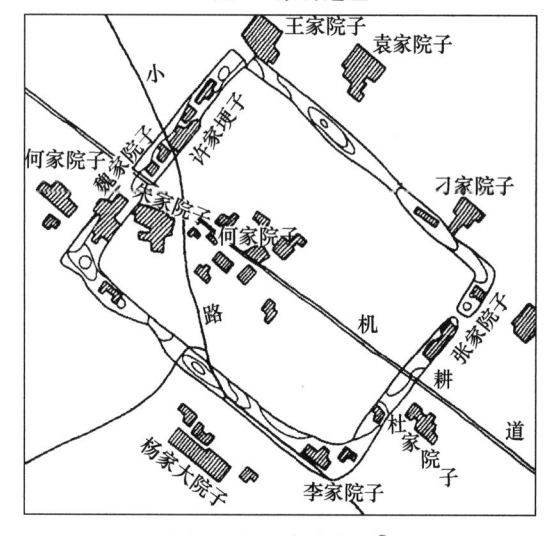

图6 郫县古城遗址[③]

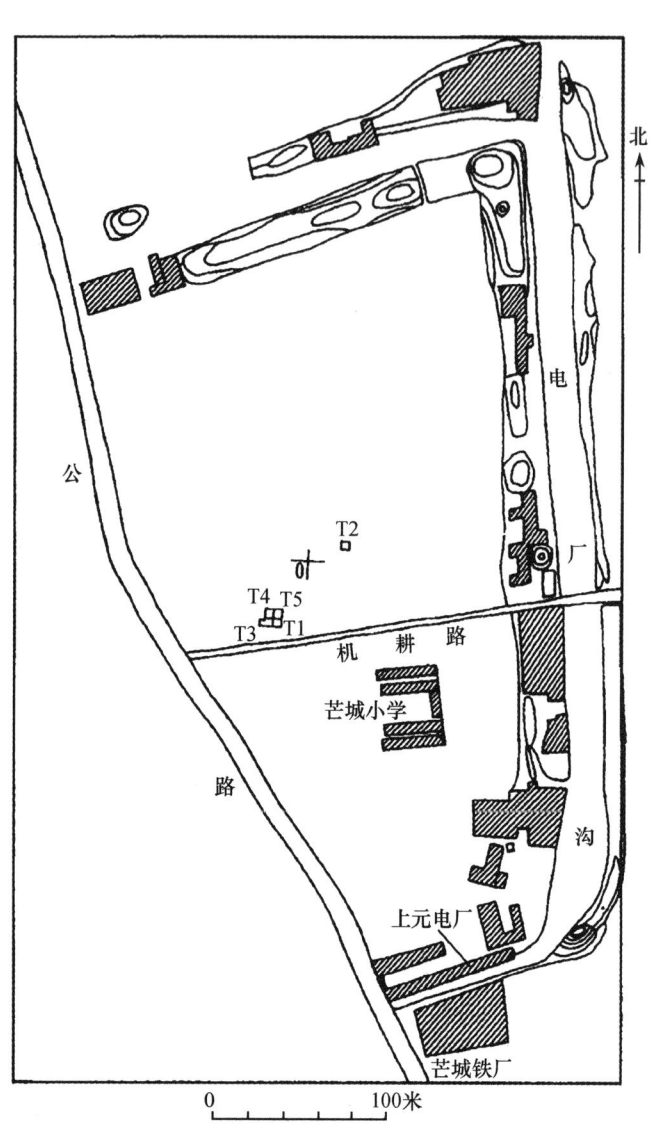

图5 双河城址[②]

---

① 成都市博物馆拍摄.
② 蒋成,李明斌. 四川崇州市双河史前城址试掘简报[J]. 考古,2002(11):3-19,97.
③ 颜劲松,陈云洪,唐至红,姜世良,戴自明,陈平,程远福,党国松,党国平. 四川省郫县古城遗址1998~1999年度发掘收获[J]. 成都考古发现,1999(00):29-39,320.

基于已有考古研究成果，成都平原古蜀文化大体分为宝墩文化、三星堆文化、十二桥文化和晚期巴蜀文化[1]，其中十二桥文化以金沙遗址为代表。至秦灭巴蜀，始设侯国，成都平原融入华夏文化，成为中国西南地区的文化发展中心。

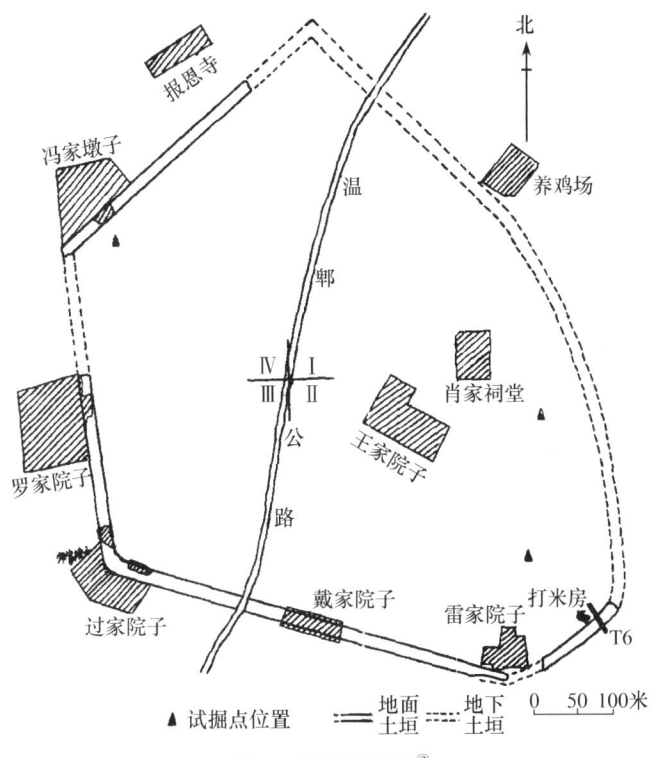

图7 鱼凫村遗址[2]

目前，三星堆遗址、金沙遗址均已成为古蜀文化的代表进行不同程度的开放展示，但作为宝墩文化核心载体的成都平原史前城址群展示工作仍未全面开启（详见表2）。对成都平原史前城址群科学合理的展示利用是完整展示成都平原历史文化序列的重要一环，是带动区域经济、文化发展的重要引擎（图8—图11）。

图8 金沙博物馆[3]

图9 三星堆博物馆[4]

---

[1] 江章华，尹建华，谢辉. 巴蜀文化区的形成及其进一步趋同发展的历史过程[J]. 中华文化论坛，2001，04：55-59.
[2] 蒋成，李明斌，黄伟. 四川省温江县鱼凫村遗址调查与试掘[J]. 文物，1999.
[3] 图片来源：www.jinshasitemuseum.com
[4] 图片来源：www.sxd.cn

图 10　宝墩遗址现状

图 11　郫县古城遗址现状

表 2　成都平原古蜀文化沿革

时间（公元前）	古蜀文化	代表性遗存	展示利用现状
2500—1700 年	宝墩文化	成都平原史前城址群	未系统开展 展示利用工作
1200—1700 年	三星堆文化	三星堆遗址	三星堆国家考古遗址公园 三星堆博物馆 4A 级旅游景区
500—1200 年	十二桥文化	金沙遗址、十二桥遗址	金沙遗址国家考古遗址公园 金沙博物馆 4A 级旅游景区
316—500 年	晚期巴蜀文化	成都古蜀船棺合葬墓	规划建设成都船棺遗址博物馆、出土船棺及重要可移动文物现在成都市博物馆展出
316 年	秦灭巴蜀，巴蜀文化开始融入汉文化		

3　展示利用规划思路

3.1　以文化为脉络，构建蜀地史前文化整体展示体系

成都平原史前城址群所承载的宝墩文化与三星堆文化、十二桥文化共同构成成都平原古蜀文化的主线。成都平原史前城址六座城址处于宝墩文化的不同分期，城址存续时间具有延续性，六座城址承载的考古信

息可将宝墩文化完整、清晰的串联呈现。因此，成都平原史前城址群不应进行孤立展示，需形成整体展示体系。

3.2 保护研究优先，结合考古成果动态推进展示工作

成都平原史前城址地下遗存埋深较浅，保存状态脆弱，展示规划应首先充分考虑遗址保护。面临破坏威胁、保存状态较差的城址应优先进行保护工作，展示定位应注重保持遗产地生态环境、景观环境的稳定，以控制建设环境为前提。成都平原史前城址群的考古工作在不断深入，各城址的考古研究深度也各不相同，展示规划应该结合考古工作分期、分阶段推进，展示规划根据研究成果进行动态调整，不断完善展陈体系。

3.3 凸显遗存特征，差异化展示全面阐释宝墩文化内涵

成都平原史前城址群虽然同属宝墩文化，但各城址在文化分期、城址形态格局、建造技术等方面均呈现各自特征。如城址的形态分为不规则形和长方形，城墙分为单城墙和双城墙。宝墩文化城址的建筑以木骨泥墙为主，但芒城遗址出土了唯一的竹骨泥墙建筑。展示规划内容应通过比较研究提炼各城址的价值特征，确定对应的物质载体，进行差异化、特色化的展示内容规划，避免千篇一律的展示内容。

3.4 因地制宜，结合城镇发展确定展示利用定位

成都平原史前城址群展示规划应密切结合区域环境及城镇发展。展示利用应综合考虑城市交通发展及周边资源的联动利用。对处于不同城镇发展空间的城址进行差别定位，整体纳入区域游憩体系，保护展示遗址的同时，兼顾区域文化观光、生态农业、休闲旅游等功能，发挥遗址作为文化空间载体的最大作用。

4 展示利用条件分析

结合实地调研、考古报告及成都市总体规划等相关研究，从保护研究、遗存特征、区位环境三个层面进行分析，评估开放条件、展示特色、利用潜力等，为展示利用规划提供依据。

4.1 保护与考古研究

成都平原史前城址中宝墩、芒城及郫县三座城址的文物保护规划已经批准实施，保护管理体制相对健全，保护范围内建设活动已有效控制，城址保存状态稳定。鱼凫村、紫竹城址面临村庄建设活动的威胁，近期应以完善保护工作为目标。鱼凫村、紫竹及双河城址应尽快编制文物保护规划，指导遗址保护利用工作的开展。考古研究方面，除紫竹遗址外各城址均取得相应考古成果，其中宝墩遗址考古成果最为丰硕，城内已进行全面普探，已确认大规模的聚落遗址、环城道路等重要遗存，现状考古信息可以支撑丰富的展示体验。综上，现阶段可进行开放展示的为宝墩遗址，可适度进行开放展示的为有芒城、郫县城址（图12、图13）。

4.2 遗存特征分析

宝墩古城遗址具备双城结构，是成都平原史前城址中遗存最丰富、聚落形态最复杂的城址，其展示利用应树立典型，全面展示宝墩文化。芒城遗址已探明双城墙、双壕沟结构，发现较特殊的竹骨泥墙建筑，建筑技术具有代表性。郫县古城遗址是矩形单城垣城址，其中部发现大型礼仪建筑，具备中心聚落布局形态，它们应是早期的宗庙，反映了古蜀人宗庙的起源[1]（图14）。考古学通过对出土器物面貌的研究普遍认

---

[1] 段渝，陈剑. 成都平原史前古城性质初探[J]. 天府新论，2001（06）：81-86.

为宝墩文化自早至晚可分为四期[①]，鱼凫村属于三、四期遗存，其出土的大量文化遗存曾经是川西平原新石器时代遗址发掘之最，该遗址陶器为研究宝墩文化提供重要物证，鱼凫村的展示内容可以从科普宝墩文化面貌切入。

图 12　田角林聚落遗址发掘平面图[②]　　　　图 13　郫县古城遗址中心大型礼仪建筑[③]

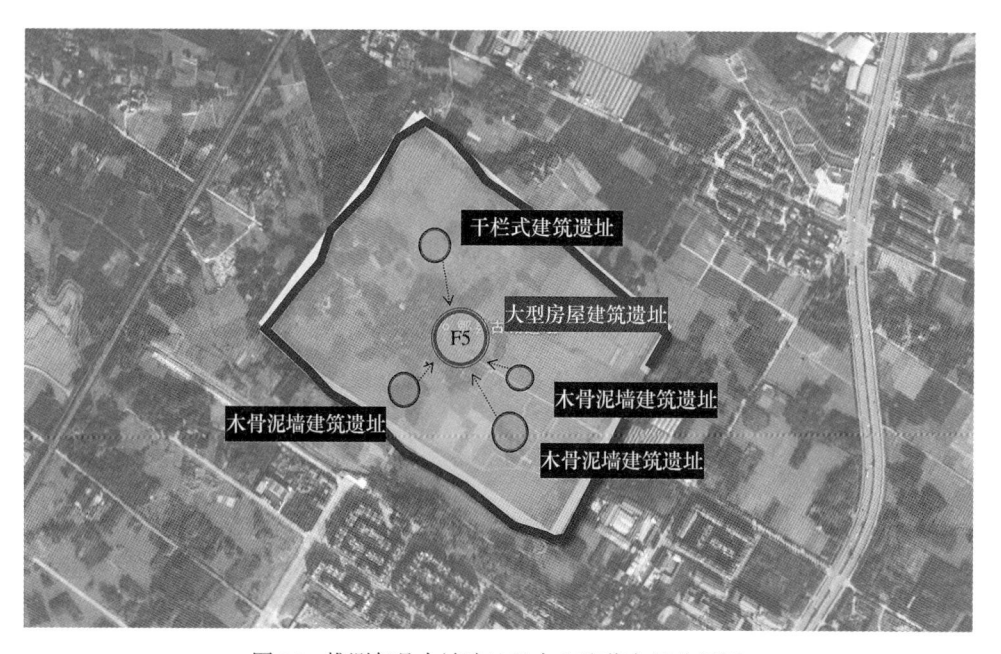

图 14　推测郫县古城遗址呈中心聚落布局分析图

4.3　区位环境条件

区位环境主要从遗址区域交通、周边景观资源及服务设施三方面进行分析。从区位交通角度分析，宝墩、芒城、郫县、鱼凫村城址交通可达性较好，宝墩、郫县和鱼凫村可经城市快速路直达成都市区。双河、紫竹城址距离主城区较远，可达性较差。从周边景观资源角度分析，宝墩遗址所在的新津县是成都市的城郊休闲环城旅游区，周边自然人文旅游资源丰富，林盘、农田与古城墙构成了较好田园景观，在《成都市城市总体

---

① 江章华，王毅，张擎. 成都平原先秦文化初论［J］. 考古学报，2002（01）：1-22.
② 何锟宇，周丽，张寒冬，吕红亮，左志强，李兰，江章华. 成都市新津县宝墩遗址田角林地点 2013 年的发掘［J］. 考古，2018（03）：3-25＋2.
③ 图片来源于网络

规划（2016—2035）》中，提出以宝墩城址为核心打造宝墩文化景观片区。芒城遗址毗邻国家级风景名胜区青城山，地处国家级历史文化名城都江堰市。郫县古城址周边有川菜博物馆等成都重要的旅游目的地。从服务设施角度分析，宝墩、芒城、郫县城址毗邻城市建成区，餐饮、住宿等配套设施较完善，紫竹、双河、鱼凫村处于农田环境，配套设施匮乏。综合以上分析，宝墩、郫县、芒城城址具备较好的展示条件，可联动周边成熟的文旅资源形成规模效应，展示潜力较大，其展示定位应面向全国及区域（表3）（图15、图16）。

表3 区位环境条件分析

遗址名称	区域发展分析		
	可达性	周边资源	可利用服务设施
宝墩城址	较好 距离新津县城10公里，邻乡路大新路，连接成新蒲快速路直达成都市	较好 新津田园花径旅游环线宝墩段、川西林盘保护区、4A级旅游景区花舞人间、国保观音寺等	较好 周边分布农家乐、度假村等；临近新津县城，服务设施完善
芒城遗址	较好 距离青城山高铁站2公里，距离都江堰高铁站12公里	较好 国家级风景名胜区青城山、国家历史文化名城都江堰市	较好 周边分布农家乐、度假村等；临近青城山镇，服务设施完善
紫竹遗址	一般 距离崇州市高铁站（未开通）10公里、距离交通干道光华大道1公里	较差 无	较差 无
双河城址	较差 临乡路街安路，距离都江堰高铁站22公里	较差 无	较差 无
郫县古城遗址	较好 四周邻路，交通便捷，距离成都约35公里	较好 成都川菜博物馆、中国川菜体验园、仿古街马街、望丛祠	较好 毗邻古城镇商业区，住宿、餐饮等服务设施完善
鱼凫村遗址	较好 郫温路线，距离郫都区8公里，距离温江区10公里	一般 4A级景区国色天乡乐园	一般 城址周边为乡村环境，临近郫都区、温江区，服务设施完善

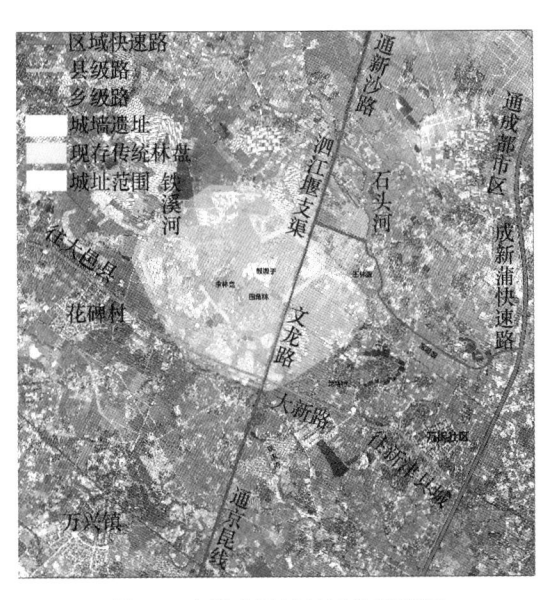

图15 宝墩古城遗址区位环境图

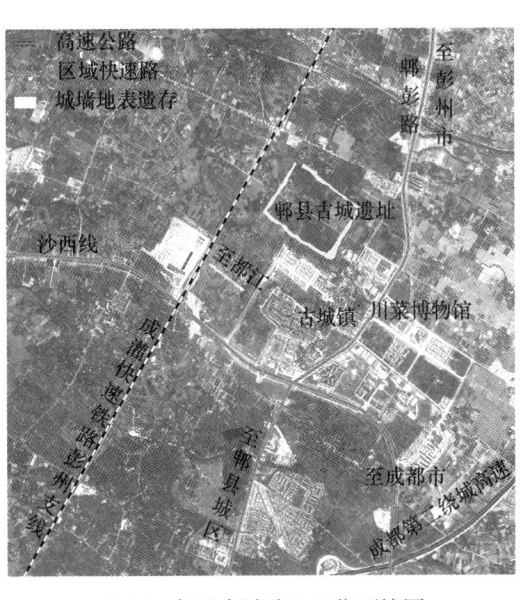

图16 郫县古城遗址区位环境图

5 展示利用规划初探

本文将成都平原史前城址群的展示利用定位分为国家考古遗址公园、生态休闲型文化遗址公园及遗址保护研究地三类，对展示主题、展示方式提出建议（图17、图18）。

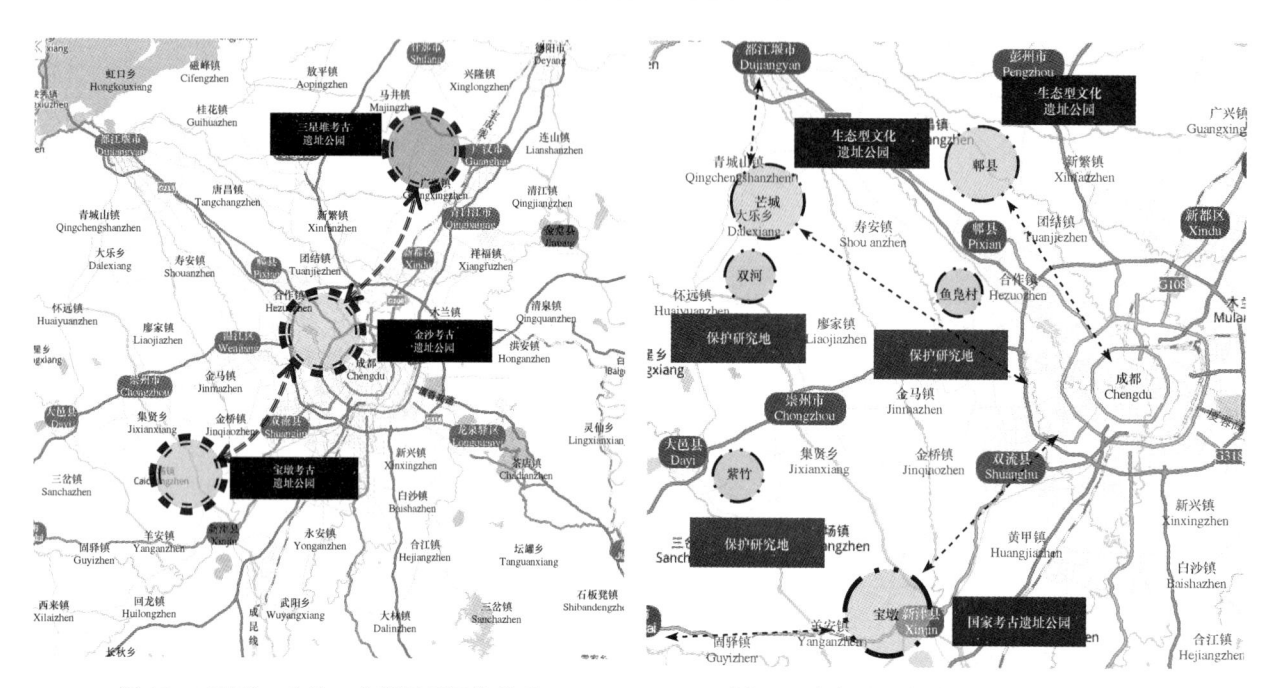

图17 三星堆、金沙、宝墩展示区位关系

图18 成都平原史前城址群展示定位规划

5.1 建设具有代表性的宝墩文化国家考古遗址公园

宝墩古城遗址作为成都平原史前城址是展示宝墩文化最具代表性的遗存，无论从保护研究、价值重要性、区位环境及城市发展方面均具备优越条件，建议将其应打造成为与金沙、三星堆遗址同级别的国家考古遗址公园，成为具有科研、教育、游憩等功能，在考古遗址保护和展示方面具有全国性示范意义的特定公共空间。

宝墩古城遗址展示主题应该突出"古蜀文化起源"，结合川西林盘良好的田园生态环境，以展示完整的聚落遗址、古蜀环境为核心，再现成都平原史前城市风貌。依托宝墩古城遗址建立宝墩文化博物馆，构建成都平原史前遗址群文化展示平台，系统阐释古蜀文化。

5.2 发挥区域优势打造生态型文化遗址公园

芒城、郫县城址具备展示开放条件，周边自然、人文资源丰富，近期建议将芒城、郫县古城遗址打造为区域生态型文化遗址公园，通过遗址的展示利用提升区域文化内涵，同时兼顾田园生态观光、文化旅游功能，使其成为面向游客、研究者及承载周边居民文化休闲活动的公共空间。

郫县古城遗址作为成都平原史前遗址群中城墙保存最为完整的城址，建议以展示宝墩文化城址中心布局城址格局为主题，对郫县城址中心聚落式格局及保存完整、连续的城墙遗址进行展示。芒城遗址建议以展示宝墩文化城址建造技术为主题，对双城墙双壕沟剖面、竹骨泥墙建筑遗址等重要遗存进行模拟复原或数字化展示。

5.3 兼顾科普教育的遗址保护研究地

紫竹、双河及鱼凫村城址开放条件尚待提升，近期建议作为宝墩文化的遗址保护研究地，考古先行、保护为主，不进行整体展示开放。以最小的干预形式科普遗址信息，主要服务于考古研究学者及历史爱好者。

遗址保护研究地应保留农田环境，严格控制扰土深度控，对城墙遗址、建筑遗址等已确认的重要遗迹进行地表标识阐释，通过图文展示的方式介绍宝墩文化及成都平原史前城址。鱼凫村建议以展示宝墩文化考古学面貌特征为主题，对各分期城址特征及出土器物面貌进行阐释，科普考古学常识。

6 小结

在成都公园城市建设的契机下，本文通过对成都平原史前城址群遗产现状、遗存特征、区域发展等关键问题的分析，对其展示利用定位、展示规划内容提出建议，希望本文能为蜀地文化的展示利用及公园城市构建提供思路，为其他地区相似情况的文物的展示利用提供可借鉴的经验。

参 考 文 献

段渝, 陈剑. 2001. 成都平原史前古城性质初探. 天府新论, 6: 81-86.

国家文物局. 2016. 国家考古遗址公园管理办法（试行）.

何锟宇, 周丽, 张寒冬, 吕红亮, 左志强, 李兰, 江章华. 2018. 成都市新津县宝墩遗址田角林地点2013年的发掘. 考古, 3: 3-25.

蒋成, 李明斌. 2002. 四川崇州市双河史前城址试掘简报. 考古, 11: 3-19, 97.

蒋成, 李明斌, 黄伟. 1999. 四川省温江县鱼凫村遗址调查与试掘. 文物.

江章华, 李福秀, 曾雰, 严彬, 何锟宇, 左志强, 杨洋, 白铁勇, 程远福, 颜斌, 石涛. 2012. 新津县宝墩遗址鼓墩子2010年发掘报告. 成都考古发现, 1-63, 592-594.

江章华, 王毅, 张擎. 2002. 成都平原先秦文化初论. 考古学报, 1: 1-22.

单霁翔. 2010. 大型考古遗址公园的探索与实践. 中国文物科学研究, 1: 2-12.

颜劲松, 江章华, 樊拓宇. 1999. 四川都江堰市芒城遗址调查与试掘. 考古, 7: 14-27.

颜劲松, 陈云洪, 唐至红, 姜世良, 戴自明, 陈平, 程远福, 党国松, 党国平. 1999. 四川省郫县古城遗址1998~1999年度发掘收获. 成都考古发现, 29-39, 320.

促进史前遗址可持续发展的几点拙见

高 飞[①]

摘要：我国史前遗址数量庞大，在全国文物资源体系内占有重要地位。在当今新时代的大环境下，为满足公众的文化需求，应科学、合理定位史前遗址的多元化功能，积极采用新理念、新举措、新形式，吸引公众走进、亲近史前遗址，让史前遗址焕发新的生命力，在民族复兴的道路上可持续发展。

关键词：史前遗址；可持续发展

史前遗址在我国分布广泛，数量众多，是探索我国古人类起源演化、史前文明发展的宝贵材料，是祖国文化遗产宝库的重要组成部分。在跨入新的历史时代的今天，我们要客观分析总结史前遗址在保护和可持续发展中存在的问题和矛盾，科学合理定位史前遗址的多元化功能，构建能促进史前遗址可持续发展的保护建设模式，不断满足社会公众日益增长的文化需求，为全民创造美好的文化生活。

1 史前遗址的数量分布及其在我国文物资源体系内的地位和作用

1.1 史前遗址的概念

"史前"一词，是英国学者丹尼尔·威尔逊提出的。他在1851年出版的《苏格兰考古及史前学年鉴》中首先使用了"史前"（PREHISTORY）一词。所谓"史前时期"，就是指人类社会的文字产生以前的历史时期，史前文化，就是指文字产生以前的人类文化。我国的史前时期，大体上包括新石器时代和旧石器时代，这个时期是古人类起源和古文明萌芽时期。由于史前时期无文字可考，故保存至今承载着史前文化、记录着史前人类活动的史前遗址，就成为研究我国史前文明的重要考古材料、历史依据。

1.2 我国史前遗址的分类、数量、分布

我国的史前遗址的类型主要有古人类遗址点、动物化石点（如周口店古人类遗址）、墓葬遗址（如辽宁牛河梁红山遗址）、聚落遗址（如陕西半坡遗址）、城址（如浙江良渚遗址）等，很多遗址在其类型上并非单一类型，而是复合类型，比如在聚落、城址遗址内也有墓葬、祭祀遗址。

根据国家文物局已公布的七批次全国重点文物保护单位名单，其中属于史前遗址的大约400处（旧石器时期、新石器时期），约占总数的十分之一。这四百处史前遗址中，旧石器时期遗址88处，其余为新时期时代遗址，广泛分布在全国30个省、自治区、直辖市，其中，有10处遗址以上的地区有14个，依多少为序分别是：河南省（64处）、山东省（55处）、陕西省（31处）、湖北省（22处）、浙江省（22处）、甘肃省（22处）、内蒙古（21处）、河北省（20处）、江苏省（20处）、山西省（16处）、安徽省（16处）、湖南省（16处）、辽宁省（13处）、云南省（10处）。从上面分布的区域来看，这些史前遗址大部分集中在黄河、

[①] 辽宁省大石桥市金牛山博物馆。

长江、辽河流域，这也印证了中华文明的起源清晰而明确。

从保护级别上来说，如前所述，全国重点文物保护单位的史前遗址有 400 处，除此之外，还有大量被所属地公布为省、市、县级文物保护单位或尚未公布的史前遗址（不含港、澳、台地区），仅已发现的旧石器遗址点就达两千余处[①]。可见我国的史前遗址数量众多，规模庞大，是中华文明源远流长的历史见证，是我国文物资源宝库的重要组成部分。

1.3 我国史前遗址在我国的文物资源体系中占有重要地位

华夏大地从北到南、从东至西，遍布横亘几百万年的时空的史前遗址。通过几代考古人对这些遗址的发现和研究，取得了令世人瞩目的重要成果。其中，旧石器时代遗址对古人类的起源和东亚现代人的来源做出了卓越贡献，推动了人类进化理论的发展[②]，奠定了我国在世界古人类学研究的重要地位；大量的新石器时代遗址又呈现出了丰富多彩的文化多元性，中原的裴李岗文化、贾湖文化，北方的红山文化，南方的屈家岭文化、良渚文化，东方的大汶口文化、龙山文化、西方的大地湾文化、仰韶文化等等林林总总，各种文化互相碰撞、融合，通过不间断的传播交流与交替演变，各种区域性文化的逐渐优化汇集成，为有文字可考并延续至今的中华文明的到来做好了文化储备。

可以说，遍布华夏、历经漫长而艰辛的岁月而保存下来的史前遗址，为我们的华夏文明点燃了第一缕火、打造出了第一件工具、刻下了第一个符号、种下了第一粒种子，其价值和作用不仅体现在历史、艺术、科学、社会各方面，更是中华文明的肇始启蒙的见证，意义非凡。

2 分析史前遗址的自身特点、保护利用现状，客观审视存在的不足

2.1 我国史前遗址的自身特点

史前遗址从其物质属性上看，体现以下若干特点[③]：

（1）以遗址群落的区域形态存在：如新石器时期的聚落遗址。

（2）以平面或立体的土遗址本体形态存在：史前遗址大多是岩土遗址，聚落遗址的本体往往是平面形态存在，化石点的本体大多是以平面与立体的复合形态存在。

（3）文物本体的边界和文物可能的埋藏区边界不够清晰。

史前遗址从其文化属性上看，体现以下若干特点：

（1）由于历史形成的自然和人为的破坏或干预，造成文物本体的完整度不够完整。

（2）无论是对研究者还是对普通参观者而言，其所包含的历史文化信息及所涉及的学科领域都是复杂而丰富、神秘而冷僻。

（3）百万年至数千年文化遗存的积淀，使本体的文化层具有相当厚度，文物埋藏较深较广。

（4）出土的各类可移动文物数量较多。

由于物质和文化属性的使然，史前遗址从其利用属性上看，则有以下若干特点：

（1）保护现状不尽如人意，保护技术要求较高，保护资金需求较多，保护工作难度较大。

（2）展示条件较差，展示环境较复杂，展示难度较大。

（3）观赏性、可读性较差：土遗址的特质，化石、石制品、陶制品等出土文物的原始性，对史前文化的陌生感、关注度低，以及遗址自身缺乏公众服务意识，诸多因素导致参观者旅游者感兴趣程度低。

[①] 高星，仪明洁. 理论视野下的中国旧石器时代文化. 中国乌珠穆沁边疆考古国际学术研讨会论文集，2009，07.

[②] 吴新智. 中国人类化石研究对人类学的贡献. 第四纪研究，1993，03（2）.

[③] 李铠. 大遗址的活化——大遗址价值实现探究. 城乡治理与规划改革：2014中国城市规划年会论文集，2014，09.

（4）发展文旅产业难度较大，开发文博创意产品有一定局限性，活化难度较高。

2.2 目前的保护、利用现状

我国对史前遗址的保护一向高度重视，从1961年公布第一批全国重点文物保护单位，到1961年公布第七批全国重点文物保护单位，每一批的名单里都有史前遗址，尤其是第七批公布的全国重点文物保护单位名单里，史前遗址有214处，超过了前六次之和。2016年11月，国家文物局印发了《大遗址保护"十三五"专项规划》，在"十二五"期间保护一百五十处大遗址的基础上，增加到了二百处大遗址，其中史前遗址38处，接近五分之一，可见史前遗址在我国大遗址中具有重要地位和价值。另外，对史前遗址更高一个层次的保护是建设国家考古遗址公园，国家文物局先后于2010年、2013年、2017年公布了三批国家考古遗址公园正式及立项名单共98处，其中，36处遗址被列入国家考古遗址公园名单，62处遗址被列入国家考古遗址公园立项名单，在这个名单里，史前遗址有25处。列入国家考古遗址公园建设名单及大遗址名录的史前遗址，基本都完成了保护规划的编制，在文物本体保护、考古发掘研究、对外展示利用及基本设施建设方面，应该都取得了一定的成绩，这里面不乏一些优秀的遗址案例，如周口店遗址、良渚遗址、牛河梁遗址、泥河湾遗址等。其他史前遗址（全国重点文物保护单位）笔者没有进行完全统计，但在国家文物保护政策扶持下，至少在文物本体的保护、基本展示利用方面会有不同程度的改善与提升。

但对于全国上千处史前遗址来说，保护利用工作做得好的还是占少数，更多的遗址还是处于发掘中、边发掘边保护、保护前提下简易展示，甚至是回填保护、封闭保护而谈不上展示利用。

以上是对史前遗址保护利用现状做的简单分析，归纳一下，史前遗址的保护利用情况可以分成三个梯队：第一梯队，以国家考古遗址公园、大遗址名录中史前遗址为主，在国家和地方政府的支持之下，保护、建设、展示利用工作都成绩斐然，代表了我国史前遗址的整体风貌，引导了我国史前遗址持续发展的方向。第二梯队，未进入上述两个名录里的全国重点文物保护单位，这些遗址的基本保护工作能得到有效保障，展示与利用工作会因地方重视程度和自身条件环境的差异而有所不同。第三梯队，省市县级或没定级的史前遗址，这一部分数量庞大，散落在全国的县乡村屯，共同构建成了我国巨大的史前文化宝库。但这部分保护难度也是最大，国家队里排不上号，地方财力也不会重点倾斜，各地文保队伍参差不齐，这些都对遗址的保护会产生不利的影响，更奢谈展示利用，甚至有个别遗址在发掘多年后因疏于保护管理而湮灭的情况发生，所以，有些遗址在发掘结束后采取回填保护也不啻是一个现实的选择。

2.3 存在的问题和不足

新的时代必然会对文物事业的发展提出更新更高的要求，随之必然也会有新的问题新的矛盾出现，对于史前遗址的保护和可持续发展同样也有这样的问题。

保护，是包含史前遗址在内所有文化遗产的永恒主题，也是所有文博工作者的共同使命。保护好各类遗址和文物是文化遗产存续、发展的基础、前提、保证，在保护工作中会不断地出现问题、解决问题、再提出问题，循环往复，贯穿整个保护工作的进程。由于本文不是专门论述遗址保护工作，在此不做展开赘述。

可持续发展，才是我们在史前遗址保护工作中面临的新课题。以往我们只注重于文化遗产的保护，可持续发展是近几年随着经济社会的发展而提出来的发展观，对于我们来说需要适应这一全新的认识，其实，我们日常的许多文物保护工作也是在促进文物事业的可持续发展，两者相辅相成、互相促进。由于各个遗址的条件、环境、情况各异，其在促进史前遗址可持续发展的工作中所面临的问题和困惑也不尽相同，笔者仅依自己的经验和了解，对可能影响史前遗址可持续发展的若干因素试归纳如下：

（1）遗址本体特性和公众对展示需求的矛盾：

前文已述，史前遗址的物质特征基本为土遗址，类型有古化石地层、氏族聚落、墓葬、祭祀、城址等，大多呈平面分布，由于其类型多样、组成复杂、病害较多，基本是室外露天遗址，更易受自然环境破坏和人为干扰。造成土遗址保护难、展示难。而为了满足公众的参观需求，对遗址考古成果进行展示宣教、体验互动，一定规模的展示建筑、观览设施还是必须具备的。如何保证土遗址文物本体不受干扰破坏？如何把握展示观览设施建设的规模、体量、尺度？土遗址之上的展示观览设施建设都会不同程度对土遗址造成破坏，打破文物环境的平衡。如何保护如何建？破解了这个矛盾，方能走出可持续发展的第一步。

（2）遗址整体保护和基本建设的矛盾：

史前遗址的另一个特点是保护范围和建设控制地带范围广阔，保护范围几十万平方米、上百万平方米很常见，甚至更大以平方公里计。这么大面积的保护范围、建控地带的土地有的并不完全归文物管理部门所有，那么，土地所有者在地上的生产建设活动又与遗址的保护产生了矛盾。大部分情况下，文物管理者和土地所有（使用）者都能在《文物保护法》的框架下妥善解决此类问题。但随着当地经济活跃度提高而用地越发紧张，在建控地带内甚至保护范围内，一些无法通过文物行政部门批准的生产建设项目就会出现，这些打擦边球、踩红线的项目往往是打着"配合遗址建设、发展旅游观光产业、促进城乡经济发展"的旗号，并且会得到地方政府的默许或支持。国家文物局、相关地区省文物局都处理过这样的违规建设案例。一方面要坚守法律红线、保护遗址风貌的完整和安全，另一方面，还要以文化为生产力，促进当地经济发展、促进遗址的保护，这个矛盾需要有智慧去破解。

（3）遗址保护和周边环境的协调问题：

史前遗址大部分散布在城郊、农村，个别也有在城市中心，周围环境复杂度各有不同，复杂如周围有企业、社区、商圈，简单如周围仅有道路、河流、村落、田野。这里出现的问题是，如何一方面保护遗址的独立性稳定性，免受外部负面环境的影响，另一方面，发挥遗址的文化影响力，改善和协调外部环境，整治对遗址有潜在危害、干扰的因素，保留能为遗址保护加分的有益因素，使遗址能与外部环境和谐共生，协调发展，打造良好的人文生态环境。

（4）遗址文化内涵和公众认知的落差：

前面讲到史前遗址的特征之一就是其所包含的历史文化信息及所涉及的学科领域复杂而丰富、神秘而冷僻，兴趣度不高、可读性较差，土坑、地层、化石、陶罐、神秘的符号等等又增加了认知和理解的难度，造成了史前文明的丰富内涵与当代大众审美产生了落差。这个落差最直接的影响就是难以吸引更多的公众来参观参与，门庭冷落何谈可持续发展？解决这个落差，激发公众对史前遗址的兴趣和关注度，需要我们更新观念、深化遗址内涵阐释、创新展示水平提升、丰富观者文化体验，让公众分享史前文明的魅力。

以上四点因素，亦可说是在实际工作中遇到的实际问题，化解这些矛盾和问题，必然会有益于促进史前遗址的可持续发展。

3 科学、合理定位史前遗址的多元功能，构建新环境下的可持续发展模式

当前的史前遗址（不局限于史前遗址），已不仅仅是考古学家的研究平台、管理者的保护对象，而应成为社会系统中"文化芯片"，公众生活中的"精神家园"，这就要求遗址的功能多元化、建设发展模式个性化。

3.1 史前遗址的多元化功能

（1）文化芯片功能：每一处遗址就好比一个"芯片"，存储着历史的见证、人类文明的记忆，应该且能为来到遗址的每一位参观者学习者提供该遗址应有的全部信息。

（2）精神家园功能：物质生活达到一定的满足程度之后，人们更需要精神的追求和寄托。历史遗址给了人们一个追忆先贤、感受华夏灿烂文明的精神慰藉。

（3）科学教育功能：普及史前科学知识、宣传祖国传统文化，是提高国民素质、加强爱国主义教育的

天然课堂。

（4）旅游文化功能：以保护好遗址为前提和基础，依托遗址发展旅游观光、文博创意产业，充分发挥遗址的文化优势，助力区域经济发展。

（5）改善生态环境功能：通过对遗址的保护、建设、展示提升、综合整治，能有效地促进周边生态环境的改善，树立遗址的绿色生态形象，促进历史人文环境、自然生态环境、居民生活环境的和谐、进步。

3.2 史前遗址的个性化保护建设模式

对史前遗址进行的保护并不是单纯的冻结式保护，而是要在遵循原真性原则进行保护的基础上，以个性化的模式、开放的理念对遗产进行合理的利用，实现上述史前遗址的多元化功能[1]。

国内在史前遗址保护利用模式的研究上从多个角度，尝试做了多种分类，有总体模式和局部模式、有综合利用模式、有单一类型模式等等，可以说是视角多样、内容丰富，既有高屋建瓴的宏观把握，又有细致入微的深入剖析[2]。常见的整体保护与利用模式主要有以下四种：一是将整个遗址区建成遗址公园；二是将遗址区与风景区结合，建成旅游景区；三是将整个遗址区建成森林公园；四是将遗址保护与现代农业园区结合，建成遗址文化农业园区[3]。

笔者认为，每一个史前遗址都是一个"活"的个体，有其自己独特的风貌、特质及所处的特定环境，也应有符合其特质的发展模式。这个特质，应融合遗址的特点、地域的特色、人文的特征和开放包容的理念。个人拙见拟分以下若干层级模式：

第一层级：考古遗址公园

限全国重点文物保护单位优先；

不限遗址所在区域（城市或乡村），但规定遗址面积要达到一定指标；

遗址原址保护原址展示，在合理有序的空间内建遗址保护区（可露天）、展示区（博物馆、展示馆或展示厅）、公众体验区、服务区及绿化休憩区；

公园内外的整体环境与风貌要与遗址特质相协调，严控周边不协调风貌与建筑。

第二层级：城市主题文化公园

限省级（含）以下文物保护单位；

限遗址在城区，不规定遗址面积；

遗址原址可回填保护、复原展示，可视条件和环境，设展厅展示或露天展示；

开放式公园，配套绿化、休憩、服务设施；

公园内风貌环境要与遗址特质相协调，公园外周边环境不做严格要求。

第三层级：旅游文化公园

限省级（含）以下文物保护单位；

限遗址在城郊、农村，不规定遗址面积；

视保护难易程度，遗址可原址保护、回填保护。视条件和环境，设展厅（棚）展示或露天原址（复原或砌护）展示；

半开放式园区，有一定的旅游、休憩等服务设施，具备接待旅游能力；

园区内要重点规划绿化景观区、互动体验区、室外模拟展示区。

---

[1] 朱明敏. 土遗址保护利用模式探讨——以西安地区为例. 东南文化. 2011, 06.
[2] 姜克芳, 姚梓阳, 周洋岑, 徐杰, 郭轩, 王京海. 史前遗址的保护利用模式：体系、现象与关键 -- 以秦堂山遗址为例. 规划 60 年：成就与挑战——2016 中国城市规划年会论文集. 2016, 09:3-4.
[3] 李海燕. 大遗址价值评价体系与保护利用模式研究. 西北大学. 2005.

公园内风貌环境要与遗址特质相协调，公园外要协调好与村落、民居环境、农业生产园区的互动关系。

第四层次：历史文化保护区

不限遗址的保护单位等级。

限遗址在交通不便的偏远地区，不规定遗址面积；

遗址原址保护（可回填或复原），保护后露天展示，如具备条件可室内展示（展厅或展棚）；

视环境条件，开放式保护区或封闭式保护区；

保护区以绿化为主，辅以必需的保护、服务设施；

保护区远离城市和居民生活生产区域，保护区内外在突出遗址特质之外，尽量保留原生态环境，减少人为干预。

以上四个层次的史前遗址保护发展模式，都需要有独立的保护管理机构和专业人员，运营方式以公益为主，同时要引进营销理念：展览的营销、文创产品的营销、旅游产品的营销，甚至遗址内涵、文化的阐释、推广，都要引入新的理念。

保护好、展示好、运营好，才能让久远的史前遗址"活"起来，才能吸引更多的公众走进史前遗址，感受、体验史前文明，让自己的身心回归到中华先祖的精神家园。这样才能真正地做到史前遗址的可持续发展。

东胡林人遗址保护与文化旅游发展探讨

杨 艳[①]

摘要：东胡林人遗址位于北京市门头沟区斋堂镇东胡林村村西清水河北岸三级阶地上，形成于一万年前左右，是一处重要的新石器时代早期遗址。自1966年最早被发现至今，先后历经四个阶段的发现和发掘，其中2001—2005年开展规模性的考古发掘，成果丰硕。1985年被公布为门头沟区文物保护单位，1995年被公布为北京市第二批地下文物埋藏区。文章系统介绍东胡林人遗址发现过程及文物埋藏情况，简要分析东胡林人遗址保护的重要性和紧迫性，从综合研究、切实保护、规划定位、管理提升、公众参与等几方面提出遗址保护措施建议，进一步充分挖掘东胡林人遗址及其文化价值，积极探讨以遗址开发利用为核心的文化旅游在实施当地乡村振兴战略过程中的发展思路及其引领作用。

关键词：东胡林人；遗址保护；规划；文化旅游；乡村振兴

建设由长城文化带、运河文化带、西山永定河文化带共同组成的北京"三大文化带"，是《北京城市总体规划（2016—2030）》的一项内容，是北京作为全国文化中心的重要体现（李建平，2017）。以东胡林人遗址为代表的古人类活动遗址或遗迹也是西山永定河六大文化之"人类聚落及古道交通文化"的重要组成部分（尤书英，2017），是西山永定河文化带的一颗璀璨明珠。加强东胡林人遗址保护研究，探讨以遗址开发利用为核心的文化旅游产业发展，对落实西山永定河文化带建设、提升区域文化旅游产业发展水平起到积极推动作用。

1 遗址发现过程及文物埋藏

东胡林人遗址位于北京市门头沟区斋堂镇东胡林村西侧清水河北岸三级阶地上（图1），距市中心约80公里，地理坐标东经115°44′，北纬39°59′，海拔约370米。

东胡林人遗址最早发现于1966年。北京大学地质地理系师生在农村进行社教时，郝守刚等人首先发现了"东胡林人"骨骼（图2中，黄土陡坎上的横穴为东胡林人出土的位置），后由中国科学院古脊椎动物与古人类研究所对此遗址进行了清理，初步认定这是一座新石器时代的墓葬。因该墓葬位于全新世黄土底部、马兰黄土顶部，故研究者将其年代定位新石器时代早期。此次共发现3具东胡林人的骨骼，包括一具较完整的少女骨骼及两具成年男性的零星体骨（依次编号为1、2、3

图1 东胡林人遗址位于清水河三级阶地上
（永定河文化博物馆提供）

[①] 作者简介：杨艳（1982-），女，硕士，高级工程师，主要从事地质灾害调查、监测及研究工作，2016年至今在东胡林村挂职"第一书记"。

号东胡林人），其中1号少女骨骼埋葬处发现的小螺壳"项链"，经鉴定为海生的蜓螺，另有牛肋骨截断磨制而成的骨镯以及河蚌制成的坠饰（郝守刚，1988；周国兴等，1972）（图3）。

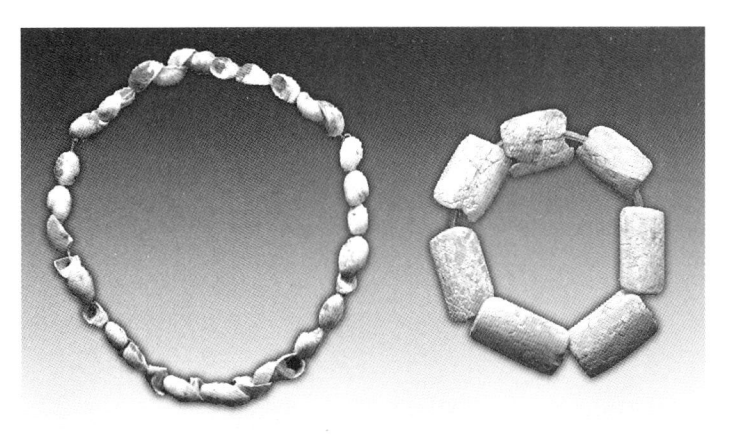

图2　1966年遗址发现现场（郝守刚提供）　　　　图3　出土的蜓螺项链及骨镯（永定河文化博物馆提供）

　　1995年再次发现并整理。北京大学地球与空间科学学院师生郝守刚、王鹏等在对斋堂地区晚更新世和全新世黄土进行野外地质调查过程中（图4），在东胡林人遗址处又发现了散落的破碎人骨（图5）、石器（图6）及动、植物残留（图7—图9），挖掘、整理出半具被破坏严重的人体骨骼，经鉴定为成年女性东胡林人骨骼（依顺序编为4号人）。此次发现得到有关部门的高度重视，北京大学及教育部提供了经费支持课题立项，并由郝守刚等人开展^{14}C年龄测定、环境分析、植物果核（郝守刚等，2008）、动物牙齿形态（薛进庄等，2010）等研究工作，最早测定东胡林人生活年代为距今约9500年。

　　2001—2005年，在北京大学考古专家赵朝洪教授的主持下，由北京大学文博学院和北京市考古研究所等组成考古团队，先后对东胡林人遗址进行三次正式发掘（赵朝洪等，2006），揭露面积约200平方米（图10），发现多处墓葬（赵明宇，2006）、十余处火塘（赵朝洪等，2003）、火坑等遗迹（图11—图12），2具半古人类遗骸（其中一具完整的直体葬、一具完整的屈体葬，图13、图14），1万余件石器、陶器、骨器、蚌器以及动物骨骼、

图4　1995年再次发现

植物果壳、螺蚌壳等遗物（图15、图16）。此次发掘还开展了大量研究工作：测定"东胡林人"生活的年代大致在距今11,000~9000年前，属于新石器时代早期；研究了解新石器时代早期东胡林人的生活方式、埋葬习俗及生产方式（崔天兴，2005）等；探讨北方农业起源（Xiaoyan Yang et al，2012；侯毅，2007；李国强，2015；侯毅，2007；赵志军，2014）、陶器的起源与发展（张怡等，2012）；研究动植物遗存及生存环境（夏正楷等，2011；郭京宁，2005）等。

　　2016年12月，本文作者在东胡林村挂职"第一书记"开展突发性地质灾害隐患点排查工作时，在原遗址东侧黄土台地中又有新发现（图17—图20），并由北京市文物研究所考古专家进行局部抢救性发掘，发掘出脊椎骨、肋骨、胫骨等人类骨骼（依次编为7号东胡林人），以及残存的贝壳碎片、碳粒等遗物（杨艳，2017）。剩余部分肋骨、股骨头等文物目前原址封存，有待进一步科学考古发掘或继续原地保存。

图5 散碎的东胡林人遗骸 　　图6 加工用过的石器 　　图7 散落的螺壳

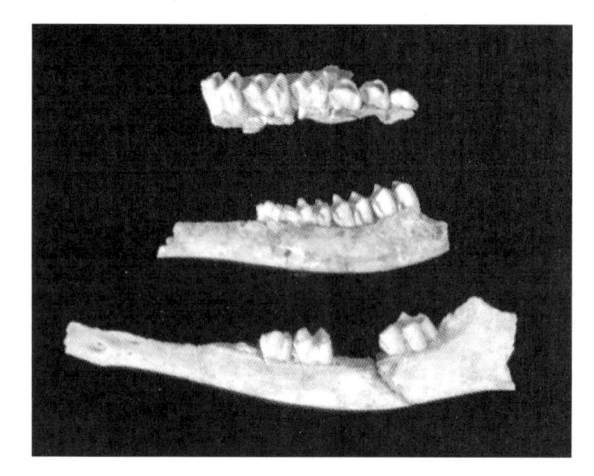

图8 北京香麝的兽骨 　　图9 随东胡林4号人出土的果核

（注：图4—图9均为郝守刚提供）

图10 考古发掘现场

（赵朝洪提供）

图 11　火塘清理现场
（赵朝洪提供）

图 12　灶膛遗迹
（永定河博物馆提供）

图 13　直体葬遗骸
（永定河博物馆提供）

图 14　屈体葬遗骸
（赵朝洪提供）

图 15　陶器
（赵朝洪提供）

图 16　石磨棒和石磨盘
（永定河博物馆提供）

图 17　遗址现场

图 18　肋骨　　　　　　　　　图 19　下颚骨　　　　　　　　图 20　脊椎骨

2　遗址保护及措施建议

2.1　保护现状

东胡林人遗址1985年被列为门头沟区文物保护单位，1995年被列为北京市第二批地下文物埋藏区，2005年被评为中国六大考古发现，2016年召开首届"东胡林人"论坛，成为中国科学院、北京大学、中国地质科学院等科研机构、高等院校重要教学科研基地。

除1966年发掘的文物下落不明之外，1995年发掘的文物由郝守刚教授提交给首都博物馆予以保存，2001—2005年发掘的文物目前仍由赵朝洪教授等保存在北京大学文博学院，2016年新发现的部分文物由北京市文物研究所保管，部分仍原址封存埋葬。

遗址保护现状存在诸多不足：现有遗址保护级别与其重要性严重不匹配；未成立专门的保护和管理机构，保护主体单位及责任不明确，无稳定专项资金用于遗址的基本维护和管理；尚未划定保护区范围，遗址保护及开发建设规划严重缺失；文物归属有待规范，遗址考古发掘及相关研究工作不彻底；遗址连同保存它的完整全新世黄土剖面正面临着毁灭消失的危险，遗址目前仍处于完全开放的状态，基础设施配套缺失，存留文物赋存的黄土台地损毁严重；宣传不到位，文化认知度有限等。基于此，2017年3月，鲁安怀教授等十名全国政协委员向全国政协会议提交《关于提升北京"东胡林人"遗址保护级别的建议》；同年6月27日、2018年2月23日，北京市人民政府、国家文物局先后予以回复，明确表示将"推进落实东胡林人考古研究、遗址保护、环境整治、博物馆建设等方面工作，并积极支持遗址申报全国重点文物保护单位"，相关工作有望逐步落实。

2.2 遗址保护的重要性和紧迫性

东胡林人生活在距今1万年左右的旧石器时代向新石器时代过渡的时期，也是晚更新世-全新世转变全球环境及气候发生急剧变化的时期，该时期人类及其文化与环境背景的研究，长期以来一直是国际学术界诸多十分关注的重要课题。东胡林人遗址的古人类遗骸、遗物、遗存相较于同时期其他遗址更为丰富、全面，对研究新石器时代早期人类的生活方式、埋葬习俗、生产方式以及农业的起源、陶器的起源等，以及为考古学、人类学、第四系地质学、古环境学等诸多学科的研究均提供了十分重要的实物资料，为了解"北京人"—"山顶洞人"—"现代人"的演化过程及其谱系、探讨北京乃至华北地区晚更新世以来的环境变迁及人地关系提供重要的科学依据。

此外，遗址所处的地层剖面，包含了晚更新世及早全新世的黄土堆积、全新世早期的沉积间断及埋藏古土壤；清水河道至遗址所在的保存相对完整的三级阶地地貌景观、遗址埋藏地的马兰黄土台地及其赋存的丰富的地质及文化遗物，均是重要的地质遗迹，具备非常高的地质研究价值（郝守刚等，2002）。

遗址自1966年发现至今，已经52年，自2001年国家专项考古发掘开始至今，已有17年，昔日发现或参与考古发掘、研究者，从青葱少年至古稀垂暮，部分甚至已经作古，但东胡林人遗址的保护、开发工作仍进展缓慢，其科学研究、社会教育、文化共享等功能价值未来得到充分体现，也未能给当地带来直接的经济效益。遗址的保护级别提升、综合性深化研究、成果推广宣传以及文化产业发展等各项工作亟待提上日程。

2.3 措施建议

（1）深化研究，切实保护：加强东胡林人遗址保护、研究工作，刻不容缓。一是着手遗址保护升级工作，东胡林人遗址目前仍是区级文物保护单位、市级地下文物埋藏区，应尽快推进落实市级文物保护区、国家级文物保护区的申报工作；二是在原遗址保存区及周边区域尽快补充开展新一轮涵盖人类学、考古学、地质学、气候学、社会文化等研究领域的综合研究工作；三是重点保护1966年至今多次文物发现及发掘区域，以及东侧仍有文物留存的黄土台地；四是扩大保护范围，涵盖东胡林人遗址所处的清水河段及三级阶地、清水河南侧地质景观、西胡林村马兰黄土台地等人文、地质景观及遗迹。

（2）合理规划，明确定位：专家研究，行政决策。尽快编制由市级人民政府公布实施的遗址保护规划，分级、分类、分区保护；制定落实遗址保护实施方案；进一步明确东胡林村乃至周边区域未来产业发展及文化建设功能定位，以及与之相关的用地规模及区划、基础建设的完善、生态环境系统打造、管理运营及人才培养等工作计划，并落实执行。

（3）管理提升，物尽其用：建议尽快成立具备独立法人资格的专门管理机构，专门负责东胡林人遗址保护、开发和建设、运营工作；划拨专项财政经费，持续稳定开展遗址保护及相关工作；建立北京新石器早期东胡林遗址博物馆及东胡林人遗址文化产业园，收藏、展示遗址出土文物，建立文物及研究成果数据库，建设集文物保存、科研教学、科普教育、文化旅游等功能为一体的展览、展示基地。

（4）文化推广，公众参与：东胡林人遗址发现至今，历经半个多世纪，以村民无偿自发保护为主。此前对该处遗址的研究和宣传，更多局限于专业研究领域。该也曾出现在北京市中小学生教材中，后被撤销。近年来，随着西山永定河文化带建设如火如荼地开展，该处遗址逐渐受到领导的重视和社会媒体的关注，但东胡林人遗址的保护离不开群众，东胡林人文化的推广更少不了公众的参与。

3 以遗址开发利用为核心的文化旅游发展探讨

3.1 文化旅游发展现状

东胡林人遗址所在的东胡林村是北京市低收入村，劳动资源严重外流，人口老龄化严重，无稳定的集体经济来源。尽管守着丰富的遗址、遗迹以及自然生态资源，但文化旅游产业尚未起步。东胡林人遗址保护、村务日常运作及管理等资金全部来源于财政投资，市场资金投入的几乎为零，文化旅游产业发展推进缺少动力。

3.2 价值潜力分析

遗址所在的东胡林村，紧邻109国道和清水河。东窥大汉岭，南联清水尖，西眺斋堂城，北临清水河与莲花山（独山）。村域面积约10平方公里，生态林地面积12,000多亩，共有闲置院落83处。村内除有东胡林人遗址之外，还有元代军事遗址暨唐县期砂砾石夷平面地质遗迹鞑子寨、卫立煌鏊鬃山战役临时指挥所、北坡大北渠引水工程遗迹、通州峪-石槽湖冰瀑景观及地质遗迹等资源。周边古村落、自然风景区资源丰富。

东胡林人遗址生态文化园区建设、以东胡林人遗址保护及开发为重要内容的"美丽乡村"规划建设等均已提上日程，建设涵盖古人类文化遗址、古战争遗址、近现代农业文化遗址以及自然生态环境等多元素内容的生态文化园区及特色乡村指日可待，文化旅游产业发展潜力无限。

3.3 发展规划及核心引领

"看得见山，望得见水，记得住乡愁"，美丽乡村建设以及与之相关的文化旅游产业发展，除了尊重原著文化、保护生态环境之外，更要内容丰富、形式多样，有特色、有特点，留得住人方能使之感悟乡愁。要想在东胡林村所在的门头沟深山区发展文化旅游产业，势必改变当前景区散点式分布、文化内容单一等现状，努力打造"一路有美景，处处有故事，驻足慰乡愁，服务跟得上"的文化旅游产业立体发展模式。

创新发展的同时，也应突出核心引领作用。东胡林人遗址不仅仅是中国古人类文化发展史上的重要环节，其在研究北方农业文化发展、墓葬文化及族群习俗、气候变迁及生态环境等领域均具有无限潜力，出土的完整人类骨骸（包括直体葬、屈体葬）、贝壳项链等文物世所罕见。因此，东胡林人遗址在整个西山永定河文化，乃至华夏文明的璀璨长河中，都具有不可替代性，也是发展东胡林所在区域文化旅游产业不容置疑的灵魂与核心。

4 结语

"坚定文化自信，推动社会主义文化繁荣兴盛"是十九大报告的一项重要内容，发展西山永定河文化带是北京市"十三五"规划文化建设的重要举措，东胡林人遗址是西山永定河文化的重要组成部分，加强遗址保护意义重大，迫在眉睫。

加强文化遗产保护是根本，坚定文化遗产传承是灵魂，深挖并发挥文化遗产价值是推动文化发展的动力及手段，发展文化旅游产业、促进区域经济发展是实现文化遗产价值的直接体现。"绿水青山"如何转变成"金山银山"，不能单单依靠生态环境的原始风貌取胜，而应找出这山、这水之文化精髓所在，而东胡林人遗址便是西山永定河流域的文化精髓之一，应保护好、传承好、利用好。

本文涉及的照片大量来源于郝守刚教授、赵朝洪教授及永定河博物馆，在此前的工作中也得到郝守刚教授、赵朝洪教授、卫奇教授等前辈专家的悉心指导，在此一并致谢。

参 考 文 献

崔天兴. 2005. 斋堂盆地全新世早期人类活动 - 以东胡林遗址为个案的分析. 首届"地球科学与文化"学术研讨会暨地质学史专业委员会第 17 届学术年会论文集.

郭京宁. 2005. 自然环境与北京地区的新石器时代文化. 首届"地球科学与文化"学术研讨会暨地质学史专业委员会第 17 届学术年会论文集.

李国强. 2015. 中国北方旧石器时代晚期至新石器时代早期粟类植物的驯化起源研究. 南方文物,（01）：91-108.

李建平. 2017. "三个文化带"与北京文化中心建设的思考. 北京联合大学学报（人文社会科学版）, 第 15 卷第 4 期总第 58 期, 15-21.

郝守刚. 1988. "东胡林人"发现的经过. 化石, 3：18-19.

郝守刚, 薛进庄, 崔海亭. 2008. 东胡林四号人墓葬中的果核. 人类学学报, 27（3）：249-255.

郝守刚, 马学平, 夏正楷, 赵朝洪, 原思训, 郁金城. 2002. 北京斋堂东胡林全新世早期遗址的黄土剖面. 地质学报, 3：420-430.

侯毅. 2007. 从最近的考古发现看北方粟作农业的起源问题. 北方文物, 考古发现与研究, 2：16-19.

侯毅. 2007. 从东胡林遗址发现看京晋冀地区农业文明的起源. 首都师范大学学报（社会科学版）, 考古文博研究, 1：25-28.

夏正楷, 张俊娜, 刘静, 等. 2011. 10000a BP 前后北京斋堂东胡林人的生态环境分析. 科学通报, 56（34）：2897-2905.

薛进庄, 郝守刚. 2010. 东胡林 4 号人牙齿形态特征观察. 人类学学报, 29（3）：253-263.

尤书英著. 2017. 永定河史话. 北京：团结出版社.

杨艳. 2017. 7 号"东胡林人"发现始末. 永定河, 4：34-38.

赵朝洪. 2006. 北京市门头沟区东胡林史前遗址. 考古, 7：3-8＋97-98.

赵朝洪, 郁金城, 王涛. 2003. 新石器时代北京人开始用火塘. 中国矿业报, 2003-06-10.

周国兴, 尤玉柱. 1972. 北京东胡林村的新石器时代墓葬. 考古, 6：12-15.

张怡, 朱剑, 王涛, 等. 2012. 低温陶器的烧成温度测定及其初步应用. 南方文物, 1：140-146.

赵明宇. 2006. 北京发现九千年前屈体肢葬"东胡林人". 人民日报海外版（要闻·社会）, 2006-11-3（04）.

赵志军. 2014. 中国古代农业的形成过程 - 浮选出土植物遗存证据. 第四纪研究, 34（01）：73-84.

Xiaoyan Yang, Zhiwei Wan, Linda perry et al. 2012. Early millet use in northern China. PNAS, vol.（109）：3726-3730.

贵安新区史前洞穴遗址原址保护

谢依伊[①]

摘要：贵安新区为贵州省新开发之国家级新区，范围在贵阳市与安顺市交界处，地质上属于黔中喀斯特丘原、溶蚀洼地分布区域。此区因溶蚀作用旺盛形成多处天然石灰岩洞穴，新区内已知年代最久的招果洞距今三万年，洞穴内考古堆积厚达6米，呈现连续的人类活动证据；贵安新区其他洞穴也发掘有连续性的考古堆积，说明最早在三万年前，此区域已经有人类利用天然洞穴作为活动场所。根据现有考古报告和田野调查资料，史前人类生活过的洞穴，多分布在新区东部的高峰山脉一带，或沿着山脉与喀斯特溶蚀洼地交界处分布。2017年7月，基于全国第三次文物普查报告资料，北京大学考古与博物馆学院对贵安新区的史前遗址，进行外观调查和形态特征纪录，并且就这些洞穴遗址现状隐存的问题，对今后要编制的保护和利用规划提出建议。以喀斯特生态系统为底，结合考古原址保护概念，制定合乎贵安新区史前洞穴群特性的总体预防性保护措施。

本文创新点聚焦在喀斯特地貌所具备的特殊生态系统，在不受人类干扰的情况下，洞穴内部稳定性更是受到温度、二氧化碳浓度和相对湿度之间的动态平衡影响，动态平衡的改变影响洞穴内侵蚀和堆积速率，进而影响地下考古堆积的保存。借由了解洞穴型态与喀斯特系统的交互关系，分类并找出各种洞穴型态所对应的保护措施。顺应自然而不是以阻隔的方式维护现有原址生态，以预防性保护取代破坏后的修复工程，以节省人力物力，同时保存遗产价值的原真性。

关键词：贵安新区；史前洞穴遗址；喀斯特生态系统；保护区分级

贵州省贵安新区成立于2014年6月1日，由国务院审批通过之全国第八个国家级新区，位处贵阳市和安顺市行政区交界处，包括贵阳市花溪区、清镇市，安顺市平坝区、西秀区；其中新区行政直管区范围包含花溪区的湖潮乡、党武乡，清镇市的红枫湖镇，平坝区马场镇、高峰镇（梁盛平，2016）。新区总面积1795平方公里，直管区面积470平方公里，贵安新区西北高、东南低，平均海拔1200—1260米（梁盛平，2016；梁盛平等，2017）（新区区位图见图1）。气候属于亚热带湿润温和型气候，地质上属于亚热带岩溶高原山地，碳酸盐岩总面积约13万平方公里（km^2）（中国地质科学研究院，1975；中国地质调查局，2003；张卫、覃小群、易连兴，2004；聂洪峰、舒友发，2007），约占全省土地面积76%。而新区所在的贵阳与安顺一带属于典型喀斯特的山原和丘原分布区及溶蚀丘原区域，此处多见岩溶残丘、峰林谷地、溶蚀盆地、岩溶湖。潮湿温暖的气候下，旺盛的溶蚀作用在新区山地造就许多可供人类居住之洞穴空间，经过数万年人类居住和活动，在此区域留下众多考古遗迹。

贵安新区洞穴中的考古遗迹丰富且延续久远，以牛坡洞、招果洞两处史前洞穴遗址为新区内的典型考古洞穴。新区内的史前洞穴遗址除了具有众多考古遗存，自然景观价值也是其中不可忽略的重要遗产。以下章节分为两个部分讨论新区的史前洞穴遗址保护：第一部分，简述喀斯特地貌及其环境如何影响喀斯特

[①] 2016级北京大学考古文博学院硕士生，研究方向为文化遗产、预防性保护、史前考古。

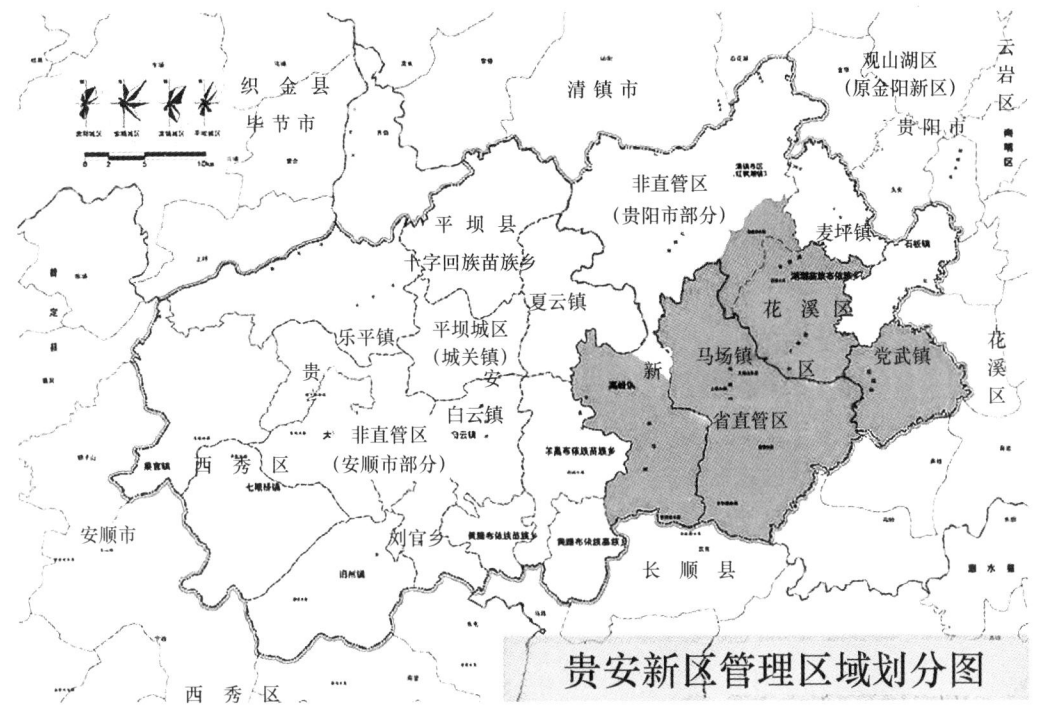

图1 新区区位图

史前洞穴的保护，第二部份内容讨论新区洞穴之型态以及相对应之可采取的保护措施。

1 史前洞穴保护研究案例统整

各国史前洞穴保护的历程实则也反应一系列喀斯特洞穴自然生态与史前遗产的研究与保护过程（Caple，2016；Cesareo Saiz-Jimenez，2011；F. Bourges，2014；Francesca Stomeo，2009；Gregor Kovačič，2013；International，n.d.；J. Elez，2013；Saiz-Jimenez，2004；Whitten，2009；Williams，2008；Wolbers，2004）。史前洞穴遗产一开始作为人类游玩消遣的场所，为了方便和安全，装设穴内人造灯光、洞穴外直接开辟为游客停车场和游客中心，游客数量更是没有受到限制；为了防止文物盗贼和非法破坏，洞穴洞口陆续加装金属大门。人为设备为人类带来便利，却逐渐侵害洞穴内的原始生态，留下不可逆转之破坏，例如：史前壁画剥落，洞顶、洞壁和洞底因为光源的出现造成绿色植物、藻类、细菌大片生长，过多的游客造成洞穴内温度、湿度、二氧化碳浓度剧烈波动，盐和草酸钙在岩石表面形成乳白色结晶，原始的化学作用和速率受到外界因素干扰、加速溶蚀速率、可能会破坏地下考古遗存；原始环境的改变，洞穴内原生动植物群体消失，取而代之是原本不应该出现在洞穴内的藻类、细菌和绿色植物。

认知到洞穴内部的变化，各国洞穴保护者和科学家开始针对洞穴内发生的变化原因进行探究，完整的研究调查循环图见图2。研究步骤首先针对改变原因提出假说，并设置相关检测和监控系统。监控系统设置在洞口外、洞穴开口处、洞穴内部廊道和地下河出入口，经由长时间的电子数据收集和分析，逐步提出"喀斯特系统"概念以及系统间相互交错影响的天然机制。天然无现代大规模破坏或者侵扰之喀斯特洞穴，内部微气候自成一动态平衡（dynamic equilibrium），洞穴内微气候指标如温度、相对湿度、和二氧化碳浓度维持恒定，微气候的自我调节使得内部气温接近洞穴外大气之年均温和年平均湿度（Bárbara Angulo，2013；F. Bourges，2014；Freitas，2010；Jeannin，2004）。

原始喀斯特微气候自我调节能力可归纳为三项生态系统的交互作用（图3）：大气、地质和水文；三者

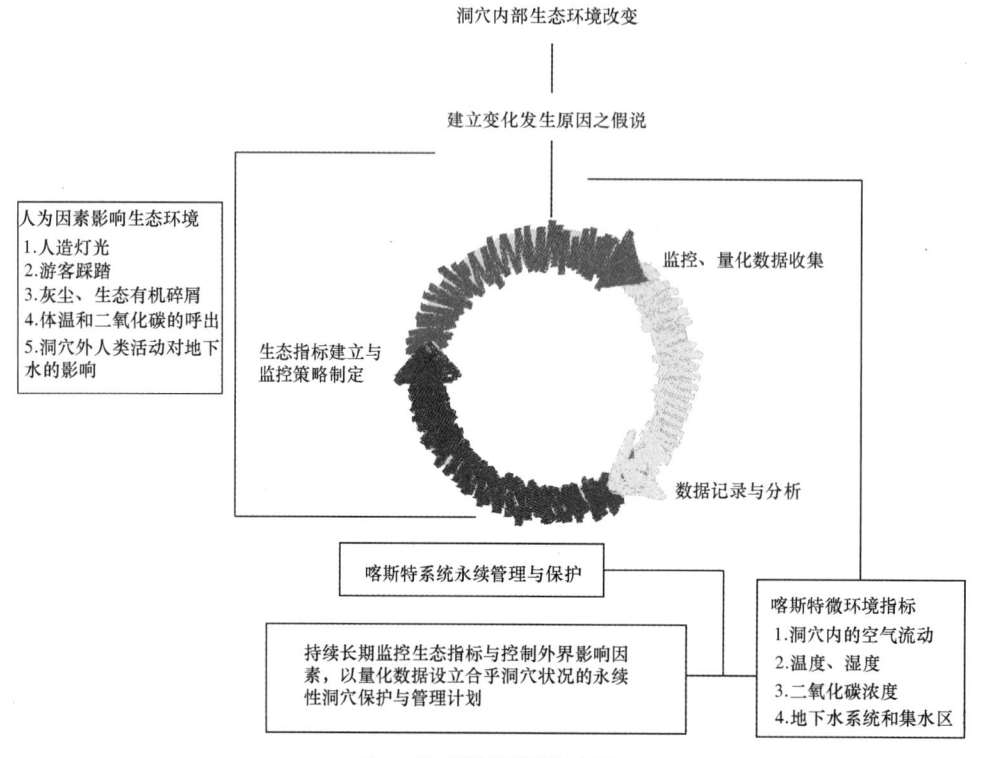

图 2　喀斯特保护研究历程

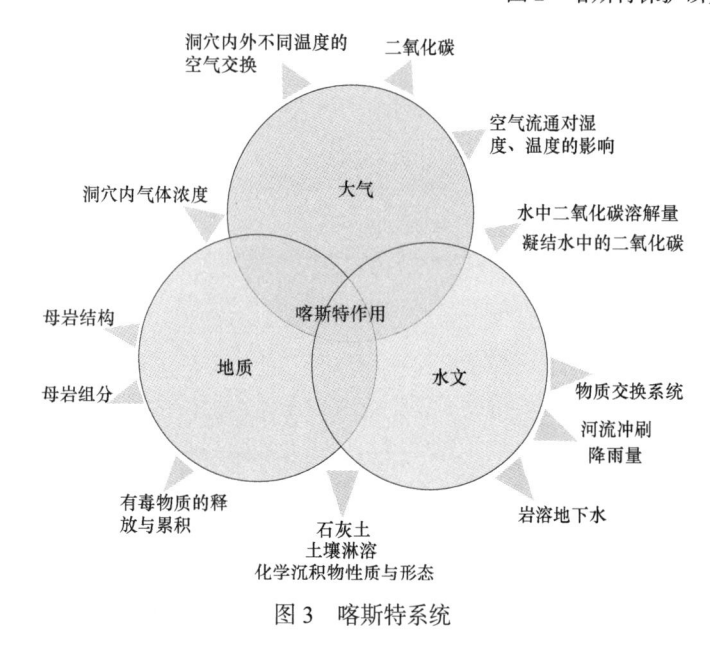

图 3　喀斯特系统

交互作用除了调节洞穴气候，也是喀斯特地貌形成的自然因素，对于生活在洞穴深处、没有日照的动植物而言，同时也是喀斯特物质与能量的交换媒介。特殊的代谢机制使得洞穴内部有机群体高度依赖洞穴环境、也对环境变化高度敏感，极容易因为环境变化致使整体有机生态灭绝。除了生态破坏，系统的失衡加速了洞内岩体的溶蚀速率，可能因此而破坏地下考古堆积。

确立喀斯特系统的下一步是制定出对应天然因素的永续性保护计划，持续追踪监控数据、即时反馈并修正保护计划，利用监控数据库找回洞穴原有的稳定微气候，制定适宜和弹性的永续生态管理机制和保护工作。诸如法国和西班牙两国的史前洞穴皆经过长达 10—20 年的环境监测（Cesareo Saiz-Jimenez，2011；F. Bourges，2014），归纳出观光型洞穴内五项微环境监测指标，用作维持洞穴稳定生态的管理标准：洞穴内空气流动、温度和湿度、二氧化碳浓度、地下水系统和集水区。

2　贵安新区史前洞穴调查研究成果

中国文物考古词典定义洞穴遗址为"早期人类常利用天然洞穴作为栖身之所，这种古代人类居住的场所就叫做洞穴遗址……遗址中常保留有人类化石、动物化石和石器、骨器等文化遗物，是研究人类进化及其生产、生活以及当时生态环境的重要资料。"2017 年北京大学协同贵州省考古所针对史前洞穴进行暑期调查研究，因调查时间有限，只能由新区区域内 100 多处洞穴中选出 37 处史前洞穴遗址进行现勘；这些遗址多临近开发和道路工程，受到的冲击较大，具有保护急迫性。调查内容包括洞穴周边环境、地貌型态和洞穴型态。每一处洞穴遗址因为不同型态而有不同的微气候环境，也对应至不同的保护方式。以下将简介新区内洞穴遗址自然与人文遗产特点，并分析 37 处洞穴遗址型态，接着提出各遗址型态之保护措施。图 4 是调查洞穴的地理位置分布。

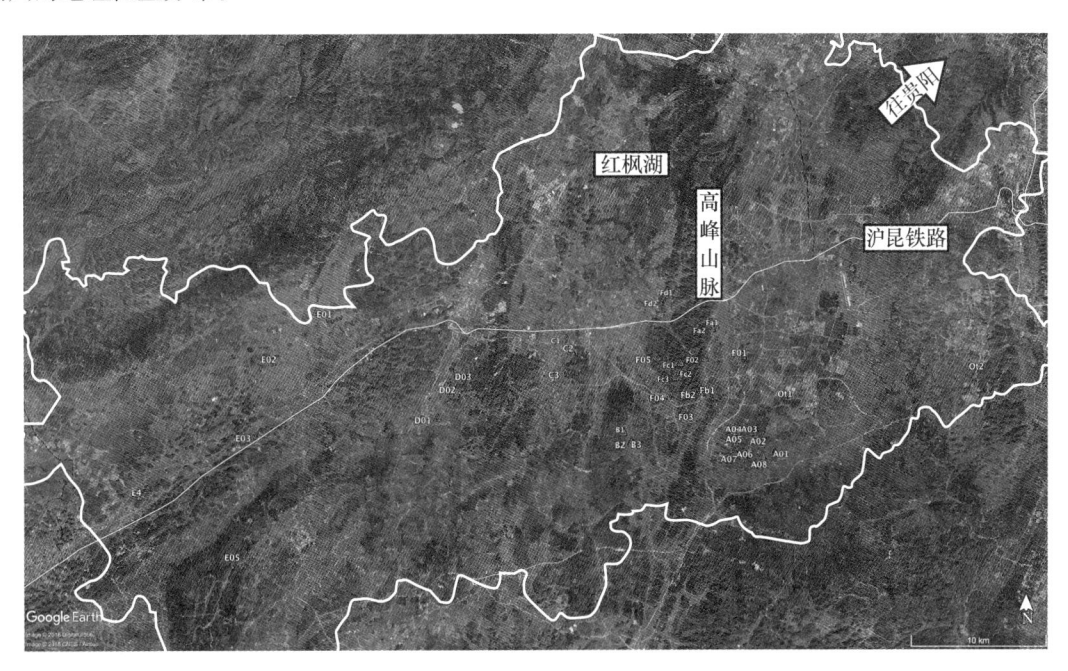

图 4　贵安新区史前洞穴遗址空间分布

新区内史前洞穴遗址的地理分布展示了人文与自然遗产两项特点。人文遗产方面，人类对洞穴的利用自旧石器时代延伸至近代，是人类对周遭资源利用的证据和传承；自然遗产方面，新区密集的洞穴群反映该区域具备大片碳酸盐岩地质、洞穴发育多且密集，洞穴内部空间足够，附近食物、水源充足，提供史前人类优越生活条件。人文与自然价值特点主要表现在三项特殊的新区史前遗址现象：

（1）借由史前石器和陶片，可以得知时代分布上由西向东时间年代由早至晚，新区西界的洞穴年代普遍处在旧石器至新石器之间，靠近高峰山脉的洞穴年代最晚可至秦汉历史时期。越靠近高峰山脉，洞穴位置越接近水源，洞穴彼此之间距离越紧密，年代也更靠近历史时期。这些特点的背后原因可能有：一，山脉中洞穴发育旺盛、数量也较平原孤峰所发育的洞穴多。二，因为山脉中可利用之食物来源较多，因此生存在此处的人类数量越来越多，因而需要更多洞穴。三，接近新石器时代的人类开始出现社群概念，互助和亲缘关系使得两社群或者不同家庭的生活洞穴更靠近。洞穴年代的空间分布变化可得图 5。图中可见由西向东的洞穴分布走势，反映出史前人类活动年代由早至晚的迁徙过程。

（2）喀斯特作用在新区内造就许多溶蚀洼地，中国西南地区俗称为"坝子"，是人类聚居和活动的重要空间，两个坝子之间的交流是破碎溶蚀地形上居民重要的空间交流活动。

坝子内社群的活动除了于平坦地交流（如农作和民俗节庆），和周边山丘的互动表现在洞穴的命名上。在调研过程中所记录的洞穴名称皆是当地居民对洞穴的俗称。显示出当地居民平时的生活和这些洞穴的紧密关联，例如"牛洞"、"马洞"，用以称呼在躲避匪乱时，关押牲口的洞穴；"人洞"则用以指称村民暂居的洞穴。当然也有直接以洞穴的自然地貌来命名的，例如最常见的"朝天洞"来指称喀斯特地形中的落水洞，穿洞山指称溶蚀通道切穿之山体。另一种是因为宗教活动而被命名的洞穴，如安顺市大西桥镇的观音洞。

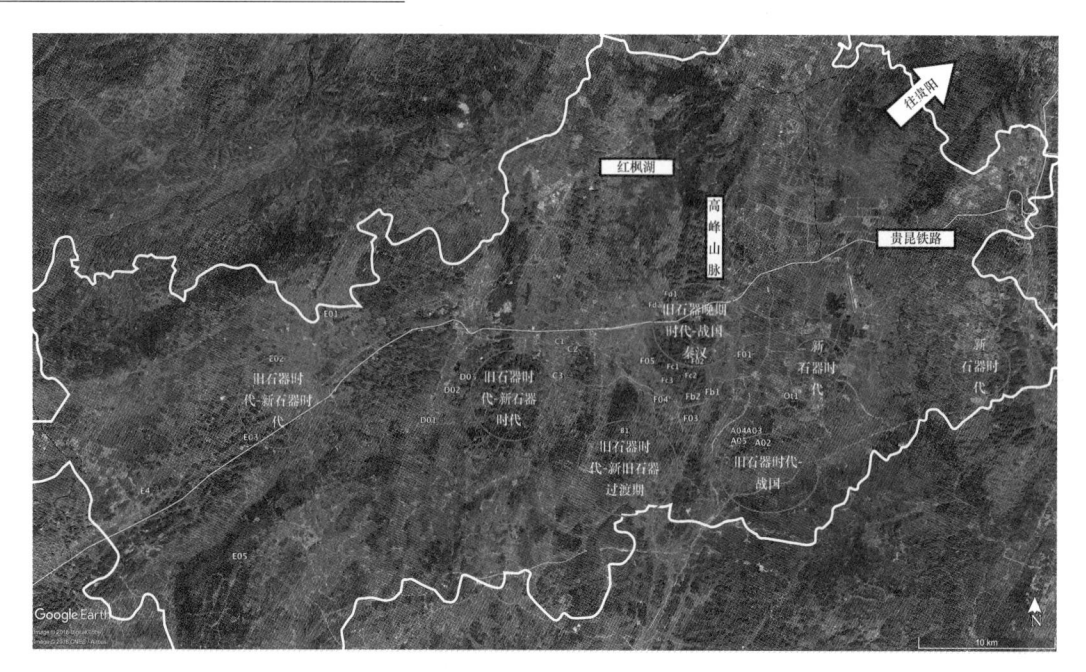

图 5　洞穴年代空间分布

两处坝子之间的交流在中国西南地区形成独特的、繁杂的，且无固定时间表的市集网络，只有处在聚落居住网络中才能得知的内部讯息，为一种特殊的非物质文化：

(西南)本土结构中的早期坝子大多属于某一特定社区范围内的自然中心。这种中心通常就是四周百姓赶集易货的场坝。在称呼上多以动物为名，称为鸡场、马场、牛场、羊场等等。有的地方，场坝并不固定，有集无市，并按一定顺序依次在鸡、马、牛、羊各厂轮流体现，形成一种更大范围的经济交换共同体……其充分证明了西南文化中"坝子模式"所具有的民间协约性和自我组织能力（徐新建，1992）。

由上述说明可知，洞穴与周边社群之互动（包含空间交流而扩张的互动范围）皆属于这块区域的日常文化，无法以外来者的角度武断的分割主、客体，而需将交流空间视为一有机整体；换句话而言，在保护史前洞穴的同时，如果能加深并利用坝子的交流腹地，可能有助于洞穴遗址的保护。UNESCO 针对遗产缓冲区划定守则中提到，缓冲区对遗产的作用在于整合周边土地所有权人，产生整体对遗产价值的意识，并保护遗产之原真性（authenticity）（UNESCO，2009）。了解遗址周边土地和人类活动行为的关联，是进行保护研究和范围规划的第一步，除了保护不可移动遗产（洞穴遗址）也同时保存周边天然的人类与自然活动之和谐（聚落与洞穴）。可借由规划保护范围等级：核心保护区、周边景观、集水区保护等，将洞穴周边社群和山地景观，以及喀斯特地下水集水区共同纳入遗产管理体系内，并以重要性叙明每一级保护区域之管理条约，以空间取代单一洞穴节点维持山地社群和洞穴遗址完整性（谢依伊，2018）。

（3）某些洞穴洞口建设有防御性石墙，说明时至近代当地居民依旧持续利用洞穴的天然防御力，抵抗外来入侵盗匪（图6、图7）。石墙位置视野良好，位在制高点可以俯瞰整个村落。因为洞穴内是避难期间整个村庄居民的重要生活场所，可以在墙体上方找到射击孔和通风孔，以及制作精美的石墙拱门和闸口。

贵安新区几处较大洞穴的洞口皆有石墙遗留，根据贵州省文物考古研究所老师提供的讯息，这些石墙是清代咸同年间为了在山洞中躲避匪乱，由村民自力建起的防御设施。经史料查证推测，"咸同年间匪乱"最有可能的三起动乱皆开始于中国东南和西南地区：一，1850—1851年洪秀全的太平天国（中研院历

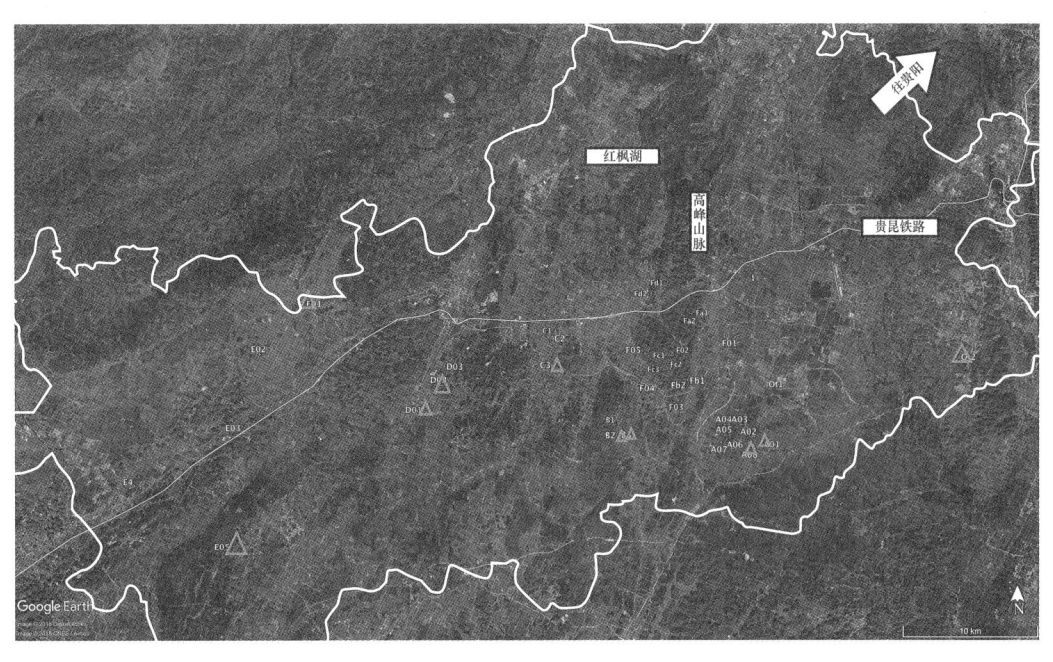

图 6　石墙所在洞穴之地理分布

牛洞石墙

飞虎山石墙

人洞石墙拱门

图 7　新区洞穴口石墙

史语言研究所）；二，1856—1872年间的云南回变（王树槐，1968）；三，咸同贵州号军起义（欧阳恩良，2005）。尽管这三起动乱的起始时间并不能完全吻合"咸同年间"，但不排除村民所欲躲避的"匪"，应该有很大一部分是借由这三起较大事件所带起的地方土匪之掠夺，其时间长短也就不会单纯随着大动乱的结束而结束。因此推测这些石砌构造最晚出现时间不会晚于太平天国。石墙的存在证实此区域的喀斯特洞穴都是人类利用的自然资源之一，洞穴的文化价值和其他地区相较，是连续且传承的。

综合上述的遗产性质，新区内的遗产特性可总结为：考古堆积、洞穴空间位置、聚落社群以及喀斯特景观。四项特色的共同特性是高度依赖现有环境资源以持续提供遗产价值的提取。西山德明在日本国立民族学博物馆报告中提出遗产和遗产地之间的关系，并绘制成象限表（Nishiyama，2004）（图8）：y轴表示的是遗产所在位置与聚落的远近，越往上代表距离越远；x轴表示的是遗产（价值）被复制的可能性，往右代表被复制再造的可能性小。图中可见考古遗址和自然景观遗址落在最左边的象限，属于距离聚落最远、最不能重新复制再造的遗产类型。贵安新区遗产主要以考古和自然景观为主，加上社群和洞穴遗址的空间关系，说明新区的遗产需要以原址保护的方式保存现有环境脉络，环境脉络才是新区内遗产价值的基础。

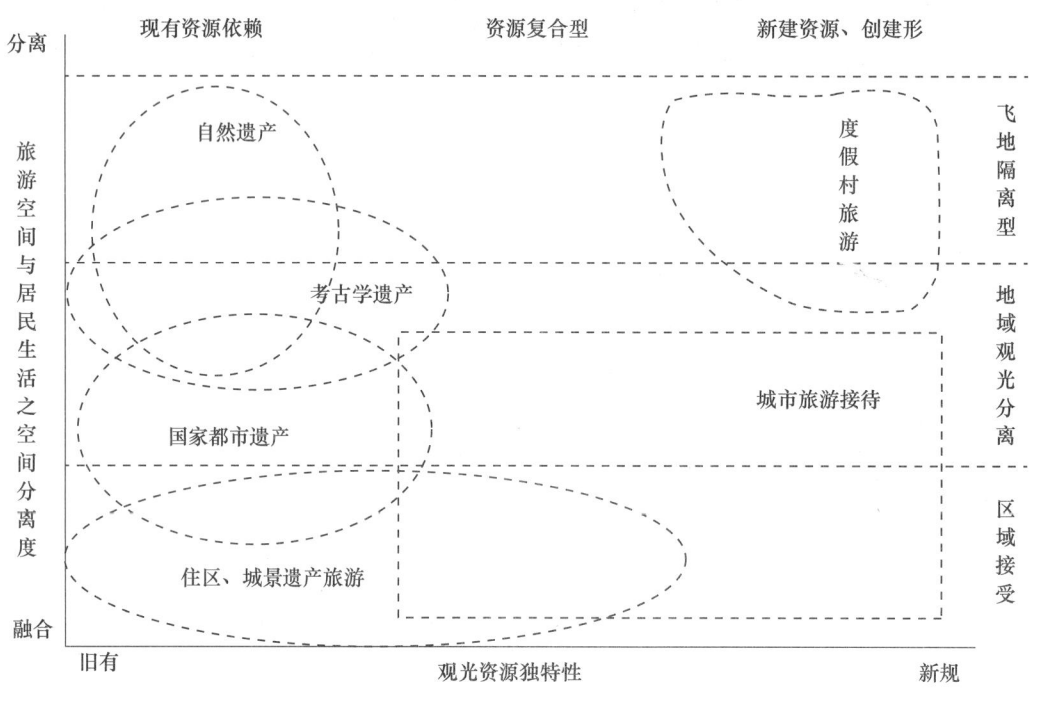

图8　文化遗产与遗产所在地的关系（Nishiyama，2004）

3　洞穴型态分类与保护措施

穴洞遗址：为了区别于所有洞穴的总称，可暂称未穿的洞穴为"穴洞"。穴洞是由天然营力造成的"一处有天然开口的地貌、且可供人类进入探险……已知最大的、最常见的洞穴之成因皆来自于表面水和地表石灰岩、白云岩之间相互的化学作用"（White，2016）。洞穴的自然外观为一有开口之天然喀斯特地貌，文化内涵表现人类长时间、且近乎本能的对天然洞穴的利用。石灰岩和白云岩地表则是喀斯特地形常见之岩石组份，间接证实在喀斯特地貌上可以找到人类最熟悉的大型洞穴（谢依伊，2018）。未穿的洞穴一般只在山体一面可见供人类方便出入的开口，洞内深处幽暗无光，故古代人类通常生息于洞口及洞前地带，从而在洞口前后形成较厚的文化堆积。穴洞遗址是普遍常见的史前洞穴遗址类型，贵州黔西县观音洞遗址就是这类具有重要历史价值的洞穴遗址,因而被列为全国重点文物保护单位(中国科学院古脊椎动物与古人类研究所,贵州省博物馆,1966)。

岩厦遗址:岩厦是因为风力侵蚀由两种岩石组成之岩块而形成,例如在砂岩和页岩交替的岩体中,页岩较易受到侵蚀,因此页岩部分内凹,砂岩抗侵蚀力较高因此维持原本样貌,造成一类似屋顶的形态(Paul Goldberg and Rolfe D,2008;White,2016)。由于岩厦"可以提供遮蔽之悬挑的岩石,因此有各时代人类在此活动,地下通常具有丰富的考古堆积"(Paul Goldberg and Rolfe D,2008;White,2016)。例如澳洲东部的 Mandu Mandu Creek 岩厦遗址(Morse,1988)。

穿洞遗址:穿洞的形成地下水在地表下流动侵蚀所成,穿洞走廊形态各异、路线繁杂。有些穿洞真正切穿山体,可以在洞穴一头看见对面洞穴之亮光。有些洞穴看似切穿山脉,但下方开口并未穿出山体而是成为暗河的出入口。另外有些洞穴支洞数量多且复杂,可能跨越整座山体。穿洞是洞穴类型中最复杂且多样的一类,牵涉到洞穴形成之初水文和岩石体系之间的交互作用。其他地区重要穿洞史前遗址有贵州盘县大洞、江西仙人洞(黄慰文,侯亚梅,斯信强,2012)。根据上述地貌定义将调查过的 37 处史前洞穴群进行做出分类,详细分类见表 1:

表 1 洞穴形态与洞穴名称

洞穴分类	分类细项	暑期调研洞穴名称
洞穴		牛坡洞、招果洞、坡墩洞、敞口洞、中湾洞、江清洞、扁嘴洞、梨子洞、牛洞、朝天洞、独坡洞、老李洞、白虎关、小狗场马洞、牛洞、人洞、嘉禾上寨洞、观音洞
岩厦		白洞、洞脚洞、门岩洞、老鸹坡、胡家岩
穿洞	洞口对穿	狮子洞、坡脚洞、嘉禾村穿洞、穿洞山、猫猫洞
	洞口对穿+地下河	胡家一号洞、牛角洞
	多支洞	三叉洞、大猫洞、飞虎山、洞门前洞、郑家溶洞
	地下洞出入口	大花洞、大观洞

根据上述洞穴形态定义,贵安新区史前洞穴分为三大类别,穿洞因为开口众多而又分出四个细项,每种形态各自具备不同的微环境特征,需要搭配不同的环境监测方式与保护措施。表 2 依据新区实地情况概括性的分析各项形态所需注意之保护措施,其中,因为地下水系统是最重要的喀斯特溶蚀和物质交换条件,加上污染物容易随着地下水系统快速扩散,对任何形态的史前洞穴遗址而言皆为不可轻忽之重要环境变因之一,因此在各项形态保护措施中,都是重要的优先考量因素(Williams,2008)。石灰岩孔洞多且因为溶蚀作用而加大岩石之间的缝隙,洞穴洞口、穿洞廊道皆是此类作用下之自然景观;此类特性在保护实务上,可能形成暗河或者无明显水源的洞穴中细流,过多的水分可能将地下遗存冲走,或可能加速溶蚀速率,对洞穴的地下考古遗存是一大威胁。

表 2 洞穴形态与预防性保护措施

	生态特性	注意事项	保护措施大纲
地下水系统	喀斯特地貌共同的保护重点	地下水网络复杂、物质传递快速、不易根除留在水中的废弃物	1)了解喀斯特水文网络,绘制水文地图;2)限制遗址区附近生活、农业、工业排放水标准;3)地下水出入口设置水源检测装置,定期检查附近水源质量
洞穴	洞内面积庞大,只有一个对外开口,洞洞内空气交换较弱,空污容易易滞留在洞内	可能没有明显水源,但石灰岩孔隙大,雨水仍有可能从洞顶滴落,形成水流,如招果洞。须注意这些水流走向是否会影响考古堆积	1)洞顶存在落石可能,需注意考古队员的安全;2)如果水源可能经过考古堆积位置,建议以改道方式将水源引出;3)洞口有近代石墙之洞穴,可先对石墙进行病害处理、加固倾斜石墙、清除杂草与有害苔藓

续表

	生态特性	注意事项	保护措施大纲
岩厦	岩檐内遮蔽空间狭小，直接与外界空气接触，温度、湿度与二氧化碳浓度随外界变化	因为洞内面积狭窄，植被生长在洞前位置可能扰动考古堆积。洞口常被居民用做储藏农具、作物的场所。空气污染微粒会跟随风力进入岩厦内	1）清除洞口植被、避免植被跟系影响考古堆积；2）洞口堆积杂物处理、污染物清除；3）因为直接与外界空气接触，需限制附近工程建设项目
穿洞	长形廊道，长度未知，开口超过两个，廊道中心空气温度、湿度与二氧化碳浓度趋近大气平均值	地下暗河与地下水系统发达，外部污染物容易易借由此系统快速传播	1）设置温度、湿度、二氧化碳浓度监测系统，了解洞穴内空气流通和温度调节机制；2）绘制附近区域的地下水文网络图，确认地下水的来源并限制废水排放；3）调查洞内穿洞廊道形态、走向和长度，并确认洞穴内部是否有额外的人类活动遗迹

4 结论

贵安新区洞穴遗址的原址保护应配合预防性保护流程进行，首要了解目前洞穴的状态，详细调查并记录史前洞穴群的整体喀斯特系统和水质状况，以控制环境变因（洞穴内空气流动、湿度及温度、二氧化碳浓度、地下水系统与集水区）的方式维持目前的生态环境，维持遗址区域地点的真实性，确保洞穴的溶蚀作用维持在一定速率而非人为因素下的快速侵蚀。整体而言，贵安新区尚未有大规模的人为开发，新区内重要考古洞穴遗址也未遭到人为破坏，对于已经被作为宗教场所的洞穴（例如安顺的观音洞，经过多年人为使用，基本上已经完全没有史前遗址了）仍可对其地下喀斯特系统进行保护，保存新区的喀斯特自然遗产价值。尤其新区基础建设正快速发展，如果能在全面开发前执行预防性保护措施，可以避免遗址破坏后耗费精力和金钱的抢修工程。

参 考 文 献

黄慰文，侯亚梅，斯信强（Ed.）. 2012. 盘县大洞：贵州旧石器初期遗址综合研究. 北京：科学出版社.

梁盛平，王修坤. 2017. 山水田园城市实践：贵安村社微标准质量建设实录. 北京：社会科学文献出版社.

梁盛平. 2016. 绿色再发现：贵安新区绿色创新发展侧记. 北京：社会科学文献出版社.

聂洪峰，舒友发. 2007. 贵州省国土资源遥感综合分析. 北京：地质出版社.

欧阳恩良. 2005. 民间教门与咸同贵州号军起义. 贵州师范大学学报（社会科学版），137（6），74-78.

王樹槐. 1968. 咸同雲南回民事變. 台北：中研院近代史研究所.

谢依伊. 2018. 贵安新区史前洞穴群保护区域规划研究. 遗产与保护研究，3（6）.

徐新建. 1992. 西南研究论. 昆明：云南教育出版社.

张卫、覃小群、易连兴. 2004. 滇黔桂湘岩溶水资源开发利用. 武汉：中国地质大学出版社.

中国地质科学研究院（Cartographer）. 1975. 亚洲地质图

中国地质调查局. 2003. 二十世纪末中国各省区域地质调查进展. 北京：地质出版社.

中国科学院古脊椎动物与古人类研究所，贵州省博物馆. 1966. 贵州黔西观音洞试掘报告. 古脊椎动物与古人类（3）.

中研院历史语言研究所. 漢籍電子文獻資料庫. http://hanchi.ihp.sinica.edu.tw/ihpc/hanjiquery？@16^1790704946^807^^^7020202400030005000100001^86@@1740634929

Bárbara Angulo, T. M., Jesús A. Uriarte, Iñaki Antigu edad. 2013. Implementing a comprehensive approach for evaluating significance and disturbance in protected karst areas to guide management strategies. *Journal of Enviromental Management*, 130, 386-396.

Caple, C. 2016. Decay and Mitigation of Rock Art and Cave Sites. In C. Caple (Ed.), *Preservation of Archaeological Remains In Situ* (pp. 358-371). New York: Routledge.

Cesareo Saiz-Jimenez, S. C., Valme Jurado, Angel Fernandez-Cortes, Estefania Porca, David Benavente, Juan C. Cañaveras, Sergio Sanchez-Moral. 2011. Paleolithic art in peril: policy and science collide at Altamira Cave. *Science*, 334 (6052), 42-43. doi: 10.1126/science.1206788.

F. Bourges, P. G., D. Genty, M. Lorblanchet, E. Mauduit, D. D'Hulst. 2014. Conservation of prehistoric caves and stability of their inner climate: lessons from Chauvet and other French caves. *Science of the Total Environment*, 493, 79-91.

Francesca Stomeo, M. C. P., Juan M. Gonzalez. 2009. Assessment of bacterial and fungal growth on natural substrates: consequences for preserving caves with prehistoric paintings. *Current Microbiology*, 59 (3). doi: 10.1007/s00284-009-9437-4

Freitas, C. R. d. 2010. The role and importance of cave microclimate in the sustainable use and management of show caves. *Acta Carsologica*, 39 (3), 477-489.

Gregor Kovačič, N. R. 2013. Analysis of human induced changes in a karst landscape — the filling of dolines in the kras plateau, Slovenia. *Science of the Total Environment*, 447, 143-151.

International, F. a. F. (n.d.). *Securing the Future for Asia's Stunning Karst Ecosystems*. Retrieved from J. Elez, S. C., A. Fernandez-Cortes, E. Garcia-Anton, D. Benavente, J.C. Cañaveras, S. Sanchez-Moral. 2013. A GIS-based methodology to quantitatively define an Adjacent Protected Area in a shallow karst cavity: The case of Altamira cave. *Journal of Enviromental Management*, 118, 122-134.

Jeannin, M. L. a. P.-Y. 2004. Temperature distribution in karst systems: the role of air and water fluxes. *Terra Nova*, 16 (6), 344-350.

Morse, K. 1988. Mandu Mandu Creek rockshelter: Pleistocene human coastal ocuupation of North West Cape, Western Australia. *Archaeology in Oceania*, 23 (3), 81-88.

Nishiyama, N. 2004. 序文. In 西山徳明 (Ed.), 文化遺産マネジメントとツーリズムの現状と課題 [*Current Status and Issues of Cultural Heritage Management and Tourism*] (Vol. 51, pp. 1-8). Osaka: 国立民族学博物館 [National Museum of Ethnology].

Paul Goldberg and Rolfe D, M. 2008. Caves and Rockshelters. In P. M. Deborah (Ed.), *Encyclopedia of Archaeology* (Vol. 2, pp. 966-974). New York: Academic Press.

Saiz-Jimenez, A. a. 2004. Lichens of different mortars at archaeological sites in southern Spain. In L. S. C. a. M. Seaward (Ed.), *Biodeterioration of Stone Surfaces*: *Lichens and Biofilms as weathering Agents of Rocks and Cultural Heritage* (pp. 165-179): Kluwer Academic Publishers.

UNESCO. 2009. *World Heritage and Buffer Zones*. Retrieved from France: White, W. B. (2016). Cave. *Encyclopaedia Britannica*.

Whitten, T. 2009. Applying ecology for cave management in China and neighbouring countries. *Journal of Applied Ecology*, 46 (3), 520-523.

Williams, P. 2008. *World Heritage Caves and Karst — A Thematic Study*. Retrieved from Switzerland:

Wolbers, S. a. 2004. Lichen Encroachment onto Rock Art in Eastern Wyoming: Conservation Problems and Prospects for Treatment. In L. S. C. a. M. Seaward (Ed.), *Biodeterioration of Stone Surfaces*: *Lichens and Biofilms as weathering Agents of Rocks and Cultural Heritage* (pp. 115-128): Kluwer Academic Publishers.

文化遗产内涵的传播学探讨

邢启坤[1]

这个会议是周口店遗址古人类研究中心召开的一个全国性的学术与遗产业务研讨会,自然要从周口店所属的旧石器时代说起。我是搞清代陵寝文化研究的,对旧石器文化知之甚少,平日也很少接触到这类信息。但多年在辽宁文博战线工作,对省内一些较有影响的旧石器时代遗址还有所了解,借这次会议的机会,想从这个角度对文化遗产内涵的传播途径作些探讨。

辽宁地区自20世纪50年代末即有旧石器时代考古发现,但都非常零星,自70年代以后,随着田野工作的不断开展,旧石器时代早、中、晚各期都有所新发现,对几处个别重要遗址还进行了科学发掘,如规模较大的发掘就有本溪庙后山、营口金牛山(旧石器时代早期遗址)、喀左鸽子洞(旧石器时代中晚期遗址)、海城小孤山、丹东前阳洞、凌源西八间房(旧石器时代末期)等遗址。这些遗址中,对旧石器向新石器过渡的遗址尤为人注意。凌源西八间房发现过火石、水晶、玛瑙、石英岩和火成岩等为原料的一些小型石器,特别是有用压削法剥离的小石片,已经与新石器中的细石器非常接近,据说在其上层还叠压有属新石器时代的红山文化遗存。诚然,红山文化和旧石器时代晚期末段还有一段不小的距离,但这也足以为寻找旧石器时代向新石器时代的过渡甚至或新石器时代早期文化面貌及形态提供了宝贵的帮助。近年,沈阳市考古同行又在辽北地区的法库和康平两县调查发现了一批较有特色的旧石器时代遗存,并在康平进行了考古发掘。这个收获非同小可,表明沈阳地区的历史由以往所知的距今7000年左右的时限又提早了上万年甚至更早。这对于一个国家级历史文化名城和现代化大都市来说,无论是从学术上还是从社会价值上,都有着非常可观的历史意义和现实意义。而像周口店这样被列入世界文化遗产名录的旧石器时代遗存在中国则更是寥若晨星,也之所以如此,就特别显得具有代表性、独特性,其自身具有的学术价值,毫不夸张地说,堪称是标明亚洲大陆人类文明发展程度的一个里程碑。旧石器时代是人类历史的开端,时间跨度之漫长为新石器时代以来所不可比,文化创造和积累应当是相当丰富的。这是一笔宝贵的文化遗产,见证着人类历史上的某个重要阶段,反映了一种或几种文化,反映了人类进化的过程、思想观念、审美观念的转化。

还是在上中学的时候,就在历史课本上知道周口店,今生有缘来此,现场一睹北京猿人文化风貌风采,内心不由得充溢着对这类遗存的惊奇、惊叹,也为自己本身也在同样是世界文化遗产地的清代陵寝工作,感到非常自豪。原因很简单:它们都是被联合国确认的世界文化遗产。

周口店的名望举世皆知,由此我想到一个问题:就是关于文化遗产内涵的传播途径,这或许是个老问题,但我觉得在今天这样一种全球化语境之下,再深入对传播途径的认识,虽是老生常谈,联系现在遗产地在传播文化方面尚存在的相当大空间,想来也不无必要。

众所周知,文化遗产无论其性质如何,都需要相应的专业性作技术支撑,这也是文化遗产传播的最基本的要素之一。要了解遗产地及其遗产的前世今生,要知晓它们之间的密切关联,更重要的是,还要很清晰地了解这处遗产的文化内涵,知道如何把这些层次的信息通过某个和多个不同的渠道和方法将其传播给

---

[1] 清永陵文物管理所。

受众和观众，更大范围更大规模地让人们也认识它、了解它、关注它，来这里看、玩、欣赏、长见识，用一句时髦的话叫"有获得感"。

对一处文化遗产而言，社会公众对这处遗产的相关信息有着当然的知情权和参与权，通过对文化遗产的传播，满足社会公众对文化遗产和文化遗产工作的这种知情权和参与权，对各项文化遗产保护和利用工作的开展形成有效的舆论监督，是遗产保护与宣传的题中应有之义。唯其如此，才能使遗产与观众在内心深处融为一体，从而更好地增进理解、消除误解、增加互信。传播学是一门科学，有其专门的研究机构和研究体系，它是关于传播的一种视角，通过汇集各种观点和方法论来研究各种传播活动。懂得一点传播学原理，用来指导我们平日里对遗产地的传播途径实践，当然是非常必要而且是大有用处的。传播学研究人类一切传播行为和传播过程发生、发展规律以及传播与人和社会的关系，仅凭这个定义而言，即与我们的工作密切相关。

周口店也好、清代陵寝也好，在传播学概念中，都是我们进行传播的"符号"，如何运用这些符号进行社会信息交流，是传播学的要义所在。我们在工作实践中可以经常遇到这类情形：即我们的掌握的这个用来传播的文化符号，并非是单纯的，而是由各种相关学科、相关领域在一种特殊的条件下综合起来的。周口店北京猿人用火痕迹的研究、清永陵建筑特色与环境布局等等，概属此例。把这些知识都要传播给受众，则要求传播者非具有相当深厚的知识积淀不可。传播学所具有的交叉性、边缘性、综合性等特点，客观上也要求传播不仅仅是点到为止，还要入木三分。

现在世人对世界遗产不仅在保护全人类自然和文化遗产方面可以起到巨大作用，而且也是当今社会可持续发展的巨大推动力之一这样一个概念已经没有疑义了。面对当代发展的需求，如何解决遗产保护与发展的关系，如何理解遗产要素和遗产保护的维度仍然是一个严峻的问题。而这一问题的解决，我觉得对遗产内涵传播途径的认识，会对问题的解决起到很大辅助作用。说一千道一万，传播学研究的重点和立足点是人与人之间如何借传播的作用而建立一定的关系，在文化遗产传播方面，文化遗产本身是确定和建立这种关系的重要媒介。和自然景观不同，文化遗产并不是像自然遗产那样可以让人"一目了然"，它对品鉴者的要求很高，其中文化的积淀和内涵并非所有看见它的人都能给予充分理解，需要对它给予"解释"，这个解释的过程，就是传播。它最终的目的是要给人以思考，给人以美的享受，给人以愉悦的心理感觉。物质文化遗产显现在表面的是"物"，亦即文物之物，看得见也摸得着，但它的实质则强调的是"文"，文化之文，内涵之"文"，有"文"，遗产才成其为遗产；把其中的"文"展示给大众，并让大众知晓它的前世与今生，知晓它文化的意义，文化遗产才有价值，文化遗产的价值在这一过程中得以凸显，把文化遗产的价值传播出去，文化遗产的价值与内涵被世人知晓，文化遗产的作用才能发挥，这是最明显不过的道理。

文化遗产只有得到广泛的传播，才会被人民接受，才会使更多的社会群体关注，从而被传承下去。在这里我们看到：传播是传承的动力和保障。

同时，文化遗产的传承是文化遗产传播的基础。只有文化遗产被传承延续下去，才会使文化遗产的传播有据可依，否则，没有了文化遗产本身，传播就无从谈起无法继续了。二者之间是相互依存、相互发展的一个关系。传播学研究的范围主要包括：内向传播、人际传播、公众传播、大众传播和组织传播，对文化遗产内涵的传播而言，这些范围所包括的内容，均适。这也是我们执意将传播学理论应用于文化遗产宣传的一个重要原因，而这范围包含的各种类型的传播途径，又以大众传播为主。这就与我们遗产保护管理者的工作存在联系了。周口店要研究北京猿人，清永陵管理所要管理好清代陵寝，研究清代陵寝，研究的终极目的之一，就是要让大家知道，用专业的或通俗的语言手段将其传播出去。研究传播学其实就是研究人：研究人与人，人与其他的团体、组织和社会之间的关系；研究人怎样受影响，怎样互相受影响；研究人怎样报告消息，怎样接受新闻与数据，怎样受教于人，怎样消遣与娱人。首先了解人与人怎样建立关系。传播学与人类学都是"关于人的科学"，目的都在于描述和解释人类这一特殊的横跨整个地球和贯穿整个历史的自然和社会现象。但是，人类学的主题是研究人类的躯体和文化的各个方面，传播学的主题是研究人类的传播行为和文化世代流传的基本媒介。以往，人们过多地注视这两门学科的不同，而很少注意两者的互动互补。传播是人类的特权和标志，是文化载体和"社会水泥"，又是人类文明和社会进步的助推器。我们之所以要在平日的工作中注重传播的作用，其要旨在此。不用心去研究努尔哈赤的祖宗三代，就无法从文化的根基处了解女真人的行为规范，永陵的存在也只能局限于皇家陵寝的狭窄视野。这其中的关键是找到学科理论对现实工作指导的"结合点"在哪，然后才能将这一理论运用到实际工作中去。人类学中的语言学派、文化学派和传播学派的理论可以给传播学者许多启示，而传播学中的符号理论、接受理论、功能理论也可以让人类学家大开眼界。总之，我们既要了解传播学与人类学的区别，又要设法找到两者的契合点，这样才能科学解释和揭示人类传播的现象和规律。

　　清永陵是清朝皇帝的祖陵，是东北清代早期重要建筑"三陵一宫"之一。在文化遗产的传承方面，我们通过青少年的历史唯物主义教育和优秀文化传统教育，在这里举行公开课，多所学校的中学生不定期参加在永陵举办的文化遗产系列参观体验活动，并以祭祀清陵为主要内容，通过延请当地文化团体、身处外地的爱新觉罗家族后人举行大型祭祀仪式、请当地学术团体举办清文化的研讨介绍和宣传活动，以此带动旅游业的快速发展，在这一过程中，清永陵作为世界文化遗产地的知名度也得到了弘扬和传播。

　　基础工作是文化遗产事业的基本依托，也是及时、科学抢救遗产的保证所在。文化遗产植根于特定的人文和自然环境，与当地居民生活不可分割，它的基础工作最重要的一环，除了安全保护以外，我看就是如何很好地将其传播到更远的地方，让更多的人知道，来这里看是一方面，我们丝毫不否认文物资源是推动旅游发展的重要基础，更是促进经济社会发展的强大力量，但我们更在意清永陵乃至中国古代皇家陵寝文化为广大受众所熟知，所体味，所思考，从中悟出与文化关联甚密的东西来。

　　传播的作用在文化遗产理论方面和实践方面都有着独特的作用，这里不妨举一个例子：有学者曾论及功能遗产与遗产功能的关系，这或许同样也是牵连关于对文化遗产以何种途径进行传播的重要问题。每处文化遗产都有着自己的前世今生，前世即当时作为城市发展需要建设的建筑，有着自身的功能，随着时间的流逝，那些建筑见证了城市的发展，同时也形成了文化遗产价值，这就是功能遗产；今生即在城市发展过程中原来文化遗产的使用功能发生改变，形成新的（或者延续）使用功能，新的（或者延续）使用功能构成了现代城市功能的基本框架，这就是遗产功能。研究文化遗产最好的方法就是将遗产功能进行分区，通过科学合理的分区推动城市文化遗产的保护与利用，妥善处理好城市建设与保护历史文化遗产的关系，从"城市遗产"走向"遗产城市"，让文化遗产融入城市，并发挥不可替代的作用。这自然都对，但这其中离开的传播，则是万万不能的。

　　世界自然与文化遗产是旅游资源中最具吸引力的部分，是旅游业发展的重要资源，是旅游市场的重要品牌，是发展全国旅游、带动地方经济可持续发展的重要动力。还以陵寝为例，从这种文化的根源说来，中国社会在丧葬方面事死如生的传统，在陵寝的产生及发展过程中起到了推波助澜的作用。侍死如侍生，死了，也要像活时一样，于是就需要空间，这个空间就是陵寝。生前，帝王有奢华的享受，死后，亦一定要如此。于是我们看到中国封建社会一个奇怪的现象：帝王通常在登基后，即开始为自己营造死时的处所。帝王的陵墓通常规模宏大，花费巨大，即便是以节俭著称的帝王也不例外。西汉的文帝，开创文景之治。《史记》称文帝在建造霸陵时，皆用瓦器，不得以金银铜锡为饰，不治坟，想要节俭，不烦扰民众。实际上霸陵的修建，耗费了全国三分之一的财政收入。清永陵建造的时间很早，当时清时的国力限制，自然也无法和后努尔哈赤自己死后所葬的福陵（沈阳东陵）和皇太极死后所葬的昭陵（沈阳北陵）所比，但这也只是规模的区别而已。作为观念物化的东西，陵寝构成了绵延千百年的历史氛围，作为具体现象的物质和文化事实，正像有的学者在研究这类事时所说的那样：陵寝，即是社会秩序的潜在支柱，也是封建社会的天道与人道严整网罗中的缝隙；那是智慧的无奈，也是智慧的执着或智慧的逃逸，更是文化的浸润。人们到陵寝文化遗址追寻陵寝文化的缘起，是多年来对中华传统文化偏颇态度的自我校正，世界遗产文化只有融入老百姓的生活，也才鲜活并源远流长。如何把这一理念通过传播途径让游客知道，需要花费很大精力。

而绝非一厢情愿的独自美好愿望所能达到的。

  大众文化、传媒形态、传播科技等等，全是文化遗产的传播和实现公民权利的有效途径。随着人民物质生活和文化水平的提高，公众对于文化遗产工作的关注程度较以前有了较大增强。通过文化遗产的传播，使民众共享文化遗产保护成果，引导提高民众对文化遗产保护工作的认识，树立正确的保护和合理利用理念，便全社会真正认识到文化遗产所蕴含的社会历史文化价值，自觉担负起保护传承的责任，不但是我们努力的方向，也是我们为之不懈工作的力量源泉。

遗址博物馆藏品保护与研究的跨界应用

明文秀[①]

摘要：遗址博物馆是博物馆事业发展、世时变迁和学科研究深入的产物。遗址作为博物馆的藏品、展品、标志或品牌，是立馆之根本，是开展一切业务活动的出发点，其科学的保护、研究和利用有助于让遗址"活起来"。文章在总结博物馆跨界应用的相关成果基础上，分析了遗址博物馆藏品保护与研究的跨界应用，以期探寻未来遗址博物馆藏品工作的发展趋势，即以博物馆为主导的跨界合作将为藏品保护和研究注入新的活力，催生出更多的硕果，这也是新形势下博物馆求新求变，推动文博资源与公众文化共享的有效模式。

关键词：遗址博物馆；遗址；藏品；跨界；保护；研究

新世纪以来来，随着社会安定，经济快速发展，中国博物馆事业发展日趋兴盛起来，其在数量、规模、类型、性质等方面均发生了很多的变化。作为社会公共文化资源的信托机构，博物馆在传承历史文化，维系民族精神，加强社会主义精神文明建设等方面已发挥着越来越重要的作用。在一定程度上，其建立或改建已成为解决地方或行业发展新的突破口。

社会快速发展推动着各领域关联日趋紧密，"跨界合作"已成为时代发展潮流。博物馆要在各种关联网中寻找突破口，试水前行，不断重塑自身的社会角色与担当，才能在机遇与挑战中寻找生机。"作为博物馆的研究者，要不断打开新视野，开拓新境界，大胆使用'跨界'概念，拓展藏品类型的外延，多元化的藏品资源整合，突出展览表现的主题，使展览更具观赏性、受到观众的喜爱和满意。"[②] "博物馆只有超越单一领域，创新模式，主动营造社会广泛参与发展的良好外部环境，才能够在形成文化创新、共建共享的新格局中大显身手，造就辉煌；才能让传统文化创意产业融入到其他产业之中，形成集群式发展。"[③] "'跨界合作'在博物馆的陈列展览中，……有益于表现与烘托展览的主题，使展览内容更加丰富，展览信息更易为观众接受与理解，并更具时尚性和观赏性……是当下博物馆策展的新趋势"。[④] "各行各业的跨界协作是好作品诞生的必要条件"[⑤]。"互联网+"理念已取得十分明显的效果[⑥]。"通过'跨界'展览，能够深层次分析历史文物产生及存在背景，实现自然科学与人文科学二者有机融合……使展览的内涵和展示教育效果超越知识层面，上升到情感、态度、价值观层面。"[⑦] "在博物馆馆藏资源的展示与传播过程中，博物馆只有通过将体验式设计应用于其馆藏资源的跨界开发中，才能够最大限度的'活化'馆藏资源，充分调动大众与其交流互动的积极性，在物质文明与文化内涵体验交流过程中，让大众留下深刻的印象与认知。"[⑧]……

[①] 成都金沙遗址博物馆副研究馆员。
[②] 梁冠男：《浅析"跨界"在博物馆陈列展览中的运用》，《中国博物馆》2012年第4期。
[③] 徐映昀：《博物馆创建跨界融合共赢模式构想》，浙江自然博物馆：《自然博物》第4卷，浙江科学技术出版社，2017年。
[④] 严洪明：《探求自然与人文跨界合作展览的新途径》，浙江自然博物馆：《自然博物》第2卷，浙江科学技术出版社，2015年。
[⑤] 梁敏，臻巢：《创新融合跨界共赢——"博物馆建筑·新技术应用"学术论坛综述》，《中国文物报》2016年11月22日第007版。
[⑥] 王超，何薇，王龙霄：《互联网+博物馆——2015年度中国博物馆协会传媒专业委员会学术年会综述》，《中国博物馆》2016年第1期。
[⑦] 韦立立，杨岭："跨界"合作：博物馆展示理念的创新》，《自然科学博物馆研究》2016年第4期。
[⑧] 周雅琴，穆政臣：《体验式设计在馆藏资源跨界开发中的应用研究》，《包装工程》2017年第38卷第22期。

"遗址博物馆是用以保护和研究人类历史所遗留的非移动性文化遗产和自然界的遗迹。其中包括城堡、村落、住室、作坊、寺庙、陵园以及有纪念性的旧址和古生物化石现场等。并以收藏和陈列遗址出土物为主，使之对公民进行科学、历史、文化知识传播的宣传教育机构。"[1] 随着考古学、历史学、地质学、人类学、民俗学等学科的推进，加之世时变迁，一些带有鲜明时代与地域特征的社会与自然发展场景、技术或情感愿景将会逐渐进入故纸堆的记载里。在这些地方建立博物馆，有助于保护时代的记忆，为明天收藏，因此，遗址博物馆都将会不断地增加与变化，新特点，新问题，新空白也将结伴而来。

"藏品是根据博物馆的性质及其实现自己主要社会功能的需要而征集的，因此也就成为各项业务活动的物质基础。"[2] "博物馆（藏品）开始了突破'物'限、追求广博性的变革历程。"[3] "随着博物馆各项工作走上正轨，学术研究不断深入，（遗址博物馆）藏品的再丰富和发展也是必要的。"[4]

孙霄老师认为"遗址博物馆应以'保护、研究、利用'三条性质为指导……只有在'保护'和'研究'的前提下，才能谈得上'利用'"[5]。目前，遗址博物馆跨界利用已有很多成果，而在藏品工作保护和研究方面却少有系统提及。下面试着以已一点愚智兜售于茶余饭后，探讨"跨界"与遗址博物馆藏品保护与研究的相关问题。

1 博物馆跨界的必要性

遗址博物馆"走出去"或"引进来"，是时代发展的外在要求和寻求突破的内部破茧的共同要求。只有与社会各行业开展多元化、多维度地跨界合作，博物馆才能融入时代潮流，拓宽自身的发展空间。

1.1 社会发展和公众对文化资源共享诉求的合力推动

现代信息技术构建的开放型社会已将各行业紧密联系起来，博物馆不可避免也在其中，必然要与外界产生关联。其次，"博物馆不仅是文化遗产的收藏机构，也是科学文化的研究机构，更是教育实践的宣传机构"。[6] 遗址博物馆文物资源活化同样需要社会公众共同参与才能真正实现。随着公众物质文化生活逐步改善，精神文化需求日渐凸显，他们有权利且愿意参与分享作为公共文化机构的博物馆资源。在此诉求下，博物馆只有开门迎客，与社会各界分享藏品收藏、保护、研究和利用的成果和疑惑，在为社会发展提供优质的智力服务的同时，推动全民大思考共解难题。

1.2 遗址博物馆有突破自身藏品、人才、技术、设施、场地等资源有限性以及寻求关注度的内在要求

在发展过程中，遗址博物馆的藏品、人才、专业、技术、设施设备、场地等资源有限性也逐渐突显。一般意义而言，其藏品来源较为单一，主要来自于遗址本身，藏品征集问题日益严峻。博物馆内部涉及的专业人力资源配置极其有限，加之大量的业务人员平常工作量极度饱和，研究时间与空间被严重压缩。博物馆设施设备一般都是政府标配，而对于藏品业务工作通常是"一再考虑"。场地的限制更是不言而喻了，一般博物馆都纳入地区规划，有明确的四至范围，只能满足一定时间段的发展需求。

遗址博物馆因其独特的内涵，在开放之初，可暂时维持一定的热度，但如果没有新的热点，博物馆是

---

[1] 孙霄：《试论遗址博物馆的个性特征》，《中国博物馆》1989年第4期。
[2] 王宏钧主编：《中国博物馆学基础》修订本第133页，上海古籍出版社，2001年。
[3] 徐玲：《追求"广博"：博物馆藏品概念的演变》，《东南文化》2011年第6期。
[4] 吴永琪，李淑萍，张文立主编：《遗址博物馆学概论》第109页，陕西人民出版社，1999年。
[5] 孙霄：《试论遗址博物馆的个性特征》，《中国博物馆》1989年第4期。
[6] 粟宇亮：《博物馆数字资源的管理与共享研究》，《艺术科技》2017年第9期。

很难提升社会持续的关注度,因此,博物馆需走出形式上的"围城"小圈,在与社会各界交集中不断审视自己,发展与突破自己,创造新的存在价值。

那么遗址博物馆在跨界合作的时候,又需要注意些什么呢?

(1)要紧紧围绕遗址这个出发点和中心点推进;"它(遗址)是博物馆生命力的源泉,也是博物馆赖以生存和发展的基础。"[①](2)坚持"博物馆+"概念,坚守藏品安全底线,坚持传承与创新两轮齐头并进。(3)严谨与灵活相结合,开展多元化、多维度的广泛合作,建立自身健康的"朋友圈"。(4)博物馆与社会公众应建立交互式的智力支持体系,全民参与共建,博物馆智囊团需囊括馆内外多学科专业人才。(5)跨界应有两个层面:1)实体跨界,即博物馆与其他领域和行业的公司、单位或个体以签订合作协议的形式展开;2)内容植入,即引入其他一些有利于博物馆良性发展的理念、手段或技术,师其长技。

2 藏品保护的跨界应用

遗址博物馆中博物馆与遗址二者缺一不可,相互依赖,遗址决定了博物馆存在的现实意义,而博物馆则是遗址最好的庇护所和价值传播首端。一般意义上的藏品保护是指专业性较强的技术工作。在此,藏品"保护"不仅指科技保护,还应有科学的库房管理和安全保卫,三者联合构成"预防、治病和动手术"三位一体的藏品保护体系。

2.1 科技力量的介入,关联着藏品保护体系的良性发展

长期曝露于野的古建筑、古墓葬、石窟、石刻等地面遗址和长年尘封又重现于世的地下遗址,经风霜雨雪、气候突变、温湿度失衡、地下水位升降、微生物侵蚀、人为等因素遭破坏或自然老化现象都是非常严峻的。《国家文物事业发展"十三五"规划》强调"保护文物功在当代,利在千秋……由注重抢救性保护向抢救性与预防性保护并重转变,由注重文物本体保护向文物本体与周边环境、文化生态的整体保护转变,确保文物安全。"文物保护跳出了狭义的本体,跨界进入时空框架下的自然与人文整体关注。由此,博物馆相应地引进了跨学科的文物保护科技力量或设施设备,有的还建立了现代化的文物保护中心。

《遗址博物馆环境监测调控技术研究》[②]课题借用无线监测技术,对秦始皇帝陵、汉阳陵、金沙、余姚河姆渡等遗址博物馆进行馆藏文物保存环境监测,开展文物预防性保护,监测内容有大气温湿度、二氧化碳、光照强度、紫外辐照强度、土壤温湿度、有机挥发物等变化数据,为遗址藏品保护方案的制订和文物存储微环境的改造都是极其重要的依据。

2.2 科学的库房管理,是藏品信息储备处和检测台,能及时发现与解决藏品问题

遗址博物馆自出现之日起,就向传统博物馆藏品管理提出了很多严峻的挑战,如藏品的定义、计量、分类、分库、制档、编目、账目、征集、数据库开发等一系列问题。20世纪《遗址博物馆学概论》[③]结合实际案例开出了很多行之有效的方式方法,堪称遗址博物馆学的先锋之作。随着时代的发展,其中有些内容尚需进一步优化与完善。

遗址博物馆藏品以遗址及遗址出土文物为主,分不可移动和可移动两大类,是遗址总体概况的集中反映。其库房管理具有鲜明的个性特色,藏品主要保存在原址、展厅、库房与文保中心,其中原址是不可移动文物库房;展厅是具有一定逻辑关系的特殊文物库房;库房是部分可移动文物和遗迹套箱的地方;文保

---

① 白岩:《论我国遗址博物馆的存在价值及发展》,《北京博物馆学会会议论文集》第147页,燕山出版社,2000年。
② 该课题目前正在我馆(成都金沙遗址博物馆)开展相关工作,已取得初步成效。
③ 吴永琪、李淑萍、张文立:《遗址博物馆学概论》第11页,陕西人民出版社,1999年。

中心则存放一些亟待修复或有特殊需求的文物。科学的藏品库房管理包括完善的库房管理制度，行之有效的程序、方法和设施设备，丰富的文物信息资源储备。其跨界应用主要体现在以下几方面：

（1）植入其他行业管理理念、办法、技术或设施设备，储备丰富的藏品信息资源。

众所周知，博物馆文物藏品具有重大的历史、科学和艺术价值，是自然或人类社会发展的实证，其不可再生性让我们产生了"敬畏感"，而我们人类天生的猎奇心态又想知道更多，这点单凭人类肉身是无法达到的。因此，遗址博物馆藏品库房管理需要借力，开拓新的领域和思路，通过购买或与相关的技术团队跨界合作的形式，全方面、高精度地获取藏品的详细数据，为遗址保护及博物馆其他工作提供新的方法，补充新的资料。如X光扫描可以探测石质、金属器、有机质文物内部机理；磁场雷达可摸底探测遗址内部情况；遥感、空间探测与GIS技术可建立遗址的地理信息系统；高清微距拍摄可以采集藏品的微工艺或局部精准数据……

（2）借用银行的管理理念，进入区域性文物中心库房的管理体系。

《国家文物博物馆事业发展"十二五"规划》明确提出"加强地市级博物馆库房和区域文物中心库房建设，建立文物中心库房集中保管重要藏品制度。"2008年，类似于"文物银行"的四川绵阳文物中心库房经过"5·12"汶川大地震的严峻考验，运转情况依然良好。其具有以下特点：1）文物分类入库，温湿度恒定和自动控制；2）空气品质有监测、自动报警和调节系统；3）量身定制的柜架和囊匣；4）建筑功能分区合理，藏品储藏功能增强，材料环保节能，安全保卫一级；5）系统运行成本较低。也有学者认为区域性文物中心库房具有区域、中心、分类、示范、契约、不完全取代六大特征[①]。遗址博物馆藏品参与其中，除了能搭乘便车外，更有以下几大益处：1）可以减少遗址附加环境的设置，最大可能地减少对遗址的影响。2）对于地上遗址博物馆，尤其是纪念类遗址博物馆来说，可以让原有的"文物库房"回到遗址里去，成为解读遗址不可或缺的部分。3）节约博物馆建筑空间，把有限的建筑空间腾出来做展览、教育、宣传等公众教育项目，提升博物馆的公众教育形象。

（3）"博物馆＋互联网"，研发适应的藏品数字信息管理软件。

拥有计算、存储、统计、分析、查询、搜索、共享等诸多智能化功能的互联网已普及整个社会，同样吸引了博物馆行业的竞相追逐。各个博物馆相继结合自身实际情况研发合适的藏品管理软件，让管理变得更智能、快捷和高效，极大地降低了文物触碰率和事故的发生率。遗址博物馆藏品信息管理软件应包括可移动文物和遗址（不可移动文物）两大类。在信息数据保全和符合相关的国家规范情况下，系统要拥有灵活的链接端口和高级别的安全防御功能。总体功能模块应有系统管理、辅助信息、审批、藏品业务、藏品信息、查询、统计、数据导向、定位管理、研究、利用、修复等相关子系统。

但是，藏品信息管理软件也有一些短板需要我们克服，如遭病毒攻击、误操作等，因此"馆藏文物需要信息化管理与传统管理并存，二者相辅相成，利用馆藏文物信息系统进行查对、核实和统计，传统纸质管理方式作为原始档案"[②]。此说有理，但传统管理必须涵盖馆藏品最基本的数据。另外，在软件运行过程中，数据备份与更新尤其要引起高度重视。

3 藏品跨界研究及应用

"对博物馆藏品的不断研究可以为许多不同类型的博物馆用户提供有关藏品的新信息。"[③]遗址华丽转型为博物馆，文物变成藏品、展品、标志或品牌，而它们是无声的。如果博物馆要真正变成孩子们梦想的孵

---

① 汪培梓，金慧：《区域性文物中心库房建设思考》，《中国文物报·遗产保护周刊》2014年4月18日。
② 赵桂珍：《周口店遗址博物馆藏品管理模式的探索与研究》，《史前研究》2013年。
③ ［英国］蒂莫西.阿姆布罗斯（Ambrose.T）、克里斯平.佩恩（Paine.C）著，郭卉译：《博物馆基础》第112页，译林出版社，2016年。

化园，学生的第二课堂，成人高端精神文化产品的消费场所，终身受教之地，还需通过研究进行多方面、多角度、多元化地探索，提炼出更多的营养与增殖成果供人们享用，方能达到遗址博物馆自我认同和社会认同之理想境界。跨界研究主要体现在以下几方面。

3.1 主办或参与有影响力的大型学术研讨会，拓宽博物馆研究视野，推动研究全面、多元化发展

各种大型学术研讨会将不同学科的专家集结在一起开展跨界合作交流，是我们了解某一领域研究成果、方法、热点、前沿等不容错过的平台。2017年9月，成都金沙遗址博物馆"玉汇金沙——夏商时期玉文化精品展览"与"夏商周时期玉文化国际学术研讨会"同期开幕，实现了展览和研讨会的成功跨界。这是近年来国内少见的中国玉文化研究的高端国际性学术会议，会议盛邀了国内外40余家考古所、博物馆、专业院校的80余名不同学术背景的玉器研究专家，对夏商周时期的各地玉器展开了多学科、多角度地探讨与合作。

3.2 跨界研究将形成遗址报告或科研论文，拓宽藏品来源范围

遗址藏品是人类与历史对话的触碰点。藏品研究会集合不同学术背景专家的智慧，是博物馆走向公众，拓宽朋友圈最有权威的发声途径。如今，一本大部头的遗址发掘报告可以说是多学科研究的结晶，里面包括了动物、植物、冶金、环境、空间等科技手段检测、分析和研究成果，它们与传统地层学、类型学同样成为深入解读遗址的密钥。

藏品研究需要利用自然科学、哲学、历史学、考古学、人类学等学科的知识或材料解读遗址本体，从而打开博物馆藏品来源范围，实现跨界收藏。这个过程表明遗址博物馆藏品虽主要来自遗址本身，但不限于遗址。就考古遗址博物馆而言，博物馆一般不具备发掘权，直接获取考古发掘品几乎不太可能，因此，文物相关行政部门应允许尚未结束发掘的遗址博物馆与各级考古单位开展合作，或者仿效秦始皇帝陵博物院设立自己的考古发掘队伍。"这样既可以使年轻同志得到相应的锻炼，同时提高其研究能力，又可以使遗址博物馆获得更多的考古发掘品以丰富馆藏，其意义是显而易见的。"[1] 1）藏品来源程序变得简单，避免因权属不一而文物移交困难的尴尬局面。2）考古发掘工作的内容更丰富，目的性更强，还可获得博物馆研究、展示、宣教、交流等多方面工作的配套支持。3）观众可近距离参观甚至参与考古发掘，实实在在收获考古发掘的体验乐趣。另外，遗址博物馆将多学科研究成果及材料有机融合，增加与遗址相关的自然标本、图文、音像及工艺、民族、民俗和宗教资料等藏品，使遗址时空发展更丰满，藏品种类更丰富，体系更全面。

3.3 科研成果专业科普化，创造接地气的科普作品，有益于将遗址融入老百姓的日常生活

博物馆与媒体合作，制作纪录片、声音、视频、图书等，将众多研究成果以雅俗共赏的形式进入老百姓的视野。如四川少儿出版社与众多遗址类博物馆出品的漫眼看历史系列图书，包括紫禁城、秦始皇兵马俑、莫高窟、三星堆、金沙等古遗址，还有西安半坡博物馆的《漫画半坡》，均以漫画的形式让遗址及博物馆变得亲切活泼。

藏品复原研究与现代科技、演艺、实验考古等结合，可仿真性模拟古代自然或人类的场景，并在馆内外、线上线下开展形式多样的互动体验，以吸引更多层面或人群的主动参与。如演员着与遗址有关的服饰

---

[1] 桓历萍：《对遗址博物馆藏品征集工作的思考》，陕西省文物局、陕西省博物馆学会：《博物馆理论与实践研讨会论文集》第179-180页，三秦出版社，2007年。

穿梭于馆内外，与人亲切互动，实现自然而然的角色带入。现代数字、物探、空间及环境技术的结合可推演遗址时空变化历程，并可能形成影像展现在观众面前。博物馆的建筑、园林及规划可通过遗址相关的动植物、特色文化元素、体验区等形式巧妙地将研究成果融入个性化园区建设中，既可作为室内展示的有效延伸，还可让观众快速进入沉浸式体验的观展环境。

诚然，遗址博物馆藏品保护与研究还会涉及到很多问题需要进行深入探讨。但不可否认的是，跨行业合作与交流让遗址博物馆借力使力，才可能催生出更多、更新、更有特色的文化硕果，取之于藏品，用之于全民，让文物说话，将传统融合于现代，借古人之规矩，开自己之生面。这也许是未来遗址博物馆，甚或是博物馆发展的一大趋势。

参 考 文 献

Ambrose. T & Paine. C 著，郭卉译. 2016. 博物馆基础. 南京：译林出版社.

北京博物馆协会. 2000. 北京博物馆学会会议论文集. 北京：燕山出版社.

陕西省文物局，陕西省博物馆学会. 2007. 博物馆理论与实践研讨会论文集. 西安：三秦出版社.

王宏钧主编. 2001. 中国博物馆学基础. 上海：上海古籍出版社.

王宏钧主编. 2012. 2012 年最新博物馆藏品征集、保护、陈列艺术及内部管理手册. 北京：文物出版社.

吴永琪，李淑萍，张文立. 1999. 遗址博物馆学概论. 西安：陕西人民出版社.

北京周口店人类起源遗址保护与展示共识

序言

我们,"纪念周口店遗址发现100周年暨史前文化遗产保护研究与可持续发展国际会议"(2018年10月10至13日,中国北京市房山区)的全体与会者。

感谢

北京市房山区人民政府、中国科学院古脊椎动物与古人类研究所周口店国际古人类研究中心、中国古迹遗址保护协会、清华大学国家遗产中心、周口店北京人遗址博物馆共同主办了这一会议。

认识到

人类起源遗址展现出人类早期演进的漫长过程,并呈现出丰富而多样的研究主题,因而具有重要的科学、文化、历史和生态价值。

探寻和理解人类起源与社会的演进路径,对于认知这个星球上人类生活、行为和体验的多样性与共通性具有极其重要的作用。

然而,由于公众获取人类起源遗址的信息往往较为困难,人类起源遗址并未得到充分地重视。

促进人类起源遗址对公众的开放有可能成为一种驱动力,提升地方文化认同,促进公共教育,发展文化创意产业,为地方社区的可持续发展做出贡献。

忆及

联合国教科文组织世界遗产委员会于1994年提出的"全球战略"(Global Strategy)和联合国教科文组织世界遗产中心"人类演进:适应性、迁徙和社会发展"研究计划(Human Evolution: Adaptations, Dispersals and Social Developments, HEADS)的成果。

关注到

人类起源遗址面临着气候变化及其相关活动、环境衰退、基础设施和旅游投资、城市发展的负面影响。

人类起源遗址的遗产价值保护、管理、阐释与展示并未得到应有的公众关注。

就地区分布和主题类型而言,人类起源遗址在《世界遗产名录》中的代表性依然不足。

建议

1. 适当的管理应旨在保持人类起源遗址的意义、完整性和真实性,延缓其衰退过程,遗址周边环境的自然和文化资源也应同样加以全面的保护。

2. 人类起源遗址保护与阐释过程中的社区参与应成为管理进程的有机组成部分,以促进社会和经济的可持续发展。

3. 人类起源遗址的整体保护应与包括考古工作在内的科学研究相结合。

4. 人类起源遗址的展示应建立在综合和深入的研究基础上,以确保其价值得到适当的阐释。

5. 人类起源遗址的展示应恰当地采用富于创造力的方式，以确保来自不同背景的更多参观者能够全面理解和认识其价值。

6. 在人类起源遗址进行的展览和其他策展活动应与公众教育和公众参与，以及非物质文化遗产传承活动相结合。

7. 遗产地的所有新建构筑物应在其建造、使用和拆除过程中，对人类起源遗址本体及其周边环境尽可能少地产生影响。可持续性应是设计和建造保护设施和展示中心的主要考虑因素。

2018 年 10 月 12 日于北京市房山区

纪念周口店遗址发现100周年

周口店遗址史前文化遗产保护、研究与可持续发展国际会议论文集

Commemoration of the 100th Anniversary of the Discovery of Zhoukoudian Site and International Symposium on Protection, Research and Sustainable Development of Prehistory Heritage

（下册）

周口店北京人遗址博物馆　编
Edited by Zhoukoudian Site Museum

科学出版社
北　京

内 容 简 介

2018年10月，由周口店北京人遗址博物馆、中国科学院古脊椎动物与古人类研究所周口店国际古人类研究中心、中国古迹遗址保护协会与清华大学国家遗产中心等多家单位举办的周口店遗址史前文化遗产保护、研究与可持续发展国际研讨会在北京召开。本书收集此次会议的论文、发言稿及《北京周口店人类起源遗址保护与展示共识》共38篇，主要内容包括文化遗产保护、管理与阐释展示，人类起源和进化研究，史前考古遗址与数字化应用、科技创新，以及史前考古遗址的保护与公众参与、地方文化旅游、可持续发展四个方面。

本书适合文物、考古、文化遗产保护等领域的专业技术人员以及高等院校相关专业的师生阅读参考。

图书在版编目（CIP）数据

纪念周口店遗址发现100周年：周口店遗址史前文化遗产保护、研究与可持续发展国际会议论文集（上、下册）/周口店北京人遗址博物馆编. —北京：科学出版社，2020.11
ISBN 978-7-03-062681-3

Ⅰ.①纪… Ⅱ.①周… Ⅲ.①周口店（考古地名）-文化遗址-文集 Ⅳ.①K878.3-53

中国版本图书馆CIP数据核字（2019）第233676号

责任编辑：吴书雷 / 责任校对：邹慧卿
责任印制：肖 兴 / 封面设计：张 放

科学出版社 出版
北京东黄城根北街16号
邮政编码：100717
http://www.sciencep.com

北京汇瑞嘉合文化发展有限公司 印刷
科学出版社发行 各地新华书店经销

*

2020年11月第 一 版　开本：889×1194 1/16
2020年11月第一次印刷　印张：34 1/4　插页：10
字数：950 000

定价：600.00元（上、下册）
（如有印装质量问题，我社负责调换）

Editorial Committee

LYU Zhou   DENG Tao   YAN Haiming   DONG Cuiping   WEI Jianhua
MU Yuntao   SUN Yan   XIE Li   LI Yan   XUE Wenyue

Preface

The year 2018 marks the 100th anniversary of the discovery of the Peking Man Site at Zhoukoudian. This is considered one of of the most important and widely known archaeological finding ever made in China in the first half of the 20th century. The stratigraphic sections preserved and presented through archaeological excavations demonstrate environmental changes in prehistory times in Beijing, having significant values for scientific research. The excavation of hominid fossils, stone objects, fire traces and related paleontological fossils enabled Zhoukoudian to be the most valuable archaeological site for research of the way ancient humans lived and their environment as well. Research results from the Peking Man Site at Zhoukoudian have influenced the development of anthropology. In 1961, the Peking Man Site at Zhoukoudian was announced as the National Priority Protected Site by the State Council of China. In 1987 when its nomination for the World Heritage status was evaluated, the Advisory Body ICOMOS considered that "The Zhoukoudian Site is the evidence to testify to human race from the Middel Pleistocene Epoch to the Paleolithic Age and integrally exhibits the process of human evaluation that can be perceived only at the global dimension and through numerous cases." The evaluation was recognized by the World Heritage Committee which inscribed the Peking Man Site at Zhoukoudian on the World Heritage List, one of the first properties ever inscribed on the World Heritage List after China's accession to the World Heritage Convention.

The Peking Man Site at Zhoukoudian has been under continuous conservation. Archaeological excavations that have continued for decades have generated fruitful results. The new Zhoukoudian Site Museum was completed in 2014, which is eight times as large as the old museum building constructed in the 1950s. The new museum provides good conditions and facilities for presenting results of archaeological excavations, carrying out scientific education for the public, and interpreting heritage values of the site. In 2018, the construction works for protecting the top of Peking Man caves was completed, securing safer protection for the site that was originally exposed in wind, rain and snow. With the support of modern technology, the cave top that disappeared over the the sweep of history has been reconstructed. The protective facility adopts modern technology to present living scenes and environments of early humans and guarantees on-site presentation of results of archaeological research in more diverse and easier manners. As a result, the presentation and interpretation of the Peking Man Site at Zhoukoudian embraced a new era of development.

The Peking Man Site at Zhoukoudian is an important archaeological site for exploring early evolution of human beings. Archaeological and research work have continued for years and new achievements have been scored in recent years. On the occasion of the 100th anniversary of the discovery of the site, it is of far-reaching importance to review how the site was discovered, discuss archaeology and research of early human sites in the international context, and explore how to present archaeological and anthropological researches in a more direct and effective way so that such research results can be used as common knowledge of mankind. The International Symposium on Protection, Research and Sustainable Development of Prehistory Heritage of the Zhoukoudian Site held in Zhoukoudian in 2018 is an event that summarizes results of previous archaeological and research work. The papers collected in the symposium proceedings are related to latest results of paleoanthropological research, excavation and conservation of paleoanthropological sites, technologies for presenting paleoanthropological sites, and how such sites identify its position in sustainable tourism and promote conservation and dissemination of knowledge. All those discussions are of importance for the Peking Man Site at Zhoukoudian and also for research, conservation and presentation of paleoanthropological sites worldwide.

The Zhoukoudian Consensus on the Protection and Presentation of Sites of Human Origins adopted at the symposium reflects basic knowledge of contemporary people on research and protection of early human sites and on how to give play to their role in contemporary times. The recommendations from the consensus document show the global trend for the protection of such sites. Identifying the process of human development and understanding common issues and challenges facing contemporary people through research of early human sites are also of contemporary significance and value for research and protection of the Peking Man Site at Zhoukoudian today.

Lyu Zhou
The Vice President of the ICOMOS CHINA and the Director of the THU-NHC
October 2020

Foreword

In his report to the 19th CPC National Congress, General Secretary Xi Jinping called for building stronger cultural confidence and helping social culture to flourish. The socialist culture with Chinese characteristics is rooted from the best of traditional Chinese culture that was developed over the sweep of the 5,000-year-old Chinese history. In developing a socialist culture with Chinese characteristics and building a socialist country with cultural strength, it is critical to advance the socialist culture based on Chinese culture, carry forward our cultural heritage and protect our cultural property, facilitate the development of cultural undertakings and cultural industries, and increase cultural exchanges with the rest of the world, so as to score new cultural accomplishments.

The year 2018 marked the 100th anniversary of the discovery of the Zhoukoudian Site and 65th anniversary of the Zhoukoudian Site Museum. In order to put into action the guiding principles from the 19th CPC National Congress and important instructions of General Secretary Xi Jinping concerning the protection, continuation and utilization of cultural heritage, and to implement instructions proposed by leaders of the National Cultural Heritage Administration and Beijing Municipal Government during their visits to the Zhoukoudian Site and carry out decisions made at the Fifth Session of the Eighth CPC Congress of Fangshan District, the *International Symposium on Protection, Research and Sustainable Development of Prehistory Heritage of the Zhoukoudian Site* was convened from October 10 to 13, 2018 in Fangshan District of Beijing, China.

Over 120 experts, scholars and guest participants from UNESCO, ICOMOS, USA, UK, Tanzania, Fudan University, the Communication University of China, and prehistory sites inscribed on the World Heritage List, attended the symposium to carry out in-depth discussions and shared successful practices on such diverse topics as protection, management and utilization of cultural heritage properties, research of human origins and evolutions, digital application of cultural heritage, innovations in science and technology, as well as cultural heritage in relation with economy, tourism, education and creative industries. The *Zhoukoudian Consensus on the Conservation and Presentation of Sites of Human Origins* was adopted as the symposium deliverable. The symposium has established itself as a landmark event to understand and address issues pertaining to the conservation and presentation of prehistory heritage in China and contribute to their sustainable development.

This publication includes presentations delivered by 37 participating experts as well as the *Zhoukoudian Consensus* for reference by readers.

Zhoukoudian Site Museum

CONTENTS

Preface　Lyu Zhou ··· i
Foreword ··· iii

Location 1 of Zhoukoudian in Human Evolution　Wu Xinzhi ·· 249
When Do Paleontological Sites Become Anthropogenic Sites?　Henry T. Bunn ·· 253
Exploration and Practice of the Protection, Management and Utilization of Zhoukoudian Site:
　　Keynote Address at Zhoukoudian Site　Dong Cuiping ·· 257
Some Issues on the Conservation of the World Heritage　Toshiyuki KONO ··· 268
Study on the Interpretation Methods of Cultural Heritage: with Prehistoric Sites as the Core　Du Xiaofan ·········· 272
The Management of Early Man Sites: What Can International Experience Offer Zhoukoudian?
　　Dr Michael Pearson AO ··· 277
The Conservation of the Laetoli Footprints　Donatius M. Kamamba ··· 282
First Site of Zhoukoudian: New Excavation and New Discovery　Zhang Shuangquan ································ 286
The Value of Zhoukoudian Site and the Development of Cultural Industry in Beijing　Wang Guohua ············· 292
From Olduvai Gorge (Tanzania) to Zhoukoudian (China): Experiences on Conservation, Public Engagement, and
　　Sustainable Tourism on the Two Archaeological Sites　Charles Musiba, Dongjing, Kang and Xiaoling M.
　　Chen, Xiaolinga ·· 296
Cultural Heritage Protection and Creative Development under the Background of Cultural Tourism Integration
　　Fan Zhou ··· 312
Prehistoric Heritage and Prospects in Nepal　Kaji Man Pyakurel ··· 316
Cultural Heritage Sites in Malaysia: Tourism and Challenges　Farizah Ideris　Yazid Othmana ··················· 322
Value Recognition and Protection of Prehistoric Cave Site　Li Mengjing ··· 331
Stonehenge 100: Managing a Global Prehistoric Icon in the 21st Century　Heather Rose Sebire ·················· 342
The Coa Valley Pre-Historic Rock-Art 20 Years after World Heritage Nomination: Past Heritage, Present Issues,
　　Future Perspectives　António Batarda Fernandes　Bruno J. Navarro ·· 353
Willandea Lakes Fossil Human Trackway: the Role of Legacy Data in Site Presentation and
　　Protection　Tanya Charles　Leanne Mitchell　Daryl Pappin　Dan Rosendahl　Chris Little ·················· 361

Combining Research, Conservation and Usage of Pre-Historic Cultural Heritage in Armenia: from the Perspective of Areni-1 Cave　　Artur Petrosyan　　Boris Gasparyan ··· 365

Openness of Pre-Historic Sites to a Multiplicity of Interpretations: The Cases of Çatalhöyük and Göbekli Tepe World Heritage Sites in Turkey　　Zeynep Aktüre ·· 370

Museum Design as a Means of Presentation the Conservation In-situ of Archaeological Sites and Cultural Tourism Object: The Case of Gunung Padang Site in Cianjur West Java, Indonesia　　Doni Fireza　　Adli Nadia　　and Lutfi Yondri ··· 380

UNESCO World Heritage Site of Lenggong Valley, Malaysia: A Review of Its Contemporary Heritage Management　　Hsiao Mei Goh ·· 394

The Use of Immersive Visual Technology in the Promotion and Conservation of Prehistoric Encultured Landscapes: A Case Study from the Tràng An World Heritage Property, Ninh Bình, Vietnam　　T. Kahlert　　L. T. T. K. Hue　　F. Coward　　C. M. Stimpson　　B. V. Manh　　R. Rabett ··· 397

Tools, Processes And Systems for Cultural Heritage Documentation in Archaeology　　Stratos Efstratios Stylianidis ····· 413

Selection and Balance: Explore the Presentation of Archaeological Sites in Neolithic Age with Taosi Site as an Example　　Wang Liheng, Zhang Suyuan ·· 416

UNESCO Global Geoparks: A New Tool for the Conservation and Rational Management of Outstanding Geological, Paleontological and Paleohuman Heritage: Take Lesbos Island as an Example　　Nickolas Zouros ···················· 427

Role of Digitization in Stopping Illicit Trafficking of Cultural Property and Enhancing Awareness of Cultural Heritage: A Case Study of Islamabad Museum　　Sundus Aslam Khan, Maria Mala ······································· 433

The Effect of Sensescape Criteria in Quality of Pre-Historic Archaeological Museums (Case Study: Tabriz Iron Age Museum)　　Naimeh Asadian Zargar ·· 440

Application of Digital Archaeology Technology in the Protection of Cultural Heritage: with Digital Application of Prehistoric Archaeology as Example　　Meng Zhongyuan ·· 448

Research on Strategies of Site Display and Interpretation Based on the Protection of Large Sites-In Order to Wanshouyan Archaeological Park as an Example　　Huang Min ·· 456

Management of World Heritage Sites, Public Access and Geoscience Popularization in Messelkhole, Germany　　Marie-Luise Frey ·· 464

The Oriental Archaeological Sites and the Composition of Their Local Community　　Fengjian　　Zhou Xiaochen ····· 468

Initial Exploration into Interpretation and Presentation Planning of Prehistoric City Sites in Chengdu Plain　　Bi Ran ···· 475

Some Humble Opinions on Promoting the Sustainable Development of Prehistoric Sites　　Gao Fei ···················· 486

A Study on the Relics Protection and Cultural Tourism Development of the Donghulin Woman Site　　Yang Yan ······· 493

Preventive Conservation and In-situ Management of the Prehistoric Archaeological Caves in Guian New Area, Guizhou Province　　Hsieh Yi-yi ·· 502

Communication Study of the Connotation of Cultural Heritage　　Xing Qikun ··· 513

Transboundary Application on Protection and Research of the Collections in the Site Museums　　Ming Wenxiu ······· 517

The Zhoukoudian Consensus on the Conservation and Presentation of Sites of Human Origin ····························· 525

Location 1 of Zhoukoudian in Human Evolution

Wu Xinzhi[①]

Ladies and gentlemen, today I'm going to talk about the position of the Zhoukoudian site in paleoanthropology.

The fossil site near Zhoukoudian has been studied by paleoanthropologists for 100 years. During this period, human fossils were found at four sites, the First Site, the Fourth Site, the Peking Man Cave, the Pastoral Cave. Among them, the first site is the most important one, whose position in paleoanthropology has changed several times, as will be explained below.

In 1891, An ape-like skull dating back 500,000 years was unearthed in Trinil, Java, Because of the lack of tools and the small size of the brain, the prevailing view at the time was that fossils without tools could not belong to humans. Therefore, the debate over this batch of fossils continued for years, and Dubois, the scholar who discovered them, angrily locked the fossils in a safe box and stopped them being studied. In 1929, the first complete skull was found at the First Site of Zhoukoudian, and in 1931, it was determined that the cave contained stone tools that fit the definition of man, so Zhoukoudian's ape-man was recognized as the earliest representative of man. Java's Trinil skull is morphologically similar to that of Zhoukoudian and is therefore listed alongside it as a representative of the earliest ancient humans. Another is Heidelberg, Germany, where only one mandible has been unearthed.

Compared with the other two sites, Zhoukoudian has more ancient human relics, a large number of stone artifacts, as well as a large number of traces artificially used fire and fossils of animals and plants. You can see a large number of specimens in the museum. Therefore, in the first half of the 20th century, Zhoukoudian skull fossils occupied the first place in the study of ancient humans (Fig. 1).

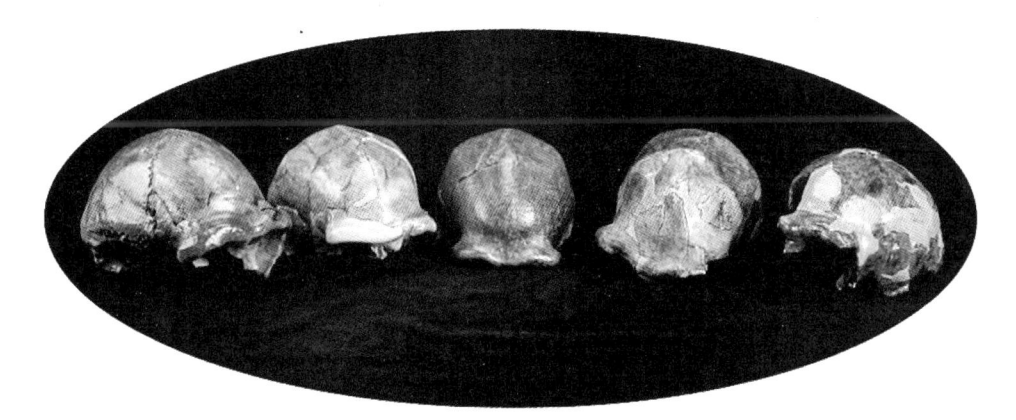

Fig. 1 Fossil model of the skull of Peking Man in Zhoukoudian

However, in 1959, Zinjanthropus which dates back to 1.7 million years ago was discovered in Olduvai Gorge region of Tanzania, together with some stone tools. The Peking Man found in the First Site of Zhoukoudian was no

---

① Member Of The Chinese Academy Of Sciences.

longer the earliest ancient humans, but it was still the earliest one in China.

In 1964, another skull was found in Gongwangling, Lantian, and later, many fossils of humans older than Zhoukoudian were discovered in Yuanmou, Yunnan Province and Yun County, Hubei Province. The ancient humans of Zhoukoudian was no longer the earliest ancient humans in China.

However, the First Site of Zhoukoudian is unique, as it contains the largest number of human fossils and a large number of relics reflecting the production and living information and paleoenvironment of ancient humans, including fossils of animals and plants, tools of production, and traces of fire. Globally, although Atapuerca SH in Spain has slightly more human fossils than the First Site of Zhoukoudian, it has no stone tools, very few animal fossils and no traces of man-made fires. Therefore, the First Site of Zhoukoudian still has a unique and important position, and contributes rich information to the knowledge and paleoenvironment of paleo-human body structure, production and life in the Middle Pleistocene.

In 1987, a DNA-based Eve Hypothesis, argued that modern humans come from Africa, and suppose that none of the ancient Chinese hominids were not ancestors of modern Chinese, including those found in the First Site of Zhoukoudian.

But with abundant evidence as support, I believe in the theory of multi-regional evolution: First, ancient Chinese shared a series of common characteristics. Secondly, the Chinese Paleolithic technological tradition was inherited in one continuous line, which is different from the western progressive pattern through the first, second, third, fourth and fifth patterns. Third, the paleoenvironment in eastern China was mild, so it is impossible to be uninhabited during the glacial period, which is not conducive to the hypothesis that the local paleoanthropology was completely replaced by African immigrants.

Both hypotheses suggest that the earliest ancient humans migrated from Africa to Europe or Asia (Fig. 2).

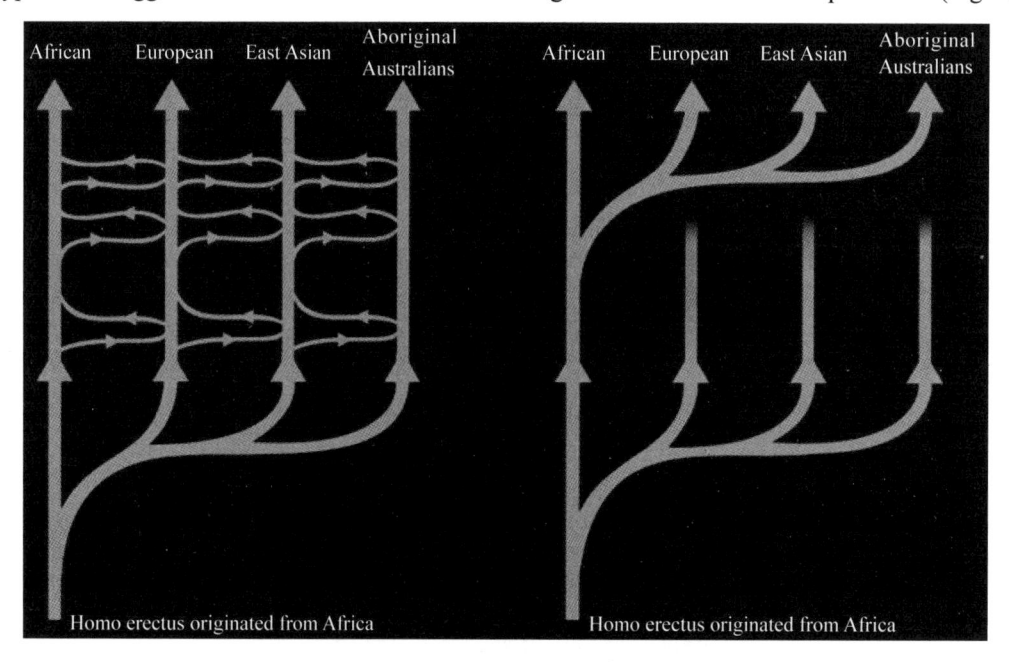

Fig. 2 Patterns of Multi-regional Evolution Hypothesis (left) and Eve Hypothesis (right)

The ancient Chinese have a series of common features among the earlier humans than those 10,000 years earlier: the upper face is low and flat, and the nose-malar angle is large. The orientation of the anterior lateral surface of the suhenofrontal crest of the zygoma is more anteriorly than their contemporary European and African specimens. The nasal region is flat transversely and not towering longitudinally. The eye socket is close to the angle form. The inferior margin of the orbit is round and blunt. There was a hollow between the zygomatic process of maxilla and anterior lateral surface of maxilla. The lower edge of zygomatic process of maxilla is curved, and the distance between the lower end and alveolar margin is relatively large. The frontal nasal suture and the frontal maxillary suture are continuous in a slightly upward convex arc. The widest part of the skull is in the middle third of the skull. The most protruding position on the median sagittal line of the frontal bone is in the lower half. Upper incisors are in shovel shaped. The skull in early phase has a median corniculate spine, most seen in Inca bones or interparietal-occipital bones.

Whereas there is huge difference with most Pleistocene skulls found in Africa and Europe. A British scholar disagrees with the idea that orbits are angular, saying that the orbits of modern Chinese are irregular. I think he is confused with time. When I say most of the ancient Chinese people have angular eye socket, I mean fossils of humans dating back more than 10,000 years. In the past 10,000 years, gene exchanges have changed the shape of Chinese as absorbing the genes from outsiders.

According to Eve Hypothesis, 60,000 years ago the ancient Chinese were completely replaced by immigrants from Africa. Before that, Chinese stone tools were made using the first-mode technology, whereas in Africa and Western Asia, which mode of technology were used to make stone tools? The third mode. Outsiders with more advanced technology were unlikely to abandon their advanced technology and retreat entirely to the more outdated technology of the people they replace. Therefore, from more than 60,000 years ago to more than 50,000 years ago and even more than 40,000 years ago, the mainstream of Chinese paleolithic technology should have become the third model. However, the large number of stone tools unearthed in China has showed that the third model did not exist in China 50,000 to 60,000 years ago, only to appear more than 40,000 years ago in a few places. So, the Eve Hypothesis cannot explain the situation of Chinese paleolithic tools.

Based on this evidence, I propose a hypothesis, the Reticulated Continuity with Hybridization for human evolution in China. It provides more solid evidence for the Multiregional Evolution Hypothesis proposed by Wolpoff, Wu and Thorne in 1984 for the origin of modern man (Fig. 3).

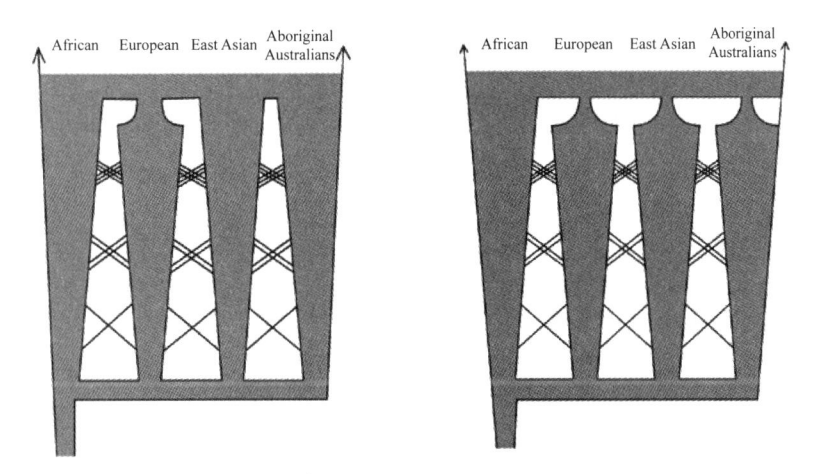

Fig. 3 Multiregional Evolution Hypothesis (left) and Assimilation Hypothesis (right)

In 1997, scientists successfully extracted ancient DNA from human fossils. After years of efforts, Green and others published a draft of the Neandertal genome in 2010 in the American journal *Science*, showing that modern humans hybridize with Neandertals. Some scholars have compiled data on the genomes of thousands of people, and published a paper in 2014 which pointed out that the range of hybridization can be as high as 30%. Eve Hypothesis is based on living human DNA, and all core claims are based on the assumption that modern humans from Africa did not hybridize with ancient people in Eurasian. Now that ancient DNA and the genomes of thousands of people both confirm hybridization, Eve Hypothesis had to withdraw from history. Western mainstream scholars and media changed to believe in the long-neglected Assimilation Hypothesis, which was put forward in the late 1980s.

What Multiregional Evolution Hypothesis shares in common with Assimilation Hypothesis while differs with Eve Hypothesis is that the ancient humans in Eurasia contributed to the formation of modern people, Africa was not the only origin of modern people, and there was gene exchange among the ancient humans on different continents. The main difference between Multiregional Evolution Hypothesis and Assimilation Hypothesis is that the former holds that the origin of modern man in East Asia mainly derives from the contribution of local ancient people, while that in Europe may derive more from the contribution of foreign ancient people. The origin of modern man shows diversity in Eurasia rather than following a single model. While the latter holds that the modern man mainly originated from Africa, whereas the ancient man in Europe and Asia made little contribution to the formation of modern man. Now, western and Japanese scholars generally agree with the Assimilation Hypothesis. Assimilation Hypothesis also supports that modern man is not only originated in Africa, but is also contributed by ancient men in Eurasia, so it is actually another version of the theory of multi-regional evolution. Therefore, in recent years, the new results of studying the origin of modern people with DNA are moving closer to Multiregional Evolution Hypothesis, and the different hypotheses which were widely divergent in the past are gradually harmonized. The key difference between different hypotheses at present lies in different views on the contribution of ancient humans on different continents.

In the 1960s, many foreign scholars argued that Homo erectus, including the ancient human discovered in the First Site of Zhoukoudian, could not evolve into Homo sapiens. At that time, and for a long time, this view became the mainstream of western paleoanthropology. In response, I wrote a professional paper, and disagreed with their claims. I don't repeat the explanation now. At present, Homo erectus is generally recognized as the ancestor of Homo sapiens, but it cannot be ruled out that some scholars still believe that the ancient humans in the First Site of Zhoukoudian have nothing to do with the ancestors of modern man.

In addition to Zhoukoudian, there are several important sites in China where Middle Pleistocene fossils were found, such as Dali, Jinniushan, Nanjing, He County, Maba, Harbin, and Dongzhi County in Anhui Province. The ancient people found in these sites may contribute to the modern people in China and the world.

Although most features of ancient people found in the First Site of Zhoukoudian are primitive, it is found that the measurements of several features and some ratios have reached the modern level, such as the anterior orbital width, the ratio of nasal frontal height to bilateral frontal width, and the ratio of the median sagittal chord nasal root section to the median sagittal chord of the frontal bone. It is possible that these features of modern people are contributed by the Middle Pleistocene man in Zhoukoudian.

The skull found in Dali has more features meet the standard of modern humans. It can be inferred that the ancient human group represented by Dali skull may have contributed to the formation of modern people in these features.

Generally speaking, Chinese modern people are probably descendants of many Middle Pleistocene ancient people. Morphological evidence suggests that more contributions may have come from the Middle Pleistocene ancient people in Dali, Shaanxi Province.

When Do Paleontological Sites Become Anthropogenic Sites?

Henry T. Bunn[1]

Abstract: Many ancient sites in which fossil bones or other fossil remains are preserved inform us about life in the past. Most of these sites lack any evidence of ancient human activity and are commonly termed paleontological sites, and we can view these as ancient natural history sites. A smaller number of sites from the past several million years, during which time humans evolved, do include clear evidence of a human presence, and these sites are commonly termed anthropogenic sites, or archaeological sites, or human fossil sites. Finally, there are many fossil sites that include evidence of both of the above, with varying mixtures of natural history and anthropogenic evidence. These mixed sites pose a major challenge for scientists, who seek clear evidence about what happened in the past, and who then inform interested members of the public about their findings.

Using classic site examples from around the globe, this presentation emphasizes a scientific approach in which hard evidence, not wishful thinking, provides the essential basis for learning about the past. The kinds of hard evidence that scientists accept as genuine, anthropogenic evidence, as well as how such acceptance is determined, are discussed in the context of taphonomy, the scientific study of the many processes affecting bones, which offers some guidelines for developing the best strategies for educating the public.

Keywords: Paleolithic Archaeology, Taphonomy, Paleoanthropology, Cut Marks

In a perfect world, the discovery of an ancient paleontological or anthropogenic site would yield a complete record documenting all of the events that happened there. The task confronting scientists and other educators of reconstructing what happened and when it happened, and of conveying that information to the public, would be straightforward. Reality, of course, intervenes. Many taphonomic processes (all processes affecting bones) in the natural world operate to destroy, modify, and sometimes preserve durable fossil remains of past life, and that guarantees that evidence from ancient sites is incomplete. A scientific detective story ensues in which the challenge is how to reconstruct what happened and when it happened from incomplete evidence, when we were not there to enjoy the luxury of direct observation of those past events. Paleontologists studying fossils from time ranges well beyond the relatively short, recent evolution of humankind during the past five million years or so (for example, dinosaurs became extinct 65 million years ago) and paleoanthropologists studying ancient humans (or hominins, including both ancient and modern humans) share this challenge and meet it with the same scientific method. Both groups of scientists use hard evidence to test alternative hypotheses about past events. The shared question is: What behavioral reconstruction does the available evidence warrant?

For sites dated within the past five million years or so when hominins were evolving, and particularly within the past 2.5 million years or so when early species of the Genus *Homo* produced an archaeological record of stone tools and animal bones, the challenge of behavioral reconstruction becomes acute. A site with fossil bones could be a paleontological site, an anthropogenic site, or both! Can we distinguish among these possibilities to provide the

---

[1] Professor Of Department of Anthropology, University of Wisconsin-Madison.

most accurate, evidence-based reconstructions of the past, both as a general narrative of prehistory and as a specific interpretation of what happened at particular fossil sites? If we cannot achieve that, then we invite more creative or even wishful thinking about the past, thereby possibly enhancing the entertainment value of our best sites but diminishing their educational value. Determining when paleontological sites become anthropogenic sites promotes science-based education as the entertainment, both for consumers of media productions and for actual visitors at cultural heritage sites. The following discussion provides key examples of how scientists determine when a site is anthropogenic.

In general terms, establishing that an ancient site is anthropogenic requires that all three of the following conditions are met:

(1) Definite evidence of a human presence;

(2) A reliable date;

(3) Unambiguous association of the evidence of human presence and the date.

A full consideration of conditions (2) and (3) extends beyond the scope of this presentation. If a reliable date places a site and its putative anthropogenic contents well beyond the known temporal or geographic range of evolving humankind, then that finding indicates that something is probably incorrect, prompting further scrutiny prior to any new anthropogenic conclusions. Unambiguous association of anthropogenic evidence and dates leads back to field archaeology and geology at the time samples were recovered. At some classic sites studied long ago, any such re-evaluation can be problematic today, because past field procedures and documentation followed different standards of that generation. This discussion focuses on condition (1), definite evidence of human presence.

Hominin Fossils

Undoubted hominin fossils provide the most direct evidence of human presence. Because many fossils are fragmentary and can share anatomical characteristics with non-human higher primates, consensus among scientists on the taxonomic identity of the specimen as hominin must be reached before the putative evidence becomes definitive. Undoubted artifacts, objects made or modified by humans, provide a less direct type of evidence of evidence than human fossils, but artifacts also logically provide definitive evidence of human presence. Practically speaking, artifacts are commonly more abundant that hominin fossils and warrant further discussion here.

Stone Tools

The most enduring kind of artifacts from the Paleolithic are stone tools. At least 2.6 million years ago in Africa, some hominins invented the technology of making the first flaked stone tools to improve the efficiency of their foraging and food-processing activities (e. g., Klein, 2009). By a procedure known as direct percussion, those toolmakers knocked two hand-held pieces of stone together, a hammerstone and a core in archaeologists' vocabulary, with sufficient force to crack sharp-edged flakes from the core. The oldest known flaked stone artifacts are no more complicated than that, basically broken-up rocks. Archaeologists define and name particular characteristics of such cores and flakes, but the challenge, particularly for very old putative stone artifacts is that naturally broken-up rocks can bear very similar characteristics to anthropogenic ones. The process of direct percussion occurs in Nature-think flooding river channels and strong water currents moving stone cobbles and boulders and bouncing them together-producing flaked cobbles and flakes. The solution to this dilemma involves identifying and understanding the ancient environmental context in which the broken-up rocks, or putative stone artifacts, occur and basing any interpretations, anthropogenic or natural, on that knowledge. In contrast, when basic flakes are further modified by additional flaking, or retouch, into the often symmetrical working edges of tools and weapons, such as spears or arrow points, the genuinely anthropogenic nature of such evidence becomes obvious.

Bones and Evidence of Butchery

The fossilized bones of animals commonly recovered at Paleolithic archaeological sites provide putative anthropogenic evidence of past diet, of capability and methods of acquiring that meat portion of diet by hunting and scavenging, and even of bone tool use. Because natural, non-anthropogenic taphonomic processes can produce evidence similar to genuine anthropogenic evidence on bones, archaeologists must demonstrate rather than assume that bones found together with other anthropogenic evidence are, in fact, also products of hominin activities. If, instead, they are not anthropogenic (or some combination of both), determining what other taphonomic processes contributed to the recovered evidence enhances and strengthens our best reconstructions of what happened at an ancient site (e. g., Lyman, 1994).

To develop the ability to distinguish among different taphonomic processes from their impacts on resulting bones, archaeologists have conducted decades of modern actualistic and experimental research involving direct observation of cause-and-effect relationships for many known taphonomic processes and resulting bones, as illustrated here with studies of bone surface modifications. A starting premise involves straightforward reasoning that if produced by anthropogenic processes, then the bones should retain evidence of damage from butchery with stone tools. Alternatively, if produced by other, non-anthropogenic processes, including carnivore feeding and gnawing, rodent gnawing, and sediment abrasion as some of the most likely choices, then the bones should show evidence of modification by those processes.

To document anthropogenic cause and effect on bones, the key line of evidence is cut marks, stone flake-induced linear grooves into bone surfaces from slicing motions during animal butchery involving skinning, dismembering, and defleshing activities. Both the cut marks themselves and their anatomical patterning reveal whether or not butchery by hominins occurred, what specific activity was being achieved, and even clues regarding the likely condition of the prey animal carcass at the time hominins butchered it. Cut marks inflicted by sharp stone flakes are fine linear grooves visible to the naked eye, V-shaped in cross-section, and approximately 1/4 to 1/3 mm. in width at their widest part at the bone surface. Using a 10x hand lens or other microscopy, linear micro-striations may be visible along the side walls of individual cut marks, reflecting damage from microscopic irregularities on the leading edge of the flake itself (e. g., Bunn, 1981; Bunn and Kroll, 1986; Shipman, 1981) (Fig. 1, Fig. 2).

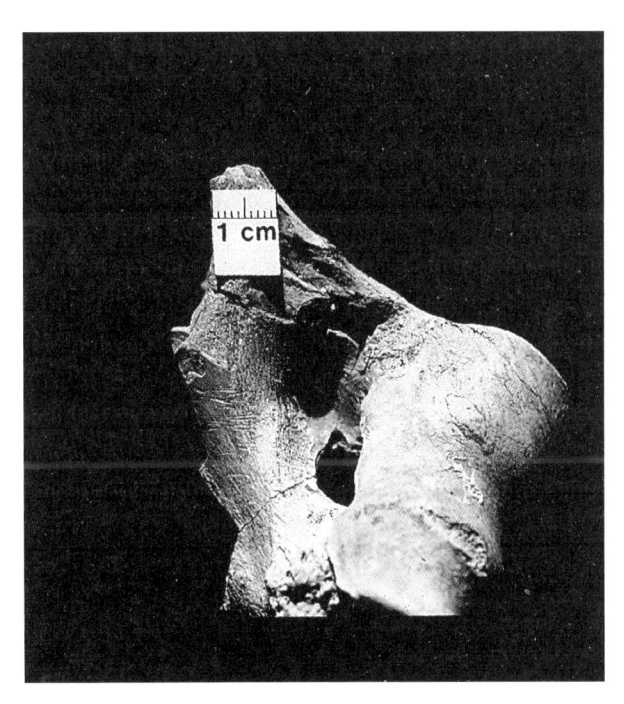

Fig. 1 V shaped stone tool   Fig. 2 distal humerus fossil with defleshing cut marks

The concern that other kinds of linear grooves could possibly be misidentified as stone-tool cut marks and anthropogenic evidence, particularly animal gnaw marks (carnivores, rodents, and others) and sediment abrasion (often termed "trampling"), led to detailed studies of these kinds of processes and their distinctive damage as well (e. g., Lyman, 1994). Unsurprisingly, given that the leading edges of carnivore and rodent teeth are shaped differently than sharp-edged flakes, the result of these studies confirms that stone-tool cut marks on well-preserved bone surfaces can be easily and accurately distinguished from gnaw marks.

Sediment abrasion at the time of burial of the bones scratches bone surfaces and has the potential to mimic genuine, anthropogenic cut marks. The process of an angular piece of rock scratching against a softer bone surface resembles the cutting motion of a stone flake during butchery. Depending on the size composition of the sedimentary particles (e. g., finer silt or coarser sand), such scratches often occur as abraded areas with many, very fine, parallel, linear grooves with minimal depth and minimal likelihood of confusion with stone-tool cut marks. In other instances, a coarser, angular sand grain can scratch a deeper groove with internal micro-striations that is similar in dimensions to a genuine cut mark. Experimental work has shown, however, that even in such uncommon instances, both the overall configuration of the groove and its anatomical patterning enable a clear distinction between such pseudo-cut marks and genuine cut marks (e. g., Dominguez-Rodrigo et al., 2009).

Fire and Evidence of Hominin Control

As with broken-up rocks and with linear grooves on bones, fire can be a product of either natural or anthropogenic processes, and finding important evidence of fire at an ancient site does not make it anthropogenic. That possible outcome must, again, be demonstrated. At several sites in Africa, controversial, claimed evidence of anthropogenic fire extend back more than 1.5 million years ago, while more widely accepted evidence of hominin-controlled fire date to less than one million years ago in southwest Asia and Europe (Klein, 2009). Some of the familiar evidence of fire, including ash and charcoal, can be ephemeral because of non-preservation at ancient sites. Other types of evidence include changes in color, texture, and internal micro-structure of bones and stone, changes in magnetic properties and in color of the encasing sediments, and distribution of fire evidence across an ancient site.

Summary and Conclusion

Ancient sites documenting major steps in the journey of humankind are all evaluated critically to demonstrate that they are, indeed, anthropogenic. As new analytical techniques are developed, the same evidence is re-evaluated as an ongoing process of science. That is how science works, dispassionately and objectively, with an abiding determination to discover what actually happened in humankind's journey. This paper has focused on how to distinguish ancient, anthropogenic sites from natural, non-anthropogenic fossil sites to contribute in a small way to the understanding of humankind. As educators, our role must not be to just entertain the public with dramatic but unsubstantiated stories that cannot be corroborated scientifically. Our role is to provide genuine evidence and justifiable behavioural reconstructions of what actually happened in the past, a story that is full of adventure and entertaining in its own right. That is why we keep exploring!

Acknowledgements

I am most grateful to the Chinese government, to the organizers of the International Symposium for the Conservation, Research, and Sustainable Development of Prehistoric Heritage commemorating the 100th anniversary of the discovery of the Zhoukoudian "Peking Man" site, and the 65th anniversary of the Zhoukoudian Museum, and to Professor Gao Xing of the Institute of Vertebrate Paleontology and Paleoanthropology (IVPP) of the Chinese Academy of Sciences, for the invitation and support to participate in this conference. I thank you all for this great honor.

References

Bunn, H. T. 1981. Archaeological evidence for meat-eating by Plio-Pleistocene hominids at Koobi Fora and Olduvai. *Nature* 291, 574-577.

Bunn, H. T., Kroll, E. M. 1986. Systematic butchery by Plio-Pleistocene hominids at Olduvai Gorge, Tanzania. *Current Anthropology* 27, 431-452.

Dominguez-Rodrigo, M., de Juana, S., Galan, A., Rodriguez, M. 2009. A new protocol to differentiate trampling marks from butchery cut marks. *Journal of Archaeological Science* 36, 2643-2654.

Klein, R. G. 2009. The Human Career: Human Biological and Cultural Origins. 3rd edition. University of Chicago Press: Chicago.

Lyman, R. L. 1994. Vertebrate Taphonomy. Cambridge University Press: Cambridge.

Shipman, P. 1981. Applications of scanning electron microscopy to taphonomic problems. In (Cantwell, A. M., Griffin, J. B., Rothschild, N. A., editors) The Research Potential of Anthropological Museum Collections. *Annals of the New York Academy of Science* 376, 357-385.

Exploration and Practice of the Protection, Management and Utilization of Zhoukoudian Site

Dong Cuiping[1]

Dear experts, leaders, guests and friends, good morning!

The topic of my report is about the exploration and practice of protection, management and utilization of Zhoukoudian Site.

Zhoukoudian Site is a famous ancient human site, located in Fangshan District of Beijing. One hundred years ago, Swedish geologist Johan Gunnar Andersson discovered the site, and when he announced the news to the world, Zhoukoudian soon became the focus of world attention. In the 1920s and 1930s, Zhoukoudian Site welcomed its most brilliant period for excavation and research. Almost all the most authoritative experts in the fields of paleoanthropology, paleontology and geology globally have presided over or participated in the excavation or research of Zhoukoudian Site. Thanks to the joint efforts of numerous Chinese and foreign scientists, we have today's Zhoukoudian Site, a world cultural heritage. So far, a total of 27 fossil sites with academic value have been discovered, and scientific investigation of the site is still in progress. We have found Homo erectus 500,000 years ago, early Homo sapiens 200,000-100,000 years ago and late Homo sapiens fossils 30,000 years. Besides, hundreds of animal fossils, nearly 100,000 stone tools and rich traces of human fire were also found. Up to now, Zhoukoudian Site is still one of the Pleistocene ancient human sites with the richest connotation, the most complete materials and the most scientific research value in the world (Fig. 1, Fig. 2).

Archaeological excavation and scientific research of Zhoukoudian Site are important events in the history of Chinese archaeology and occupy an important position in international academic circles. In 1961, Zhoukoudian Site was announced by the State Council of China as one of the first batch of national key cultural relics protection units. In 1987, it was listed in the World Heritage List by UNESCO as one of the first world heritages in China, as the site complies with Articles 3 and 6 of the Standards for World Cultural Heritage.

Fig. 1　The excavation of Peking man cave

Since listed in the World Heritage List, especially after entering the 21st century, in order to protect this precious world heritage and give full play to the protection advantages of government and the scientific research advantages of scientific research departments, the Beijing Municipal People's Government and the Chinese Academy of Sciences signed an agreement in August 2002 on the joint construction of Zhoukoudian Site by the Municipal People's Government and the Chinese Academy of Sciences. After the joint construction, with the joint efforts of both parties, and in accordance with the policy of "protection first, rescue first, rational utilization, and strengthening management", the research, protection, management, and utilization of the ruins have been explored and practiced,

---

[1] Zhoukoudian Peking Man Relics Management Office.

1. Five skullcaps of peking man

2. Tooth of new cave man

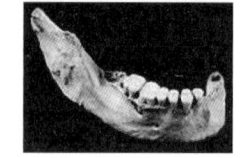

3. Mandible of ancient human unearthed from tianyuan cave

Fig. 2

and some achievements have been made. The site has successively won many honorary titles, such as National First-Class Museum, National Archaeological Site Park, National Popular Science Education Base, National One-Hundred Patriotism Education Demonstration Base, National Youth Education Base, and World Heritage Youth Education Base. Still, it also faces difficulties and problems. Here is a brief report.

1 Review of Work

1.1 Research and Protection of Site Value

In recent years, we have carried out in-depth investigation and research on the value of the heritage, worked out the protection plan scientifically, improved the legal protection system, explored and practiced the protection methods and measures, and applied advanced protection concepts and scientific and technological methods, such as three-dimensional scanning, unmanned aerial vehicle survey, Internet of Things and so on, to the site monitoring and protection projects, so as to make the protection of the site more scientific and accurate. I'd like to share the work in the following 9 aspects:

(1) To renovate the internal and external environment of the site. The site environment is an important part of Zhoukoudian Site's outstanding universal value. According to the guiding ideology of "improvement in the near future and changes in the long run", efforts are constantly being made to improve the surrounding environment of the site. One is to widen the highway around Beijing and improve the environment along the road, with a green area of over 400,000 square meters. Second, 9 cement plants, 11 shaft kiln production lines, 40 non-coal mines, 13 coal mines and other industrial and mining enterprises that pollute and destroy the natural environment around the site were closed and shut down (Fig. 3). Third, to harness Zhoukoudian River, demolish abandoned buildings in front of

Fig. 3 Closed cement plants and coal mines

the ruins and build a cultural square (Fig. 4). Fourth, to renovate abandoned mines around the site, planting 1054 mu of trees and more than 110,000 trees. Besides, environmental improvement has been carried out for many times in the core area of the site. Over 6,600 square meters of buildings that were not in harmony with the site environment were demolished successively; 117 kinds of green plants have been planted, with a green area of over 30,000 square meters; visiting footpaths have been renovated and constructed; scope of the tour has been expanded from 1322 linear meters to more than 2600 linear meters. Besides, service facilities have been improved, with newly built tourist center, 2 viewing platforms, 3 toilets, 60 sets of leisure seats and 20 garbage bins, which creates a comfortable and safe environment for visitors (Fig. 5).

Fig. 4 Before and after treatment of Zhoukoudian river course

Fig. 5 Newly built landscape platform

(2) To carry out basic investigation. First, to carry out an investigation of 27 fossil sites in Zhoukoudian Site. The current situation of 27 fossil sites in the site and the specific locations of the sites were investigated, the geographical coordinates and specific locations of the sites were found out, and the *Zhoukoudian Site 27 Fossil Sites-Systematic Investigation and Data Arrangement Report* was published (Fig. 6). Second, to carry out geological disease survey of 27 fossil sites in Zhoukoudian Site. After on-the-spot investigation, survey and mapping, the *Zhoukoudian Site Group Geological Disease Investigation Report* has been completed (Fig. 7). Third, to investigate the plant resources in Zhoukoudian Site. Based on the investigation of the protection scope of Zhoukoudian Site and the vegetation resources in the construction control zone, through the collection of plant specimens in the field and the development of regional ecological research, we have mastered the species of contemporary plants and ancient plants in the region, carried out comparative research and published the book entitled *Plants in Zhoukoudian Site*.

Fig. 6 Experts investigation Report on the systematic investigation and documentation of 27 fossil localitie

Fig. 7 Experts investigation Report on the geological hazards investigations

(3) To draw up *Zhoukoudian Site Protection Plan*. On the basis of previous investigations, we started to work on *Zhoukoudian Site Protection Plan* in 2003. The *Plan* was approved by the State Administration of Cultural Heritage in October 2005 and passed at the Beijing Mayor's Office in 2006. The *Plan* was promulgated and implemented by the Beijing Administration of Cultural Heritage on behalf of the municipal government in the same year. "Conservation

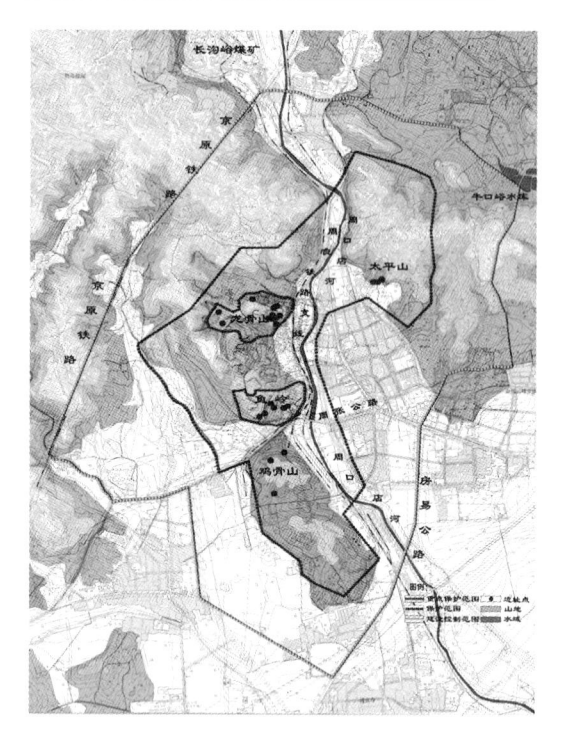

Fig. 8 Plan for the classified protection of the sites

Plan" was named "Top Ten Cultural Relics Conservation Plans in China". The *Plan* defines protected areas (heritage areas) and construction control zones (buffer zones). The scope of protection is expanded from 0.24 square kilometers to 4.8 square kilometers, including 0.4 square kilometers of key protected areas and 4.4 square kilometers of general protected areas. Besides, there are 8.88 square kilometers of buffer zones (construction control zones). The construction contents are proposed, and scientific planning and design are carried out for the protection measures of fossil sites, relocation of ruins museums, as well as regional landscape, greening and ecological environment conservation, road traffic, education and popular science, safety and disaster prevention, etc (Fig. 8).

(4) To revise the *Zhoukoudian Site Protection and Management Measures*. In 2003, according to the relevant contents of the *Law on the Protection of Cultural Relics* and in combination with the *Zhoukoudian Site Protection Plan*, the original protection and management measures were revised. On March 31,2009, the *Zhoukoudian Site Protection and Management Measures* were examined and approved by the 31st Standing Committee of the Beijing Municipal People's Government, Decree No. 212 of the Municipal People's Government was promulgated, and the *Measures* has been implemented as of June 1, 2009.

(5) To implement the site reinforcement protection project. According to the survey results of geological diseases and expert opinions, three phases of reinforcement and protection projects have been implemented successively. Fossil sites in the core areas of the site such as Peking Man Cave and Upper Cave have been reinforced and protected, effectively eliminating potential dangers such as collapse, landslide and dangerous rocks (Fig. 9).

Before the reinforcement of Upper Cave

After the reinforcement of Upper Cave

Fig. 9 Site reinforcement protection project

(6) To complete the construction of a new museum at the site. In order to implement the agreement on co-construction between Beijing government and Chinese Academy of Sciences, and to carry out the *Protection Plan*, the construction of the new Zhoukoudian Heritage Museum was launched in 2006. The foundation stone was laid in May 2010, construction began in July 2011 and was completed and opened in 2014. The new building is located about 800 meters to the south of Zhoukoudian Site, with a construction area of more than 8,000 square meters.

The architectural design highlights the concepts of "people-oriented", green, energy-saving, and environmental protection. Its coarse and resolute architectural appearance originates from the stone tools, which were first manufactured and used by Peking Man, leaving people a strong visual impression and a deep sense of history, and fully highlighting the cultural elements of Zhoukoudian Site. It integrates the basic functions of exhibition, collection, scientific research, education, service, etc. It is equipped with basic display, temporary exhibition, 4D cinema, etc.

(7) To implement the protection and construction project of Peking Man Cave in First Site of Zhoukoudian Site. Since excavated in the 1920s, the cave has been damaged by natural forces such as sun, rain and wind erosion for a long time. In order to effectively protect the Peking Man Cave, since 2009, according to the geological disease situation and expert opinions, we have worked together with the Institute of Vertebrate Paleontology and Paleoanthropology of Chinese Academy of Sciences to carry out protective excavation work on the western section of the Peking Man Cave. We also initiated the collection and demonstration of protection schemes for the Peking Man Cave. On the basis of a large number of investigations and surveys carried out in the early stage, and through public solicitation and repeated argumentation by experts, the *Architectural Design Plan for the Protection of First Site of Zhoukoudian Site (Peking Man Cave)* was approved by the UNESCO World Heritage Center and the State Administration of Cultural Heritage in 2013. The project met great difficulties in both design and construction. In order to ensure the scientific and feasible design scheme, we have carried out light test, pneumatic test and drainage test successively, and domestic authoritative experts have been invited to demonstrate the stability of the main structure for many times. In terms of construction, in view of the direct construction on the cultural relic itself, a professional organization was entrusted to design an engineering monitoring system scheme to monitor and analyze the vibration, foundation settlement, structural stress and structural deformation during and after construction, so as to ensure the safety and stability of the protection facilities. The project officially started in 2015. After three years of intensive construction, all the construction was completed in August 2018, passed the accepted smoothly, and was officially opened to the public on September 21. The project also won China Steel Structure Gold Award, the highest honor award for engineering quality in China's construction steel structure industry (Fig. 10—Fig. 13).

(8) To establish Zhoukoudian Site dynamic information and monitoring and early warning system. According to

Fig. 10　Main steel structure installation

Fig. 11　Installation of upper and lower blades

Fig. 12　Project monitoring

the operating guidelines for the implementation of the *World Heritage Convention* and the relevant requirements of the State Administration of Cultural Heritage for the world cultural heritage, and in combination with the values of the site heritage, the site dynamic information and monitoring and early warning system was completed in 2011. In 2012, Zhoukoudian Site Monitoring Center was officially established and listed by the State Administration of Cultural Heritage as one of the pilot units for monitoring the world cultural heritage in China. Over the past few years, three phases of construction have been completed. The system includes seven sub-systems such as information management, protection management, monitoring management, early warning management, data analysis, data utilization and system maintenance. It covers 24 monitoring items such as site stability, surface diseases, sedimentation, accumulated water, microenvironment and site environment, acid rain, soil moisture and tourist statistics. A total of 336 monitoring indicators are monitored online, realizing the transmission of numerous data. At present, hundreds of millions of collected data have been accumulated, providing a solid foundation for future site protection data analysis (Fig. 14).

Fig. 13   Completion and acceptance of protecting shed   Fig. 14   Front-end detection equipment in Ape-man Cave

(9) To improve the security system. First, to strengthen safety management. The implementation of a 24-hour duty system. We have established and improved 20 safety management systems, and 17 contingency plans and hired another 40 security personnel. Safety work deployment meetings, safety production work meetings, flood prevention work deployment meetings and other important node meetings are held on a regular basis. Every year, fire prevention emergency drills, flood prevention emergency drills and fire safety knowledge training are regularly organized. Second, to tamp down security measures. The site and museum are fully covered by video monitoring, emergency alarm equipment, with 216 safety probes, 81 infrared detectors, 65 perimeter alarm, 200 fire extinguisher, 4 water reservoirs and 69 fire hydrants, so as to ensure normal use of firefighting equipment and facilities. Third, to set up a specimen warehouse to separate and classify the collections. The security storage cabinet of the collection can resist the 8-magnitude earthquake, and is equipped with storage and repair equipment, temperature and humidity adjustment equipment, and special personnel are specially assigned to take charge of specimens and fossils, so as to comprehensively ensure the safety of cultural relics and collections.

1.2   The display and interpretation of the value of the site

In recent years, we have carried out in-depth research and exploration in the display and interpretation of the value of the site. On the basis of the display of the site, we have given full play to the functions of the museum, held various characteristic exhibitions, carried out cultural exchanges, enriched popular science content, improved the quality of popular science, and displayed the value of the site to the audience more intuitively. In particular, the widespread use of modern scientific and technological display means in recent years has made the display and interpretation of the value of the site more interesting and interactive, which has received widespread attention and favorable comments.

(1) In the aspect of site display. In view of the poor visibility and interest of prehistoric sites, we have conducted

in-depth research and bold attempts. First of all, in order to enrich the display content, extend the tour route, and according to the results of the Zhoukoudian Site plant survey, we have built a special plant display area, animal display area, and a site park. Secondly, we have implemented science and technology exhibition project, and science and technology exhibition in the Peking Man Cave, so that the silence of the Peking Man becomes alive, and the audience have a deeper understanding of the value of the site in the process of visiting the site (Fig. 15—Fig. 17).

Fig. 15　Human evolution display

Fig. 16　Display of animals during the life of ancient humans

Fig. 17　Display of implementation of technology in Ape-man Cave

(2) To explore the display and inheritance of research results. The museum is the carrier of heritage value display and interpretation. In order to perform well in the basic display of the new museum, many demonstration meetings were held, in-depth discussions and studies were conducted, and the exhibition scheme was revised and improved. The basic exhibition of the new museum won the award as the 12th National Museum Top Ten Exhibitions. In order to enrich the museum's exhibition contents, the museum has actively carried out "inviting in" and "going out" and has carried out exploration and practice in cultural exchange, exhibition display, achievement transformation, etc.

First, to carry out exchanges and cooperation. We continue to strengthen exchanges and cooperation with similar heritage sites and scientific research institutions at home and abroad. We have established friendly cooperative relations with scientific research institutions and cultural heritages in France, Indonesia, Spain, Croatia, South Korea, Sweden, Canada, Malaysia and other countries, as well as the Institute of Mechanics, Institute of Geology and Geophysics, Institute of Zoology, Institute of Botany of Chinese Academy of Sciences, Chinese Heritage Research Institute, Forbidden City, Badaling, Ming Tombs, Dunhuang, Yuanmingyuan, Daming Palace, Jinsha Site and other units. We have sent representatives to exchange study and exchange exhibitions for mutual reference (Fig. 18).

Second, to "invite in" and hold special exhibitions. In succession, 27 temporary exhibitions were held in the museum, including Mirror Shows-Exhibition of Bronze Mirrors Collected by the Imperial Palace", "New Year and Festival-Exhibition of Beijing Folk Culture in Spring Festival", "Light of Civilization & Dream Fulfilling-Exhibition of 'Peking Man' Zhoukoudian Site Themed Calligraphy", "Jade and Harmonious Union-Exhibition of

Fig. 18 International exchange

Liangzhu Culture Jade", "Pu'er Culture, Tea and Horse Customs-Exhibition of Pu'er Tea and Tea and Horse Culture Customs", "Yan People's Ancestor, Holy Land-Exhibition of Beijing Zhenjiang Camp Site".

Third, to "go out" and hold touring exhibitions of cultural relics. We have actively promoted international cultural exchanges. Zhoukoudian Site Exhibitions have been held in South Korea, Italy, Malaysia and other countries. A tour exhibition has been held in 16 provinces, cities, autonomous regions and special administrative zones, including Hong Kong, Anhui, Zhejiang, Jiangxi, Yunnan and Shanghai. We have held 35 exhibitions themed on "'I' Come from Ancient Times-World Cultural Heritage: Zhoukoudian Site Cultural Relics Special Exhibition", which has set off a widespread upsurge in the spread of ancient human culture and brought rich spiritual and cultural food to the local people.

Fourth, to promote the sharing of cultural relics resources and hold cultural activities benefiting the people. During the International Museum Day and the Cultural and Natural Heritage Day, various cultural activities benefiting the people are actively held. Through free opening, giving books, conducting lectures on popular science, approaching the project site and other forms, the public's understanding of cultural heritage protection is enhanced, the distance between museums and cultural heritage and the audience is shortened, and the results of cultural heritage protection benefit the public better.

(3) To improve the quality of popular science. Based on popular science innovation, we combine popular science education with youth education, strengthen cooperation between libraries and schools and the construction of volunteer teams, and constantly enrich the contents of visits, so that museums and sites could become practice bases and important classrooms for young people to improve their comprehensive quality.

First, to increase interactive experience. In order to further enrich the audience's visiting experience, on the basis of the original interactive projects such as analog excavation, model making, wood drilling and fire making (Fig. 19), we have renovated the old museum and built the digital popular science experience museum. Nearly 20 kinds of somatosensory interactive projects such as multi-touch control, VR ancient magic mirror and return to Stone Age have been developed. We have also made animated films *Exploring the Secret in Longgushan*, and 4D films *Peking Man* and Upper Cave Man, which have inserted the wings of science and technology into culture.

Second, to innovate the content of activities. We have planned more than 10 kinds of thematic educational activities, such as Little Commentator, I am a Tour Guide to the Site, Tracing the Roots of Civilization and One-day Archaeological Camp. We have also actively carried out practical projects outside primary and secondary schools, Sunshine Youth and social classroom activities. Interactive experience classes are held during traditional holidays to enrich the cultural life of young people and improve their ability to use hands and brains.

Third, to tap educational resources. We have compiled a series of books, such as *Research Learning Manual for the Off-campus Practical Course of Zhoukoudian Ruins Museum* and *Practical Activities Manual for Social Large Class* (for Teachers, for Students). The practical course *Exploring the History of Ancestors* was included in the

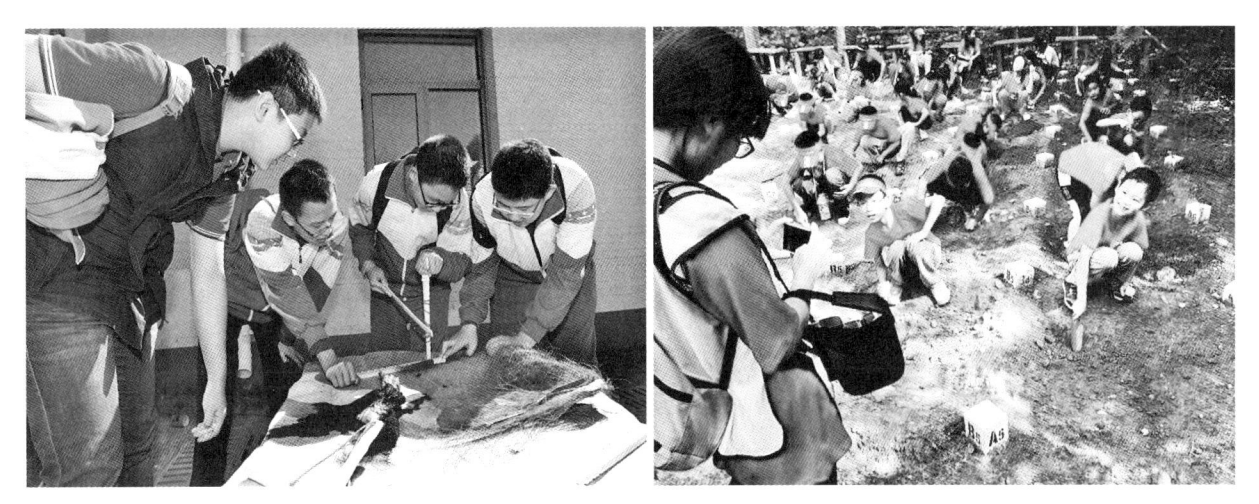

Fig. 19 Increased interactive experience

Compendium of Curriculum Plans of 30 Social Resource Units in Beijing and the *Primary Schools Practical School-based Curriculum* we developed was rated as the first prize among all school-based classes.

Fourth, to actively carry out publicity. The Zhoukoudian Site Popular Science Knowledge Propaganda Team has held nearly 1,000 lectures on popular science knowledge in more than 100 colleges and communities in more than 10 provinces and cities, including Beijing, Yunnan, Zhejiang, Anhui, Guizhou, etc. It has reached more than 1 million audiences, effectively played the social education function of museums, and promoted ancient human culture.

Fifth, to expand the volunteer team. We have reached cooperation agreements with a number of colleges and universities and set up a volunteer service team for Seeking Roots for Ancient Sites and Realizing the Chinese Dream. We have organized and carried out activities such as Know Your Hometown, Love Your Hometown-I am a Small Commentator and Let's Jointly Inherit Civilization. So far, the museum has nearly 130 registered volunteers.

1.3 Scientific and standardized management, training high-quality cadres

(1) To establish a standardized management system. We strictly follow ISO9000 quality management system, ISO14000 environmental management system, national first-class museum operating standards, national archaeological site park operating standards, tourism standardization, safety standardization and other relevant requirements in carrying out daily work, and promote the continuous improvement of working standards. We have improved the system, established a database of four cultural relics and specimens, strengthened job evaluation and performance management, and compiled the *Internal Control Manual of Zhoukoudian Site Administration Office*.

(2) To strengthen team building. We adhere to the four combinations, that is, the combination of theory and business, full training and key training, centralized training and practice, inviting in and going out, and strengthen personnel training. We have strengthened staff training in terms of leadership, professional ethics, professional etiquette, professional knowledge, job skills and multilingualism. Cadres and business backbones are selected to participate in various trainings organized by the State Administration of Cultural Heritage and the Beijing Municipal Administration of Cultural Heritage, such as cultural relic protection, heritage monitoring and museum management. Commentators are selected to study English, Japanese, French and Korean in professional colleges and universities. Academicians, experts and professors are invited to teach at the ruins, thus effectively improving the comprehensive abilities of cadres and workers(Fig. 20).

Through many years of environmental management, site protection, new building construction, popular science activities, exchanges and cooperation, the social influence of the site has been continuously enhanced, and the number of spectators has increased year by year.

2 Problems We Face

After years of work, although some achievements have been made and some experiences have been accumulated,

Fig. 20 ICCROM World Heritage Monitoring and Management Training Course

there are still some problems to be further studied.

First, the display method of the site itself is relatively single. Although we have introduced scientific and technological display methods into the Peking Man Cave, this method can be implemented only after the protective buildings are implemented and the Peking Man Cave forms a relatively closed space. Most of the fossil sites of the site are still in the open air, and the display mode is still a single instruction board to match the on-site display. We need to further strengthen the research on the display of the site, enrich the display means and better explain the value of the site.

Second, there is a shortage of professionals. The protection, management and utilization of the ruins involve many disciplines and require professional and technical personnel as the basic guarantee. At present, there is a lack of professional and technical personnel for site protection and display.

Third, we haven't given full play to the role of the site brand. Although Zhoukoudian Site is a holy site among prehistoric archaeological sites and a world cultural heritage, it is well known by the world, but its brand role has not been fully brought into play. For example, there are deficiencies in solving the employment problems and improving the living standards of the people living around, and the brand has not been well used to promote the economic development of the region.

3 Future Prospects

In review of the past, we have achieved remarkable results. Looking ahead, I feel that there is still a long way to go. In the future, we will strengthen our work in the following areas:

First, to strengthen the scientific and technological protection of the site. With the wide application of modern advanced science and technology in the field of culture and art, the protection of cultural relics has entered the digital era. In the next step, we will introduce more advanced concepts and technologies such as 3D scanning, unmanned aerial vehicles, Internet of Things, cloud data, and "Internet+" to serve the protection of the site.

Second, to strengthen the construction of archaeological sites park. Archaeological Site Park is a proven large site protection mode that can not only protect the site, but also promote local economic development. Zhoukoudian Site is the first national archaeological site park in China. In the future, we will speed up the planning and construction of the park to realize the joint development of site protection and regional economy.

Third, to strengthen international exchanges and cooperation. As a world cultural heritage, we will further strengthen exchanges and cooperation with international organizations, especially cultural heritage protection organizations, scientific research institutions and world cultural heritage sites similar to Zhoukoudian Site. We will absorb and learn from advanced concepts and practices in heritage protection, management and utilization so as to bring Zhoukoudian Site into line with the world.

Fourth, to strengthen the training of professional and technical personnel. We will further strengthen personnel training and enrich training methods, such as through exchanges and cooperation, and sending representatives to learn from each other. Besides, we will widely recruit professionals and build a highly educated and high-quality site protection and management team.

Fifth, to strengthen the development of cultural and creative products. At present, the development of cultural and creative products at the site is still relatively weak. In the future, we will make full use of social resources through the brand effect of Zhoukoudian Site. Besides, we will increase investment in this area, strengthen mutual learning and reference with other heritage sites, and enrich cultural and creative products at the site.

Sixth, to fully play the role of brand, and promote regional economic development. The brand of Zhoukoudian Site will be further brought into play to improve the regional environment, increase employment opportunities and improve people's living standards through the construction of the National Archaeological Site Park so as to make due contributions to the regional economic development.

We firmly believe that with the high attention paid by leaders at all levels, the support and help of experts at home and abroad and our joint efforts, the Zhoukoudian Site will have a better tomorrow.

Finally, I wish all the distinguished guests a smooth work and life and good health during the meeting. Thank you all!

(11 October 2018)

Some Issues on the Conservation of the World Heritage

Toshiyuki KONO[1]

Thank you, Mr. Chairperson.

Good morning or good afternoon already, ladies and gentlemen. You had a long morning today so I would try to condense my presentation as much as possible.

The title of my presentation is very general, but please don't worry. I do not talk about the conservation of so much sites here. What I would like to present is just two recently nominated world heritage sites not as old as the Setia, but a relatively old one. The idea is just what has been discussed recently.

The first case that I'd like to show you is the Gorham Cave Complex in Gibraltar. Gibraltar is an overseas territory of United Kingdom. So this nomination was presented by UK government. And it was inscribed in 2015. And specificity of the site is there are four caves with extensive archaeological and palaeontological deposits that provide evidence of Neanderthal occupation over a span of 100,000 years. So compared to the Peking Man Site, it is much more longer.

The evidence of Neanderthal and early modern human occupation of Gibraltar and the landscape setting which assists in presenting the natural resources and environmental context of Neanderthal life. So this is the brief description of the site. And I would like to show you some pictures to help your understanding.

So this is a picture. These caves are located on a cliff. So you can see them more clearly in this picture. So it's a cliff and this is excess from the sea. Maybe this picture shows even more clearly. Ans still scientific research is ongoing. So from the cave, you have a very beautiful view from the ocean. And this is the map of Gibraltar. So this red part is the boundary of the inscribed property. And then there is a rather big buffer zone. And on the other side of the cliff, this is the port. And Gibraltar is strategically a very important part of Mediterranean Sea so that this has been really a target of various countries over centuries. I'd like to come to that point later, but it is somehow related to a contemporary issue. And also please remember that the buffer zone is set up on the land. So this is the criterion that is applicable to decide. And the criterion (iii) was applied to decide following justification.

Gorham Cave Complex provides an exceptional testimony to the occupation, cultural traditions and material culture of Neanderthal and early modern human populations through a period spanning approximately 120,000 years. This is expressed by the rich archaeological evidence in the caves, the rare rock engravings at Gorham's Caves (dated to more than 39,000 years ago), rare evidence of Neanderthal exploitation of birds and marine animals for food, and the ability of the deposits to depict the climatic and environmental conditions of the peninsula over this vast span of time. The archaeological and scientific potential of the caves continues to be explored through archaeological research and scientific debates, providing continuing opportunities for understanding Neanderthal life, including their capacity for abstract thinking.

So this was very convincing justification so the applicability of the criterion and justification and was quite well received. And then it comes to management and protection issue.

The current management system is further supported by the Risk Preparedness Plan, Research and Conservation

---

[1] President of the International Council on Monuments and Sites.

Strategy and Integrated Visitor Strategy. And there is a five-year Archaeological Excavation Action Plan (2016-2020) outlines the planned work and addresses the need to balance excavation and the conservation of deposits.

Here comes the issue. Visitor pressure is not yet a big issue there. However, it is likely that visitation will increase. Access to the caves is strictly controlled, and visitors must be accompanied by a guide approved by the Director of the Gibraltar Museum. Monitoring is in place and the carrying capacity of the property is reviewed annually. Implementation of the Integrated Visitor Strategy will improve the visitor experiences and presentation of the Outstanding Universal Value. So the issue here is that the visitors will not mainly visit the caves. But the visitors come to stay in Gibraltar for holidays. And then these tourists would be attracted to visit a worried site. So this would be the future pressure. They say that this should be protective for future pressure.

There is another point. The area of sea adjacent to the property is located within the Eastern Marine Conservation Zone, protected as a marine area of conservation through European Union legislation, and Gibraltar legislation [Marine Nature Reserve Regulations (1995), the Marine Strategy Regulations (2011) and the Marine Protection Regulations (2014)].

Here comes another issue. Gibraltar, as I said, is an property of United Kingdom. This was the result of a battle in 1588 between the Spanish navy and the British navy. Since the Spanish navy was defeated, this territory was given to England with a treaty called *Utrecht Treaty* signed in 1713. And since then, there was debate between two countries. Which country should own this territory. And there was a referendum of the residents in 1967. And the residents said we would like to belong to the United Kingdom. So it's the UK territory. However, do you remember the map? The buffer zone was set up only on the land and the caves face to the sea. So there is no protective zone on the sea. And Gibraltar is such an important port that many cruise ships go Once a big cruise ship stays in Gibraltar, hundreds of thousands of visitors could come at the same time with the smaller boats from the cruise ship.

So here comes an issue: How to control the visitors from the sea? A possibility is set up a buffer zone on the sea. We create a protective zone on the sea. The complexity of this case was, according to the *Utrecht Treaty* signed in 1713, the territory belongs to England. However, the sea belongs to Spain. So this is located in the total United Kingdom. That's why it was nominated by the United Kingdom. That's absolutely fine. It complies with the convention. What shall we do with the sea? And the coastal sea is managed by the sovereign state of that sea according to the convention for the law to sea. So there was an actually debate between Spain and United Kingdom in 2015 about this *Utrecht Treaty* signed in 1713. It was quite interesting a debate.

OK, forget about this national level debate about who manages the full control of the sea. Let's go one stage up and look at the ill legislation. So ill legislation protect that area. So it should be fine. But there is a new issue here: What would happen after the Brexit? If UK would leave the European Union without any arrangement on this part, the issue will come back again. But we don't know what would happen later. But this is a potential issue. So this is one thing that I would like to mention in this context.

Another point I would like to mention here is that sue to the specificity of these caves, i. e. located in the cave, there is a potential issue. This is not the Gibraltar. This is the map of a town in Canada just next to Alaska. This is a small town, almost at the end of the longest river. What is happening there is this. These are the archaeologists. They try to save archaeological remains before this part was washed away by the waves. It means the archaeological sites on the coast are at the risk of loss if the sea level rises. This is a typical example of worry of the climate change. This could happen as in the case of Gibraltar.

This is a very very specific case of the archaeological sites on the coast. But the small islands countries in the Pacific are very much worried about that. It has already happened in Iceland. Some archaeological sites are already washed away. This could be a potential issue. The risk on the awareness raising of the climate change in the context of heritage conservation needs to be more enhanced.

So next case has already mentioned by the Chairperson, very recently inscribed sites in Germany. So the first case was on the coast. And this case is in the mountain. This is the Cave and Ice Age Art in Swabian Jura. There are six caves. These six caves have revealed a long record of human presence, including both anatomically modern humans and Neanderthals before that. So it is even younger. The focus of this property are the caves with Aurignacian layers, which date from 43,000 to 33,000 years ago. These are the some pictures from the site. There are interesting archaeological remains excavated there. Among the items found at this site are carved figurines, musical instruments and items of personal adornment. The figurines depict species of animals who lived in that ice age environment—cave lions, mammoths, birds, horses, bovids and fish. Other figurines depict creatures that are half animal, half human and there is one statuette of a woman.

So this is the justification again. The criterion (iii) was applicable. Caves and Ice Age Art in the Swabian Jura provides an exceptional testimony to the culture of the first modern humans to settle in Europe. Exceptional aspects of this culture that have been preserved in these caves are examples of carved figurines, objects of personal adornment and musical instruments. The art objects are among the oldest yet to be found in the world and the musical instruments are the oldest that have been found to date worldwide. So this is one of the examples. This is an ivory or mammal's horn. And this is another one. It could be half animal. It could be half human. It has still been not known yet.

This is the layers from different periods of the overall century. The scientific research has been conducted in these caves. What we should pay a lot of attention to is awareness raising activities including tourism plans and tourism management, visitor facilities, communications and special events. My previous speaker already presented virtually organized events in this site. So it could be an interesting equivalence.

This is the Archäopark in one of the caves. And this is information centers. Interestingly, they have five information points and two are very near to the caves. But there are another three which are not within the property, but they assist the understanding of the caves. I would mention this again. But due to sort of decentralized location of this information center, it seems to help to reduce the pressure of the tourism. So the first two are Blaubeuren, a Museum of Prehistory and Niederstotzingen-Stetten Archäopark Vogelherd. These are near the sites. The three other museums, Stuttgart, Landesmuseum Württemberg, Tübingen, Museum Schloss Hohentübingen and Ulm, Ulmer Museum, are in the surrounding and relatively big towns. So people would start in these museums and further proceed to the site. That seems to be the strategy of this visitor management. And it seems to be working very nicely.

This is one of the two information centers near the sites. This is a picture of an event to involve more families and to attract children. So the family here and the children seem to be the target of this event. They make a lot of efforts for that. This strategy seems to be quite well received. ICOMOS, however, recommended as follows. The managers of the property should continue to ensure and maintain a balance between knowledge from excavation and conservation of the archaeological deposits. A documentation database should be developed to include data on the caves, the finds and all excavations that have taken place. So how to continue the research? How to use the findings? And how to conserve the site? These three elements should be well taken into consideration in policy making and also its implementation in the future.

This is the very last slide. These issues are raised also to the third-party. A third-party respondent and these responses were received by the committee. But I put this here because these questions seem to apply to most of the archaeological sites, especially similar type of sites here.

The first issue is development. Development means the settlements may be expanded so that it could give pressure to the site. And the reason behind is that there is a plan to build a highway plus a new railway line. And there is also a similar plan nearby. The only tools to tackle these issues in the future would be to strengthen the regulations and issue eventually a new regulatory scheme.

The next issue is an environmental issue. And it is related to climate change. In this particular site in the mountain of the southern part of Germany, the following possible disasters would be listed up. One is landslide, another is flooding, or forest fire, or natural erosion because it is in the coastal region. So different from the Gibraltar, the strong wave or the rise of the sea level is not an issue, this landslide, forest fore and flooding could happen anytime. So, again this is not very threatening reality. But it would come anytime. So this climate change issue should be further considered.

And tourism. They made very good research. They try to find out how many people could be well accommodated without giving too strong pressure on each site. The statistic they provided was a number of visitors in one Archäopark.

In 2014, they had 40,000 visitors. It didn't cause any problems. They thought that this is a target for this particular site, 40,000 a year, not one day. And also in this context, as I said, the distribution of information centers helped to avoid mass visitors.

The next is construction work. Well, the construction work means that if the population increases, and the land could be reused not for agriculture or forestry but for the residential purpose. Then it could threaten the site. But for now, the pace of population increase in this area seems to be OK, still under control. This is not yet a big threat. But it could be a big threat in other countries, especially in developing countries. Over here, I don't know the planning because this is in the suburb or outskirt of Beijing, one of the biggest cities in the world. So this population pressure might be a good point to consider.

Last but not least, I'd like to emphasize that illicit excavation could also be a threat. Of course, you cannot compare with the ceramic from the Ming Dynasty. I don't know. But the world heritage site could attract such activities. So how to prevent this illicit excavation needs due care. In the case of cave, of course, it's relatively easy to control. However, the extreme activities may happen. So in this case, illicit excavation could be also a point of the conservation issue.

Well, after having listened to a very rich presentation this morning, I personally think this list shows quite common issues for similar sites. So it would be a good strategy to exchange information with these sites recently inscribed on the World Heritage List.

Before I conclude my small presentation, I would like to thank you for inviting me. And I'd like to congratulate on the anniversary of the Peking Man Site and also a very successful start of the conference. Thank you very much!

Study on the Interpretation Methods of Cultural Heritage: with Prehistoric Sites as the Core

Du Xiaofan[1]

When explaining the value or connotation of cultural relics in the traditional concept, there are relatively clear methods to follow. However, as the concept of heritage becomes broader and broader, now including historical blocks, rural heritage and so on, it is not easy to explain its value to the public, and explain its significance to stakeholders and society. It seems easier for the public to recognize the significance of archaeology. Whereas we still face a big problem, which is how to explain the inspiration brought by the large number of archaeological sites, especially prehistoric sites, to human, the society and life, as these sites are so far from today's society and life. Another difficulty facing China and the international community is that how to spread the information of prehistoric sites to the audience more accurately based on what we have learned from the sites.

The importance of heritage value explanation is self-evident, but in value explanation, it generally relies on exhibition to spread information to the public of. This morning, several speakers introduced how to enable ordinary visitors to understand the value of the site, and especially, the curator Dong Cuiping took Zhoukoudian as an example. Although professionals think that archaeological sites have rich connotation and value, it is often difficult to fully show the connotation and values through exhibitions. The message conveyed by exhibitions to the audience is still far from our expectations. On the other hand, due to the limitations of various factors in the exhibition, the information acquired by the audience when visiting the site is even more limited.

Admittedly, there are various reasons why prehistoric sites have not received attention for a long time. The meeting today is themed on the 100th anniversary of the discovery of Zhoukoudian site. Although we do not want to see this situation, Zhoukoudian site has a relatively small audience compared with other world heritage sites in Beijing. In comparison with the Imperial Palace, in previous years, the number of visitors a day in the Imperial Palace may exceed that in Zhoukoudian in a year. It also reflects that the audience may have a lot of questions and puzzles when visiting prehistoric sites. Prehistoric sites have a long history, and seem totally different with modern life. And most relics or remains lack ornamental value, interestingness, visual impact and attraction. Its value in history, science and art is too abstract to be explained from the surface, and thus it requires certain means. Most audience couldn't understand and digest these sites. How can people better understand these sites during the visit? All sectors have come up with various ways through exhibitors and various explanation techniques so that people have better understanding of prehistoric sites. Still, the problem is that very few people pay attention to the field. For example, there is a very important Neolithic site on the outskirts of a beautiful city in South China, dating from 9000 to 7500 years ago. It is a representative site in the early Neolithic period in South China. Even before the Reform and Opening up, the city had had very developed tourism. It now attracts a lot of tourists, but very few choose to visit the site. The site museum has made a lot of efforts, hoping the tourists can also visit the museum and take a look at the site, only to achieve little progress. Not much improvement has been reached yet. In order to expand the influence

---

[1] professor at Fudan University.

of the site museum, the museum has worked with an enterprise to create so-called Neolithic scenes in a place close to tourist attractions, and hired ethnic minorities in the southwest to interpret the history of the time, which is known by tourists as primitive tourism project. If we do not consider the authenticity of history, or the rights of primitive people to act, this project is popular with tourists only from the perspective of tourism (Fig. 1, Fig. 2).

Fig. 1　Photo of Primitive Man Tourism Project 1　　Fig. 2　Photo of Primitive Man Tourism Project 2

I have visted this site with Zhang Zhongpei, former President of the Palace Museum and colleagues at International Council of Museums (ICOM), and participated in tourism project. As an archaeologist, Zhang Zhongpei repeatedly said that the project was inconsistent with history. One of the vice-chairmen of ICOM constantly asked me, have we considered the issue of human rights as the child who plays the baby can not walk or speak yet. I was embarrassed to be questioned, yet I had nothing to say. It is said that there are similar tourism projects. We can understand the its motivation that is to let the public have an intuitive understanding of the early social life of human beings, but the methods and means adopted are inappropriate.

Despite many methods to explain sites and a lot of theoretical basis, it is often very difficult to implement the actual operation. Internally, how to understand the value of heritage and display the design on this basis is a major problem. For the outside, the research on visitors should be conducted. We should learn the needs of audience and learners for exhibition. Although now every site and museum has conducted visitor surveys, it remains difficult to express in specific ways for different groups.

We have roughly classified the value explanation of prehistoric sites according to whether it is displayed on the original site, by setting up the site museum, or by building the site park. In this process, a variety of corresponding ways may be adopted to assist the display, such as cultural and educational activities, creative products and so on. Now, by establishing a national heritage park, Zhoukoudian is considering how to display the value and connotation of the site through a variety of derived ways and means. I think this is also a basic method.

As for display on the original site, it is the most basic method in the protection and utilization of sites at home and abroad. Since the 1950s, many prehistoric sites in China have adopted the method of site-based protection and display. For example, the prehistoric settlement sites in Banpo, Xi'an, are still mainly displayed at the original site today. The relatively newer Tianluoshan site, and another important Hemudu cultural site recently discovered and excavated in Zhejiang Province are both displayed on the spot through large facilities.

Another common way is to build a site museum in the site protected area. The Zhoukoudian, which everyone will visit the day after tomorrow, has built up a museum, which explains the connotation and value of the site through the exhibition. Other examples include the Liangzhu Museum, which is now famous and is applying for the title as World Heritage Site (Fig. 3, Fig. 4), and the Xinle Museum in Shenyang, which attracts much public attention. The online research we conducted through big data shows an interesting phenomenon that most people go to Xinle site instead of its museum as Xinle site is close to the urban area of Shenyang.

The third way is to adopt the form of site park. There are some disputes over whether archaeological sites can be made into parks in archaeological circles at home and abroad. Some scholars believe that archaeological sites are sites, how can they become parks? In many countries, parks and sites are managed by different organizations, and they serve different objects and purposes. Therefore, if the archaeological site is constructed as the park, how

Fig. 3　The third Exhibition Hall of Liangzhu Museum-Yuhun and Guopo Photo 1

Fig. 4　The third Exhibition Hall of Liangzhu Museum-Yuhun and Guopo Photo 2

to exhibit? Will the content truly explain the value of the site? In order to meet the needs of the park, a lot of things need to be done beyond the value of the site. How to evaluate and view such things still lacks a working discussion mechanism. Japan is one of the countries that have established site park system earlier. Generally, it combines open-air protection, restoration and display, cultural relics display and archaeological excavations in display. But once the archaeological site becomes a park, it is no longer managed by the Ministry of Education, Culture, Sports, Science and Technology, but by the Ministry of Land, Infrastructure, Transport and Tourism. The Yoshinogariiseki site is the relics of large-scale settlement dating back to Yayoi period. It is located in Yoshinogari and Kanzaki in Saga Prefecture, Kyūshū, Japan, covering an area of about 50 hectares. The site, which was discovered in 1986, now mostly belongs to state-owned Yoshino Historic Park. As the archaeological sites of Yayoi period, it attracts many tourists who treat the park as an amusement park. But there are also disputes in Japan. Some people question whether the restoration of so many houses and a lot of entertainment activities reflect the real history. Is it possible to recreate the true appearance of the remains? Will it mislead the audience? And should archaeological sites need to be explained in this way? These are the reasons why we should think more about prehistoric sites, and what ways we should choose to do value research.

The above are the three basic display modes of the site exhibition. As a supplement to the value explanation of archaeological sites, all archaeological sites are also actively seeking innovative cultural and educational activities, including the interactive activities such science popularization into the school conducted by Zhoukoudian site. In addition, the cultural and creative products are also considered to be the extension of the cultural value of a museum or site, and have become a very important work in the field of cultural relics and museums. In some museums, the cultural and creative products even take precedence over the major work. The development of the cultural and creative products is a commercial behavior that should not belong to the scope of cultural and social undertakings. There is nothing wrong that some enterprises are interest-driven, and cooperate with cultural organizations to develop some souvenirs. But if the product becomes a part of the cultural industry, or even an important part, it should be further discussed. Moreover, in most cases, it not easy to develop cultural and creative products of prehistoric sites, and it is of little significance to explain its value. Also, the creative activities held by some site museums or site parks have attracted a lot of tourists, and won their recognition, but there is a trend of fixed pattern. Many prehistoric sites now have the activity of drilling wood for fire. The question is whether the period of the site had the technology to drill wood for fire. If the sites have unearthed ceramic, they organize ceramic activities whether ceramic technology has anything to do with that period. More considerations are needed in whether such site creative activities can really interpret or explain the value of the site.

We believe that there are three problems in the value explanation of prehistoric sites at present:

One is the lack of integrity. Under existing value explanation of the site, it is hard for an outsider and audience to form a complete impression of the site or the whole after visiting the prehistoric site. This is because the display of the remains mainly takes the single remains in the site area (such as tombs, houses, etc.) as the core, making it difficult to reveal the appearance of prehistoric human life. Besides, the lack of attention and research to the surrounding environment of the site often makes the outer landscape of the core site area into a leisure park. In terms of time, the display of the site mostly focuses on a certain period, so it is difficult to show the diachronic evolution of prehistoric human life. For example, I have deep feelings for Zhoukoudian site, and I'm well aware of its value and importance. I think there is still much room to think about its overall display. The surveys I made in some occasions and in school teaching often take Zhoukoudian as an example, while I must say it didn't leave a deep impression on most viewers after visiting, and the exhibition did not achieve the desired effect. Our goal is that the exhibition of Zhoukoudian can help the audience understand the origin of human beings, feel something about the future of human beings, and have some understanding of the value of prehistoric sites. Despite many difficulties, Zhoukoudian still has many advantages, and should use external opportunities, and learn from professionals constantly through international exchanges. For example, Zhoukoudian especially needs the guidance of experts from the Institute of Vertebrate Paleontology and Paleoanthropology of the Chinese Academy of Sciences. They should learn how to express certain aspects, and figure out the core, and the significance to human, so that the exhibition may be more succinctly, form a complete system, and be more easily understood by the audience.

Second, there is a lack of academic support. The biggest problem of prehistoric sites is insufficient academic support and deficient understanding of the value of the sites. The main reason behind is lack of communication between the exhibitors and professional researchers. As a result, the insufficient information in the exhibition text and explanation system, to a certain extent, affected the communication of the value and connotation of the site. In addition, the restoration of architectural relics, life scenes and others, to a certain extent, lost the historical authenticity of the site. In particular, it requires better ways to understand prehistoric sites and early human history and how to show them.

With two cases with their own characteristics, I'd like to explain the flexible and innovative methods that can be used in the explanation of sites. One is a temporary exhibition of the archaeological site of Atapuerca in Spain: a three-dimensional model of Lego shows the archaeological site of Atapuerca (Fig. 5). The exhibition is very popular with high public evaluation. As a prehistoric site exhibition, it was well reviewed by the public and had good interaction with the audience, especially children.

Fig. 5 Temporary Exhibition: Lego Model Shows the Archaeological Site of Atapuerca

The second is the Cave of Altamira and Paleolithic cave art exhibition in northern Spain, which attract great attention as world heritage sites in the international community. In fact, only a very small number of tourists can visit the hole. In order to protect the site, only 15 people can visit the original site every day, and it is exhibited through external exhibition. In the site museum, the continuity of time is achieved by showing the scene of the art of the Paleolithic caves in the early, middle and late periods (Fig. 6, Fig. 7). As is shown by online and social evaluation, the site is highly praised, ranking as the most satisfactory one among all prehistoric sites, with 80% of the respondents approving this means of exhibition.

Fig. 6 Altamira Cave Exhibition Engineering Picture 1   Fig. 7 Altamira Cave Exhibition Engineering Picture 2

Finally, through a significance diagram of heritage value explanation, I would like to emphasize that whether it is prehistoric sites or archaeological sites, including the value explanation of historical urban areas and historic district, as for how to convey its value to the audience, I think the core is to explain the significance of heritage to the future of human society (Fig. 8). If there is no clear answer to this question, it will be difficult for the explanation to work.

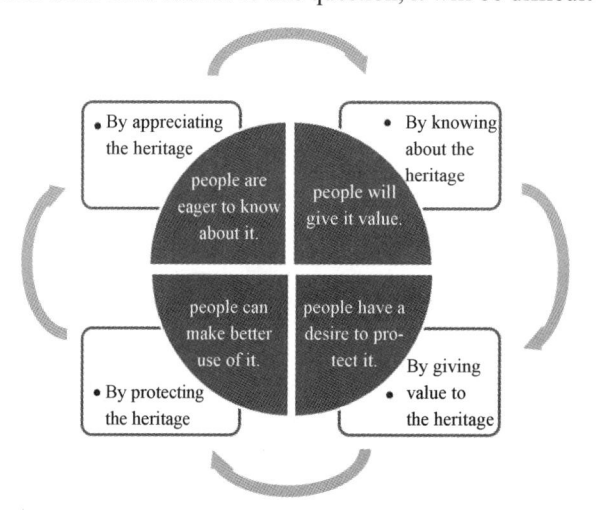

Fig. 8 Significance map of heritage value explanation

The Management of Early Man Sites: What Can International Experience Offer Zhoukoudian?

Dr Michael Pearson AO[①]

Abstract: The paper looks at the experience of management and conservation issues at a range of early man sites that are on the World Heritage List, and how those experiences might assist in the management planning for Zhoukoudian. The main focus is on drawing relevant experience from ICOMOS Evaluation Reports, Mission Reports, Periodic Reports and State of Conservation Reports, as these address current issues and recommend solutions to problems, and track changes over time.

Keywords: Zhoukoudian, experience of management, international experience

1 Introduction

The paper looks at the experience of management and conservation issues at a range of early man sites that are on the World Heritage List, and how those experiences might assist in the management planning for Zhoukoudian. The main focus is on drawing relevant experience from ICOMOS Evaluation Reports, Mission Reports, Periodic Reports and State of Conservation Reports, as these address current issues and recommend solutions to problems, and track changes over time.

2 What management issues have been raised at Zhoukoudian over time?

A number of management and conservation issues have been identified in ICOMOS missions, Periodic Reports and State of Conservation reports (SOCs):

2001 SOC:
- Seismic vulnerability of deposits
- Vegetation growth impacts on deposits
- Surface water and precipitation potential impacts on unstable ground
- Lack of an effective monitoring system on condition, threats and visitors
- Lack of a conservation and management plan to control:
  - Visitor movement
  - Mining and quarrying vibration from outside site
  - Industrial pollution impacts on site
  - Operation of the site museum

2003 China Periodic Report:

[①] Chairman Of The Polar Heritage Committee Of The International Council On Monuments And Ruins.

- in 2004 all nearby polluting industries will be closed down
- infrastructure upgrade under way
- management plan being developed
- intrusive buildings being demolished (ongoing project)
- Museum open, but exhibition halls and tourist facilities needed urgently
- No formal education programs
- Reforestation of surrounding area under way
- Still no monitoring system, but plans to monitor dust sedimentation, crack growth and vegetation growth rate.
- Negative impacts of surrounding residents and industries still a problem
- Implementation timeframe for improvements 2003-2006.

2006 Conservation Plan adopted, including a buffer zone.

2009 *Regulations for the Conservation of Zhoukoudian Site* adopted, revising 1989 regulations. Activities that may damage the value of the site such as mining and kiln firing are prohibited.

2012 Retrospective boundary and Statement of Outstanding Universal Value adopted.

There is no more recent information readily available on the Web to indicate how the issues identified in 2001 and 2003 have been addressed, so I cannot indicate, before an inspection, whether these issues have been resolved or not. It is useful, however, to look more widely at the issues as they might have been identified at other World Heritage sites, and at the solutions that have been proposed or adopted.

3 Have similar issues been experienced at other early man World Heritage Sites?

Attachment 1 lists the early man sites on the World Heritage List. The ICOMOS Evaluation reports, ICOMOS Missions to sites, Periodic Reports and State of Conservation reports illustrate a range of common issues that have been experienced at many of these sites. Some of these are highlighted here.

3.1 Vulnerability of deposits to water disturbance

At a number of fossil hominid sites issues of water quality and flow (both surface and ground water) and flood risk management have been identified, related to adjacent mining and quarrying operations, agricultural irrigation schemes and dams, weather events and urban development. Land use changes, water management systems and ongoing monitoring are standard recommendations in such cases. At some properties the issue of sea level change and climate change-related flooding events have been raised as threats and in need of targeted monitoring.

3.2 Adjacent mining and quarrying causing vibration and pollution problems

Issues are found at many sites related to adjacent mining and quarrying operations, especially mining treatment processes, ground water contamination, drainage and pollution disposal, and mining detonations and mineral transport system vibration. Land use zoning and changes to distance the mining and quarrying activities, pollution risk mitigation and ongoing monitoring are standard recommendations in such cases. Heritage Impact Assessments (HIA) are often recommended by ICOMOS in such cases.

3.3 Development pressures from local communities–agriculture, housing

At many sites there is pressure from local communities to expand agricultural or grazing activities and residences onto the Property. These are controllable by clearly marked boundaries, monitoring, effective local planning regulations, and the provision of better alternatives outside the property. The engagement of the local community in caring for the property, and enabling them to share in the economic and social benefits of WH listing, are also critical actions.

3.4 Poor control over visitor movement and poor interpretative infrastructure

A number of sites have, or have previously had, inadequate visitor controls and tourist infrastructure, with ICOMOS regularly recommending incorporation and implementation of Tourism and Interpretation Plans as components of a Conservation Management Plan. Many site lack adequate visitor infrastructure such as adequate parking, formed tracks, signage and museum/visitor centre structures to influence visitor movement and behaviour.

In a few cases, the need to control tourism infrastructure development in nearby towns is also seen as a necessary component of site management as it intersects with local planning controls and sharing benefits with the community.

The increase in tourism resulting from World Heritage Listing is identified as a potential risk where prior visitor planning has not been undertaken to set carrying limits, manage visitor movement and behaviour, and minimise disruption of local communities.

3.5 Lack of effective management systems and on-site management

In some cases legal or planning regulations are not backed up by adequate on-site protection and management of the sites, so activities such as uncontrolled visitor access, illegal digging for fossils or guano, and graffiti remains a problem. In some cases the gaining of local community support for listing, and the incorporation of local communities in management functions has not been undertaken, and the absence of this is seen as a major conservation risk.

At a few sites, the Management Plan cannot be effective because it is not supported by a strong and appropriate management entity or body to carry out the work, or decision making is split among a number of agencies, there being no clearly defined stable management commitment or control, and little communication between those with split responsibilities.

3.6 Inadequate use of Heritage Impact Assessments (HIA) before changes occur

The Heritage and Environmental Impact Assessment processes (HIA and EIA) endorsed by ICOMOS and the IUCN are very frequently not carried out before development decisions are made. In some cases there is not even a process in place to require HIAs.

The urgent need for archaeological survey and inventory records is identified as a necessary data set to underpin HIA processes. Often the extent of deposits with archaeological potential related to the identified World Heritage property OUV has not been determined, yet development is ongoing in areas likely to be effected. Such surveys and inventories may also determine future expansion of Property and Buffer Zone boundaries.

3.7 Absence or inadequacy of Conservation and Management Plans, including conservation action plans, visitor management plans, interpretation plans:

A key recurrent issue is the need for adequate Management Plans to be finalised and kept up-to-date.

A repeating comment from ICOMOS is that a management plan is not effective because it does not provide adequate protective mechanisms for the property and buffer zone, often because of the absence of realistic conservation action plans, and tourism and visitor management controls.

At a number of sites the need for an Archaeological Zoning Plan has been identified, where one is needed to help plan changes in use and development in properties and buffer zones where potential archaeological remains may be predicted, and where physical testing should be required before potentially damaging decisions are made.

At some properties, the Management Plan is not well positioned in the legal and institutional frameworks, and can be too-easily over-ridden by pressures for development.

In some cases the Management Plan is not being implemented because the necessary human and funding resources have not been provided.

3.8 Lack of an effective monitoring system on condition, threats and visitors

A very common issue is that effective and adequate monitoring system have not been developed, so the impact of change is difficult to quantify over time, and specific risks are not identified in a timely manner. At early-man sites, monitoring of soil and slope erosion, water quality and movement, visitor movement and activity, and effectiveness of conservation actions often could provide key information for decision making to conserve the property.

3.9 Inadequate site boundary definition

At a number of properties ICOMOS has recommended the expansion of buffer zones to incorporate a wider landscape as a setting for the sites, and to provide a buffer around the whole of the site. In sites where the archaeological deposits sit in a related landscape setting, ICOMOS regards inadequate boundary definition to be a potential threat to OUV. This is particularly the case where research has yet to determine the extent of potential archaeological deposits.

In some properties there is a problem in management caused by boundaries defined for legal protection not matching boundaries nominated for the World heritage Property and buffer zone.

In some properties, the absence of property boundaries marked on the ground has made encroachment from local development more likely.

4 What helpful suggestions might arise from these cases studies?

Drawing on these cases studies of comparable World Heritage properties, there are common themes that relate to the conservation and management of early-man sites:

(1) Effective management of water quality and ground and surface water flows, both within the Property and in the adjacent area sharing ground and surface water catchments with the Property, can be an essential action in protecting early–man fossil deposits. Control of adjacent mining, quarrying and related water systems, flood mitigation works, and pollution is part of that process.

(2) Local land use, habitation, and community attitude to the site can be critical factors in achieving good conservation outcomes. Working with local communities to resolve threats and pressures, to involve the community in the protection and care of the Property, and to ensure that economic and social benefits feed back to the community, are related strategies endorsed by the World Heritage Committee.

(3) Visitor management and the provision of adequate visitor infrastructure and facilities are critical to the effective conservation of OUV. This requires visitor and interpretation planning integrated in the overall Management Plan, and adequate human and funding resources to implement the visitor infrastructure and to provide ongoing control and management of the visitor experience.

(4) The definition of the Property and Buffer Zone boundaries should be reviewed at regular intervals, to ensure that they: 1) reflect any changes in the knowledge of places relating to OUV, because of new research or HIA processes; and 2) reflect the need to control activities within a buffer zone that adequately protects the OUV of the Property.

(5) An effective management system, with an adequately resourced management body with clearly defined responsibility, working to implement an appropriate and formally adopted Management Plan, and backed up by necessary legal and planning instruments, is the best way to ensure the conservation and effective presentation of early-man sites.

Up-to-date Conservation and Management Plans, including conservation action plans, visitor management plans, interpretation plans and community involvement plans, should underpin the work of the management body.

The Management Plan should be supported by an effective monitoring program which monitors at set times, among other things: soil and slope erosion and deposition; water quality and movement; visitor movement and activity; and effectiveness of management and conservation actions.

(6) An effective HIA system, with guaranteed implementation prior to decision-making on developments, is essential to prevent inappropriate developments or changes both in the Property and in the buffer zone. To be effective, such an HIA system has to accepted as a World Heritage requirement by all bodies involved in the administration and development of the surrounding area.

Attachment 1: Early man sites on World Heritage List

Australia	1981-Willandra Lakes Region
Azerbaijan	2007-Gobustan Rock Art Cultural Landscape
China	1987-Peking Man Site at Zhoukoudian
Ethiopia	1980-Lower Valley of the Omo
	1980-Lower Valley of the Alwash
Indonesia	1996-Sangiran Early Man Site
Israel	2012-Sites of human evolution at Mount Carmel
Kenya	1997, 2001-Lake Turkana National Parks
Malaysia	2012-Archaeological Heritage of the Lenggong Valley
Spain	2000-Archaeological Site of Atapuerca
South Africa	1999, 2005-Fossil Hominid Sites of Sterkfontein, Swartkrans, Kromdraaiand, Makapan Valley, and Taung Fossil Site.
United Kingdom (Gibraltar)	2016–Gorham's Cave Complex
United Republic of Tanzania	1979-Ngorongoro Conservation Area

The Conservation of the Laetoli Footprints

Donatius M. Kamamba[①]

Abstract: The Pliocene site of the Laetoli, which preserves hominid and faunal tracks, as well as hominid, animal and plant fossils, has an immense scientific value, particularly for the understanding of the human evolution. The track way at Laetoli, fortuitously preserved within layers of aeolin and air fall volcanic tuff, not only records the diversity of life in the Pliocene savannas of East Africa, but more significantly, offers a unique evidence of bipedalism in hominids from 3.6 million years ago.

The 1996-1997 field season that was undertaken by the Getty Conservation Institute from the United States of America in collaboration with the Antiquities Division in Tanzania, was to allow an archeological team to re-excavate the hominid track way in order to study and understand the hominid, among others, trackway footprints conservation threats. The team found out that the northern and middle sectors of the trackway were severely weathered and eroded. Efforts were made to stabilize the fragile tuff, cut and remove where possible the acacia stumps and roots that had penetrated the tuff and cleaning of the hominid prints.

The conservation solution that we are looking at is how best, this hominid trackway can be conserved and presented to the public without burying it. The scientific studies that are going on about the condition and characteristic values of the tuff and an appropriate environment for the tuff should give guidance on the future interventions.

Keywords: the Laetoli footprints, conservation, fossils

The hominid footprints at Laetoli, Northwestern Tanzania, are of major importance in the understanding of the evolution of humankind (Fig. 1). Laetoli, one of the most unusual Pliocene yet discovered in Africa, is situated in

Fig. 1 the Laetoli footprints site

---

① Lecturer At The University Of Dar Es Salaam In The College Of Engineering And Technology, Architectural Conservation.

the northern part of Tanzania, about 50 km south of Olduvai Gorge. This site lies within the Serengeti plains in the Ngorongoro Conservation Area, on the rim of the fault block north of lake Eyasi in the eastern branch of the Great Rift Valley, a tectonically active area where many hominid fossils have been found. The tracks are 3.6 million years old and predate the level of tool making humankind by one million years, providing a clear evidence of the precedence of bipedalism over evolution of the brain (Martha, Demas 1998).

The excavations, by Dr. Mary Leakey, of the Laetoli footprints tuff from 1978 to 1979, revealed two parallel trails of hominid footprints extending some 27 meters (89 feet). The Laetoli footprints proved that, by that time, early hominids were fully bipedal which means, they had an erect posture and walked on two feet (Odunga, S. et ell). The site was excavated in the late 1970s by Dr. Mary Leakey, documented and reburied. In the sub sequent years, revegetation occurred and damage from root growth resulted. The loose reburial fill and the lava boulders capping provided an environment conducive to germination and growth of vegetation. By the time of intervention from 1992 to 1996, some acacia trees had reached a height of over 2m raising concern to the scientific community that root growth was damaging the footprints (GCI, June 1997).

The international scientific community reacting on this concern, raised an alarm on the need to intervene. A conservation strategy was developed in 1992 and its implementation was executed from 1994 to 1996. The primary objective of this conservation endeavor was to protect this cultural heritage from loss and depletion. Based on the significant scientific challenges identified during the development of the conservation strategy, the government of Tanzania formed an International Technical Committee consisting of members who were both national and international experts in various fields of heritage conservation. The main objective of this Committee, among others, was to advise the government on how best to re-excavate the buried footprints and eventually display and ensure in situ conservation of the footprints without compromising the outstanding universal values since the site is a World Heritage Site.

The dilemma in many years to professionals, politicians and the entire world community is on issues of whether the prints remain buried or should be presented open for everybody to enjoy and celebrate their existence. At that particular time of conservation strategy development, there were several options that could be taken to conserve the footprints. Some of the options that were discussed are as follows:

(1) Cut the entire hominid trackway, lift it and take it to the national museum building in Dar Es Salaam. This option was well discussed. Removal would be very risk because the techniques for cutting out, lifting and transportation of such a large piece of soft stone could not be guaranteed. The footprint tuff is not a homogeneous structure. The tuff consists of many thin layers of volcanic ash, each with different weathering processes, hardness and cohesion. This would call upon the strengthening of the tuff with adhesive resin to consolidate the tuff and this type of intervention might have a long term unknown consequences. Moreover, removing the truck way or the individual footprints would separate them from many other animal prints that were made at the same time.

(2) Shelter the trackway by erecting a protective building over it. This was another option that was also proposed and discussed. This proposal was to shelter the trackway with a protective building erected over it. The footprints could be opened to the public and be studied by visiting scholars (Fig. 2). This option, while practically acceptable, experience in Africa has shown that without proper financing, trained personnel and adequate infrastructure, sheltering the site could be disastrous. This option could result in the deterioration of the trackway rather than its preservation (Agnew, N. and Martha, D. 1995). Even in countries with adequate resources, archaeological sites have been damaged due to inadequate planning when climate controlled enclosures have not performed as expected. This is clearly evidenced at one locality at Laetoli where elephants footprints and those of other animals were left in the open have disappeared completely.

There are other reasons that make sheltering not to be an effective conservation tool. At that particular time, no shelter that was thought to be able to fully protect the trackway from weathering. Moisture from the ground below would rise to the surface seasonally through capillary action. Soluble salts in the water would crystallize on the surface causing stress that can eventually rupture the trackway. During the dry season, dust accumulation in the prints require frequent cleaning which inevitably leads to damage.

Fig. 2   preservation of the foot prints open

(3) The third option was to re-excavate the trackway, remove the vegetation that had damaged it and then rebury the site more carefully, taking steps to prevent root growth that might destroy the footprints. Therefore, the reburial proposal was considered and approved as the best preservation method at that particular time. Reburial is a readily reversible and the footprints can be uncovered in the future if other options become more feasible (Agnew, N. and Demas, M. 1998). Considering the above reasons, the government of Tanzania in collaboration with the Getty Conservation Institute and in consultation with a team of experts decided to rebury the footprints.

The reburial process started in 1994 and was successfully completed in 1997. The process started in 1994 by cutting all the trees and shrubs that were growing on and near the burial mound. A biodegradable herbicides roundup was applied to the tree stumps so as to prevent regrowth. During this process 150 trees and shrubs were killed, 69 of them directly on the reburial mound and other ones were near the mound (Agnew N. and Martha, D. 1995). Re-excavation of the trackway took place during the 1995 and 1996 field seasons beginning with the southern section. This section was where the densest vegetation has occurred and coincidently, where the best preserved footprints had been found in 1979.

In the southern section of the trackway, the trees had fortunately developed shallow, due to their adventitious roots rather than deep taproots because of hardness of the tuff. As a consequence, there was far less damage that had been feared and most of the footprints were generally in good condition. In areas where the tuff was weathered, roots had penetrated the prints. Here the conservation team, surgically removed stumps and roots after strengthening adjacent areas of disrupted tuff with water based acrylic dispersion. The conservators used miniature rotary saws to trim the roots and routers to extract the parts that had penetrated the surface of the trackway. The holes created by roots removal were filled with a paste of acrylic and fumed silica to stabilize them against crumbing.

While the conservation and documentation were completed, the trackway was reburied under multiple layers of sand and soil from the surrounding area and from the nearby rivers. The fill was sieved, coarse material removed and acacia seeds. The conservation team poured fine grained sand on the footprints surface, then placed a sheet of geotextile–a water permeable polypropylene material–about five centimeters above the surface to serve as a marker. Then a layer of course grained sand was poured and covered it with a special kin of geotextile called bio-barrier which is designed to block root intrusion into the burial fill.

Above the geotextile layer, there is a layer of sand that was placed in a north-south bump fashion tapering off to the east and west sides. This layer was followed by an Enkamat. This is a 10mm thick and a one meter wide woven geo-industrial piece that reduces slippage of the previous layer. The next layer is a 20 cm thick sand layer consisting of a river sand which is uniformly placed. On top of this above mentioned layer, there is another layer, that consists of black cotton soil that can be seen everywhere in the Laetoli area. The final layer is a volcanic (lava) boulders. This is a layer that consists of large, medium and small lava boulders. These volcanic rocks and cotton soil create the top most protective burial layer at this site.

Issues and challenges:

The issue of conserving theLaetoli footprint, while they are open for public assess, is a challenge at stake. The President of the United Republic of Tanzania H. E Dr. Jakaya Mrisho Kikwete on 13th February 2011, during his official visit to the site addressed the experts on site and the general public. The President, while appreciating the professional work done by the experts, directed the Ministry responsible, among others, the exposure of the entire tuff and construct a modern museum to protect them (Kamamba, D. et al) and research to study the tuff be extended before choosing the conservation method to permanently preserve the footprints when entirely exposed.

The experts considered the implementation of this directives. The options that were available included the re-excavation and preservation of the prints open or keeping it buried. Each of these implies risks and danger, as well as advantages. Re-excavation would allow public access and education, since the tracks would be visible and could be interpreted to the public. On the other hands, re-excavation poses threats of deterioration of various kinds. The site would need to be sheltered or exposed under special museums conditions, maintained, monitored and staffed. Any laps in one of these points will lead to deterioration and ultimate loss of the trackway (Kamamba, D. et al).

Re-burial provides a proven preservation methodology. Here preservation is done by stabilizing the environment of the object. However, the object can not be seen and can not be monitored with re-excavation. In such situation, there is no public access to the footprints. There examples where preserving the such footprints open has been a challenge and there are other properties where preserving such footprints are a success. The example of the Chabu dinosaur sites located in Otog Qi in central west part of Ordos. These footprints are conserved in-situ while opened, protected by a shelter mimicking the environment in a molding technique to present the geology of the site by a structure.

Consolidation of the prints is done after every three months by the use of consolidant material sprayed on the tuff. The wire bubble barrier is elected around the site and an entry gate erected to avoid trampling on Chabu's sites. Sweeping to remove dust is conducted by the use of hard brooms which indicate that the staff at the museum has inadequate conservation skills. Footprints are preserved in a building that is environmentally controlled. There is regular monitoring of temperatures and humidity change by the use weather recording instrument installed inside the building. The government provides funds to the museum for preservation activities. Therefore, the museum provides such funds to experts to conduct conservation studies and research in the dinosaur museum. Notwithstanding the above techniques.

There are challenges that were noted. These include underground salt water seepage that carries chemicals and salts. Salts change the color of the track rock and germinate alien plants such as sea weeds and some types of bacteria, algae and fungus. The temperature change causes cracking of footprints.

First Site of Zhoukoudian: New Excavation and New Discovery

Zhang Shuangquan[①]

My report consists of the following parts. First, the background of excavation. As we all know, Zhoukoudian is located in the southwest of Beijing, on the Taihang Mountains and the North China Plain, with rich ecological diversity. The most famous site in Zhoukoudian area is the First Site of Zhoukoudian, which was a large cave at first. After multiple excavations, now the main part of the cave has been excavated, and there is still a residual original accumulation in the west. The main excavation work is implemented on the west side. This excavation is not for archaeological purpose, but is a rescue work. Before the excavation, we found there were some problems in the preservation of the Zhoukoudian site. For example, the fourth floor of the Zhoukoudian site, or the upper dam layer in the early years, is composed of some relatively loose and delicate accumulation. Under the long-term action of the wind, this part has sunken severely, resulting in serious cracks and cracks in the third layer, which might lead to the disappearance of floating accumulation and the potential risk of floating accumulation. For the reason, the Zhoukoudian Site Museum has applied for rescue excavation projects (Fig. 1, Fig. 2).

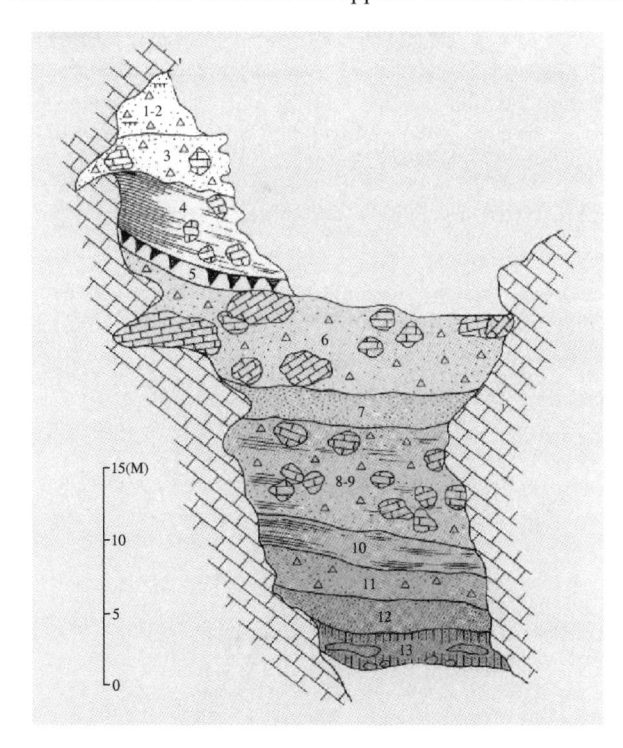

Fig. 1 Peking Man Cave (First Site) West Section

Fig. 2 Photo of Peking Man Cave (First Site)

① Institute of Ancient vertebrates and Ancient Humanities, Chinese Academy of Sciences.

Of course, we hope to solve some scientific problems in the process of excavation. From the current view, although the golden period of research on Zhoukoudian Site may have been in the 1930s and 1940s, it still has scientific values. From 1970s and 1980s to now, in academic journals, we find research and important disputes over Zhoukoudian, such as whether Zhoukoudian Peking Cave was the home to ape man, whether "Peking Man" Zhoukoudian could use fire, whether Zhoukoudian people was a perfect hunter, relying on other's prey or incompetent creature. Such questions are often seen in newspapers and magazines. In order to solve these problems, we come up with some answers through some materials.

The purpose of our excavation is, on the whole, a routine work carried out in the scope of emergency excavation and transplantation protection for the purpose of research.

The early excavation has set a very good model in Chinese archaeology and even in the scope of global archaeology. Following up the fine traditions of the early years, this excavation has adopted a number of technical means to assist the work. First of all, 3-D scanning was adopted on the original section, in order to exhibit in the future and provide a good reference for us in the excavation process, including depth control, width control and so on (Fig. 3). As the west section of Zhoukoudian has been excavated for years, the site has now become a cliff as high as more than 30 meters. For safety concerns, some necessary safety measures are taken. An elevator was constructed to assist and excavate, and to ensure the safety of archaeologists (Fig. 4). There is also some cloth to prevent the falling stone from causing damages.

Fig. 3 3D Scanning

Fig. 4 Elevator for Excavation in Zhoukoudian Site

In early years, hammers and steel brazing were used in excavation, and now, computers and other modern machinery and equipment are needed occasionally. We try to minimize the use of these device because they inevitably have some impact on some stacking. In traditional excavations, there was a lack of precision in the space and position control of unearthed objects. This time, according to the norms of modern archaeology, we used prospective instruments for better control over the exit of all relics, which is important for the future study of the spatial relationship of relics (Fig. 5).

When there are relatively important layers in excavation, for example, something similar to what is now known as the living area of ancient human beings. For these areas with special values, we adopt additional means, mainly three-dimensional scanning, to retain these levels. Excavated frames also have complete three-dimensional records. The three-dimensional model is measurable, and might be used by museums for exhibitions, and for outdoor research. We also need to clean, number, and store unearthed fossils, and stone products. We filter and clean the

Fig. 5 Excavation and Exploration of Zhoukoudian Site

items. In the process, we could obtain some small mammal fossils and bird fossils, and then we see more typical materials.

Unlike previous excavations, a major difference this time is to take systematic immersive sampling to solve source and age problems. Our sampling follows one level (natural surface instead of horizontal surface) and samples along the whole surface system, for the corresponding comparison. We could learn its value in the later research. Besides, we have harvest in the wild. During excavation, we found the original animal fossils in the ape man site, some of which were accompanied by stone products and animal fossils, which suggests that human behavior or the role of human beings in the formation of these animal fossils and human materials in this site (Fig. 6).

Fig. 6 Fossils of animal bones unearthed from Zhoukoudian Site

We have also found that the accompany of some stone products and animal fossils. That some animal fossils are blue or even black and white may be related to the use of fire. More in-depth research is being carried out in the laboratory. As for the species, the animal fossils we found are basically very common species in the early excavations. Our materials, especially those excavated from the back fourth floor, are very broken, which is common in the early years. Zhoukoudian has a very representative animal group. It is a common phenomenon for men and animals live in Pleistocene caves alternately. We found fossils of dog dung in ape caves, indicating that hunting dogs lived there. We also found stone products, whose raw materials have poor texture, poor controllability, and the processing was not beautiful, which leaves us a deep impression. But from an analytical point of view, we found products that for sure were processed by men. Some typical examples are stone slices, stone hammers, and smashing fragments. We also found a scraper in relatively good condition. There are also some transparent materials with better properties. This is better crystal materials, less seen in the ruins, with more obvious polishing traces, which represents the relatively complete technology of human beings in late period.

So far, we have excavated for about five or six years, digging more than ten meters in depth. An important field harvest in Peking ape man site is the evidence of fire. The discovery of ash and colorful ground accumulation may be related to the change of lime into quicklime after heating in ape cave, including the change of red heating of brick on the ground. Relevant geochemical analysis is undergoing. At present, it still indicates the use of fire by apes. These phenomena are all there. The color of individual parts is darker, while whether it's artificial fire needs other work proof. In a word, the occurrence of red soil is significantly different from that of other areas in the site (Fig. 7, Fig. 8).

Fig. 7   Evidence of Suspected Fire Use by Peking Apes

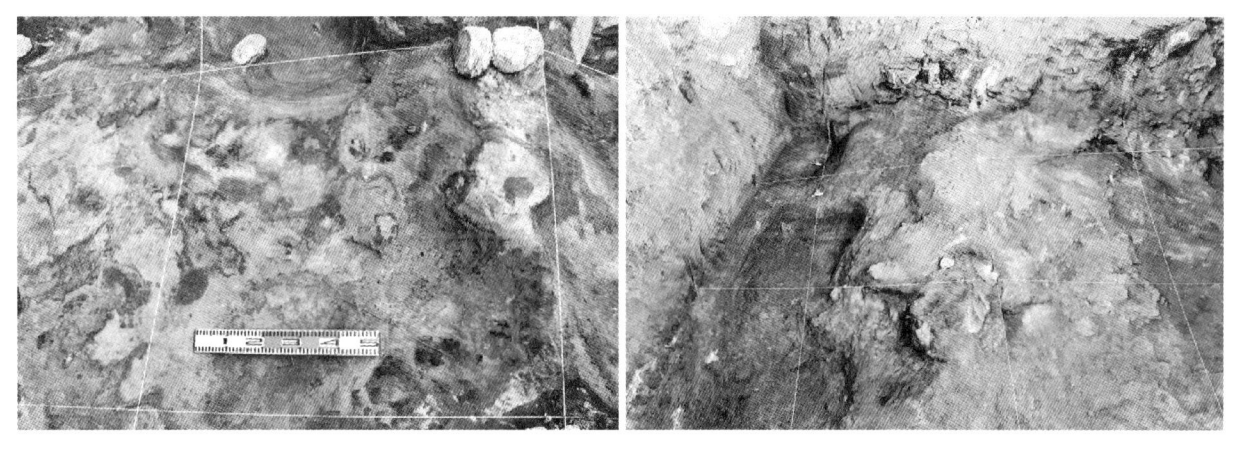

Fig. 8   Photo of Excavating Soil at the First Site of Zhoukoudian in Beijing

The appearance of black animal bones does not represent the barbecue behavior of apes in terms of animal bone burying, but only indicates that there were overfires, unsure whether it was natural or artificial fire (Fig. 9). Deeper academic study are still under way, such as the purpose of burning these bones was to barbecue meat, to dispose of garbage in the future, or as fuel... What we need to confirm firm is whether it is a burning product. There are a lot of black bones and white bones.

As for indoor research, this is the result achieved by several research groups. Let me give you a brief introduction. One is the analysis of magnetic susceptibility carried on the important layer we found. There are several mud-

Fig. 9 Black Animal Bones Unearthed in 2013

like fireplace. Through the analysis of color, we find that the suspected fireplace is much higher than the contrast samples. We also did a thermomagnetic analysis, about 600℃ to 700℃ high temperature, which cannot be achieved under natural conditions. We believe it is likely to be related to manual control of fire.

We have done elemental analysis of ash products, and found all common mineral elements in ash, such as silicon, aluminum, iron and potassium (Fig. 10). The analysis of material composition has also confirmed these elements. We carried out animal burying research on the third and fourth layers. The third layer has no artificial traces nor damage to bones. Animal bones might have been burned on the fourth layer, and there are good stone products, and cutting marks left by bones. The third layer is more accumulation layer, and the fourth layer is clearly the remains of human activity. This process is related to the accumulation process of apes or cave development. By the end of the fourth layer, the cave collapsed. In the third layer, apes were no longer lived in the western section. We also find that the third layer we have explored is different from what we found in the southern fissures in the early years, which indicates that the formation of the cave is complex, and each part has different sedimentary history, so we should study and treat it separately (Fig. 11).

From the third layer, our work has reached the real living state of Peking Man, and the evidence found suggests that the fourth floor is an important life period for Peking Man. The evidence of Peking Man and the collection of systematic samples have laid the foundation for other deeper research in the future.

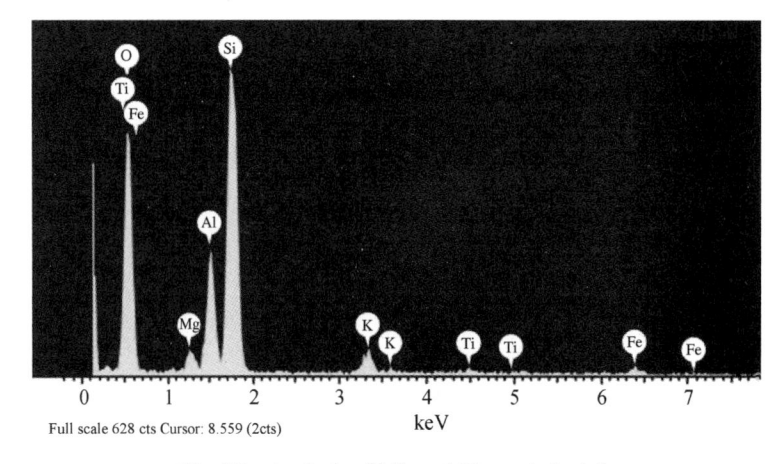

Fig. 10 Analysis of Mineral Elements in Ash

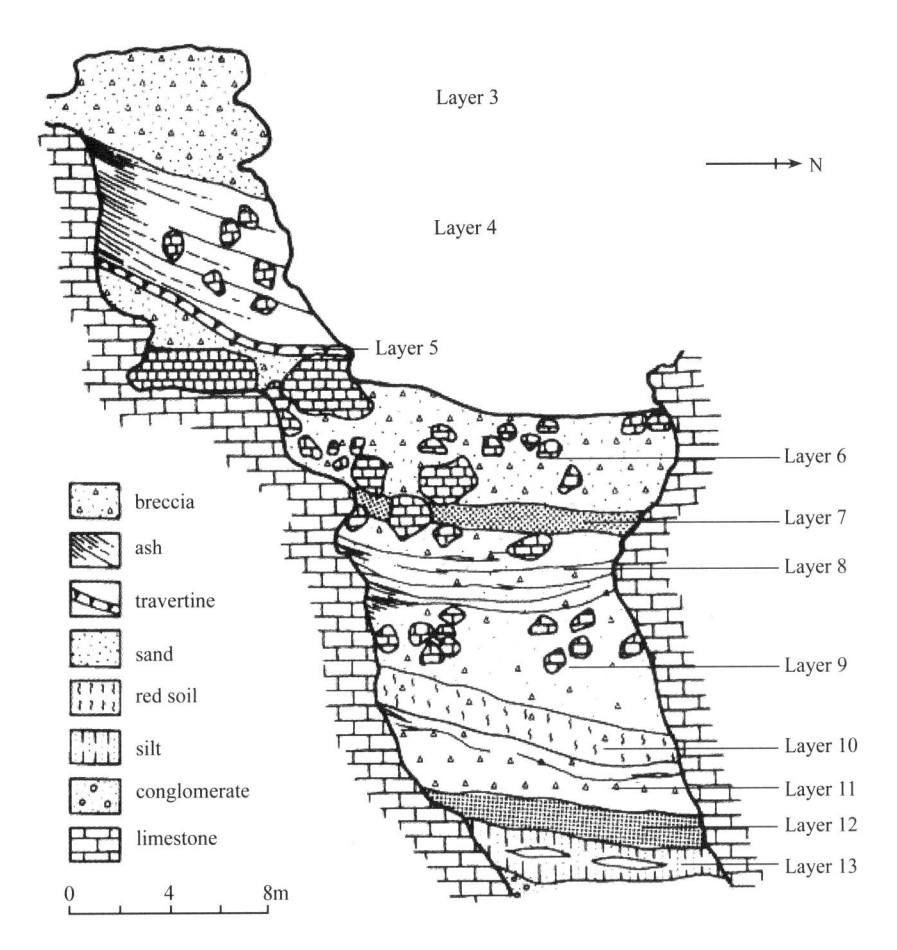

Fig. 11 The Difference between Unearthed Objects in the Third Layer and Fourth Layer

The Value of Zhoukoudian Site and the Development of Cultural Industry in Beijing

Wang Guohua[1]

Human society has entered the Internet era in an all-round way.

The Internet era emphasizes connectivity, open, sharing and cross-border integration. Today, "prehistoric heritage protectors and researchers" from dozens of countries and different fields gathered in Zhoukoudian, Beijing, to participate in 2018 Zhoukoudian Site International Symposium on Protection, Research and Sustainable Development Conference of Prehistoric Heritage, and jointly explore the issue of "protection, research and sustainable development of prehistoric heritage". This is a concrete action to implement the concept of "open, sharing, connectivity and cross-border integration".

Archaeological work at Zhoukoudian Site has lasted for more than 100 years. This year marks the 100th anniversary of the discovery of Zhoukoudian Site. Many scientists and archaeologists at home and abroad have made great contributions to the study of prehistoric culture at Zhoukoudian Site. In particular, many inspiring thoughts are put forward on the issues of "research on the value of prehistoric cultural heritage and sustainable development". Now, Beijing takes the creative industry as the leading industry, while the creative industry mainly relies on the glorious historical and cultural heritage of mankind as the creative element. Without the value excavation of these cultural sites, the creative industry is like cooking a meal without rice.

In Beijing in 1987, UNESCO World Heritage Committee made the decision to include the Zhoukoudian site as an important part of the world cultural heritage and thus Zhoukoudian became the first batch of world cultural heritage units in Beijing. As is known, Italy (2016) has more world heritages than any other country, and the second place is China. Zhoukoudian Site was selected as world heritage in 1987. It is the most abundant, systematic and valuable early Paleolithic human site in the world. Archaeologists have discovered three human tooth fossils, artificial tools and fire relics in the cave site in Beijing three times, one by one, becoming a major archaeological discovery that shocked the world.

What are the cultural values of Zhoukoudian? Reviewing the current research results on Zhoukoudian prehistoric culture, we think that the value of Zhoukoudian relics mainly shows in the following five aspects:

First, the evolution value of social development;

Second, the reappearance value of history and culture;

Third, the evolution value of human life;

Fourth, the driving value of creative industries;

Fifth, the promotion value for Beijing to build itself as an international capital of design.

Beijing must have a source of design to build itself as the world's design capital. One of the sources is Beijing's rich historical and cultural resources. Fangshan district in Beijing has profound history and culture, and can be summarized by "three sources of culture": namely, "the source of human beings", "the source of city" and "the

---

[1] Director Of Cultural And Creative Industry Research Institute, Beijing University Of Technology

source of capital". First of all, Fangshan District in Beijing is the source of "Beijingers". All Beijing people came from Fangshan. Second, the complete city relics of Yan State in Western Zhou Dynasty found in Liulihe Town, Fangshan District is very shocking and is the "source of the Beijing city". Unfortunately, Fangshan District has not given enough publicity to this discovery. Third, it is not Yongle Emperor of the Ming Dynasty or Kublai Khan, the grandson of Genghis Kha and the fifth emperor of the Yuan Dynasty, who chose Beijing as the national capital, but Wanyan Liang, the Hailing King of the Jin State (whose Jurchen name is Digunai"). Wanyan Liang issued a decree in AD 1151 (the third year of Tiande) to expand Yanjing city and build a palace. In AD 1153, he issued another decress "to move the capital". In AD 1154 (the first year of Zhenglong, under the reign of Hailing King), Wanyan Liang issued a decree to move the ancestral tomb of the Jin State from today's Acheng in Heilongjiang Province to Fangshan District in Beijing, "burying the 10 emperors after the first emperor in Fangshan". Since then, Jin State officially moved its capital to Yanjing (now Beijing). Beijing for the first time became a national capital city in the Jin Dynasty. Therefore, Fangshan District in Beijing can be called "the land of three sources" (the source of people, the source of city and the source of capital).

From this, we can see how rich and profound the historical and cultural heritage that Fangshan has. If Beijing's cultural and creative industries can draw nutrients from these rich historical and cultural heritage, they will surely rapidly enhance the brand value of Beijing's cultural and creative industries and its great cultural charm...

The first major value of Zhoukoudian Site is its evolution value in social development. Archaeological findings show that the brain size of the Peking Man in Zhoukoudian reached 1088ml, with primitive head features, obvious modern Mongolian features, and a height of about 1.5 to 1.6 meters... Through the evolution process of the Peking Man, we could learn how human beings move towards civilization and modernization step by step.

The second major value of Zhoukoudian Site is "the reappearance value of history and culture". Peking Man knew how to use fire, eat cooked food, and preserve kindling. With fire, people could move to farther places, and resist very cold environment. Eating cooked food can greatly increase protein absorbed by people and prolong life span... Therefore, using fire is a great progress. The characteristic that Peking Man can use fire has laid a solid foundation for the evolution of human beings into today's Homo erectus.

Western Christianity believes that man is created by God. The discovery of Peking Man proves that man evolved slowly from ape-man. Of course, some people in ancient China said that man was created by Nvwa, a goddess in Chinese mythology. While this is a myth and legend. And myths and legends are the tools used by the early human beings to conquer and transform nature by imagination (said Marx). The discovery of Peking Man has provided favorable evidence for the theory of human evolution. From ape-man to Javanese to Homo erectus, history and culture can be learned from the perspective of social evolution. The Peking Man improved their human features. The discovery of fossils and cultural relics from the Upper Cave Man fully demonstrates the development and continuation of Peking Man. The discovery of Peking Man has laid a foundation for the study of ancient Chinese human beings and culture, and is a well-deserved treasure house of ancient human culture.

The third major value of Zhoukoudian Site is the evolution value of human life. Peking Man created Paleolithic culture, which had a profound impact on the Paleolithic culture in North China. They knew how to use tools, how to use fire and branches, and how to use branches as the fuel of fire to burn. Such way of life is a synthesis of human behaviors based on their recognition of nature. Today's lifestyle also keeps evolving.

The fourth major value found at Zhoukoudian Site is the driving value of cultural and creative industries. For cultural artists, Zhoukoudian prehistoric cultural site is like a kaleidoscope of history and culture. Many scholars can jump out of archaeological excavations and historical studies of ancient human beings, and explore what human beings can associate with and see from ancient discoveries and how we can surpass ancient human. The American movie *Jurassic Park* is based on archaeological stories, an example of cultural creativity. Such creativity has created extremely rich cultural and artistic contents and cultural values. When the sixth episode of Jurassic Park was filmed, there were numerous peripheral products. And there is huge imagination space waiting for cultural innovators to further develop Zhoukoudian prehistoric cultural site. Creative industry is a kind of "spiritual industry" driven by rich imagination and creativity, and it will drive human beings to continuously evolve towards a better life style and a better world.

The fifth major value of Zhoukoudian prehistoric site is the promotion value for Beijing to build itself as an international capital of design. Beijing has been listed as International Design Capital by UNESCO. What does the Design Capital design? Clothes and chairs? No. The most wonderful, charming and influential design is "the design of human life style"! The Design Capital should design a more beautiful life style, a more beautiful life sample and a more comfortable way of life for human beings. This is the big design. With such a design, human civilization will continue to evolve.

Regarding the relationship between the value of Zhoukoudian Site and the development of Beijing's cultural and creative industries, I would like to share three points.

First, the creative industry should not only seek for creative inspiration in real life, but also, more importantly, look for inspiration in ancient human culture. Marx once said that ancient Greek mythology is the arsenal of European literature. Until today, many major European brands were named after various gods in ancient Greek mythology. For example, Daphne, Poseidon, Apollo, Athena, etc. this is because these ancient myths and legends are well-known classics, merchants could immediately arouse "emotional resonance" of consumers by borrowing these names and assisting with a series of brand communication methods... Especially in the Internet era, consumers have more yearning for the artistic attributes of products than the physical attributes of products. Therefore, making use of rich historical culture to create product brands has become the only way for many businesses to create brands. The brand value of Zhoukoudian prehistoric cultural site will become the most important resource with market potential to promote the development of Beijing's cultural and creative industries.

Second, "concept innovation" is the basic requirement for the protection and utilization of cultural heritage. Zhoukoudian prehistoric cultural site itself is a rich mine of cultural and creative industries, which has extremely rich creative value. However, it is necessary to change "the concept of resources", "the concept of disciplines" and "the concept of protection and utilization". It is not only necessary to integrate with other disciplines and other fields, inspire each other and innovate in coordination, but also necessary to "jump out of archaeological sites and pay attention to and study public needs for ancient culture". At present, many local leaders have limited understanding of the relationship between the protection and utilization of cultural heritage, either mechanically "protecting" or "destructively developing"; or "nothing can be changed or done"; or " sailing under false colors", "being completely unrelated" or "mechanically" spoilng cultural heritage. As a result, nothing can be done and nothing can be done well. UNESCO hopes that the world cultural heritage is protected on the basis of full utilization and development, especially for mass dissemination. Therefore, in order to excavate the value of Zhoukoudian heritage, we should make full use of new ideas and methods to find the demands for Zhoukoudian in today's society, and study and summarize the creative excavation and methods of Zhoukoudian Site. Especially for the general public, we should spread the values of the site and what history implies in today's society in vivid, lively and popular language.

Also, some modern publicity is needed for spreading the brand image of Zhoukoudian as prehistoric cultural site. At present, many people do not know much about Zhoukoudian, let alone its value and significance. The fundamental reason is that managers are not good at using modern communication concepts and methods to enhance Zhoukoudian brand awareness. At present, some people hold that Zhoukoudian Site is very professional and laymen shouldn't intervene as they do not understand it. This claim is actually wrong. Any professional thing can be publicized through modern communication technology in an image and vivid way. Why do athletes and stars earn so much? An important reason is "mass communication". Therefore, concept innovation is very important! The change of communication concept and method is an important measure to change the lack of brand awareness of Zhoukoudian prehistoric cultural relics.

At present, many people do not know how to shape the brand, how to enhance the brand awareness and how to enhance the popularity of historical and cultural heritage. This is mainly because they do not know that all commodities have multiple attributes. Apart from the physical attributes of commodities, their artistic attributes, aesthetic attributes and spiritual perception attributes are more important in today's society. Many tourism industry practitioners only know the physical attributes of Zhoukoudian Site (site age, archaeological value, archaeological attributes), but they seldom learn that Zhoukoudian prehistoric cultural site also has extremely rich aesthetic attributes, artistic attributes, and spiritual perception attributes of "recalling the past". In order to excavate the value of Zhoukoudian prehistoric cultural heritage, we must jump out of the concrete "physical attribute", highlight its artistic attribute and aesthetic attribute, study its relevance and enlightenment with today's human life, and use the modern value of Zhoukoudian Site to arouse tourists' aesthetic pursuit and emotional resonance... Only in this way can tourists be willing to visit and pay their respects piously.

The innovation of concept not only needs courage, but also needs a set of systematic "institutional arrangement" to stimulate innovation. Why has the United States led the world for a long time in the fields of culture, art, science and technology? Fundamentally, it is because the U. S. has created a systematic "institutional arrangement to encourage innovation". The U. S. has gradually established a complete set of institutional arrangements in many industries, such as anti-monopoly, intellectual property protection, R&D institutionalization, etc. These institutional arrangements ensure the economic growth at home. It is more than technological innovation and the accumulation of capital, labor and natural resources endowment. More importantly, the U. S. attaches importance to people, experts and researchers.

In order to excavate the value of Zhoukoudian prehistoric cultural site and to mold its brand, a set of systematic "institutional arrangements to encourage innovation" must be built apart from innovating the concept.

Third, the exploration of the cultural values of Zhoukoudian Site should follow "innovative development mode and path". How to innovate the development mode? We believe that the first thing is to remember the old maxim that " stones from other hills may serve to polish the jade of this one". We should draw extensively on the advanced experience of cultural heritage utilization from all over the world, and seriously study the museums of the same type and why they succeed. For example, the management philosophy of the Metropolitan Museum of Art in the U. S. is that "non-profit organizations are not equal to be unprofitable". In addition to the excellent display of cultural relics and cultural dissemination, the museum has also done a wonderful job of various "derivative products"... For instance, its catering services, souvenir making and the cultural atmosphere in the museum are all extremely creative. We could also learn a lot in the development of Pompeii in Italy. Italy is littered with relics, and these historic sites can catch the psychological needs of global tourists through good methods. The second point is to value the investment in software systems. An urgent task at present is whether Zhoukoudian Museum could provide more platforms for more experts and scholars to set up various lectures from the perspective of the market, and accommodate various expert teams, cultural planning and expert consultations. The third is to attach importance to investment in people. The core of the creative industry is people's endless creativity, and the generation of people's creativity is not mysterious. Its key points are "valuing people", "respecting people" and "inspiring people". People generate creativity under the interaction of knowledge, environment, motivation, methods and other factors. Some people say that creativity is a function of many factors. Generally speaking, the birth of creativity cannot be separated from the following four elements: first, a relatively rich accumulation of knowledge; second, a good social environment (being loose, generous, tolerant) ; third, a strong motivation (benefits, curiosity, doubts, interests, beliefs, preferences...) ; and fourth, advanced scientific methods (General methods: being sensitive to observation, diligent in thinking, eager to learn and ask more questions, inspiring each other, not superstitious, more questioning; Professional methods: hypothesis and anti-hypothesis; Delphi Method; Deduction method; False statements; Falsification method; Analogy; Induction...). We must constantly increase knowledge, create environment, stimulate motivation and improve methods so as to have a steady flow of creativity. The U. S. has been emphasizing to establish a learning organization in the whole society (with a strong sense of crisis as the purpose of learning; with solving practical problems as the purpose of learning; with continuously innovated methods as the way of learning...) Fourth, to continuously carry out "human resources development activities" and industrial skills training for practitioners. It is suggested that Zhoukoudian Museum should host a series of special lectures in the next step. We should enhance the popularity of Zhoukoudian, and build Zhoukoudian Museum as a beautiful scenery for Beijing's cultural and creative industries through brand building.

In a word, the value excavation and sustainable development of Zhoukoudian Prehistoric Cultural Site depend on whether we have a good concept, a good method and a good model, and depends on whether we can view the development process of human history from a strategic perspective and continuously explore and lead the way forward for the future of mankind.

From Olduvai Gorge (Tanzania) to Zhoukoudian (China): Experiences on Conservation, Public Engagement, and Sustainable Tourism on the Two Archaeological Sites

Charles Musiba[1], Dongjing, Kang[2] and Xiaoling M. Chen, Xiaoling[1]

Abstract: The discovery of dental remains of *Homo erectus* at Zhoukoudian, China in 1923 resulted in an extensive archaeological research (1923–1927) that unearthed over 200 fossil hominin collection that is one of the largest collections in Asia. Separated in time in terms of archaeological excavations, in 1960 another major discovery of *Homo erectus* was reported from Olduvai Gorge, Tanzania. The discoveries at these two sites, which are separated not only by distance but also by temporal time, sparked some intensified paleoanthropological debates over the origin and dispersals of modern humans. These two sites stand as iconic archaeological sites and are listed as World Heritage Sites, thus demonstrating their significant universal values and their contribution to our understanding of humanity's evolutionary journey. The two sites strive in maintaining their global importance by establishing visitor-friendly on-site museums, and research facilities that are magnets to local, regional, national, and international tourism. Both sites have recently completed some major infrastructure projects geared towards promoting local and international tourism. In this paper, we discuss the efforts that have been taken by the two sites to promote conservation and sustainability, tourism, cultural, and natural heritage protection within the framework of the 2012 Kyoto Vision, the 2013 Hangzhou and the 2016 Robben Island Declarations. The data for the study was collected through local and international public policy documents, news releases, on-site observations, and onsite/off site interviews. The dialogue between two sites will continue to promote potential collaboration on heritage conservation, international education, and strengthen cross-cultural communication in the global south.

Keywords: Olduvai Gorge, Zhoukoudian, archaeological sites, conservation and sustainable tourism

1 Introduction

The emergence of *Homo erectus/ergaster* and the origins and dispersal of modern humans are central issues to scholars of human evolution and they hold a special place in understanding our shared human past. At the center of these fascinating issues, are not only the questions of "where" and "when", but "how" did modern humans evolve and disperse. Continued paleoanthropological research and a plethora of hominin discoveries in Africa and Asia strongly suggest that *Homo erectus* was not only a successful species but also an avid explorer and traveler. The discoveries of *Homo erectus* remains and the associated artifacts at Zhoukodian in China (Weidenreich, 1939; Wu and Poirier, 1995; Shen et al, 2016) and at Olduvai Gorge in Tanzania (Leakey, 1966; Leakey, 1971; Clark,

---

[1] Department of Anthropology, University of Colorado Denver, Colorado, USA.
[2] Department of Communication & Philosophy, Florida Gulf Coast University, Florida, USA.

1994; Tattersall and Schwartz, 2000; Dominguez et al., 2017), many decades ago elevated these two sites from local unknown archaeological sites into World-famed paleoanthropological sites with significant contribution to the understanding of human origins and dispersal (Fig. 1). Olduvai Gorge and Zhoukoudian are inscribed as World Heritage Sites, somewhat with similar Outstanding Universal Values (OUV). The two sites, which also function within the framework of the World Heritage Thematic Program on Prehistory, namely "Human Evolution: Adaptations, Dispersals and Social Developments (HEADS) " have contributed tremendous knowledge to the morphological understanding of *Homo erectus* (Rukang and Shenglong, 1983; Day, 1971; Leakey, 1971; Wu and Dong, 1985; Rightmire, 1993). These two sites have produced some of the most important Middle Paleolithic stone tools and hominin remains including *Paranthropus boisei* (at Olduvai Gorge; Leakey, 1958; Tobias, 1975; Tobias, 1967; Wood and Constantino, 2007; Dominguez-Rodrigo et al., 2013), *Homo erectus* and archaic *Homo sapiens* (at Olduvai Gorge and Zhoukoudian: Wu and Zhang, 1985; Kamminga and Wright, 1988).

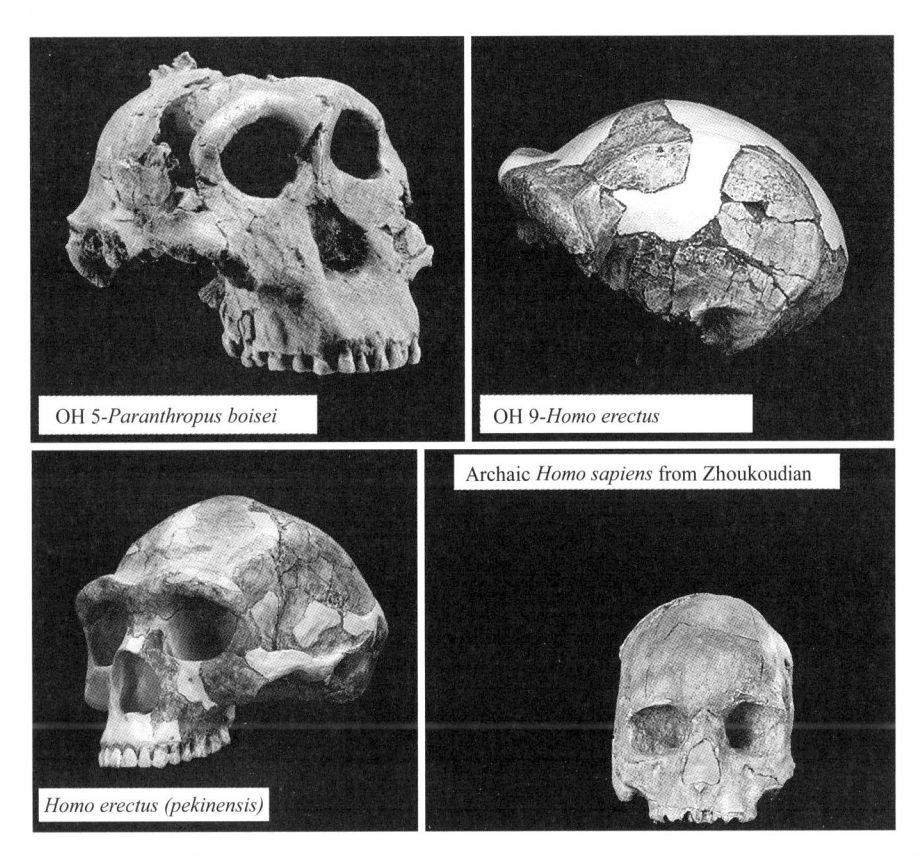

Fig. 1 Photos showing some of the iconic hominin finds from Olduvai Gorge (Tanzania) and Zhoukoudian (China) World Heritage Sites (OH 5, OH 9, *Homo erectus pekinensis*, and archaic *Homo sapiens*)

Cognizant to the Kyoto Vision of 2012, reinforcing the role of local communities in implementing the Convention on World Heritage, it is notably clear that the stewardship of Olduvai Gorge and Zhoukoudian World Heritage sites not only rests upon the State Parties but also the communities that surround them, thus ensuring that their conservation and future sustainable use is in place (Musiba and Kang, 2018). It is within this spirit and the acknowledgement of the Hangzhou Declaration of 2013, which calls for "placing Culture at the Heart of Sustainable Development Policies", both Olduvai Gorge and Zhoukoudian have recently completed some community-centered major site improvement projects that have tremendously enhanced their OUVs within the frameworks of the 2015 Siem Riep Declaration on tourism and culture to protect cultural and natural heritage by building new partnership models towards greater integration. Olduvai Gorge and Zhoukoudian sites have headed the calls and done exactly what has been required. Though separated by a vast landmass between them, the two sites are so similar in terms of their conservation and sustainable development efforts. At Olduvai, for example, a large on-site museum, research and visitor's facilities have been added to the buffer zone of the site, while at Zhoukoudian similar improvements were incrementally carried out starting in 2000 until recently. To fully understand the significance of these two sites in terms of their similar conservation efforts, public engagement, culture-based local tourism, and sustainable use, herewith we briefly discuss their histories as World Heritage Sites.

1.1 Olduvai Gorge, Tanzania

The archaeological site of Olduvai Gorge is located within the Ngorongoro Conservation Area (NCA) at 2°59′S and 35°21′E to the west of the East African Rift Valley System (Fig. 2). The NCA in which Olduvai Gorge lies, is a World Heritage Site, which was inscribed in 1979 under natural criteria (vii), (viii), (ix) and (x), and under cultural criterion (iv) in 2010 for the Olduvai Gorge and Laetoli paleontological sites. The statement of integrity of the NCA echoes the integrity for its natural values at the date of inscription in 1979, and for its cultural value at the date of ammendment in 2010, *Criterion (iv)* , which states that Ngorongoro Conservation Area has yielded an exceptionally long sequence of crucial evidence related to human evolution and human-environment dynamics, collectively extending from four million years ago to the beginning of this era, including physical evidence of the most important benchmarks in human evolutionary development. Although the interpretation of many of the assemblages at Olduvai Gorge is still debatable, however, their extent and density are remarkable (Diez-Martin et al., 2015). Several of the type fossils in the hominin lineage come from Olduvai Gorge where future research at the site is likely to reveal much more evidence concerning the rise of anatomically modern humans, modern behavior and human ecology (Organista et al, 2016; Dominguez-Rodrigo et al., 2012).

Fig. 2 Map showing Olduvai Gorge (Main and Side Gorge) and photo showing the Main Gorge

Paleoanthropologically, Olduvai Gorge became known as a significant paleontological site in 1911 when Wilhelm Kattwinkel, a German entomologist accidentally discovered some mammalian fossils at Olduvai Side Gorge, which triggered some scientific interests that resulted in thorough expedition led by Hans Reck, a German volcanologist and paleontologist in 1913 yielding some fossil hominin remains (OH 1, a complete modern human skeleton from intrusive burial into Bed II at Site RK). Further expeditions were carried out by Louis Leakey in the 1930s with the guidance of Hans Reck short after World War. This expedition, which was named as the East African Archaeological Expedition of 1930-1932 and the 1935 expedition recovered additional hominin remains (OH 2) and many other mammalian fossils and lithic materials. These discoveries resulted in sustained expeditions led by Louis and Mary D. Leakey from 1955 to 1972, and then from 1973-1982 with the discoveries of fossil hominins attributed to *Australopithecus boisei*, *Homo habilis* and *Homo erectus* (OH 3-61). In 1986 Donald Johansen and his team also worked at Olduvai Gorge and discovered some hominin remains attributed to *Homo habilis* (OH 62). Johanson and his team work at Olduvai Gorge did not last longer, and they shifted their work to Ethiopia, where they made some very remarkable discoveries. Robert Blumenschine and his co-workers in 1993 discovered two important fossil hominin crania (mandibular and maxillary) remains attributed to *Homo rudolfensis* (OH 63-64), and most recent, a team led by Dr. Dominguez-Rodrigo established a research and an international field school project at Olduvai Gorge that has resulted in the discoveries of hominin cranial and postcranial remains (OH 80 and OH 81). Perhaps one of the most important and iconic discovery at Olduvai Gorge was that of *Australopithecus (Zinjanthropus) boisei* in 1959 by Mary and Louis Leakey, which placed Olduvai Gorge site as a Mecca for Paleoanthropological research in Africa. L. S. B. Leakey's 1935 expedition primarily focused on surveys of the gorge where individual sites were identified such as FLK, FLKNN, BK, SHK, DK, and HWK just to name a few.

Physiographically, Olduvai Gorge is a Y-shaped dry canyon about 25 km-long, the Main Gorge traveses the Serengeti Plains eastward from Lake Ndutu, cutting through the PlioPleistocene Beds and then joining the Side Gorge from the south, draining into the Olbal-bal depression at the base of the Ngorongoro-Olmoti highlands. Olduvai Gorge is geologically characterized by a series of Upper Pliocene to Upper Pleistocene sedimentary deposits of lacustrine and fluviatile nature dated between 1.9 to 0.01 Mya (Hay, 1976, 1990; Leakey, 1984; Walter et al., 1991). The gorge is characterized by a series of faults and exposed sediments, which are subdivided into seven distinct Beds: Beds 1-IV, the Masek, Ndutu, and Naisiusiu Beds (Fig. 3). Beds I are the lowest exposed sediments in the Gorge, they were laid down in a shallow alkaline lake with its tributary fresh water springs. These beds, which are dated from 1.9 to 1.75 Mya have produced the majority of the hominins at Olduvai Gorge (OH 7, OH 8, OH 24, OH, 62, and OH 64, attributed to *Homo habilis*). They also have produced some crude lithics referred to the Oldowan Stone Industry (Leakey, 1971). Furthermore, Bed II sediments, which are dated between 1.75–1.4 Mya were also laid down in the lake from a neraby volcanic eruption at a drammatic period characterized by faulting activities, which reduced the size of the lake around 1.6 Mya. Bed II sediments have also preserved some fossil hominins such as the fragmentary skull (OH 13) of *Homo habilis* (a paratype specimen), and also an older fragmentary skull (OH 16) of Homo habilis dated at 1.6-1.5 Mya as well as a large brained calvaria (OH 9) of *Homo erectus* dated at 1.5–1.4 Mya. These beds have also produced some lithic material considered as Developed Oldowan tools characterized by chopers and bifaces. The upper portion of Bed II sediments produced a large number of Acheulian handaxes and cleavers (Diaz-Martin et al., 2015) ; these beds are overlain by Beds III and IV sediments, which are usually lithologically considered together and they span the period between 1.4 and 1.0 Mya (Shwartz and Tattersal, 2003). Bed III have produced numerous mammalian fauna remains and artifacts while Bed IV has yielded some hominin remains including OH 28 attributed to *Homo erectus*. The Masek (~1.0–0.75 Mya) underlie Bed IV and only one site within the Masek beds preserves Acheulian handaxes, while the Ndutu (~0.75–0.075 Mya) and the Naisiusiu Beds (0.02–0.015 Mya preserves lithics designated to the Middle-and Late Stone Age Indusrty in Africa.

1.2 Zhoukoudian, China

Zhoukodian (also known as Chou-Kou-Tien) lies within the Fangshan District, 50 km southwest of Beijing and five km west of Fangshan township within the Beijing Municipality. The site was inscribed as a World Heritage Site on December 1, 1987 under criterion (iii) and (vi). The site, which is about 2 square kilometers consists of a cave system on steep hills (locally known as the "Dragon Bone" and "Chicken Bone") within latitude 39°43′N and longitude 115°55′ E at the juncture of the North China Plain and the Yanshan Mountains (Fig. 4). The site preserves some important Middle Pleistocene paleoanthropological remains and lithics in Asia. The site yielded the famous skull of *Sinanthropus pekinensis* (Peking Man), which was taxonomically assigned into the genera and species of *Homo erectus*

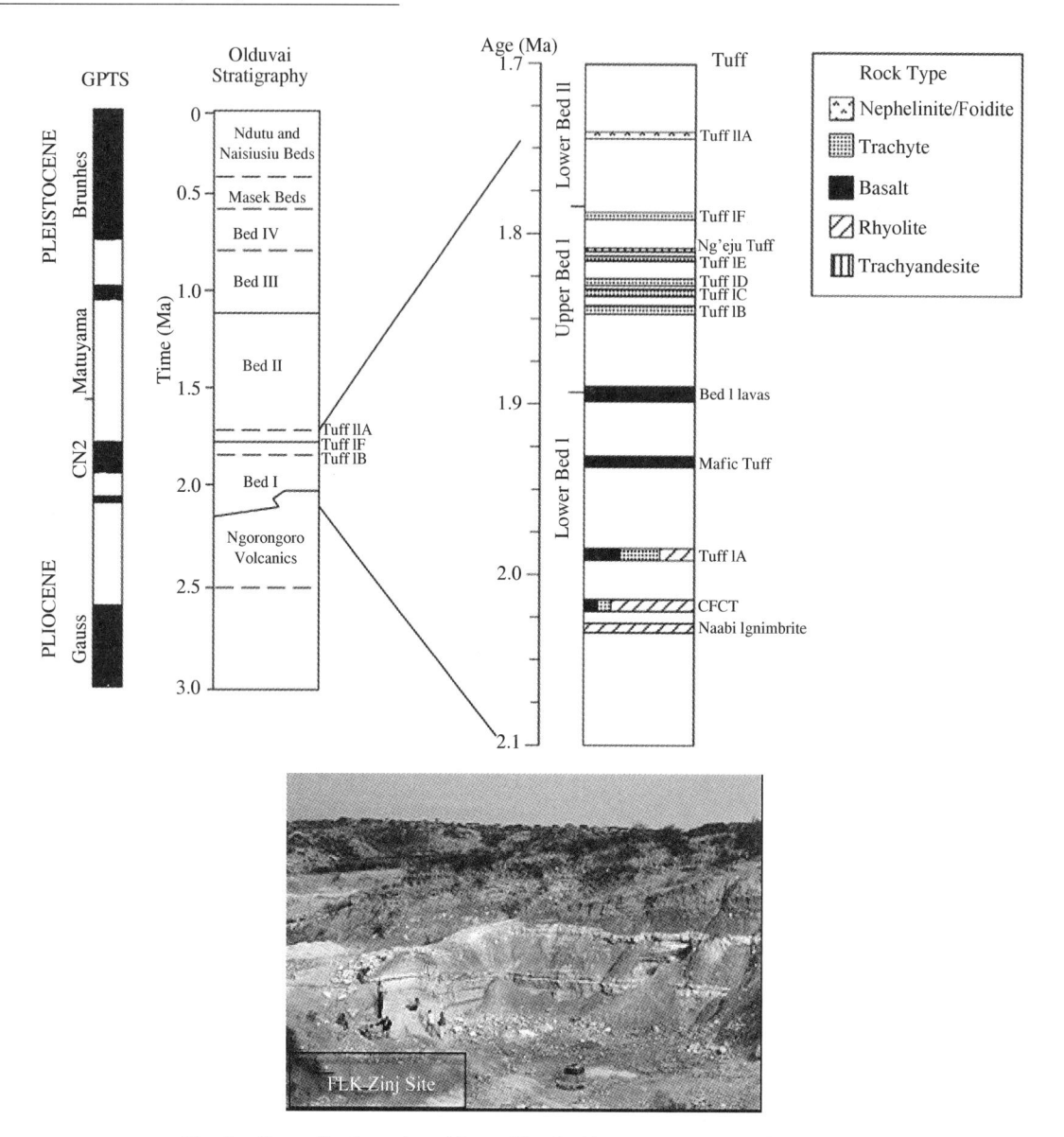

Fig. 3 Generalized stratigraphic profile of Olduvai Gorge World Heritage Site
(with an insert photo showing various Beds at FLK Zinj Site)

Fig. 4 Photo showing renovation work at Locality 1 in the Lower Cave, Zhoukoudian World Heritage Site

by Weidenreich in 1939, spanning from 700,000-200,000 years ago. The site also produced numerous archaic/early *Homo sapiens* remains (200-30,000 years ago) documenting a prolonged early human occupation in Asia (Wu and Lin, 1983; Pei and Zhang, 1985; Wu and Poirier, 1995; Norton and Gao, 2008; Li et al., 2018). Zhoukoudian also preserves some important archaeological remains including Middle Pleistocene stone tools, which are sometimes referred to as Acheulian-like tools, and early evidence of intentional use of fire (Kamminga and Wright, 1988; Kamminga, 1992; Norton and Gao, 2008). Geologically speaking, Zhoukoudian paleoanthropological site currently consists of twenty-identified seven fossiliferous localities, of which Locality 1 in the Lower Cave yielded all the *Sinanthropus* fossil remains (Fig. 5). These sites not only do they sport considerable amount of lithic and faunal remains that showcase a regional perspective on the evolution and transition of hominin culture, but also, they present hominin fossil remains of early/archaic *Homo sapiens* and anatomically modern humans that are vital to advance the study of human evolution in Asia. Seventeen stratigraphic layers were identified and assigned alphabetic letters from **A** to **O** (Pei and Zhang, 1985; Schwartz and Tattersall, 2003; Boaz et al., 2004; Norton and Gao, 2008; Shen et al., 2016).

Fig. 5   Map showing Zhoukoudian World Heritage Site with core areas and buffer zone

It is perhaps clear that Zhoukodian is one of the most important paleoanthropological sites in Asia preserving major prehistoric remains documenting human origins and cultural evolution thus contributing significantly to our understanding and reconstruction of human evolutionary trajectory as clearly illustrated in UNESCO's World Heritage criterion (iii) and (vi). These two criteria state that "The Zhoukoudian site bears witness to the human communities of the Asian continent from the Middle Pleistocene Period to the Paleolithic, illustrating the process of evolution", and furthermore that "The discovery of hominid remains at Zhoukoudian and subsequent research in the 1920s and 1930s excited universal interest, overthrowing the chronology of Man's history that had been generally accepted up to that time. " Therefore, the excavations and scientific work at the Zhoukoudian site are of utmost importance in the history of world archaeology and play an important role in the history of paleontological sciences in the world. Fossil remains of *Homo erectus* (*Sinanthropus pekinensis*) were recovered from Locality 1 in as early as 1929, followed by further discoveries of an isolated tooth at Locality 4 that possibly belonged to a variant of an East Asian *Homo heidelbergensis*-like individual, as well as some remains of *Homo sapiens* from Locality 26 (originally named the Upper Cave site) and Locality 27 (the Tianyuan Cave site–Shen et al., 2016). Accordingly, rich deposits of lithic assemblage have been recovered at six localities out of the 27 identified localities, thus indicating a continuous development of an Acheulian-like core-flake tools industry in Asia reminiscent of the Acheulian industry found in Europe and Africa (Shen et al., 2016).

Based on the OUV's and the integrity of the two sites as stated in the documents that were used to list them as World Heritage Sites, parallels can be made in terms of their contributions to the production of knowledge about the evolution of our species; the evolution of modern humans, dispersal and technological advances that facilitated such events. Olduvai Gorge and Zhoukoudian stand as iconic sites that preserve such evidences.

2 Contribution to Research and Education

2.1 Olduvai Gorge, Tanzania

Continued research at Olduvai spanning from the 1950's to present has provided over 80 hominins and more than 150 species of extinct mammals which have been recognized, they include fish, turtle, crocodiles, pigs, giraffe, horses, antelopes, rodents and many birds, thus giving us a glimpse of the past ecological settings at Olduvai Gorge almost 2 million years ago (Organista et al., 2016; Dominguez-Rodrigo et al., 2017). Currently, three major research projects are conducted at several sites at Olduvai Gorge (Fig. 6), they include: the Olduvai Landscape Paleoanthropology Project (OLAPP) which was initiated in 1989; Olduvai Geochronology and Archaeology Project (OGAP) established in 2006; The Olduvai Paleoanthropology and Paleoecology Project (TOPPP) also established in 2006; the Olduvai Vertebrate Paleontology Project (OVPP) established in 2010; and, the Comprehensive Olduvai Database Initiative (CODI) established in 2011. All these projects, which are multidisciplinary and internationally collaborative projects aim at improving our understanding of hominin evolution and behaviors at Olduvai Gorge. OLAPP for example, studies the environmental contexts of paleoanthropological occurrences across synchronic landscapes, targeting single horizons traced and periodically excavated across the gorge. OLAPP has established a broad-scale habitat structure for four Oldowan hominin landscapes: 1) Lower Bed I; 2) Middle Bed I; 3) Upper Bed I, and 4) Lowermost Bed II while OGAP focuses on the geology and Archaeology of Bed II, seeking to understand the biological and ecological basis for technological transition between Bed I and Bed II. OLAPP, OGAP, and

Fig. 6 Photos showing research activities at various sites at Olduvai Gorge World Heritage Site: OGAP Tanzanian field crew excavation at TK Site (left) and Dr. Henry Bunn excavating at FLK N (right)

OVPP share all research resources and researchers from these three project work together. CODI on another hand, was created as an effort to compile a database of all of the vertebrate fossil material recovered from Olduvai Gorge, which were either on loan or reposited in various several institutes around the world, thus making the database freely and easily available to scientists, the public, and the Tanzanian government. The database, is intended to facilitate research, improve the public's ability to understand the process of paleontological science, and help the Tanzanian government to regain control over a fossil assemblage dispersed over the last 100 years by numerous scientists from all over the world, an innitiative effort led by Drs. Leslie Hlusko and Jackson Njau at the National Museums of Tanzania. Likewise, TOPPP's current research utilizes state-of-the-art techniques at some of the most important sites such as FLK Zinj, PTK, FLK North, SHK, TK, BK, and FLK West, where a combination of open-air excavation and landscape archaeology is applied as an effort to better understand early human behavior.

OLAPP/OGAP/OVPP and TOPPP have also contributed in construction of field-based research laboratories at Olduvai Gorge. For example, TOPPP in 2010 constructed the Aguirre-Mturi field research station, which includes two domitories, bathrooms and showers, a large compound which includes the kitchen and storage area, and a laboratory (Fig. 7A). The field station was named after two prominent researchers, a Spanish and Tanzanian: Emiliano Aguirre (one of the founding fathers of paleoanthropology in Spain) and Amin Ezra Mturi (the first Tanzanian Director of the Antiquities and one of the founding fathers of Archaeology in Tanzania). Additionally, OLAPP/OGAP/OVPP have also jointly constructed a research lab at Mary Leakey's camp (Fig. 7B). Recently they expanded the lab by adding another large vertebrate paleontology comparative research laboratory within the Mary Leakey's Camp area. It is prudent also to know that the vast amount of fossils and lithic material unearthed at Olduvai Gorge do require multiple research directions. Therefore, given the extreme richness of this site, the

Fig. 7 Photos showing the research facilities that have been erected by various research projects at Olduvai Gorge, World Heritage Site: OGAP field station building (A_1 & A_2), and OLAPP field laboratory buildings (B_1 & B_2)

presence of multiple research teams has been argued to be essential for maximizing its scientific output (Domínguez-Rodrigo, Mabulla & Bunn, 2007).

2.2 Zhoukhoudian, China

Chen, Zhang, and Gao (2016) state that Zhoukoudian research focus has recently shifted from hominin hunting towards conservation and public education guided by multidisciplinary research foci. They further argue that "the transition from single-minded objective of simply finding *Homo erectus* at Zhoukoudian to project with multifaceted purposes dedicated to preservation, education, and interdisciplinary study... " has been an endeavor for three generations of Paleolithic archaeologists in China (Chen et al., 2016). This also reflects the fact that Locality 1, which is known as the Peking Man Cave, is perhaps the best investigated and the most prestigious locality with its unprecedented significance in paleoanthropological study of human evolution. To date, 17 fossiliferous stratigraphic layers have been identified with a collection of six crania, forty incomplete individuals, and ninety-eight species of non-human mammals that have been carefully documented in both English and Chinese literature since 1920s (Shen et al. 2009). The six famous skulls found between level 3-11 dated between 0.23 to 0.78 Mya are taxonomically assigned into genera and species of *Homo erectus*, thus representing the later survival of the species that is scientifically proven to be a direct ancestor of *Homo sapiens* (Shen et al. 2009; Wu, Schepartz and Liu, 2009; Wu, Schepartz and Norton, 2010). While the paleoanthropological significance of Zhoukoudian to human evolution is well established and highly recognized, its contribution to historical archaeological experiences in China and to paleoanthropology as a discipline in China is somewhat understudied and undervalued.

History of the excavation at Zhoukoudian date back to 1921, when the Swedish geologist J. Gunnar Andersson discovered some quartz pieces from the clevises in the Dragon Bone Hill. This was followed by another excavation in 1927 by the Canadian anthropologist Davidson Black who recovered a hominin molar from the site (*Sinanthropus pekinensis*). A planned large-scale excavation was carried out from 1929 until 1937, during which archaeologists uncovered complete skulls, mandibles, teeth, leg bones, and other fossils from males and females of various ages. The specimens were eventually reclassified as *Homo erectus*. Unfortunately, those exquisite fossils were lost during the World War II when excavation work was halted. Only casts of them remain for subsequent studies. Marked by the discovery of the first skull of *Homo erectus* in 1929, research at Zhoukoudian witnessed an increase and rise of international collaboration, which was spearheaded by Dr. Pei Wenzhong (1904-1982) and Jia Lanpo (1908-2001) among many others, who set up the foundations for the advancement of paleoanthropology in China (Shen, Zhang and Gao, 2016). The period between 1950s and 1980s saw a departure from international collaboration to closed, Chinese-led research that did not allow any international advancement and transformation due to national political guidelines. Most of the research then focused on the recovery of more fossils, and particularly of *Homo erectus* nature with priority focusing at Locality 1, resulting in unearthing of additional materials of *Homo erectus* that include over one hundred fossil hominin remains representing more than 40 individuals (Chen et al., 2016). Most notably, newly trained paleoanthropologists were leading the analysis of lithic assemblages discovered before WWII, and drafted a Chinese report entitled "A Study of the Lithic Artifacts of Sinanthropus" that detailed documented the artefacts used by Chinese hominins (Shen, Zhang and Gao, 2016). These paleoanthropological research efforts were eventually rewarded with Zhoukoudian's inscription as a UNESCO World Heritage site in 1987, paving a way for potential investments to both paleoanthropological research and sustainable conservation. For example, in 1995, concern over the deterioration of the walls at Locality 1 led to the establishment of a joint UNESCO-China project aimed at preserving the site and encouraging investigations there.

The last two decades have seen a dramatic transition of single-minded research that focus on locating human remains, to a comprehensive and inclusive research approach that integrates interdisciplinary methods from paleoanthropology, geography, bioinformatics, paleobiology, chemistry and geology (Boaz et al., 2004; Norton and Gao, 2008; Chen et al., 2016). Besides Zhoukoudian, other exciting discoveries and advancements at other sites have demonstrated the competence of Chinese researchers; sites such as Gongwangling, Shangchen and Chenjiawo in the Lantian district of Shaanxi province, Hulu Cave near Nanjing, and Hexian in Anhui province have produced a plethora of fossil hominin and lithics. For example, a skull recovered at Gongwangling site has been dated to more than 1.6 million years old, thus making it the oldest fossil of *Homo erectus* in Northern Asia (Zhu et al. 2015). Additionally, massive valuable tools made by hominins occupying the site from 2.1 Mya to 1.3 Mya were unearthed at Shangchen site, six of them found in a layer that was dated back to 2.1 Mya, therefore, making them the oldest tool outside of Africa (Zhu et al. 2018). This discovery pushes back the migration of hominin, if not *Homo erectus*, out of Africa for 0.25 million years, as it breaks the previous record kept by Dmanisi, a 1.8-million-year-old site in the Republic of Georgia. It is widely agreed that discoveries in China are likely to " [rewrite] human history" based on paleoanthropological finds in Africa, Europe and Middle East (Greshko, 2018).

Scientific research is oftentimes mutually reciprocated and advanced by sustainable conservation effort, educational program and economic incentives. This is especially true for investigation and preservation of the paleoanthropological sites like Zhoukoudian. Surveys have demonstrated that recognition of Zhoukoudian is generally fueled by "national pride and a sense of national esteem and ownership", while interested communities and public rarely engage in and thus lack persistent passion towards the establishment and conservation of the Museum (Chen et al., 2016; Musiba and Kang, 2018). Rather than perceiving the loss of significant specimen associated with Peking Man as a humiliation during WWII, Chinese researchers, governments and the public should learn lessons from its historical archeological experiences and cultivate their scientific appreciation of paleoanthropological evidences and their contributions to human evolution. This is truly reflected in Chen et al., (2016), where they mention that starting in 2009, research focus at Zhoukoudian has shifted and now focusses on conservation and mitigation, education and public outreach, community engagement and science with four main goals: (1) to stabilize and prevent the section profile of the west wall deposits from further erosion that may cause great danger of collapse; (2) to preserve and make the site more accessible for research and educational engagement by future generations of students; (3) to conduct systematic geomorphological sampling and multidisciplinary analyses to obtain new insights of site formation, site utilization, and geological dating; an (4) to search for new evidence of hominin behaviors as evinced by fossil remains, ecofacts, and artifacts. This shift culminated with a great body of scholarship (with international collaboration) that aimed at restoring the credibility of research at Zhoukoudian. At a helm of this effort was the Chinese Academy of Science (Institute of Vertebrate Paleontology and Paleoanthropology-IVPP), which received the mandate to re-survey, re-excavate, curate and design new research agendas for Zhoukoudian (World Heritage Center, 2002). Such a mandate was in par with the joint recommendations from the State Bureau, China Academy of Sciences (CAS) and the Municipal Government of Beijing (MGB), which called for appropriate measures in: management and protection of the site; take action in mitigating pollution sources near the site; develop a long-term management plan; aesthetic restoration of the site to its previous conditions; re-vegetation and remediation of the barren areas at the site due to archaeological activities; improved visitors' center and exhibitions at the museum; and develop smart and proper research agendas for the site (Fig. 8). Zhoukoudian World Heritage Site's management and research system was revised and on September 1, 2002 the Chinese Academy of Sciences (CAS) signed a joint management agreement with the MGB to co-manage Zhoukoudian, where CAS took the responsibility of coordinating research and education while the Government of Fangshan District became responsible for the overall day-to-day management of the site (including site protection and administrative duties of the on-site museum).

3 Conservation Efforts

Perhaps one of the most challenging issues associated with paleoanthropological sites is the conservation of the site. Before venturing further into conservation discourses, there is a need for understanding that excavation activities are in fact destructive in nature regardless on how they have been conducted. Recognizing and understanding this is critical in developing conservation plans or policies at World Heritage Sites. Equally important to acknowledge are the forces of nature; once one accepts these facts, then it is much easier for site managers to develop sound and sensible conservation and mitigation plans at World Heritage Sites. Furthermore, recognizing the roles communities

Fig. 8　Photos showing various major improvement projects that have been completed recently at Zhoukoudian World Heritage Site: Top-Locality 1 Main entrance (Before and After improvements). Below–photos showing the main entrance to the site, the museum and a museum hall

surrounding such sites play is equally important, particularly when hard decisions must be made. Communities and many other stakeholders surrounding World Heritage Sites have high stakes, emotional, cultural and psychological reserves in ensuring that the future existence of these sites are also in their hands as custodians of such sites. At Olduvai Gorge for example, in the late 1990's a French-Tanzanian tourist company chose to erect a luxury tented camp at the edge of Olduvai Gorge (Main Gorge) at the far eastern part of the gorge, which brought an outcry from local archaeologists who successfully appealed to the government (the Division of Antiquities-DoA) and the camp was removed from the edge of the gorge. This incident also helped the DoA and the NCA to establish rules that prohibited construction of any kind at the edge of the gorge. At the 50 years celebrations of the discovery of the OH 5-*Australopithecus "Zinj" boisei* skull, the establishment of the NCA, and the Serengeti National Park; it was suggested that some site improvements were needed at Olduvai Gorge, especially at the site of the discovery of OH 5, site FLK North. Floated ideas for the site improvement included a construction of a platform, which rejected outright by local archaeologists, and it raised major concerns during one of the UNESCO's periodic monitoring in 2011. Since then the idea has been abandoned and the site has remained intact.

The transfer of administrative stewardship and heritage management of Laetoli and Oldupai Gorge World Heritage Sites from the DoA in the Ministry of Natural Resources and Tourism to the Ngorongoro Conservation Area Authority (NCA) in 2016 was a hallmark in conservation, management and sustainable use of Tanzania's natural and cultural heritage resources. That transfer also exerts another demand to the NCA; namely a need for effective management and sustainable use of these sites which must be in place to ensure the future conservation of these sites. Although cultural heritage sites (Olduvai Gorge, Laetoli, and Ndutu) are within the NCA boundaries, in the past fifty-two years the sites were under the administrative, stewardship and management of the Department of Antiquities (DoA). The geographical position and placement within the NCA, and the distance from the DoA provided a conservation and management challenge, leading to neglect of the sites. However, it was recognized that the NCA proximity for example to Olduvai Gorge and the resources the NCA amasses offered the best opportunity for sustainable conservation, management and use of Olduvai Gorge. Today, Olduvai Gorge as well as Laetoli World Heritage sites are under the administration and management of the Department of GeoParks and Cultural heritage within the NCA.

Furthermore, the 2016 Ngorongoro declaration, which called for safeguarding of African World Heritage as a Driver of Sustainable Development also called for conservation measures that ensure sustainable use of heritage resources to benefit communities surrounding them also emphasizes on conservation and preservation of these sites. For example, at Olduvai Gorge challenges and conservation efforts now are rooted in two major areas: (1) Preservation of the archaeological sites for future generations; and (2) Providing economic opportunities geared towards sustainable development to the communities surrounding the sites without compromising their integrity. The Ngorongoro Declaration of 2016 declared that African heritage is central to preserving and promoting cultures and thereby uplifting identity and dignity for present and future generations in an increasingly globalized world. Therefore, a call to the African Union and its regional economic communities was expressed to promote sustainable development while guaranteeing the conservation of African cultural and natural heritage. State parties were also called upon to adhere to their commitment under various Conventions, including the 1972 World Heritage Convention to undertake development projects in a sustainable manner and embrace new and emerging technologies to secure the conservation and sustainable development of World Heritage properties. The NCA, which is responsible for the conservation and sustainable use of Olduvai Gorge World Heritage site, headed the call and developed some conservation guidelines for Olduvai Gorge and Laetoli paleoanthropological sites. These guidelines call for restoration of the Mary Leakey's camp to its original state as part of the history of the site and converting it into a living museum to acknowledge the Leakey's family research contribution and conservation efforts at Olduvai Gorge and Laetoli. The camp was renovated, and it will now be used as a museum. Additionally, the NCA received over two million Euros from the European Union which were used for the construction of the new and expanded museum at Olduvai Gorge (Fig. 9). The new museum and the community economic activities center are examples of

Fig. 9　A panoramic photo showing the new museum (top), visitors in the museum courtyard (below left) and a community center (below right) at Olduvai Gorge World Heritage Site

balanced conservation efforts and sustainable use of Olduvai Gorge paleoanthropological site.

State Parties must ensure that local communities are involved in various stages of decision-making regarding the future of World Heritage Sites in their communities, districts, and regions. Participants at the Budapest Declaration of 2002 clearly recognized this and were compelled to stress and articulate that there was a need "to ensure an appropriate and equitable balance between conservation, sustainability and development, so that World Heritage properties can be protected through appropriate activities contributing to the social and economic development and the quality of life our communities". This has in fact been echoed both at Olduvai Gorge and Zhoukoudian where conservation efforts have been carried out in the past fifteen years.

Conservation Efforts at Zhoukoudian are guided by recommendations from UNESCO's (World Heritage Center) periodic reviews at the site. Periodic review of World Heritage Sites allows various stakeholders to assess not only the State of Conservation of the site but also any other improvements required to enhance the integrity of the site. At Zhoukoudian for example, the World Heritage Committee in 1998 identified the following:

(1) Significant damage which occurred before the site was identified, including the effects of quarrying, war, industrial development, and the manner in which archaeological excavation were conducted;

(2) Damage from natural forces, including erosion, and rainwater which washes the site and enlarges the cracks and fissures on the surface wall of the cave;

(3) Dangerous state of the roof over the "Pigeon Cave" at the eastern part of Locality 1, which is poorly supported;

(4) Vegetation growth on the deposit and walls of the Locality 1 pit, causing root damage to the deposit; and

(5) Potential damage of the artefacts on display in the on-site museum due to poor maintenance and lack of temperature and humidity control.

The identified issues at Zhoukoudian, which would have had an adverse effect on the site were mitigated by the Municipal Government of Beijing, where one cement and two lime factories were closed and relocated. Vegetation clearance was added to the site management plan where vegetation clearance is conducted every two years. Furthermore, the state of the museum was improved where a new museum with improved displays have been constructed. The content of the displays now includes some interactive activities focusing on the historical and geological context of the site. Video equipment and new interpretative signs have also been introduced at the site, and interactive virtual museum is made available online to reach broader audience (Fig. 10). Furthermore, the new Management Plan at Zhoukoudian has also incorporated several articles from the Cultural Relics Protection Law of the Peoples republic of China, which stipulates that the protection of cultural relics is mainly the responsibility of governments at all levels, and therein legally guaranteeing the authenticity and integrity of cultural relics. Several articles of the law (Articles 1 (paragraphs 7 and 9), 4, 9 (paragraph 1 and 2), 11, 17, 18, 19, and 26) help to guide the current conservation efforts at Zhoukoudian. Today Zhoukodian, though still facing some conservation challenges, it has improved in that most of the issues identified above have been resolved. A major renovation project was recently completed, which included a more than 3.8 square kilometers protective cover over Locality 1, 2.4 square kilometers Park of Paleoanthropological site, a cultural resort, and a comprehensive landscaping work at the site (Fig. 10A). Over the last decade, governments at national, municipal and district levels have invested nearly 500 billion Yuan (about 73 billion US Dollars) to the conservation and construction of the site.

4 Public Engagement and sustainable tourism

Both Olduvai Gorge and Zhoukoudian have implemented various public engagement programs, which include education programs for school children and research activities (field schools) for colleges. For example, at Olduvai Gorge, current research activities conducted at the site include various field school programs. There are three international field school programs associated with ongoing research activities at Olduvai Gorge. It should also be acknowledged that all sites at Olduvai Gorge except for FLK "Zinj" are inaccessible to visit and study by many Tanzanian students, particularly Secondary and Primary Schools and members of the communities surrounding

Fig. 10 Photos showing the recently completed Park of Paleontological Site (A), a Cultural hall (B), comprehensive landscaping work (C), and visitors' activities (D) at Zhoukoudian World Heritage Site

the site. Recently, the NCA in collaboration with the above-mentioned research projects at Olduvai Gorge, have created an outreach program targeting local communities surrounding the site (the Maasai), regional (Tanzania), and international communities to warrant valorization of the site and easy accessibility:

(1) Annual meetings are to be held with members of the local communities where information about various research projects at Olduvai Gorge is shared. Additionally, all research projects conducted at Olduvai Gorge end up hiring local field support personnel who act as partial liaison with the communities and local schools.

(2) New discoveries from these projects now will be exhibited at the newly constructed and improved museum and therefore, projects conducted at Olduvai Gorge will help to improve the exhibitions at Olduvai museum.

(3) Within the greater Ngorongoro area, research projects provide employment whereas the communities, particularly Maasai women benefit form craft-sales, thus archaeo-tourism revenue remain within the communities. Plans are underway, where the museology arm of one of the projects (TOPPP) is creating some mobile exhibits for primary and secondary schools within the NCA and the 'cultural bomas' of Kiloki, Senyati and Loonguku, where the Maasai and visitors interact in a respectful non-invasive manner.

(4) Establishment of a guided archaeological walking trail for site visitors at Olduvai Gorge. The Ngorongoro Conservation Area Authority, which governs Olduvai Gorge through its newly establsihed Department of GeoParks and Cultural Heritage is planning to set-up archaeological, geological and cultural 'interpretive trails' at Olduvai Gorge.

Clearly educational and community outreach programs at Olduvai Gorge have taken advantage of the Robben Island Declaration "Living with World Heritage in Africa" and the Ngorongoro Declaration on Safeguarding African World Heritage as a Driver of Sustainable Development (UNESCO-WHC–Ngorongoro Declaration, 2016).

Accordingly, at Zhoukodian for example, the site has been transformed into a living and learning laboratory as an education base for Beijing No. 15 Middle School, Zhoukoudian Middle School, and Zhoukodian Central Primary School. Furthermore, the site also has become a base for most of the public education programs including the National Patriotism Education Demonstration Base, a Patriotism Education Base for Beijing, and a National Popular Science

Education Base (Fig. 10B). All these programs are currently managed by the Museum's education department.

5 Conclusion

The 2012 Kyoto Declaration calls for a people-centered conservation of the world's cultural and natural heritage where State Parties could not only promote critical learning models for the pursuit of sustainable development but also ensure a harmonious relationship between communities and their environments. Olduvai Gorge and Zhoukoudian stand as a testimonial to that call, they have implemented inclusive conservation and education projects that are people centered. Furthermore, the declaration acknowledged that the concept of heritage is fundamental to the sense of sustainable development, heritage properties do not exist in a vacuum; they are dynamic, whether be cultural or natural heritage, they do exist as a continuum of interactions between communities and the environment. Therefore, it is of utmost importance that heritage must play a role in the life of the communities surrounding them where the concerns and aspirations of communities must be equally engaged in conservation and management efforts. We have seen for example that changes in management and administration structure both at Olduvai Gorge and Zhoukoudian brought some fresh conservation efforts. Furthermore, when one looks at the historiographies of these two sites and their contributions to paleoanthropology in the world, we also see some shared colonial experiences, struggles for identities leading to their placement on the global map as well as the efforts efforts by State Parties to disentangle from colonial influences and establish the sites as platforms for national and global identities. Olduvai Gorge and Zhoukoudian as World Heritage Sites, they have the power to bring us together, after all, we are just one single species and that geographic boundaries don't matter when it comes to understanding of human origins and dispersals. These sites are particularly central to issues of human diversity and geopolitics today, and through research, education, and sustainable tourism, they can serve as platforms for mediating discourses on human rights, migration, and identities.

References

Boaz, N. T., Ciochon, R. L., Xu, Q., and Liu, J. 2004. Mapping and taphonomic analysis of the *Homo erectus* loci at Locality 1 Zhoukoudian, China. Journal of Human Evolution, vol. 46: 519-549.

Clark, J. D. 1994. The Acheulian industrial complex in Africa and elsewhere. In R. S. Corrucini and R. L. Ciochon (eds.), *Integrative Paths to the Past: Paleoanthropological Advances in Honor of F. Clark Howell*. Englewood Cliffs, N. J. Prentice Hall, pp. 451-469.

Diez-Martin, F., Sanchez Yustos, P., Uribelarrea, D., Baquedano, E., Mark, D. F., Mabulla, A., Fraile, C. Duque, J., Diaz, I., Perez-Gonzalez, A. Yravedra, J., Egland, C. P., Organista, E., and Dominguez-Rodrigo, M. 2015. The Origin of The Acheulean: The 1.7 Million-Year-Old Site FLK West, Olduvai Gorge (Tanzania). *Sci. Rep.* 5, 17839; doi: 10.1038/srep17839 (2015).

Day, M. H. 1971. Postcranial remains of Homo erectus from Bed IV, Olduvai Gorge, Tanzania. *Nature*, Vol. 232: 383-387.

Dominguez-Rodrigo, M., Baquedano, E., Mabulla, A., Diez-Martin, F., Egland, C., and Santona, M. 2017. New methodological and technological approaches to the Oldowan and Acheulian archaeology at Olduvai Gorge (Tanzania) —Introduction. *Boreas, An International Journal of Quaternary Research*, vol. 46: 700–804.

Dominguez-Rodrigo, M., Pickering, T. R., Diez-Martin, F., Mabulla, A., Musiba, C., Trancho, G., Baquedano, E., Bunn, H. T., Barboni, D., Santonja, M., Uribelarrea, D., Ashley, G. M., de sol Martinez-Avila, M., Barba, R., Gidna, A., Yravedra, J., and Arriaza, C. 2012. Earliest Porotic Hyperostosis on a 1.5-Million-Year-Old Hominin, Olduvai Gorge, Tanzania. *PlosOne*, vol. 7 (10): 1-7.

Gao, X., Zhang, S., Zhang, Y. and Chen, F., 2017. Evidence of hominin use and maintenance of fire at Zhoukoudian. Current Anthropology, 58 (S16), Pp. S267-S277.

Greshko, M. 2018. Oldest Tools Outside Africa Found, Rewriting Human Story. *National Geographic*. Accessed on August 2018 at URL: https://www. nationalgeographic. com/science/2018/07/news-china-human-tools-africa-shangchen-hominin-paleoanthropology/.

Hay, R. L. 1976. *Geology of the Olduvai Gorge*. Los Angeles: University of California Press.

Hay, R. L. 1990. Olduvai Gorge: A case history in the interpretation of hominid paleoenvironments in East Africa. In L. F. LaPorte (ed.): *Establishment of a Geological Framework for Paleoanthropology*. Boulder: Geological Society of America, pp. 23-37.

Kamminga, J. and Wright, R. V. S. 1988. The Upper Cave at Zhoukoudian and the Origins of Mongoloids. *Journal of Human Evolution*, Vol. 17: 739-767.

Leakey, L. S. B. 1958. Recent discoveries at Olduvai Gorge, Tanganyika. *Nature*, Vol. 181: 1099-1103.

Leakey, M. D. 1966. A review of the Oldowan culture from Olduvai Gorge, Tanzania. Nature 210: 462-466.

Leakey, M. D. (eds.). 1971. *Olduvai Gorge, Volume III: Excavations in Bed I and II, 1960-1963*. Cambridge: Cambridge University Press.

Li, F., Bae, C. J., Ramsey, C. B., Chen, F., and Gao, X. 2018. Re-dating Zhoukoudian Upper Cave, northern China and its regional significance. *Journal of Human Evolution*, vol. 121: 170-177.

Musiba, C. M. and Kang, D. 2018. Towards a community-based conservation and sustainable use of Tanzania's Heritage. *World Heritage for Sustainable Development in Africa*/Le Patrimoine mondial pour un développement durable en Afrique, p. 225.

Norton, C. J. and Gao, X. 2008. Zhoukoudian Upper Cave Revisited. *Current Anthropology*, vol. 49 (4): 732-745.

Organista, E., Dominguez-Rodrigo, M., Egland. C. P., Uribelarrea, D. Mabulla, A., and Baquedano. E. 2016. Did *Homo erectus* kill a *Pelorovis* herd at BK (Olduvai Gorge) ? A taphonomic study of BK5. Archaeol. Anthropol. Scie., vol. 8: 601-624.

Pei, W., and S. Zhang. 1985. A study on lithic artifacts of *Sinanthropus* (in Chinese; English summary). *Paleontoiogica Sinica* 168, n. s. D., 12: 1-277.

Rightmire, P. G. 1993. *Homo erectus: Comparative anatomical studies of an extinct human species*. Cambridge University Press.

Rukang, W. and Shenglong, L. 1983. Peking Man. *Scientific American*, Vol. 248, No. 6 (June 1983), pp. 86-95.

Shen, C., Zhang, X. and Gao, X. 2016. Zhoukoudian in transition: Research history, lithic technologies, and transformation of Chinese Palaeolithic archaeology. Quaternary International, 400, pp. 4-13.

Shen, G., Gao, X., Gao, B. and Granger, D. E. 2009. Age of Zhoukoudian *Homo erectus* determined with 26 Al/10 Be burial dating. *Nature*, 458 (7235), p. 198.

Shipman, P. 2014. The Leakeys in Tanzania. In M. Dominguez-Rodrigo and E. Baquedano (eds.), *La Cuna De La Humanidad-The Cradle of Humankind*, vol. 1, Museo Arqueologico Reginal, Madrid and Museo de la Evolucion Humana, Burgos publication, pp. 275-281.

Schwartz, J. H. and Tattersall, I. 2003. The Human Fossil Record, Vol. 2. Craniaodental Morphology of Genus Homo (Africa and Asia). New Jersey: Wiley-Liss Publication.

Tobias, P. V. 1965. *Australopithecus, Homo habilis*, tool-using, and tool-making. *South African Archaeological Bulletin*, Vol. 20: 167-192.

Tobias, P. V. 1967. *Olduvai Gorge Volume II: The Cranium and Maxillary Dentition of Australopithecus (Zinjanthropus) boisei*. Cambridge University Press, Cambridge.

Walter, R. C., Manega, P. C., Hay, R. L., Drake, R. E., and Curtis, G. H. 1991. Laser-fusion 40Ar/39Ar dating of Bed I, Olduvai Gorge, Tanzania. *Nature*, Vol. 354: 145-149.

Weidenreich, F. 1936. Skull of *Sinanthropus pekinensis*; *A Comparative Study of a Primitive Hominid Skull*. Geological Survey of China. Lancaster Press, Lancaster, PA.

Wood, B. and Constantino, P. 2007. *Paranthropus boisei*: Fifty Years of Evidence and Analysis. *Yearbook of Physical Anthropology*, Vol. 50: 106-132.

Wu, R. and Dong, X. 1985. *Homo erectus* in China. In Wu Rukang and John W. Olsen (eds.), *Paleoanthropology and Paleolithic Archaeology in the People's Republic of China*, pp. 79-88. Academic Press.

Wu, X and Poirier, F. 1985. *Human Evolution in China*. New York, Oxford University Press.

Zhu, Z. Y., Dennell, R., Huang, W. W., Wu, Y., Rao, Z. G., Qiu, S. F., Xie, J. B., Liu, W., Fu, S. Q., Han, J. W. and Zhou, H. Y. 2015. New dating of the Homo erectus cranium from Lantian (Gongwangling), China. *Journal of Human Evolution*, 78, pp. 144-157.

Zhu, Z., Dennell, R., Huang, W., Wu, Y., Qiu, S., Yang, S., Rao, Z., Hou, Y., Xie, J., Han, J. and Ouyang, T. 2018. Hominin occupation of the Chinese Loess Plateau since about 2.1 million years ago. *Nature*, 559 (7715), p. 608.

Cultural Heritage Protection and Creative Development under the Background of Cultural Tourism Integration

Fan Zhou[①]

The speech today is about the effective development of ancient cultural sites from the perspective of communication and cultural creativity. It consists of three parts: First, the protection of cultural heritage is to preserve human culture. Second, to explain the basic principles of cultural heritage protection and development in the context of cultural integration. Third, three ways of cultural heritage protection and development under the background of cultural integration.

Several experts and scholars have made clear points previously, so I will just give a brief introduction to the first part. Because the contents have been mentioned before, in a very professional and detailed way. Many of the contents mentioned in these lists are already very clear to those engaged in this profession at home and abroad. In particular, I would like to share with you that humanity has many common civilizations. However, many have been destroyed because of lack of due diligence in conservation, ethnic contradictions, or the geopolitics of the country. Some people say that this country is alive only if culture is alive. I cannot agree more. Culture is the core vitality of a nation (whether rich or poor for some time). These are disasters for all human being to find the museum burned or Sungnyemun burned down by malicious arson, which was recognized as the most valuable treasure of ROK. We cannot forgive such a human calamity for a thousand or ten thousand reasons (Fig. 1). We also see the protection of the heritage of mankind, and the irreparable damage that heritage has suffered due to the rampant destruction caused by the war. In this process, we know Angkor was listed as a World Heritage Site at first and then was removed from the list. This is because the attitudes people have towards the heritage has been distorted. In this sense, protection as the basis for development is very important.

Fig. 1　Sungnyemun of ROK was burned down by malicious arson

[①] Dean of School of Cultural Industries Management, Communication University of China.

When talking about the Grand Canal of China recently, President Xi Jinping said in particular that the Grand Canal should be well protected, inherited and utilized, and this order should not be reversed. That's to say, the first and foremost is to be well protected. Of course, for such a large site, it requires archaeological and scientific research of the early phase of protection as the basis.

The second part is several principles of cultural heritage protection under the background of cultural and tourism integration.

The first principle is organic integration. Culture and tourism cannot be matched or combined simply. We should find the joint points among cultural resources, public service resources and tourism development resources from their internal logics.

It is with this in mind that the second principle I want to share is effective integration. Effective integration cannot be achieved when culture and tourism are still separated. Culture and tourism have their respective characteristics. The merger of the Ministry of Culture and National Tourism Administration does not mean that culture and tourism are integrated. At present, many of the work of the operation bureaus under the Ministry of Culture and Tourism all face the needs of the new social development under the integration of culture and tourism. This topic has not been worked out yet. Therefore, we should make good use of these carriers and make them coincident effectively through scientific methods.

The development of Sanxingdui in Chengdu, Sichuan Province, has been quite successful among all cultural tourism projects. With Sanxingdui as the core, the government is constructing a tourism pattern with Sanxingdui Museum as the center, Sanxingdui Ancient Site Exhibition Area and Sanxingdui Cultural Industry Park as the two wings, and three special towns, Xiwai, Nanxing and Xinping, as the outer ring according to the integration of culture and tourism and the interaction of agriculture and tourism. The government also works to build six blocks, namely, cultural tourism creative park, cultural industry park, heritage park, Shuimu Xiwai Garden Food Park, Xinping Sanxingdui Special Residential Town, and Nanxing Cultural Ecological Experience Area.

I plan to spare half of the time to the last part. We should focus on these three approaches for the protection and development of cultural heritage after the integration of culture and tourism:

The first point is to seek for resources from the excavation. Some people think archaeologists should work for and recorders are responsible for the excavation of resources. In fact, it is a task for all cultural practitioners. An important principle is to develop from the protection of culture alone to the comprehensive protection and development of cultural scene elements. On this basis, we can see that a lot of excavation work is fair enough, which lays a solid foundation for later development and utilization. We should not only protect the cultural elements of cultural heritage, but also actively protect the natural ecology and living ecology, and treat cultural heritage as a whole set of social and cultural ecological projects.

Cultural heritage is also rich in historical information, scientific information, cultural information, and has high values in history, science, aesthetics, education and economy. Therefore, we should value material input, and also attach importance to the value of excavation. At this point, we should also keep in mind that the protection of material elements could lay stress on both material and non-material aspects.

The Grand Canal of China was approved as a World Heritage Site by the United Nations in 2014. The Grand Canal of China is made up of three parts, commonly known as the Beijing-Hangzhou Grand Canal, which is a trunk line of more than 2,000 kilometers. In addition, there are the East Zhejiang Grand Canal, and the Sui-Tang Grand Canals. These canals constitute the overall appearance of the Grand Canal, which is as long as about 40,000 km. The Grand Canal of China is the longest one, passes through more cities than other canals, and has the greatest economic value and influence. The Sui-Tang Canal today is the canal developed in the mid stage of Grand Canal of China. As early as in Spring and Autumn Period, the Grand Canal started to take the scale. Over the past 2500 years, the Grand Canal has played an indelible role in safeguarding national unity, prospering social and economic development, promoting cultural exchanges, and thriving cities along the route. Take China as an example, all the cities that concentrated the canals were the core areas of China's political power, from Xi'an, Luoyang, Kaifeng to Nanjing, Yangzhou, and finally to Beijing (Fig. 2). The history of the Grand Canal is also the history of changes in

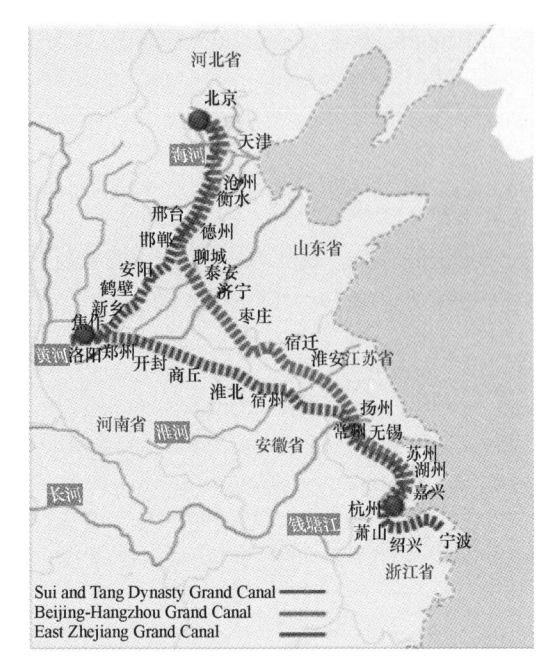

Fig. 2 route map of the Grand Canal

China. Therefore, the use and development of the Grand Canal should consider the historical value and cultural relic value. Last year, Chinese President Xi Jinping specifically mentioned that the construction of the Grand Canal Cultural Belt is an important part of China's socio-economic belt construction in the new era. That's why he said that the construction of the Grand Canal Cultural Belt should be well coordinated, and efforts should be made in overall protection and development.

Our team also traveled along the Grand Canal for 10 days in 2014, and organized six seminars over the course, providing some practical basis for understanding the Grand Canal (Fig. 3). Recently, the National Development and Reform Commission has drawn up the Outline of the Grand Canal Cultural Development Plan. Having participated in this planning framework, we deeply feel the importance of cultural heritage.

The second point is to get inspirations from science and technology. China's digital economy totaled 27.2 trillion yuan in 2017, accounting for 32.9 percent of GDP. But its economic

Fig. 3 Two "Canal Culture Tours" by Teachers of School of Cultural Industries Management, Communication University of China

volume is 50 percent smaller than that of the United States. In the next three decades, the digital economy will be an important part of China's economic structure. In the process, we should consider how we make good use of the digital economy, do well in digital development, and do a good job of digital creation. Two years ago, the Chinese Government listed China's five new strategies, one of which is digital creative industry. Here is an example. The "Digital Dunhuang" project aims to make people who visit Dunhuang have a very clear understanding of the millennium history of Dunhuang in 20 minutes plus another 20 minutes. This is of great significance for the later study and appreciation of Dunhuang (Fig. 4). Besides, digital development content is not limited to our protection of cultural relics, and could also be applied in the development of cultural relics. Last year, the overall sales of cultural and creative products by Palace Museum's exceeded 1 billion yuan, and is expected to reach $10 billion over the next five years or so. This is not a myth. There is a large market in China to accept these products, and the problem is how to improve our development capacity.

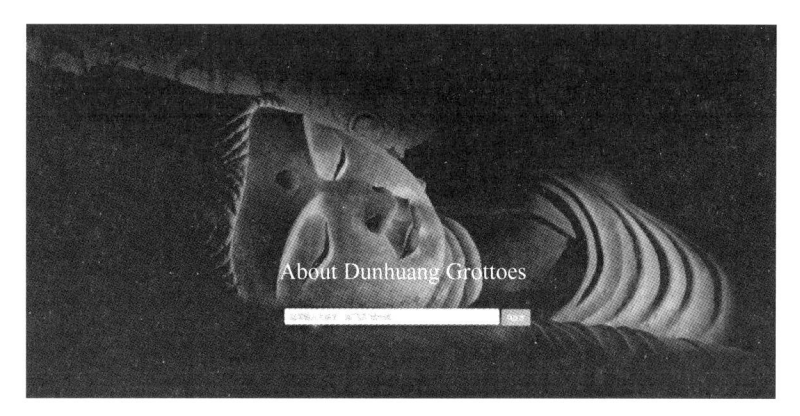

Fig. 4 Digital Dunhuang Website

The third is to ensure the effect through communication. Professor Wang Guohua from Beijing University of Technology just mentioned the importance of communication. In modern society, communication is productive forces, and good communication has formed an important part of social and economic development. And for digital Internet, traffic means important rich mine. To ensure the effect through communication, we need to integrate various media, and let the traditional media, modern media, public media and We Media all play their due roles at the same time. In this regard, with the rapid development of the Internet globally, the traditional media has become increasingly weak in the field of communication. For instance, in the United States, the collection and distribution of paper printing and publishing advertising have declined for 15 years in a row. China Central Television (CCTV) which was the first choice for advertising in China for nearly two decades has dropped to the second place, giving place to China's private digital portal. And more portal digital sites, especially some private portal digital sites, absorb far more advertising fund than CCTV. This change shows the development and evolution of the communication in digital economy. For advertisers, they know their choices clearly. For the reason, we need to be very clear about the temperature and texture of the communication (Fig. 5).

Fig. 5 Photo of Documentary "Masters in Forbidden City"

Masters in Forbidden City, a documentary made in China, has the highest sales worldwide among all Chinese documentary films in past 60 years. The reason behind is very clear. People of all countries, nationalities and religions around the world can find what they need when they see this film. This is what temperature and texture have made culture a topic for everyone to enjoy.

At the same time, we can see that the Imperial Palace has held a special exhibition named A Panorama of Rivers and Mountains-Exhibition of Landscape Paintings of All Dynasties. Most audience age between 18 to 22 years old, and main young consumers have gradually shifted from the post-80s generation to the post-90s generation. So I'm joking that the post-80s generation is already middle-aged and old people in the Internet world. From this point of view, we also need to pay attention to the future and to young people.

Prehistoric Heritage and Prospects in Nepal

Kaji Man Pyakurel[1]

Abstract: Human evolution consist material remains of man's past. Civilization has long back history inventing many aspects of culture. Men could able to develop the physical and material evolution together in his and her existing environment. Cultural materials before writing deals by artifacts and tools which are real evidence of human's civilizations. This paper aims to show the present scenario of prehistoric research, tools and types and sites in Nepal. It helps to create awareness for policy maker; government (three levels), manager and archaeologist to understand the prehistoric cultural heritage's present condition, management and promotion of both tools and sites. Prehistoric research activities have conducted by many foreign and native scholars and discovered all forms of cultures (Paleolithic, Mesolithic and Neolithic) and tools types in different regions of the country. The study shown that Siwalik range was well habitation sites and pleasing environment for prehistoric men. Except few numbers, most of findings were kept in store room. Those objects should an access to general publics, students and researcher. Therefore, to establish the "Prehistoric Museum" is a way forward for the management of finding objects and sites. This paper helps to protect, conserve and develop the rich prehistoric cultural heritage on institutional and non institutional levels.

Keywords: Prehistory, Siwalik, Tools, Museum, Cultural

1 Background

Nepal is land locked country situated in southern part of Asia. It is bounded with China-Tibet in the north and with India in south, east and west. The small country covers an area of 147,181sq. kms and stretches from east to west about 885 km. and widens from north to south about 193 km. Geographically the country is divided into three ecological belt, northern range-mountain, the mid-range hill and the southern range-terrain (flat land). The country is heaven of natural beauty and cultural diversity. It is also famous for country of highest peak of the world Mt. Everest and land of the birth place of Lord Buddha.

Current constitution of Nepal declared the Federal Democratic State of Nepal with seven states. Now the country has been practicing federal, provincial, local bodies having 761 governments. Nepal is rich in culture, religion and heritage. The flourish of Buddhist and Hindu traditions, emerged the distinct culture and heritage through the ages. Lumbini is a birth place of Buddha and surrounding archaeological sites are landmark of Nepalese cultural heritage. Kathmandu valley is being capital of country having diverse cultural values and heritage with outstanding world heritage site.

2 Prehistoric Heritage in Nepal

The evolution of earth and human took a long span of time changing in many stages. Efforts of million year's men

---

[1] Monument Conservation And Palace Care Office, Lalitpur (Under The Department Of Archaeology).

could able to develop physical and cultural aspects together. Generally, the long back period of before the invention of writing is called "Prehistory". Many more prehistoric sites and material remains of man's past are identified from the different parts of the world specially Europe, Africa and Asia. The time before the recorded history is prehistory. It is related with study of ancient man and his culture. Prehistory is subject which deals with a story of man and every thing that concerns him from that dim remote movement when he first emerged from his animal ancestry until the time when the existence of written records leads the investigation in to the realm of history proper (Burkitt, 1985: 1).

Nepal is rich in culture and heritage having diversity such as people, geography and both material and non-material culture. The country has world's record having earliest evidence of human evolution and prehistoric artifacts. Many native and foreign scholars have been conducted prehistoric exploration and research work in different part of Nepal. The first archaeological research work carried out in 1896-99 in Lumbini and Kapilvastu. But, prehistoric research had been started in the decade of 1960.

2.1 Prehistoric Geography

Nepal is a Himalayan country and has diverse geographical features. The diverse geography of the country which determined climate, people's settlement and cultures since the long back pre-historic period to the present. The successive deposits found in the Himalaya suggest that there were many geological upheavals that caused to form the present shape of the Himalayas (Shrestha, 2008: 42. The great Himalaya, mountain, peaks and Siwalik ranges were compiled in different periods. By the Pleistocene period the formation of the Himalayas was complete (Sharma, 1973: 36). To the south of greater Himalaya formed the Mahabharata or Siwalik range during the Pleistocene period. The Mahabharata range has with the Churiyas but generally the wide valleys, called duns separate the two ranges. Most of the valleys of Mahabharata and Siwalik range are of tectonic origin of the sedimentary rocks of the Miocene and Pleistocene period and contain Shale, State, quartzite, and sand and pebble beds. They are mostly made of the metamorphic and some igneous rocks (Pandey, 1997: 48). Himalaya became a source of many rivers and lakes in different parts of the country. The origin of Kathmandu valley turned by lake which proved by geological evidences. The river system and the lakes of Nepal deserve great importance in order to understand the origin and development of human culture and civilization in different period of time and space. The archaeological explorations carried out on these river terraces and lakes have revealed some traces of prehistoric culture flourished by the activities of the ancient inhabitants living in different parts of Nepal (Shrestha, 2008: 44).

Mentioned the geographical contexts few but very significant research work had carried out for the study of prehistory in Nepal. Very little research has been done on the prehistoric man and culture in Nepal although enormous traces of prehistoric human activities are existent in the form of huge cave dwelling settlement in different part of the Nepal Himalayas (Ibid: 47). Foreign and native scholars have been conducted and carried out extensive result of prehistoric research in different geographical regions such as Kathmandu valley, Mustang (high Himalayan), Dang-Doukhuri, Nawalparasi, Mahotari, Surkhet, Dolakha etc. German Scholar Dr Gudrn Corvinus focused the study area in Dang-Deokhuri valley and discovered many prehistoric sites and tools from this regions. The western Nepal seems very prominent prehistoric archaeological sites (Fig. 1, Fig. 2). The sites were found during systematic survey works in the Dun Valley of the Deokhuri and Dang as well as on river terraces at the foot of the Siwalik mountain towards the Terai (Corvinus, 1985: 4) It includes two aspects of research in the Siwalik foothills of the Nepal Himalayas, namely paleontological and stratigraphical with in the Siwalik Groups of molasses sediments and prehistoric and quaternary geological survey of the hitherto unknown prehistoric resources in the Himalayan foothills (Corvinus, 2007: 11). Prominent scholars have done the prehistoric studies and their activities are based on the following geographical regions of the country;
  • Prof. G Tucci of Italy was first traveler to Mustang and traced the cave dwellings.
  • Tony Hagen conducted the extensive geological survey of Nepal Himalayas and indicates the prehistoric potentialities.
  • First prehistoric explorations in Nepal were started by Mr. R. V. Joshi in 1964 which was later followed by Dr. N. R. Banerjee, and Prof. Ram Niwas Pandey in 1969. They found a large number of tool types such as Celt, chisel

Fig. 1 Prehistoric site Dang-Deokhuri in Western Nepal   Fig. 2 Prehistoric site Dang-Deokhuri in Western Nepal
(Both photos Courtesy from Prehistoric Culture In nepal Vol. CD collection by Gudrun Corvinus)

and axes.
- These Neolithic tools were collected from Jugugaon (Kavre Palanchowk), Charikot (near Dolkha), Lubhu (within Kathmandu valley) Katari (Danda Khola, west of Narayanghat) and Dang valley.
- In 1979, M. Fort and V. Gupta had collected fossils from the Nakhu Khola belonging to the lower Pleistocene period.
- Prehistoric exploration at Danda in the Nawal Parasi district in 1969 brought to light several quartzite tools made either from pebbles, or on the pebble themselves. They comprise hand axes, cleavers, choppers and scrapers and were made in the middle and upper Paleolithic period.
- Recently, some Paleolithic tools in the shape of hand axes and cleavers made on cores have been discovered in the bed of Dhobihkola in the neighbourhood of Budhanilkantha in the Kathmandu valley by Prof. Schetenko The present discovery reveals that the cultural heritage of Nepal is not local phenomenon but belongs to the whole mankind and contributes to the development of world civilization (Schetenko, 1978).
- In 1981, a few miles from Butwal on the bank of Tinau River Dr Hutchinson found the left molar of Rampithecus. The Sivalik range has placed Nepal among these countries where mankind started to live around eleven millions years ago. It is a great achievement regarding the evolution man, the history of Nepal begins with the activities of Ramapithecus, the nearest ancestor of man.
- German scholar Gudrun Cornivus has discovered in between 1984-1994 about sixty four prehistoric sites in Dang-Doukhuri valley in western Nepal. The site has been found in the bed of Surai River, Arjun River, Babai River and Rapti River on the south. Similarly she found prehistoric tools in Rato khola near the Patu of Eastern Nepal in the Mahottori district.
- In the village of Tukuchha on the bank of the Kaligandaki River in the district of Mustang of Northern Nepal (Himalaya), cave burial site called Chokhopani has been discovered by Mr Devendra Nath Tiwari in 1984. Later German-Nepal team has conducted the excavation work and discovered the many more prehistoric and archaeological findings.

Mentioned points indicate that prehistoric geography of Nepal basically extended different parts of the country. The oldest evidence of man's evolution fossils of Ramapithecus found in siwalik range and other prehistoric artifacts found in siwalik range which clearly proved this range was proper environment for the settlement of man during the prehistoric period.

3 Prehistory culture: Tools and types

Prehistory culture is characterized by nature of tools and finding's place. Scholars compared the prehistoric culture of Nepal to European and Indian prehistory on the based of tools type and features. Prof. Ram Niwas Pandey has discovered the some lower Paleolithic tool from Dang and correlate to Achealian culture of Europe. The ecology of dense forest river bank and valley rock shelter and limestone caves suggest that Nepal was definitely the safe home site of the early hominids where he cultivated his first Stone Age culture (Shrestha; 2008: 58). 6 The foreign scholars and native have done the scientific study; exploration and excavation work in Dang-Deokhuri Valley and Mustang region of Nepal. Remaining these sites, many other prehistoric sites have been traced and found the different tools, artifacts and skeletal remains of cave burials. Human Occupation in Nepal can be dated back at least the later Middle Pleistocene with a discovery of a hand axe culture. Occupation in the Nepal foothills continued during the Pleistocene and the earlier Holocene with the variety of flake and chopper industries. Because of the variations in the tools assemblages, the entire period of Stone Age is divided into their major divisions such as Paleolithic, Mesolithic and Neolithic cultures.

3.1 Paleolithic Culture

While giving chronological table of prehistory in Indian sub-continent H. D. Shankaliya has put Nepal in three phase's likely early and middle late Paleolithic period dated about 15000 and 25000 BC. Prof. Ram Niwas Pandey, has discovered chance finding Hand Axe which he correlated to the Acheulian cave tools from Dang Valley. The Acheulian at the site of Gadari in Dang and at the Satpati site includes bifacial tools comprising hand axe, cleavers, peaks and flakes all of which show no new special features when compared with the Acheulian tools from the from the Indian subcontinent. They belong to the Early Palaeolithics (Corvinus, 2007: 57). The Acheulian tools types discovered by Gudurn Corvinus from Gadari in Dang and Satpati in Lumbini and Tur-Brakhuti areas, include bifacial tools comprising hand axes, cleavers picks and flakes which shows no new or special features when compared to the Acheulian tools from the Indian subcontinent (Shrestha; 64). Dang-Deokhuri valley is wide extended prehistoric sites and discovered many tools and artifacts both flake and core types. Prof. Schetenko, Janak lal Sharma and N. R. Banerjee also have found the Paleolithic tools from Dandakhola and Kottandi in Nawalparasi District near the Gandaki River.

3.2 Mesolithic Culture

Continued evolution of man's resulting the developed tools types and artifacts such as bow, arrow, harpoon needle etc. are categorized as features Mesolithic culture. Corvinus and other scholars have found the Mesolithic tools in western Nepal Dang-Deokhuri valley and Rato khola of Mahotari District. Corvinus field research concluded that a very rich Mesolithic-macrolithic culture with well-made adzes, choppres and cave scrappers was discovered on the older traces of the Rato River in Mahottari District in eastern Nepal in 1985. Rato industry of Mesolithic tools features are with bifacial and unifacial adzes, choppers, cone-scraper and flakes. In the central region another Mesolithic site of macrolithic type has been discovered at Chabeni on the traces of the Narayani River. These tools consists of unifacial disc on cobble, knife, unifacial and bifacial chopper, scraper, core scraper etc. (Shrestha, 2008: 72) Team of Prof. Ram Niwas Pandey also have discovered the different tools and artifacts representing the Mesolithic features.

3.3 Neolithic Culture

Invention of agriculture, animal Husbandry permanent living etc. are basic features of Neolithic culture of human evolution. The Neolithic settlements in Nepal are recorded from the whole length and breadth of the Mahabharat and Siwalik ranges including valleys. The youngest prehistoric occupation of the Dang-Deokhuri area was by people of the Neolithic period who left their remains of polished stone axes and core-marked pottery as evidence of their presence in the Dang basin and the Tui valley (Corvinus, 2007: 285). The Neolithic tools and types have discovered from the distinct parts of the country such as Dang-Deukhuri, Rato khola, Dolakha, Khopasi in Kavre Palanchowk, Lubhu in Lalitpur, Chitwan, Jhapa, Morang, Sankhuwasabha districts. The majority of the tools of these regions belong to the cyclic and sub rectangular variety of celts with curved medial ground edges which correspond to the principal types of the Assam and North-Eastern India groups (Sharma, 1983: 1). The Neolithic are generally made on obsidian material, a kind of volcanic rock with red, black and grey color. The majority of the Neolithic from Nepal seems to be made on fine-grained rock of pyretic or shale granite, basalt, slate and quartzite (Shrestha; 2008: 75)

End of the 20th century, a new prehistoric culture has discovered in the high Himalayan Mustang regions of Nepal. Numbers of caves, burials and associate artifacts made of different materials has discovered in many caves sites. It is a rich sites and famous for cave prehistoric archaeology. A preliminary result of this first archaeological investigation is that the multi storey cave system represents the remains of settlements inhabited or used in prehistoric and medieval times by and agricultural population (Simons, 1992-93: 8).

4 Concept of prehistoric Museum

The prehistoric study and research works have conducted in many seasons and regions which discovered prominent sites and tools types from Paleolithic to Neolithic cultures. Contribution of scholar for the study of prehistoric culture and they paid the hard labored in exploration and excavation work is ever great importance. This work was extremely field work in difficult condition. They prepared the base framework which shows the general sketches of prehistoric map in Nepal. According to our legal provision, those objects could be the property of Nepal Government under the Department of Archaeology. The material of the entire prehistoric findings from the Early Paleolithic to the Neolithic is now housed at the National Museum at Chhauni. Those all collected objects are in storage and have not public access. Now very few and listed objects only collected by Gudrun Corvinus only display in museum gallery (Fig. 3, Fig. 4) of National Museum. Similarly very few prehistoric objects found from mustang's excavation also are in exhibition in Regional Museum Pokhara (Mustang Gallery) and in Site Museum at Kapilvastu.

4.1 Purposed Dang-Deokhuri Prehistoric Site Museum

Majority of prehistoric objects and culture from lower Paleolithic to Neolithic period found in Dang-Deokhuri valley and surrounding. The prehistoric site in the Dang-Deokhuri valley is great antiquity and of a wide cultural range. This site is rich in prehistoric archaeological artifacts and tools types. The extended sites consists rural (Tharu community), valleys and forest. It has great potentialities for the sustainable development of nature, culture and environment by conserving the whole prehistoric sites. It can be declared as protected zone like Wildlife Reservation Area of other places. It is appropriate to open the museum on the gate way of site. Needs the much assessment for this ambitious project and need consultation with three levels of governments, locals, community, experts and scholars. It is necessary to to fulfill the basic requirement to open this type of new museum. After set up the basic infrastructures huge collected prehistoric objects should transferred to this place. It is necessary to manage the exhibit design and display techniques by the responsible institution.

The purposed "Prehistoric Site Museum" is a new concept and discipline. It has multi-disciplinary importance which helps to preserve the local cultural and natural resources and also create awareness to the real value of products. This type of museum and protected prehistoric sites may be the mean tourism promotion and income generation. It could be the lab and research centre for the different groups like students, scholars, geologists, paleontologists, archaeologists etc.

To set up and establish the ''Prehistoric Site Museum'' the Department of Archaeology could be the leading organization and responsible for the technical management and conservation system. For this instance, province government of five (5) and local government could directly concerned because those properties and place is situated in their area. According to our new constitutional provision, common list of duty and responsibility of Federal, province and local government has clearly mentioned. Prehistoric sites like Nawalparasi, Surkhet, Rato-khola of

Fig. 3 Prehistoric objects display in National Museum   Fig. 4 Prehistoric objects display in National Museum

Mahottari, Mustang of (Himalaya prehistory) and other sites and collected objects would be also very significant role to co-relate the rich prehistoric cultural heritage and human evolution.

5 Conclusion

The collection of prehistoric objects in different time and places is great landmark in Nepalese history and Archaeology. Those are also our primitive heritage. The long back prehistory, history, civilization and archaeology are our national pride and identity. They have great importance and universal outstanding values. The prehistoric cultures from Paleolithic to Neolithic were well developed in valleys, river terraces and Siwaliks in western, mid and eastern Nepal. Collected objects and sites have equal importance. As a way forward we must promote those objects and place together. If we establish as a new concept of "Prehistoric Site Museum" will be strong institution which is is a means of conservation, management and sustainable development of local resources and products. It will be the community based museum by promoting the cultural resources and sites.

References

Burcket M. C. 1963. The Old Stone Age, New Delhi: Rupa publication.

Corvinus, Gudrun. 1985. "Report work done in in the project of Quaternary and Prehistoric studies in Nepal". *Ancient Nepal*, Vol 86-88, Kathmandu: Department of Archaeology.

Corvinus, Gudrun. 2007. *Prehistoric Culture in Nepal,* Germany: Harrassowitz Verlang Wiesbaden.

Pandey, Ramniwas. 1997. Making of Modern Nepal, Delhi: Nirala Publication.

Shrestha, Hari. 2008. "Prehistoric Nepal, A Brief Observation, Pokhara: Yuba Publication.

Sharma, C. K. 1973. *Geology of Nepal*; Kathmandu: Maniram Sharma.

Sharma, J. L. 1983. "Neolithic Tools from Nepal", *Ancient Nepal* vol. 75, Kathmandu: Department of Archaeology.

Simons, Angela. 1992-1993. "Trial Excavation of Cave System in Muktinath Valley." *Ancient Nepal* vol. 130-133, Kathmandu: Department of Archaeology.

Cultural Heritage Sites in Malaysia: Tourism and Challenges

Farizah Ideris[1]　Yazid Othman[1]

The inscription of the UNESCO World Heritage Sites in Malaysia marked the incredible growth of economy in the tourism sector with the arrival of tourists. The town and local councils and the Department of National Heritage have to play major roles in planning Tourism Developing Concept as tourist's attraction. While the World Heritage Sites boost the sosio-economy OF rural and town, managing World Heritage Sites facing greater challenges for heritage managers and state holders in planning and developing the tourism in the designated area in promoting tourist attraction.

Malaysia has a glorifying history that can be traced back 40,000 years before based on the evidences found in early settlement like prehistoric site in Lenggong Valley, Perak and proto historic sites in Bujang Valley, Kedah to the height of civilization of the Empire of Malacca in 15th century before conquered by several colonial power i. e. Portuguese, Dutch and later by the British and it gains its independence in 1957 (Nik Hassan Suhaimi Nik Abdul Rahman, 1998). The occurrence of the entire historic event has left scores of historical sources written by historians who played a significant role in forming Malaysian history. Most of historians today coined the term traditional and modern historian to show the disparity of task and approach between these two groups in producing scholarly synthesis (Arbai'yah Mohd Noor, 2006; Muhd Yusuf Ibrahim, 2010 and Rozeman Abu Hassan, 2004). The emergence of traditional historians such as Tun Seri Lanang (Sulalatus Salatin), Raja Chulan (Misa Melayu), Raja Ali Haji (Tuhfat al-Nafis) and Abdullah Munsyi started in the 16th to 18th centuries were actually in line with the expansion of jawi script in Malay archipelago at that time. Even though with highly elaborated with myths and legends and without any proper historical method, their writings were still considered as primary sources despite collected from narrative sources.

More recently, the study of historiography has emerged when numerous number of historians with professional training like Abdul Hadi Hasan (Sejarah Alam Melayu), Buyong Adil, Darus Ahmad, A. Samad Ahmad, Nik Anuar Mahmud, Nik Hassan Shuhaimi and Khoo Kay Kim later become academic scholars in 1920's (Mohd Yusof Ibrahim, 2010). Despite all these names, there were also another group of historians from the western world did an in-depth studies on the Malay historical sources or what most of them classified it as literature like J. M. Gullick, Frank Sweethenhams, R. H. W Reece and R. O. Winsteadt (Arba'iyah Mohd Noor, 2006). The streamline of past history leave masses of values, customs, tradition, nature and culture into each civilization's heritage that we received from our ancestors. According to ICOMOS (2002), cultural heritage is an expression of the ways of living developed by a community and passed on from generation to generation, including customs, practices, places, objects, artistic expressions and values. Cultural heritage is often expressed as either intangible or tangible cultural heritage. The emphasis here is on cultural continuity from the past, through the present and into the future, with the recognition that heritage is develop and evolving. Recalling the role and significance of history itself, National Heritage Act was promulgated and passed in 2005 which superseded the previous Treasure Trove Act (1957) and Antiquities Act (1976). This is one of the nation's most comprehensive heritage acts, which provides for the conservation and preservation

---

[1] Commissioner, Archaeological Division, National Heritage Office, Malaysia.

of National Heritage, natural heritage, tangible and intangible cultural heritage, underwater cultural heritage, and living human treasures. It is an Act to provide for the control and preservation of, and research and gazetted ancient and historical monuments, archaeological sites and remains, antiquities and historical objects and to regulate dealings in and export of antiquities and historical objects. Specific activities are also prohibited in relation to such sites.

Although cultural heritage in true sense encompasses tangible heritage, in the form of objects, structures, sites and landscapes, as well as intangible heritage as evidenced in forms such as music, crafts, performing arts, literature, oral tradition and language; the operational use of heritage in accordance to Act 645 denotes another meaning. According to Oxford dictionary, the definition of heritage is related to what receive from one generation to the next generation. It illustrate the memory of the entire life of a nation that symbolize civilization. However, the term heritage according to National Heritage Act, section 2 refers to site, object, underwater cultural heritage and any living person can be declared as National Heritage under the appointed Minister. The Act is divided into 17 Parts with 126 Articles to include provisions for administration of the act, the formation of a National Heritage Council, Heritage Fund, National Heritage Register, Designation of Heritage Site, Declaration of Heritage Object, Underwater Cultural Heritage, Declaration and Protection of National Heritage, Treasure Trove, Licensing, Appeal, Enforcement Powers and Offences.

The Department of National Heritage plays a role in uplifting and promoting the Malaysia's heritage treasures worldwide. It is in line with efforts by the Ministry of Tourism, Arts and Culture to promote the uniqueness of our heritage as a tourist attraction in Malaysia. Enforce the provisions of the Law under the National Heritage Act 2005 and other relevant Acts. The main role and mission of the department are:

- declaring and registering National Heritage into the National Heritage Register in accordance with the process stipulated in the 2005 Heritage Act,
- to preserve, conserve, develop, protect and monitor the National Heritage as well as all World Heritage Sites in Malaysia and promote them to generate the country's economy and increase local community income,
- conduct research to document and publish legacy materials in the form of TV documentaries, books, brochures and other manuscripts as a legacy recording for future generations,
- raise and uphold the National Heritage to the world by UNESCO, ISESCO and others who complement the history of human kind development and human success; and
- meritorious Heritage through the involvement of all stakeholders including locals with activities that raise awareness to respect and protect National Heritage.

As a result of concerted efforts by the department, several heritage sites in Malaysia have been recognized as World Heritage Sites. The recognition is proof of the department's commitment to uplift the country's heritage which symbolizes the identity of the Malaysian society.

Kinabalu Park

Kinabalu Park declared as World Heritage Sites on 2 December 2000. It is situated in the state of Sabah on the northern end of the island of Borneo, is dominated by Mount Kinabalu (4,095 m), the highest mountain between the Himalayas and New Guinea. It has a very wide range of habitats, from rich tropical lowland and hill rainforest to tropical mountain forest, subalpine forest and scrub on the higher elevations. It has been designated as a Centre of Plant Diversity for Southeast Asia and is exceptionally rich in species with examples of flora from the Himalayas, China, Australia, Malaysia, as well as pan-tropical flora.

The site has a diverse biota and high endemism. The altitudinal and climatic gradient from tropical forest to alpine conditions combine with precipitous topography, diverse geology and frequent climate oscillations to provide conditions ideal for the development of new species. The Park contains high biodiversity with representatives from more than half the families of all flowering plants. The majority of Borneo's mammals, birds, amphibians and invertebrates (many threatened and vulnerable) occur in the Park.

Gunung Mulu National Park (2 Dec 2000)

Important both for its high biodiversity and for its karst features, Gunung Mulu National Park, on the island of Borneo in the State of Sarawak, is the most studied tropical karst area in the world. The 52,864-ha park contains seventeen vegetation zones, exhibiting some 3,500 species of vascular plants. Its palm species are exceptionally rich, with 109 species in twenty genera noted. The park is dominated by Gunung Mulu, a 2,377 m-high sandstone pinnacle. At least 295 km of explored caves provide a spectacular sight and are home to millions of cave swiftlets and bats. The Sarawak Chamber, 600 m by 415 m and 80 m high, is the largest known cave chamber in the world.

The concentration of caves in Mulu's Melinau Formation with its geomorphic and structural characteristics is an outstanding feature which allows a greater understanding of Earth's history. The caves of Mulu are important for their classic features of underground geomorphology, demonstrating an evolutionary history of more than 1.5 million years. One of the world's finest examples of the collapse process in Karstic terrain can be also found. GMNP provides outstanding scientific opportunities to study theories on the origins of cave faunas. With its deeply incised canyons, wild rivers, rainforest-covered mountains, spectacular limestone pinnacles, cave passages and decorations, Mulu has outstanding scenic values (Fig. 1).

Fig. 1 Gunung Mulu National Park

Melaka and Georgetown Historic Cities

Melaka and Georgetown inscribed as World Heritage Site on 7th July 2008. The remarkable historic cities of the Strait of Malacca have developed over 500 years of trading and cultural exchanges between East and West in the Strait of Malacca. The influences of Asia and Europe have enriched the towns with a multicultural heritage in tangible and intangible forms. With its government buildings, churches, squares and fortifications, Melaka demonstrates the early stages of this history originating in the 15th-century Malay sultanate, the Portuguese and Dutch periods beginning in the early 16th century. Featuring residential and commercial buildings, George Town represents the British era from the end of the 18th century. These two towns constitute a unique architectural and cultural townscape without parallel anywhere in East and Southeast Asia.

Melaka and George Town are living testimony to the multi-cultural heritage and tradition of Asia influx with the European colonial influences. This multi-cultural tangible and intangible heritage is expressed in a great variety of religious buildings representing different faiths, ethnic quarters, the many languages, worship and religious festivals, dances, costumes, art and music, food, and daily life. The two cities, in particular Melaka, reflect a mixture of influences which have created a unique architecture, culture and townscape unique in East and South Asia. In particular, they demonstrate an exceptional range of shop houses and townhouses. These buildings show many different types and stages of development of the building type, some originating in the Dutch or Portuguese periods (Fig. 2).

Archaeological Heritage of the Lenggong Valley

On 30 June 2012, Malaysia once again held central stage at the international level when Archaeological Heritage of the Lembah Lenggong Valley was recognised as a world heritage site at the 36th session of the World Heritage Committee meeting in St Petersburg, Russia. Covering an area of 398.64ha, provide a series of chronologically-ordered and spatially-associated culture sequences from the Palaeolithic through the Neolithic and Metal periods.

Fig. 2   Melaka and George Town, Historic Cities of the Straits of Malacca

These sites have been chronometrically dated from 1.83 million to 1,000 years ago. Thus, the AHLV is one of the longest archaeological culture sequences found in a single locality in the world. The AHLV also contains a large number of undisturbed in-situ Palaeolithic sites making it, in this respect, unique outside of Africa and of extraordinary importance for the study of the culture of Palaeolithic man. In-situ Palaeolithic sites are extremely rare because over the long time periods involved, natural processes and human activities disturb original context, obscuring and confounding the cultural record. The extraordinary survival of very early Palaeolithic archaeological evidence at Bukit Bunuh BBH 2007 in the AHLV is due to the fact that a meteorite impact 1.83 million years ago preserved many Palaeolithic stone tools in the melted suevite. The evidence for continued hominid presence in the AHLV is found in a long chronological series of in-situ open-air stone workshop sites extending from Bukit Jawa (200,000-100,000 years) to Kota Tampan (70,000 years), and to Bukit Bunuh BBH 2001 (40,000 years).

a. Bukit Bunuh

At the 40,000-year old Bukit Bunuh, a total of 20 trenches were excavated, 5 have been back-filled since 2005 while the remaining 15 trenches are being considered either for backfilling or preparation for display. All the stone artefacts excavated from Bukit Bunuh have been analysed, studied and the result of the study has been published. The majority of these stone artefacts are now stored at University Science of Malaysia. The original and first piece of suevite with the embedded hand axe that has been dated to 1.83 million years ago. In 2009, this hand axe embedded in suevite was inscribed as a National Heritage Object (Gazette No: P. U. [A] 399) in the National Heritage Register. Since this first find, 14 other stone hand axes similarly embedded in suevite have been recovered. At Bukit Bunuh, suevite and stone artefacts were found scattered on the surface and subsurface over an area of about 268.31 hectares. These suevite boulders have neither known commercial nor ornamental value and therefore they are being left undisturbed in Bukit Bunuh.

b. Kota Tampan

At Kota Tampan, two series of excavations were conducted. The excavation site and trenches from 1987 are labelled KT 1987, while the site and trenches from the 2005 excavation are labelled as KT 2005. A catastrophic event, the Toba mega-colossal volcanic eruption dated by OSL (optically stimulated luminescence) to at least 70,000 years ago, had mingled its volcanic ash with the lithic artefacts recovered at Kota Tampan and this mixture has suggested the 70,000-year date for the lithic workshop sites there. At Kota Tampan sites, stone assemblages uncovered from trenches KT 1987 and KT 2005 show that the Palaeolithic inhabitants of Kota Tampan then had a good understanding of the raw materials (quartz and quartzite) and knew how to produce tools that would be the most economic and efficient in terms of their manufacture and use, that is, they were forming and experiencing a mental or cognitive template for stone toolmaking. In 2009, Kota Tampan was inscribed on the National Heritage Register (Gazette No. -in process). The cause of the abandonment of the site that left the workshop in the undisturbed state was a catastrophic natural event. This catastrophic event was the mega-colossal Toba volcanic eruption generally recognised to have happened 74,000 years ago. The evidence of this association of the workshop and the Toba eruption lies in the commingling of volcanic ash with stone tools at Kota Tampan. A chronometric OSL dating at the cultural layer at a Kota Tampan of KT 2005 independently provided a date of 70,000 years ago. Together these dates fix the time of the abandonment to 74,000-70,000 years ago.

c. Gua Gunung Runtuh

Gua Gunung Runtuh contained the remains of Southeast Asia's oldest most complete Palaeolithic human skeleton, the iconic Perak Man, dated by the radiocarbon technique to the late Palaeolithic 10,120 ± 110 BP (Beta-38394) (Fig. 3). Analysis of the remains of Perak Man shows that he was born with a congenital deformity known as Brachymesophalangia type A2, a rare condition which continues to be present in modern human populations. The fact that the Perak Man skeleton was preserved in its entirety (an extremely rare occurrence in Southeast Asia due to climatic conditions which do not favour the preservation of human remains), enables us to understand the genetic make-up and medical history of early human populations. Detailed analyses on the remains of Perak Man indicated that he was a hunter gatherer of the Australomelanesoid affinity. The body of Perak Man was probably prepared for burial before rigor mortis set in and mortuary goods were placed around the body. Perak Man was buried with 10 stone tools, 2,878 of Brotia shells and meat whose bone residues weighed 1.261 kg. Perak Man is the oldest most complete modern human skeleton found so far in Southeast Asia. Perak Man is now a National Heritage Object (Gazette No: P. U. [B] 235) (Fig. 4).

Fig. 3　The entrance of Gua Gunung Runtuh　　　　Fig. 4　Skeleton of Perakman

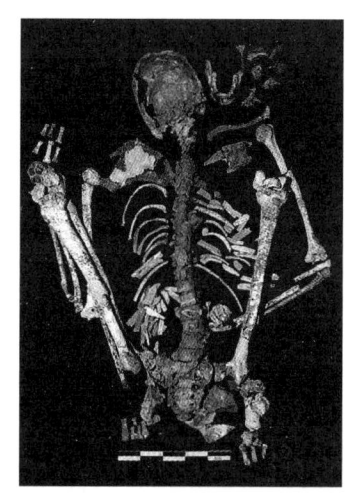

d. Bukit Jawa

The Bukit Jawa has been interpreted as a Palaeolithic tool workshop site on the shores of an island in a palaeolake now long desiccated. The zone is generally undisturbed with the cultural layer protected by a thick overburden. The richness and extent of the finds from both sites suggest that the Palaeolithic population was relatively high, practised a similar lithic technology through time and probably settled on this site because it was a source of the raw material.

This site is now protected under the National Heritage Register (Gazette No: P. U. [B] 149). The technique of tool-making using anvils and hammerstones was similar to but not as technologically developed as that uncovered at Kota Tampan. The completed tools appear to be prototypes of Kota Tampan. Generally, they were mostly from quartz, large and crudely produced with large flakes, and reminiscent of middle Palaeolithic tools. Some are so massive as to require holding with both hands.

e. Gua Kajang

A joint Department of National Heritage Malaysia and University of Science Malaysia (USM) excavation was carried out in Gua Kajang in 2007. This excavation indicated that the cave had been used between about 10,820 ± 60 BP and 7,890 ± 80 BP (radiocarbon dates from riverine shells). At Gua Kajang, two human burials from possibly different cultural layers were also uncovered. However, these skeletons were not complete. One excavation revealed a 50% incomplete female skeleton, was found face down and probably in a flexed position (prone-flexed) with legs folded to the chest and arms folded to the shoulders. Approximately 1 metre away, the leg bones of the other human skeleton were found. The skeletal remains of these two burials were identified as adults but their ages at death cannot be determined. Palaeoanthropological studies show that first excavation bears Australomelanesoid features, which is quite consistent among the late Palaeolithic skeletons uncovered so far in the AHLV.

f. Gua Teluk Kelawar

Systematic excavations in Gua Teluk Kelawar uncovered a human burial in 2004. The skeleton was found buried in a tight foetal position, its bones extremely fragile, poorly preserved and in part crushed beyond recognition. An associated shell sample from the burial has been radiocarbon dated to 8,400 ± 40 BP (Beta-193,000). Associated with the thgis burial were stone tools, animal bones and Brotia shells that are similar to the mortuary goods of both Perak Man. A palaeoanthropological study showed that this burial is a female, was of the Australomelanesoid stock, just like the Perak Man.

g. Gua Harimau

The only large cave site in this core zone and was briefly investigated by Williams-Hunt in 1951 who found skeletal remains of a juvenile associated with a stone adze and pottery that was radiocarbon dated to 3,450 ± 150 BP (Williams-Hunt, 1952). Further excavations conducted by the University of Science Malaysia during the 1987-88 seasons uncovered seven more human burials (Burial 1-Burial 7), dated to between 4,920 ± 270 BP and 1,760 ± 195 BP. 1.4.20 In 1995, four further human burials (Burial 8-Burial 11), dated to between 3,170 ± 60 BP and 3,080 ± 60 BP were also found in Gua Harimau. The burials 1 to 11 were found incomplete and in very fragile conditions. A variety of burial items such as earthenware vessels, stone tools, stone adzes, bark-cloth beater, shells and stone ornaments, food remains, bronze axes and bronze moulds were associated with these burials. Gua Harimau can be considered to hold the most representative set of pottery found in the AHLV. Most were cord-marked bowls and footed vessels shaped from local clay. These types were common throughout prehistoric mainland Southeast Asia.

Tourism and Challenges

Generally, the very reasons why a property is chosen for inscription on the World Heritage List are also the reasons why millions of tourists flock to those sites. Considering heritage as information providers of the past and as being substantial to the understanding of contemporary life, it is a fundamental right to have access to the sites relevant to history. According to the guidelines published by UNESCO, heritage properties especially World Heritage Properties must be accessible to the general public under the supervision of good management programmes to preserve its integrity and authenticity. However, accessibility to the property carries with it the fear for safeguarding of the sites. Visitor management is crucial in protecting the properties and at the same time delivering a quality experience to visitors.

Tourism is one of the Malaysia's major engines of growth and has been earmarked as one of the important economic sectors in socio-economic development strategy. Tourism development is highlighted in every sites inscribed as World Heritage Sites. It is therefore essential that the Integrity and Authenticity of each sites are maintained and protected or else tourism's economic and educational opportunities will be lost along with Malaysia's irreplaceable heritage assets. The concept of sustainable tourism is rooted in the protection and maintenance of the heritage so that it can be enjoyed by both present and future generations. This means protecting the tangible heritage that includes any additional amenities as well as the natural features where those activities took place.

Visitor management covers directing governments and site managers towards sustainable tourism practices as well as managing the number of visitors within the carrying capacity of the property and managing their conduct when they are at the sites. The tourism potential in the area should be optimized without endangering the heritage resources. If developed unsustainably, poorly planned tourism and inappropriate infrastructure will destroy the precious and unique character of the each sites and result in fewer economic and educational opportunities for future generations. It is therefore vital that both heritage property and tourism support infrastructure such as roads, signage, visitor facilities, and food outlets are properly sited and developed in a sustainable way that does not diminish the World Heritage Sites' value. Let us look at the visitor' statistics to each World Heritage Sites (Table 1-Table 4).

Table 1　Kinabalu Park

TOURISTS CATEGORY	2000	2001	2018 (until August)
DOMESTIC	119,663	121,151	446,634
FOREIGN	107,937	75,865	345,172
TOTAL	227,600	197,016	101,462

Source: Periodic Reporting Cycle II (2003), UNESCO website

Table 2　Gunung Mulu Park

TOURISTS CATEGORY	2012	2007	*2018 (until August)
TOTAL	13,711,134	6,023,311	8,739,047
DOMESTIC	10,198,855	4,857,248	5,447,974
FOREIGN	3,512,279	1,366,063	3,291,073

Source: Sarawak Forestry Corporation/Forest Department, Sarawak, *Sarawak tourism

Table 3　Melaka

TOURISTS CATEGORY	2012 (After inscription)	2007 (Before inscription)	2018 (until August)
TOTAL	13,711,134	6,023,311	8,739,047
DOMESTIC	10,198,855	4,857,248	5,447,974
FOREIGN	3,512,279	1,366,063	3,291,073

Source : Immigration Malaysia

Table 4　Georgetown

TOURISTS CATEGORY	2012 (After inscription)	2007 (Before inscription)	2018 (until August)
TOTAL	6,093,189	5,186,611	616,232
DOMESTIC	2,996,282	2,787,260	126,518
FOREIGN	3,096,907	2,399,351	489,714

Source: Immigration Malaysia

Based on these statistics there are a major concern on how Federal government and Municipal Local Council should be able to ensure the promotion of tourism prolong in future time. There was a misunderstanding when an area listed inside UNESCO World Heritage List, it will be a passport to attract the number many travelers to the area that is. However the factor the strength of a natural or cultural site to withstand the number of visitors the high cannot be ignored. By its increasing the popularity of a Site World Heritage (TWD) needs to be managed carefully the visitor management mechanism in efforts to ensure capability limits cover complied. In addition, the main purpose of listing is "promoting recognition, protection and conservation cultural and natural heritage around the world considered very much worthy of humanity. " Basically tourism is a product incidental to listings which requires management and neat monitoring.

Archaeology Heritage Lenggong Valley (AHLV) needs to be highlighted as an iconic site from perspective fully conservative conservation for listing World Heritage Site (WHS). In a comprehensive study on effect of listing WHS and above tourist arrival, Hall and Piggin (2003) reveals though TWD listing adds value and generate more arrivals travelers, most of the listed sites have been studied high tourist arrivals and will continue to grow even without listing WHS. In this context, Lenggong Valley has not yet been included in the list of tourist destinations top Malaysia despite its potential to be part of The exciting tourist corridor begins from Kuala Kangsar to Royal Belum has been. As a tourist attraction, Lenggong Valley attracts interest special market (especially group education) where interpretation and storytelling is important to tourist experience. Besides, physical and physical environment artifacts require enforcement visitor management guidelines strictly based on capacity.

In managing development tourism development concept which is intended to increase good archaeological sites available for become an archaeological tourism product interesting and international standard, according to the status of Archaeological Heritage Lembah Lenggong as Site UNESCO World Heritage. The Valley of Archaeological Heritage Lenggong, proposed product concept major archaeological tourism and secondary while the Buffer Zone exhibiting rural tourism, culture and agriculture as support products. Experience of Archeological Travel Lembah Lenggong in Bukit Jawa, Kota Tampan and Archaeological Heritage Gallery will be three major tourism products for this area. The main products are involved will be equipped with six products secondary archeological tourism, in the form of tourism activities archeology, specialized in the Gua Gunung Runtuh, Gua Teluk Kelawar, Gua Harimau, Gua Kajang, Bukit Bunuh and Bukit Sapi. Basically, the main product need to be developed and packaged as a 'must see' attraction while Secondary product is suitable as a visit / optional table for the tourists more knowledgeable about archeology. In addition, the support product is for travelers who stay longer who are interested in exploring and experience various tourist attractions in rural area. Buffer Zone, instead contains rural tourism products and cultural support like the stay village, fishing activities, boating, small and medium enterprises (SMEs) as well as local food. This product will be reinforced to add another tourist experience in addition of economic benefits to community around. Main and secondary and product combinations support will result in different experience for each travelers. This product will be offer in the form of a tour packages (Fig. 5).

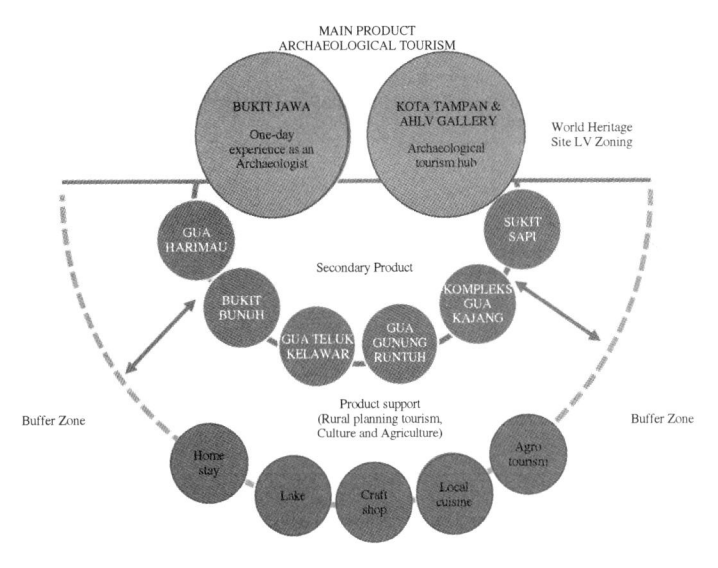

Fig. 5 Archaeology Tourism Development Concept

At the moment, several infrastructure facilities have been built on most sites except the Gua Gunung Runtuh. Shelters has been built on Bukit Jawa and Gua Teluk Kelawar to accommodate a certain number of visitors. These shelter provide adequate information boards and panels containing relevant information on each site. The Gua Kajang has a pedestrian path to help visitors easily explore the area around the cave complex, while interpretation centers and the AHLV Gallery serve as a major point of interest for low-impact tourism development at the time of arrival. Nevertheless, The Lenggong Valley does not fit for large scale tourism at one time but need to be marketed and compartmentalize into segments specifically related to tourism education. Accordingly, there should be a certain limit in covering scale of capacity to protect fragile archeological resources In order to prevent problems and accidents to visitors (Fig. 6).

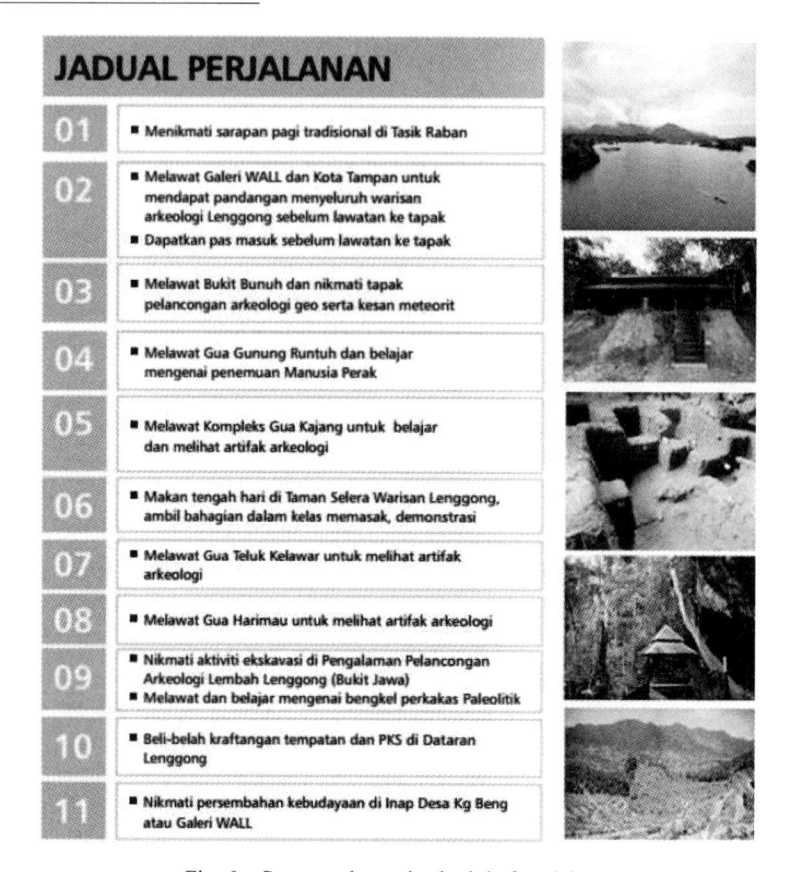

Fig. 6 Suggested travel schedule for visitors

References

Bottoms, J. C. 1965. *Some Malay Historical Sources: A Bibliographical Note* dlm. Soedjatmoko (ed), In Introduction to Indonesian Historiography. New York.

Collingwood, R. G. 1951. *The Idea of History*. Clarendon Press.

ICOMOS. 2002.

Laporan Draf Rancangan Kawasan Khas Arkeologi Lembah Lenggong. Jabatan Warisan Negara.

Muhd. Yusof Ibrahim. 2010. *Sejarawan dan Pensejarahan Melayu: Warisan dan Kesinambungan*. Kuala Lumpur: Dewan Bahasa dan Pustaka.

Noor Arbai'yah Mohd Noor. 2006. *Ilmu Sejarah dan Pensejarahan* (Cetakan Kedua ed.). Kuala Lumpur: Dewan Bahasa dan Pustaka.

Nik Hassan Suhaimi Nik Abdul Rahman. 1998. *Early History: The encyclopedia of Malaysia (Vol. 4)*. Archipelago Press of Editions Didier Millet.

Warisan Arkeologi Malaysia. Jabatan Warisan Negara. 2013.

World Heritage Malaysia. Jabatan Warisan Negara. 2013.

Value Recognition and Protection of Prehistoric Cave Site

Li Mengjing[①]

Abstract: Burrowing is an important form of prehistoric human life. Among the archaeological sites of many prehistoric caves found in China, 39 sites were listed as important heritage sites under state protection. Among them, only the conservation plans for certain sites have been approved for implementation. It's high time for us to discuss how to protect and manage the cave sites. According to some of the published protection zones, the protection zone of most sites covers certain distance from the gate of the cave. Most of the issued conservation plans see the excavated cave as the core protection object. As is known, However, through the study of existing archaeological materials, the scope of prehistoric human activities and the used space of natural environment is usually not limited to the cave and the narrow area nearby the mouth. And, if we see the cave sites as settlements, according to archaeological studies, there must be other area that human uses. Therefore, it's very important for us to study the cave sites more thoroughly and work with archaeologists to make better conservation and management plan to protect the integrity of the site.

Keywords: Cave site, settlement, studies on value, recognition of protection object

The remains of natural caves which were used by human beings are the physical witness of the depth of human cognition of nature and the ability of space utilization. The cave sites discussed in this paper refer to the natural cave sites inhabited or used by human beings for a long time in the early period of man-earth relationship exploration, namely the prehistoric period (mainly from the Paleolithic Age to the early Neolithic Age).

A large amount of prehistoric cave remains have been discovered around the world through archaeological excavations. Most of them are closely related to the evolution of human beings, and the changes in living environment and technology. They are of great value and thus protected as cultural heritages.

Many prehistoric cave sites discovered in China have provided vital archaeological materials for important research topics such as human origin, cultural transmission, business model and social form, and are precious non-renewable resources. How to protect these sites scientifically and completely is a question worthy of full discussion. Only when the sites are protected scientifically can future in-depth scientific research be carried out effectively, exhibition and utilization work be fully carried out, and a scientific interpretation system be established.

The initial premise of scientific protection of sites is comprehensive and accurate site cognition, among which value assessment should be given priority.[②] We should scientifically evaluate the connotation of the value of the sites, and make accurate positioning of the sites, so as to identify the objects of cultural relics protection, and thus formulate protection and management measures. This is the general process of site protection.[③]

---

① Project Manager Of Beijing Guowen Yan Cultural Heritage Protection Center Co, Ltd.
② *Guidelines for the Protection of Cultural Relics and Historic Sites in China*, formulated by the Chinese National Committee of the International Council on Monuments and Sites, and recommended by the State Administration of Cultural Heritage of the People's Republic of China, 2015, Beijing: Cultural Relics Press, pp. 7-8.
③ *Guiding Technical Document for the Standardization of the Protection of Cultural Relics of the People's Republic of China: Regulations for the Protection of Large Sites*, issued by the State Administration of Cultural Heritage, implemented in 2016, p. 5.

Value assessment results from adequate study of archaeological materials. It is not limited to the isolated sites under protection, but also the horizontal comparison of similar sites. As for the prehistoric cave sites, the conservation research should not only be limited to the physical materials of the archaeological remains found at the site, but also include the survival movement of prehistoric people into the research. Combined with the existing archaeological research results, the paper analyzes the human activities and space utilization patterns, fully discusses the nature and connotation of the site, and makes clear the positioning of the site, so as to identify the objects of protection and formulate protective measures.

1 Current situation of cave site protection in China

Chinese government has issued the key cultural relics site under the state protection, among which 39 ancient sites in prehistoric times are cave sites (Table 1). [①]

Table 1 List of prehistoric cave sites listed in key cultural relics site under the state protection

Batch of release	Name	Province	Age	Environment	Isolated mountain	Entrance to cave
First batch	Zhoukoudian Site*	Beijing	Paleolithic Age	√		
Third batch	Jinniushan Site	Liaoning Province	Paleolithic Age		—	
	Hexian Ape Men Site	Anhui Province	Paleolithic Age		—	
	Chuandong Site	Guizhou Province	Paleolithic Age			√
Fourth batch	Dadong Cave Site	Guizhou Province	Paleolithic Age			√
	Shifo Cave Site	Yunnan Province	Neolithic Age		—	
Fifth batch	Haicheng Xianren Cave Site	Liaoning Province	Paleolithic Age		—	
	Wanshouyan Site*	Fujian Province	Paleolithic Age	√		
	Xianren Cave and Diaotonghuan Site	Jiangxi Province	Neolithic Age	√		
	Yuchanyan Site*	Hunan Province	Neolithic Age		—	
	Luobi Cave Site	Hainan Province	Paleolithic Age		—	
	Zengpiyan Site*	GZAR	Neolithic Age			√
Sixth batch	Qianxi Guanyindong Cave Site	Guizhou Province	Paleolithic Age			√
	Huashilang Site	Shaanxi Province	Paleolithic Age	√		
	Tashuihe Site	Shanxi Province	Paleolithic Age		—	
	Miaohoushan Site*	Liaoning Province	Paleolithic Age		—	
	Renzi Cave Site	Anhui Province	Paleolithic Age			√
	Zhiji Cave Site	Henan Province	Paleolithic Age			√
	Jianzhi Homo Erectus Site*	Hubei Province	Paleolithic Age		√	
	Bailian Cave Site*	GZAR	Paleolithic Age	√		
	Liyuzui Site	GZAR	Paleolithic Age			√
	Nanjing Man Fossil Site [②]*	Jiangsu Province	Paleolithic Age			√
	Gantuo Cave Site	GZAR	Neolithic Age	√		

---

① Data source: webs of comprehensive management system of key cultural relics site under the state protection.

② Main carrier of the Nanjing Man Fossil Site is Tangshan Hulu Cave where human fossils were found. And the site was declared as "other sites", but is still classified as a cave site in this paper.

Continued

Batch of release	Name	Province	Age	Type of protection scope		
				Environment	Isolated mountain	Entrance to cave
Seventh batch	Sifang Cave Site	Hebei Province	Paleolithic Age			√
	Huazi Cave Site	Hebei Province	Paleolithic Age			√
	Jinsi Tai Cave Site [1]*	Inner Mongolia	Paleolithic Age	√		
	Qianyang Cave Site	Liaoning Province	Paleolithic Age			√
	Shoushan Xianren Cave Site	Jilin Province	Paleolithic Age	√		
	Wugui Cave Site	Zhejiang Province	Paleolithic Age			√
	Qihe Cave Site	Fujian Province	Paleolithic Age		√	
	Changyang Man Site	Hubei Province	Paleolithic Age			√
	Meipu Ape Site	Hubei Province	Paleolithic Age			√
	Huanglong Cave Site	Hubei Province	Paleolithic Age			√
	Dushizi Cave Site	Guangdong Province	Paleolithic Age			√
	Liucheng Ape Cave	GZAR	Paleolithic Age		√	
	Bubing Basin Cave Sites	GZAR	Paleolithic Age	√		
	Xinchong Cave Site	Hainan Province	Paleolithic Age		√	
	Longguang guanyin Cave Site	Guizhou Province	Paleolithic Age			√
	Dahe Site	Yunnan Province	Paleolithic Age			√

The protection plans marked with * are promulgated and implemented by the provincial government.
Information with — on the protection scope of the site is unknown.

As is listed above, eight of the sites have been announced and implemented by the provincial government, while nine have been approved and are in preparation.[2] More than half of the cave sites have not been fully studied in terms of policy through protection planning (Fig. 1).

For cave sites under the state protection without formulated protection plans, the protection area of the cultural relic sites announced by the provincial government shall be the most important legal basis for their protection and management.

The scope of protection is "the area to ensure the integrity and safety of the protection of the site, and prescribed in the PRC Law on the Protection of Cultural Relics".[3] Integrity is one of the two most important features of a world heritage site. "Heritage can be considered of outstanding universal value only if it is characterized by both integrity and/or authenticity, and if appropriate conservation and management mechanisms are in place to ensure that it is preserved."

The evaluation criteria for completeness include "1. Include all the necessary elements to demonstrate their outstanding universal values. 2. The area is large enough to fully represent the features and processes that embody

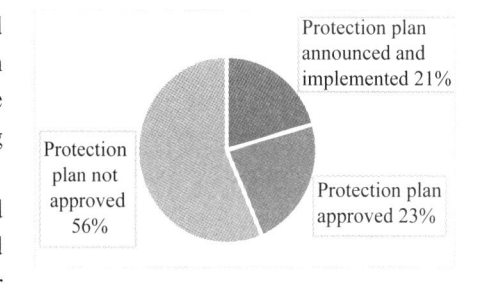

Fig. 1 Compilation and implementation of the protection plan for caves as major historical and cultural sites protected at the national level

---

[1] The protection scope of Jinsitai Cave Site is described as the expansion of the cave mouth. But as the expansion scope is large, including the important surrounding environment of the site, so it is regarded as the environmental region type.

[2] Data source is the same as 3.

[3] *Guiding Technical Document for the Standardization of the Protection of Cultural Relics of the People's Republic of China: Regulations for the Protection of Large Sites*, issued by the State Administration of Cultural Heritage, implemented in 2016, p. 2.

the heritage value. 3. Free from the negative impact of development and/or don't lack maintenance."[①]

The protection of the integrity of the site depends on the value of the site cognition and connotation.

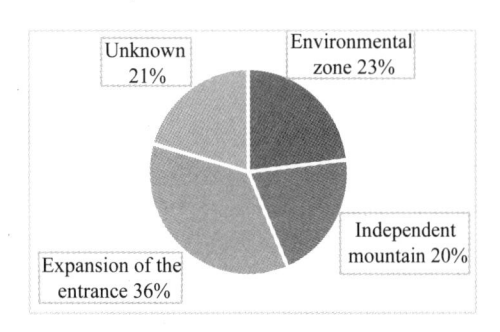

Fig. 2 Classification of the protection scope of caves as major historical and cultural sites protected at the national level

Through the determination of the protection scope and the description and analysis of the boundary of each cave site, we can know the nature of the site and the heritage, which is also the recognition and positioning of the core protection objects.

The protection scope of cave sites under state protection can be roughly categorized into three types: the first covers wide range and includes the surrounding landscape environment. Peking Man Site at Zhoukoudian, which is listed as a world heritage site, is an example. The second takes foot or ridge of the isolated mountain as the boundary. And third type expands several meters from the mouth of the cave (Fig. 2).

According to the analysis of the statistical data, most cave sites that have completed protection plans and have been approved and implemented are classified into different types according to environment. In addition to the caves themselves, the objects to be protected include rich relics of human activities such as "possible distribution areas of cultural relics" and "cultural deposits".[②] It can be seen that the conservation plan positions the cave site as an important link in the interaction between early humans and nature, and recognizes that the cave site reflects the value of using different types of space in a certain area to organize community life. It is not just the cave that is protected.

Of the 14 sites whose protection area covers areas beside the cave mouth, 8 sites expand less than 50 meters from the mouth. It can be seen that for sites whose protection area covers areas beside the cave mouth, the core protected objects are the cave space and the cultural relics in the cave, and the value of the natural cave as the human residence space is emphasized.

Under the condition of fully coordinating the urban development plan of the area where the cave site is located, and respecting the operability requirements of the protection scope, how to better protect the integrity of the cave site is closely related to the choice of the protector made when positioning above two site values. At present, as most cave sites haven't had their protection plan, the discussion on this issue is of practical significance.

2 Relationship between Prehistoric Cave Sites and Human Activities

The evaluation of the scientific value of prehistoric cave sites is based on the in-depth analysis of archaeological data, the comparative study of archaeological sites of the same type, and the study of human survival patterns at that time.

Many archaeologists and anthropologists have put forward different hypotheses to explain the way prehistoric people lived and behaved through a large number of investigations and researches on different sites. Natural cave is an important place for early man to use. Also, there are a large number of open sites. Scholars have tried to explain the nature of the sites, and categorized them into "stone workshops", "dismembered sites" and "central areas" based on the contents of the deposits. These relics are densely distributed in relatively concentrated areas, which can jointly present the activity patterns and social organization forms of prehistoric people.

---

① *Guide of the Implementation of World Heritage Convention*, issued by UNESCO World Heritage Committee, implemented in 2015, p. 16.

② Contents refer to the website of State Administration of Cultural Heritage, and the reply of State Administration of Cultural Heritage on the protection of cave sites: *Wen Wu Bao Han [2012] No. 15 Reply on Conservation Plan of Zengpiyan Site, Wen Wu Bao Han [2008] No. 1335 Reply on Conservation Plan of Jianshi Homo Erectus Site, Wen Wu Bao Han [2010] No. 410 Reply on on Conservation Plan of Bailian Cave Site, Wen Wu Bao Han [2013] No. 3434 Reply on Conservation Plan of Miaoshoushan Site, Wen Wu Bao Han [2005] No. 41 Reply on Conservation Plan of Sanming Wanshou Cave Site*, and *Wen Wu Bao Han [2018] No. 286 State Administration of Cultural Heritage on the Opinions of the Protection Plan of Qihe Cave*.

The "relatively concentrated area" may refer to a narrow area near the mouth of the cave, or a relatively narrow space composed of the cave and the surrounding rivers and hills. It may also refer to a larger geographical area closely related to the acquisition of resources needed for production and living. The successful combination of stone products from different sites proves that the range of early human activities was at least 63 kilometers or more.[1]

Among the existing key cultural relics site under the state protection, in Mingxi Nanshan Site in Fujian Province[2], cave sites were discovered, and wilderness sites of the same period was excavated at the top of the mountain where also locates the caves. It reflects the utilization of different types of space by human beings in a limited area (Fig. 3). And when applying for state protection, it is declared as "settlement site" rather than "cave site".

Fig. 3 Panoramic photo of Nanshan Site

The cave remains of Nanshan Site face streams, and archaeological work has proved the relationship between human activities and the beach. The discovery enriches the research content of space utilization, and plays an important supporting role in identifying protection sites and formulating protection strategies.

Through long-term archaeological investigations and excavations in the Luonan Basin[3], Shaanxi Province, a large number of early Paleolithic sites have been discovered, including Longyadong Cave Site and many open sites (Fig. 4). Based on the study of the spatial distribution of the site and stone products, scholars speculated that Longyadong Cave was once a habitat or central site for a long term, and that the Lunan Basin might be a regional settlement system formed by different early human groups with Longyadong Cave and other residential sites as the center.[4]

---

[1] Wang Shejiang & Shen Chen, Analysis of Settlement Patterns of Early Paleolithic Sites in Luonan Basin, *Archaeology*, No. 4, 2006, pp. 49-60.

[2] Southeast Team, Institute of Archaeology, Chinese Academy of Social Sciences, et al., Brief Excavation Report of No. 4 Cave of Mingxi Nanshan Site in 2013; *Archaeology* No. 10, 2017, pp. 3-22; Fan Xuechun et al., Mingxi Nanshan Site as one of the Six New Archaeological Discoveries of in China in 2017, Fujian Daily, January 17, 2018, edition 002.

[3] Wang Shejiang & Huang Peihua, Study on Stratigraphic Division and Age of Paleolithic Sites in Luonan Basin, Journal of Anthropology, vol. 20, No. 3, August 2001, pp. 229-237; Wang Shejiang et al., Stone Objects Found in Field Sites in Luonan Basin between 1995-1999. Journal of Anthropology, vol. 24, no. 2, May 2005, pp. 87-103.

[4] Same as 10.

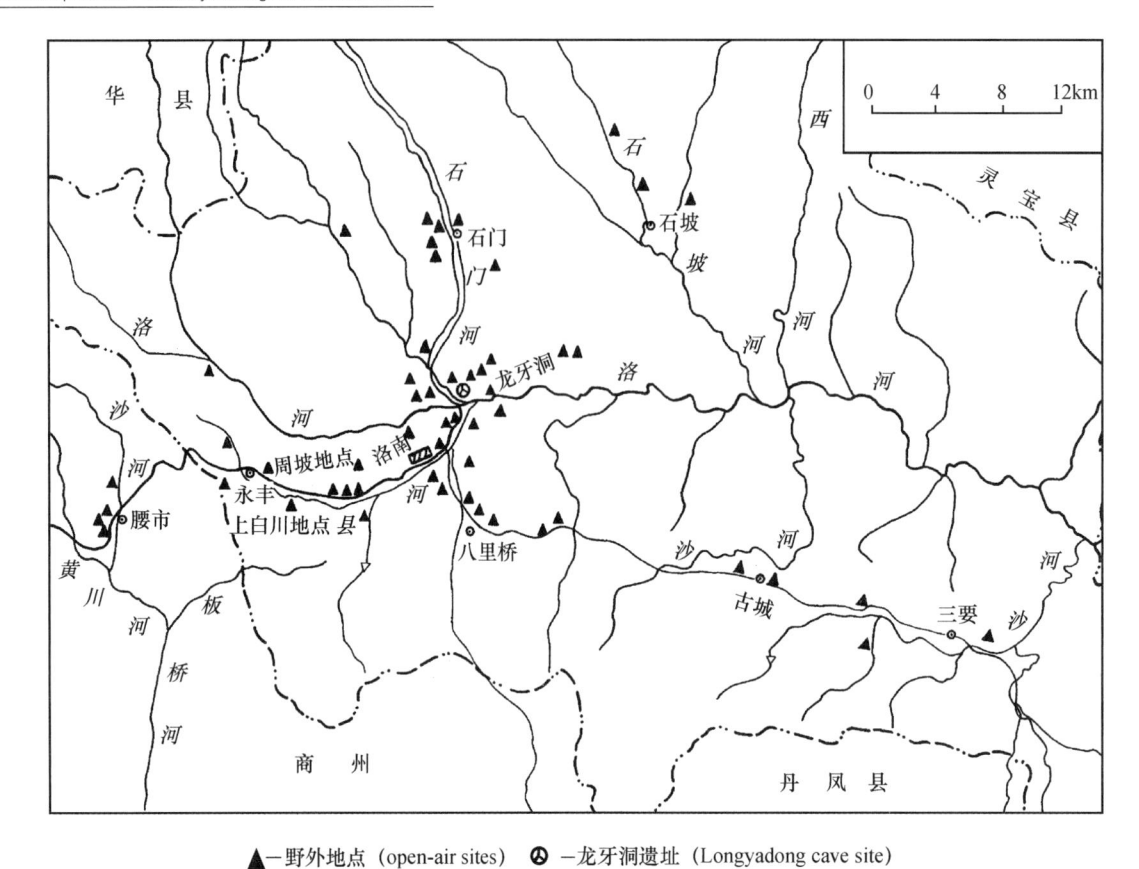

Fig. 4 Paleolithic location in Luonan Basin and geographical location of Longya Cave

Paleolithic sites in the Lunan Basin are related to each other, and jointly reflect the early human life pattern. However, due to the wide distribution, considering the needs of regional social and economic development, as well as the feasibility of protection and management, how to scientifically protect the site still needs to be further discussed. In the current national conservation management system, the site group is divided into two units for conservation and management, namely Huashilang Site (cave site) and Luonan Basin Paleolithic Site Group (settlement site).

3 Cave Sites among World Heritage Sites

We investigate the value research and cognition of the cultural heritage of cave sites in the world heritage list, which is closely related to the evolution and development of early humans. Also, we determine effective protection boundary on the basis of them. It has important reference value to protect the integrity of cave sites (Table 2).

Table 2 Typical cave sites among world heritage sites and their value criteria [1]

Name	Country	Standards for the value					
		i	ii	iii	iv	v	vi
Peking Man Site at Zhoukoudian	China			√			√
Sites of Human Evolution at Mount Carmel: The Nahal Me'arot / Wadi el-Mughara Caves	Israel			√	√		
Fossil Hominid Sites of South Africa	South Africa			√			√
Decorated Cave of Pont d'Arc, known as Grotte Chauvet-Pont d'Arc, Ardèche	France	√		√			

---

[1] Data source: web of UNESCO World Heritage Center.

Continued

Name	Country	Standards for the value					
		i	ii	iii	iv	v	vi
Lower Valley of the Omo	Ethiopia			√	√		
Archaeological Site of Atapuerca	Spain			√		√	
Sangiran Early Man Site	Indonesia			√			√
Lower Valley of the Awash	Ethiopia		√	√	√		

The French Grotte Chauvet-Pont d'Arc Ardèche used the standard "i" because of its outstanding rock paintings, which is "representing a unique artistic achievement, and a creative masterpiece of genius" [1]. It represents the outstanding artistic talent and painting skills of human beings at that time. Out of this value recognition, the main object of heritage protection is the cave space and the art of rock painting inside. In the demarcation of heritage area, the core is to protect the cave. The heritage area is bounded by the ridge of the independent mountain where locates the cave, while the larger environment such as mountain valley and river beach is not included (Fig. 5). [2]

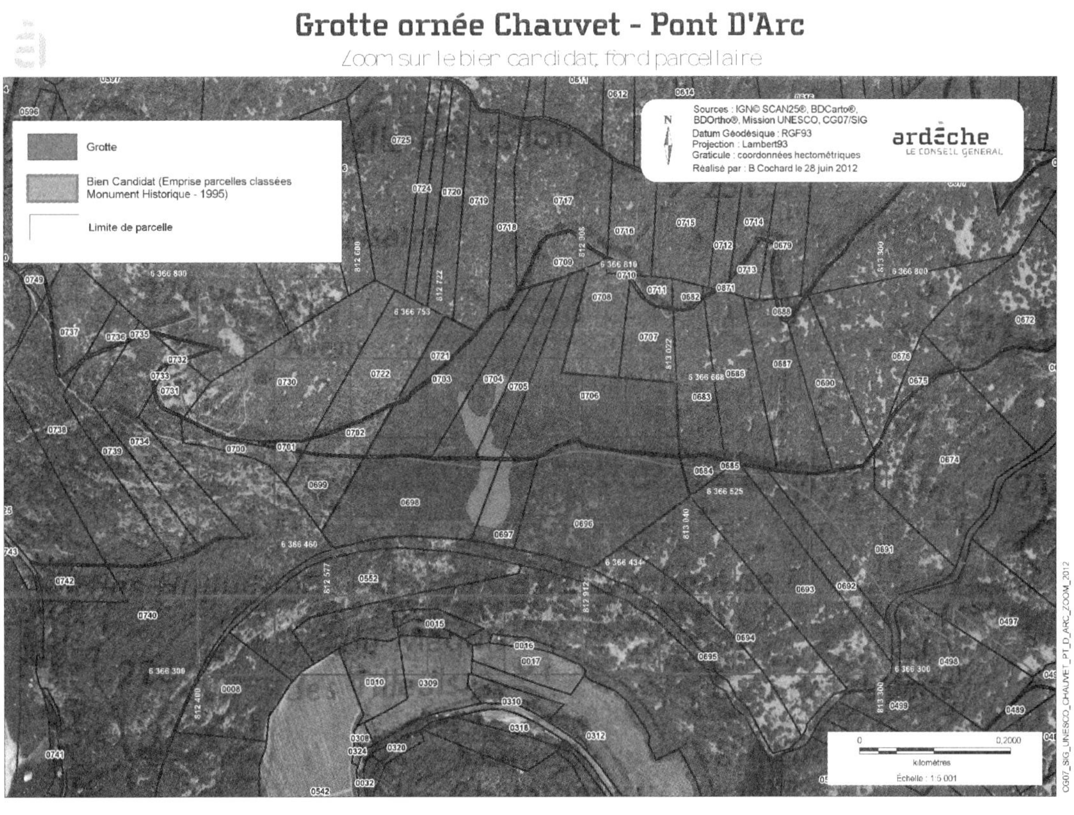

Fig. 5 The plan of the heritage area and buffer zone of the Grotte Chauvet in France

Peking Man Site at Zhoukoudian, Fossil Hominid Sites of South Africa, and Sangiran Early Man Site all follow standard vi, which must be used with other standards of value together to be listed as world heritages. The standard formulates that "there is a direct or substantial connection with events of special universal significance, current

---

[1] *Guide of the Implementation of World Heritage Convention*, issued by UNESCO World Heritage Committee, implemented in 2015, p. 13.
[2] Pictures are from the web UNESCO World Heritage Center. And so do pictures below.

traditions, ideas or beliefs, or literary and artistic works. " ① It emphasizes that the excavation of heritage sites plays an important role in the study of human history (Fig. 6, Fig. 7). Heritage sites are located in specific areas and will continue to provide rich research materials that connect the past and present, now and in the long term. This criterion of value relates to the "process of heritage value" in the integrity of a site.

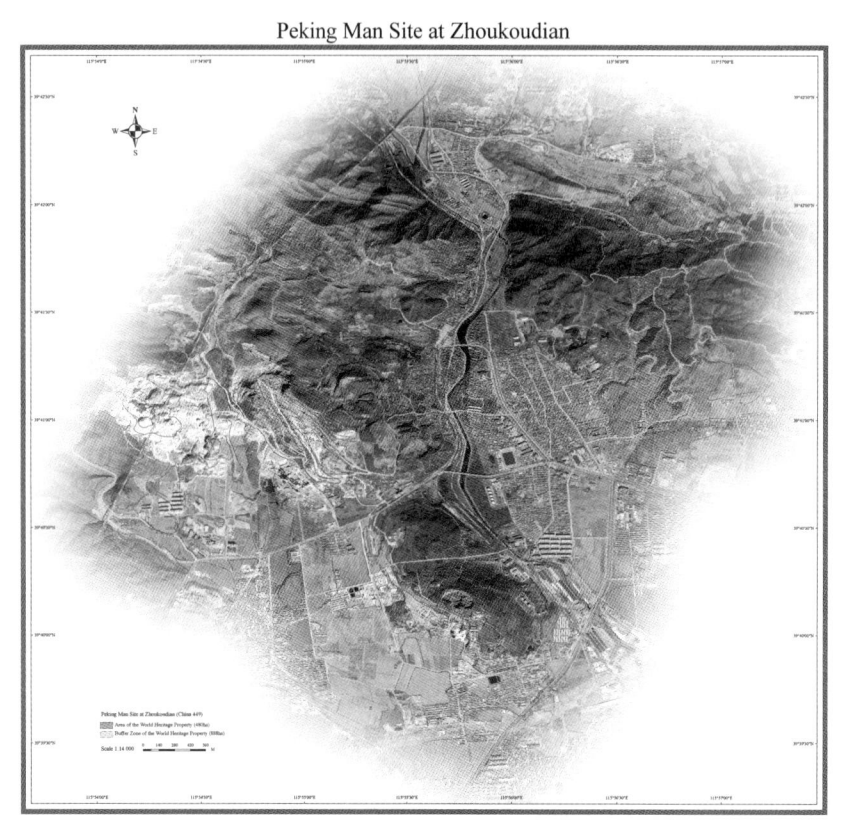

Fig. 6 Heritage area of Zhoukoudian Peking Man Site

Meanwhile, in the positioning of heritage sites, standard ⅵ fully affirms the important value of the environment of the region in which the sites are located as the place for human survival movement and activities (Table 3).

Table 3 Standards ⅵ for cave sites as world heritage sites
Statement of heritage value

Name	Statement of value
Peking Man Site at Zhoukoudian	The discovery of the remains of homo erectus in Zhoukoudian, and subsequent research aroused strong interest in the 1920s and 1930s, overturning the generally accepted sequence of human history at the time. Therefore, the excavation and scientific work of Zhoukoudian Site has important value in the world archaeological history and plays an important role in the world scientific history
Fossil Hominid Sites of South Africa	The site is located in a unique natural environment, which creates a suitable environment for the generation and preservation of human and animal remains, allowing scientists a glimpse into the past. As a result, the site constitutes a vast store of scientific data with a universal scope and considerable potential
Sangiran Early Man Site	The site shows all aspects of the long-term physical evolution and cultural changes of humans in the same environment. The site will continue to provide abundant information

The standard ⅲ is commonly used in determining the value of prehistoric cave sites, that is, "to provide a unique

---

① *Guide of the Implementation of World Heritage Convention*, issued by UNESCO World Heritage Committee, implemented in 2015, p.13.

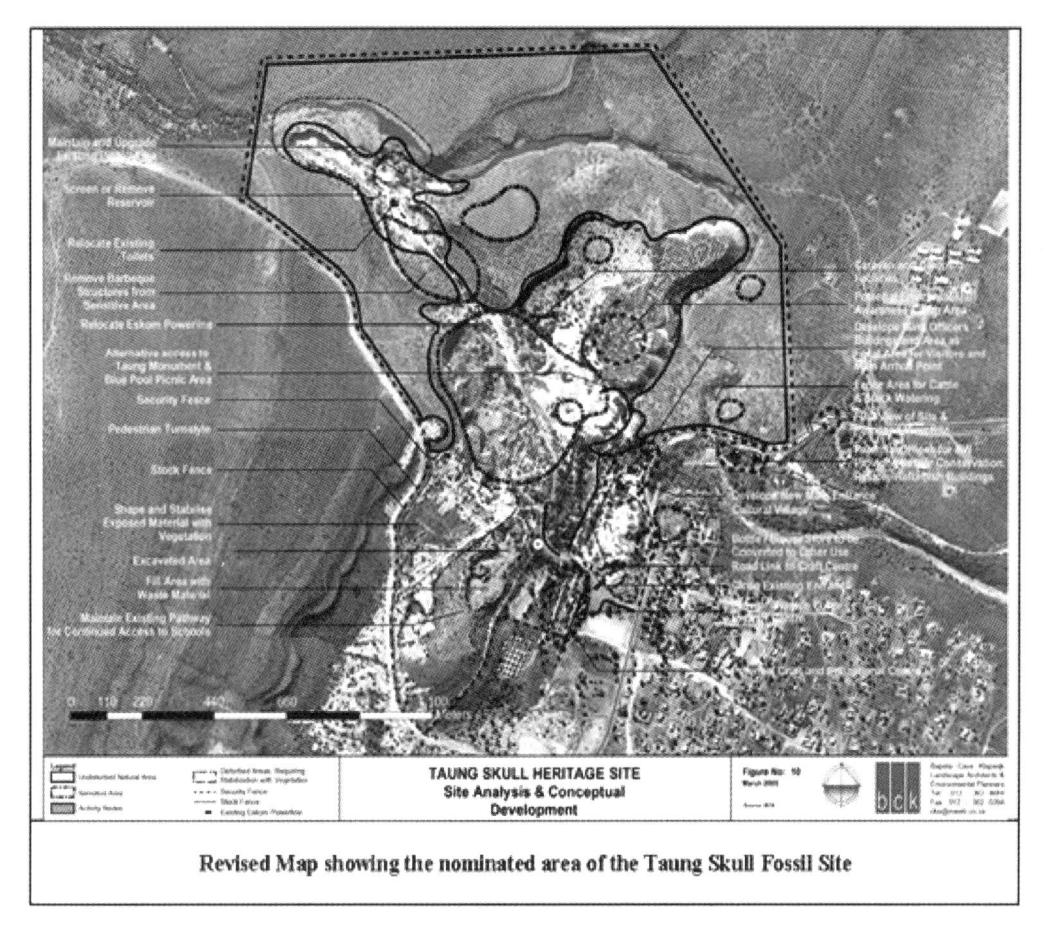

Fig. 7　Homo erectus fossil site in South Africa – heritage area of Taung Skull Fossil Site

or at least special testimony to a lost civilization or cultural tradition" [1]. The expression of this value standard in various heritage sites is the value reflecting the origin and evolution of human beings and the development of technology. The core carrier is the excavated fossils of early human beings and the excavated objects reflecting the technology. This value is basically consistent with that of most prehistoric cave sites in China. The famous Lucy human bones found in Lower Valley of the Awash confirmed the alpha Australopithecus are ancestors of australopithecines and homo sapiens, which changed the cognition of the whole human history. And standard ii states that "in a certain period or a world culture area, able to greatly influence the development of the architecture art, art of monuments, town planning or landscape design" [2].

Such a value positioning highlights the importance of fossil sites that are closely related to human evolution. Also, it emphasizes the relationship among the sites of all the relics unearthed, and they jointly form the evidence of human development process. In the case of Peking Man Site at Zhoukoudian, standard iii stresses the witness function of site to "human society".

Under the guidance of this value orientation, all important sites of human activities will be included in the site protection objects to protect the complete information of human activities.

In the world heritage sites, the values of standard iv and v are frequently used (Table 4).

---

[1]　*Guide of the Implementation of World Heritage Convention*, issued by UNESCO World Heritage Committee, implemented in 2015, p. 13.
[2]　*Guide of the Implementation of World Heritage Convention*, issued by UNESCO World Heritage Committee, implemented in 2015, p. 13.

Table 4 Standard Ⅳ and Ⅴ as values of world heritage cave sites
Standard description of the value of a heritage site

Standard	Name	Value description
Standard Ⅳ	Lower Valley of the Omo	The discovery of Lower Valley of the Omo represents a special development of cultural activity in prehistoric times
	Lower Valley of the Awash	The discovery of human remains at the site, dating back 3 million years, provides an excellent account of human development
Standard Ⅴ	Sites of Human Evolution at Mount Carmel: The Nahal Me'arot / Wadi el-Mughara Caves	The site is the central site of the Natufian culture in the heart of the Mediterranean. This important late Paleolithic regional culture shows the transition from Paleolithic to Neolithic lifestyle. From nomadic to complex settled communities, it is the example of the last hunter-gatherer society, reflecting the multiple attempts to adapt to an agrarian society
	Archaeological Site of Atapuerca	The site's fossil remains form a unique repository of information about the physical nature and lifestyle of Europe's earliest human communities

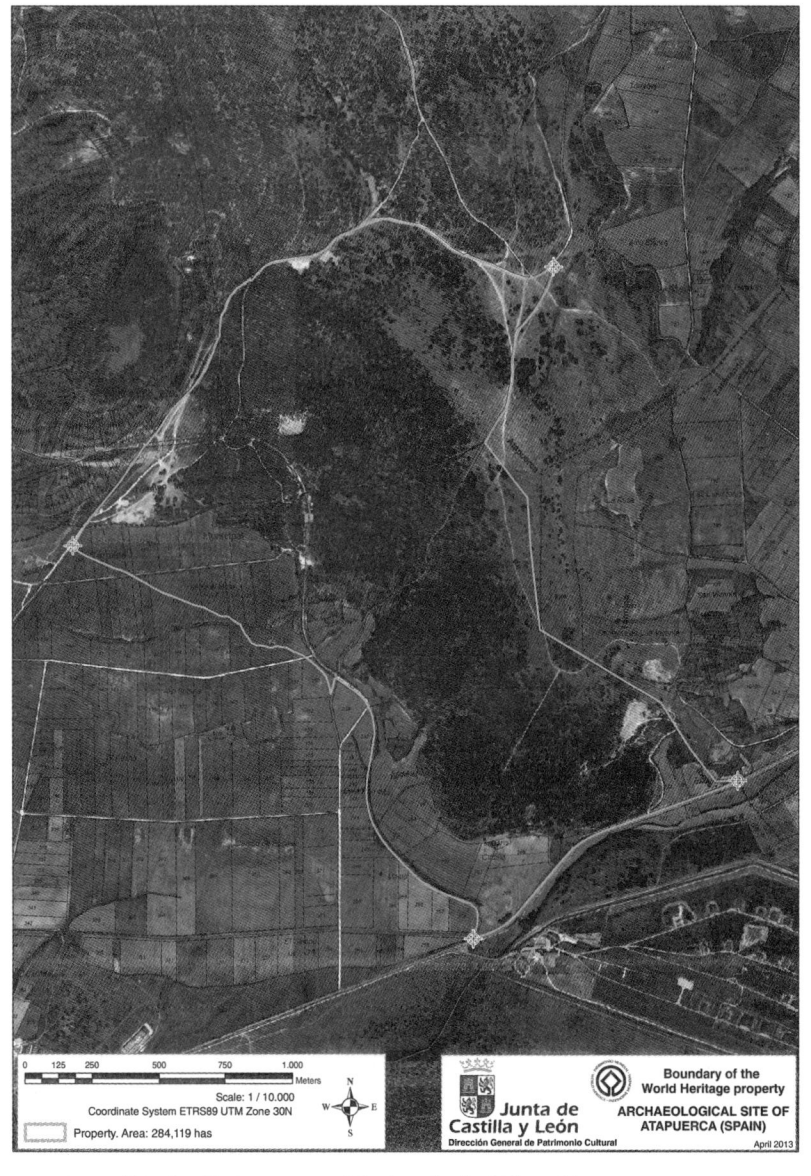

Fig. 8 Heritage area of Archaeological Site of Atapuerca

References

Fan Xuechun et al. January 17, 2018. Nanshan Site in Mingxi County, Fujian Province Selected as Six New Discoveries of Chinese Archaeology in 2017. Fujian Daily.

Principles for the Conservation of Heritage Sites in China made by the Committee of ICOMOS China and recommended by the National Cultural Heritage Administration of the People's Republic of China. 2015. Beijing: Cultural Relics Publishing House.

Operational Guidelines for the Implementation of the World Heritage Convention by the UNESCO Intergovernmental Committee for the Protection of World Cultural and Natural Heritage, implemented in 2015.

The website of the UNESCO World Heritage Center.

The website of the Comprehensive Management System of Major Historical and Cultural Sites Protected at the National Level.

Wang Shejiang and Shen Chen. 2006. Analysis on the Settlement Forms of Early Paleolithic Sites in Luonan Basin. Archaeology, Mo. 4.

Wang Shejiang and Huang Peihua. August 2001. Study on Stratigraphic Division and Chronology of Paleolithic Sites in Luonan Basin. Acta Anthropologica Sinica, Vol. 20, No. 3.

Wang Shejiang et al. May 2005. Stone Products Found in the Field in Luonan Basin from 1995 to 1999. Acta Anthropologica Sinica, Vol. 24, No. 2.

Approval of the Protection Plan of Zengpiyan Site, Letter No. 15 [2012] by National Cultural Heritage Administration.

Approval of the Jianshi Homo Erectus Site Protection Plan, Letter No. 1335 [2008] by National Cultural Heritage Administration.

Approval of the Bailiandong Site Protection Plan, Letter No. 410 [2010] by National Cultural Heritage Administration.

Approval of the Miaohoushan Site Protection Plan, Letter No. 343 [2013] by National Cultural Heritage Administration.

Approval of the Wanshouyan Site Protection Plan, Letter No. 41 [2005] by National Cultural Heritage Administration.

Opinions of the National Cultural Heritage Administration on the Protection Plan of Qihedong Site, Letter No. 286 [2018] by National Cultural Heritage Administration.

Guiding Technical Document for the Standardization of Cultural Relics Protection of the People's Republic of China: Specifications for the Protection Plan of Large-scale Sites by National Cultural Heritage Administration, implemented in 2016.

Southeast Working Team of the Institute of Archaeology, Chinese Academy of Social Sciences. 2017. Excavation Briefing of No. 4 Cave of Nanshan Site in Mingxi County, Fujian Province in 2013. Archaeology, No. 10.

Stonehenge 100: Managing a Global Prehistoric Icon in the 21st Century

Heather Rose Sebire[1]

Abstract: As with the discovery of Peking Man in the Zhoukoudian cave one hundred years ago, Stonehenge has just celebrated one hundred years since the site was gifted to the British nation. The British Government has been conserving and managing Stonehenge since that time while welcoming local, national and international visitors to the site. In 1986 Stonehenge along with Avebury and associated sites covering a landscape of c. 50 square kilometres was inscribed on the World Heritage list, adding new responsibilities but also opening up the site to wider audiences. As global cultural tourism continues to grow English Heritage has developed the site with visitor facilities that are fit for the modern day. The Stonehenge Environmental Improvements Project had the vision to restore a sense of dignity and wonder to the setting of Stonehenge and provide all visitors with a high quality experience. This included building a new visitor centre at a location further from the Stones than before and providing inspiring new interpretation and exhibitions. By removing a road and outdated visitor facilities near the site, we were able to restore the ancient landscape setting of Stonehenge and re-unite the monument with its ancient processional route known as The Avenue. Visitor numbers at Stonehenge have increased by over 50% since the new facilities were opened in December 2013 and continue to grow. This paper will look at the presentation of Stonehenge both in its landscape and in the new Visitor Centre and discuss the implications of the sustainable management of mass tourism and the long term conservation of the site not least as a major road development is planned very close by which will have implications for visitor access. Comparisons will also be drawn with other UK World Heritage and other European prehistoric sites.

Keywords: Stonehenge, conservation, management, cultural tourism, sustainable development

The fossilised bones of what became known as Peking Man were found in the Zhoukoudian cave in China one hundred years ago in 1918. In celebration of this centenary the cave site has been protected with a stunning eco-cover and a new visitor centre built nearby which tells the story and significance of the discoveries. The iconic stone circle known as Stonehenge is also celebrating one hundred years, not since its discovery but since the site was gifted to the British nation (Fig. 1).

The British Government has been conserving and managing Stonehenge since 1918 while welcoming local, national and international visitors to the site. Stonehenge is among the world's most iconic and best known archaeological sites. Built over 4,000 years ago it is still one of the most intriguing and remarkable monuments in the world. The World Heritage Site of Stonehenge, Avebury and Associated Sites (WHS) was inscribed by UNESCO in 1986 for its complexes of outstanding prehistoric monuments. Since that time the importance of Stonehenge is perhaps best captured within the vision included in the World Heritage Site Management Plan (Simmonds &

---

[1] Senior Property Curator Stonehenge, English Heritage.

Fig. 1 Stonehenge

Thomas, 2015): *"The Stonehenge World Heritage Site is globally important not just for Stonehenge, but for its unique and dense concentration of outstanding prehistoric monuments and sites, which together form a landscape without parallel."*

The World Heritage Site is in two distinct geographical areas some 36 kilometres apart which have different characteristics.

The Stonehenge part of the World Heritage Site covers around 2,600 hectares (26 sq km) and contains over 700 known buried and upstanding archaeological sites and monuments, 175 of which are scheduled ancient monuments. Some of the sites and monuments are earlier chronologically than Stonehenge and some are later. The sites earlier than Stonehenge include the Stonehenge Cursus and Neolithic Long Barrow and the Winterbourne Stoke Long Barrow cemetery (c 3500BC). Monuments that are thought to date from the time of Stonehenge (c 2500 BC) include the complex monument that comprises the stone circle, along with the Avenue, Woodhenge, and Durrington Walls henge and settlement. The sites later than Stonehenge include the Normanton Down barrow group and numerous other Bronze Age burial mounds and cemeteries forming the greatest concentration known in the United Kingdom (c 1800 C). The iconic stone circle of Stonehenge therefore does not sit in isolation but is part of a very complex prehistoric landscape (Fig. 2).

Fig. 2 Aerial photograph of the Stonehenge landscape

The Avebury part of the World Heritage Site covers c. 2,500 hectares (25 km^2). It is characterised as an ancient ritual landscape with c 300 monuments dating back over 5,000 years.

The sites include the massive henge and Stone circles at Avebury (c 2600-1800 BC), Silbury Hill, Europe's largest mound built by prehistoric people, the Sanctuary, West Kennet Avenue and the Neolithic causeway enclosure settlement at Windmill Hill (Fig. 3).

Stonehenge 100

On 21 September 2015 the parcel of land that included Stonehenge came up for auction. It was sold to a local man called Cecil Chubb for £6,600. Stonehenge was a part of the Amesbury estate which had been divided into lots and put up for sale, following the death of the heir to the estate in the opening months of the First World War. This sad event was shortly after the death of the owner Sir Edmund Antrobus himself. No one else in the family wanted to take the on the estate at that time.

The story goes that Cecil Chubb went along to the auction at the Palace Theatre in Salisbury with an instruction

Fig. 3　Aerial view of the Avebury stone circles

from his wife to buy a set of dining chairs. Instead he purchased 'Lot 15: Stonehenge with about 30 acres, 2 rods, 37 perches of adjoining downland' which was apparently intended as a gift for his wife. Indeed both of their names appear on all the later documents relating to ownership of the site. Cecil Chubb remarked to the reporter that when he went into the sale room he had no intention whatsoever of buying Stonehenge. Chubb remarked 'while I was in the room, I thought a Salisbury man ought to buy it, and that is how it was done.' Three years late Chubb gifted Stonehenge to the British nation which then began a hundred years of care and conservation by the government department that became English Heritage.

Stonehenge Visitor Centre

Stonehenge today is one of Britain's best-known tourist destinations with over 1.5 million people visiting in 2018, three quarters of whom are from overseas. Before 2013 the former visitor facilities were not fit for purpose. There were outdated temporary buildings that visitors had to pass through. They had to serve ticketing, a café and a small shop. At busy times there were so many people that the main visitor facilities became very crowded. Until late 2013 the landscape was also compromised as the A344 road cut Stonehenge from the Avenue and ran extremely close to the Heel Stone.

After many years of planning the Stonehenge Environmental Improvements Project (SEIP) was initiated and new visitor facilities were built at Airman's Corner on the edge of the World Heritage Site. The new Visitor Centre was designed to sit as unobtrusively as possible in the contours of a dry valley and designed to be reversible. Much of the funding came from the UK Heritage Lottery Fund and private donors. The new Visitor Centre building designed by Stephen Quinlan of Architects-Denton Corker Marshall was opened to the public to great acclaim on 18th December, 2013 (Fig. 4).

Alongside building new visitor facilities the project known as SEIP had other objectives.

These were to:

• Improve the landscape setting of Stonehenge, by reducing noise and visual intrusion from inappropriate structures and roads

• Significantly enhance the visitor experience through the provision of improved, environmentally sustainable, visitor facilities

• Enhance the interpretation of the World Heritage Site and improve access to selected monuments

Fig. 4 The new Visitor Centre at Stonehenge

- Enhance the education/ learning experience, thereby improving understanding of the World Heritage Site

The old visitor facilities have now been taken away and the ground underneath reinstated to grassland. It was also possible to close the road known as the A344 which ran very close to the stones and the Heel Stone in particular, to general traffic. This road is still partly in use to bring visitors down from the Visitor Centre to the stone circle but was removed and restored to grass land in the area closest to Stonehenge itself. The top of the Avenue was reunited with the Stone circle. This is a huge improvement (Fig. 5).

However, one major route known as the A303 still runs to the south of the site and bisects the World Heritage Site. Plans are currently underway to build a tunnel to take the road out of this

Fig. 5 Stonehenge reunited with the Avenue

part of the landscape as it till runs close to the south of the stone circle. The project is controversial however and so will be subject to a Planning inquiry and scrutiny by ICOMOS and UNESCO. A decision should be made early in 2020.

The recent Stonehenge Environmental Improvements Project (SEIP) has gone a long way to achieve the objectives of improving the landscape setting of the Stonehenge, by reducing noise and visual intrusion from inappropriate structures and roads; significantly enhancing the visitor experience through the provision of improved, environmentally sustainable, visitor facilities; improving the interpretation and improving access to selected monuments thereby enhancing the learning experience for visitors and increasing understanding of the wider World Heritage Site. A lot of this work was achieved by working closely with other heritage partners including the National Trust and Wiltshire Council. The success of the project has coincided with the rise in global tourism and has brought a huge increase in visitors –many more than were envisaged when the scheme was drawn up.

The challenge now lies in conserving and managing the World Heritage Site while protecting its authenticity and Outstanding Universal Value i. e. keeping the Site sustainable while protecting it for the next 100 years and beyond. Maintaining a vision for Stonehenge while ensuring commodification does not occur but also addressing the World Heritage Convention's strategic objectives of *Credibility*; *Conservation*; *Capacity Building*; *Communication* and *Communities* is at the fore-front of the conservation management and smooth operation of the site.

UNESCO drew up the Convention concerning the Protection of the World Cultural and Natural Heritage in 1972 and then in 2002 added the objectives known as the Budapest Declaration on World Heritage (UNESCO, 2002) which included the strategic objectives of Credibility, Conservation, Capacity Building and Communication. In 2007

New Zealand asked for Communities to be added making up the 5 'C's. This was accepted (UNESCO, 2007).

We are we addressing these strategic objectives at Stonehenge in many different ways.

Credibility

The first objective of credibility relates very closely to English Heritage's core value of Authenticity.

We seek to be true to the story of the places and artefacts that we look after and present. We don't exaggerate or make things up for entertainment's sake. Instead, through careful research, we separate fact from fiction and bring fascinating truth to light (English Heritage, 2019, 40).

Every new interpretation project is well researched and very often based on recent excavations or analysis. Senior members of the curatorial team often work with other museums to mount temporary exhibitions such as the current partnership with the British Museum. The exhibition is called *Making connections: Stonehenge in its prehistoric world*. It focusses on how at the time of Stonehenge, people connected with others and with the world around them by making and sharing objects. The exhibition is housed in the temporary gallery at the Stonehenge Visitor Centre and tells the story of changing prehistoric connections through precious objects of stone, chalk, gold and bronze. These exhibitions usually run for a period of six months.

Research programmes from Universities and other bodies are encouraged and supported as much as possible. These may include geophysical survey, topographical survey and in some cases small targeted excavations. Recent work includes the Stonehenge Riverside project (Parker Pearson, 2008) and the Hidden Landscapes project (Gaffney, 2012) Education programmes and events and even retail products are also checked for authenticity.

Conservation

The second UNESCO objective of conservation relates very closely to English Heritage's core value of Responsibility.

We take the responsibilities of our different roles very seriously, whether as host to millions of visitors or conserving some of England's finest historic sites and artefacts (English Heritage, 2019, 40).

Conservation of the site is taken very seriously and often advice is sought from specialist bodies such as grass management experts, lichenologists and stone conservators if any damage is suspected.

In 2012 a laser scan was taken of every stone primarily to inform parts of the new permanent exhibition at the Visitor Centre but this is also a very good management tool. There is a record of all the faces of every stone, all the tool marks and evidence of working are recorded along with all the early and modern graffiti. As technology advances this exercise can be repeated which will give a comparative record of any damage or wear and tear to the stones (Abbott, 2012).

Many of the stones are covered with lichens which were surveyed at in 2003 when 77 different species growing on the stones were found, several of which are nationally rare or scarce. The lichen types at Stonehenge are broadly similar to those at the nearby stone circle at Avebury, but with some interesting exceptions. Two new species were found in a more recent survey in 2017 which indicates that the lichens are thriving (Giavarini V & James P 2003).

Much of the conservation revolves around grass management (Fig. 6). The outer area of what is called the monument field is grazed with sheep but they do not roam over the stone circle itself. Visitor paths are constantly monitored and a scheme of changing the route of paths as required is in place to try to help with erosion from foot fall. However with the effects of climate change and differing weather patterns this can be a challenge. The visitor route has recently changed to include walking on the old road bed of the A344 which was closed to traffic as part of SEIP which will help to allow constant full circulation of the stone circle by visitors.

Capacity building

The SEIP project needed new infrastructure to be installed to service the Visitor Centre. This included the

Fig. 6　Grass pathways at Stonehenge

Visitor Centre itself which is the 'Welcome to Stonehenge'. The building is sited on the edge of the World Heritage Site in order to keep these modern intrusions as far away from the stones as possible. The infrastructure included a transport system with eco-friendly buses and an environmentally friendly water supply and sewage system which were all built away from the stones.

Visitor footfall is a major factor at the stone circle as many of the paths are surfaced in grass and it is a constant challenge to keep the paths suitable to walk on. There are several ways we can manage the flow of visitors. We know when the coaches will arrive as they are all pre-booked which gives us control of their arrival pattern. There is also a booking system which includes timed ticketing so the site is not overloaded at any one time. The site is open for longer during the spring and summer. However it is impossible to legislate against the holiday patterns of most local UK visitors who will come in the school summer holidays, English Heritage has to embrace large numbers in the summer months as it is an outdoor site and so the visit is very weather dependent.

Travel planning is very important to protect Stonehenge and its rural setting and English Heritage's policy is to maintain a balance through encouraging people to travel by coach rather than by car. Since opening the new Visitor Centre in 2013, the number of people visiting by coach and motor caravans increased and so there were problems with capacity in the car park. A new project was drawn up to address this and planning permission was granted for a larger coach park. English Heritage addressed the problem and assessed the most sustainable way to react to this need and put investment in to accommodate this successfully.

There is a slightly quieter time in winter when we have an exhibition programme during shoulder months to attract local repeat visitors but we are aware that Stonehenge is permanently a destination for global tourism.

Communities

One of English Heritage's strategic pillars is *Involvement* and this is well demonstrated by the active community that centres on Stonehenge.

This includes a thriving volunteer programme with over 100 volunteers who take on different roles not least demonstrating Neolithic life to visitors in replica Neolithic houses (Fig. 7).

In the outdoor exhibition gallery at the Visitor Centre, five Neolithic houses were successfully built by volunteers under the guidance of Luke Winter then from the Cranborne Ancient Technology Centre. They are now an integral part of the outdoor interpretation at the Visitor Centre. Currently at Stonehenge, volunteer roles include Visitor Volunteer, Neolithic Interpreter, Exhibition Volunteer and Education Volunteer. On the volunteering database there are 110 volunteers who deliver 148 roles at Stonehenge alone. Despite these impressive statistics the English Heritage website still encourages people to volunteer, particularly for the Neolithic houses at Stonehenge.

Fig. 7   The Neolithic village at the Stonehenge Visitor Centre

> *Built by a team of 60 volunteers, our Neolithic houses at Stonehenge give us a fantastic opportunity to show our visitors what life was like for people 4,500 years ago. They're full of authentic tools and furniture, but we need volunteers to bring the houses to life by demonstrating everyday Stone Age skills and techniques.* (English Heritage www. english-heritage. org. uk).

English Heritage recognises the need to invest in the skills of the volunteers so they become advocates for Stonehenge and the organisation.

Another example of active participation at Stonehenge is related to the pagan groups who wish to observe special events in their calendars such as the summer and winter solstices (Worthington, 2004, 57).

These are managed as Open Access for all but English Heritage manages a 'Round Table' of representatives from the Pagan and Druid communities who we liaise with to address any needs and concerns. Many of these groups believe that Stonehenge is their place of worship and so these spiritual needs must be respected.

We also welcome over 60,000 free education visitors every year (young and adult) and have a dedicated space to welcome school groups where they can get hands on with prehistory. When the Visitor Centre was being planned an Interpretation and Education plan was drawn up to ensure that Outreach was a major factor (Carver, 2011).

Communication

Another demonstration of *Involvement* is through communication that centres on Stonehenge.

As well as the free education scheme local residents have free entry along with English Heritage and National Trust members.

English Heritage helped to facilitate a very successful project called *Human Henge* led by Professor Tim Darvill of Bournemouth University which held events at Stonehenge and in the wider landscape for people with mental health issues. *Human Henge* was an initiative in partnership with the Richmond Fellowship, English Heritage and Bournemouth University and funded by the Heritage Lottery Fund and Amesbury Area Board. This research project had been set up to use Stonehenge as a link to mental health in a therapeutic landscape. Professor Tim Darvill is the lead academic on the project, a well-known expert in the archaeology of Stonehenge. The project is not about the archaeology of the landscape *per se* but focusses on the importance of health and well-being. It is using Stonehenge and all it has to offer as a therapeutic backdrop to supporting well-being. Human Henge is a breakthrough project which has created engaging sessions, provides physical activities and supports social networks. A series of walks and talks and interactive activities have already taken place and members of the group have enthusiastically engaged with the project.

English Heritage also sends out a Community newsletter twice a year and has internal newsletters for staff. We maintain a policy of being open and engaging with the public and positive to suggestions for events. We participate in a landowner's forum which is specific to event management. We are often represented at local council meetings when relevant.

Commodification

At English Heritage we are confident that we do not consider Stonehenge a commodity to be used for commercial purposes but we do have many challenges, which we are addressing with careful sustainable forward planning. A ten year Master Plan is being drawn up with many stakeholders to address the issue of sustaining the success of Stonehenge along with the protection of the monument and finding the right balance of support for the English Heritage charity. The success of the site contributes to the English Heritage charity which holds over 420 other sites in guardianship in England for the nation. We have to balance our aspirations with the reality of the demands of the public. However our own priorities are foremost to protect the monuments in guardianship in perpetuity on behalf of the nation, to provide a really good informative visitor experience and to sustain the infrastructure

It is also necessary to contribute to the World Heritage Site Management Plan priorities. The Management Plan provides the overall framework for protection and management of the World Heritage Site and English Heritage are key partners in its production and delivery. We are constantly monitoring what we do and work within realistic parameters building on what we have in place already.

Tripadvisor is sometimes useful for us to monitor comments from the public.

Awesome

Great experience, amazing how this was built or even how the stones were moved.

Spent 4 very nice hours looking at the displays and the stones.

Caught the free bus to the stones and had a very nice walk back to the tourist centre and car park.

Highly recommend.

A must visit!!

I visited with a son and two grandsons, ages 14 and 10. We found the museum very interesting and then the walk around the stones fascinating. The grandsons will never forget this visit.

Charlotte from Carolina.

Literally stones.

We saw this as it was an obvious point of interest that is spoken about in English history. We were all pretty bored. The stones are... neatly placed stones, in a field. The tickets are expensive for what it is to be frank. Would I return? No. The traffic at passers-by is ridiculous! Of course, cars slow down to see Stonehenge and it causes such a back log-mate Park up or get a ticket!

Other World Heritage sites

Alongside Stonehenge, English Heritage has other parts of other World Heritage Sites in its care. One of these is world's most iconic and revolutionary monuments to the Industrial Revolution. This is the Ironbridge at Coalbrookdale in Shropshire. It was the world's first cast iron bridge. Spanning the River Severn this magnificent structure was built between 1777 and 1781 to the designs of Thomas Pritchard and financed by the ironmaster, Abraham Darby. English Heritage recently carried out a major programme of repairs as the bridge had many components that were cracked and suffering from rust. It was decided to run a '*Conservation in Action*' programme during the works stage and so a special scaffold was erected that cantilevered out from the bridge and gave visitors the chance to see through the shrouding to the works in progress. This walkway was very popular with visitors as being able to move across the scaffold gave visitors the chance to examine the bridge and the conservation works in detail (Fig. 8).

Fig. 8   The Conservation in Action scaffold at Ironbridge

Carnac

The site of Carnac in Brittany, France is famous for its complexes of Neolithic stone rows and megalithic burial chambers. The site is preparing its nomination to be inscribed as a World Heritage Site. As a member of the Scientific Committee I and other members have visited the many monuments that make up the site which runs over a large area and takes in 26 communes. The work has been challenging because the monuments are spread over a wide area and are partly situated in villages and towns or close to the sea (Fig. 9). A variety of specialists have been advising on different aspects of the site.

One piece of work I was asked to do was prepare a comparison chart between Carnac and Stonehenge (Table 1).

Table 1   A comparison chart between Carnac and Stonehenge

Stonehenge and Avebury WHS	Proposed WHS at Carnac
Iconic well known monuments.	Alignments well-known and iconic.
Avebury in village setting.	Many of the Carnac area's sites in village settings.
Stonehenge attracts many visitors who have to be managed.	Many visitors visit Carnac especially in summer.

Continued

Stonehenge and Avebury WHS	Proposed WHS at Carnac
Exceptional archaeological survival. Potential for further information on burial practices in the Neolithic and Bronze Age. Potential for the study of artistic carvings on the monuments. Potential for study of construction techniques through laser scanning.	Carnac also has exceptional survival of monuments. Potential also at Carnac for further information on burial practices in the Neolithic and Bronze Age. Potential for further study of exceptional artistic carvings. Potential for study of construction techniques through laser scanning.
The whole World Heritage Site vulnerable to mass tourism. Areas of the World Heritage Site vulnerable to development.	The potential World Heritage Site may be vulnerable to mass tourism. Some areas of the proposed World Heritage Site may be vulnerable to development.

This has been helpful to consider the issues which will need to be addressed in a future management plan for the Carnac sites.

Conclusion

In 2018 Stonehenge celebrated 100 years since Stonehenge was donated to the nation by Cecil Chubb on 26th October (Fig. 10). A special event took place to celebrate. A special piece of music was commissioned which was played within the stones and a tea party took place and many local people were invited including one local resident who was 100 years old. There were many events during the year which the public were invited to, such as experimental stone raising and a monthly lecture programme which ran through the year.

Fig. 9 Carnac alignments

All who work at Stonehenge are looking forward to sustaining the monuments for the next 100 years.

Fig. 10 Stonehenge 100 is celebrated at the site in 2018

References

Carver E. 2011. Stonehenge World Heritage Site A Strategy for Interpretation, Learning and Participation 2010 –15. English

Heritage.

English Heritage. 2019. *Securing our Future 2019-2023 Strategic Plan*. Swindon.

English Heritage website re volunteering https: //www. english-heritage. org. uk/support-us/volunteer/

Gaffney V. 2012. *The Stonehenge Hidden Landscapes Project.* Published online 30 April 2012 in Wiley Online Library (wileyonlinelibrary. com) DOI: 10.1002/arp.142.

Parker Pearson, M. 2008. Durrington Walls excavations https: //www. sheffield. ac. uk/archaeology/research/2.4329/intro.

Simmonds S & Thomas B. 2015. *Stonehenge, Avebury and Associated Sites World Heritage Site Management Plan*. (Published on behalf of the Stonehenge and Avebury World Heritage Site Steering Committees)

UNESCO. 2002. *BUDAPEST DECLARATION ON WORLD HERITAGE Decisions of the 26th Session of the World Heritage Committee* WHC-02/CONF. 202/25.

UNESCO. 2007. *Proposal for a 'Fifth C' to be added to the Strategic Objectives* WHC-07/31. com/13B.

Abbott M & Anderson-Whymark, H. 2012. Stonehenge laser scan: archaeological analysis. English Heritage research report series 32-2012 English Heritage.

Giavarini V & James P. 2003. Lichen Survey of Stonehenge, Amesbury, Wiltshire Privately circulated report.

Appendix 1
BUDAPEST DECLARATION ON WORLD HERITAGE

1. *We, the members of the World Heritage Committee, recognize the universality of the 1972 UNESCO World Heritage Convention and the consequent need to ensure that it applies to heritage in all its diversity, as an instrument for the sustainable development of all societies through dialogue and mutual understanding.*

2. *The properties on the World Heritage List are assets held in trust to pass on to generations of the future as their rightful inheritance.*

3. *In view of the increasing challenges to our shared heritage, we will:*

   a. *encourage countries that have not yet joined the Convention to do so at the earliest opportunity, as well as with other related international heritage protection instruments;*

   b. ***invite*** *States Parties to the Convention to identify and nominate cultural and natural heritage properties representing heritage in all its diversity, for inclusion on the World Heritage List;*

   c. ***seek to ensure*** *an appropriate and equitable balance between conservation, sustainability and development, so that World Heritage properties can be protected through appropriate activities contributing to the social and economic development and the quality of life of our communities;*

   d. ***join to co-operate*** *in the protection of heritage, recognizing that to harm such heritage is to harm, at the same time, the human spirit and the world's inheritance;*

   e. ***promote*** *World Heritage through communication, education, research, training and public awareness strategies;*

   f. ***seek to ensure*** *the active involvement of our local communities at all levels in the identification, protection and management of our World Heritage properties;*

4. *We, the World Heritage Committee, will co-operate and seek the assistance of all partners for the support of World Heritage. For this purpose, we invite all interested parties to co-operate and to promote the following objectives:*

   a. *strengthen the Credibility of the World Heritage List, as a representative and geographically balanced testimony of cultural and natural properties of outstanding universal value;*

   b. *ensure the effective **Conservation of World Heritage properties**;*

   c. *promote the development of effective **Capacity-building measures**, including assistance for preparing the nomination of properties to the World Heritage List, for the understanding and implementation of the World Heritage Convention and related instruments;*

   d. *increase **public awareness, involvement and support for World Heritage through communication**.*

5. *We will evaluate, at our 31st session in 2007, the achievements made in the pursuit of the above mentioned*

objectives and in support of this commitment.

The World Heritage Committee, Having examined Document WHC-*07*/31. COM/13B.

Welcomes the proposal by New Zealand to enhance the role of communities in the implementation of the World Heritage Convention;

1. 3. Adds a "fifth C" for "Communities" to the existing Strategic Objectives which were adopted as the **Budapest Declaration** on World Heritage by the World Heritage Committee at its 26th session (Budapest, 2002) which should read as follows:

"To enhance the role of communities in the implementation of the World Heritage Convention."

2. 4. Encourages all interested parties to promote and implement this fifth Strategic Objective.

3. 5. Thanks New Zealand for this important contribution to the implementation of the Convention.

The Coa Valley Pre-Historic Rock-Art 20 Years after World Heritage Nomination: Past Heritage, Present Issues, Future Perspectives

António Batarda Fernandes[1] Bruno J. Navarro[2]

Abstract: 2018 marks the 20th anniversary of the addition of the Coa Valley Pre-Historic Rock-Art to UNESCOS World Heritage List. This inclusion signalled the importance of the 1996's Portuguese Government decision to preserve the rock-art and not to build a dam in the final tract of the Coa River that would flood the pre-historic heritage sites. The Coa Valley Archaeological Park was created in 1996 as a result of the decision with the clear mission of protecting, conserving, and promoting the Coa Valley rock-art as well as organizing public visits to the sites with imagery, ranging from the Upper Palaeolithic to the present. In 2010, the Coa Museum, designed to be a gateway to the 'real' museum, the river valley where the rock-art is located, was open to the public. The Coa Park Foundation (www. arte-coa. pt) was created the following year as the managing body for the Park and Museum. The aim of the present paper is to present a brief summary of the current situation, 20 years after World Heritage listing, review the objectives that can help taking full advantage of the extraordinary Coa Valley rock-art ensemble and surrounding context, but mostly to anticipate the various actions that are currently being implemented to relaunch the overall Coa sustainable development project. If the recent history of the region was changed by the creation of the Park, visitor attractiveness and experience ranking are vital to shape further growth that can strengthen regional economic and social dynamics in a traditionally less developed interior area of Portugal.

Keywords: Coa Valley Pre-Historic Rock-Art, Archaeological Park, Preventive Conservation, Social Dynamic

1 Introduction

The Coa Valley rock-art complex, discovered in 1994, has been, in the last two decades the center of attention of a global protection, conservation and archaeological research project (Baptista and Fernandes 2007; Fernandes 2004). The venture also aims to promote and create tourism and educational offer based on a unique rock-art heritage inscribed by UNESCO in the World Heritage List. From 2010, the inscribed property has gained a transnational nature as the nearby also Ice Age Spanish rock-art site of Siega Verde was added to the nomination as an extension of the Coa Valley (Fernández

---

[1] Archaeologist working at the Coa Museum and Archaeological Park, Coa Park Foundation; Aggregated researcher at the Center for Archaeology, Arts and Heritage Sciences (*Centro de Estudos de Arqueologia, Artes e Ciências do Patrimonio*), University of Coimbra, Portugal; Visiting Fellow at the Centre for Archaeology and Anthropology, Bournemouth University, United Kingdom.

[2] President of the Board of Directors at Coa Park - Foundation for the Safeguarding and Valorisation of the Coa Valley (Coa Park Foundation); Associate Professor of History of Portugal at Superior Institute of Educational Sciences (ISCE, Lisbon); Member of the Interuniversity Research Centre for the History of Science and Technology (Nova University of Lisbon); Member of the Centre of History at the University of Lisbon (Research Group *Historiografia e Cultura Política*).

Moreno and Baptista 2010). This overall heritage conservation and management project contributes to foster sustainable development dynamics in a disadvantaged interior area of Portugal but also in the neighboring Spanish region of Castile and Leon. The Coa Museum, dedicated to the rock-art that lies in the valley, open since July 2010, has become a major regional tourist attraction. Together, the Coa Valley Archaeological Park (created in 1996) and the Coa Museum, attract each year tens of thousands of visitors to the region (Fernandes 2010) (Fig. 1, Fig. 2).

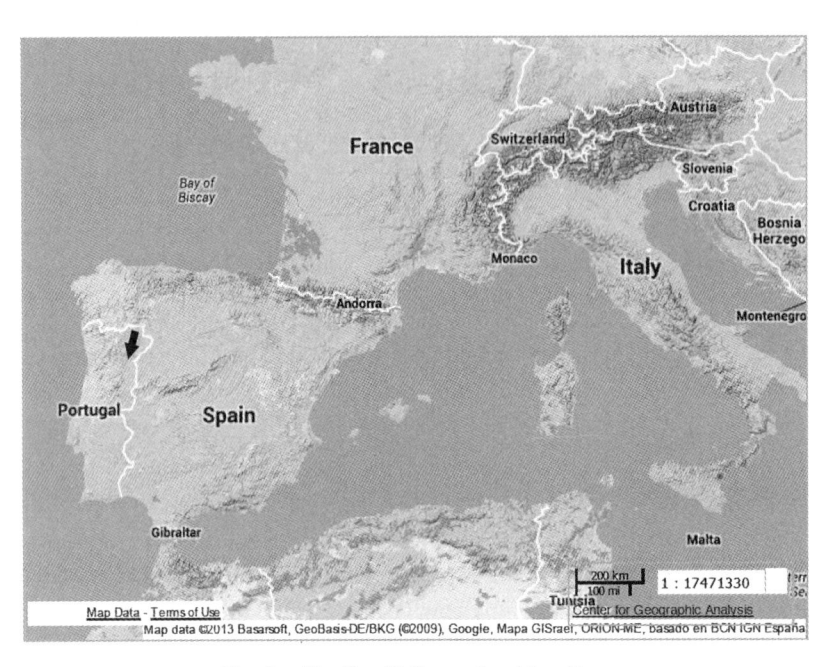

Fig. 1 The Coa Valley rock-art location

Fig. 2 The natural environment of the Coa Valley rock-art

It can be said that the true museum are the last 17 kilometers of the Coa River where over 80 rock-art sites are located comprising a total of more than 1200 engraved schist outcrops (Fig. 3). This territory of circa 200 km^2 constitutes the Coa Valley Archaeological Park. Chronology of Coa rock-art imagery ranges from the Upper Palaeolithic (the oldest possessing an age of circa 25,000 BP) up until the 1950's. Other important artistic periods include the Neolithic and Iron Age.

Of the Park more than 80 rock-art sites, three are open to the public: Canada do Inferno, Penascosa and Ribeira de Piscos. Only guided tours are allowed: those carried out by the Foundation's professionals and by authorized private local tour companies that have received specific training, as the Park guides have, on Coa rock-art and other natural and built heritage of the region (Fernandes 2004).

Fig. 3　The Coa Valley Fariseu rock art

Considering the Park as the real museum signifies that the Coa Museum should be regarded as large interpretation center and a gateway for visitors that demand the region. The permanent exhibition at the Museum comprises replicas of engraved panels, drawings and photos of rock-art motifs, multimedia presentations and Upper Palaeolithic lithic materials unearthed during excavations (Fig. 4, Fig. 5).

Fig. 4　The Côa Museum's restaurant

Fig. 5　The Côa Museum

2 Situation of Foundation at the beginning of 2017

After 2010, year in which the Coa Museum opened its doors, a new episode in the long history of the Coa was initiated as management responsibilities for the ensemble (Park and Museum) were transferred in 2011 from the heritage management government institution (IGESPAR) to the newly created Coa Parque Foundation. The Foundation inherited the safeguard, conservation and management legal duties carried out afore by the said government heritage body. Regrettably, this transfer coincided with the period in which the most severe impact of the financial crisis that affected the EU zone, namely Portugal, among other countries, was felt. Hence, since its creation, despite the efforts carried out by the first Board of Directors (Real 2014), the Foundation had very limited financial and thus overall leverage to pursue its activities. Hence, by 2016 this situation led to a state of technical bankruptcy, seriously compromising the operation of the Foundation (Queirós 2016). The dire financial state of affairs transversally afflicted all the operation areas of the Foundation resulting in a lack of effective human resource management, non-involvement in national or international cooperation networks, absence of any prospect of income from funding programs, of an integrated cultural programming plan, and of any strategic plan to increase the touristic appeal of the Park and Museum. These latter constraints were especially serious since no regulation guiding the activity of private tour operators was in place and only three surviving twenty years-old 4x4 vehicles (of an initial fleet of eight) assured the Park's visits to the rock-art sites open to the public. Overall, it was impossible to maintain a continuous trajectory of sustained growth in visitor numbers and revenues (see Table 1, see also Queirós 2016). Nevertheless, encouraging trends in demand were also present, denoting that the touristic appeal of the Park and Museum continued to be effective, such as the increase in visitor numbers taken to the rock-art sites of the Park by private operators and of those taking part in activities carried out by the Museum Educational Services (see Tables 2).

Table 1 Total number of visitors to the Park and Museum in the period 2010-2016

Year	Visitors
2010	26,513
2011	37,935
2012	28,790
2013	26,195
2014	30,550
2015	36,215
2016	34,779

Table 2 Total number of visitors to the Park in visits carried out by private tour companies in the period 2010-2016

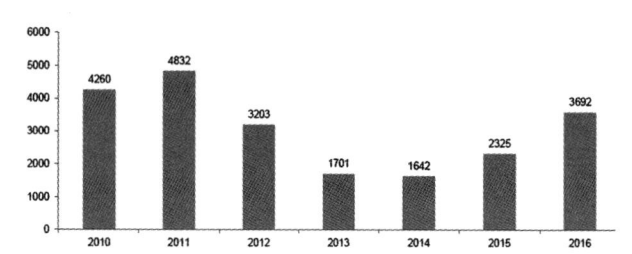

Year	Visitors
2010	4260
2011	4832
2012	3203
2013	1701
2014	1642
2015	2325
2016	3692

However, if financial and marketing issues were cause for preoccupation, the upshot was more grievous for the safeguard of the rock-art especially that located in the sites open to the public, which reached a situation of great precariousness. Surveillance, due to budget cuts was insufficient, and an episode of vandalism at Ribeira de Piscos rock-art site was widely reported, with a very negative impact on the institution's image (Fernandes 2018). Moreover, the inexistence of a monitoring and integrated management plan for the Park significantly impaired the ability of the institution to effectively administer the circa 200km^2 territory where the rock-art is located. The Museum itself was also affected as its technological infrastructure showed signs of deterioration, with equipments damaged or almost obsolete. Promotional material was practically nonexistent, or outdated, and not very attractive as were the products sold in the Museum shop.

All these constraints needed immediate attention taking into consideration the leading role the Park and Museum could play in enhancing the attraction of touristic flows to the region, and therefore in economic and social dynamics, without losing sight of the responsibility for safeguard and preservation of the rock-art heritage legally attributed to the Foundation.

3 Implementing solutions

Immediately after taking charge in June 2017 (Andrade 2017), the first step of the newly appointed Board of Directors of the Coa Park Foundation was to link the identified weaknesses and threats identified in a SWOT exercise with existing strengths and opportunities. Regarding strengths, the historical, cultural and natural heritage relevance of existing heritage, beneficiary of World Heritage status, was perhaps the most important without losing sight of the biodiversity of habitats and wealth of landscapes, flora and fauna as well as the historical legacy of the recent history of preservation of the rock-art (Baptista and Fernandes 2007). Different opportunities were also recognized such as tourism demand growth in the Douro River, of which the Coa is a tributary, namely river cruises, which opens up good perspectives to boost visits to the Museum and, to a lesser degree, to the Park. On the other hand, there is an increasing commitment from tour operators to provide unique, authentic and sophisticated visiting experiences to their customers, such as the ones provided by the Foundation. Overall, the Coa Valley region benefits from a plurality of points of interest that, duly articulated, may constitute thematic routes and further consolidate its appeal as a prime tourism destination thus contributing to strengthen economic resilience and social cohesion in a traditionally less affluent area of Portugal (Fig. 6, Fig. 7).

Fig. 6   Improvement of visiting conditions

Fig. 7   High-school pupils visiting Penascosa

In the beginning of 2018, after completing the diagnostic referred to above and designing an overall revitalization process, the first set of measures have been implemented as the stepping stone of an overarching Strategic Plan for the operation of the Foundation, aimed at the period encompassing 2018-2022. Among these, the most important have been a revision of the price table for the both the Park and Museum; new opening and closing times at the Museum, which is currently open on a more extended daily period, including lunch hour, and in every day of the week; new timetables and procedures for visits to the rock-art sites, namely by reaching an agreement with the private local tour operators to reinforce offer of visits to the Park rock-art sites open to the public; and the reorganization of the Foundation's functional units and redefinition of staff members duties (Fig. 8, Fig. 9).

Other measures included the acquisition of an audio-guide system in several languages for the visit to the Museum; the creation of a Scientific Advisory Board to help define and follow-up the research policies to be adopted by the Foundation; or the implementation of an Open Science policy through the constitution of a digital 'knowledge file' housed in the institutional area of the Open Access Scientific Repository of Portugal (RCAAP-https: //comum. rcaap. pt/handle/10400.26/19193).

These were just the first actions implemented in a wider plan comprising ambitious goals to be reached until 2022: duplicating the number of visitors per year to the Park totaling 14,000 and reaching over 60,000 at the

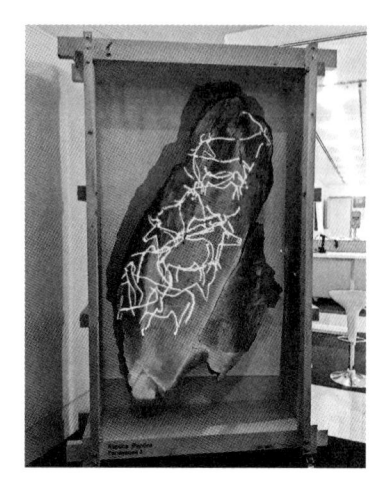

Fig. 8 rock art's innovative exhibition

Fig. 9 Multilingual explanation equipment

Museum; attaining half a million in operating revenues (from € 217,000 to € 500,000) ; more than doubling the number of associated partners marketing the Foundation's tourist offer; increasing the number of students benefiting from the Foundation's regular and seasonal activities; and maintaining the current level of visitor satisfaction at over 90% (on this last goal, see Fernandes 2018).

To achieve these goals different actions have been incorporated in the Strategic Plan for 2018-2022. The most significant are:

• Improvement of the visiting conditions to the Park and Museum including requalification of access roads and reception centers or the acquisition of new vehicles/recovery of existing jeeps in the case of the former and the upgrade of the permanent exhibition contents and equipments in the case of the latter;

• Creation and development of new tourist products such as the opening to the public of new rock-art sites or designing new types of visit to the sites, for instance by kayak;

• Further opening the Park to private initiative namely by expanding the number of companies, tour guides, tour operators and travel agents operating in partnership with the Foundation;

• Renovation of communication strategies carried out by the Foundation including new and better-designed contents and promotional material, or expanding social media and online presence with the creation of a new website, including online shop;

• Creation of a new and more intuitive booking system for the visits to the Park, including online platforms;

• Assert the Museum as a multifunctional equipment, promoting its use in the institutional and business segments for corporate events;

• Promote the creation of audiences, from the most diverse contexts, and raise public awareness to the importance of the cultural and natural heritage in the Coa Valley region;

• Expand the activity of the Foundation Educational Service, among the various publics, offering a reference program in the areas of History, Geology and Biology;

• Engage Portuguese and Spanish school communities with the Museum and the existing heritage values in the Park, in articulation with education curricula;

• Engage the local community with the Museum and the existing heritage values in the Park raising awareness to its importance, to the custodial role of the Foundation, and placing it as a structuring element of local identity;

• Develop an interdisciplinary cultural program of excellence that establishes itself as a framework for territorial innovation, namely by establishing partnerships with reference national and international museums and institutions such as Gulbenkian, Culturgest, Serralves, Reina Sofia Museum, Berardo Museum, Douro Museum, but also with private collecteors and artistic projects, all aimed at ensuring quality exhibitions in the temporary rooms;

• Strengthen ties with different cultural and museum associations such as the Portuguese Museums Network or

the Portuguese World Heritage Network;
- Reformulation of physical surveillance, video surveillance and access control to the Park rock-art sites open to the public and to the Museum;
- Creation of an Integrated Risk Management and Sustainability Plan for the area of the Park;
- Implementation of new training actions aimed for the Foundation's guides, both for carrying out visits to the Museum, to the Coa valley rock-art sites and to other rock-art sites in the region;
- Implementation of new training actions for private tour operators partners of the Foundation;
- Association with universities and research centers in order to carry out R & D programs and projects devoted to the Coa Valley heritage features;
- Application to national and international research projects in specific but multidisciplinary areas, properly framed by the scientific strategy of the institution;
- Creation of an Archaeological Scientific Inventory and associated updated database, fundamental to better manage the Park's territory;
- Continuation of the rock-art archaeological surveying program in the Park area, and of regular monitoring of its condition, updating the Coa rock-art inventory;
- Investment in a dedicated merchandising line, which projects and consolidates the image and brand of the Museum and Park;
- Permanent evaluation of the level of satisfaction of Museum and Park visitors;
- Evaluation of the possibility of land connection between the Museum, rock-art sites and the rivers Coa and Douro, namely by creating pedestrian circuits using walkways;
- Reinforcement and improvement of local and regional road traffic signs directing to the Coa Museum and Park;
- Development of activities outside the Museum (cultural centers, auditoriums, historical centers) in order to promote greater involvement of the local community;
- Reinforcement of the Experimental Archeology Workshops, extending its scope to the reception center of Castelo Melhor (from where visits depart to the Penascosa rock-art site), and the schools in the Coa Valley region;
- Continuation of the "Coa na Escola" project, in collaboration with secondary schools in the region;
- Organization of the Biodiversity Camp in partnership with the national scientific community;
- Celebration of the 20th anniversary of the classification of the Coa Valley rock-art as World Heritage during 2018, comprising events such as international congresses; contemporary art and archaeology exhibitions and publication of books in partnership with AAP (Associação dos Arqueólogos Portugueses).

4 Conclusion: Expected overall results of proposed actions

Upon completion of the Strategic Plan for 2018-2022 several outcomes are deemed as achievable in the wake of the implementation of the actions noted above. The first is the wide recognition of the Coa Valley Archeological Park and Museum as a common heritage, central to the sustainable development of the region. This will be attained by the involvement of a broad range of partners and stakeholders at various scales, from the public to the private sectors, also encompassing municipalities in the area.

A second result consists in the consolidation of the Park and Museum in the national and international scene through a holistic vision, which not only safeguards but also values the integrity and the fragile essence of a unique and inimitable heritage, classified by UNESCO as a World Heritage Site. The action of the Coa Parque Foundation will have to focus on the integration of cultural, tourist and scientific networks, at the national and international levels, to strengthen and consolidate its image, and to become an integral part of the internationalization of the country.

Another expected outcome has to do with the strengthening of the Park and Museum's rapport with the local and regional communities. Furthermore, as the Park is located in a territorial context between the regions of Trásos-Montes and Beira, which possess unique heritage values, such as the Alto Douro Winemaking Region, the International Douro Natural Park and the Sabor river basin, the common endogenous, material and immaterial resources, present in built, natural and cultural heritage, will be used towards this goal.

To deepen the available integrated knowledge on the Coa Valley Archaeological Park and its overall heritage, namely the rock-art but also ecological diversity features, is also an important anticipated end result. Interpreting past history and the current context of the Park in the perspective of continuous recognition, safeguard and promotion also favoring local involvement and participation is to be achieved through the existence of extensive and rigorous knowledge that contributes to the effective valorization of the territory and its cognitive and symbolic capital.

At the same time, all this revitalization process is projected to foster an overall reorganization of services and departments, adjusting the staff to the operation of the Foundation, eliminating redundancies, optimizing skills, promoting recognition and professional and personal development of employees.

Finally, is it is expected that the Strategic Plan positions the Park and Museum as a wide-ranging reference case-study for integrated heritage management. It is important to maximize the potential of the foundational management model, taking advantage of the most advantageous resources of public administration tools and procedures, in conjunction with the greater agility of processes deriving from its statute of autonomy, always with a view to adopting a policy of rigor and transparency, permanently committed to the defense of the public interest.

References

Andrade, S. 2017. A primeira semana do resto da vida do Vale do Côa. 29/06/2017 [online] *PÚBLICO*. Available at: https: //www. publico. pt/2017/06/29/culturaipsilon/noticia/a-primeira-semana-do-resto-da-vida-do-vale-do-coa-1777402 [Accessed 28 Aug. 2018].

Baptista, A. M. and Fernandes, A. P. B. 2007. Rock-art and the Côa Valley Archaeological Park: A case study in the preservation of Portugal's prehistoric parietal heritage. In P. Pettit, P. Bahn and S. Ripoll (eds) *Palaeolithic cave art at Creswell Crags in European context*, Oxford: Oxford University Press. 263-279.

Fernandes, A. P. B. 2004. Visitor management and the preservation of rock-art: Two case studies of open-air rock-art sites in north eastern Portugal: Côa Valley and Mazouco. *Conservation and Management of Archaeological Sites* 6 (2), 95-111. https: //doi. org/10.1179/135050304793137892

Fernandes, A. P. B. 2010. The new Côa Museum. *International Newsletter on Rock Art* 58, 26-28.

Fernandes, A. B. 2018. "But will there be visitors?" Public outreach efforts using social media and online presence at the Côa Valley Museum and Archaeological Park (Portugal), Internet *Archaeology* 47. https: //doi. org/10.11141/ia. 47.5

Fernández Moreno, J. J. and Baptista, A. M. 2010. *Siega Verde: extensión del Valle del Côa: Arte rupestre paleolítico al aire libre en la cuenca del Duero. Extensão do Vale do Côa: Arte rupestre paleolítica de ar livre na bacia do Douro. Extension of the Côa Valley: open air paleolithic art in the basin of the Douro River*. Valladolid and Lisbon: Junta de Castilla y León, Consejería de cultura y turismo; IGESPAR.

Queirós, L. 2016. Penhora obriga Museu do Côa a fechar loja. 15/03/2016 [online] PÚBLICO. Available at: https: //www. publico. pt/2016/03/15/culturaipsilon/noticia/penhora-obriga-museu-do-coa-a-fechar-loja-1726261 [Accessed 29 Aug. 2018].

Queirós, L. M. 2016. Vinte anos após criação do Parque Arqueológico, o Côa precisa de um novo impulso. 14/08/2016 [online] *PÚBLICO*. Available at: https: //www. publico. pt/2016/08/14/portugal/noticia/vinte-anos-apos-criacao-do-parque-arqueologico-o-coa-precisa-de-um-novo-impulso-1741274 [Accessed 22 Aug. 2018].

Real, F. 2014. A Fundação CÔA PARQUE e o desenvolvimento integrado. Um desafio com objectivos, perseverança e trabalho. *Côavisão* 16, 79-82.

Willandea Lakes Fossil Human Trackway: the Role of Legacy Data in Site Presentation and Protection

Tanya Charles[1] Leanne Mitchell[2] Daryl Pappin[3] Dan Rosendahl[4] Chris Little[5]

I'm happy to be part of the hundred-year celebration of Zhoukoudian site. Willandra Lakes Fossil Human Trackway: the role of the legacy data in site presentation and protection. Who are we Tanya Charles Aboriginal Discovery Program Coordinator people that were going to be part of this, But unable to attend: Leanne Mitchell Aboriginal Heritage Programs Officer, Daryl Pappin Community Projects Coordinator, Dan Rosendahl Executive Officer and Team Leader, Chris Little PhD Candidate-Griffith University. There is a lot more people involved in this broader project. But we are the core team trying to pull it all together

Acknowledgements: NSW National Parks and Wildlife Service, The Sharing Stories Foundation, Vera Hong Productions, The Australian Museum-Sydney, Griffith University (Australia), University of Melbourne (Australia), Bond University (Australia), University of Technology Sydney–Data Arena. Working with legacy data, bringing it into new systems and technologies can be hard. So, there is a lot of different teams we are working with to do this in a meaningful way.

The World Heritage Area is made up of misused properties, and 30% is within the conservation sign of Mungo National Park. The rest is made up of Private pastoral properties, or sheep stations. We work closely with the stations to mitigate impact on cultural heritage and erosion. It is the most significant archaeological site in Australia, and was world heritage listed in 1991 for its archaeological significance and geological significance. People have been usin the Willandra Lakes without interruption for some 50,000 years.

That is 17,000 generations of my ancestors and more than 18 million sun rises and sun sets. The objective with the Fossil Trackway Site Creates meaningful engagement with the site that cannot be visited. Why can't people go there? impact from foot traffic, vandalism, exposure to elements, The best way to conserve is to rebury with natural materials sand and repurposing data collected for monitoring.

The site was originally exposed when a dune covering and shifting with the prevailing winds, the dune become unstable and mobile as a result to grazing in aridity and the subsequent de-vegetation of it.

The site was found by Mary Pappin junior. The footprints were so detailed that some experts who initially visited the site thought they were a few years old. It wasn't until OSL dates were obtained from overlaying dune and underlying sediments that it was confirmed by 20,000 years (Fig. 1, Fig. 2).

Since its founding. It has been extensively recorded. No shed can be built over the site as the large structure would alter the wind in the system and cause more erosion around the footprints.

This is a timeline 2003/ 2004. August-Trackway found during routine survey. More trackways exposed during

---

[1] Aboriginal Discovery Program Coordinator.
[2] Aboriginal Heritage Programs Officer.
[3] Community Projects Coordinator.
[4] Executive Officer & Team Leader.
[5] PhD Candidate–Griffith University.

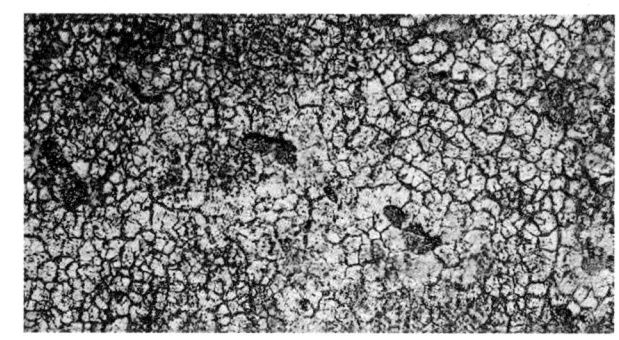

Fig. 1　the fossil trackway site's location

Fig. 2　the footprints of the site

excavation, access to site restricted. 2005 457 footprints exposed by excavation. Latex moulds taken of several tracks, GPR showing extant of pavement. Site released to the public. In 2006, laser scanning by Melbourne university. The Pintubi Trackers visited the site. Wet weather and frost damaged the site. Trackway reburied (Fig. 3-Fig. 5).

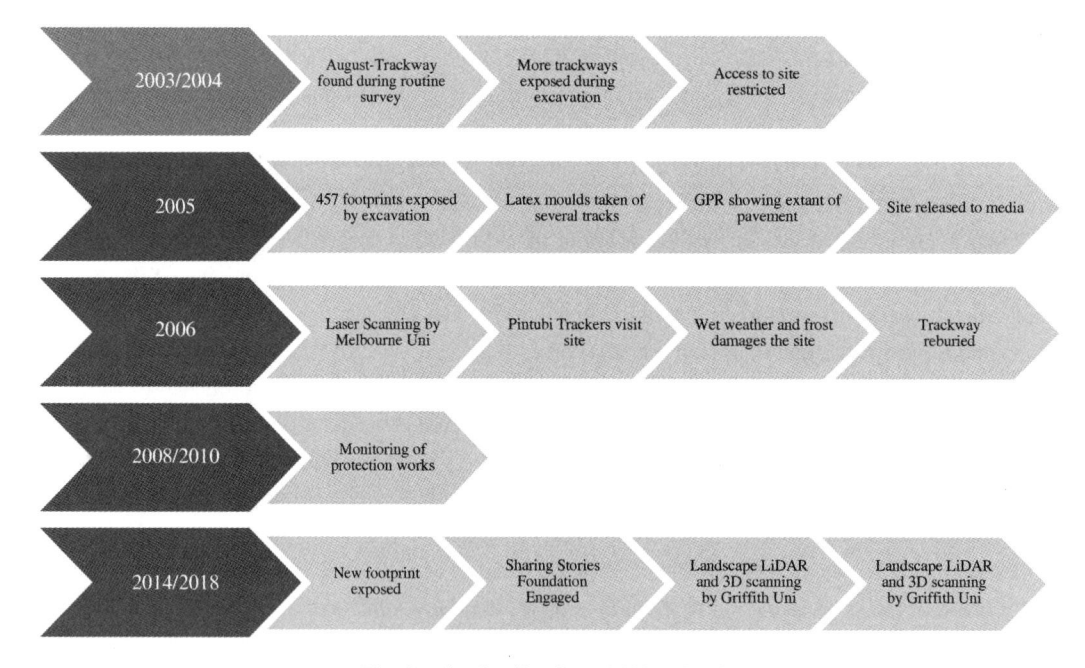

Fig. 3　the timeline from 2003 to 2018

Timeline 2008/2010, monitoring of the protection works. In 2014/2018, new footprints were exposed. Sharing Stories Foundation. Landscape LiDAR and 3D scanning by Griffith University. Here is a timeline of events showing what's happening at each stage of conservation and documentation

The Willandra Trackways are set of ice-age footprints embedded into the claypan around 20,000 years ago by our

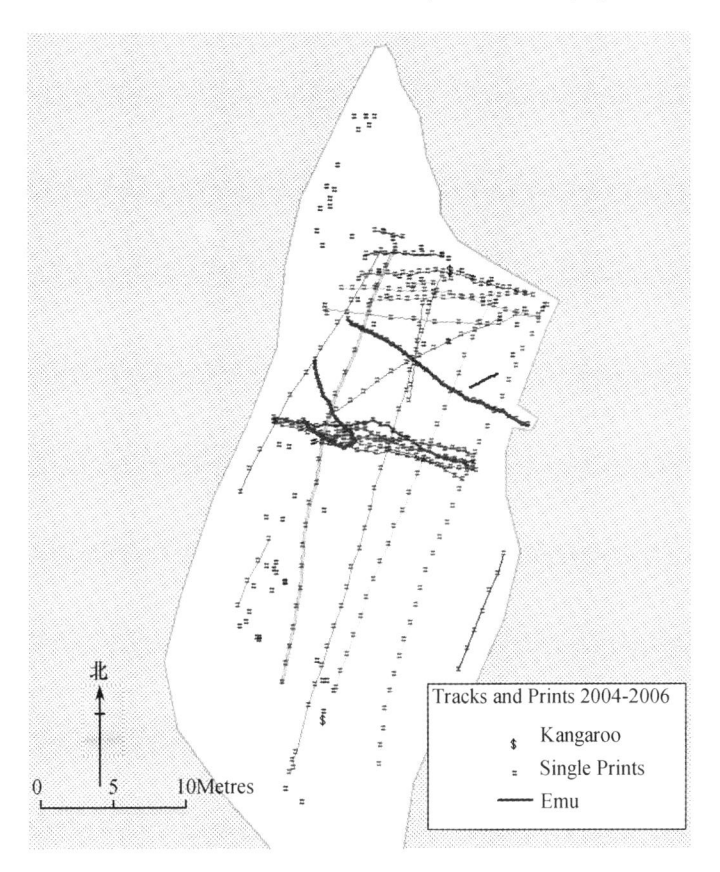

Fig. 4 the distribution map of tracks and prints

Fig. 5 the excavation process of the site

first Australian's walking and running across the claypans and leaving their footprints preserved in the mud.

Detailed research has identified that the preserved footprints aren't just a single person's track, but a combination of tracks, including men, women and children in various activities.

And due to the quality of their preservation, it's possible to understand something of the story that each set of footprints. Timeline 2014/2018 New footprints exposed Sharing Stories Foundations, Landscape LiDAR and 3D scanning by Griffith Uni. First attempt at protecting the footprint site by filling up stockings with sand and placing the stockings in the footprints. Latex peals–these peals have been subsequently 3D scanned. 2006 The Pintubi Trackers visited the site Elders come from Central Australia were invited to interpret footprint site with their traditional tracking skills. The trackers had spent ten hours on the site

That's a good extent of the track. The scanner had a cover over the top and needed to be dark to scan track-way. Reburial of the footprint site with sixty ton of sand and covered with mesh and sandbaged the edges to keep the sand on the footprint site for protection from more erosion.

So more of the timeline frame. In 2014, when the new footprints were exposed. so, this raised new questions about what technologies are available to record. the 3TTGs or Tree Traditional Tribal Groups of the Willandra want to promote the site and have directed National Parks and Wildlife staff to look at new ways to reach a large audience and educate them about Mungo and the people of the Willandra. This is one example of how we are looking to engage school students. This is done in partnership with the Sharing Stories Foundation.

The continual erosion at the site means that areas are regularly being exposed and recoveredand new findings are ongoing. But unfortunately, it's the same situation that also makes these trackways so fragile and at risk of further damage from both people and the environment. So before protecting this site of early Aboriginal life is by burying it in the sand.

An accurate three dimensional model of the world heritage site was captured using 3D laser scanning. Because the initial thought was to use these scans to monitor the deterioration of individual footprints. But with such accurate three dimensional data of the trackways we decided the information should be used for more than just preservation and analysis. At a more personal level, the user needs to interact with the trackways on the ground and this needs a much higher level of 3D detail. First I captured high resolution 3D scans of the area surrounding the trackway site using mid-range 3D laser scanner. Play Video.

It's a phase based scanner with a range of three hundred meters accurate at two millimetres. The laser leaves the scanner and the change if frequency once it hits the object it's recorded as three-dimensional points, known as point cloud. As the laser spins on the axis it can be captured a million points per second

I then captured individual footprint using the arctic hand-held scanner. This scanner is very accurate and very portable we want to give visitors a very real immersive experience so we need to capture all the fine details, even highlighting the cracks in the footprints. while the footprint point cloud format is useful, particular for scientific analysis always looks good in my scanning and software the format is very efficient in terms of computer graphics performance. For example, the small scanned section of the trackway might have ten million points. This makes it highly accurate and useful for detailed analysis, but unusual for interactive environments such as amazing realities and gaming. These are the medium we are exploring to use to create meaningful engagement with the Willandra, Augmented Reality, Presentation & Interpretation, Films, 3D printing, Publications, Geo-Cached Tours.

Thank you!

Combining Research, Conservation and Usage of Pre-Historic Cultural Heritage in Armenia: from the Perspective of Areni-1 Cave

Artur Petrosyan[1]　Boris Gasparyan[2]

Abstract: Areni-1 is a large karstic cave that contains archaeological cultural strata spanning from the Neolithic to late Medieval Period. The unique microclimate conditions in the cave brought to the exceptional preservation of organic materials (reeds, ropes, textiles, plant remains and wooden artefacts), providing a rare glimpse into the technology, style, and function of perishable items. The discovery of multiple walled subdivisions of the cave, a possible defensive wall enclosing the cave entrance and a large assemblage of artefacts including what is believed to be the earliest leather shoe in the world. The chemical analysis of residues on Chalcolithic ceramic sherds indicates that wine was consumed on the site. Areni-1 might be better interpreted as a cult site where people from surrounding communities went to "communicate with their gods".

Keywords: Areni-1 cave, Neolithic to late Medieval Period, Earliest leather shoe in the world, Wine storage, Conservation of the archaeological layers

Areni-1 (also known as Birds' Cave) is a three-chambered karstic cave located on the left-hand side of the Arpa River basin, a tributary of the River Araxes, within the eastern portion of the modern village of Areni in the Vayots Dzor Region of Southern Armenia (Fig. 1, Fig. 2).

Fig. 1　Areni-1 cave
1. General view of the Areni-1 cave　2. The entrance of Areni-1 cave in limestone formations of Arpa River gorge

---

[1] Institute of Archaeology and Ethnography National Academy of Sciences.
[2] Institute of Archaeology and Ethnography National Academy of Sciences RA.

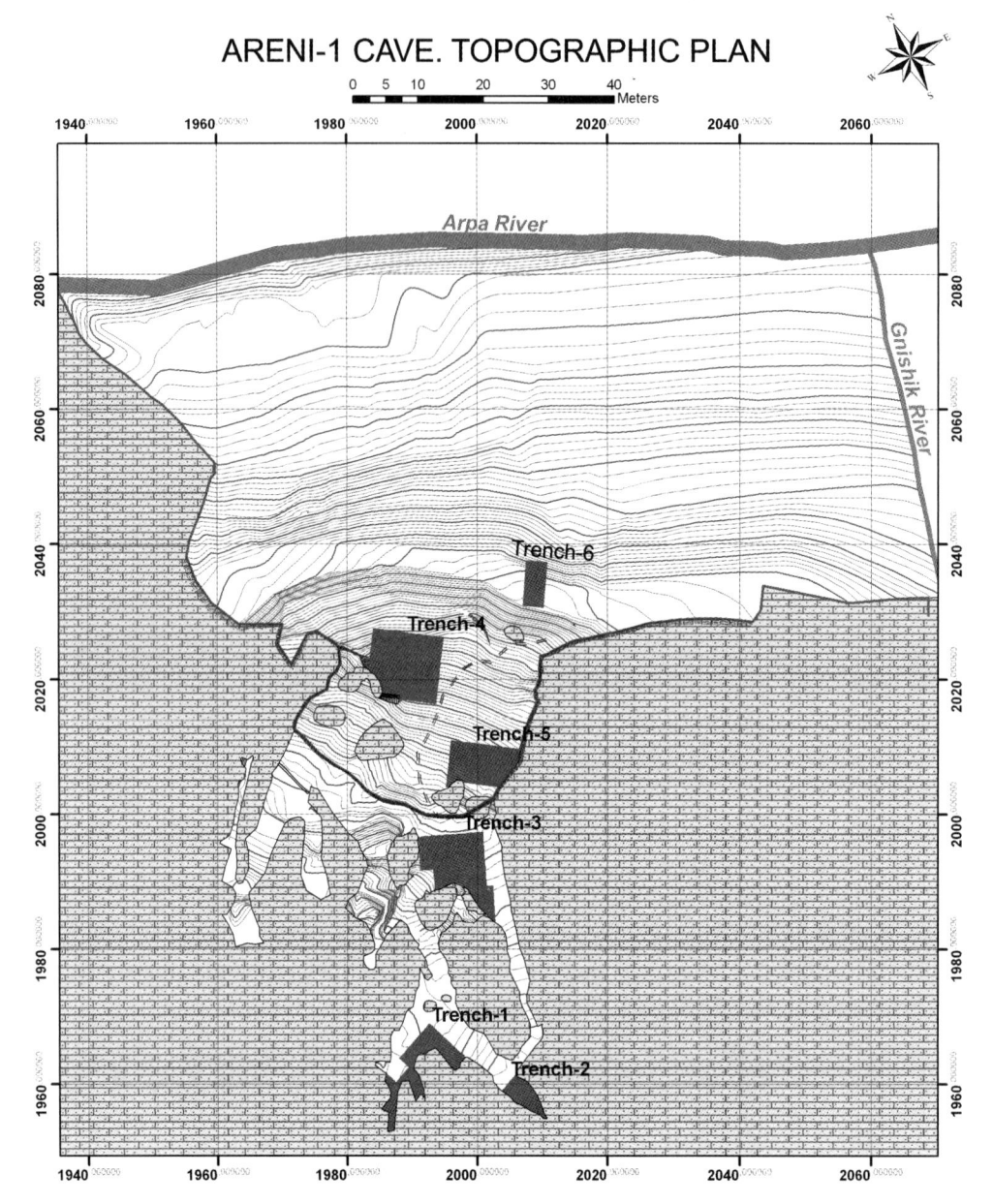

Fig. 2 Topography and excavated areas of Areni-1 cave

Excavations at the site began in 2007 and were directed by Boris Gasparyan (Institute of Archaeology and Ethnography, National Academy of Sciences, Armenia) and co-directed by Ron Pinhasi (School of Archaeology, University College Dublin, Ireland) and Gregory Areshian (Cotsen Institute of Archaeology at UCLA, USA). The major significance of the site was abundantly clear during the initial excavations when very well preserved Chalcolithic (4300–3400 Cal. BC) and Medieval (4th–18th centuries AD) occupations were exposed (Areshian, et al. 2012; Pinhasi, et al. 2010; Wilkinson, et al. 2012). Chalcolithic finds within the first gallery of the cave include numerous large storage vessels, some of which contain human skulls of adolescent males and a female. Grape remains and vessels typical of wine storage, associated with chemical analyses of the contents of the vessels point to Chalcolithic wine production at the site (Barnard, et al. 2011). It appears that from the end of the 5th millennium BC onwards, people used the cave for different purposes—as a habitation, for keeping animals and storing plant foods, for the production of wine, as well as for ritual purposes. The data from the cave demonstrate clear evidence for incipient social complexity. The workshops, wine producing complex, and the funerary features or "burials" represent a common ritual and production oriented complex.

Medieval finds in the cave span the entire medieval period from the 4th to the 18th centuries AD. Remains of a well preserved circular dwelling span the 7th to 9th centuries. Later finds dating to the 11th to 14th centuries AD include structures, a fragment of an Armenian manuscript, two well-preserved ovens, a wine-storage jar, associated pottery, fragments of glass, and other small finds (Areshian, et al. 2012; Wilkinson, et al. 2012; Gasparyan, 2014). A group of limited small finds dated via ^{14}C dating also document early usage of the cave between the fourth and the seventh centuries AD as well as later during the 15th to the 18th to centuries AD .

Very limited, and what appear to be short-lived, Middle and Late Bronze Age and Iron Age occupations are also evident at Areni-1. Roughly a dozen artifacts dating to these times (ceramic sherds, a bronze axe, and jewelry fragments) were recovered from Trenches 1 to 5. A lack of associated architecture and an overall scarcity of finds underscores the brevity of these occupations (Smith, et al. 2014).

Minimal temperature oscillations and constant levels of low humidity within the cave have provided an ideal environment for preservation of organic remains. As a consequence of this constant microclimate, Areni-1 has yielded large quantities of exceptionally well-preserved organic remains including the world's oldest leather shoe (Pinhasi, et al. 2010) along with basketry and clothing (Stapleton, et al. 2014). Large volumes of Late Chalcolithic and medieval desiccated plant remains have also been preserved, presenting a rare opportunity to better understand plant use in Armenia during a period of increasing social complexity.

Areni-1 cave is considered as primary archaeological source, the investigation of which makes evident the process of formation of complex societies from the mid of 5th Millenium BC. The cave has a world heritage importance in its picturesque environment with excellent preserved archaeological remains. In that case, the Government of the Republic of Armenia took a decision to use the cave as touristic destination, for which the monument was given to a specialized foundation. The goal of the program implemented by this foundation will be the combination of scientific, preservation an exploitation tasks of the monument. Our report is introducing the goals, procedure and methodology for bringing this to life.

On one hand, the conservation of the archaeological layers and conservation of the archaeological works are connected with the scientific research works conducted in the cave, particularly with the archaeological excavations, on the other hand with the issues of safe use of the cave, which are not possible to separate from each other. One of the best solutions for the preservation of the archaeological layers in the caves are the passage paths located above the excavated sections with an opportunity for the visitors to observe the site from the above. A similar passage has been built in the Areni-1 cave at the beginning of the cave's first gallery, along the left-hand axis of the Trench N3, which has a length of about 25 meters. For the construction of this hinge, steel was used, and the floor was made of wood, which is temporary and is expected to be replaced by glass in the future. The passage solves three problems: firstly, to preserve the archaeological strips and to enter the cave, and then to excavate the terrain from the inside and, finally, the Trench N3 to the left-hand side of the cave. The problem of conservation in the Areni-1 cave, particularly the clay structures, has emerged at the initial stage of excavation works, as it is evident that they are gradually decomposed after soil clearance. The Conservation of Areni-1 clay structures itself should be a separate research and experimental program aimed at finding the best options for preservation and conservation.

The volumes of archaeological situations opened by the excitations in Areni-1 cave, the preservation and interconnections of archaeological layers provides a great possibility for developing tourism here. From this perspective, the Trenches N3 and N 1 are of particular interest, as the situations opened around these sections are multilayer and spectacular (Fig. 3). However, a preventive conservation and preservation is required but still they can be exposed to the public. An interesting effect can be obtained, especially in the case of the 3rd part, on the left side of which a 25-meter-long passage allows the continuation of archaeological excavations along the entrance to the first hall of the cave.

In this case, the wooden passage is to be replaced by a glass floor, allowing visitors to follow the excavation process from above. The described method is widely used in world practice, so it is possible to involve foreign experience in the implementation of the planned event. Similar activities can also be carried out in Trenches N2

Fig. 3 Trench 1 and Trench 2
1. Winepress in Trench 1 (beginning of the IV Millennium BC) 2. General view of the Trench 3

and N1, which will also allow visitors to follow the cave excavations from above. In practice, excavation works are impossible without the construction of new passages in the cave, as the paths leading to the cave will be damaged. The above mentioned specialized foundation in its program suggests continuing the excavation of the cave, as well as study, evaluation and publication of the archeological values found in the monument, as well as their preparation for publication and exhibiting in the museum. In addition to these events, video film production, publishing booklets and guidelines, as well as web site preparation are also envisaged. There are 8 information panels in the cave area for visitors. The first of the panels gives general information about the monument, mentioning the location of excavated sections. The second panel presents details of the organization of the excavation of the cave and the data of scientific institutions participating in excavations, as well as brief information on key benefactors. The restoration of the details of the early production of wine is one of the best prerequisites for tourists in Armenia to promote tourism in the Areni-1 cave and Vayots Dzor Region. Therefore the conservation of the clay structure and wine production complex is essential. Creation of a 3D model of the cave is basic too.

References

A. Bobokhyan, Kh. Meliksetyan, B. Gasparyan, P. Avetisyan, C. Chataigner, E. Pernicka. 2014. Transition to extractive metallurgy and social transformation in Armenia at the end of the Stone Age, in B. Gasparyan and M. Arimura (Eds.) Stone Age of Armenia, A Guide-book to the Stone Age Archaeology in the Republic of Armenia, Monograph of the JSPS-Bilateral Joint Research Project, Kanazawa University Press, Printed in Japan, 2014, pp. 283-313.

A. Petrosyan, B. Gasparyan. 2012. Rituali di sepoltura in alcune caverne dell' Armenia, Preistoria e Protostoria in Etruria, Undicesimo Incontro Di Studi, Paessagi Cerimoniali Riserche e Scavi, Centro Studi di Preistoria e Archeologia, Valentano (VT), Pitigliano (GR), 14-16 Settembre 2012, Milano, pp. 23-24.

A. Petrosyan, B. Gasparyan. 2014. Paesaggi cerimoniali sotterranei: rituali di sepoltura in alcune caverne dell'Armenia, Preistoria e Protostoria in Etruria, Paesaggi cerimoniali Ricerche e scavi, Volume II, In copertina disegno di Ercole Negroni, Centro Studi di Preistoria e Archeologia, Milano, pp. 529-542.

A. Smith, T. Bagoyan, I. Gabrielyan, R. Pinhasi, B. Gasparyan. 2014. Late Chalcolithic and Medieval archaeobotanical remains from Areni-1 (Birds' Cave), Armenia, in B. Gasparyan and M. Arimura (Eds.) Stone Age of Armenia, A Guidebook to the Stone Age Archaeology in the Republic of Armenia, Monograph of the JSPS-Bilateral Joint Research Project, Kanazawa University Press, Printed in Japan, 2014, pp. 233-260.

B. Gasparyan, M. Arimura. 2014. Study of the Stone Age in the Republic of Armenia. Achievements and Perspectives, in B. Gasparyan and M. Arimura (Eds.) Stone Age of Armenia, A Guide-book to the Stone Age Archaeology in the Republic of Armenia, Monograph of the JSPS-Bilateral Joint Research Project, Kanazawa University Press, Printed in Japan, 2014, pp. 13-33.

B. Gasparyan. 2014. Main Results of the Investigation in Areni-1 cave, National Academy of the RA, Second International Congress on Armenian Studies, Armenian Studies and the Challenges of modern times, 17-19 October, 2013. Collection of papers, Gitutyun, Yerevan, p. 183-186.

D. Zardaryan. 2014. About some types of decorations on the Chalcolithic pottery of the Southern Caucasus, in B. Gasparyan and M. Arimura (Eds.) Stone Age of Armenia, A Guide-book to the Stone Age Archaeology in the Republic of Armenia, Monograph of the JSPS-Bilateral Joint Research Project, Kanazawa University Press, Printed in Japan, 2014, pp. 207-218.

G. Areshian. 2012. Neolithic and Chalcolithic (Aeneolithic) periods in Armenia, in Simonyan et al. "Archaeological Heritage of Armenia", Editor H. Simonyan, "Hushardzan" Publishing house, Yerevan, pp. 8-12.

G. Areshian, B. Gasparyan, P. Avetisyan, R. Pinhasi, K. Wilkinson, A. Smith, R. Hovsepyan, D. Zardaryan. 2012. The Chalcolithic of the Near East and southeastern Europe: discoveries and new perspectives from the cave complex Areni-1, Armenia, Antiquity 86 (2012), pp. 115-130.

H. Barnard, A. N. Dooley, G. Areshian, B. Gasparyan, K. F. Faull. 2011. Chemical evidence for wine production around 4000 BCE in the Late Chalcolithic Near Eastern Highlands, Journal of Archaeological Science, 38, 2011, pp. 377-384.

I. Lazaridis, D. Nadel, G. Rollefson, D. C. Merrett, N. Rohland, S. Mallick, D. Fernandes, M. Novak, B. Gamarra, K. Sirak, S. Connell, K. Stewardson, E. Harney, Q. Fu, G. Gonzalez-Fortes, E. R. Jones, S. A. Roodenberg, G. Lengyel, F. Bocquentin, B. Gasparian, J. M. Monge, M. Gregg, V. Eshed, A.-S. Mizrahi, Ch. Meiklejohn, F. Gerritsen, L. Bejenaru, M. Blüher, A. Campbell, G. Cavalleri, D. Comas, Ph. Froguel, E. Gilbert, Sh. M. Kerr, P. Kovacs, J. Krause, D. Darren McGettigan, M. Merrigan, D. A. Merriwether, S. O'Reilly, M. B. Richards, O. Semino, M. Shamoon-Pour, G. Stefanescu, M. Stumvoll, A. Tönjes, A. Torroni, J. F. Wilson, L. Yengo, N. A. Hovhannisyan, N. Patterson, R. Pinhasi, D. Reich. 2016. Genomic insights into the origin of farming in the ancient Near East, Nature, Volume, 536, 25, August 2016, pp. 419-424.

K. Wilkinson, B. Gasparyan, R. Pinhasi, P. Avetisyan, R. Hovsepyan, D. Zardaryan, G. Areshyan, G. Bar-Oz, A. Smith, 2012, Areni-1 cave, Armenia: A 130 Chalcolithic-Early Bronze Age settlement and ritual site in Southern Caucasus, Journal of Filed Archaeology. 2012. vol. 37, No. 1, pp. 20-33.

L. Stapleton, L. Margaryan, G. Areshian, R. Pinhasi, B. Gasparyan. 2014. Weaving the ancient past: Chalcolithic basket and textile technology at the Areni-1 cave, Armenia, in B. Gasparyan and M. Arimura (Eds.) Stone Age of Armenia, A Guide-book to the Stone Age Archaeology in the Republic of Armenia, Monograph of the JSPS-Bilateral Joint Research Project, Kanazawa University Press, Printed in Japan, 2014, pp. 219-232.

N. Wales, J. Ramos Madrigal, E. Cappellini, A. Carmona Baez, J. A. SamaniegoCastruita, J. A. Romero-Navarro, C. Carøe, M. C. Avila-Arcos, F. Penaloza, J. V. Moreno-Mayar, B. Gasparyan, D. Zardaryan, T. Bagoyan, A. Smith, R. Pinhasi, G. Bosi, G. Fiorentino, A. Maria Grasso, A. Celant, G. Bar-Oz, Y. Tepper, A. Hall, S. Scalabrin, M. Miculan, M. Morgante, G. Di Gaspero, M. T. P. Gilbert. 2016. The limits and potential of paleogenomic techniques for reconstructing grapevine domestication, Journal of Archaeological Science 72 (2016), pp. 57-70.

N. Zarikian, B. Gasparyan. 2016. Micromammal remains from Areni-1 Cave, Armenia, IOSR Journal of Humanities And Social Science (IOSR-JHSS) Volume 21, Issue 10, Ver. 4 (October 2016), pp. 20-25.

N. Zarikian, M. Marjanyan, B. Gasparyan. 2016. Paleo-ecological evidence of insect remains from the Areni-1 Cave, Armenia, International Journal of Fauna and Biological Studies, 217, 4 (3), pp. 32-38.

N. Hovhannisyan, M. Dallakyan, A. Yesayan, T. Bagoyan, G. Melyan, B. Gasparyan. 2015. Multidisciplinary investigation of identity of the "Areni" grape variety. BIO Web of Conferences 5, 01013, EDP Sciences, Doi: 10.1051/bioconf/20150501013-4. © Owned by the authors, published by EDP Sciences, 2015.

P. Avetisyan, A. Bobokhyan. 2012. Archaeology of Armenia in Regional Context: Achievements and Perspectives, Archaeology of Armenia in Regional Context, Proceedings of the International Conference dedicated to the 50th Anniversary of the Institute of Archaeology and Ethnography Held on September 15-17, 2009 in Yerevan, Edited by P. Avetisyan and A. Bobokhyan, NAS RA Gitutyn Publishing house, Yerevan, pp. 7-20.

R. Pinhasi, B. Gasparian, G. Areshyan, D. Zardaryan, A. Smith, G. Bar-Oz, T. Higham. 2010. First direct evidence of Chalcolithic footwear from the Near Eastern Highlands, PLOS ONE, 10.1371. http://www.plosone.org/article/info: doi/10.1371/journal.pone.0010984.

Openness of Pre-Historic Sites to a Multiplicity of Interpretations: The Cases of Çatalhöyük and Göbekli Tepe World Heritage Sites in Turkey

Zeynep Aktüre[1]

Abstract: Inscribed respectively in 2014 and 2018, the "Neolithic Site of Çatalhöyük" and "Göbekli Tepe" in Turkey are among the oldest-dating prehistoric sites with architectural remains on the UNESCO World Heritage List. Dating to the 8th-7th millennia BC, Çatalhöyük was promoted as the oldest town on the Earth after its rediscovery in the late 1950s while later scientific research revealed a simpler (egalitarian and semi-sedentary) communal life at the site. Similarly, Göbekli Tepe was made known to the World after its rediscovery in the 1990s as the oldest temple constructed by hunter-gatherer communities as early as 10th-9th millennia BC while on-going archaeological research is revealing dwelling spaces on the mound. On the basis of these changing and multiplicity of interpretations, this paper will discuss the need for maintaining openness in the interpretation, management and presentation of such major prehistoric sites, in reference to Umberto Eco's semiotic concept of the "open work".

Keywords: Çatalhöyük, Göbekli Tepe, interpretation and presentation of pre-historic World Heritage Sites, open work

1 Introduction: Justification of the Outstanding Universal Value of UNESCO World Heritage Sites

The focus of this paper on two prehistoric UNESCO World Heritage Sites from Turkey has been inspired from its being presented at a scientific event organized for the centenary of the discovery of the "Peking Man Site at Zhoukoudian" in Fangshanxian County of Beijing Municipality in China which has been inscribed since 1987 on the UNESCO World Heritage List (WHL). As explained in the *Operational Guidelines for the Implementation of the World Heritage Convention* (2017), to be inscribed on the WHL, the nominated sites should be demonstrated to have attributes that have been preserved and protected in their authenticity and integrity, in justification of the Outstanding Universal Value (OUV) the property has for all humanity, according to at least one of the ten criteria listed in the *Guidelines*[2]. The OUV of the "Peking Man Site at Zhoukoudian" has been justified in reference to **Criterion (iii)** of bearing "a unique or at least exceptional testimony to a cultural tradition or to a civilization which is living or which has disappeared", and to **Criterion (vi)** of being "directly or tangibly associated with events or living traditions, with ideas, or with beliefs, with artistic and literary works of outstanding universal significance". The property has been demonstrated to meet these two Criteria in the following way:

Criterion (iii): The Zhoukoudian site bears witness to the human communities of the Asian continent from the Middle Pleistocene Period to the Palaeolithic, illustrating the process of evolution.

---

[1] Member Of ICOMOS Turkey National Committee; Izmir Institute of Technology (IZTECH) Department of Architecture (Izmir, Turkey).
[2] *The Criteria for Selection* on the UNESCO World Heritage Centre home page http://whc.unesco.org/en/criteria/

Criterion (vi): The discovery of hominid remains at Zhoukoudian and subsequent research in the 1920s and '30s excited universal interest, overthrowing the chronology of Man's history that had been generally accepted up to that time. The excavations and scientific work at the Zhoukoudian site are thus of significant value in the history of world archaeology, and have played an important role in the world history of science. [1]

The neutral, descriptive (as different from interpretative) expression in these two paragraphs is notable. The *Brief Synthesis* with which justification of the property's OUV starts also includes factual information, on the location of the site and its natural resources, state of scientific research at the site before and at the time of inscription, types of remains unearthed at the site and the locations of discovery, dating and classification of the remains, and their significance in illustrating the process of human evolution. Importantly, the justification of the OUV does not refer to any theories about the human evolutionary process itself, in such a way as to relate the different types of remains at the site, from the Middle Pleistocene *Homo erectus pekinensis* (700,000–200,000 BC), archaic *Homo sapiens* (200,000–100,000 BC) and the more recent *Homo sapiens sapiens* (30,000 BC), among others. This gives the OUV justification a timeless quality, except in the references to the state of research at the site, guaranteeing its validity even in the case of discussions and multiplicity of proposals on the course of human evolution in the light of past, present and future scientific discoveries at the site and elsewhere.

In this paper, in reference to the semiotic concept of the "open work" as formulated by Umberto Eco, two cases from Turkey, "Neolithic Site of Çatalhöyük" and "Göbekli Tepe", will be briefly presented to discuss the need and parallel difficulty of justifying their OUV similarly, i. e. without referring to any specific interpretation or theory, while nominating later prehistoric sites for inscription on the WHL.

2 Changing Interpretations of Prehistoric World Heritage Sites: The Cases of Çatalhöyük and Göbekli Tepe

As of 2018, eighteen properties from Turkey are inscribed on the WHL. Ten of these are archaeological sites[2], two are mixed natural-cultural sites with archaeological remains[3], and three are monuments or sites with archaeological components[4]. So, the archaeological heritage constitutes the majority among properties from Turkey on the WHL. Two among these archaeological sites stand out with their architectural and artistic remains that have provided material evidence for competing theories on the evolution of sedentism in the so-called Fertile Crescent: "Neolithic Site of Çatalhöyük" (Fig. 1) and "Göbekli Tepe", which were inscribed on the WHL comparatively recently, in 2014 and 2018 respectively.

2.1 Çatalhöyük

As described in the *Brief Synthesis* of the OUV Statement that was approved by the World Heritage Committee (WHC) with its inscription on the WHL, the "Neolithic Site of Çatalhöyük" consists of two 20-meter-high mounds in forking layout, whence comes the name of the site. The Eastern mound is described to have 18 Neolithic occupation levels from 7,400–6,200 BC and the Western one primarily Chalcolithic levels from 6,200–5,200 BC, both with very well-preserved houses distinctively arranged in a back-to-back layout with roof access; and with wall paintings and reliefs representing their creators' symbolic world. How these attributes constitute "unique evidence of the evolution of prehistoric social organisation and cultural practices, illuminating the early adaptation of humans to sedentary life and agriculture" (Fig. 2), as stated in the first paragraph of the *Brief Synthesis*, remains unexplained. Instead, the OUV of the site is justified in the following way, on the basis of Criteria (iii) and (iv):

---

[1] From http://whc.unesco.org/en/list/449/
[2] Hattusha: the Hittite Capital (1986), Nemrut Dağ (1987), Xanthos-Letoon (1988), Archaeological Site of Troy (1998), Neolithic Site of Çatalhöyük (2012), Pergamon and its Multi-Layered Cultural Landscape (2014), Ephesus (2015), Archaeological Site of Ani (2016), Aphrodisias (2017) and Göbekli Tepe (2018).
[3] Göreme National Park and the Rock Sites of Cappadocia (1985) and Hierapolis-Pamukkale (1988).
[4] Great Mosque and Hospital of Divriği (1985), Historic Areas of Istanbul (1985) and Diyarbakır Fortress and Hevsel Gardens Cultural Landscape (2015).

Fig. 1 Çatalhöyük site

Fig. 2 wall paintings and reliefs from Çatalhöyük

Criterion (iii): Çatalhöyük provides a unique testimony to a moment of the Neolithic, in which the first agrarian settlements were established in central Anatolia and developed over centuries from villages to urban centres, largely based on egalitarian principles. The early principles of these settlements have been well preserved through the abandonment of the site for several millennia. These principles can be read in the urban plan, architectural structures, wall paintings and burial evidence. The stratigraphy of up to 18 settlement layers provides an exceptional testimony to the gradual development, re-shaping and expansion of the settlement.

Criterion (iv): The house clusters of Çatalhöyük, characterized by their streetless neighbourhoods, dwellings with roof access, and house types representing a highly circumscribed distribution of activity areas and features according to a clear spatial order aligned on cardinal directions, form an outstanding settlement type of the Neolithic period. The comparable sizes of the dwellings throughout the city illustrate an early type of urban layout based on community and egalitarian ideals.

In the OUV Statement, how Çatalhöyük meets Criterion (iv) (of being "an outstanding example of a type of building, architectural or technological ensemble or landscape which illustrates (a) significant stage (s) in human history") is explained in a comparatively neutral and descriptive language, except in the employment of the idea of an "urban layout". However, the justification for Criterion (iii) presents first the idea of a gradual development of settled life in central Anatolia from the first agrarian villages to urban centres, and next the idea that this should have happened largely on the basis of egalitarian principles.

These ideas refer to the current interpretation of different types of data collected during a 25-year research project undertaken in the period 1993—2018 under the scientific coordination of Ian Hodder from Stanford University, USA and popularised through the project website[1], in addition to exhibitions, publications and other media[2]. In this respect, the OUV Statement of the "Neolithic Site of Çatalhöyük" importantly differs from that of the "Peking Man Site at Zhoukoudian" in referring to a particular interpretation of the material remains at the site.

On the basis especially of micro-artefact distributions, this particular interpretation describes Çatalhöyük as consisting of ordinary houses that were divided into cleaner and less clean areas, and belonging to an egalitarian Neolithic society of some 8,000 people without a government (Hodder, 2016; 2014). The emphasis on the "ordinariness" of the houses and the "egalitarianism" of the Çatalhöyük society in this description is responding to an earlier and more sensational picture promoted for the site by the British archaeologist James Mellaart (1925-2012), its rediscoverer in 1958 and excavator between 1961 and 1965.

The then conventional opinion located the origins of cities in Southwest Asia. Accordingly, hunter-gatherers, intensifying the exploitation of wild plants and animals, settled in more permanent camps to domesticate plants and animals, which eventually led to a more stratified social order. Multiplication and spread of farming villages initiated the Agricultural or Neolithic Revolution, which resulted in enlargement of the villages thanks to increasing innovations and adaptations to the environment (Soja, 2003: 27). These inventions were made possible by farmers' production of food surplus for a new urban population of specialized craftsmen, merchants, priests, officials, and clerks (Childe, 1971: 30-31), preparing the way for the next great breakthrough: Urban Revolution. Mellaart had come to Anatolia to find archaeological support for the hypothesis for Anatolia as the land bridge through which the earlier development of farming in Southwest Asia would have spread westwards.

Mellaart unearthed at Çatalhöyük some 200 multi-layered Neolithic houses in about 3% of the Eastern mound which are now protected under shelters constructed during the second period of research under the direction of Hodder. Mellaart soon started to call Çatalhöyük a "city" on the basis of the mound's sheer size and sophistication of the symbolic language of the small finds and wall-paintings in spaces he labelled as "shrines". This label explains the emphasis on the "ordinary" in Hodder's later interpretation. Mellaart's publication of this "city" hypothesis in *Scientific American* (1964) brought Çatalhöyük to worldwide attention, before his monograph *Çatal Hüyük: A Neolithic Town in Anatolia* (1967). These pictured the central Anatolian plateau as the most culturally advanced region of the Neolithic world, with a developing network of settlements and a local urban society of some 10,000 inhabitants at Çatalhöyük where trade (of obsidian for tool-making as well as of grains, legumes, and animals) was well developed.

In *The Economy of Cities* (1969), Jane Jacobs (1916-2006) picked up from this point and pictured the first known city, Çatalhöyük, as a "pre-agricultural city of hunters" centering around the crucial obsidian trade that enabled generation of economic growth from its own resources and an expanding division of labour, also for subordinate networks of agricultural, pastoral, trading, and service settlements (Soja, 2003: 26). Jacobs thus suggested an urban origin for the Agricultural Revolution. Competition between these two hypotheses on the emergence of an urban way of living has been going on ever since (e. g. Taylor 2012; Smith, Ur, Feinman 2014), challenging the mid-20th century convention on a linear evolutionary line proceeding from the settlement of hunter-gatherers in more permanent camps towards multiplication and spread of farming villages to eventuate in an urban way of living. In the absence of remains larger than modest adobe units, monumental architecture has never had any role to play in this competition. This would change with the start of excavations at Göbekli Tepe in 1995.

2.2 Göbekli Tepe

Recognition of Göbekli Tepe as a place of archaeological significance dates back to a joint survey project in

---

[1] Çatalhöyük Research Project. 2018. Çatalhöyük - The excavation of the Neolithic Anatolian Mound, http://www.catalhoyuk.com/
[2] The Çatalhöyük Research Project has achieved considerable results in this regard, and many results are cited in this article. The project website is the best starting point for exploring various results.

Southeastern Anatolia by the Universities of Chicago and İstanbul in the period of Mellaart's excavations at Çatalhöyük (Benedict, 1980). Top parts of the monumental T-shaped stone pillars in circles, which are the most distinctive feature of Göbekli Tepe, were then apparently mistaken for Byzantine grave markers over prehistoric layers and below still visible Islamic burials. After decades of agricultural use that partially destroyed upper layers of the mound, the site was re-examined in 1994 by Klaus Schmidt (1953-2014) from the German Archaeological Institute (DAI for Deutsches Archäologisches Institut) in the light of experience from Nevali Çori to the north of Göbekli Tepe. By then Nevali Çori had produced the earliest-dating domesticated Einkorn wheat and life-size free-standing anthropomorphic limestone sculptures, alongside two similar but smaller "special" T-shaped-pillared spaces with terrazzo floors that are distinctly different from the similarly orthogonal "ordinary" dwellings (Schmidt, 2007: 22; Atakuman, 2014: 12). A T-pillared space from Nevali Çori is currently displayed in Şanlıurfa Museum in the nearest metropolitan centre, next to a replica of one of the circular arrangements at Göbekli Tepe.

The Nevali Çori material was unearthed during salvage excavations in 1983-1991 for the construction of the Atatürk Dam on the Euphrates, the largest dam in Turkey and the sixth largest earth-and-rock fill embankment dam in the world that inundated many archaeological sites including Nevali Çori. We resent the inundation of the site more now due to the similarities observed in smaller sculptured limestone material from Göbekli Tepe. Schmidt had come to Göbekli Tepe

Fig. 3 Göbekli Tepe T-shaped pillars with non-dietary wild animal imagery

(meaning "Potbelly Hill" in Turkish in reference to the form of the mound before the excavations) in search of a comparable site. Excavations under his direction in collaboration with Şanlıurfa Museum revealed in 1995 the first T-shaped pillars over circular terrazzo floors with boundary walls that had "benches" between smaller inlaid pillars than those free-standing at the centre. The pillars were interpreted as representing male human beings with non-dietary wild animal imagery, which Schmidt (2007: 119) observed to be open for a multiplicity of interpretations (Fig. 3). His own comparisons referenced, among others, *menhirs* (stela), Egyptian obelisks, the Stonehenge, iconography at Çatalhöyük including *bukrania* (bull heads) and leopards, Zoroastrian *dankmah* (towers of silence) in Iran, the Great Zimbabwe, and Mycenaean *tholos* type of burials with *dromos* in Greece (Schmidt, 2007: 114-162)

Up to his premature death in 2014, Schmidt unearthed four of these spaces (A, B, C, D) with a total of 51 pillars in the lowermost settlement layer dating to Pre-Pottery Neolithic A (PPNA). In all, 20 such circles with more than 200 monumental pillars have recently been detected through a geophysical survey. These revealed below a Pre-Pottery Neolithic B (PPNB) layer of smaller orthogonal spaces out of re-used material from the first, like those still protected under the shelter constructed by Schmidt, and a natural layer of earthfill topped with Islamic period burials and vegetation including a still used wish tree, with clear traces of a number of distinct phases in each layer. Partial surveys in the surrounding rock plateau revealed some of the locations from where the pillars had apparently been quarried, in addition to traces of intensive use up to the Roman period (Schmidt, 2007: 108-113).

In the absence of more "ordinary" spaces suggesting domestic use, such as those constituting Çatalhöyük, Schmidt's team came to the conclusion that remains at Göbekli Tepe could not belong to a village type of settlement (Schmidt, 2007: 107). In continuation of this interpretation, in his monograph that first appeared in German in 2006 and in Turkish translation in 2007, Schmidt designated Göbekli Tepe as a cultic site, comparing its monumental architecture and symbolism with finds including processed skulls from presumed cultic contexts, so-called "totem posts" and small objects of presumed cultic use in domestic contexts especially from the Middle Eastern PPN settlements of Eriha, for which the idea of "Pre-pottery Neolithic" was invented in the total absence of pottery remains, Ayn Gazal and Nahal Hemar as well as Çatayhöyük, Çayönü, Nevali Çori and Gürcütepe from Anatolia (Schmidt, 2007: 40-48). As Mellaart had earlier done for Çatalhöyük, Schmidt interpreted Göbekli Tepe iconography as of a religious orientation, in the sense of an organized cultic ritual long before the development of techniques and culture for pottery-making (Schmidt, 2007: 102). Referring to Lewis Mumford (1895-1990) who, in his seminal *The City in History* (©1961), had found the origin of cities, not in villages changing in size and scale, but in ceremonial centres changing in direction and purpose (Mumford, 1966: 70-113), Schmidt then famously claimed that "first came the temple, then the city" to suggest Göbekli Tepe as the temple preceding the city. In this way, Göbekli Tepe, as a centre integrating an extended network, joined Çatalhöyük as a key site in the debate on the evolutionary path followed in the emergence of an urban way of living in Northern Mesopotamia (Schmidt, 2007: 275-282).

In fact, in the preface of his monographs, Schmidt had already recognized the disputability of referring to Göbekli Tepe as a "temple", in the sense of a roofed place with purely religious function, as different from what the archaeologists refer to as "hypetral temenos" to mean an enclosed open-air sacred space (Schmidt, 2007: 14-15). Nevertheless, this had not prevented him from naming his book as *The Enigmatic Sacred Site of Stone Age Hunters–Göbekli Tepe–Builders of the First Temple*. Hence was Göbekli Tepe introduced to the academic and popular world as the "oldest temple on Earth", especially since the Istanbul-based Doğuş Group have become the main sponsor of Göbekli Tepe archaeological research and site management activities for the coming 15 years. Preparations for nominating Göbekli Tepe for the WHL had started with this concept, enabling inscription of the site first on the Tentative List in 2011. Yet, the nomination file that was discussed by the WHC in 2018, i. e more than a decade after the publication of Schmidt's monograph, attests an important paradigm shift since the passing away of Schmidt in 2014, which crystallizes in the formulation of the Criteria for justifying the site's OUV.

In the initial nomination file, the OUV of Göbekli Tepe was justified on the basis of Criteria (i), (ii), (iii) and (iv). In the Executive Summary[1], justification for **Criterion (i)** about representing a masterpiece of human creative genius refers to the importance of the architectural remains at the site as an achievement by early hunter-gatherers in terms especially of the required infrastructure, territoriality, division of labour, craft specialisation as well ritual impulses and beliefs; concluding with the statement that "*Therefore, it is held that the cults and related monumental architecture of Göbekli Tepe represent a masterpiece of human creative genius at a crucial time in world history.*" Justification for **Criterion (ii)** about exhibiting an important interchange of human values refers to the carved and engraved imagery on some stones and T-shaped pillars as "*providing unique insights into the beliefs and worldview of the people in the 10th and 9th millennia BC*" by telling stories that "*might even include narratives of foundation myths, thus underlining origins and identities of communities at a time of increasing population sizes and growing social networks associated with progressive Neolithisation.*" Justification for **Criterion (iii)** about bearing unique or exceptional testimony to a living or disappeared cultural tradition refers to the socio-ritual aspects of Neolithisation in Upper Mesopotamia between the mid-10th and late 9th millennia BC, which was characterized by early domestication attempts involving wild plant and animal species, with the carved and engraved imagery providing a sense of belonging to a common "cultic community" during a major socio-economic transition. Justification for **Criterion (iv)** about being an outstanding example of a type of architectural ensemble which illustrates a significant stage in human history alone mentions the idea of housing the "world's first temples" and "human-built monumental (megalithic) buildings" with anthropomorphic T-shaped pillars that are believed to represent "ancestors or incipient deities", in a planned built environment and out of components with animal imagery, as testimony to the presence

---

[1] From https://whc.unesco.org/document/160485. From the site of Gobekli Tepe, https://whc.unesco.org/en/list/1572/, last access on October 6, 2018. Part 2 Reasons for the Standard of the Executive Summary cannot be fully included here due to the length of this document.

of specialized craftsmen and possible emergence of more hierarchical forms than those of the preceding, more egalitarian hunter-gatherer societies.

In all, the "Justification for Criteria" part of the Executive Summary in the initial nomination file for Göbekli Tepe stands out with its interpretative nature, not only on those who built the architectural remains at the site but also on the imagery on those remains, especially when compared to the neutral, descriptive language preferred for justification of the Criteria in the OUV Statement for the "Peking Man Site at Zhoukoudian" noted above. Changes in the justification of the same Criteria except (iii), as taken below from the draft decision proposed by the ICOMOS for the approval of the WHC reflect the State Party of Turkey's response to the criticisms raised during the ICOMOS evaluation of the initial nomination file, which eventuated in a total disappearance of references to cults, beliefs, worldviews, stories, myths and, most importantly, temples:

Criterion (i): The communities that built the monumental megalithic structures of Göbekli Tepe lived at the time of one of the most momentous transitions in human history, from the way of life of hunter-gatherer subsistence to that of the first farmers. These architectural feats bear witness to the creative human genius of Pre-Pottery Neolithic societies.

Criterion (ii): Göbekli Tepe is one of the first manifestations of human-made monumental architecture of humankind, and its building techniques (semi-subterranean architecture with pillars) and its imagery were disseminated and replicated at other sites in the Middle East from the earliest Neolithic periods, Pre-Pottery Neolithic A and Pre-Pottery Neolithic B, onwards.

Criterion (iv): Göbekli Tepe is an outstanding example of a monumental ensemble of monumental megalithic structures illustrating a significant period of human history. The monolithic T-shaped pillars were carved from the adjacent limestone plateau and attest to new levels of architectural and engineering technology. They are believed to bear witness to the presence of specialised craftsmen, and possibly the emergence of more hierarchical forms of human society.

The neutral, descriptive expression in the re-formulated justification texts, without references to any theories about the specificities of the human evolutionary process as evidenced at the site, allows for an accommodation not only of Schmidt's interpretation but also that of his successors at the site since he passed away in 2014, under the scientific coordination of Lee Clare from DAI Berlin. Clare is involved in the revision, taking place while this paper is being written, of the OUV Statement for "Göbekli Tepe" to be approved by the WHC in its 43rd Session in 2019. The *Brief Synthesis* part of the ICOMOS Draft Decision for "Göbekli Tepe" does refer to the built structures of lesser architectural complexity, which revealed in recent excavations and are thought to be domestic buildings, but not to the current research team's interpretation of Schmidt's temples as communal meeting places.

As a parallel view, Çiğdem Atakuman (2014: 20), among other researchers, also relates Göbekli Tepe to the management of social relationships through symbolic place-making activities involving building construction and food sharing in the context of large-scale feasts (instead of cultic rites, as suggested by Schmidt) to integrate regional-scale "extended networks" composed of interlinked local-scale "effective networks" that bind together "intimate networks" usually around common burial sites[1]. Absence of burial evidence from Göbekli Tepe is notable in this respect. Later abandonment of such regional centres and their "special" monumental buildings would correspond to a "period leading up to the wide-scale adoption of sedentism and of ceramics in many areas of Northern Mesopotamia" when the "household" as an institution "with firm hierarchical relations between gender and age groups and structures of authority" emerged gradually with regular placing of burials within ordinary dwellings (Atakuman, 2014: 28), and "fertility" gaining emphasis instead of "communality" as in Çatalhöyük (Atakuman, 2014: 35). This interpretation thus conceptualizes the Neolithic Process in the context of Southeast Anatolia as "a transformation in the perceptions of community and personhood through the agency of places" that "became

---

[1] Atakuman adopts Clive Gamble as the scalar ranking assumed by the hunting-gathering community: Gamble, Clive, 1998. Paleolithic Society and Proximity Release: A Network Approach to Intimacy. World Archaeology, 29/3: 426-449.

Fig. 4 Göbekli Tepe main excavation area before protective sheltering

Fig. 5 excavation areas on Göbekli Tepe with protective shelters

expressive mediums of a social negotiation that ordered identity and community in diverse but comparable ways. " (Atakuman, 2014: 34)

3 "Openness" in the Interpretative Processes: Concluding Observations Informing The Zhoukoudian Consensus Document

In fact, Schmidt (2007: 215) had already recognized, at least indirectly, the possibility of such a diversity of interpretations in the chapter he devoted to his version of the wild animal imagery on the T-shaped pillars and smaller finds at Göbekli Tepe with the title of the chapter "Between Meaning and Interpretation". The chapter begins by Schmidt's naming observation, definition and comprehension as the mental steps we normally take in an effort to understand a painting. He states that the process works without much effort in case the painting belongs to our own cultural context, such as a crucifixion group from a church. After noting a gradual increase in difficulty as we move from less familiar works such as the Classical Laocoön group towards Ancient Egyptian artworks and Proto-Asian high culture, which require support from experts in the field, Schmidt highlights the absence of such hermeneutic agencies for interpreting the imagery at sites in proximity of Göbekli Tepe in terms of time and space (Fig. 4, Fig. 5).

Ian Hodder (2006), on the other hand, had challenged the very idea of expert agency in the interpretative process with his decision to explore the possibility of a postprocessual field method in the new period of research at Çatalhöyük. The method he proposed has centred on three themes: problematisation of categories and codes imposed from outside and developed within disciplinary discourses, construction of local and relational understandings at all points in the field and analytical process, and feedback from local participation in wider and multivocal debates by allowing direct access to research data through the project website. In this way, Hodder has acknowledged that conclusions to be achieved by project participants on the basis of different types of data would always be momentary, fluid and flexible due to possibilities of new relations that could be established by questioning and approach from different angles interactively, by a diversity of people including inexperts.

These two conceptualisations of the archaeological process would evoke the idea of "open work" as formulated by the Italian philosopher and semiotician Umberto Eco (1932-2016). Eco has explained the interpretation process as depending not only on the intentions of the author, but also on those of the reader and on the internal coherence of a work which should serve as a parameter for its interpretation to avoid making it speak of what we want it to tell (Eco 1994, 60). For this reason, interpretation is an open process wherein the work, as a physical entity, has autonomy both from the intention of the author and from the participatory freedom enjoyed by the reader (Eco 1989, 176-177), serving as a dam blocking the flood of interpretations (Casetti&Grespi, 1998: 267).

This standpoint is built on the premise that "a theory of interpretation—even when it assumes that texts are open to multiple readings—must also assume that it is possible to reach an agreement, if not about the meanings that a text encourages, at least about those a text discourages" (Eco, 1994: 45). This reveals the work as "the space where some interpretations can be proven invalid. There are cases when, even if we cannot decide between various possible interpretations, we can still eliminate wrongful ones" (Violi, 1998: 37) as overinterpretations (Colini, 1992; Eco, 1994). This locates the probable interpretations encouraged by a work between a single established meaning, conveyed through the translation of every signal to a single message, and infinity of all possible meanings that can be derived out of the work, regardless of its internal integrity.

When interpreting archaeological data, we are obviously dealing always with incomplete works that were and are additionally in motion, i. e. changing through the addition of novel research material and data of various types. In the example of Göbekli Tepe, T-shaped pillars have also been identified at other locations in the Urfa region, including Urfa city centre where the oldest-dating human-size statue of a human being was unearthed, but none of those locations has yet been investigated systematically (Atakuman, 2014: 9). Also, an intensive survey of the plateau around the mound, with quarries from where the pillars seem to have been carved out, is still pending for completion in the coming years. This would mean a continuation of archaeological research at the site, the outcome of which would be decisive in the interpretation of the remains already unearthed in the mound. Throughout the 25-year Çatalhöyük Research Project under the direction of Hodder, this type of regional surveys have greatly contributed to the intentionally open-ended interpretation process.

As was undertaken also at Çatalhöyük, the currently unexcavated parts of Göbekli Tepe also await more detailed study through the employment of non-destructive methods, in line with the existing consensus on avoiding further excavations in order not to expose novel areas to the deteriorating effects of the harsh local climate. The already excavated areas are now sheltered by protective roofs, one of which allow for visits, as is the case with Çatalhöyük. Both of these shelters are iconic structures that were designed to contribute to the visibility of the two sites, in a way that could be open to criticism on the basis of their dominant visual impact on the perception of the two mounds from a distance. Additionally, the distance created by the crisp form and modern language of the two shelters would seem to create a "museum effect" by transforming spaces into objects for contemplation, an observation that could be extended also to the Göbekli Tepe replica now exhibited in Şanlıurfa Museum.

While the most significant small finds from Çatalhöyük and Göbekli Tepe are stored and exhibited in metropolitan museums respectively in Ankara and Şanlıurfa, there are interpretation centres on both locations wherein advanced digital technologies are employed for sharing research data and conclusions with a wide range of visitors. Additionally, both sites have an official website. In these two media, strategies followed for Çatalhöyük and Göbekli Tepe radically differ from one another. As an outcome of the postprocessual field method Hodder decided to explore at Çatalhöyük, interactive tools were employed both in the visitor centre and the project website to encourage active participation of visitors. Yet, the question remains whether this truly provides feedback into the formulation of a number of equally possible interpretations of the site by experts.

In the case of Göbekli Tepe, on the other hand, despite the removal of the "temple" idea from Justification of Criteria in the WHL nomination file, the idea of the "Oldest Temple of the World" still is the main idea promoted in the official website and interpretation centre. As such, the Göbekli Tepe is a good example to highlight the need for long-termed, comprehensive and in-depth scientific research as well as precaution about sensational labels for presenting prehistoric archaeological landscapes to ensure an accurate interpretation of their heritage values. Since the WHL nomination files are among the most comprehensive documents that are open for public access, openness in the sense of allowing for a multiplicity of interpretation possibilities through scientific transparency instead of dictating a single interpretation is of crucial importance, especially in the Executive Summary that is the most widely circulating document. The OUV Statement for the "Peking Man Site at Zhoukoudian" with which this paper has started is a good example in this respect.

References

Atakuman, Çiğdem. 2014. "Architectural discourse and social transformation during the Early Neolithic of Southeast Anatolia", *Journal of World Prehistory* 27: 1-42. DOI 10.1007/s10963-014-9070-4, last accessed: October 7, 2018.

Benedict, Peter. 1980. "Survey work in Southeastern Anatolia", pp. 150-191 in *İstanbul ve Chicago Üniversiteleri Karma Projesi Güneydoğu Anadolu Tarihöncesi Araştırmaları–The Joint Istanbul-Chicago Universities' Prehistoric Research in Southeastern Anatolia*, edited by Halet Çambel & Robert J. Braidwood. Edebiyat Fakültesi Basımevi, İstanbul.

Casetti, Francesco & Grespi, Barbara. 1998. "Chapter 13–Cinema and the Question of Reception", pp. 257-279 in *Umberto Eco's Alternative: The Politics of Culture and the Ambiguities of Interpretation*, edited by Norma Buchard & Veronica Pravadelli. Peter Lang, New York *et al*.

Childe, Vere Gordon. 1971. *What Happened in History*. Penguin Books, Middlesex.

Colini, Stephano (ed.). 1992. *Interpretation and Overinterpretation*. Cambridge University Press, Cambridge.

Çatalhöyük Research Project, www. catalhoyuk. com, last accessed: October 8, 2018.

Eco, Umberto. 1994. *The Limits of Interpretation*. Indiana University Press, Bloomington & Indianapolis.

Eco, Umberto. 1989. *The Open Work*. Cambridge. Harvard University Press, Massachusetts.

Göbekli Tepe, https: //whc. unesco. org/en/list/1572/, last accessed: October 6, 2018.

Göbekli Tepe, The Oldest Temple of The World, http://gobeklitepe. info, last accessed: October 8, 2018.

Hodder, Ian. 2014. "Çatalhöyük'te 9 bin yıl önce hem yerleşik hem de hükümetsiz bir yaşam vardı", *CNN Türk* (September 22), http://www. cnnturk. com/haber/turkiye/catalhoyukte-9-bin-yil-once-hem-yerlesik-hem-de-hukumetsiz-esit-bir-yasam-vardi, last accessed: September 13, 2018.

Hodder, Ian. 2006. "This old house", *Natural History* 06, http://www. naturalhistorymag. com/htmlsite/0606/0606_feature. html, last accessed: September 12, 2018.

Mellaart, James. 1964. "A Neolithic city in Turkey", *Scientific American* 210/4: 94-104.

Mellaart, James. 1967. *Çatal Hüyük: A Neolithic Town in Anatolia*. McGraw-Hill, New York.

Mumford, Lewis. 1966. *The City in History*. Pelican, Middlesex, England.

Neolithic Site of Çatalhöyük, http://whc. unesco. org/en/list/1405, last accessed: September 12, 2018.

Peking Man Site at Zhoukoudian, http://whc. unesco. org/en/list/449/, last accessed: September 11, 2018.

Schmidt, Klaus. 2007. *Taş Çağı Avcılarının Gizemli Kutsal Alanı–Göbeklitepe–En Eski Tapınağı Yapanlar*, translated from German by Rüstem Aslan. Arkeoloji ve Sanat Yayınları, İstanbul.

Soja, Edward William. 2003. "Chapter 3: Putting cities first: remapping the origins of urbanism", pp. 26-34 in *A Companion to the City*, edited by Gary Bridge and Sophie Watson. Blackwell Publishing, Oxford etc.

UNESCO Intergovernmental Committee for the Protection of the World Cultural and Natural Heritage. 2017. *Operational Guidelines for the Implementation of the World Heritage Convention*, retrievable from: https: //whc. unesco. org/document/163852, last accessed: September 11, 2018.

UNESCO World Heritage Centre. 1992-2018. *The Criteria for Selection*, http://whc. unesco. org/en/criteria/, last accessed: September 11, 2018.

Violi, Patrizia. 1998. "Chapter 1: Individual and Communal Encyclopedias", pp. 25-38 in *Umberto Eco's Alternative: The Politics of Culture and the Ambiguities of Interpretation*, edited by Norma Buchard & Veronica Pravadelli. Peter Lang, New York *et al*.

# Museum Design as a Means of Presentation the Conservation In-situ of Archaeological Sites and Cultural Tourism Object: The Case of Gunung Padang Site in Cianjur West Java, Indonesia

Doni Fireza[1] Adli Nadia[2] and Lutfi Yondri[3]

Abstract: When archaeological sites opened and displayed to the public, they face new challenges where archaeological sites must be protected, yet can be researched and visited at once. However, this may cause a conflict between the excavation in archaeological research with the preservation of authenticity and integrity of physical fabrics. This condition is complicated when these sites serve as object of tourism making them vulnerable to the loss and damage over the economic benefits. The site of Gunung Padang in Cianjur West Java-the 2500 years old and largest megalithic site in Southeast Asia-is not spared from this challenge and is also vulnerable to damage due to high tourist visits. This paper discusses how the design of museum plays as solution to the conservation and continuity of interpretation research on Gunung Padang Site whose status as a cultural tourism object. This includes; ① investigating the characteristics of the site as a sense of place by providing information on archaeological and architectural relationship to the context; ② selecting the typology of site presentation model that links contemporary character, historical function, and the planning and management in the future; ③ analyzing planning factors such as location, context, and use; ④ synergizing the previous stages of the site design as a combination of landscape spaces and places in archaeological settings. The desired result is the form of museum as a place of educational tourism with main orientation on conservation and archaeological research of Gunung Padang site.

Keywords: pre-historic archaeological sites, museum exhibition design, cultural tourism, interpretation and presentation of cultural heritage, Gunung Padang Archaeological Site

1 Introduction

There might be potential conflicts in one archaeological site between excavation in archaeological research and the preservation of physical elements of the site, which is become more complicated if the site has become tourism objects. Assets containing the authenticity and the integrity of the site are vulnerable to loss and may damage the economic benefits if they are disturbed. Archaeological site is a cultural heritage that has human civilization important values that must be protected. The main objective of the conservation of archeological sites is to protect the cultural heritage from damage and loss, which will involve the prevention and remedial intervention of the archaeological object (Matero, 2006). However,

---

[1] Doni Fireza is a lecturer and researcher in Architecture Program from Podomoro University, Indonesia.
[2] Adli Nadia is a lecturer and researcher in Architecture Program from Podomoro University, Indonesia.
[3] Lutfi Yondri is a main researcher for prehistoric archeology in West Java Archeological Office.

those protective actions should enable the cultural heritage to be studied, displayed, and visited publicly.

What is on the site of Gunung Padang in Cianjur, West Java is also not free from the threat. Excessive and uncontrolled tourist visits can degrade the value of the site if it was not managed properly. The site, which is at least 2500 years old and is the largest megalithic site in Southeast Asia, is one of the archaeological sites in Indonesia that has the potential to become a valuable cultural heritage site. The tourists' visit has considerable impacts for the region. That way, it means that opening a wide access to the public to visit the site demands a special handling in the context of protection of this cultural asset.

Meanwhile, the visitors' interest to this site is more to its myth than to its cultural values and history. Such stories like this site was the hermitage of Prabu Siliwangi (1482-1521), the assumption that the site of Mount Padang was built during the last ice age civilization (Sutarman et al, 2016), and folklore mixed with the legends adds a sense of curiosity of the visitors' to this site.

Those stories above and the government's attention to this site for the last 7 years have prompted quite fantastic numbers of visits on this site. There is up to 6000-7000 tourist visits per day during the holiday period. In one hand, the positive effect gained by this visit is the increase in the economic value of the region. While the negative effect that appears that the historical parts of this site is actually touched by unauthorized hands, so it may cause damage and reduce the value of cultural significance of the site. Visitors today can freely enter all parts of the site without being properly supervised. The position of the stone can be shifted or even the stone itself can be looted.

Gunung Padang site itself is still not in condition with fully explored archaeological and cultural content. The original form and the history of the Gunung Padang Site to date are in the form of assumptions, both academic and imaginative allegations. Thus, the archaeological investigation at the Site of Gunung Padang will still continue, so the protection of the existing physical and environmental conditions must be maintained (Fig. 1). In general, archeological conservation actions are divided into an understanding of the potential content of the site, the value of the site's cultural significance, threats to site preservation, and the site's conservation actions. Where these understandings will be implemented in the conceptual planning of the archaeological site presentation model as a conservation medium.

Museum is a representative media of the site to the public as well as for the protection and preservation of the collection assets of the site. Museum serves as a site's buffer that is still in the process of archaeological research, so it will not be contaminated by excessive tourist visits. In addition, this museum can also serve as an educational attraction thus the concentration of tourists can be divided between the site's

Fig. 1 Gunung Padang Archaeological Site. This is the first terrace (in northern side), looking towards south to the stone stacking wall of the second terrace. (Source: Field survey)

core zone and other supporting areas, thereby can share the burden borne by the site due to tourist visits. With this museum, the principle that the museum has specific responsibilities for care, accessibility, and interpretation the main collections, which collected and controlled by the museum (ICOM, 2017) will be fulfilled.

2 Methods

This research is the combination of archaeology heritage management, archaeology resource management, and cultural resources management. In museum as an archaeological conservation medium, it can be said that this activity is part qualitative research as a form of applied archaeology research. In searching the cultural content and values in local culture context in Gunung Padang Site, the historical method will be applied, particularly the heuristic, critic, interpretation, and historiography to reveal those values. While in combining the cultural value with natural and environmental values of the case study, will be using a phenomenological approach to understand those interactions in Gunung Padang Site. This understanding then will be interpreted on the museum planning and designing simulation as a site conservation medium.

3 Cultural Significance Values in Gunung Padang Archaeology Sites

It is important to know the potential cultural content of an archaeological site in order to generate mitigation the sources of damage and loss. These potentials are related to visual readability affecting the perception and authenticity conditions. Consequently, the material being conserved must be protected because it has important scientific and aesthetic information, so that it has the power to inspire and produce an emotional response (Matero, 2006).

Gunung Padang site is a pre-historic megalithic site in the form of stepped pyramid as its basic structure; with relics such as menhir, dolmen, stepped pyramid, and stone steps (Fig. 2). Based on the carbon dating technique to the sample taken from the upper layer of the stone, this site is believed built in 117-47 BC along with the theory of an era when Austronesian originating from the Asian plains that carried the ritual of ancestors worship migrated.

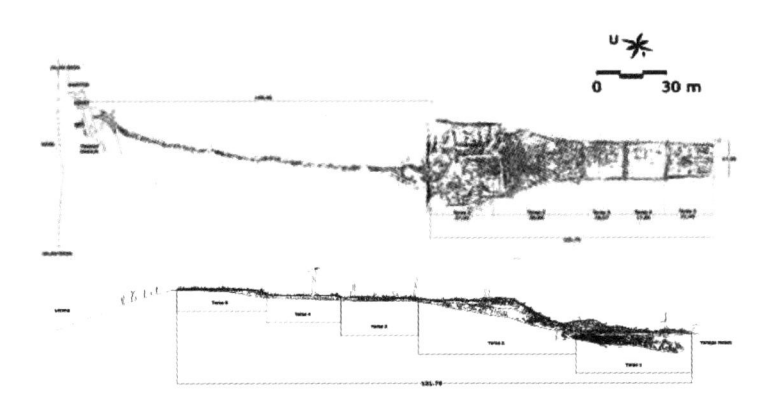

Fig. 2 Photogrammetry results of the stepped pyramid construction of Gunung Padang site (Source: Yondri, 2012)

The cultural content of the archaeological site is not only in the materials, but also in the place. This happens when the natural context affects the connection between physical and locality context, formed by the human mind and experience that enjoys it. Thus, studying the cultural content of one archaeological site must also doing the study of place itself. Then the cultural identity and historical narrative of a site will continuously be revealed by conservation (ibid, 2006). The space aspect of the site lays on the stepped pyramid structure with its peak consist of 5 terraces, starting the largest terrace 1 in the north, to the 5th terrace in the southernmost, at the same time is the tallest but the most narrow among the 5 terraces. Each terrace has its own story that has not all been revealed, which is part of the space aspect of the site.

The category of the cultural significance values can be derived into historical value, spiritual value, social value, artistic value, research value, symbolic value, and economic value. (Mason R and Avrami E, 2002 and Demas M, 2002). The historical value of Gunung Padang Site is not yet all can be revealed. One of the cause is there is no written evidence found in the form of inscription about the existence of this site. The history of the use of this site can be expressed only by the condition of its physical form and the existence of the spring well located at the foot of the northern slope of this site, which side by side with the stone steps leading to the site's core. It can be assumed that this site has a function as a location of religious ritual activities (Fig. 3). Archaeologist Sukendar has also stated the importance of spring well in the south of the site in its function (Yondri, 2017) that is interpreted as the well

Fig. 3 The components of the site that allegedly was part of the ritual activities. Starting (clockwise from above left) from the spring, stone stairs, and end up at the altar look alike at the fifth terrace (Source: field survey)

where people purify themselves before performing rituals/worship/ ceremonies at the top of the site. The well is then known by the name of Kahuripan spring, which means life.

Sutarman et al (2016) argues that this site means the great place of the spirit of ancestors. He also stated that the formation of the terraces on this site is like a place of worship, hermitage, and the audience between the king and the priests. The worship orientation is to Mount Gede-Pangrango located on its north-northwest, which is the highest mountain along the eye view of the site position (Akbar, 2013). It is related to pre-historic period culture that has a worship orientation to high places, thus Mount Gede-Pangrango can be regarded as ecofact for Gunung Padang site.

Gunung Padang site is assumed full of social value and artistic value associated with its tectonics. From the point of social value, the dialectic process among individuals, local communities, and the environment is considered as its local wisdom. The process of planning and building of this site was certainly involving an established social system where there was leadership role present (Yondri, 2017).

The values of society according to Koentjaraningrat are found in the community of builders of this site in accordance to the building process of the site, namely leadership, deliberation in decision-making, mutual cooperation, and religious emotion (Yondri, 2017). Especially for the value of deliberation in decision making on this site is proven by the features of stone throne and circular stones on one of its terrace. There is an interpretation of the social hierarchy from the use of the terraces, starting from the terrace 1 which is wider and lower for more general functions, to the tallest and narrowest 5th terrace for more private and limited functions such as for kings and priests (Akbar, 2013).

As for artistic value, the most prominent is the tectonics of the columnar joint stones contained by this site (Fig. 4). The arrangement of stones on the retaining wall is made especially with anti-landslide and anti-lateral forces construction technology (Akbar, 2013). This stone construction technique also takes into account the natural condition of the site, which is located in the potential area of earth movement prone to earthquake because it is located in Cimandiri fault area. As a very distinctive tectonic artistic value, the existence of this stone formation is the most physically thing that necessary to be conserved.

These significance values must be retained through conservation especially against the threats that interfere its existence. According to Palumbo (2012) categorization of threats to archaeological sites that might happen to Gunung Padang are; impacts of development and demographic effects, uncontrolled tourism, looting, the use of site materials for other uses, and wrong intervention on the site. Understanding the value of cultural significance and

Fig. 4 The artistic value of the site is contained in the tectonic of the stone composition. The columnar joints of the pentagonal stones dominate the landscape in various arrangements (Source: field survey)

threat mitigation on archaeological sites raises a major framework in the principles of preservation of the site through a model of archaeological site presentation in the form of landscape design models followed by the principles of conservation, planning, and management on the site.

4 Archaeological Site Presentation Model

Mosler (2006) stated in order to propose possible landscape design models on the archaeological site, a typology of archaeological site presentation is needed. Presentation model is needed to point out specific approaches toward archaeological landscapes, so the conservation planning through landscape design would be more focused and directed. This also emphasized by Marotta (2012), which argued that the idea to improve the relationship between the museum and its landscape is an attempt to respond to the following: ① protection of the environment; ② prevention of land exploitation; ③ avoiding technology accidents; ④ reduce pollution. In addition, Christian Norberg Schultz also formulated the *genius loci* theory, which says that nature is no longer understood as a tame element but as an unstable and dynamic element. These are now used as paradigm in designing museums on archaeological sites.

After studying the several archaeological sites as precedents (Bianchini, 2017a, 2017b, 2018a, 2018b, 2018c) and based on the actual condition on the site, such as; the lack of historical evidence and data quality of the artifacts, the characteristic of the tectonics, and the environmental and terrain context, the archaeological site presentation model chosen for a design concept of this museum is a combination of interpretative model and purist model (Fig. 5). This combination should have an emphasis between these two models, so that the purpose of the museum as a means of education and preservation can be achieved.

The emphasis of the combination between these two models is also aimed at enhancing the protection of artifacts and historical objects where the interpretative model plays the role in the museum, and for strengthening the linkage between the site and its landscape in the context of meaning is the task for the purist model. This emphasis also requires the need of linkage between the two models related to the phenomena occurring on the site.

5 Zoning of the Site and Location Selection for the Museum

Gunung Padang Site is located on a top of a hill that surrounded by hills and valleys. Those hills are: Empet Hill (south) which has crescent-shaped that opens to the north, with its western end of known as Mount Melati, and on the north are Mount Malang, Pasir Domas, Pasir Pogor, and Mount Kancana. Outside of the nearby hills, there is Mount Gede-Pangrango, which is far to the north and allegedly serves as the site's culmination orientation (Bronto S and Langi B, 2016) (Fig. 6). Gunung Padang Site itself has natural boundaries that serve as the boundary of its area, namely; north: Cimangku River, east: Cikuta River, west: Cipangulaan River, and south: the crescent-shaped Empet Hills.

The International Center for Cave Art
Montignac-France

This museum is offering the experience for visitor as if they are one of the archaeologist who explore the cave and find the painting for the first time.

The museum lays on the intersection of two landscapes; the slope hill protected with forest and the crop field at the valley of Vezere.

This museum considers the integration among the scenic landscape, the interior, and the scenography in presentingits collection.

The presentation models of this museum is considered the combination of interpretative and purist.

The purist is represented by displaying the replica of the cave painting and the surrounding feeling in full scale and as accurate as possible to get the real experience for the visitors.

In the other hand, the interpretative model is used when the museum wants to connect the actual fact with the recent context and wants to play with the visitor's imagination.

Both experiences are connected with the transitional space.

Replica Gallery

Micro Pedagogic and Interactive Installation

Lobby   Central Orientation Zone

Cinema 3D   Imagination Gallery   Transitional Space

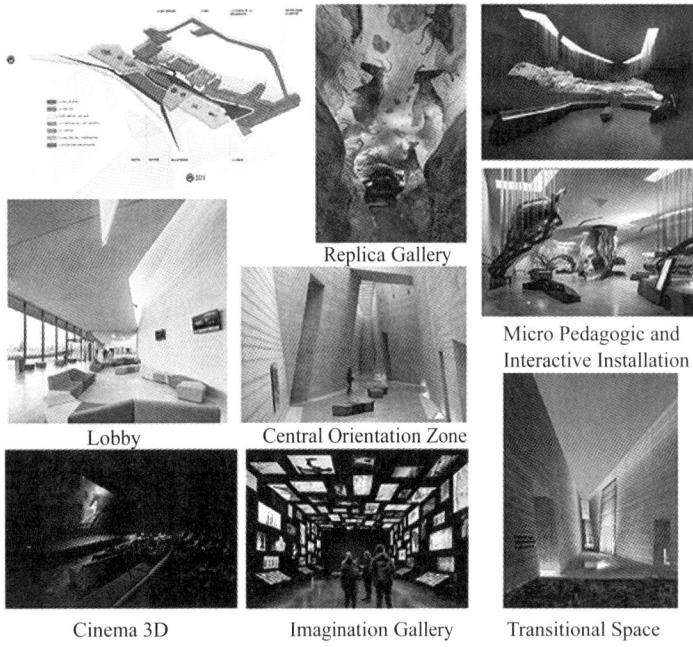

Fig. 5 One of the precedent studies from several museums. Here shown is the museum in France, which presented in the combination of the interpretative and purist models (Source: Bianchini, 2018)

The idea of the need for protection zones for the Gunung Padang site has just emerged in a study conducted in November 2012. The results are then accommodated in the decree of Minister of Education and Culture no. 023/M/2014 dated January 17, 2014 about the appointed the site of Mount Padang as a National Heritage Site. That appointment increased the protection area from 17, 196.52 square meters to 291, 800 square meters.

After the land acquisition around the stepped pyramid structure and the land surrounding the Gunung Padang Site by the government, then in August 2017 the planned and the designated zones were reviewed (Yondri, 2017) (Fig. 7). The site's boundaries appointment is attempted to match land tenure and needs, environmental characteristics, conservation needs, land use, and future space utilization. Based on the results of the review, changes were made to Zone 1 and Zone 2. As for Zone 3, it refers to the extent of the Gunung Padang Site defined by the Ministry of Education and Culture in 2014.

The basis of zoning allocation are following; The Core Zone (1) is intended for total protection of stepped pyramid (terrace structure and its micro surrounding the structure), Buffer Zone (2) for total protection for the core zone with the addition of limited facilities on the hills and slopes, Development Zone (3) for placing facilities to support site utilization (villages, rice fields, gardens and inter-village connecting roads) and Supporting Zones (4) for the diversion of visitors for not to pack the core and buffer zones.

The combination of interpretative and purist model needs the right location for the museum. The location itself will be assigned within the zone 3, but the exact site for the museum will be determined through the analysis of some indicators (Fig. 8). The main frame of the indicators is to achieve the linkage between the two presentation models related to the phenomena on the site. Based on the results of the previous archaeological research of this site, the linkages that will bond these presentation models to the site itself are; ① the visual linkage from the museum to the site at the core zone and to the Mount Gede-Pangrango, and ② the experience of ritual activities starting from the Kahuripan springs at the bottom of the site to the 5 terraces at the top of the site.

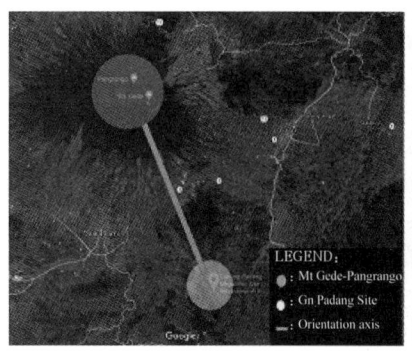

Fig. 6 The conceptual orientation plan and the existing view to the north-northwest from the site to the Mount Gede-Pangrango direction. Even though the site is facing the higher hills, the further Mount Gede-Pangrango being the highest mountains seen from the site are serving as the culmination orientation of the site (Source: field survey, Google map, and analysis)

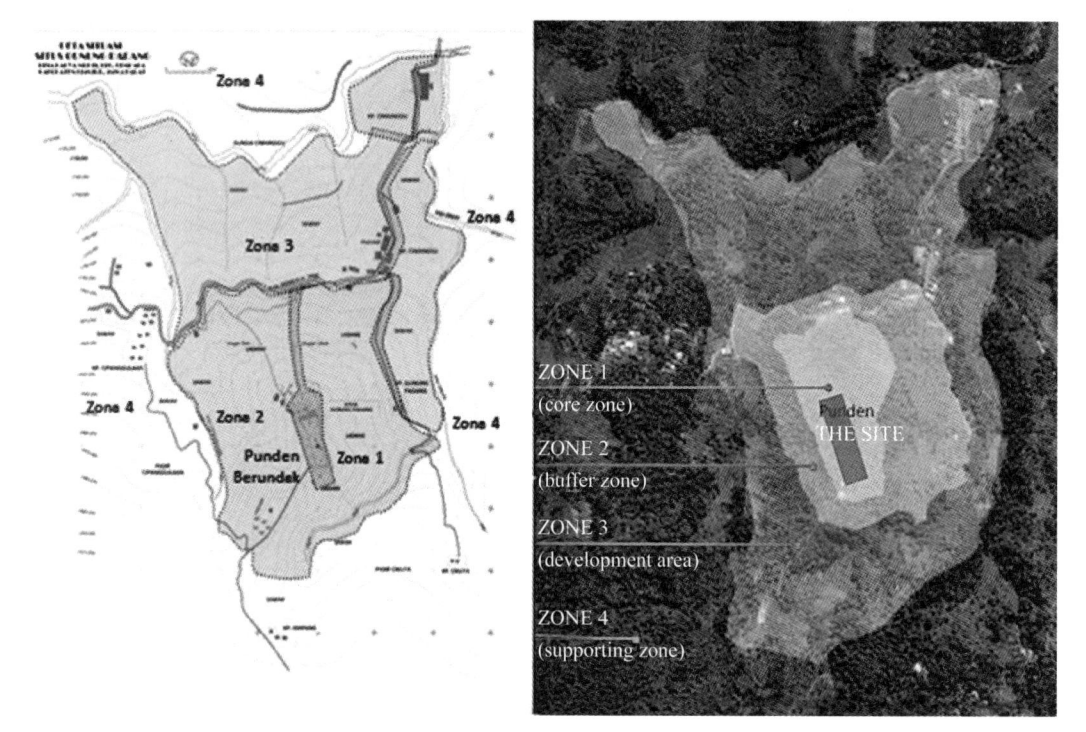

Fig 7 Zone Planning of the Gunung Padang Site and its surroundings before (left) and after (right) the review in August 2017 (Source: Yondri, 2017)

These two linkage factors are used to propose the potential museum locations within the zone III, which came up with the 5 (five) locations proposed. These six locations will be analyzed through these indicators; ① it is not in the direct axis line between the site and Mount Gede-Pangrango. This is applied in order to strengthen this axis as the culmination orientation of the site, ② it has the right altitude to create the best visual linkage to the site and to the Mount Gede-Pangrango, ③ it has the best view to face the original site and Mount Gede-Pangrango in one vista, and ④ it has a good accessibility to facilitate the visitor to the museum and transfer to the original site in experiencing the values contained. The result of this analysis is that the location 4 is the best for placing the museum (Fig. 9, Fig. 10).

6 The Architecture of the Museum

The concept of the museum according to Ioannidis et al (2003) has shifted that was from only a place to store objects

Museum Design as a Means of Presentation the Conservation In-situ of Archaeological Sites and Cultural Tourism Object: The Case of Gunung Padang Site in Cianjur West Java, Indonesia

Selecting Location For The Museum

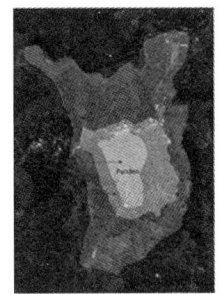

Selecting the location on the site is considering many things as indicators, The very first thing is to decide that the potential museum locations will be on the Zone III. Then the main axis line between the site to Mount Gede Pangrango is drawn as the main orientation path, which this area has to be free from any visual disturbance. Therefore, the locations proposed should not be in this direction.

After that process, the location points are appointed in accordance with the indicators such as the visual clarity to Mount Gede Pangrango and the original site, the right altitude to get the best angle to create visual linkage between the original site and Mt Gede Pangrango, and the last is the good accessibility to facilitate visitors to the museum and transfer to the original site in order to get the best experience visiting the site.

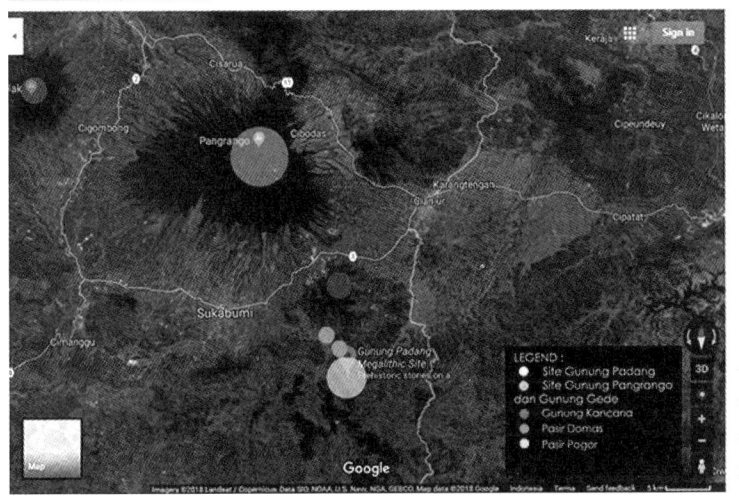

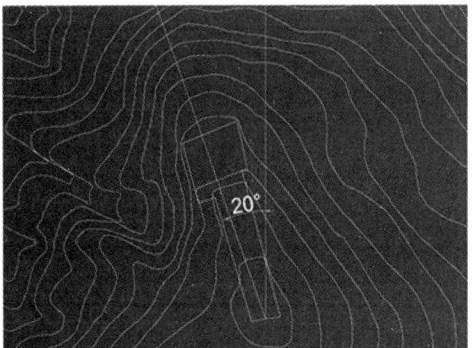

The result is the 5 (five) proposed location points that considered are potential to be the location of the museum which has the interpretative model as its presentation model.

Fig. 8 Initial process of selecting the museum of location through establishing the criteria according to the phenomena of the site

Selecting Location For The Museum

Analysis is done to choose one points among five points to be the location of the museum.
The visual linkage analysis by simulating the 3 views: from the point towards (1) The Gunung Padang site, (2) towards the Mt Gede Pangrango, and (3) towards the surrounding. From this analysis, the best point is location no.4

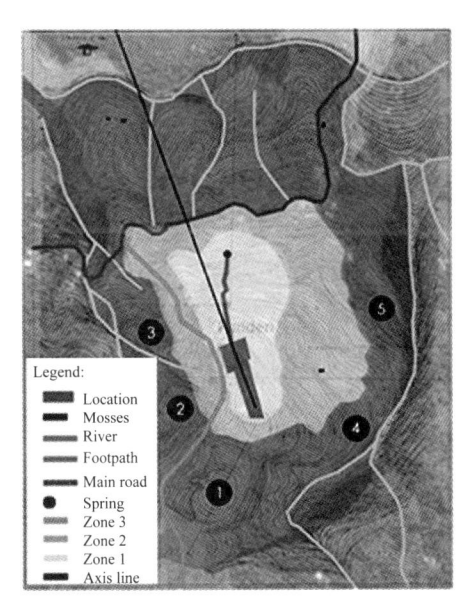

Fig. 9 The 5 potential points proposed to be the location of the museum. Each of this location will be analysed to choose the right one to be developed

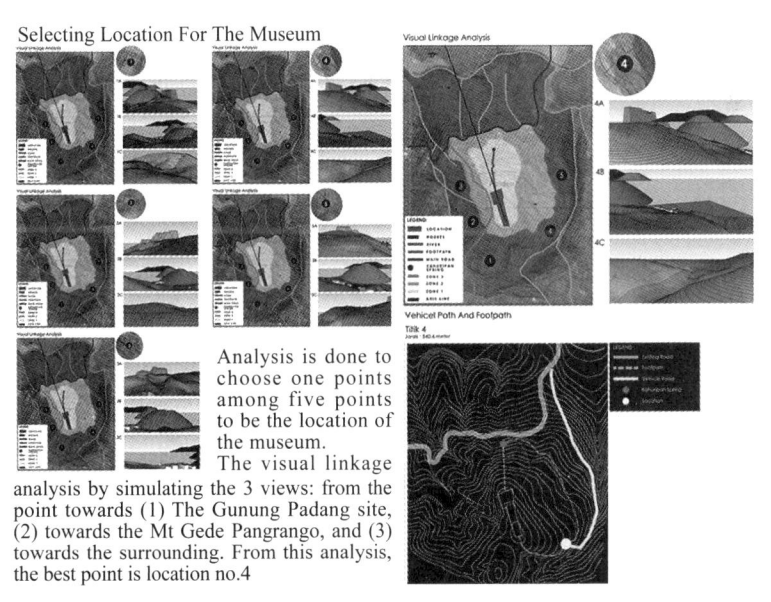

Fig. 10 The 5 visual analyses to the 5 potential locations (left), the visual linkage analyses to the location point no 4 (upper right), and the accessibility analysis of vehicle and pedestrian (below right)

that are intended for conservation, exhibited, and researched, is now increasing as a place of knowledge, information sharing, and interactive communication that is more flexible. The collections are not only static objects, but already involve either directly or indirectly with the visitors, by combining the virtual and real space through scenarios of themed tour. Then, the design needs to be directly correlated with the purist model in the original site. As a modern museum this museum will be designed poetically, so the design is not only to give historical insight, but also involves visitors emotionally.

Bayer (1961) states that the exhibition conducted by a museum is the formation of a temporary nature. Thus, it can be displayed different patterns of exhibition. As a supporter of the museum's principle in educational development and to attract wider visitors (ICOM, 2017), then one of the exhibition patterns that can be made is a fun design but still correlated with the presentation models.

Villa X. M. et al (2003) argue that in presenting a collection of a museum requires another approach named Archaeotecture. Archaeotecture is archaeological architecture, that is how to structure and maximize from all information provided by architectonic from the condition of the past. Thus, the presentation is not only how to display the collected artifacts, but the physical forms of the past conditions are also shown as supporting the exhibited objects. In the technical planning of the exhibition presentation will involve things such as circulation path, lighting and presentation structure.

In the context of space planning in a museum, Mike Bal in Tzortzi (2015) states that there are two narratives given to visitors, which is like reading a book; ① the textual narrative that links the exhibited object to the story of its origin, function, and history, and ② the spatial narrative associated with the sequence of instinct in the visit. This second narrative becomes important because in the spatial narrative one will form so many events in his mind during the visit to the museum. This will lead to the formation of spatial experience; as for the architects this formation can create collective agreement among visitors.

As part of the public space, the museum is maximized to become a magnet for public activities, and visitors' movement should be directed (Robillard, 1982). Visitors without the itinerary will wandering without directions, with no clear patterns, get tired and bored easily, and then leave the museum. Visitors will only stop at places that they considered interesting without focusing on the story of interpretation that wanted to be displayed by the museum object. In addition to equipping visitors with the direction/itinerary, then physically the museum design should be planned for the purpose of directing and make its spaces will be more interesting to visit.

In spatial planning, what must be played is the perception of the space, whether static or kinetic (Rotea et al, 2003). The space will have an effect on the visitor's emotional state where the space experience is shaped by a series of harmony leading to a volumetric disposition and circulation order (ibid). The application in design, the senses and movements shape the desired perception of the visitor is should be driven by the usage of the main presentation models.

According to Osman (2014), modern museum typology can be reviewed from two things; its performance and functionality, and its form and morphology. In terms of performance, modern museum's development is dealing with technological advances, design concept, and public involvement issues. Meanwhile, when viewed from the form and morphology, museum design is closely related to material technology and industrial development of the era. There is a basic question of whether or not the museum will be oriented towards conserving its heritage collection or to be more consumer-oriented (Wise C and Erdues A, 1975). Thus, the architecture of the museum should be able to adopt these two concepts to be raised in an integral form of planning concept. These theories will be inherited to form and structural design of this museum that supports the main objective as a mean of conservation of the site, and also adaptive to the archaeological research that still in progress.

These all theories mentioned above would compose the design criteria for the museum that will be presented in this following table (Table 1):

Table 1 The Design Criteria of the Museum, both interpretative and purist model

I.	Presentation Concept	Zone Planning	Accessibility	Linkage To Purist Model
1		Private Zone	Access from public area, evacuation access, service and maintenance access	Visually connected with other function in order to observe and supervice vision
2		Public Zone	Access from outside (main entrance) and evacuation access	Visually connected to establish the closeness between imaginative areas in the museum to the archeological site area
II.	Spatial Planning	Programs	Capacity	Features
1		Lobby	50 Pax	Easy to access and serve as a orientation center for other rooms
2		Management Office	20 Pax	Easy to monitor the visitor activities
3		Toilet & Locker	20 Pax	Easy to access to all visitors
4		Conference Room	30 Pax	Easy to be accessed from the lobby and not part of ticket manddaory rooms
5		Storage	30 Pax	Easy to access from exhibition rooms and loading zone
6		Theatre	20 Pax	No need to have visual connection to purist museum or original site
7		Exhibition Room	30 Pax	Flexible room which adaptive to growth of the interpretative model's content
8		Viewing Deck	20 Pax	Clear view to original site and Mount Gede Pangrango
9		Loading Zone	15 Pax	Can be accessed by auto vehicle
10		Souvenirs Shop & Restaurant	30 Pax	Easy to access to all visitors
11		Research Office	10 Pax	No need to have visual connection to purist museum or original site
12		Library	20 Pax	Enough view to original site and Mount Gede Pangrango
III.	Form and Structure	Design Concept		
1		Pilotis building masses or minimum contact with the soil because the excavation process of the archaeological research still continues		
2		The building mass is not fragmented, so that the use of the foundation would be as little as possible		
3		The good compliance of universal design (disable, children, and eldery compatible)		
IV.	Landscape Design	Design Concept of Purist Model Museum (core zone)		
1		Visitor route is adjusted to the ritual activities route on site		
2		placing the pocket area/rest facilities along the route whose difficult terrain. These stops are also used as a visitor congestion controller along the route		
3		The safety concept and evacuation plan is clear		

7 Museum Design Concept Simulation

All the planning mentioned above will be simulated to produce the design concept of the museum. The result of this simulation shows as follows;

Through this design, the flow of the visitors can be divided in two major phases. The first is to locate the visitors to museum whose capacity is limited. In this phase, the visitors will be presented by the interpretation of the site as archaeological research result. The next phase is to take the visitors to the original site by walking to the Kahuripan spring and trying to experience the site by simulating the ritual process that suspected as genuine function of the site. After the interpretative-purist phase, the visitors will be directed back to the museum, and will make their own interpretation based on what they have been experienced before (Fig. 11-Fig. 14).

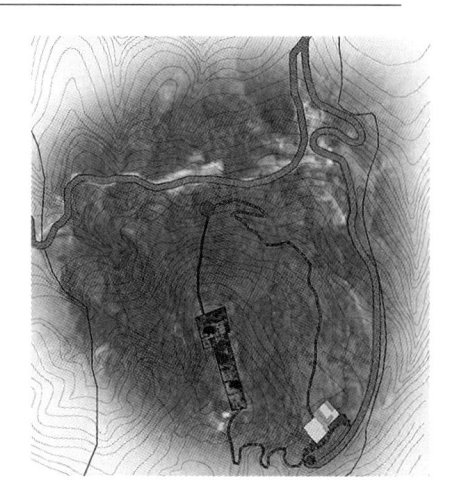

Fig. 11 The museum location at the hill of Gunung Padang site and its position to the original site and main road. The new road is build to reach the museum, and the foot path from the building to Kahuripan spring (shown as red dot) is also build as part of the museum's landscape presentation. Museum is located in the zone 3 (development zone) to keep protection of the site in the core zone, but close enough to get a better vista to the site and Mount Gede Pangrango

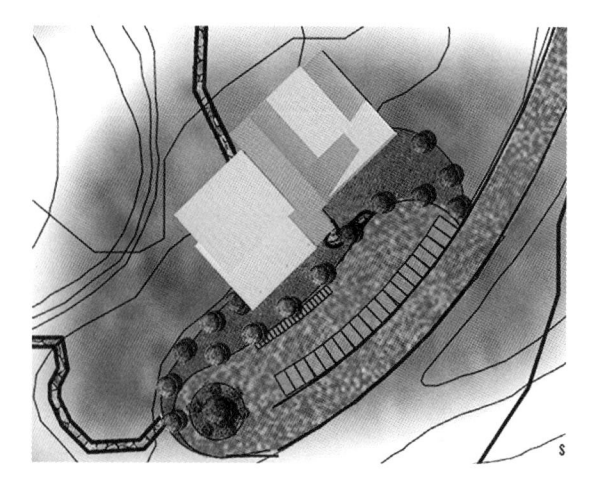

Fig. 12 The site plan of the museum. The number of the car parking lot is limited in order to limit the visitor for the sake of the site's protection

8　Discussion

As applied archaeological research, it is important for this museum to be able to transform the entire archaeological heritage into a cultural resources for the sake of the future. Through this museum, the equilibrium among the protection of the site, the development of archaeological science, and the economical benefit for the local can be achieved.

Protection of the site is shown by trying to limit the number of the visitor to penetrate to the original site. This effort is done to reduce the risk of uncontrolled tourism to the site. The capacity of the museum and the visiting route from the interpretation model to the purist model of the museum is also limited. This may not be in line with the number of visitor targeted by the government, but it should be considered as an effort to conserve this cultural resources.

Deciding the museum to be built in pilotis concept is to make sure the process of archaeological research still can continue. The minimum footprints will allow the excavation process still can take place on the site, allowing the core zone to be expanded. This also in conjunction with the concept of making the building on the site that is still suspected contain other relic or artifact, therefore minimizing engineering intervention to the site is mandatory. Box as building form is chosen to simplify the space organization with the sloping terrain shown with a split level design concept.

The linkage that bonds between the interpretation model to the purist model lays on the visual linkage, which is really significant to be shown in this museum. Mount Gede Pangrango is believed to be the site's primary orientation. Therefore, the museum design is decided to have the direct view or vista to these mountains and the original site. Starting from the placement of the museum's site, until choosing the building orientation is done by considering closely to this visual linkage. This decision is quite intuitive, based on the results of archaeological research done before. So, the decision of choosing visual linkage as the bonding of these two models still needs

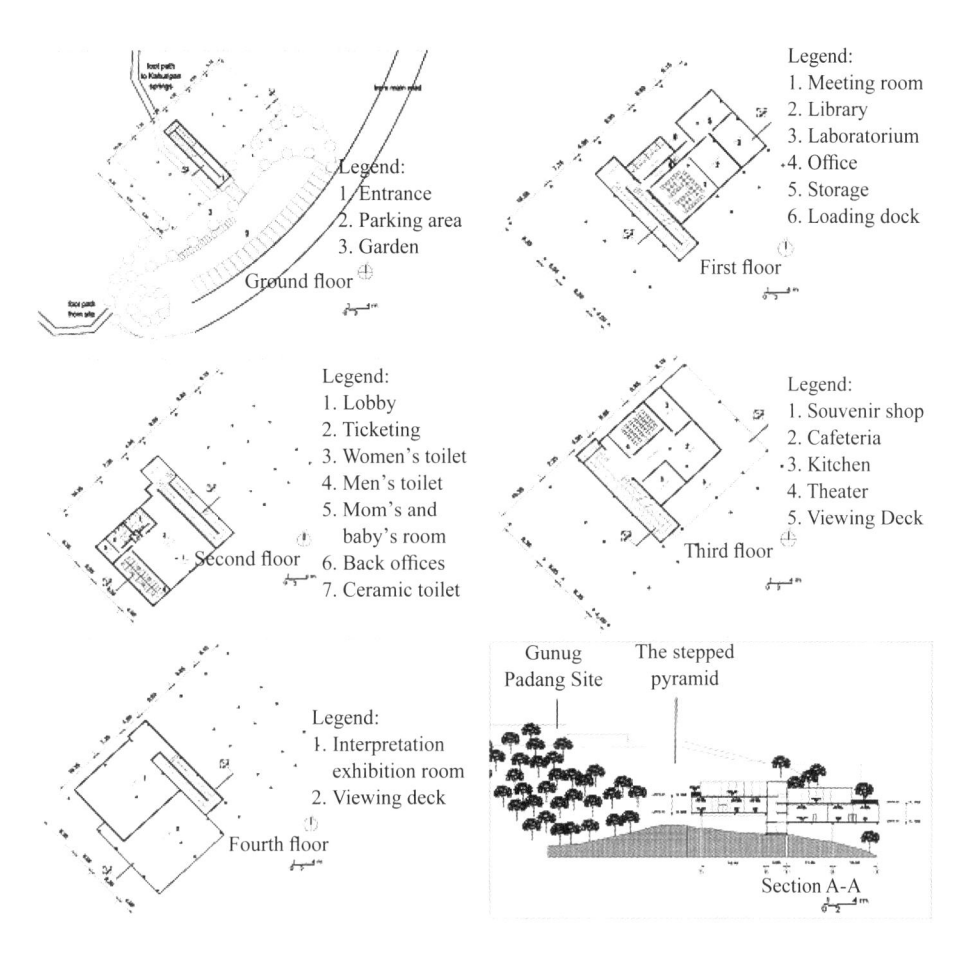

Museum Design as a Means of Presentation the Conservation In-situ of Archaeological Sites and Cultural Tourism Object: The Case of Gunung Padang Site in Cianjur West Java, Indonesia

Fig. 13 The schematic design of the museum from ground floor plan to the fourth floor, completed with the conceptual section. The building is designed in split level due to the adaptation to the sloping site, and also to accommodate the needs of disabled visitors. There will be no stairs found in this museum building only the ramp exists. The pilotis construction system is used so the building is built on stilts. This allowing the continuation of excavation of the site as part of the archaeological research can still take place

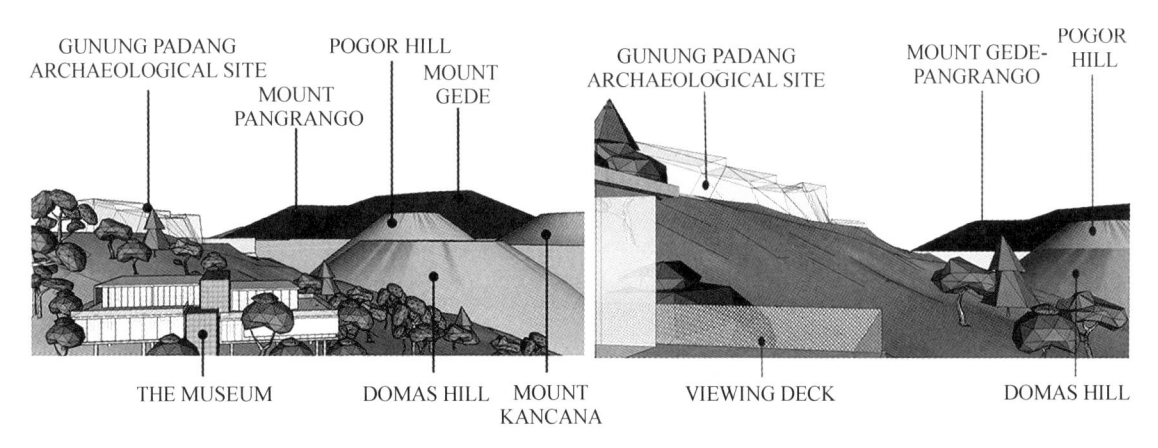

Fig. 14 The analysis of the museum location is then modelled to simulate the position of the surrounding hills, the Mount Gede-Pangrango, the Gunung Padang site, and how they related to the location of the museum (left). Through this simulation, the visual linkage of these components can be seen from the viewing deck located to the third floor (right)

to be validated. Further research in archaeological science on this original site must be continued to get a better confirmation about the correlation between the site and Mount Gede Pangrango.

As a museum, the collection presented is also a subject need to be discussed. As the purist model, the site itself is the collection. While at the museum building, which is using the interpretative model, lays on the presentation of interpreted results of archaeological research. What should be displayed here depends on the development of the archaeological research has done before. So, the presentation is planned flowing from the museum to see the interpretation of all archaeological research results, to the original site by walking through the foot path to the Kahuripan spring, and climb up the original stair to the site. Then, visiting the site from terrace 1 to 5 before going down back to the museum. This whole walking process is considered as the purist model of the museum, since it involve the ritual process as suspected to be the main purpose of the original site. Here, allowing the visitors to make their own interpretation of this site after the whole itinerary should raise their involvement to the museum.

These topics of discussion have turned the site and its heritage as one cultural resource that should be read as a new system in dealing with the archaeological asset. By these actions, the conservation of the site will have a comprehensive approach; because it is involving the process of limiting the visitors, allowing the process of in-situ research still can take place, and also accommodating its function as one archaeological educational tourism.

References

Akbar, A. 2013. *Situs Gunung Padang, misteri dan arkeologi.* Jakarta: Change Publication.

Australia ICOMOS. 2013. *The Burra Charter: The Australia ICOMOS Charter for Places of Cultural Significance,* Burwood: Australia ICOMOS Inc.

Avrami, E., Mason, R. 2002. May 2000. *Heritage Values and Challenges of Conservation Planning.* Paper presented in Management planning for archaeological sites: an international workshop, Corinth, Greece.

Bayer, H. 1961. Aspects of Design of Exhibitions and Museums, *Curator: The Museum Journal, 4* (3), 257-288.

Bianchini, R. 2017. *Museo Parc Alesia archaeological site,* Retrieved August 12, 2018, from https: //www. inexhibit. com/mymuseum/museoparc-alesia-bourgogne/.

Bianchini, R. 2018a. *Pompeii archaeological site,* Retrieved August 12, 2018, from https: //www. inexhibit. com/mymuseum/pompeii-archaeological-site-naples/.

Bianchini, R. 2018b. *Herculaneum archaeological site-Naples,* Retrieved August 12, 2018, from https: //www. inexhibit. com/mymuseum/herculaneum-archaeological-site-naples/.

Bianchini, R. 2018c. *Aguntum museum,* Retrieved August 12, 2018, from https: //www. inexhibit. com/mymuseum/aguntum-archaeological-museum-tyrol-austria/.

Bianchini, R. 2018d. *Snohetta+Casson Mann: Lascaux 4-International Center for Cave Art,* Retrieved August 12, 2018, from https: //www. inexhibit. com/case-studies/snohetta-casson-mann-lascaux-center-cave-art-montignac/.

Bronto, S. 2015, November. *Gunung Padang dan sekitarnya Dipandang secara Geologis.* Paper presented in Borobudur Writers and Cultural Festival, Magelang, Indonesia.

Demas, M. 2002, May 2000. *Planning for Conservation and Management of Archaeological Sites: A Value-Based Approach.* Paper presented in Management planning for archaeological sites: an international workshop, Corinth, Greece.

Ennabli, A. 1998. The Museum of Carthage: a living history lesson, *Museum International: Archaeological sites and sites museums, 50* (2), 23-32.

Heim, E. B. 2002, May 2000. *Masada, Israel.* Paper presented in Management planning for archaeological sites: an international workshop, Corinth, Greece.

International Council of Museums. 2017. *ICOM Code of Ethics for Museums.* Paris: ICOM UNESCO.

Ioannidis, Ch., Xipnitou, M., Potsitou, C., Soile, S. 2003. The Contribution of Modern Geometric Recording and Visualization Methods in the Implementation of a New Museum Concept. *IAPRS (vol. XXXIV-5/C15), Proceedings of International Symposium of CIPA,* 419-424.

Jones, K. L. 2014. *Caring for archaeological sites: practical guidelines for protecting and managing archaeological sites in New*

Zealand, Wellington: Science & Technical Publishing Department of Conservation.

Marras, A. M., Messina, M. G., Mureddu, D., Romoli, E. 2016. A Case Study of an Inclusive Museum: The National Archaeological Museum of Cagliari Becomes "Liquid". In Borowiecki, K. J et al (Eds), *Cultural Heritage in a Changing World,* (pp 99-109), Springer Open.

Marotta, A. 2012. *Typology: Museums.* Retrieved July 15, 2018 from *https: //www. architectural-review. com/essays/typology/ typology-museums/8640202. article*

Matero, F. 2006. June. *Making Archaeological Sites: Conservation as Interpretation of an Excavated Past.* Paper presented in The 5th World Archaeological Congress, Washington D. C., USA.

Mosler, A. S. 2006. *Landscape Architecture on Archaeological Sites: establishing landscape design principles for archaeological sites by means of examples from West Anatolia, Turkey,* Muenchen: Faculty of Architecture Technical University of Munich.

Osman, K. A., Farahat, B. I. 2014. Museums Between Tradition and Modernism: Memorial Museum Like Jewish Museum in Berlin as a Case Study. *Journal of Engineering Sciences Assiut University, 43* (5), 1294-1316.

Palumbo, G. 2002, May 2000. *Threats and Challenges to the Archaeological Heritage in Mediterranean.* Paper presented in Management planning for archaeological sites: an international workshop, Corinth, Greece.

Robillard, D. A. 1982. *Public Space Design in Museums,* Milwaukee: Center for Architecture and Urban Planning Research University of Wisconsin.

Rotea, R. B., Borrazas, P. M., Vila, X. M. 2003. Archaeology of Architecture: theory, methodology and analysis from Landscape Archaeology. In Vila, X. M., Rotea, R. B., Borrazas, P. M (Eds). *Archaeotecture: Archaeology of Architecture,* (pp 17-40), Oxford: British Archaeological Reports.

Simard, C. 2004. The Place-Royale Interpretation Centre: a triple challenge. In Mgomezulu, G. G. Y. (Ed), *Museum International: the site museum,* (pp 53-59), Oxford: Blackwell.

Sutarman, Hermawan E. H., Hilman, C. 2016. Gunung Padang Cianjur: Pelestarian Situs Megalitikum Terbesar Warisan Dunia. *Jurnal Surya: Seri Pengabdian Kepada Masyarakat, 2* (1), 57-64.

Tzortzi, K. 2015, July. *Spatial Concepts in Museum Theory and Practice.* Paper presented in 10th International Space Syntax Symposium, London, England.

Vasileiou, E. 2014. Ethics in Action at yhe Refurbished Archaeological Museum of Ioannina, Epirus, Greece. *Journal of Conservation and Museum Studies, 12* (1): 3, 1-7.

Vila, X. M., Rotea, R. B., Borrazas, P. M. 2003. Archaeotecture: seeking a new archaeological vision of Architecture. In Vila, X. M., Rotea, R. B., Borrazas, P. M (Eds). *Archaeotecture: Archaeology of Architecture,* (pp 1-16), Oxford: British Archaeological Reports.

Wise, C., Erdues, A. 1975. Museum Architecture, *Museum, XXVI* (3/4). Paris: UNESCO.

Yondri, L., Mundardjito, Permana, C. E. 2012. *Laporan Hasil Penelitian Arkeologi Situs Megalit Gunung Padang.* Jakarta: National Archaeological Center.

Yondri, L. 2014. *Laporan Hasil Ekskavasi Penyelamatan Situs Gunung Padang.* Bandung: Bandung Archaeological Center.

Yondri, L. 2015. *Laporan Hasil Ekskavasi Situs Gunung Padang.* Bandung: Bandung Archaeological Center.

Yondri, L. 2015. Gunung Padang: Arkeologi dan Kandungan Nilai Budayanya. In *Gunung, Bencana, & Mitos di Nusantara.* Yogyakarta: Ombak. (pp 82-99)

Yondri, L. 2017a. *Situs Gunung Padang; kebudayaan, manusia, dan lingkungan.* Bandung: CV Semiotika.

Yondri, L., Atmodjo, J. S., et al. 2017b. *Laporan Kajian Zonasi Situs Gunung Padang.* Jakarta: Directorate of Cultural Preservation and Museum of the Ministry of Education and Culture Republic of Indonesia.

UNESCO World Heritage Site of Lenggong Valley, Malaysia: A Review of Its Contemporary Heritage Management

Hsiao Mei Goh[①]

Lenggong Valley is located in the north of Malaysia. It is approximately 120 kilometers from the southern border of Thailand and 180 kilometers from the world Heritage site of Georgetown to the west, by far at least one of the most important archaeological regions in Southeast Asia. And the archaeological investigations begins here since 1917. In 2012, Lenggong Valley was named a UNESCO world heritage site under a serial nomination, which include three open sites and four cave sites. It's covers a core zone of 398 hectares with a buffer zone of 1, 700 hectares.

The UNESCO World Heritage Site of Lenggong Valley comprises two major clusters. To the south, there are two open sites dated more than 100,000 years with the river as a natural boundary. And to the north there is another cluster with a mix of cave sites and open sites, forming more than 150 hectares altogether. Lenggong Valley was inscribed based on two outstanding universal criteria-Criterion (iii) said that the series of caves and open sites actually represent exceptional testimony spanning from 1.83 million years to 1,700 years ago and the Criterion (iv) pointed out that Lenggong Valley contain a series of undisturbed *in situ* Palaeolithic stone-tool workshops that contribute to the early understanding and classification of early Southeast Asian stone tool technology.

Kota Tampan and Bukit Jawa are few examples of important Palaeolithic site in Malaysia. These sites were found covered with three-meter-thick Toba volcanic ash. The top soil layer is approximately 1meter, followed by a another 2 to 3 meters of Toba ash. Toba eruptions occurred at approximately 74,000 years ago.

Below the ash are intact Palaeolithic stone-tool workshops which predates 74,000 years. Cluster 2 contains myriad of caves with human occupation dated to between 1,000 and 2,000 years ago. To date, the archaeological team mapped out 72 caves. Of 72, eight cave sites have been systematically investigated.

The picture presents the Bukit Kepala Gajah limestone massif in Cluster 2. The archaeological research revealed a Paleolithic human burial dated to 10,000 years ago. Another cave site known as Gua Kajang contained two human burials dated to between 10,000 and 3,000 years. Another cave site-Gua Harimau which is approximately 2km away from Gua Kajang uncovered at least 12 individuals so far that attributed to Neolithic dated to 3,000 and 1,500 years ago.

Gua Harimau's prehistoric burials were found buried with clusters of pottery, different types of ornamental items such as pendants, earrings, bangles, beads and stone tools. Another human burial was uncovered in Gua Harimau in 2010. Unfortunately, this burial was poorly preserved. In general, the early human burials in Lenggong Valley dated from Pleistocene time to late Holocene period. And archaeology record shows that the early community of Lenggong Valley adopted a lakeshore habitation. The majority of the cave sites were used by the early hunter-gatherers as temporary shelters or as burial grounds.

With the arrival of UNESCO World Heritage Status, a proper conservation and management plan (CMP) was

---

[①] ARC Centre Of Excellent For Australian Biodiversity And Heritage (Cabah), School Of Biological, Earth And Environmental Sciences (Bees), University Of New South Wales, Australia.

developed as a means to promote long-term sustainable conservation of Lenggong Valley. Prior to the UNESCO status, there was no former CMP or conservation management plan in place. The conservation and management planning of the site before 2012 was mainly in the hands of Department of National Heritage with local support such as archaeologists and local district council. A local museum was erected on site to oversee the daily conservation and maintenance of the sites across Lenggong Valley.

However, with the arrival of the UNESCO status in 2012, a formal CMP has been developed. Unlike other sites across the world, the Lenggong Valley has fairly huge population and the landscape has been extensively altered for plantation. The majority of the cave sites are part of the cultural landscape and social landscape of the local Indigenous people. It's worth mentioning that most of the cave sites were used as asylum during the Second World War (1942-1945) and Malaysian Emergency (1948-1960) and these sites possess high historical and social significance.

The inscription of Lenggong Valley as a UNESCO World Heritage site brought in a primary CMP as a precursor to safeguard the archaeological heritage. As it turned out, a shorter primary CMP was written, mainly looking at the conservation and factor affecting the property, as well as making some basic recommendations for the protection and management of the property.

But, what can we do better? This paper investigates to what extent the current addresses the issues that arise from the conservation and management over the past six years. This paper had identified five fundamental dimensions as an evaluation baseline for a successful management plan for Lenggong Valley, namely legislation, site evaluations and management objective, actions and implementation, community values and attitudes, stakeholders and community participation. Given that population of Lenggong Valley is more than 10,000, we thought that community values and stakeholder's participation are very essential in the long-term conservation of this UNESCO site.

So as you see, we have identified five different dimensions and total thirty coding items. And each of the coding items cross reference with the CMP and see how far and to what extent all these coding items have been mentioned and integrate into daily conservation process. The evaluation involved a total of eleven heritage practitioners, and four local community members. We provided them the copy of CMP and go through the assessment.

The evaluation process involved a coding process with proper coding criteria. Award zero if the item has been totally ignored, absent from management plan. Award one if the items mentioned but not defined. Award two if the item is briefly described incorporated into at least one component. Award three if the item is mentioned, defined, described or and if it's well defined and well integrated into the management plan. The mean score of each item was then calculated and presented as follow.

Here is the overview on each evaluation item. The first dimension is the legislation and this dimension mainly examine how effective is the legal mechanism adopted in the CMP in addressing and defining the concept of heritage, and how the legislation addressing the issue related to provisions, world heritage licensing and enforcement of heritage act and etc.

The second dimension looking at the site evolution and management objectives which mainly investigate how the CMP and to what extent this CMP addressed the heritage characteristics of the nominated property. Given that Lenggong Valley is a well populated area, the demographic characteristic needs to be identified. It also explores to what extent the cultural of significance of Lenggong Valley, such as social significance, the historical spiritual elements have been incorporated into CMP.

The third dimension is centered to actions and implementation. It evaluates how the administrative structure look like, what are the strengths, weaknesses and challenges in managing Lenggong's UNESCO World Heritage Site, and how the integration of the planning policy at national, regional and local level is managed.

In Malaysia, we have different heritage authorities at state and federal level. At federal level, the Departments and National Heritage management is the body that manage the heritage research and management in the country. At the state or local level, there is a subsidiary heritage office to manage the local heritage affairs.

The last two evaluation dimensions aiming at examining the local values and involvement. It tends to explore to what extent local community values and attitudes are represented in the CMP and whether or not local involvement in decision making, planning and executions are identified within the CMP.

The results of this assessment demonstrated that the contemporary CMP of Lenggong gives high priority to adopt a good legislative mechanism, adopted the National Heritage Act and ICOMOS and UNESCO Charters to form the main legislative guidelines, with a mean score of 1.9. It also emphasizes on the management objectives with a mean score of 1.66. The stakeholder participation in conservation and management of the Lenggong Valley on the other hand, is pretty low, represented by a mean score of less than 1 whereas the community values are totally absent from the CMP.

In summary, it can be concluded that the contemporary CMP of AHLV are relatively inadequate to address the issues, especially those related to community values and involvement. Of course, in many parts of the world, archaeologists are dealing with a lot of community engagements especially those archaeologists who work with the local Indigenous community. In the case of Lenggong, the the local heritage values and their attitudes towards heritage sites are totally absent. This in part led to the low heritage awareness among the local residents. Many of them was not aware with the concept of UNESCO and the local preparedness for UNESCO World Heritage status is fairly low.

Thank you!

The Use of Immersive Visual Technology in the Promotion and Conservation of Prehistoric Encultured Landscapes: A Case Study from the Tràng An World Heritage Property, Ninh Bình, Vietnam

T. Kahlert[1] L. T. T. K. Hue[2] F. Coward[3] C. M. Stimpson[1] B. V. Manh[4] R. Rabett[1]

Abstract: The Tràng An Landscape Complex is a UNESCO-inscribed mixed cultural and natural World Heritage site located on the southern margin of the Red River delta in the province of Ninh Bình, Vietnam. Since its inscription in 2014, Tràng An has seen increasing international interest, both as a visitor attraction and as a site of research activity. In mid-2016, the SUNDASIA research project (dir. Ryan Rabett) began a programme of work in Tràng An. This co-funded (AHRC & Xuan Truong Enterprise) multi-disciplinary and multi-institutional project is investigating past human responses to climate-induced cycles of sea transgressions and regressions that transformed Tràng An from an inland to a coastal environment at least three times over the last 60,000 years.

A central part of the work of SUNDASIA has been to create a detailed digital surface model (DSM) of the Tràng An core zone. A GIS (Geographic Information Systems) database has been created to collate topographic, environmental, archaeological and geological information with the aim of reconstructing paleo-environmental conditions since the late Pleistocene, as well as past human subsistence and settlement patterns within this changing landscape. In addition to being valuable research tools, 3D modelling and GIS are also effective vehicles for public outreach initiatives. They allow a series of virtual landscapes and objects to be created that enable remote immersive access without compromising the integrity of sensitive archaeological remains. They can also provide heritage managers with a powerful, cost-effective monitoring and conservation tool, capable of providing reference intervals from which to track and assess changes in site or landscape integrity.

Keywords: The Tràng An Landscape Complex, prehistoric encultured landscapes, promotion and immersive visual technology

1 Introduction

Late Pleistocene, middle and late Holocene sea transgressions temporarily transformed the Tràng An massif from an inland to a coastal landscape, significantly impacting on local conditions and likely the lives of local populations. The SUNDASIA project investigates how these changes evolved and how they influenced human subsistence

---

[1] School of Natural & Built Environment, Queen's University Belfast, Elmwood Avenue, Belfast BT7 1NN, UK.
[2] Tràng An Landscape Complex Management Board. Ninh Bình City, Vietnam.
[3] Department of Archaeology, Anthropology & Forensic Science, Faculty of Science & Technology Bournemouth University, Talbot Campus, Fern Barrow, Poole, Dorset BH12 5BB, UK.
[4] Department of Tourism, No 06, Tràng An Street, Đông Thành ward, Ninh Bình city, Ninh Bình province, Việt Nam.

strategies, site location choices and movement patterns. This is being achieved through archaeological excavations, palaeoenvironmental and climatic reconstructions, and landscape modelling. The resulting material archives and academic outputs are catalogued and collated within a GIS where they can be analysed in their spatial context. The Tràng An GIS provides a universal point of access for researchers and other stakeholders, and aides in the communication of current interpretations of that data in a standardised format. Three-dimensional modelling is being employed at different scales, ranging from entire landscape scans to individual sites, trenches and artefacts. These models will be used to reconstruct and visualise complex environmental processes and corresponding cultural responses. The results will be made accessible to researchers, cultural resource (CR) managers and virtual visitors.

Due to the development of increasingly affordable and powerful computers, GIS has transformed from being a 2D mapping solution to an immersive 3D modelling tool that lets users experience reconstructed environments in an immersive virtual reality (VR). Viewing archaeological sites in reconstructed landscape contexts enriches analytical capabilities as it allows users to inspect analytical results from a first-person perspective through visually enhanced views (Forte, 2014; Landeschi, 2018) (Fig. 1).

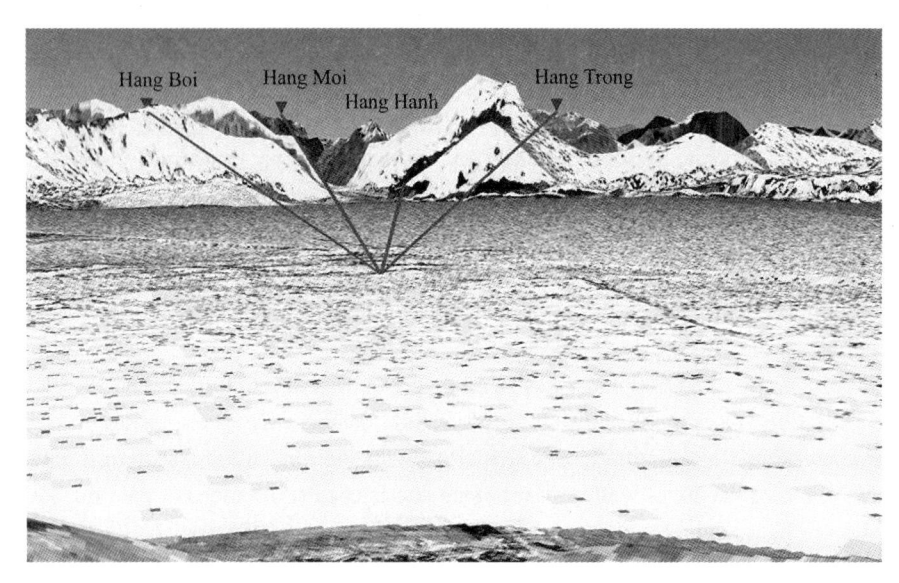

Fig. 1 Example of enhanced observer perspective from Hang Thung Binh 1 with overlayed data from viewshed analysis (grayscale) and direct view lines onto highest elevations near archaeological caves. Preliminary model

Widely available software packages like ArcGIS Pro combine the individual elements of the ArcGIS suite (Desktop, Scene, Globe) into one integrated platform, automatically displaying 2D datasets in a 3D environment by draping them over integrated topographic base-maps. The default topography can be enhanced by adding custom high-resolution elevation models of current or reconstructed past topography. Despite significant developments in 3D technology (Jerald, 2016), implementations of basic visual VR in cultural resource management (CRM), archaeological research and communication remain comparatively rare, and their usefulness is still debated (Reilly and Beale, 2015; Klinkenberg, 2016; Lanjouw, 2016; Landeschi, 2018).

Visual VR technology is available to archaeologists and CR managers as part of standard commercial and open-source GIS platforms. It allows for remote collaborations, visual experiences of archaeological phenomena from ground-based or elevated perspectives and visualisation of multiple data layers, thus assisting interpretations and decision making processes (Forte and Kurillo, 2010; Forte, 2014; Lanjouw, 2016; Marques et al., 2017; Rajangam and Rajani, 2017). For example, 3D modelling was used extensively at the early Neolithic site of Çatalhöyük (Anatolia, eastern Turkey) to document every step of archaeological excavation by multiple national and international teams. Layering scans chronologically along with contextual information allowed archaeologists to revisit the site at different stages of excavation and review different context layers as they were exposed, while simultaneously viewing associated archival and analytical data. This holistic view and virtual reversion of the excavations allowed for new discoveries and fresh interpretations of the archaeological record that might otherwise have been missed (Forte and Kurillo, 2010; Forte, 2014; Lercari *et al.*, 2018).

2 The Research area

The Tràng An Landscape Complex is centred on an isolated limestone massif in the southern Red River delta in the province of Ninh Bình, Vietnam. The World Heritage property comprises a 62.2km^2 "core zone" surrounded by a buffer zone of similar extent (Fig. 2). The core zone is characterised by fenglin and fengcon (Waltham, 2009) or tower and cone karst and illustrates a mature tropical karst with unique areas of transition between the older forms around the edge and younger forms in its centre (Tuy *et al.*, 2013). Whilst the highest peak, Cot Den mountain in the Truong Yen commune, reaches 245m above sea level (asl), most of the mountain peaks are at or just below 200m asl with a distinct decrease in peak density and height to the east and south (Tuy *et al.*, 2013). The karst towers become more isolated towards the periphery of the core zone, showing decreasing height and less structural integrity. The characteristic conical landscape gradually changes into a more accessible tower karst landscape where clusters of vertical karst towers are intersected by plains that have formed along slow flowing rivers and lakes, often interconnected by navigable flooded foot caves.

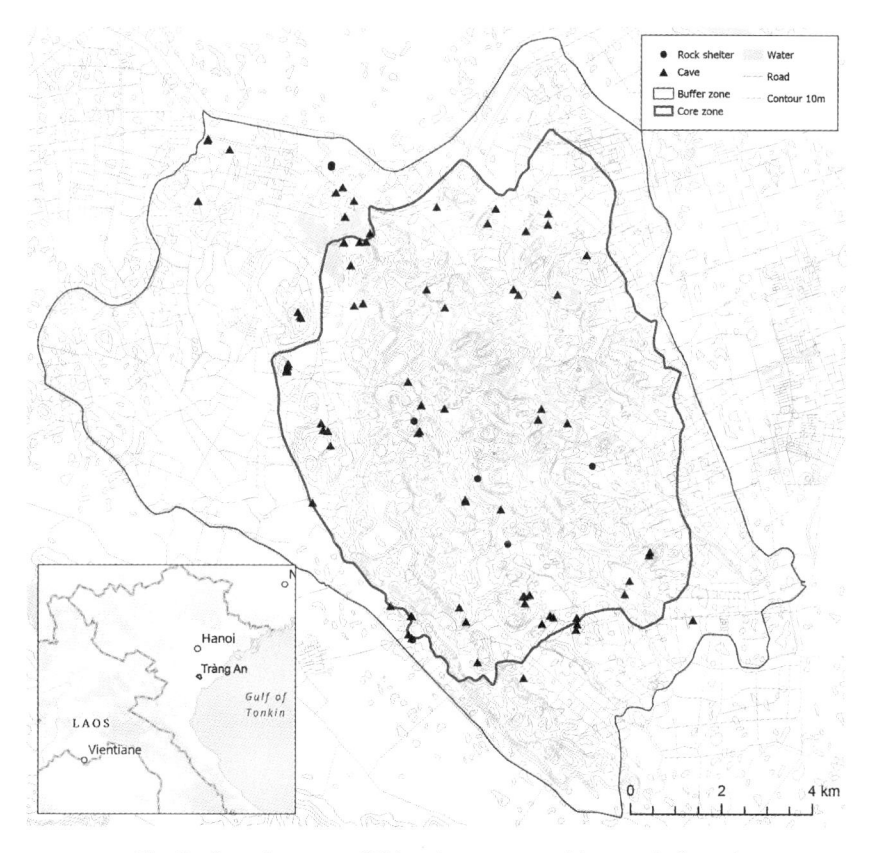

Fig. 2 Location map of Tràng An property with caves indicated

The western part of the massif is characterised by flat bottomed dolines that are flanked by cone karst and ridges. Apart from the doline floors and karst valleys, the latter being home to several rural communities, the area is covered with dense tropical limestone forest and secondary growth. The extent of the forest is limited to the mountainous areas while the surrounding plains of the buffer zone are either cultivated or consist of marshland. Most plains are close to the water table, causing extensive and prolonged flooding during the rainy season.

Small-to medium-sized villages as well as visitor-related infrastructure are found within the designated areas of the property. Increases in visitation post-inscription, and local economic responses to this have the potential to impact the property's heritage OUV (outstanding universal value) and thus require effective management tools that are capable of working at a landscape scale.

3 Archaeology of Tràng An

Archaeological investigations at Tràng An began in 2007 at the invitation of the Vietnamese authorities, with excavation of Hang Boi (Boi Cave) by a multidisciplinary team under the direction of Ryan Rabett. The Tràng An Archaeological Project was undertaken as part of preparations by local stakeholders towards nominating Tràng An for World Heritage status (Rabett *et al.*, 2009). The project's excavations at Hang Boi revealed deep deposits of archaeological material dating to between 10,000 and 13,000 cal. BP (before present where present is 1950, calibrated after (Reimer *et al.*, 2016)). Subsequent excavation campaigns led by the University of Cambridge, Queen's University Belfast and the Vietnam Institute of Archaeology, Hanoi uncovered further caves and rockshelters through which human activity can now be traced back to at least 30,000 years (Rabett *et al.*, 2017b). Evidence from sites, such as Hang Trong, Hang Thung Binh 1, Hang Boi, Hang Moi, Hang Hanh and Mai Da Vang demonstrate human presence in the landscape during this time, revealing contexts and assemblages comparable (though not necessarily identical) to the Hoabinhian and Da But cultures of this part of Vietnam (Rabett *et al.*, 2009; Rabett *et al.*, 2011; Huong and Anh, 2012; Rabett, 2012; Su, 2012; Su and Tuan, 2012; Rabett *et al.*, 2017b).

4 World Heritage Site

The richness of archaeology and the unique landforms of Tràng An led to its inscription as a mixed cultural and natural World Heritage site (WHS) by UNESCO in 2014 for being "an outstanding *in situ* archive of changing environmental conditions and people's responses to that change extending into the deep past" (UNESCO, 2014, 8). The application process and subsequent inscription resulted in the drafting of management plans that outline measures to comply with current guidelines for the management, conservation, documentation, research and overall protection for World Heritage Sites (UNESCO, 2015). These guidelines recommend ongoing documentation and inventorying of the property, and encourage survey through non-invasive techniques and limited destructive methods, e. g. excavation to minimise destruction and disturbance of fragile archaeological sites. They further encourage outreach and public engagement as a conservation measure.

The documentation, conservation and management of WHS via Lidar (*L*ight *d*etection *a*nd *r*ange) and photogrammetric survey methods are becoming an integral part in WHS management and research (Gheyle *et al.*, 2008; Corns and Shaw, 2013; Agapiou *et al.*, 2015; Megarry *et al.*, 2016). These techniques have helped to assess landscapes on a large scale, aiding management and revealing formerly undetected structures, such as more than 100 field monuments in the Brú na Bóinne archaeological landscape complex in Ireland or the extensive settlement complex surrounding the Angkor Wat temple complex in Cambodia (Evans *et al.*, 2013; Megarry and Davis, 2013; Evans and Fletcher, 2015; Megarry *et al.*, 2016). UAV-based aerial work in Tràng An during the SUNDASIA project shows that these techniques can be applied in research and CRM frameworks. These will be discussed in more detail in the following section.

Gaining World Heritage status generates international attention and thus can prompt a significant increase in visitor numbers, and the impact of this to properties can be amplified in regions associated with lower economic status (Su and Lin, 2014). Being a recently inscribed WHS, the development of Tràng An as a tourist destination is still in its infancy. From 2015 to 2017, visitor numbers increased annually by 10% to reach 2.7 million. With a projected further increase to 3.5 million visitors by 2020, careful planning and monitoring to regulate access and development is essential and being implemented to ensure that the integrity of the property's cultural and natural OUV is protected. The aim is that the increased access does not begin to jeopardize the very characteristics which attract people to the property.

5 Landscape modelling of Tràng An

A digital elevation model (DEM) for Tràng An was created from multiple data sources. An existing conventional airborne Lidar data set was acquired for 18km^2 of the Tràng An core zone and 21km^2 of the buffer zone. Extending around the south and southeast of the property, these Lidar data cover the fringes of the massif which are characterised by clustered karst towers and steep-walled limestone ridges (Fig. 3). Prior to the current survey, a 10m interpolated DEM was commissioned by the Vietnam Institute for Geology and Mineral Resources (VIGMR). Its coarse resolution did not allow us to determine if the model was a true digital terrain model (DTM) with all non-surface structures (e. g. buildings, vegetation etc) removed or a digital surface model where all surface structures were left intact. Thus we refer to the entire model as a generic DEM.

Fig. 3   Shaded relief overlay of 0.5m Lidar data obtained for Tràng An property. Data is clipped to the property boundaries

In addition to the above data, 30m and 90m Shuttle Radar Topography Mission (SRTM) data tiles provided a more coarse-grained representation of the complex topography of the massif. Particularly the latter, even when surveyed at higher resolution, frequently fail to reliably map high relief topography, such as that of Tràng An (Hancock *et al.*, 2006). A 12m DSM generated by the tandem-X satellite array acquired from the German space agency Deutsche Luft-und Raumfahrt (DLR) was found to comprise significant accumulations of no-data points and high errors around high relief areas (Fig. 4). For Tràng An, the parts of the property most affected were areas of high terrain relief in the centre and east of the massif where peaks frequently exceed 150m asl. Unless a satellite swathe is at near nadir position, the associated narrow valleys are fully or partially obscured by signal shadows.

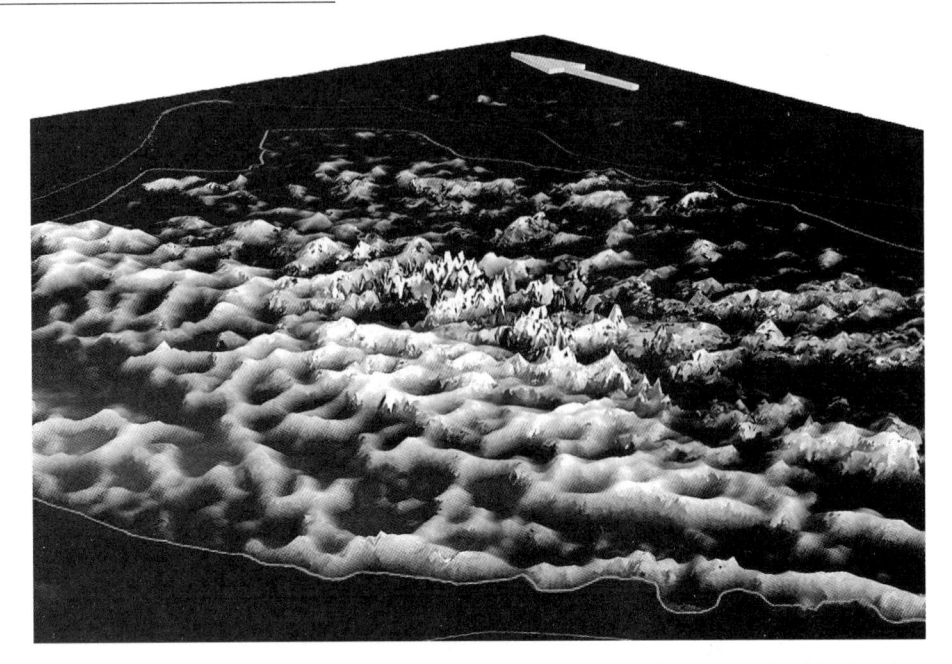

Fig. 4 Oblique view across tanDEM-X raster map showing significant errors in elevation data within the central massif

The DEM provided by VIGMR is visually more representative than the satellite data and makes it suitable for higher resolution 3D visualisation. However, its underlying vector model is of low spatial resolution and introduces a high error margin to spatial analysis procedures, such as cost-distance, viewshed and ancient coast line modelling: the objectives of the SUNDASIA project (Fig. 5).

UAV-based structure from motion (SFM) mapping was chosen as a readily available and cost-effective method to generate an accurate, high-resolution DSM of Tràng An that is comparable to significantly more expensive airborne Lidar (Hancock et al., 2006; Jaud et al., 2016; Gindraux et al., 2017). Survey missions were flown over multiple survey seasons in Tràng An in March, September and November 2017, and in January and April 2018, using an off-the-shelf compact quadcopter equipped with a 12MP camera. The resultant survey extends east-west as a 2km wide representative swathe across the core zone and covers just over 1500ha, which accounts for 25% coverage of the core property. It was divided into 39 individual sectors of varying size and geometry. The footprint of each of these sectors reflects their individual topographic characteristics that determined flight parameters of the UAV (Fig. 6).

The current model was rendered from 6871 individual photos with a ground sampling distance (GSD) of 9.59cm. The maximum achievable DSM resolution is 38.9cm/pix at a point density of 6.79points/m^2. This was reduced to 0.5m/pix to match the existing Lidar based DSM. In some cases, poor visibility, insufficient overlap of photos and failure of the UAV to focus images consistently led to repeated surveys of the same sector over multiple field seasons. This provided us with an opportunity to create sample time slices of locations and compare them to older aerial photographs to demonstrate how UAV survey can be employed to monitor landscape changes due to natural and anthropogenic causes (Fig. 7).

Tràng An is subject to deep-time processes, such as sea transgression / regression cycles and neotectonic uplift, which offer ample opportunity for VR visualisation to illustrate how these processes shaped landform evolution. Such visualisation requires accurate landscape models to which results from sea level reconstructions can be added to trace Pleistocene and Holocene shore line changes (Tuy et al., 2013). The landscape model base allows us to reconstruct landscapes at a specific point in time and model how habitat and human activities were influenced by these processes. The goal is to present possible scenarios of how these changes presented new challenges, choices and possibilities without portraying this as an absolute narrative of past events, a criticism that has been made frequently in regards to interpretative 3D reconstructions (Lanjouw, 2016), but rather as a set of potential outcomes.

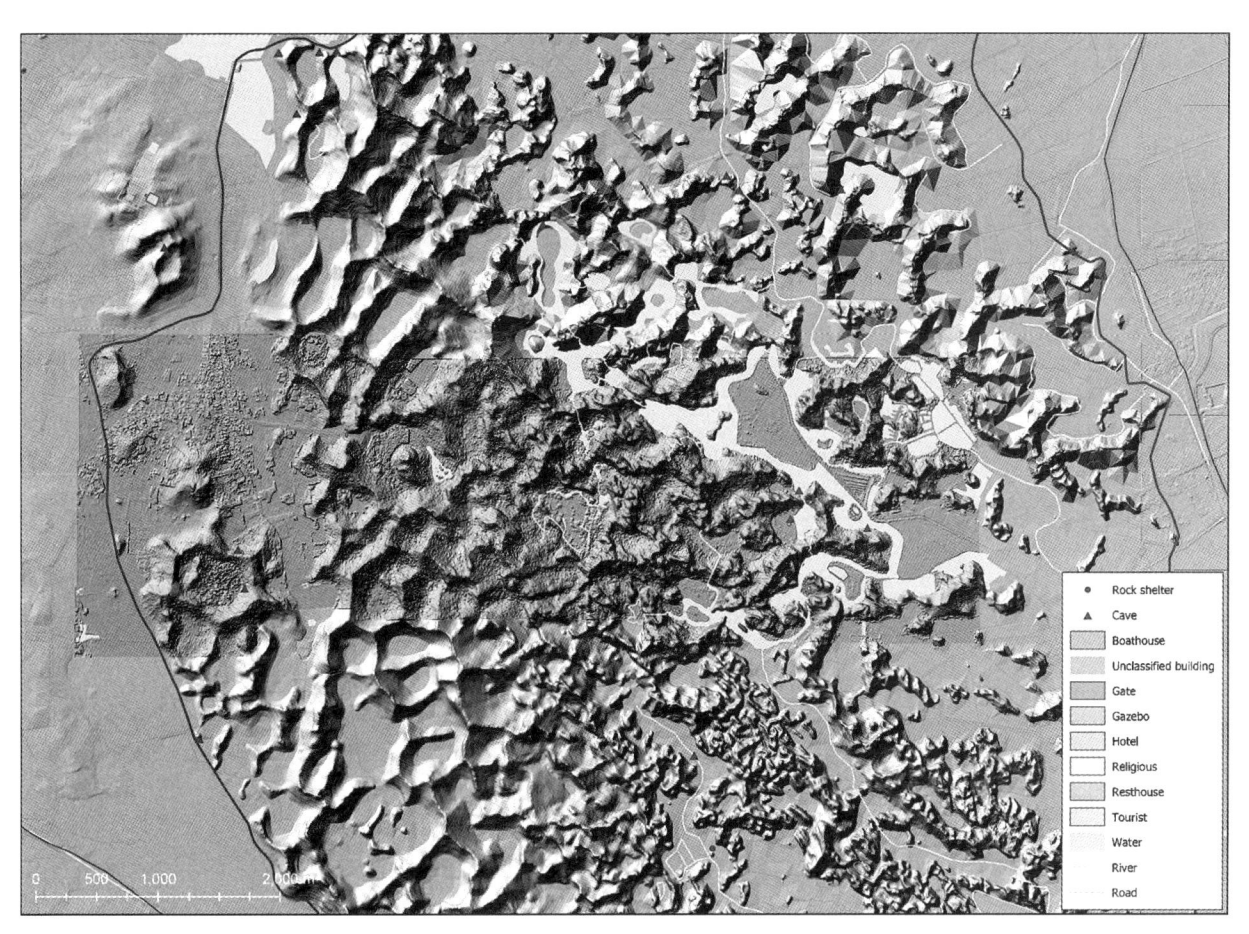

Fig. 5 Shaded relief map of central massif showing original DEM provided by VIGMR (grey) with the new UAV DSM overlay (yellow). The original DEM suffers from tiling artefacts, visible as vertical and horizontal lines to the east as well as areas of low resolution, most apparent east and northeast of the UAV DSM

Fig. 6 Footprints of 39 individual survey missions flown between September 2017 and April 2018

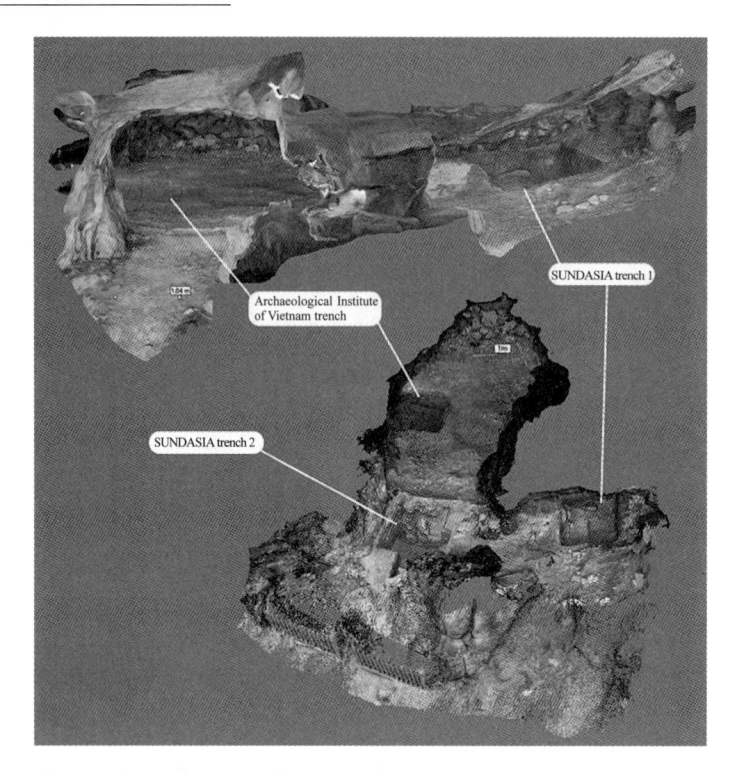

Fig. 7 Three-dimensional models of Hang Thung Binh 1. Top: Original scan conducted during the September 2017 excavation using a hand-held DSLR camera. Bottom: Additional scans carried out in April 2018 included a scan of the cave's exterior via UAV and the addition of Trench 2

A VR solution can illustrate these human-landscape interactions, along with levels of uncertainty, thus providing a better understanding of the limitations of the presented models (Llobera, 2012). The observer can choose an observation point, such as a specific cave site and select a time frame, to which the VR responds by filtering and displaying data accordingly. Conversely, an observer can select a timespan and observe how a site or an entire landscape changed over time.

For this purpose, any data prepared for display within an interactive VR need to be stored within a 4D reference frame. While locational information is a default function of a GIS, temporal data display pertaining to complex archaeological timeframes is not as easily achieved (Johnson and Wilson, 2003; Green, 2011b). Existing integrated temporal functionality, such as is implemented within ArcGIS, provides an intuitive interface with a minimum and maximum that allows an observer to set a temporal window that turns off any data layer which falls outside the specified thresholds. However, this functionality is limited to the modern calendar.

In a flexible system site and object data can be displayed and amended as new material becomes available. Currently, project foci lie on text, photos and illustrations along with a select number of 3D models of artefacts. For example, an SFM scan was conducted of Hang Thung Binh 1 (HTB1) in March 2017 (Fig. 8). Its main chamber is 12m long x 5m wide with a max ceiling height of c 2.5 m. The cave tapers both in width and height towards the rear. The cave is currently under excavation by the SUNDASIA team, with trench SFM models being created at different stages as work progresses.

Following initial discovery of HTB1 by the Vietnam Institute of Archaeology in 2008, a 2x2m trench was opened there in 2012 near the rear of the main chamber. A substantial midden underlying a thin layer of ash consisted predominantly of terrestrial snails mixed with some faunal mammalian remains as well as some cultural deposits in the form of stone tools and modified shells and bones. The occupation layers were initially attributed to the middle Holocene but subsequent ^{14}C dating returned earlier dates of 17,500–17,900 cal. BP (Huong and Anh, 2012; Su,

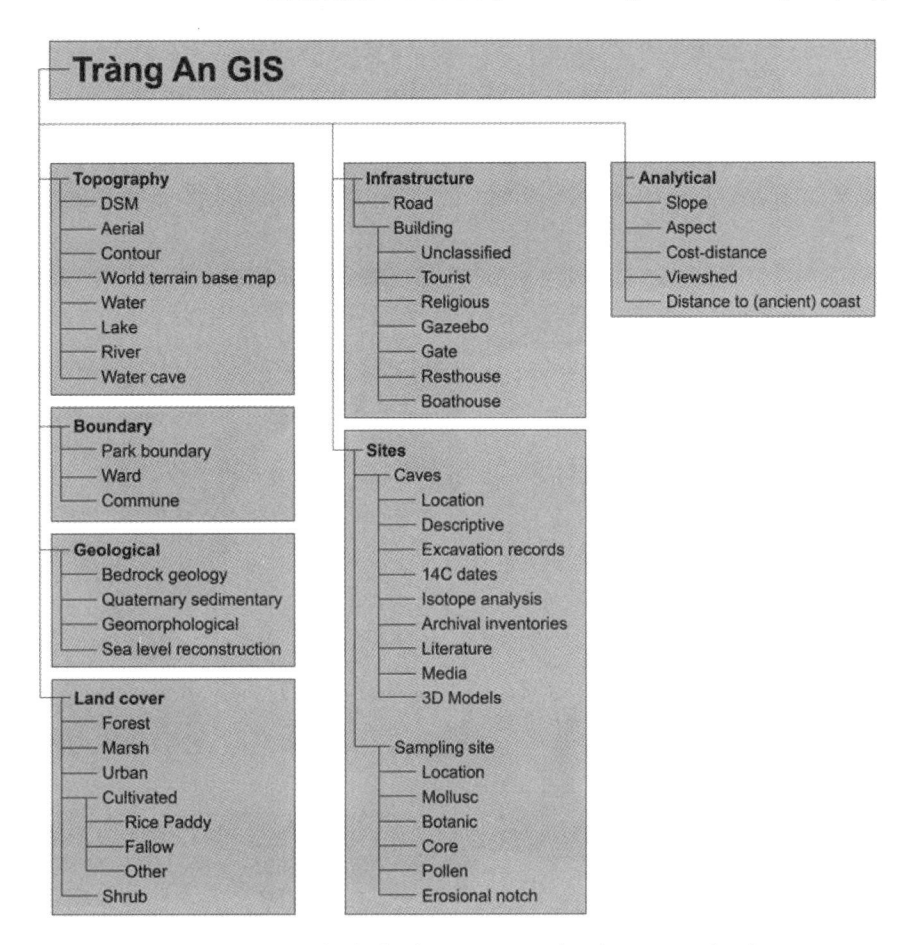

Fig. 8 Tràng An GIS basic database structure showing current data layers

2012; Rabett *et al.*, 2017a). Excavation of HTB1 by the SUNDASIA project commenced in 2017, with two further trenches being opened: one in the upper chamber and one near the entrance of the main chamber.

While the different phases of the excavation that were documented via SFM illustrate how the work on site evolved as new evidence was exposed, given its restricted space, the development of an immersive VR model would provide an unsatisfactory experience with very limited virtual movement inside the cave. An external elevated view is more feasible and allows the observer to examine the cave and its content through interactive elements. The three excavated trenches revealed a complex stratigraphy and produced significant finds that are ideal to be explored through interactive VR.

6 3D GIS of Tràng An

ArcGIS Pro and Desktop were chosen to realise an interactive GIS for its integration at Queen's University Belfast, where the project is hosted. While free open-source solutions were also considered, the server infrastructure being provided through ArcGIS Enterprise was found to be the most feasible solution to host the project and provide access from the widest range of hardware platforms and operating systems.

Once in place, the Web GIS will provide a three-tiered access framework for:

(1) *Researchers*

Provides access to all data, including raw data, inventories and outputs with an option to contribute and edit existing data or carry out spatial analysis.

(2) *Stakeholders*

Provides the same access to data as given to researchers but with limited editorial privileges.

(3) *Visitors*

View selected research outputs and visualisations of analytical layers; this level is aimed at the virtual tourist and presents data in a comprehensible and engaging fashion. Whilst based on a web GIS solution, access is limited to select data layers that cannot be downloaded or modified.

Content is further divided into three principal categories and subcategories, each of which can be a single feature class or a composition of two or more feature classes (Fig. 9). All data are stored as feature classes in file geodatabases as point features, polylines, polygons, raster files and 3D models of caves. There is scope to integrate 3D models of buildings; however, this falls outside the remit of this research.

Fig. 9　Tràng An karst features. Top left: Inundated doline at Vu Lam, Tam Coc. Top right: closed doline near Tran Temple, Tràng An. Bottom left: ancient polje south of Bai Dinh Pagoda. Bottom right: karst valley north of Tràng An Visitor Centre

Topographical maps, except for the DSM and geological maps, function predominantly as base maps and play an existing role in the management of the WHS. Individual database tables can be populated with spatially sensitive data to identify and advise on local needs as well as to inform development CRM strategies and enrich management plans.

Further refinement of accuracy pending, the current DSM of the 2km swathe through Tràng An WHS provides a detailed model of the topography of the central massif that permits examination of individual site locations in their wider spatial context and contributes to the understanding of inter-site spatial relationships. The availability of detailed records about cultural resources and infrastructure within a detailed 3D framework also helps to identify challenges and develop solutions, as well as assess and mitigate risk, in heritage management; identifying areas of increasing tourism and changing infrastructural needs whilst minimising impact on sensitive sites. This can be achieved effectively by simulating and selecting from multiple case scenarios through GIS (Al-kheder *et al.*, 2009; Rajangam and Rajani, 2017). For example, planned structural alterations can be modelled digitally and incorporated into a 3D GIS, and their visual impact on specific sites can be assessed through analytical methods and visual inspection.

Apart from visual impacts on culturally sensitive sites, structural alterations within a WHS can also put natural formations and habitats at risk; in the case of Tràng An, these comprise unique features of the landscape including but not restricted to closed and open dolines, inundated karst valleys, ancient poljes, and speleothem-decorated caves (Fig. 10). As an example, some water-filled dolines are fed by water-bearing natural foot caves that have formed since the middle Holocene (Tuy *et al.*, 2013). Where present, these river systems are the primary mode of transport for locals and serve as tourist attractions. Five tourist boat routes have been opened in three main areas by the Tràng An Management Board that make use of the foot caves. Modelling how natural agents, such as monsoonal rainfall, and anthropogenic alterations, such as tunnel construction for infrastructure, influence drainage and recharge patterns can all help identify and mitigate potential risks to the park's ecosystems.

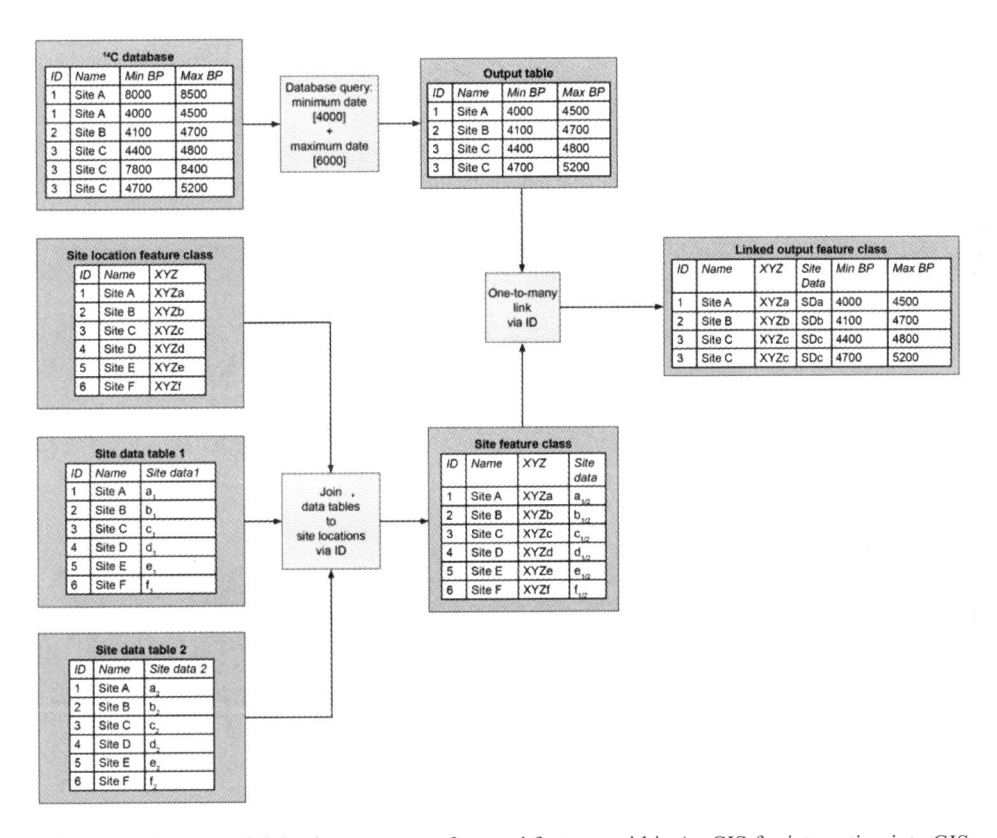

Fig. 10 Linking several non-spatial databases to georeferenced features within ArcGIS for integration into GIS workflows

The inscription of Tràng An as a WHS impacted significantly upon the local population in two respects. Land use inside the core zone, and to a degree in the buffer zone, became much more strictly regulated and hunting, widespread in rural Vietnam, became prohibited. This was accompanied by demands and opportunities from an increasing visitor influx attracted by the newly achieved WHS status. Higher visitor numbers result in increased demands for accommodation, subsistence and entertainment thus opening new business prospects for the local population. Monitoring development on the ground within a WHS property is frequently difficult and resource intensive. The protected property in this case is not particularly large, but due to its topography many areas, especially in the less populated and densely forested west, are not easily accessible. Satellite derived hyperspectral imagery and SRTM DEM products are freely available and can be used to remotely monitor changes within the Tràng An property. Their GSD is typically 10m to 30m, and while this is suitable for large landscape assessments

(Foody, 2003; Hardin and Jensen, 2011), it is not sufficient to assess smaller landscapes where changes need to be detectable at greater detail. Moreover, cloud cover frequently obscures the view of the SRTM sensors, which limits the availability of usable imagery. UAV equipped with multispectral sensors are used increasingly in environmental research and resource management to monitor, predict and mitigate damage to vegetation (Foody, 2003; Anderson et al., 2008; Breckenridge et al., 2011; Hunt et al., 2011; Laliberte et al., 2011; Manfreda et al., 2018). High resolution, near infrared (NIR) images and DEM derived data layers have been used to identify vegetation cover and monitor plant health or identify and map urban development. Standard analytical tools use specific topographic and spectral characteristics of different landforms to identify and categorise structures, such as buildings and roads. Small unmanned aerial vehicles can fly at low altitudes thus achieving GSDs <10cm and are much less affected by cloud cover than are SRTMs. Regular survey missions on fixed wing platforms could record the entire property of Tràng An in 2–3 days, allowing for frequent fly overs for research and monitoring purposes.

Differences in land cover, especially construction, can be detected through raster analysis of DSM and near infrared images, acting as a guide for site inspections (Jaime et al., 2014) 2014. Because of its relatively small footprint, visual inspection of ortho-photographs of regularly conducted UAV surveys of Tràng An is also an effective tool to detect changes in the built environment. Comparison of overlapping ortho-photographs from a pre-inscription aerial image and the 2018 UAV images showed new developments within residential areas that illustrate how construction activities can be remotely monitored with relatively low investment or analytical knowledge.

Results from various spatial analyses can be made available to collaborators through the 'analytical data' repository. These include landform changes, view-sheds, least cost paths and predictive maps (e. g. for response to monsoonal flooding).

'Caves' and the 'Sampling sites' form the principal data pool of the Tràng An GIS. These two databases are subdivided to accommodate data sets from different lines of research. Since caves are currently the exclusive site types that have produced archaeological material, this database collates input from multiple data tables, which are connected to the cave database through site-coded links. A substantial dataset will come from the excavation and post-excavation records which include stratigraphic data, environmental samples, finds, photographs, surveys and ^{14}C dates, to name but a few. These are accompanied by data from cave surveys, archival data from literature and previous excavation reports.

The cave and site databases are also associated with the extensive inventory that spans beyond the duration of the SUNDASIA project and incorporates material from earlier excavation campaigns. The material archive is currently split between multiple locations in Vietnam and the UK. An essential task is to catalogue and curate this growing archive. To date, the inventorying has been managed on a season-by-season basis, with provision to track the location of each item and where it has been sent for analysis. In a centralised system, changes to a current habitat are updated almost in real time, which allows CR managers to monitor the use of archival material more closely. Attributing a master inventory ID that refers to the original find location allows analysts to determine provenance individual items, map them to site level and view associated stratigraphic records within the GIS and their current habitat.

One of the current challenges for GIS is the large time spans that are involved in archaeological inquiry. To effectively analyse archaeological phenomena in their spatial and temporal context a GIS needs to be able to handle deep archaeological time. GIS has an integrated temporal dimension, but it is designed to operate in current or relatively recent time frames. In an attempt to remedy this, Green (2011b) created a functioning temporal GIS plugin, but has since discontinued its development (Green, 2011a). A current workaround is to create database queries on the ^{14}C database with minimum and maximum date filters and attribute location data via a link to the outputs from the corresponding site. This will result in multiple features with a single shared location. Alternatively, it is possible to create relationships between database tables that link multiple ^{14}C date entries for one site in the ^{14}C database to a single corresponding site in the site location databases. The choice of solution depends on the nature of the query.

While we seek to implement key functions that cater for basic managerial and research needs, it is not always possible to anticipate which analytical tools are going to be required in the future. The analytical end of the GIS is intended therefore to be expandable and flexible to allow researchers to develop and implement tools according to their needs.

Interactive and immersive archaeological 3D models are frequently used to present digital reconstructions of built environment ranging from individual buildings to entire cities (Peter Earl, 2007; Lercari *et al.*, 2013; Campanaro *et al.*, 2016; Landeschi *et al.*, 2016). Topography is integral to place individual buildings in their correct spatial context and to provide a backdrop that enhances the overall VR experience. Virtual reality reconstructions that focus on the wider landscape for human interaction are more difficult to realise than urban environments, as the virtualised space of the former is significantly larger than the constrained space of the latter.

Virtual reality models of internal architectural places can be visualised with a significantly lower number of polygons than natural environments because they are composed of simple geometric forms and regular textures. A convincing reconstruction of a town can be built with a few standardised buildings that are interlaced with individual landmark structures. A simplified base surface is sufficient to provide topographic context, while a limited amount of vegetation is sufficient to provide a more realistic environment (Piccoli, 2018, 225 *ff.*).

Developing archaeological landscape models requires a different approach. Like every natural landscape, that of Tràng An consists of unique and irregular natural structures that, not unlike built structures, influence how people perceive, move through and interact with it. This becomes particularly acute in Tràng An where towering mountains and winding ridges exaggerate their true footprint. Traveling between locations today is done either by sampan (a local rowing boat), by car, motorcycle or bicycle following roads that meander through karst features, or on foot. Each is time consuming and can leave a distorted perception of scale. Unlike built environments, natural landscapes are not designed with intentionality. How humans perceive or move through a natural landscape is guided by a combination of socio-cultural cues and behavioural norms, and by individual intention and physical ability. Thus, movement within a natural environment, while still influenced by experience and expectation, tends to be less linear and predictable compared to that within a built environment. In addition, with a complex topography comes a more complex vegetation cover that varies among different locations. Detailed topographical surveys and mapping of the natural environment are required to create an accurate area-specific representation.

With these factors in mind, a convincing immersive VR environment needs to be modelled to a high level of detail, complexity and flexibility. It is clear that full accessibility to every corner of a landscape like Tràng An from a first or third person perspective cannot be realised without significant investment of resources and time, and lies outside the remit of this project. In the light of such limitations, a less immersive, non-ground based 3D GIS solution either at a kiosk in a museum or as an online web GIS is more suitable. A default birds-eye perspective maximises freedom of movement and requires significantly less detail than a ground-based navigation. The latter can still be used at select locations of special interest, such as caves and buildings where 3D models exist.

7 Conclusion

The development of a three-tiered 3D GIS with immersive elements is currently under development with reference to Tràng An in order to cater for specific needs of key stakeholders including researchers, CR managers and visitors. Making use of a centralised GIS concentrates all available data into a single framework, and this approach has been shown to be the most efficient and manageable solution. Integrated multi-language functionality allows for a more convenient localisation for, in this case, Vietnamese users, yet a workflow for translation of content into Vietnamese and synchronisation of content in a dual language system still needs to be conceptualised.

Game engine-based solutions have been considered as an option for interactive museum displays, but scale and content of the implementation made this approach unfeasible. With some compromises on immersive experiences, a 3D GIS based on the ESRI webGIS platform offers the most flexible and customisable solution that can be adapted to local needs, whilst giving researchers maximum access to carry out further analysis and extend the GIS as new data is generated. Developing a solution that incorporates these three front-ends requires flexibility and accessibility to implement changes past the duration of the SUNDASIA project so that the GIS will remain a valuable tool for future researchers and CR managers. Our intention is that these goals will be met by the end of our research project and we hope that our efforts will contribute to the protection, promotion and understanding of this and other unique landscapes.

References

Agapiou, A.; Lysandrou, V.; Alexakis, D. D.; Themistocleous, K.; Cuca, B.; Argyriou, A.; Sarris, A. & Hadjimitsis, D. G. 2015. Cultural heritage management and monitoring using remote sensing data and GIS: The case study of Paphos area, Cyprus. *Computers, Environment and Urban Systems,* 54, 230-9.

Al-Kheder, S.; Haddad, N.; Fakhoury, L. & Baqaen, S. 2009. A GIS analysis of the impact of modern practices and polices on the urban heritage of Irbid, Jordan. *Cities,* 26, 2, 81-92.

Anderson, J. E.; Plourde, L. C.; Martin, M. E.; Braswell, B. H.; Smith, M.-L.; Dubayah, R. O.; Hofton, M. A. & Blair, J. B. 2008. Integrating waveform lidar with hyperspectral imagery for inventory of a northern temperate forest. *Remote Sensing of Environment,* 112, 4, 1856-70.

Breckenridge, R. P.; Dakins, M.; Bunting, S.; Harbour, J. L. & White, S. 2011. Comparison of Unmanned Aerial Vehicle Platforms for Assessing Vegetation Cover in Sagebrush Steppe Ecosystems. *Rangeland Ecology & Management,* 64, 5, 521-32.

Campanaro, D. M.; Landeschi, G.; Dell'unto, N. & Leander Touati, A.-M. 2016. 3D GIS for cultural heritage restoration: A 'white box' workflow. *Journal of Cultural Heritage,* 18, 321-32.

Corns, A. & Shaw, R. 2013. Lidar and World Heritage Sites in Ireland: why was such a rich data source gathered, how is it being utilised, and what lessons have been learned? *In:* Opitz, R. S. & Cowley, C. (eds.) *Interpreting Archaeological Topography: Airborne Laser Scanning, 3D Data and Ground Observation.* Oxford: Oxbow, 146-60.

Evans, D. & Fletcher, R. 2015. The landscape of Angkor Wat redefined. *Antiquity,* 89, 348, 1402-19.

Evans, D. H.; Fletcher, R. J.; Pottier, C.; Chevance, J.-B.; Soutif, D.; Tan, B. S.; Im, S.; Ea, D.; Tin, T.; Kim, S.; Cromarty, C.; De Greef, S.; Hanus, K.; Bâty, P.; Kuszinger, R.; Shimoda, I. & Boornazian, G. 2013. Uncovering archaeological landscapes at Angkor using lidar. *Proceedings of the National Academy of Sciences,* 110, 31, 12595-600.

Foody, G. M. 2003. Remote sensing of tropical forest environments: Towards the monitoring of environmental resources for sustainable development. *International Journal of Remote Sensing,* 24, 20, 4035-46.

Forte, M. 2014. Virtual reality, cyberarchaeology, teleimmersive archaeology. *In:* Remondino, F. & Campana, S. (eds.) *3D Recording and Modelling in Archaeology and Cultural Heritage. Theory and best Practices.* Oxford: Archaeopress / BAR, 113-27.

Forte, M. & Kurillo, G. 2010 Published. Cyberarchaeology: Experimenting with teleimmersive archaeology. In: Anon, ed. *2010 16th International Conference on Virtual Systems and Multimedia. 20-23 Oct. 2010,* 20-23 Oct. 2010 2010 of Conference Seoul, North Korea. IEEE, 155-62.

Gheyle, W.; Goossens, R.; Wulf, A. D.; Dvornikov, E. P. & Bourgeois, J. 2008. Archaeological heritage management through aerial photography and satellite imagery: the Uch Enmek park–Republic Altay, Russia. *In:* Lasaponara, R. & Masini, N. (eds.) *Advances on Remote Sensing for Archaeology and Cultural Heritage Management. Proceedings of the 1st International EARSeL Workshop CNR, Rome, September 30–October 4, 2008.* Rome: Aracne, 275-80.

Gindraux, S.; Boesch, R. & Farinotti, D. 2017. Accuracy Assessment of Digital Surface Models from Unmanned Aerial Vehicles' Imagery on Glaciers. *Remote Sensing,* 9, 2, 186.

Green, C. 2011a. *Archaeological TGIS for ArcGIS* [Online]. Available: http://www.zen26819.zen.co.uk/TGIS.html [Accessed July 2018].

Green, C. 2011b Published. It's about time: temporality and intra-site GIS. In: Jerem, E.; Redö, F. & Szeverényi, V., eds. *On the Road to Raconstructing the Past. Computer Applications and Quantitative Methods in Archaeology. Proceedings of the 36th International Conference. Budapest, April 2-6, 2008,* 2011b of Conference Budapest. Archaeolingua.

Hancock, G. R.; Martinez, C.; Evans, K. G. & Moliere, D. R. 2006. A comparison of SRTM and high-resolution digital elevation models and their use in catchment geomorphology and hydrology: Australian examples. *Earth Surface Processes and Landforms,* 31, 11, 1394-412.

Hardin, P. J. & Jensen, R. R. 2011. Introduction—Small-Scale Unmanned Aerial Systems for Environmental Remote Sensing.

GIScience & Remote Sensing, 48, 1, 1-3.

Hunt, E. R.; Hively, W. D.; Mccarty, G. W.; Daughtry, C. S. T.; Forrestal, P. J.; Kratochvil, R. J.; Carr, J. L.; Allen, N. F.; Fox-Rabinovitz, J. R. & Miller, C. D. 2011. NIR-Green-Blue High-Resolution Digital Images for Assessment of Winter Cover Crop Biomass. *GIScience & Remote Sensing,* 48, 1, 86-98.

Huong, N. M. & Anh, N. T. 2012. Faunal and floral remains from archaeological sites in Tràng An area. *Vietnam Archaeology,* 2012, 7, 53-64.

Jaime, P.-G.; Michael, K. M.; Brian, M. N.; Serge, A. W. & Lian Pin, K. 2014. Small Drones for Community-Based Forest Monitoring: An Assessment of Their Feasibility and Potential in Tropical Areas. *Forests,* 5, 6, 1481-507.

Jaud, M.; Passot, S.; Bivic, R. L.; Delacourt, C.; Grandjean, P. & Dantec, N. L. 2016. Assessing the Accuracy of High Resolution Digital Surface Models Computed by PhotoScan® and MicMac® in Sub-Optimal Survey Conditions. *Remote Sensing,* 8, 6, 465.

Jerald, J. 2016. *The VR Book: Human-Centered Design for Virtual Reality.* ACM.

Johnson, I. & Wilson, A. 2003. The TimeMap Project: Developing Time-Based GIS Display for Cultural Data. *Journal of GIS in Archaeology,* 1, April 2003.

Klinkenberg, V. 2016 Published. Are we there yet? 3D GIS in archaeological research, the case of Tell Sabi Abyad, Syria. In: Kamermans, H.; Neef, W. D.; Piccoli, C.; Posluschny, A. G. & Scopigno, R., eds. *The Three Dimensions of Archaeolog Proceedings of the XVII UISPP World Congress (1–7 September 2014, Burgos, Spain)*, 2016 of Conference. : Archaeopress, 39-47.

Laliberte, A. S.; Goforth, M. A.; Steele, C. M. & Rango, A. 2011. Multispectral Remote Sensing from Unmanned Aircraft: Image Processing Workflows and Applications for Rangeland Environments. *Remote Sensing,* 3, 11, 2529-51.

Landeschi, G. 2018. Rethinking GIS, three-dimensionality and space perception in archaeology. *World Archaeology,* 1-16.

Landeschi, G.; Dell'unto, N.; Lundqvist, K.; Ferdani, D.; Campanaro, D. M. & Leander Touati, A.-M. 2016. 3D-GIS as a platform for visual analysis: Investigating a Pompeian house. *Journal of Archaeological Science,* 65, 103-13.

Lanjouw, T. 2016 Published. Discussing the obvious or defending the contested: why are we still discussing the 'scientific value' of 3D applications in archaeology? In: Kamermans, H.; Neef, W. D.; Piccoli, C.; Posluschny, A. G. & Scopigno, R., eds. *The Three Dimensions of Archaeolog Proceedings of the XVII UISPP World Congress (1–7 September 2014, Burgos, Spain)*, 2016 of Conference. : Archaeopress, 1-12.

Lercari, N.; Forte, M. & Onsurez, L. 2013. Multimodal reconstruction of landscape in serious games for heritage: An insight on the creation of Fort Ross Virtual Warehouse serious game. 2013 Digital Heritage International Congress (DigitalHeritage), Oct. 28 2013-Nov.

Lercari, N.; Shiferaw, E.; Forte, M. & Kopper, R. 2018. Immersive Visualization and Curation of Archaeological Heritage Data: Çatalhöyük and the Dig@IT App. *J Archaeol Method Theory,* 2018, 25, 368-92.

Llobera, M. 2012. Life on a Pixel: Challenges in the Development of Digital Methods Within an "Interpretive" Landscape Archaeology Framework. *Journal of Archaeological Method and Theory,* 19, 4, 495-509.

Manfreda, S.; Mccabe, M.; Miller, P.; Lucas, R.; Pajuelo Madrigal, V.; Mallinis, G.; Ben Dor, E.; Helman, D.; Estes, L.; Ciraolo, G.; Müllerová, J.; Tauro, F.; De Lima, M.; De Lima, J.; Maltese, A.; Frances, F.; Caylor, K.; Kohv, M.; Perks, M.; Ruiz-Pérez, G.; Su, Z.; Vico, G. & Toth, B. 2018. On the Use of Unmanned Aerial Systems for Environmental Monitoring. *Remote Sensing,* 10, 4, 641.

Marques, L. F.; Tenedório, J. A.; Burns, M.; Romão, T.; Birra, F.; Marques, J. & Pires, A. 2017. Cultural Heritage 3D Modelling and visualisation within an Augmented Reality Environment, based on Geographic Information Technologies and mobile platforms. *ACE: architecture, city and environment,* 11, 33, 116-36.

Megarry, W. & Davis, S. 2013. Beyond the Bend: Remotely Sensed Data and Archaeological Site Prospection in the Boyne Valley, Ireland. *In:* Comer, D. C. & Harrower, M. J. (eds.) *Mapping Archaeological Landscapes from Space.* New York: Springer, 85-95.

Megarry, W. P.; Davenport, B. A. & Comer, D. C. 2016. Emerging Applications of LiDAR / Airborne Laser Scanning in the Management of World Heritage Sites. *Conservation and Management of Archaeological Sites,* 18, 4, 393-410.

Peter Earl, G. De/construction sites: Romans and the digital playground. *In:* Bowen, J.; Keene, S. & Macdonald, L., eds. EVA London 2007, London College of Communication University of the Arts, 2007 London. 5.1-5.12.

Piccoli, C. 2018. Piccoli 2018. *Visualizing cityscapes of Classical antiquity: from early modern reconstruction drawings to digital*

3D models. *Access Archaeology Series, Oxford: Archaeopress.*

Rabett, R.; Appleby, J.; Blyth, A.; Farr, L.; Gallou, A.; Griffiths, T.; Hawkes, J.; Marcus, D.; Marlow, L.; Morley, M.; Tan, N. C.; Son, N. V.; Penkman, K.; Reynolds, T.; Stimpson, C. & Szabo, K. 2011. Inland shell midden site-formation: Investigation into a late Pleistocene to early Holocene midden from Tràng An, Northern Vietnam. *Quaternary International,* 239, 1–2, 153-69.

Rabett, R.; Barker, G.; Hunt, C. O.; Naruse, T.; Piper, P.; Raddatz, E.; T. Reynolds; Son, N. V.; Stimpson, C.; Szabó, K.; Tâń, N. C. & Wilson, J. 2009. The Trang An Project: Late-to-Post-Pleistocene Settlement of the Lower Song Hong Valley, North Vietnam. *Journal of the Royal Asiatic Society,* 19, 1, 83-109.

Rabett, R.; Coward, F.; Van, T. T.; Stimpson, C. M.; Kahlert, T.; Bachtsevanidou; Strantzali, I.; Utting, B.; Trung, N. D.; Green, A.; Holmes, R.; Hue, L. T. T. K.; Lien, V. T.; Ludgate, N.; Linh, V. D.; Loyer, J.; Mann, D.; Dong, N. T.; Loan, N. T.; Khanh, P. S.; Son, P. T.; Simpson, D.; Quy, T. T. K.; Verhoeven, M.; Tan, N. C. & Manh, B. V. 2017a. Human Adaptation to Coastal Evolution: Late Quaternary evidence from Southeast Asia (SUNDASIA) –A report on the first year of the project. *In:* Unesco (ed.) *UNESCO 7B-VietNam-Trang An_20171206_public-1 Sub-Annex 1. 1.* http://whc. unesco. org/en/list/1438/documents/.

Rabett, R.; Ludgate, N.; Stimpson, C.; Hill, E.; Hunt, C.; Ceron, J.; Farr, L.; Morley, M.; Reynolds, T.; Zukswert, H.; Simpson, D.; Nyiri, B.; Verhoeven, M.; Appleby, J.; Meneely, J.; Phan, L.; Dong, N. N.; Lloyd-Smith, L.; Hawkes, J.; Blyth, A. & Tâń, N. C. 2017b. Tropical limestone forest resilience and late Pleistocene foraging during MIS-2 in the Tràng An massif, Vietnam. *Quaternary International,* 448, 62-81.

Rabett, R. J. 2012. *Human Adaptation in the Asian Palaeolithic: Hominin Dispersal and Behaviour during the Late Quaternary.* Cambridge, Cambridge University Press.

Rajangam, K. & Rajani, M. B. 2017. Applications of geospatial technology in the management of cultural heritage sites–potentials and challenges for the Indian region. *Current Science,* 113, 10, 1948-60.

Reilly, P. & Beale, G. 2015 Published. Additive archaeology: The spirit of virtual archaeology reprinted. *Additive archaeology: The spirit of virtual archaeology reprinted 1st Computer Applications and Quantitative Methods in Archaeology Conferenc, Greece, 2014-03-06-2014-03-08,* 2015 of Conference. : https: //eprints. soton. ac. uk/374358/1/Reilly-libre. pdf.

Reimer, P. J.; Bard, E.; Bayliss, A.; Beck, J. W.; Blackwell, P. G.; Ramsey, C. B.; Buck, C. E.; Cheng, H.; Edwards, R. L.; Friedrich, M.; Grootes, P. M.; Guilderson, T. P.; Haflidason, H.; Hajdas, I.; Hatté, C.; Heaton, T. J.; Hoffmann, D. L.; Hogg, A. G.; Hughen, K. A.; Kaiser, K. F.; Kromer, B.; Manning, S. W.; Niu, M.; Reimer, R. W.; Richards, D. A.; Scott, E. M.; Southon, J. R.; Staff, R. A.; Turney, C. S. M. & Van Der Plicht, J. 2016. IntCal13 and Marine13 Radiocarbon Age Calibration Curves 0–50,000 Years cal BP. *Radiocarbon,* 55, 4, 1869-87.

Su, N. K. 2012. Tràng An cave archaeology outstanding cultural and historical values. *Vietnam Archaeology,* 2012, 7, 24-37.

Su, N. K. & Tuan, N. A. 2012. Excavation at Vang rockshelter. *Vietnam Archaeology,* 2012, 7, 81-93.

Su, Y. W. & Lin, H. L. 2014. Analysis of international tourist arrivals worldwide: The role of world heritage sites. *Tourism Management,* 40, 46-58.

Tuy, P. K.; Van, T. T.; Nguyen, D. T. & Nguyen, P. D. 2013. Geomorphology and outstanding landscape values of Trang An (Ninh Binh). *Vietnam Geology,* 2013, 36-49.

Unesco 2014. *Trang An Landscape Complex, Ninh Binh, Vietnam.* UNESCO.

Unesco 2015. *Operational Guidelines for the Implementation of the World Heritage Convention.* Paris, UNESCO World Heritage Centre.

Waltham, T. 2009. Fengcong, fenglin, cone karst and tower karst. *Cave and Karst Science,* 35, 3, 77-88.

Tools, Processes And Systems for Cultural Heritage Documentation in Archaeology

Stratos Efstratios Stylianidis[1]

Thank you very much, professor for giving me the floor. First of all, I would like to thank the organizers for their kind invitation. It is a great honor for me to be here with you and present this work. I will not focus on a specific project but I will try to show you the state-of-the-art technologies that we use in CH documentation. As I was saying before, I have been working with architects and archaeologists for the past 25 years, and this interaction led to my getting involved in this field and realizing the potential it holds. The first project I was involved with, while writing my diploma thesis 25 years ago, had to do with recording and documentation of a prehistoric site in Thessaloniki, Greece.

Besides working in this field for the past 25 years, I have the honor of serving CIPA, the International Committee for Architectural Photogrammetry, which is one of the international scientific committees of ICOMOS as Secretary General 2015.

Therefore, I will focus more on documentation. And what is documentation? Documentation is a process that we have to follow in any and every step we have to take in preserving cultural heritage. So, even if a site or an excavation is in danger, or it's just came into the light, it should always be documented. Documentation is a process that starts from the planning phase of a project. We have the data acquisition and all the information that is needed, depending the site or the object or the monument. We have to process this data. And of course, we have to store data because it is necessary that they are safeguarded, not only for the present, but also for the next generations to come.

We should always have in mind some critical questions. It is about 5 Ws and 1 H, which means who, what, where, when, why and how we have to do the documentation.

Documentation is not something new. It is dated back at the International Chapter of ICOMOS in 1964. You see, I am just highlighting some words from international documents, either from ICOMOS or from UNESCO. They emphasize the importance of documentation and how it should be done in every type of monuments and sites.

The international scientific community took advantage of the emergence of the International Chapter of 1964. Together with the International Society for Photogrammetry and Remote Sensing, they established the CIPA Committee in 1968, in order to bridge the gaps between those who are capturing the data or having the data and those that are using the data. That was the origin of this idea.

As mentioned already, CIPA is a scientific committee of ICOMOS. I have to say that is one of the most active. Every two years we have an international symposium, last year that took place in Ottawa, Canada. Next year in 2019, it is going to be held in Avilla, Spain. We have lots of other activities, like training sessions and working activities, both for students and for professionals. Earlier this year, we had our summer school in Zadar, Croatia and hopefully the next one is going to be in the Far East, as we are trying to move across the world in order to promote the relevant technologies and train people, especially young people, about this process. The next summer school, as we have an invitation from Korea, is going to be held in this Asian country. I would like to invite you to visit the

---

[1] Associate Professor, Aristotle University Of Thessaloniki, GreeceCIPA-Heritage Documentation (ICOMOS ISC)/Secretary General.

CIPA website (cipa.icomos.org) and register to receive our newsletter that is reaching many people across the world. If you have something to publish or if you would like to make something known across the whole community, let's call it the heritage community, our newsletter is for free and welcoming contributions. So please send us your input and this could be published.

Let's go back to documentation. Documentation is important. It is important because with documentation we are assessing the values and the significance of the heritage itself regardless of its type, whether it is an excavation site or a monument or a building or a single object. And of course it is a tool. It is a tool because it supports monitoring in management activities. Above all, it is important because it gives us the opportunity to share and communicate the information gathered to other people.

Many of the figures you will see here is from a book that I am currently trying to finish. I use to say that documentation is the DNA profiling of our cultural heritage. Because if you are trying to split our culture heritage in many different aspects, with documentation, you can analyze every single angle, every particle, every element. In addition, this way, you can reach deep in the origin of the object, of the monument, of the site that you have in front of you. The last years however, we have to face both human threats and natural hazards.

I am just giving you a few slides with some regrettable examples. The example I am sure that you remember is the Buddha of Bamiyan in Afghanistan in 2001. I am also showing you an example from my own country, from Greece, an important bridge, which was collapsed in 2015. And of course, you are all aware about the recent devastation of cultural heritage in Syria. Here you may see the example of Palmyra. Documentation; let's see why it is important. I am providing only one example, because we do not have so much time, an example from the Buddha of Bamiyan in Afghanistan. In 1970, an Austrian Professor, had the chance to be there, at that place. He was a colleague from the University of Graz from Austria. He was there and he captured these images almost fifty years ago. He did it the right way. He captured the images and these are the original images we had after the destruction. Those images were used to make the 3D reconstruction of the Buddhas in that specific region. It is important that the material we have and we collect every time to be captured and acquired correctly, and of course, to be stored properly. That is why we have this information today.

Documentation is about data collection. This is the reason we are talking about data processes. We have to determine what is data. We have to measure in order to capture data. We have to apply rules, of course, for capturing the data. However, data is all our focus in documentation. We are using different type of technologies. And you can see here in this figure, the different type of technologies that we are using, starting, from measurements done by hand (and move to satellites), which, you know, is usually not the case, but sometimes it is necessary, if we don't have access to technology.

You can see in this figure the complexity, about object size and the complexity with respect to the object. The points here concern the objects that we can have considering the technology that we are using. With respect to accuracy and precision, if it is going to be high or low, and it starts from few millimeters to few meters. You see here that cultural heritage, architecture, building, archaeology are posed in the region of few centimeters.

Where is the data? Data is everywhere. Of course, data is what we are capturing. Nevertheless, data is not only what we are capturing, data exists, in many other forms across the world. It is not only archive material in libraries and collections. What is trendy nowadays is what you call crowdsourcing. All citizens seem to act as sensors, which means that we are using people, to collect the information that we need. What type of data we were searching for? We are searching for descriptive data, sketches, photographs, digital images, maps, drawings, satellite images. We are searching for every type of data that is useful. Even if we cannot imagine that is useful, trust me, it is.

How do we collect data? How do you collect data by simple methods or by high state-of-the-art technology, like the mobile mapping system, which I will show you in the next slide. You can use hands, total stations, GNSS technology, UAVs, laser scanners, cameras, satellites, mobile systems, and many more.

What are we trying to do in documentation? We are trying to get from the object in the physical space to a 3D, or even, as sometimes it is necessary, to a 4D model. If we consider time, especially in the case we are monitoring something over time, this is an important parameter. Therefore, we are using sensors and platforms to collect data, and we also tools to get from the object to the model.

We have two types of technologies. The first one is the passive technology, and the second one is the active technology. Just for your understanding, image-based modeling or passive sensors are used, e.g. camera, which is the most known for you or in the active sensors, 3D technology, which uses laser scanning. And of course, is the unmanned aerial vehicles (UAVs).

I am sure that you recognize that this is an unmanned aerial vehicle. Is it a simple UAV? Do you think so? You will be surprised. What is this? This was just released by Boeing, and it is able to carry a payload of 227 kilos, which means that in the very near future, we will have the ability to use them in our work. What do I mean? You know, I am coming from a country with lots of history, exactly like China. You can imagine how or you can project how this technology, especially the super UAVs or many other technologies will influence the preservation of monuments. I am sure that in the very near future, we will use them in order to carry stones, marbles, or other heavy objects in preservation projects.

Let's move to the current trends. I do not want to go through all these, but what I see as a trend following all these technological advancements is that we are moving, as I say, towards an all-in-one concept. This means that everybody, everything is going to be in this simple device. The mobile. We will see more and more progresses in the very near future. You see an example here, coming from China, forty megapixels camera. We can do many things with such equipment. I will show you an example next how density models, point density models can be created even using mobile technology.

With respect to software, I do not want to spend any time on this subject. We are using commercial but also free and open source tools. And trust me this applies to all of you. We do not all have access to finance every time commercial solutions. We do need open source as well. So feel free to use open source technology, which is free. It is not so easy, but it is free and you can do your job. I am giving you an example that I use with my students. And of course, the outcomes that we can have are many different types of outcomes from 2D and 3D vector or texture, whatever.

Here you see four different examples, especially look at the last one. Can you imagine that this is a 3D texture model coming from a mobile phone? Yes, it is, which means that we have the algorithms, we have the technology to produce such outcomes. That is from an archaeological site in Greece. We have used the technology. I am showing you some of the state-of-the-art technologies. High-quality rapid 3D visualization of physical spaces. The 3D camera uses an array of 2D and 3D sensors to quickly capture the appearance and dimensions of space. It calculates interior dimensions and captures objects, colors and textures. The cameras is cost-effective, easy to use, and produce consistently high quality 3D models and can be used by anybody.

A second example is here. You can see what can be done with a simple device. We have access to that. A simple device can be created. The example is downsizing more, which means that we go to a simple mobile phone. An additional device is attached to the mobile phone. We can capture especially small objects with this technology. This is not the solution for big objects, but note that it weighs less than a kilo. And you can do many, many different things with it.

Another example is coming from GeoSlam. This is a product from DotProduct, which is a combination. You would sit here and watch. While at the same time it uses the tablet to capture images in order to create more information. So you see here. In this case, the people using it wanted to create something more detailed. NAVIS develops an innovative 3D indoor mapping and navigation technique. It is revolutionary in many ways, but convinces through its simplicity. Six high-resolution cameras capture panoramic images, which are then linked to wide range laser scanners that collect detailed measurement data. Even spacious buildings can be mapped in just a few hours from the gathered data.

The next one, which I just found, is originating from China. You see here, a wireless hand-held 3D scanner, you do not need any cables. You can take this device and go to the site you need to document.

You see that we have many examples of available tools. I just chose some of the latest that we are using in cultural heritage documentation. I want to conclude by saying that documentation is very important. I truly believe that documentation is a process that is necessary in a multidisciplinary environment, ensuring that various types of objects, sites, monuments are documented, not only for the present, but especially for the future generations.

Thank you very much!

Selection and Balance: Explore the Presentation of Archaeological Sites in Neolithic Age with Taosi Site as an Example

Wang Liheng[1], Zhang Suyuan[2]

Abstract: The Neolithic Age is a key period for the appearance and development of human civilization. It is an important part for modern people to understand the process of human development and to comprehend the formation of civilization. the presentation of the Neolithic sites is an important way to publicize and spread the cultural significance of the Neolithic Age, and to help people understand and learn the knowledge of the Neolithic Age. The Neolithic Age is a very long period, the classification of archaeological culture in Neolithic Age is complex and diverse, and doesn't have mature and stable institutions or reliable written documents. It is difficult for people who do not have certain professional knowledge to understand and grasp the age. Furthermore, it is hard to cultivate people to pay attention to and appreciate sites dating back to Neolithic Age. the presentation of archaeological sites of the Neolithic Age to the general public has become an important bridge linking the field of professional knowledge with the general public's aesthetics. For reasons above, key points of presentation design are the selection of information and the visualization of objects in the Neolithic sites. This paper, which take Taosi archaeological site as an example, focuses on selecting modes for presentation and balancing the extent of expression in the process of presenting design of Neolithic sites.

Keywords: presentation methods, Neolithic Age, Archaeological sites, Taosi Site

The Neolithic Age is a critical period of human civilization, which laid the foundation for the formation of human civilization. With the continuous in-depth study of Neolithic sites in China, people have gradually realized that the Neolithic Age is an indispensable part of the embryonic period of Chinese civilization, and a key stage in the exploration and understanding of the origin of Chinese civilization. The presentation of Neolithic sites in China is an important way to help the public understand the origin of Chinese civilization, cultivate their cultural confidence, and understand and learn relevant knowledge of the Neolithic Age.

1 Definition and connotation of presentation

1.1 Definition of presentation

Cihai, a comprehensive dictionary, defines presentation as put it out clearly, and show it clearly. the presentation of archaeological sites in the Neolithic Age is a clear and obvious manifestation of archaeological sites.

---

[1] urban planner, Institute of Architectural History CADG.
[2] assistant architect, Institute of Architectural History CADG.

Archaeological reports and other archaeological academic literature could realize the above functions. But, in fact, the presentation of archaeological sites a kind of communication activity[①] [) is not limited to the field of archaeology, but should be a long-term and continuous bridge connecting the archaeology profession and the public, undertaking the function of publicity, education and knowledge spreading.

1.2 Definition of presentation design

In terms of archaeological sites, presentation design, as a professional design category, is to refine information from the archaeological findings, to present and shape the surroundings within the limits of time and space environment by using the design language, to enable the public to obtain information from a variety of interactive experience, feedback and interaction, and to realize the goal of perfect communication between the archaeological sites and the public.[②]

2 Classification of presentation

The presentation of archaeological sites can be roughly classified into museum exhibition and field exhibition. Museum exhibition is mainly located in museums, galleries and other indoor places, easy to be controlled. With the help of modern techniques, presentation design is highly likely to be realized.

On the premise of the protection of the site and its surroundings, there are many limitations on the scale, location and image of the presentation facilities, which are quite different from the design methods of the museum exhibition. As for the Neolithic sites, due to the high dependence on field archaeology, the time to present sites is often closely related to archaeological excavation. Therefore, the feild presentation of Neolithic sites can be classified according to the time relationship with archaeological excavation.

2.1 Presentation before excavation

The presentation before excavation is mainly for the archaeological investigation and exploration results, and the landscape marking can be used to let the public understand the general pattern of the site, the distribution of remains and other information. Brief information and simple operation only have a little and highly reversable influence on the remains. The academic circle has unanimous opinions on such presentation, so it is not necessary to focus on it.

2.2 Presentation of excavation process

The presentation of excavation process develops with the increasing attention paid to public archaeology. The open activity of archaeological excavation site is a real, intuitive and professional way to present the site. However, archaeological excavation is a dynamic process, the presentation site is difficult to be fixed, the presentation time is limited. and the number of people who can participate is also very limited. For the purpose of academic research and conservation, the presentation needs to be carefully planned, with high requirements for the protection and management of the site. Such presentation needs to be closely combined with the arrangement of archaeological work. To a greater extent, it belongs to the field of public archaeology rather than the focus of presentation design.

2.3 Presentation of excavation results

The presentation of excavation results is the focus of this paper. It refers to the presentation design of archaeological remains discovered through archaeological excavation data after the completion of archaeological excavation.

---

① ICOMOS, *Charter for the Interpretation and Presentation of Cultural Heritage Sites* (2008): presentation refers more to the communication of content after careful planning. The communication relies on the introduction to cultural heritage, accessibility of the site and available facilities. The communication can be realized by different technology means, and includes information such as plate, museum exhibition, standard hiking, lectures and facilitated elements such as tourism, multimedia applications and websites, although not required.

② Liu Dongfeng, *Presentation Design* [M], China Light Industry Press, 2017 (04).

According to the extent and the methods of disclosing archaeological information, the presentation can be categorized as exposure presentation of relic sites, presentation of landscape markings of relic sites, presentation of simulated landscape of relic sites, and presentation of the restored relic site.[①] In the field presentation of Neolithic sites, the selection and application of the presentation mode mainly need to meet two conditions. One is the precondition of the selection of the presentation mode, and the other is the inherent limitation of the way of presentation.

3 Preconditions for the selection of presentation mode for Neolithic sites

The characteristics of the Neolithic sites in China have been discussed in many papers themed on the presentation of prehistoric sites. All in all, most of Neolithic sites are soil sites, with long history. The relics is highly damaged, and there was no systematic text records in Neolithic Age. Therefore, we can only acquire the information of archaeological sites dating back to Neolithic Age through field archaeology.[②] As a result, some characteristics of Neolithic sites in archaeology become the precondition of site presentation.

3.1 Accurate reflection of archaeological cultural features

Usually, the archaeologists define China's Neolithic Age as the period 10,000 to 4,000 years ago. This stage lasted for 6,000 years, and a huge number of sites was left behind. Archaeological typology, as one of the basic contents of archaeological theory, provides an important means for the study of archaeology in the Neolithic Age in China. According to this method, there are as many as 60 classifications named after "culture" in *Chinese Archaeology, Neolithic Age Volume*.

From the perspective of presentation design, sites with different cultures show little difference in some aspects, especially in the case of settlements, buildings, tombs and other immovable cultural relics. The design should try to find the characteristics that can reflect the archaeological culture of the site. Also, some different sites belonging to the same culture, due to the different geographical environment, show personalized characteristics in the overall pattern of the site, individual buildings, tomb orientation, layout and other aspects. In such cases, the design also needs to find the same elements in the differences, the performance of the same archaeological culture.

Therefore, it is required that the presentation method should accurately and clearly present the information, including geography, culture, etc., which represents the characteristics of archaeological culture.

3.2 Premise of clear expression of time information

Most Neolithic sites have experienced hundreds of years of development, some developing from the Neolithic Age to the Xia, Shang and Zhou dynasties, and even to the Qin and Han dynasties. As the Neolithic site was in operation for a long time, the same site may be composed of remains of multiple periods. The duration of the site and the information carried by the site in different periods are important aspects to help the public understand the value of the Neolithic sites.

In the presentation design, it is necessary to clearly express the time information of the site. When it comes to the archaeological site of Neolithic Age, in most cases, it is either the stratigraphic accumulation and superimposition, or the sites broke each other, with interlaced and mixed information. Neither the archaeological stratigraphic profile nor the site plane is easy for the public to identify and clarify.

Thus, the means to present relics site could show time in an organized and prioritized way.[③]

---

① Chai Xiaoming and Liu Aihe summarize the names of various presentation means in the presentation and preservation of major relic sites, which is published in *Presentation and Explanation of Historical and Cultural Connotation of Major Relic Sites*.

② It comprehensively summarizes master's thesis on the analysis of the characteristics of prehistoric sites by Hui Zhao (Northwestern University), Wei Min (Fudan University), Zhang Wenbo (Zhengzhou University), and others.

③ The field presentation of relic site is in a specific space. It either expresses the information of same time in a unified space, and displays the information of other time through explanatory board, audio guide, and other means; or divides unified space into different units, and displays the information of other time through explanatory board, audio guide, and other means.

3.3 Moderate presentation of explanatory studies

Almost all information about Neolithic sites is provided by field archaeology. Field archaeology, as a scientific activity, objectively reveals the information contained in the site. Archaeological excavations require the preservation of detailed records of all kinds of information found. Public presentation can show more than the original information of archaeological excavations. Presentation design can make use of explanatory research to construct information and significance of site[①].

Obviously, explanatory research is a logical reasoning based on archaeological information, which will produce different conclusions if relying on different evidences and reasoning methods. Neolithic sites are distinguished from historical periods by the fact that there is no mature and stable written information to support all kinds of explanatory studies. Different interpretations of the same archaeological phenomenon are often justified in their own evidence chains. Different interpretive studies are adopted in the design of field presentation, which will render different present schemes. According to the requirements in *Charter for the Interpretation and Presentation of Cultural Heritage Sites* promulgated by ICOMOS, the site presentation design should not rely on the words of one school, but should be based on objective archaeological information. All kinds of interpretations should be presented carefully and moderately to polish the presentation.

4 Internal Conditions of Information Expression of Presentation Mode

The site presentation design of Neolithic sites should not only meet the above preconditions, but also need to consider that each presentation method has its inherent limitations on presenting the information of Neolithic archaeological site.

4.1 Revelation and Presentation of the Remains

It refers to the way in which the excavated remains are directly presented without protection backfilling (Fig. 1). The operability of the preservation of the remains and the ornamental value of the site are the key points to judge whether to apply the presentation method.

In terms of the operability of protection, facilities such as protection sheds or cover are usually necessary to provide a stable preservation environment. The establishment of protective shed or cover may easily cause the site to be blocked from the environmental space. It is not conducive to the presentation of the geographical and environmental characteristics of Neolithic sites.

In terms of ornamental values, the visual and vivid degree of the site information plays a decisive role. In vertical comparison, the older the site is, the more obscure people's cognition is, the lower the level

Fig. 1 Revelation and presentation—the ruins of Heijo Palace (photo by Li Jinman)

of preservation is, and the less direct the information is. In horizontal comparison, the directness of information is related to the types of remains, historical importance and materials. Neolithic tombs are generally superior to dwelling places and workshop sites, buildings for sacrifice, palaces and other important facilities. And stone or

---

① Tim Copeland & Huang Yang, Present Archaeology to the Public: In-Depth Understanding of Site Construction [C] Southern Cultural Relics, 2013 (01).

remains composed of stone are generally superior to remains composed of civil materials.

Therefore, it is necessary to objectively and cautiously evaluate the directness of relics information when field presentation of Neolithic sites use relics for revealing and presentation. Secondly, attention should be paid to maintain and present the internal relationship between the site and the environment.

4.2 Presentation of landscape markings of relic sites

It refers to a simple and abstract way to present the site on the original site surface of the archaeological backfilled site (Fig. 2).

This presentation method needs to sort out and abstract the site information to a certain extent. When presenting the location, quantity, density and distribution status of the relics, it is easy to operate and has little negative impact on the site. There is no need to set up protection facilities, which can better show the internal relationship between the site and its surroundings.

Fig. 2 Presentation of landscape markings—ruins of the Ministry of War, Heijo Palace (photo by Li Jinman)

As far as expressive force is concerned, few information is presented in this way, and the composition relation is simple. While it couldn't express well when applied in the comprehensive archaeological stratigraphic information or complex objects. It is more suitable for sites without much ornamental values, showed in relatively simple and repeated form, and of low significance. Or it could be used to express the overall spatial pattern, layout relations and other large-scale objects, instead of objects needing fine performance.

4.3 Simulated presentation of site landscape

It presents simulated archaeological remains and relics on the landscape of the original site after backfill (Fig. 3). It is generally used in sites with abundant information but unsuitable for revelation presentation.

Simulated presentation of site landscape has high applicability in the aspects of archaeological cultural characteristics, archaeological stratigraphic relations, and the expression and presentation of explanatory studies. Compared with revelation presentation, simulated presentation can present key site information, avoid the interference of secondary information, and also properly combines with explanatory research. Compared with presentation of landscape markings, simulated presentation shows rich and specific information, which can be used independently and expressed in detail.

Fig. 3 Simulated presentation of site landscape—the ruins of Heijo Palace (photo by Li Jinman)

Although simulated presentation is highly applicable in the site, but requires special attention to authenticity, information sources and sustainability.[1] In terms of authenticity, the structures should avoid artificial or misleading

---

[1] In Charter for the Interpretation and Presentation of Cultural Heritage Sites, principle 2 is information sources, principle 4 is maintaining authenticity, and principle 5 is planning for sustainability.

information. In terms of information sources, as simulated presentation can selectively express information and can combine with explanatory research, it is necessary to identify information sources, expressed information, unexpressed information and relevant information in the presentation process. In terms of sustainability, three aspects should be taken into consideration, namely scheme design, selection of technical means and project implementation, so as to ensure the flexibility and reversibility of the simulated site. With the deepening of research and cognition, the presentation can play a scientific, objective, effective and sustainable role.

4.4 Restoration and presentation of the original site

It refers to present the site through restoration and reconstruction at the original site (Fig. 4). It can be divided as physical restoration and virtual restore.

Although the presentation of the restored site at original place can provide concrete and rich images, it needs to be based on sufficient and scientific evidence. Nearly all information of Neolithic sites in China comes from archaeology. Most remains are above the ground, or the foundations. There is insufficient information available for the restoration of buildings and facilities, and also the reasoning and imagination for restoration are not based on direct evidences, which doesn't meet the principle of authenticity. It is poor in applicability.

As for the two types of restored presentation, physical restoration establishes fixed structures at the site, which is more suitable for the widely recognized objects without academic disputes. Virtual restoration mainly relies on visual means to present restored objects. Because there is no solid object, it is flexible and can quickly adjust and change the image, or at the same time express the results of different restoration speculations. So, it is more suitable to restore Neolithic site. In practical application, the selection, installation and use of equipment and facilities for virtual presentation should meet the protection requirements of the site and harmony with the site environment.

Fig. 4   Landscape restoration of the site—Suzakumon, the ruins of Heijo Palace (photo by Li Jinman)

5   Case analysis

The four ways of presenting archaeological site information after archaeological excavation are different from each other, which can be used alone or in combination. As the third batch of important heritage sites under state protection, Taosi Site is of great significance to exploring the origin of Chinese civilization. The field presentation of Taosi Site large construction base Ⅱ FJT1 use above ways comprehensively.

5.1   Overview of Taosi Site and large construction base Ⅱ FJT1

Taosi Site is located about 7.5 kilometers to the east of Xiangfen County, Shanxi Province. It is a large settlement site dating back to the late Neolithic Longshan Age in the south of Shanxi Province, the mid of the Yellow River. Archaeology of Taosi Site is divided into early, middle and late periods. It dates back to 4500-3900 years ago. With a scale of 2.8 million square meters, the site contains the remains of the city wall, rammed earth construction foundation, tombs, pottery kilns and ash pits, etc. It is a city site with the nature of a city.

Its large construction base Ⅱ FJT1, commonly known as "observatory" site, is located 625 meters east and 662 meters south of Taosi Site center in the mid archaeological phase. It is close to south part of the north city in the mid archaeological phase. The geographical coordinates of the base center is 35°52′55″N, 111°29′55″E, and 572 meters above sea level (Fig. 5).[①] The site covers an area of about 2,000 square meters. In the remains, we found the foundation of three-story building, dog skeleton, pillar hole, circular road soil, round rammed earth core and 15 circular column foundations and column joints whose archaeological numbers are D1-D13 and E1-E2 respectively.

5.2 Source of information presented by large construction base Ⅱ FJT1

Source of information presented by large construction base Ⅱ FJT1 can be divided into the information provided by the archaeological excavations, and explanatory research information.

Information provided by archaeological excavations is mainly presented in the form of archaeological reports, including *Excavation Report of Large Construction Site Base in Sacrifice Area of Taosi Site, Xiangfen County, Shanxi Province in 2003*, and *Excavation Report of Mid-Phase Large Construction Site Base Ⅱ FJT1 Area of Taosi Site, Xiangfen County, Shanxi Province in 2004-2005*.

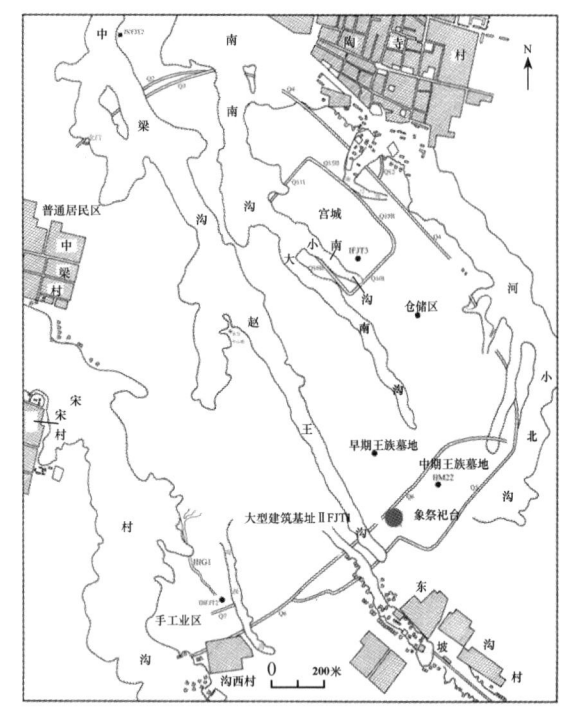

Fig. 5 Site selection of large construction base Ⅱ FJT1

There are abundant sources of information for explanatory studies, such as papers interpreting the function of construction base, including *Opinions on Large Construction Site Base of Taosi Site, Xiangfen County* by Zhou Xiaolu, *Astronomical Function and Age of Observatory of Taosi Site* by Wu Jiabi et al, *Five Elements Calendar Revealed by Sacrifice Area of Taosi Site* by Chen Jiujin. Two expert demonstration meetings on site determination were held in 2004 and 2005 respectively.[②] Field observations of the sun was carried out between 2003 and 2005.

Among them, the simulated observation experiment at the site has a major influence on the presentation of large construction base Ⅱ FJT1. In 2008, under the requirements of *Specifications of "Archaeo-astronomy Research Taosi Site Prehistoric Observatory study" as a Major Project of Knowledge Innovation Program by Chinese Academy of Sciences* (KJCX-YW-T15), archaeologists built 4-meter high plane observation posts to archaeological number of D and E with red bricks in circular column, and carried out field science simulations to verify observations (Fig. 6).

In 2013, Xiangfen County "beautified" observation columns, and Taosi Site was taken as one of the important images for foreign publicity by local governments at all levels. Taosi Site, featured with simulated recovery circular columns of its large construction base Ⅱ FJT1, is taken as major site in various cultural reception and cultural exchanges. The astronomical observation functions that large construction base Ⅱ FJT1 may have is publicized to all walks of life as an

---

① He Nao, 2004. Excavation Report of Large Construction Site in Sacrifice Area of Taosi Site, Xiangfen County, Shanxi Province, 2003 [C], *Archaeology*, Beijing.

② Author summaries the contents of serial blogs themed on Observatory of Taosi Site from the blogger named Blog of Archaeologist Xu Hong. In the demonstration meeting themed on the nature and function of Ⅱ FJT1 in 2004, many archaeologists including Yan Wenming, Huang Jinglue, Ye Xueming, Zhao Hui, Chen Meidong, Chen Jiujin, Du Shengyun, and Bai Yunxiang held different opinions with astronomers. Archaeologists claim not to jump to conclusions, and requires further work, while astronomers hold that Observatory of Taosi Site is no more than the remains of prehistoric observatory. On October 22 to 24, 2005, Archaeological Research Institute of Chinese Academy of Social Sciences held the Symposium Determining Function and Scientific Sense of Taosi Site as Large Special Architecture in Beijing. 15 astronomers basically confirmed that the large construction was the remains of astronomical observation. Experts are from Archaeological Research Institute of Chinese Academy of Social Sciences, National Astronomical Observatory, National Time Service Center, Beijing Ancient Observatory, Beijing Planetarium, Humanities School of Shanghai Jiaotong University, Nanjing Purple Hills Observatory, Chinese Art and Archaeology Institute of Xi'an Academy of Fine Arts.

Fig. 6 Simulated observation posts in large construction base Ⅱ FJT1 site
(Left photo by Han Zhenyuan in 2012, and right one by Wang Liheng in 2017)

important content. Within a certain range, the simulated observation column has become one of the iconic images of the site. Under the pressure of society, observation columns become the object which must be preserved in the presentation design.

5.3 Presentation of large construction base Ⅱ FJT1

Large construction base Ⅱ FJT1 has sacrificial function, and may also serve as astronomical observatory. The simulated observation columns can only partially express the information of the site, and violate the principle of authenticity. Presentation design goal, therefore, is to spread the information of large construction base Ⅱ FJT1 in a real, objective and comprehensive way.

5.3.1 Supplement archaeological information related to sacrifices

Presentation design needs to fully convey the information below at the site, including the location and base of large construction base Ⅱ FJT1, its relation with mid-phase city walls, location of the urban site, the spatial structure of all remains in the base, specific remains structure embodying sacrifice function, and other information such as the special phenomenon. The selection of presentation is the first step in spreading information (Fig. 7).

(1) Optimization of protection and presentation

The presentation of simulated landscape at site is better than present the whole remains. First, large construction base Ⅱ FJT1 is located in the high places of the Taosi Site, close to north wall of the mid-stage city, north of the mountain and south of the Taosi Site, with wide vision and

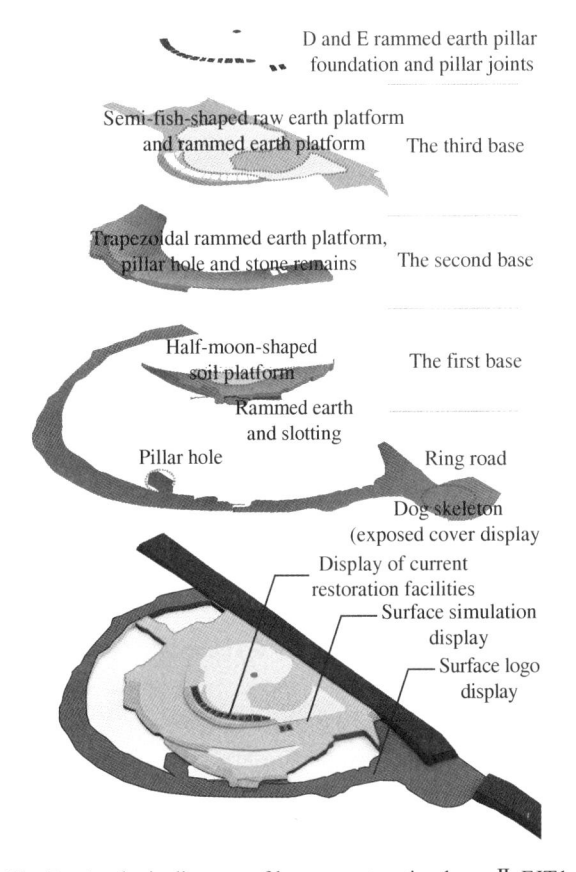

Fig. 7 Analysis diagram of large construction base Ⅱ FJT1 with archaeological information related to sacrifice

near the sky. The elements of mountain, sky and highland are closely related to the sacrificial function of the site. In case of revelation presentation, due to the large scale of the base site, it shall be equipped with a huge protective shed and other protective facilities. It is difficult for presentation design to meet the protection requirements while maintain the internal connection between the remains and the surroundings. Second, the late phase of large construction base Ⅱ FJT1 was destructed by human. Most ground was destroyed, leaving ash pits against the base. The site doesn't have much direct information, nor much ornamental values. Thus, it is not suitable for revealing the whole. However, the partial remains of the sacrificial remains such as the dog skeleton can vividly reflect the sacrificial function of the site, due to the existence of the skeleton and other visual elements. A dog skeleton relic is selected in the design for revelation and present.

(2) Refined selection of information for presentation

The presentation of simulated landscape is more detailed than that of marking. Large construction base Ⅱ FJT1 shows a semicircle on surface, and contains remains of various types. There are not only planar combinations, but also rich relations in vertical space among the relics. Vertical information is closely related to the organization and use of sacrificial space. Without revealing the site, the vertical information can only be presented through landscape simulation.

5.3.2 Supplement explanatory research information related to observation columns

To be precise, the observation column is an experimental facility rather than a presentation facility. However, due to the "beautification" in the later stage, it is less recognizable and has a tall and clear image, which is easy to mislead the audience. The presentation design transforms the observation columns from three aspects to optimize its appearance and avoid misleading the audience.

(1) Reduce the height of observation column as a whole

With 4 meters that could satisfy the requirement of astronomical observation as the maximum, we lower the height of observation columns, decrease the closeness of circular column, set aside more visual space of the sky and mountain, endowing Ⅱ FJT1 site with the characteristics of sacrificial function such as mountains and sky worships (Fig. 8).

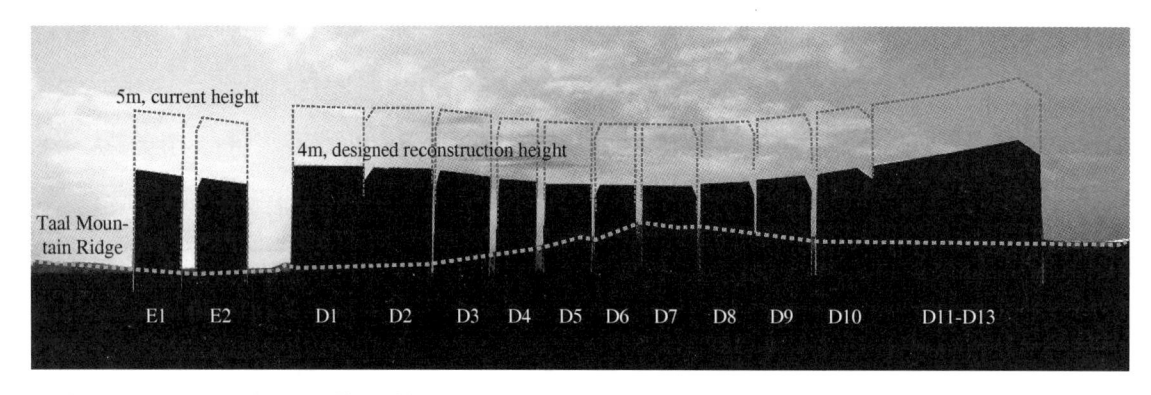

Fig. 8 Effect of lowering the height of observation column as a whole

(2) Adjust the appearance material of observation columns

Ⅱ FJT1 site discovered in archaeology is the fundamental part of rammed earth stylobate. There is yet no direct evidence of the materials above the ground. Whatever material we use, it is out of speculation. The presentation design jumps out of the limitation of material recovery, removes the current imitated stone veneer, selects the material that can form the original rough feeling on the appearance, and plaster the column with the cement slurry mixed with loess coarse sand, so as to achieve the harmony between the column and the environment, as well as being recognizable (Fig. 9).

(3) Supplement information on the setup of observation columns

The archaeological number of copper materials and the repair and renovation time are embedded in each column. For example, E1, the foundation of the column was discovered in 2003, the experimental observation column was built in 2008, the first reconstruction was carried out in 2013, and the second reconstruction was completed on September 30, 2017. The audience could directly understand the structure was set up to meet contemporary research needs (Fig. 10).

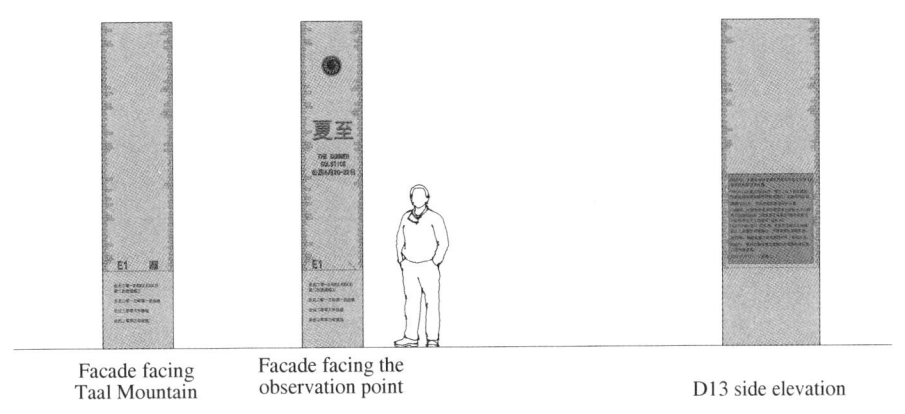

Facade facing　　Facade facing the
Taal Mountain　　observation point　　　　　　　　　　D13 side elevation

Fig. 9　Modification of column materials and supplemented information

Fig. 10　Presentation design rendering of large construction base Ⅱ FJT1

6　Conclusion

In order to better protect Neolithic sites, scholars tend to regard them as important cultural resources and make use of them. Neolithic sites are numerous and widely distributed in China. They have huge differences in time, space and scale. The preservation environment of the site varies greatly, and the economic, social and resource conditions of the site are different. Each site is a unique case, facing different difficulties and problems in the protection, present and utilization, and it is difficult to have a universally applicable solution.

In this paper, a preliminary comparison is made between the presentation information and the presentation image of the different present methods used in the presentation of the archaeological findings of the site. According to the inherent characteristics of Neolithic sites, this paper proposes that the presentation design of such sites should meet the requirements of accurately reflecting the archaeological and cultural characteristics of the sites, clearly expressing the time information of the sites, and moderately presenting different explanatory studies. Based on the analysis of the different characteristics of different presentation modes in information expression, this paper puts forward the applicability evaluation of four presentation modes for archaeological findings in the presentation design of archaeological sites in the Neolithic Age. In the final part, combining the presentation design case of large construction Ⅱ FJT1 Taosi Site, the paper discusses the selection of presentation modes and the expression of presentation image.

References

Chai Xiaoming & Liu Aihe. 2014. Presentation and Explanation of Historical and Cultural Connotation of Major Relic Sites. *Scientific Research on Chinese Cultural Relics*, Beijing.

Tim Copeland & Huang Yang. 2013. Present Archaeology to the Public—In-Depth Understanding of Site Construction. *Southern Cultural Relics*.

Guo Xuan. 2009. Preliminary Study on the Concept and Method of Cultural Heritage Presentation. *Architectural Journal*, Beijing.

He Nao. 2004. Excavation Report of Large Construction Site in Sacrifice Area of Taosi Site, Xiangfen County, Shanxi Province, 2003. *Archaeology*. Beijing.

He Nao. 2007. Excavation Report of Mid-Phase Large Construction Site Base Ⅱ FJT1 Area of Taosi Site, Xiangfen County, Shanxi Province in 2004-2005. *Archaeology*. Beijing.

Hui Zhao. 2012. *Research on the Presentation of Prehistoric Sites — A Case Study of the Longgang Taosi Site*. Northeast University, Xi'an.

Huang Yang. 2014. *Information Interpretation and Presentation Research of China Archeological Site Museums*. Fudan university, Shanghai.

Liu Dongfeng. 2017. *Presentation Design*. China Light Industry Press. Beijing.

Lu Jiansong & Zhu Jiao. 2012. Analysis on Function of the Museum and Construction of Academic System Supporting the Communication. *Garden*, Shanghai.

Wei Min. 2009. Public Archaeology and Information Interpretation of Prehistoric Sites. Fudan University, Shanghai.

Xu Hong. 2010. Observatory of Taosi Site from the blogger named Blog of Archaeologist Xu Hong. http://blog.sina.com.cn/s/blog_5729cae10100hx2a.html

Xie xigong, Ed. 2007. *Research on the Ruins of Xiangfen Taosi Site*. Science Press. Beijing.

Xia Zhengnong. 2009. *Cihai*. Shanghai Dictionary Publishing House. Shanghai.

Institute of Archaeology, Chinese Academy of Social Sciences, 2010. *Chinese Archaeology, Neolithic Age Volume*. China Social Science Press. Beijing.

Taosi Site project group of Architecture History Institute of China Design Institute co., Ltd. 2017. *Column Transformation Design of Taosi Site Ⅱ FJT1 Archaeological Number D1-D13, E1 and E2,* internal data, Beijing.

Zhang wenbo. 2017. *Research on the Design Strategy of Prehistoric Site Park from the Perspective of Experience*. Zhengzhou University. Henan Province.

Freeman Tilden. 2008. INTERPRETING OUR HERITAGE. The University of North Carolina Press, Chapel hill.

Prepared under the auspices of the ICOMOS international scientific committee on interpretation and presentation of cultural heritage sites. 2008. The ICOMOS Charter for the Interpretation and Presentation of Cultural Heritage Sites, Ratified by the 16th General Assembly of ICOMOS, Québec (Canada).

UNESCO Global Geoparks: A New Tool for the Conservation and Rational Management of Outstanding Geological, Paleontological and Paleohuman Heritage: Take Lesbos Island as an Example

Nickolas Zouros[①]

First of all, I would like to thank the organizers, the Government of Fangshan and the Director of the Peking Man Site Museum for the invitation to be with you today. In order to present briefly the history of the geoparks, which is the new third site designation of UNESCO. And you can see also from the first image. Nowadays, we have 140 territories in 38 countries. That constitute the Global Network of Geoparks recognized by UNESCO. Well, their heritage, we all know is a part of our common heritage, but unfortunately it was not very well represented till recently in the schemes of protection of sites of international value.

Since 1972, the World Heritage Convention, of course, for the first time at an international level, put in the same level, the cultural, ecological and world heritage elements, which are of outstanding universal value for protection and management. But if we see the implementation of this convention, we're going to see that in 2018, we have 1076 sites since167 states, from which 832 are cultural, 206 are natural and 35 mixed.

But from these sites, only 1.8 of these world heritage sites have been inscribed as geological treasures due to the Criterion (Ⅷ) of the World Heritage Convention. In the picture, one of the sites is the Joggins Fossil Cliffs in Canada, which is world heritage site recognized for the importance of the fossils found there in 2008. So the world heritage is under-represented.

And in 1991 already, UNESCO organized the International Symposium on the Conservation of the Geological Heritage in the north of France with the participation from more than 80 countries. China was very well represented in this conference, and the international declaration on the rights of the memory of the earth was adopted.

From 1991 to 1996, initiatives for world heritage protection and conservation were organized in different countries. And here you see one of the world heritage sites the Ammonites Lab in the reserves of Provence in France where this conference was organized.

A few years later, in the 30th International Geological Conference in Beijing during the session of geological heritage, it was discussed for the first time, the establishment of the new concept, the geopark concept.

Why? Because during this session was presented the long history behind the recognition of the Messei Pit World Site in Germany and the efforts that have been made for more than 40 years in order to help recognize property of geological value in the World Heritage List. At the same time, Zhoukoudian and the Peking Man's Site. And it was a moment of inspiration between all the participants that discuss the possibilities of establishing a new tool that will be effective for the heritage conservation worldwide.

So according to this concept, geoparks are experimental territories promoting the relationship between the

---

① President of UNESCO's world geoparks network executive board.

humans and the earth through the enhancement of the territorial identity of the territories that are included in this recognition and would lie in the same level. All forms of heritage, geological, biological and cultural heritage, and other resources through annalistic management of the whole territory and with local communities involvement, we can have a new tool which will enhance and protect the heritage, all forms of heritage, but using them as real tool for sustainable local development.

In reality, this concept was the implementation of the local *Agenda 21*, which was well known since the *Rio Declaration*. So this new concept recognizes areas which have included geological heritage sites of international importance for the protection, conservation, interpretation and promotion. The geoparks have clearly defined boundaries. They should have a management structure with a decorate stuff and financial resources. In order to implement its task, it is not just a legal framework, it should have a management plan which will include educational activities, development of juries, and support sustainable economic activities for the local communities that are in the area of this heritage. And of course, a communication strategy is very important to build bridges between the local population and the management body.

One of the most important thing in this concept is that we're not talking about lists of sites that will act in reality individually. But we're talking about the network and network of cooperation that will assist all the partners participating through meetings, exchange and sharing of best practice of good examples through collaboration and sharing. This is the founding moment for the Global Geoparks Network. The Global Geoparks Network was founded in February, 2004 by only 25 territories. Seventeen of them from Europe, 8 from China, which were assessed by international expert team.

And this is the first international conference in geoparks, which was held again in Beijing and helped the spread of the idea of geoparks worldwide. After almost 11 years on the 17th November in 2015, the General Conference of UNESCO adopted and endorsed the proposal for the establishment of the international geoscience and geoparks program with two pillars, they have already been well known, IGCP, the International Geological Correlation Project, and the UNESCO Global Geoparks. And the scheme shows the two pillars of the program, the international geoscience and geoparks program. The UNESCO Global Geoparks is one pillar with the collaboration between UNESCO and the Global Geoparks Network. But what exactly geoparks are including. The two parts are including standing scenery, beautiful sites of really international value. Some of them our monuments that are included in the World Heritage List, like Zhangjiajie in China. Sites of really natural beauty. You can see different examples from Japan, from Korea or from Thailand, from Vietnam, but also sites that prove the activity of the earth active date and geodynamic process.

This is the volcano without name. It's in UNESCO Global Geopark in Iceland. And this volcano stopped air circulation in 2010 in all Europe, reminding that humans cannot do whatever they like and they have to respect the earth processes. And unfortunately, during the last year's different examples all over the globe, we have to respect. We have to learn. We have to understand the geodynamic processes.

Geoparks are of course including scientifically important earth heritage sites. And these are two examples from Zhoukoudian and from Jiambuduki. The first is a very important site for the understanding of evolution of humans from there. The second is a very important site for understanding how our planet works. It is the first site where it was scientifically recorded, the change of the polarity of the magnetic polarity of the earth.

And this is another example that shows the limit between two continents. We know that there are big continents on the earth. And here you can see in Manila Fall Sha Park and Initoyika Geopark in Japan, how the Eurasian plate is contacting the American plate. And this is visible in this part.

But we have also other examples from Cyprus, for example, we can see how continents are splitting apart and how below it lies. And city lights are formed in the middle of the oceans in the middle of ridge in the throat as UNESCO Global Geopark. this is the last was petrified forest from Greece, a unique sight providing information about the ecosystems of the past, a forest that was covered by volcanic ash due to volcanic eruption. And we have the whole ecosystem in sitting in the original place with not only the more than 50 different species of trees, but also more than 50 different species of animals living in the myosin environment in the gene.

And this is another famous fossil site, Messi Pit in Germany. We're going to hear later on the presentation about that in the UNESCO Global Geopark in Germany, a crater with a unique record of the evolution of life in allegation. And this is one of the youngest members. We have heard yesterday the presentation about Ngorongoro, a protected area in Tanzania, and Ngorongoro in one of the youngest members of the global network, connecting not only the important sites of human evolution, connecting not only the sites of ecological value, a unique sight in Africa, but also the local populations, the tribes living in the area, in a much larger area, including all these natural, cultural and geological treasures.

But there are so unique natural ecosystems from the northernmost geopark in the world, the UNESCO Global Geopark in Finland. In the environment created by the glaciation, we can see the conifer forests feel the mangrove forests in Langkawi UNESCO Global Geopark in Malaysia. All types of ecosystems are hosted in geoparks and geoparks have a duty to explain the relationship between the geological processes and the creation of different environments in this unique natural ecosystems.

But geoparks also have special duties regarding the protection and rational management of nature. Here is an example of re-introduction of oriental place in UNESCO Global Geopark in Japan. And then my next slide is from the miller brendan UNESCO Global Geopark in the Alams where they have a flag project for the introduction of the endanger species in the area.

And of course, geoparks host very important cultural sites. Here we have two exams from Mount Tai in China or the center Catalonia in Spain, or from Japan. And we have the connection between art and nature, in Ricky Martin Foundation, the modern art museums of the UNESCO Global Geopark in the Canary Islands, one of the flag areas for the study of the volcanism on earth.

And of course, the best preserved part from the Great Wall of China is due to the geological landscape, granitic landscape of the Yanqing UNESCO Global Geopark, very close to Fangshan in China. But intangible heritage is also a very important part of the heritage that is protected within the geoparks. Here you can see an example from Greece connecting a cave with the myth of Filth, the musician who signed and played the guitar so beautifully that not only the humans but also the wild animals learn how to sing and how to become when they hear his music. And what is really impressive is that this small bird that you can see. The whitethroat robin is found there. There are only 50 couples all over the globe. There are people coming just to see these really strange and beautifully singing bird that comes to make through the myth about the sing of Filth.

One of the most important things for the geopark management plan I said before that geopark should have a comprehensive management plan in geoconservation. Geoconservation does not just include the protection of sites. The legal framework is for the significant site of international importance in geoparks, a prerequisite, but also includes infrastructure and interpretation of the sites. If the people don't understand the value of the heritage, it's sure that they will not care about it. And we need to persuade the people living in heritage sites that heritage do matter, not just for this scientist or for the managers managing the site, but do matter for the improvement of their lives. And this is our duty, and we have to do it through interpretation.

But our heritage sites also need conservation. For the conservation, we need conservation themes. We need to follow specific conservation ethics, methodologies and techniques, and to use the appropriate conservation materials and equipment. But it's not this enough for geopark conservation. We need continuous management of the people visiting the sites, of the site itself for the natural degradation, but also continuous monitoring what we are doing, what is the effect of what we're doing and how we preserve these sites for the future.

But we do need to create also activities and awareness raising, education and communication. If the young generation don't learn about the heritage, the society will not respect this heritage. And of course, continuous communication. So here are some examples from the most simple ways of protecting sites. Here are dinosaur footprints in in UNESCO GlobalGeopark in the middle of Germany till they're very sophisticated by bioclimatic cover to protect the Peking Man Site and Zhoukoudian. And in-situ protection, this is one of the first in-situ fossil protection in the early eighties in Provance Geoparks in France, a site excavated with arrows. And instead of moving the fossils to the natural system museum of Paris, they kept it there so the people could visit it till the sophisticated dinosaur museum in Zigong, UNESCO Global Geopark in China, where you have the dinosaur bones at the middle of the big museum.

And of course new methodologies for in-situ conservation of fossils. Here you can enter restoration of fossil sites. You can see fossil conservation in Yanqing UNESCO Global Geopark in China. Of course geoparks set visitor centers where we do the interpretation, where we have our visitors to guide them in the field afterwards. And this is one of the best geopark museums that we have here in Fangshan the UNESCO Global Geopark Museum. And several other examples like UNESCO Global Geopark in the Alashan in Inner Mongolia and the Yanqing UNESCO Global Geopark.

Geoparks are also actively developing due to visit. Why? Because geo-tourism will bring the necessary resources for the management of these sites. A geopark creates visitors experience. This is our duty that allow the visitors to share what we value most in our territory, in the same way and in such way that to preserve these heritages and protect the region for the generations to come. We organized an international conference with all the players of geo-tourism in the world, from national geographic UNESCO international scientific unions.

And we gave definition about what is geo-tourism. Geo-tourism, according to that, should be considered as a tourist which sustains and then enhances. The identity of a territory taking into consideration is geology, environment, culture, aesthetics, heritage and the well-being of its residents. We don't want the geo-tourism which will destroy the lives of the local people, but on the contrary which will improve the life of the local people. Local community involvement is very important also because it creates opportunities of employment. We need the employment of the local people and engagement in our activities. Here you can see geopark guides in some UNESCO Global Geoparks. They are local people that like to guide visitors in their area and geoparks like this kind of activities and explain the heritage after training because we have special training for these people. And here you can see local guides again from local communities from our UNESCO Global Geoparks in Brazil.

Geoparks are creating activities with involvement of geoparks stuff and trained geoparks guides. Why? Because we don't like geo-tourism that we'll move individually, but we want them to participate in activities. And in this way, we have minor impact in the environment and the sites if we have our people or guiding or training guides working with them. Geosite interpretation, guided walks, tracking, horse riding, cycling, geo-rafting, running, or board crews are some of our activities. Here you can see activities in France, in the Alps, guided walks into your sites, guided tours to discover the geological history. But even adventure like climbing is shared by young students in ways in forest or a geopark relay 320 kilometers through the geopark passing from designated geology cultural sites and fun. Sorry, the previous one. The toughest adventure race in Europe is the geopark challenge in Rockaway UNESCO Global Geoparks in Finland, a lot of activities during costal geosite interpretation and activities is something that is raising in geoparks community.

This is example from a UNESCO Global Geoparks in Japan, in the United Kingdom, in Spain or in Hong Kong UNESCO Global Geoparks in China and also geosnorkeling in geoheritage underwater in a UNESCO Global Geoparks t in Italy. Geoparks are also organizing. And this is a beauty enterprise networks in tourist. Why? We do know that the enterprises have their own interest, but we need to work with them. And so we organize tourist collaboration with tourist agencies, enterprises, a group tourism cooperatives, local hotels, restaurants, enterprises, operating outdoor activities, etc. Here you can see from Zigong UNESCO Global Geoparks brewery running by this young couple and producing local spirit. If we have this network, we can provide higher quality services to our geopark visitors, and of course, disseminate information about our heritage and our sites. And you can see examples how we label our partners by putting the geoparks logo. Two examples are from China and Brazil.

And here are some other activities geo-cooking for example in a geothermal field in a UNESCO Global Geopark in Portugal or local food preparation by whom and cooperatives in Lisbon UNESCO Global Geopark. But why group cooperatives are so important? Because in rural areas where geological heritage exist, women generally don't have equal rights with the men. So with this way we empower women. And this is very important for the social cohesion and inclusive development that geoparks are working for. We also organize in our museums and visitor centers, such as tourism festival with local food and products. Why? We need again to empower local producers and find new ways to connect them with our activities to make them understand that really heritage matters for improvement of their lives.

And also labelization of local products like this honey in Italy, in the mellow brandy geopark, has a price in the market three times more than the local honey and other local products. Labor lies with the label of the geopark quality. But environmental education in geoparks is the most important of our activities. We want to tell the story of the earth and the story of humans in relation with the earth, to the young children. And we want to do our racing on our environmental problems. Climate change and natural disasters related with our heritage is in the core of our activities. So you can see different examples from Turkey or from Germany, in volcanoes for UNESCO Global Geoparks. Educational activities related with fossil protection lie in different educational tools and the educational excavation for children. And this is discovering the earth processes and geological park and geological past in Fangshan UNESCO Global Geopark into different activities, in the Fangshan Geopark Museum and in the Peking Man Site.

And of course we help multinational educational activities. Here you can see students come from eight different geoparks in Moscow Art UNESCO Global Geopark. It is a transport geopark in one of the most difficult borders in Europe between Germany and Poland that unites really European citizens and make them think about our common future in the planet or exchange of students between Asien and Europe. This is a school from Japan visiting Europe and lines with fossil sites and this is the China University of Geoscience in the field tripping lines with UNESCO Global Geopark this August. Here you can see a really amazing fossil site uncovered during a public work excavation which is preserved. The road will be constructed by the heritage, will be preserved and will be visited by the visitors in the future. Using the memory of the past disasters to education site at large is one of the biggest and important tasks for the geoparks. This geopark is about the volcanic disasters and education of natural disasters includes also simulation of earthquake disasters that helped the students that you see there. One week afterwards, after a very strong earthquake that make their school collapsed, they managed to go out of the school without any injured. So this shows how we can be very useful for the local society.

Vocational training for young and unemployed people in the area of the geopark will help the young people of the local society to understand, to be engaged with the heritage conservation activities. And this is again at working at a transnational level where unemployed people are educated in Germany through the cooperation of geoparks. And geoparks have another tool that is not very common in the other site designations.

Geoparks are members of the global network just four years. Every four years are evaluated and revalidated by international experts. This mechanism helps us to keep very high quality level in our operation. And we have seen how sites that are inscribed in different lists are not so active. Geoparks know that in four years time will be the moment to show what they have done. So the recognition as geopark is not a label to put in the world, but a tool for further work also for the geopark managers.

This is I feel the validation mission in Morotto geopark in Japan and why this procedure is so crucial is just to develop international tourism. Of course, keeping international standard will help the development of international tourism. It's also to be promoted through UNESCO and geopark using the UNESCO label as a sustainable tourism destination. This is also important, but it's not the only thing that the territories will gain. To follow international standards in geopark services will just help people to provide better services, but for the international market also. To keep high quality in operation management structure which sometimes we see that lose capacity, lose resources or even lose stuff is again the only thing which is crucial. No. The answer is that the most important thing for this evaluation and revalidation is geopark to be effective in their supporting contribution to sustainable local development and the creation of new jobs for the local people. In this way, heritage will be a great value for the local communities and the local people.

GGN has also several common tools, not only the international geopark conferences, but also regional conferences, best practice awards, capacity building activities, participation in tourist fairs that help to promote especially areas that have not the capacity to go there and promote themselves, GGN website, news letters and common publication. Here you can see some of the outreach activities and capacity buildings that help the development of geopark in Latin America. This is in Mexico. This is in Iran. This is in Japan last May. This is our international training course and geoparks management in Beijing, which happens every year.

The next session will start at the end of October in Beijing, and this is the 11th international intensive course in geoparks that will be organized. And next climate change adaptation and natural disaster mitigation in UNESCO Global Geoparks.

I'm closing saying that we celebrate international days. We hold events in order to help and try the profile of geoparks here as some of our posters. Next event is the International Day for Disaster Reduction, which is tomorrow. And these are some posters for the celebration of the Earth Day in geoparks.

Geoparks are promoting the sustainable development goals. And we're working because we think that in these experimental territories, we can implement all these different goals of the United Nations. And I'm closing saying that if we work together, if we share experiences, if we network and we use all the human and financial resources that we have in our territories, at the end we can say yes, working together, we can make heritage respected by the humanity.

Thank you very much for your attention!

Role of Digitization in Stopping Illicit Trafficking of Cultural Property and Enhancing Awareness of Cultural Heritage: A Case Study of Islamabad Museum

Sundus Aslam Khan[1], Maria Mala[1]

Abstract: Islamabad Museum, which is run by the Department of Archaeology and Museums (DOAM), Government of Pakistan, was established in 1996. It exhibits about 400 objects from stone age, Mehrgarh, Kot Diji, Indus Civilization, Gandhara Grave Culture, Gandhara Civilization, Hindu Period, Islamic era and the Colonial period. Beside the antiquity displayed in Islamabad Museum, DOAM has about 14,000 other objects in its reserve collection. An important obligation of DOAM is to control the export of antiquity under Antiquity Act 1975. In recent years, DOAM in collaboration and active cooperation of Pakistan Customs has saved over 11,000 antiquities from illicit export at different exit points i.e. airports, seaports and dry ports. The detained antiquity including sculptures, ceramics, coins, jewelry, weapons etc. belonging from prehistoric to Colonial Period was taken under the custody of DOAM. Theft of cultural property is an ongoing issue in Pakistan and needs special attention to save cultural heritage of the country. DOAM in collaboration with UNESCO started a project in April 2018 to document and digitize initially 5000 objects, developing 2000 3D visuals and QR Codes. This initiative will help in developing digital inventory of the objects and make it easy to share information with concerned stakeholders for stopping illicit trafficking of cultural property, holding tele-exhibition with partner museums, developing educational contents and boosting creative industry in the country. This will not only help catching public towards the museums but ultimately enhance awareness about cultural property, especially among the youth. The project aims to develop capacity of provinces and private museums with the view to develop national database of cultural property.

Keywords: DOAM, digitization, creative Industry, Islamabad Museum, Antiquity, illicit trafficking

1 Introduction

Museums are the buildings where the artifacts and other objects of scientific artistic or historic importance are collected, kept, preserved and exhibited for public viewing on permanent or temporary basis. Thus, there is a strong link between a museum and the public. That is why all the advanced countries in the world are stepping forward to promote their cultural heritage investing on museums and enhancing interest of general public in the field. A museum is an institution that cares for (conserves) a collection of artifacts and other objects of artistic, cultural, historical, or scientific importance (Alexander and Mary 2007; 2008; Skyrda et al 2012).

There are many types of museums, including art museums, natural history museums, science museums, war museums, and children's museums. Amongst the world's largest and most visited museums are the Louvre in Paris, the National Museum of China in Beijing, the Smithsonian Institution in Washington, D.C., the British Museum and

---

[1] Department of Archaeology and Museums, Government of Pakistan, Islamabad.

National Gallery in London, the Metropolitan Museum of Art in New York City and Vatican Museums in Vatican City. Thus, it is said that it is really very important to visit the museum of the nation while visiting that country for the first time.

The definition of a museum has evolved, in line with developments in society. Since its creation in 1946, ICOM updates this definition in accordance with the realities of the global museum community. According to the ICOM Statutes, adopted by the 22nd General Assembly in Vienna, Austria on August 24th, 2007, a museum is:

... *a non-profit, permanent institution in the service of society and its development, open to the public, which acquires, conserves, researches, communicates and exhibits the tangible and intangible heritage of humanity and its environment for the purposes of education, study and enjoyment* (ICOM, 2012).

Like many other countries, Pakistan also possesses some important museums such as Lahore Museum, Karachi Museum, Peshawar Museum and Taxila Museum displaying its richest historic profile. Therefore, it direly needs to establish its national museum in the capital city of Islamabad as the center of state. Although, the museum has not been established in its full-fledged form but to provide a base for the proposed national museum of Pakistan, a nucleus for the National Museum of Pakistan under the name of Islamabad Museum has been created in the Sir Syed Memorial Building at Ataturk Avenue, G-5/1 Islamabad on temporary terms. The museum has a collection of about 1350 objects raging from Stone Age, Mehargarh, Indus Civilization, Gandhara Grave Culture, Gandhara Civilization, Hindu Period, Islamic Period and Colonial period Respectively (A Guide to Islamabad Museums). The Islamabad Museum is under the charge of Department of Archaeology & Museums (DOAM). The Department of Archaeology and Museums (DOAM) is an attached department of National History and Literary Heritage Division, Islamabad. This department is the continuation of the "Archaeological Survey of India" which was created in 1861 for archaeological survey, archaeological researches including excavations, protection, preservation and conservation of the moveable and immoveable antiquities of the British India. After creation of Pakistan, the nomenclature of that Department was changed as "Department of Archaeology & Museums" (DOAM) to fully express its functional obligations. The overall collection with DOAM is 14,000 objects including 1200 in Taxila Museum.

Since, Pakistan is a signatory of UNESCO convention (UNESCO 2003) 1970 on the Means of Prohibiting and Preventing the Illicit Import, Export and Transfer of Ownership of Cultural Property, one of the important obligation of DOAM is to control export of antiquities (which are regulated under Antiquities Act, 1975 and sections 15, 16 of the Customs Act 1969 (IV of 1969), collectively and "Export of Antiquities Rules, 1979" framed under section 37 of the Antiquities Act, 1975. Since April, 2011, DOAM in collaboration and active cooperation of the Pakistan Customs has saved over 11,000 antiquities from illicit export at different exit points i.e. airports, seaport and dry ports. The detained antiquities including sculptures, pottery, metal objects and coins belong to different periods of history. However the DOAM is also cognizant of the need to raise awareness and educate general public to participate in protection of their cultural heritage. DOAM can undertake this awareness raising and education through enhancing the educational role of museums under its purview.

In terms of the holdings in museums and archaeological departments, these can be seen as cultural heritage, which refers to the legacy of physical and immaterial elements of a society or place that have been passed-down to and preserved for future generations. The International Council on Monuments and Sites regard, "customs, practices, places, objects, artistic expressions and values" as well as built environments as representation of the scope of cultural heritage (Alexander 2008). These cultural heritage institutions strive to educate, promote and remember the past through the collection, management and presentation of the objects and customs of diverse places and societies (Horan 2013).

Since the first museum was established in Egypt in the 3rd century BCE by Ptolemy Soter (367-283 BCE), a general and successor to the Macedonian King Alexander the Great (356-323 BCE), museums began as academic institutions that employed private collections as didactic tools (Werner 2013). These institutions acted as repositories of educational resources, from sculptures of philosophers to astronomical tools and scientific specimens (Alexander 2008). The public exhibition and interpretation of these artistic, historic, anthropological and scientific objects opened-up a world of scholarship to diverse audiences. However, up until recently, the only way to experience these objects were through physical visits to museums (Horan 2013).

2 Role of Digital Technology in Museums

The advent of the digital era has changed the way the public and museum interact, and it has impacted the future of cultural and archival institutions' collection management methods (Encyclopædia Britannica 2013). The immersion of society into the world of technology altered the way the world worked (Smith 1999). The proliferation of knowledge was now occurring faster than ever before and the federal government, as well as the professional business sector took note (Smith 2000). As the discipline of computerization began to integrate itself in everyday life, a cultural transformation occurred. In the 1970s, despite the history of resistance with the presence of computer technology and its use in cultural heritage institutions, these organizations began to acknowledge the opportunities digitization offered. This was due in part, as a response to the technological and digital world that advanced into mainstream culture. Cultural heritage institutions began to employ the digital and organizational properties of computer technologies that were applicable in their administrative and collections management approaches (Hughes 2004; 2012; Parry 2007; Stromberg 2013).

In the 1980s and 1990s, the recognition of these capabilities allowed cultural heritage organizations to connect and communicate instantly, through their data recording software and the earliest versions of the Internet. Digitization afforded institutions of all sizes the same opportunities for scholarship, interpretation and the ability to connect with a virtual audience. The appropriation of computers and appropriate software to undertake the processes of digitization greatly affected the documentation and organizational work that was being executed by collections managers, curators, educators and administrators alike (Reilly 2000; Jabbari 2015; Hutcheson 2014). The development of best practices in a procedural and informational guide, when created, also equipped cultural organization staff with standardized procedures as a means to consistently generate quality digital surrogates throughout the process of digitization. The digitization of museum and archival collections not only afforded these institutions the opportunity to better manage collections, but it also offered them an opportunity to transmit knowledge and culture globally (Horan 2013).

The purpose of this paper is to trace the utilization of digital technology within museums and archaeological departments in stopping illicit trafficking of cultural property and augmenting awareness of cultural heritage among the people. Realizing the need and usefulness of digital technology in the field of archaeology, for the protection and preservation of culture heritage, DOAM started digitization of its antiquity with the help of Swiss Cooperation Office, Pakistan and UNESCO, Pakistan in March 2018.

Under the subject project, DOAM has taken the initiative of digitizing 5000 objects from its collections with the aim of not only preserving its antiquity in digital format but to curb illicit trafficking of the rich archaeological heritage of Pakistan. The work is being done by using facilities in the digitization center at DOAM, which was set up in May 2017 with the funding of Government of Pakistan. On completion of the project, DOAM will be in a position to build capacity of provincial departments and pursue them to replicate the work of DOAM. Similarly, DOAM would be in a position to exhibit its work to private Museum and help them in improving educational role and build inventory.

3 Digitization Process

The process of digitization at DOAM followed few steps involving documentation and cataloguing of antiquity, generating QR codes for each antiquity, creating a database, developing website for Islamabad museum and finally to train the staff for extending this project into other regions (Fig. 1).

3.1 Documentation and Cataloguing of Antiquity

The documentation and cataloguing of the objects was organized in the following manner.

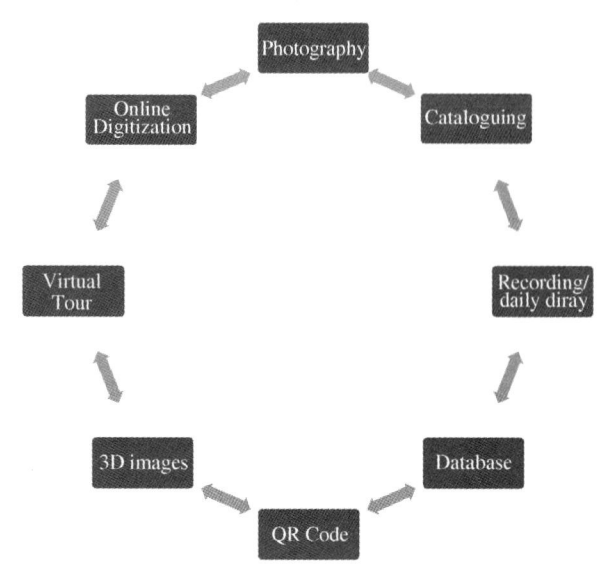

Fig. 1　Cycle showing the digitization process

- **Islamabad Museum**

First of all, the objects lying in Islamabad Museum were chosen for the documentation process, which were open publically, so that public can benefit from the digital technology on the priority basis.

- **DOAM**

Second step was to document the artifacts lying in the reserve collection of the Department of Archaeology and Museums (DOAM) Islamabad. These artifacts were received by DOAM in the result of failed illicit trafficking.

- **Taxila Museum (DOAM Property)**

Lastly, we documented the artifacts lying in the reserve collection of Taxila Museum coming under the custody of DOAM.

3.1.1　Procedure

The process of documentation and cataloguing involved the following steps:

(1) Cleaning. The objects were first cleaned to prepare for photography and documentation.

(2) Photography. The objects were captured for the catalogue according to international standards using good cameras and special lights. At least 6 photographs of every object were taken. Besides, about 350 to 600 photographs were taken of those objects for 3D images.

(3) Measurements. After photography every object was accurately measured using Vernier's calipers, Electronic scale and other manual scales according to the nature of the object.

(4) Cataloguing. After photography and documentation, the data was entered on the database system ready to prepare the catalogue. For cataloguing, objects were given the following: (i) ID Number; (ii) Name; (iii) Type; (iv)Dimension; (v) Material; (vi) Period; (vii) Source; (viii) Provenance; (ix) description.

3.1.2　Nature of Antiquity

The antiquity under registration was of diverse nature; sculptures, coins, beads, ceramics, figurines, litchis, seals, art reliefs, manuscripts etc. The inventory of the antiquity is done as under given example (Fig. 2).

1.	
Object ID/ Accession	ID 1
Name of Object	Buddha
Type	Statue
Source	Confiscated
Period	2nd-4th cent. CE
Dimensions (cm)	50×31
Material	Grey schist
Provenance	Gandhara, Pakistan
Description: Buddha in preaching posture. Condition: Good	

Fig. 2　Table representing inventory recording

3.2　Digitization Process

After cataloguing and inventory recording, the process of digitization was commenced in the following steps.

- **Database Development:** Basic over view of database where data is stored which created in PHP MySQL (Fig. 3, Fig. 4).

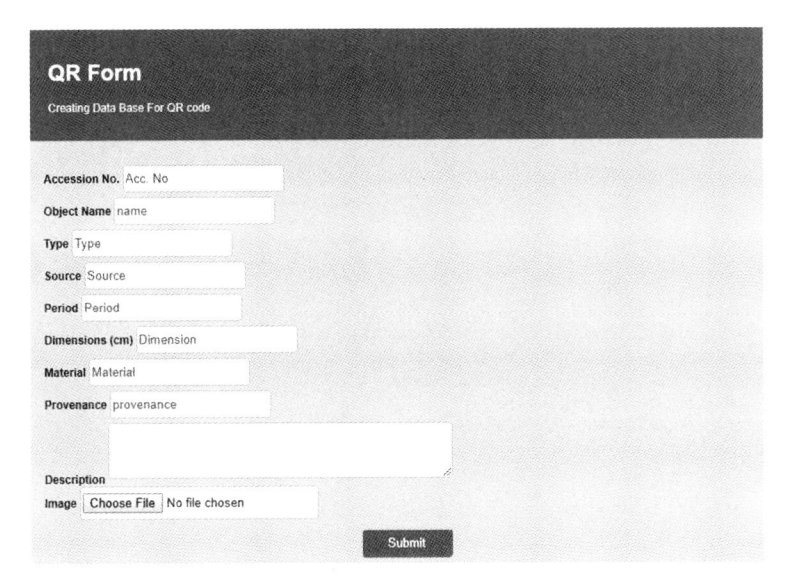

Fig. 3 Table for inventories in database

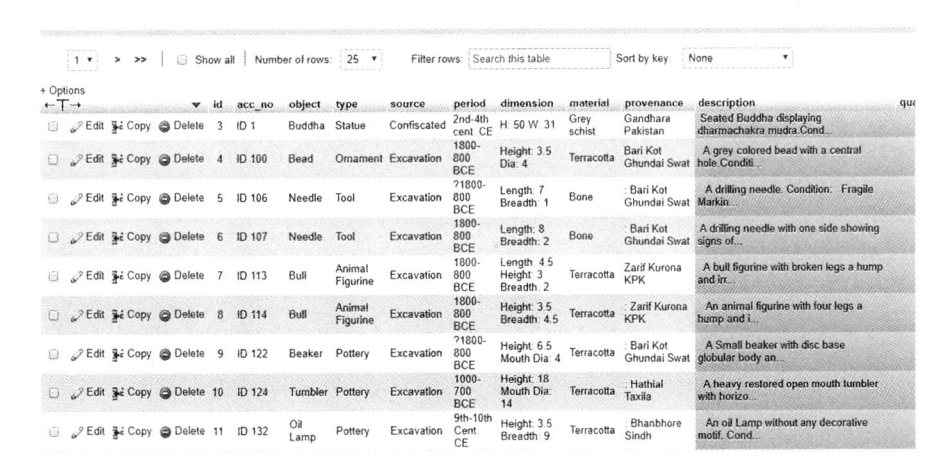

Fig. 4 Information in database

- **Development of website:** To publish the antiquities, main website was created for DOAM which is http://doam.gov.pk/. The link to reach the museum website is http://isbmuseum.doam.gov.pk/.
- **Status of website:**

The website includes: (i) Website Template; (ii) QR Code generation; (iii) Image Gallery ; (iv) Antiquities Record in Database; (v) Secure Access.

Software for QR: Main purpose of this project is to digitize antiquities in latest technology which include QR Generation. For the QR, was created the basic software for saving on system and for the display was created web base customized plugin which generate QR for complete data of antiquities.

Generating QR: For each antiquity separate QR has been generated with minimum 3-6 images (Fig. 5).

3D images: Beside QR codes, 3D images of antiquities have also been created to give a full view of the objects to the public.

Process:

The first step was to take picture of an antiquity from every angle. About 300 pictures are taken of a small object while up to 650 of a large sized antiquity. After that, pictures are imported in software and go through these steps:

Align; Mesh; Geometry; Texture; Chunks (Fig. 6).

Fig. 5　The QR generated for the object

Fig. 6　The process of 3D

Virtual Tour: Virtual Tour has been created for Islamabad Museum which includes all the details of the Museum to be uploaded on Islamabad museum website.

3.3　Capacity Building of DOAM Staff—on going feature

The last phase of the project was to build capacity of DOAM staff to replicate and extend the project of digitization in further regions and provinces to preserve the shared culture heritage and to help stop illicit trafficking. It involved following steps: (i) Training of Staff for documentation; (ii) Training for Database storage; (iii) Training for Photography; (iv) Training for 3D images.

4　Conclusion

The digitization of antiquities in Islamabad museum is a remarkable initiative which will play a key role in not only preserving the cultural heritage and avoiding illicit traffic of antiquity, but also in enhancing the role of education through museums. The use of digital technology (photos, virtual videos, 3D images) will improve the level of interest in general public (of all age group) towards museums. Moreover, the information available on web will make it convenient to researchers and academics across the globe to access the material online, on request. By developing

3D images, DOAM will be able to communicate with other national and international museums for tele-exhibitions more conveniently. At the end, workshops will be conducted by the project team in other cities/provinces to share this knowledge. The success of this project will motivate other provinces to replicate this model and to develop further digitization centers for developing computerized inventory.

References

A Guide to Islamabad Museum, Published by Department of Archaeology & Museums, National History & Literary Heritage Division Government of Pakistan, Islamabad.

Alexander, Edward P. and Alexander, Mary. 2008. *Museums in Motion*. New York: Alta Mira Press.

Alexander, Edward Porter, Mary Alexander. 2007. *Museums in motion: an introduction to the history and functions of museums*. Rowman & Littlefield. 2008. ISBN 978-0-7591-0509-6. Retrieved 6 October 2009.

Encyclopedia Britannica. 2013. *Computer Technology (Analogue and Digital)*. Retrieved 3/4/13 from http://www.britannica.com/EBchecked/topic/130429/computer.

Horan, Genevieve. 2013. *DIGITAL HERITAGE: DIGITIZATION OF MUSEUM AND ARCHIVAL COLLECTIONS*, Southern Illinois University Carbondale.

Hughes, Lorna. 2004. *Digitizing collections strategic issues for the information manager*. London: Facet Publishing.

Hughes, Lorna. 2012. *Evaluating and Measuring the Value, Use and Impact of Digital Collections*. London: Facet Publishing.

Hutcheson, Natasha. 2014. *Digitisation: A simple guide for museums*, published by Collections Trust, Arts Council England, retrieved on 01/04/18 from collectionstrust.org.uk/.

Jabbari, Tahireh. 2015. *The Importance for Digitization for Preservation*, retrieved 01/04/18 from blogs.commons.gorgetown.edu.

Parry, Ross. 2007. *Recoding the Museum: Digital Heritage and the Technologies of Change*. London: Routeledge.

Reilly, Bernard. 2000. *Collections: Museum Collections Online*. Retrieved April 5, 2013 from http://www.clir.org/pubs/reports/pub88/reports/pub88/pub88.pdf.

Skyrda, Maryna et al. 2012. *ROLE OF MUSEUMS IN EDUCATION AND CULTURAL TOURISM DEVELOPMENT*, Published with the financial support of the UNESCO Moscow Office and the Intergovernmental Foundation for Educational, Scientific and Cultural Cooperation for CIS countries (IFESCCO).

Smith, Abby. 1999. *Why Digitize? Council on Library and Information Resources*. Retrieved April 5, 2013 from http://www.clir.org/pubs/reports/pub80-smith/pub80.html.

Stromberg, Joseph. 2013. *What Digitization Will Do for the Future of Museums*, www.Smithsonin.com.

UNESCO. 2003. *Convention for the Safeguarding of the Intangible Cultural Heritage*. provided by ICCROM3 Working Group.

Werner, Robert. 2013. *Ptolemy I Soter. Encyclopedia Britannica*. Retrieved April 6, 2013 from http://www.britannica.com/EBchecked/topic/482132/Ptolemy-I-Soter/5967/King-of- Egypt.

The Effect of Sensescape Criteria in Quality of Pre-Historic Archaeological Museums (Case Study: Tabriz Iron Age Museum)

Naimeh Asadian Zargar[1]

Abstract: Over the recent years, a consideration of how to present museums to create memory and interest among tourists has developed in the academic literature but it has rarely delved into the deep for pre-historic archaeological museums. It seems that one way of improving the presentation quality of these museums is increasing the sensory richness of the designed environment by making use of all the senses in order to create attraction and increase inclusion. This paper presents a concept of the sensescape approach in addition to considering its application in improving the quality of pre-historic archaeological museums. It is case study based; it examines the interplay of visitor engagement, memorable tourism experience and Sensescape of Tabriz Iron Age museum. Furthermore, deep interview with 20 individuals who have visited Iron Age museum within the past year determine more salient information regarding availability of visual and non-visual attributes in the museum. Smell of soil, wooden stairs sound effect, dark and light contrast of interior and exterior of museum, feeling cold inside the museum and their ability to touch the walls of musuem is the memorable events that the can describe to families and friends. Interviews showed that there is relationship between sense perception of tourists and their willingness to talk and advertise of museum. At the end, the model was proposed for the sensory richness of the designed environment of pre-historic archaeological museums. The finding of this research could help the designers to propose applicable and appropriate combination of the elements in the pre-historic archaeological museums.

Keywords: pre-historic archaeological heritage , museum design, Sensescape, sense perception

1 Introduction

Over the recent years, a consideration of how to design museums to create memory, interest and education has developed in the academic literature but it has rarely delved into the deep for pre-historic archaeological museums. Hence, it calls for new approaches that make use of innovative ways for offering tourism. One way of improving the presentation quality of museums is increasing the sensory richness of the designed environment by making use of all the senses in order to create attraction and increase inclusion (Gretzel & Fesenmaier, 2010; Pan & Ryan, 2009; Agapito et al., 2013). Nevertheless, design studies about the role of the senses in visitors experiences of museum are still not sufficient to cover this topic and more efforts in conceptualization are needed, playing today an important research opportunity.

The aim of this paper is to presents a concept of the sensescape approach in addition to considering its application in improving the quality of pre-historic archaeological museums. For achieving this, case study method was used

---

[1] Brief description of the author: PhD Student in Landscape Architecture (2017)-Faculty of Art and Architecture, Tarbiat Modares University, Tehran, Iran .

and the relationship between visitor sensory experience and functions of museum (like creating place spirit, memory and opportunity for learning) was probed. Measuring the visitor experience will be informative because its focus is on the details that result in satisfaction. It is the experiential dimensions that matter to visitors—how the visit makes them feel and how it might enrich their lives (Schmitt, 2003).

The study was undertaken in Tabriz, one of the most significant historical cities of Iran with a history dating back to the pre-Islamic period (Sultanzade, 1997). The research site, Tabriz Iron Age museum, prehistoric cemetery, is related to two and three iron periods, the end of the second millennium and early first millennium BC. This museum is like a shelter that cover the small part of archaeological site and preserve its contents. This article is driven by a visitor-oriented perspective. Deep interview with 20 individuals who have visited Iron Age museum were done. Respondents were asked to answer open-ended questions about their feelings, experience and assessments about the museum being visited by writing as much as they wished about how they valued that experience, and how they describe this place to their friends and relatives.

2 Sensory Museology

The senses historic influence in the museum is summarized by Tony Bennett, who explains how the museum prior the Enlightenment was publicly accessible because the combination of different sensory experiences contributed to creating knowledge (Bennett, 1998). The role of the senses is further elaborated by David Howes in his essay, "Introduction to Sensory Museology" (Howes, 2014). He mentions "aesthetic appreciation", and has introduced *touch* as a recurrent component in the museum. Howes writes: "Perhaps the most salient trend in the new museology has been the rehabilitation of touch". He claims that "the museums are now sites where visitors exercise their senses, instead of holding them in check".

Current literature, including Urry (2002) analysis, points to the role of all the bodily senses in understanding global tourist experiences, highlighting the need for a holistic approach to sensescapes, i.e., adding to landscapes other kinds of scapes, such as soundscapes, tastescapes, haptiscapes and smellscapes (Agapito, 2013).

2.1 Touch

Perhaps the most salient trend in the new museology has been the rehabilitation of touch (Howes, 2014). The importance currently being given to the sense of touch in museum studies is evidenced by the number of recent publications dealing with the subject, including *The Engaging Museum* (Black, 2005); *The Power of Touch: Handling Objects in Museums and Heritage Contexts* (Pye, 2007), *Touch in Museums* (Chatterjee, 2008); *Art, Museums and Touch* (Candlin, 2010), *and Museum Materialities* (Dudley, 2010).

2.2 Smellscape

Smell and the sensory experience are valued parts of heritage and history. Smell represents a created, manipulated, and significant part of the material world that can be expressed and preserved through intangible heritage and memories. By attempting to define the smellscapes of heritage sites, and exploring how these smells have changed, places and events can be remembered in richer detail, values and new heritages discovered, and important memories, both communal and individual, can be accessed and re-lived more fully (Davis & Thys-Şenocak, 2017). Tests show that odour-evoked memories engender a much higher emotional intensity than the other senses (Herz 1998; Herz et al. 2004; Buchanan 2007). In other words, in long-term memory, the odour is preserved as an emotional memory, and not just as an "olfactory artefact" (Herz 2011, 269). Furthermore, this process of linking smell, memories, and emotions creates feelings of 'good' or 'bad' in relation to smells. (Davis & Thys-Şenocak, 2017).

2.3 Soundscape

Museum studies has lately started to look into a 'sensory museology' (Howes, 2014) and to concentrate on 'feeling' rather than on 'meaning' (Message and Witcomb 2015). However, with a few exceptions the uses of sounds and silence in museums are hardly ever touched upon. In the museums sounds are used to impart historical knowledge in a sensory way, but also to affectively engage visitors and induce them to remember (de Jong, 2018).

2.4 The role of museums and Sensescape

Museums are institutions in which material culture is mobilized to **represent the past**. Thus, what differentiates Museum from other forms of history-making and learning is the sensory experiences that they provide. Unlike textbooks, the raw material of museums narratives is objects, and objects are accessible in potential, if not always in practice, to all of the senses. In line with this trend, scholars of museum studies have begun to engage with this aspect of the Museum's nature and function (Howes, 2014). This multi-sensory nature of the museum experience can be a powerful stimulus for personal **memories**. Gaynor Kavanagh explains this potential in her exploration of what she terms the "dream place" of the museum: "The shape or shadow or something, its texture or color, the operation of space and the People moving through it can be triggers to an endless range of personal association [therefore] we have to accept more fully the imagination, emotions, senses and memories as vital components of the experience of Museum" (Kavanagh, 2000). She continues by noting that "multi-sensory experience of museums, together with the social nature of the visit, puts many visitors in a situation where recall is natural, even spontaneous" (ibid). Museums are also sites in which the connection between the senses and collective memories can be observed (Saunders & Cornish, 2017).

Much current museum theory and practice emphasizes the importance of **storytelling** and the inclusion of multiple perspectives in richly layered museum interpretations, with a key objective being the elicitation of empathy for the lives and personal interactions of people in other times and places (Dudley, 2014). The museum has the potential to function as a "frontier" a zone where learning is created, new identities are forged, new connections are made between disparate groups and their own histories (Golding, 2016).

For engaging museum visitors in a story being told, and have lasting impact, employing plot, dramatic effects and authenticity to make it happen are needed. Authenticity can happen by offer "real" experiences through collections, hands-on experiments with physical phenomena, and opportunities for genuine personal expression and creativity. The most basic dramatic effect in museums consists of light and darkness. "Lucidity, penetration, awareness, discovery, inwardness, wonder (Jones 1941). In addition to lighting, potential dramatic effects can be created with surround-sound, video and music. In some cases, these techniques are used to emphasize plot; in others, they manipulate the environments (Counts, 2009). Plot is an important characteristic in which a "pattern of events or main story in a narrative or drama" creates tension for the audience. A less common design element found in museum exhibitions is plot. A strong plot will engage participants' emotions and pull them into a story (ibid).

2.5 The senses as a dimension of tourist experiences

Understanding visitor experiences is an important focus for visitor research in museums, because it gives attention to the aspects that are important to visitors. Being able to understand and capture the visitor experience, from the visitor's perspective, will enable museum staff to structure environments to facilitate or encourage personal meaning-making and satisfying experiences The visitor experience is defined as "an individual's immediate or ongoing, subjective and personal response to an activity, setting, or event outside of their usual environment." (Packer & Ballantyne, 2016). Meacci & Liberatore (2015) stated that the first stage of the experience process is represented by senses. the process starts when the physical stimuli, caused by the event (Fig. 1). With this view, the frameworks for staging tourist experiences have raised the importance of stimulating the senses, in order to reach the heart and the mind of tourists (Agapito et al., 2013).

2.6 Model for the sensory richness of museums

According to literature reviews, utilising the senses in heritage studies not only helps connect people to the past and the present in unique ways, it contributes to a more complete understanding of the lived heritage of people and places and remembered and re-experienced on a spectrum of sensorial memory. Fig. 2 attempts to summarize the findings of the study as framework for the sensory richness of museums.

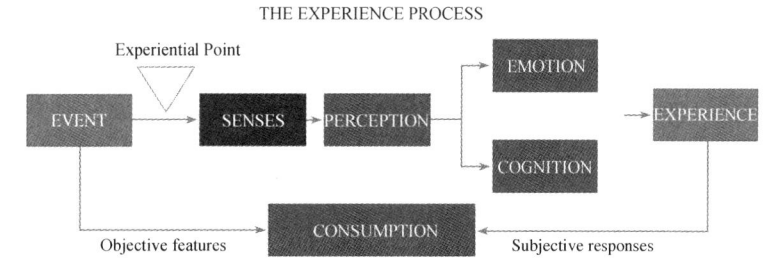

Fig. 1 The experience process in tourism- (Meacci & Liberatore, 2015)

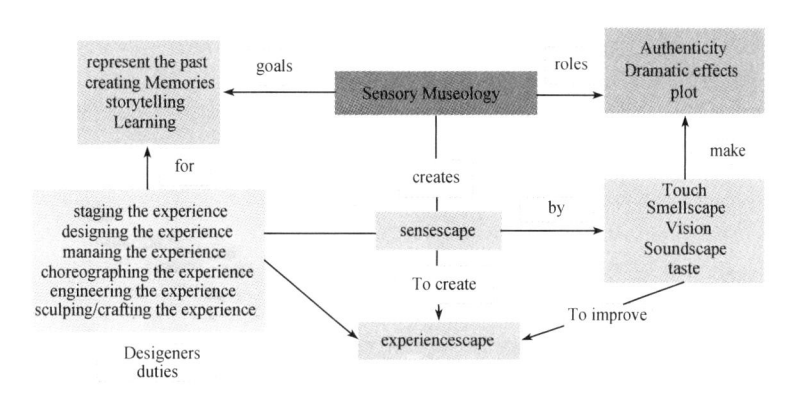

Fig. 2 Model for the sensory richness of museums

3 The Research

3.1 Location of the Study

As noted above, the study was undertaken in Tabriz, one of the most significant historical cities of Iran with a history dating back to the pre-Islamic period (Sultanzade, 1997). The research site, Tabriz Iron Age museum, prehistoric cemetery, is located on the northeast of the Blue Mosque, Tabriz, situated under the several sediments and geological strata from the floor of the existing mosque and it is related to two and three iron periods, the end of the second millennium and early first millennium BC.

In 1997, during the construction of a shopping center adjacent to the Blue Mosque[①] in Tabriz, the remains of a pre-historical cemetery were discovered (Motamedi, 1999). The consequent archaeological excavations uncovered several graves dating back to the Iron Age. This site has witnessed four seasons of archaeological excavations starting in 2000 (Hojabri Nowbari, 2002) and Archaeological excavations are likely to continue until year 2003 and from this years the museum was officially opened.

The most important remains of the Blue Mosque site are graves belonging to the first millennium BC (Azarnoush & Helwing, 2005) and have been buried in the form of embryos. The owners of these graves seem to believe in the world after the death and resurrection of the dead, and because of this belief they bury tools, such as pottery that contains materials food and drink.

All remains of the skeletons, such as teeth and bones, were conserved in the site museum and were not transferred to another place; the site (graveyard) has been rearranged as semi-opened graves and covered with transparent casings. Hence, the special attribute of this museum is exhibition skeletons and potteries in survey place and showing the layer of soils that excavated (Fig. 3).

---

① Masjed-e-Kabud.

Fig. 3　Tabriz Iron-age Museum

3.2　Mode of Research

Respondents were asked to answer open-ended questions about their feelings, experience and assessments about the museum being visited by writing as much as they wished about how they valued that experience, and how they describe this place to their friends and relatives. The sample comprised 20 visitors from Tabriz and other cities of Iran. By the usual practices of qualitative research, this sample is larger than in many examples of published work. Certainly, the sample size was sufficient to show replication of themes (data saturation) which is generally seen as a point of confirmation of key attitudinal dimensions (Elo et al. 2014). The samples were interviewed in the yard of museum or later by social networks. Interviewing with just one national group (Iranian) was done to decrease the culture on findings of survey.

The data were examined in qualitative approach. This approach grew out of moves away from the traditional philosophy of positivism, which Guba (1990) argues has been dominant since the 17th century, and Riley and Love (2000) argue has been the dominant approach to tourism research in the major tourism journals. Qualitative research has been described by Guba and Lincoln (1994) as an interpretive, naturalistic approach to its subject matter and Creswell (1998) builds upon this definition, adding that:

Qualitative research is an inquiry process of understanding based on distinct methodological traditions of inquiry that explore a social or human problem. The researcher builds a complex, holistic picture, analyzes words, reports details of informants, and conducts the study in a natural setting. (Creswell, 1998).

Following this choice, first the text was read by the author and a thematic analysis undertaken following the principles suggested by Saldaña (2009). Subsequently any preliminary words or phrases for codes were extracted and written on notes identifying items of interest. In this way, initial codes emerged(Table 1). At the end, the texts were read and compared.

Table 1　initial codes of Qualitative research

initial codes	
very special place and wonderful	travel in time layer by layer thanks to the remaining traces of layers on the wall
unique museum & A fresh breeze of ancient	the museum is intact graveyard that only has been covered by a shelter
From the dept of history	semi-opened graves and covered with transparent casings
I will never forget this visit	small but very interesting place to visit/
Best Museum I have seen & extraordinary museum	The good news is archeologists kind of decided not to move them to a museum and make that place to a workshop
real &Thinkable & amazing history under ground	real things in real location in 8 meter under ground
Superb introduction	You'll walk on safe walkways over the excavated graves of what must have been high ranking people and/or warriors
……	……

3.3 Findings

3.3.1 The Perceptions of visitor

The output from the text provided by visitors of Tabriz Iron Age museum clearly indicated just three important concepts, namely, the learning aspect of the museum and the authenticity and sensory design of museum (Fig. 4).

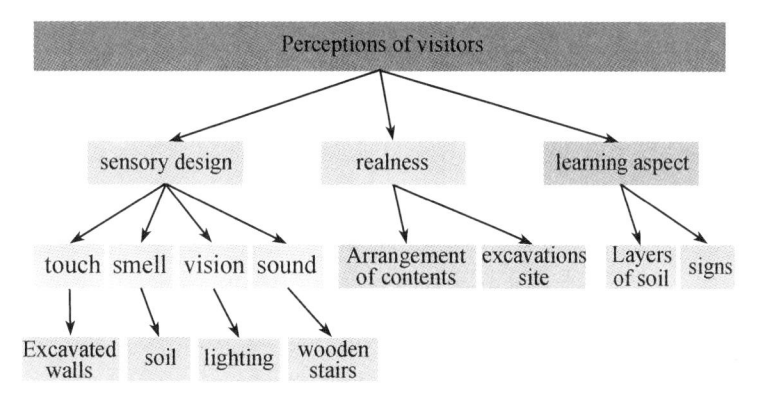

Fig. 4 perceptions of Tabriz Iron-age museum

This analysis also indicates that writing about the learning aspect of museum is the first and important part of the texts. For example, one of the visitors wrote:

After visiting this museum, I understand that I know nothing about the city I was born. 3000 years ago, people live in this area, how amazing to see the Iron Age grave. Skeletons with potteries. I will recommend my friends to come and visit this museum.

Looking at the text, it also appears that the existing signs and the soils layer of museum wall with signs that show the history of each layer are learning factors that help visitors to improve their perceptions.

Being realness of museum and keeping the contents of excavations in the original site are the second issue that visitors tended to emphasize using words such as "real" and " not manufactured, not artifact"—possibly because of having less familiarity with this form of museum. Interesting comments arise where they can be noted that the visitors made comments about sensory design and physical characteristics of museum and examples of this include the following:

I was surprised when I entered in the museum, it was dark and orange light focused on skeletons.

When you enter the museum, you should walk on narrow wood-made path that is higher than the level of skeleton and when you walk in them, it make noise and recall you that you are in important place, you should be careful and enjoy your time.

As above discussed, A major grouping of comments relate to the sensory design of the museum or in the other words sensescape of it. This comments are categorized by four sense of human: touch. Smell, vision and sound. Touching bumpy soil-made walls of museum, smelling the soil, light contrast between interior and exterior and orange color light existence and uncrowdedness allowance to hearing wood-made path are the recognizable sensescape of this museum and terms that visitors use to describe this museum to others beside its uniqueness and realness of it. The findings imply that in museum designs especially pre-historic ones using and integrating the sensescape with uniqueness and learning aspects make the museum to be remembered, described and recommend by visitors later.

4 Conclusion

This paper aimed to identify the sensory dimension of museum design as way of improving the quality of tourist experiences of these museums (especially pre-historic museums). Museums and their environment are multi-sensorial, providing multi-sensorial encounters. Therefore, multi-sensory information regarding tourist experiences of museums seems to be important in making memory, entrainment and learning, leading to become motive for encourage others to visit the place.

Depending on the purpose of the research, author follows qualitative methodologies. Information are gathered by deep interviews and the texts written by interviewees about case study, Tabriz Iron age museum. The findings imply that designed elements of this museum involved with human senses are identifiable for visitors and have positive effect on its pleasures and memorableness, also creates place spirit and Sense of attendance at the actual archaeological site. Besides creating memory, sensescape of the museum had influence on visitors' knowledge on history of the area and way of graving the pre-history humans. We can state that there is relationship between sense perception of tourists and their willingness to talk and advertise of museum. Using holistic approach to employing human senses and engaging four senses (touch, hearing, smell, and vision) in this museum seems to have led to this conclusion.

Sensory Design in Tabriz Iron-age museum reveal that it is not difficult to translate spectacle into a museum setting. Museums have an opportunity to capitalize on sensescape and objects they possess to create truly extraordinary exhibitions. John Dewey(1938) suggests that "an experience is always what it is because of a transaction taking place between an individual and what, at the time, constitutes his environment". In order for these transactions to occur, designers and developers must be thoughtful about museum designs. It is important to be intentional about the use of sensory design. Sensory Design can help those museums that are intended to immerse audiences into a story, give them the opportunity to witness a different world, or be memorable.

References

Agapito, D., Mendes, J., & Valle, P. 2013. Exploring the conceptualization of the sensory dimension of tourist experiences. Journal of Destination Marketing & Management, 2(2), 62-73.

Azarnoush M, Helwing B. 2005. Recent archaeological research in Iran Prehistory to Iron Age. AMIT. ; 3B2: 189-246.

Bennett, Tony. 1998. "Pedagogic Objects, Clean Eyes, and Popular Instruction: On sensory regimes and museum didactics". *Configurations* 6.3. The Johns Hopkins University Press and the Society for Literature and Science. pp. 345-371.

Black, Graham. 2005. *The Engaging Museum: Developing Museums for Visitor Involvement*. Oxford: Routledge.

Buchanan, Tony W. 2007. "Retrieval of Emotional Memories." *Psychological Bulletin* 133 (5): 761-779.

Candlin, Fiona. 2010. *Art, Museums and Touch*. Manchester: University of Manchester Press.

Chatterjee, Helen. 2008. *Touch in Museums: Policy and Practice in Object Handling*. Oxford: Berg.

Counts, C. M. 2009. Spectacular design in museum exhibitions. Curator: The Museum Journal, 52(3): 273-288.

Creswell, J. 1998. Qualitative Inquiry and Design: Choosing Among Five Traditions. London: Sage Publications.

Davis, L., & Thys-Şenocak, L. 2017. Heritage and scent: research and exhibition of Istanbul's changing smellscapes. International Journal of Heritage Studies, 23(8): 723-741.

De Jong, S. 2018. Sentimental Education. Sound and Silence at History Museums. *Museum and Society*, *16* (1).

Dewey, J. 1938. (1997 edition) *Experience and Education*, New York: Touchstone.

Dudley, S. H. 2014. What's in the Drawer? Surprise and Proprioceptivity in the Pitt Rivers Museum. *The Senses and Society*, 9 (3): 296-309.

Dudley, Sandra (ed.). 2010. *Museum Materialities: Objects, Engagements, Interpretations*. Abingdon: Routledge.

Elo, S., M. Kääriäinen, O. Kanste, T. Pölkki, K. Utriainen, and H. Kyngäs. 2014. "Qualitative Content Analysis: A Focus on Trustworthiness." *Sage Open* January-March: 1-10.

Golding, V. 2016. *Learning at the museum frontiers: Identity, race and power*. Routledge.

Gretzel, U., & Fesenmaier, D. 2010. "Capturing sensory experiences through semi-structure delicitation questions. In: M. Morgan, L. Lugosi, & J.R.B. Ritchie (Eds.), *The tourism and leisure experience: consumer and managerial perspectives* (pp.137-160). UK: Channel View Publications.

Guba, E. G. 1990. The Paradigm Dialog. London: Sage Publications.

Guba, E. G. and Lincoln, Y. S. 1994. Competing paradigms in qualitative research. In N. K. Denzin and Y. S. Lincoln (eds) Handbook of Qualitative Research (pp. 105-117). California: Sage Publications.

Herz, Rachel S. 1998. "Are Odors the Best Cues to Memory? A Cross-modal Comparison of Associative Memory Stimuli." *Annals of the New York Academy of Sciences* 855 (1): 670-674.

Herz, Rachel S. 2011. "Odor-evoked Memory." In *The Oxford Handbook of Social Neuroscience*, edited by Jean Decety and John T. Cacioppo, 269. Oxford: Oxford University Press.

Herz, Rachel S., James Eliassen, Sophia Beland, and Timothy Souza. 2004. "Neuroimaging Evidence for the Emotional Potency of Odor-evoked Memory." *Neuropsychologia* 42 (3): 371-378.

Hojabri Nowbari AR. 2002. Report of the fourth excavation season in archaeological site in the Blue Mosque of Tabriz. Tehran: Documents Centers of Cultural Heritage, Handcrafts and Tourism Organization (CHTO).

Howes, D. 2014. Introduction to sensory museology. *The Senses and Society*, 9 (3): 259-267.

Jones, R. E. 1941. *The Dramatic Imagination*. New York: Theatre Arts Books.

Kavanagh, G. 2000. *Dream spaces: memory and the museum*. Bloomsbury Publishing.

Meacci, L., & Liberatore, G. 2015. Towards a senses-based model for experiential tourism: the youtooscany. com case. *Management*, 2(2): 62-73.

Message, K. and Witcomb, A. 2015. 'Introduction: Museum Theory. An Expanded Field', Andrea Witcomb and Kylie Message (eds) *The International Handbook of Museum Studies: Museum Theory*, xxxv-lxiii, Chichester: Wiley & Sons, Ltd.

Motamedi N. 1999. Preliminary Report of the first excavation season in archaeological site in the Blue Mosque of Tabriz. Tehran: Documents Centers of Cultural Heritage, Handcrafts and Tourism Organization (CHTO).

Packer, J., & Ballantyne, R. 2016. Conceptualizing the visitor experience: A review of literature and development of a multifaceted model. *Visitor Studies*, 19 (2): 128-143.

Pan, S., & Ryan, C. 2009. "Tourism sense-making: the role of the senses and travel journalism". *Journal of Travel & Tourism Marketing*, 26(7): 625-639.

Pye, Elizabeth (ed.). 2007. The Power of Touch: Handling Objects in Museum and Heritage Contexts. Walnut Creek, CA: Left Coast Press.

Riley, R. W. and Love, L. L. 2000. The state of qualitative research. Annals of Tourism Research 27 (1): 164-187.

Saldaña, J. 2009. *The Coding Manual for Qualitative Researchers*. Los Angeles: Sage.

Saunders, N. J., & Cornish, P. (Eds.). 2017. *Modern Conflict and the Senses*. Taylor & Francis.

Schmitt, B. H. 2003. *Customer Experience Management*. Hoboken, NJ: Wiley.

Sultanzade, H. 1997. Tabriz, A solid cornerstone of Iranian architecture, Cultural Research Bureau: Tehran, 30-35.

Urry, J. 2002. The tourist gaze (2nd ed.). London: Sage Publications.

Application of Digital Archaeology Technology in the Protection of Cultural Heritage: with Digital Application of Prehistoric Archaeology as Example

Meng Zhongyuan[1]

Abstract: Archaeology is a science and a branch of historical science. Digital archaeology is an important part of technology archaeology. It is the product of the integration and combination of modern information technology and humane studies. Archaeological research can be combined with multidisciplinary theories, methods and techniques to explore ancient civilizations. Based on the basic theory and practice of digital archaeology, this paper discusses the related technologies involved in digital archaeology from the technical perspective, so as to discuss the possibility of applying the related technology to the exploration and research of prehistoric civilization. Digital archaeological research has a very broad scope, and it is of great significance of to explore prehistoric civilization through the "Internet+ civilization". Based on Qin and Han culture network, which was built on the independent programming development, this paper has in-depth thinking and research, proposes the concept of knowledge management, and makes full use of information technology to build up a huge network of prehistoric civilization knowledge in the Internet cloud computing environment. We integrate the academic knowledge resources through digital museums, digital libraries, OA and other technologies, construct the prehistoric civilization knowledge and information network system, establish the prehistoric civilization subject portal, and carry out scientific management, protection, transmission and utilization of the human cultural heritage in digital form.

Keywords: technological archaeology, digital archaeology, digital museum, digital library, OA technology, discipline portal website

The protection of cultural heritage is a complete process of recording, managing, protecting, utilizing and inheriting the material and spiritual culture formed in the process of human historical development by scientific means and methods. Prehistoric civilization, as an indispensable part of the development of human civilization, is of great significance to the exploration of human origin, the mystery of nature and the law of human historical development. In the study of archaeology, the direction of modern archaeology is to combine traditional archaeology with modern natural science and technology. Scientific and technological archaeology provides strong technical support for the study of prehistoric civilization. As an important part of scientific and technological archaeology, digital archaeology plays a very important role in history, cultural relics, archaeological research and cultural heritage protection. The close combination and integration between traditional archaeology theory and method and modern natural science and technology could study and unveil prehistoric archaeological sites and relics from multi disciplines, multi levels, multi angles and multi dimensions. And the close integration between humanities and natural science could explore, research, and know prehistoric civilization from different research perspectives, explore the rules of the development of human society, as well as protect and inherit cultural heritage. The paper

---

[1] Associate researcher of Qin Shihuang Imperial Tomb Museum.

teases out the technology and digital archaeology involved in prehistoric civilization. Based on Qin and Han culture network, the paper proposes to integrate the academic knowledge resources through digital museums, digital libraries, OA and other technologies, construct the prehistoric civilization knowledge and information network system, establish the prehistoric civilization subject portal, and preserve and inherit cultural heritage in digital form.

1 Characteristics of Prehistoric Civilization Research

1.1 Definition of prehistoric civilization by archaeology

Archaeology has proved the existence of prehistoric civilization in the world, and the study and exploration of prehistoric civilization are valid worldwide. This paper only discusses the topics based on Chinese prehistoric civilization.

The word "prehistoric" is a big concept of times established by the academic circle. The time before recorded history is called as prehistoric. "culture" is a broad concept, which includes all the social phenomena of human activities such as material culture and spiritual culture. From the archaeological annals, China's prehistoric civilization can be traced back from the paleolithic age about 2.6 million years ago, to the Shang and Zhou Dynasties dating back to about 1600 BC. Archaeological excavations confirm that in Shang and Zhou Dynasties, oracle bone inscriptions and bronze inscriptions were used to record history. During this period, China has gone through Upper Paleolithic Age, Mesolithic Age, Neolithic Age, Chalcolithic Age to the Bronze Age. And the civilization in the period is called as the prehistoric civilization in archaeology.

1.2 Stages of prehistoric civilization

Paleolithic Age is the stage of human cultural development marked by the use of stone tools. It is the early stage of the Stone Age. From about 2.5 million years ago to about 10, 000 years ago, Homo erectus yuanmouensis, homo erectus lantianensis, Peking Man and Upper Cave Man basically lived in this period. In Paleolithic Age, people evolved from the primitive population stage into the matriarchal society, and obtained food by gathering, hunting, and fishing. Archaeology of Paleolithic Age is mainly based on geochronology to determine the age of ancient human remains.

In the Mesolithic Age, people used chipped stone tools, and some used polished stone tools, dating back from 15,000 or 10,000 years ago to 8,000 years ago. In this period, stone tablets and microliths were used as the typical tools. In the Mesolithic Age, human beings would roast their prey with natural fire, and fishing, hunting and gathering were more advanced than that in the Paleolithic Age.

The Neolithic Age was an age dominated by the use of polished stone tools, which began at about 18, 000 years ago and ended at about 5, 000 or 2, 000 years ago. People in the Neolithic Age already used traps to catch their prey. In the Neolithic Age, Dadiwan Culture, Yangshao Culture, Hemudu Culture, Majiayao Culture, Majiabang Culture and Liangzhu culture, etc. appeared in time order. In the early stage, the rudiment of primitive agriculture appeared, wild plants and animals began to be domesticated, rice was farmed and pottery was made.

Chalcolithic Age was a transitional period between the Neolithic Age and the Bronze Age. It dates from 6600 to 4600 years ago, with Hongshan Culture, Majiayao Culture and Dawenkou Culture.

The Bronze Age was after Chalcolithic Age and before the Iron Age. In Shang and Zhou Dynasties, oracle bone inscriptions and bronze inscriptions were used, opening a new chapter in recorded history.

Since prehistoric sites are widely distributed, with different periods and typical cultural relics, the establishment of the pedigree sequence of prehistoric civilization must be based on the systematic and scientific archaeological investigation, excavation and research of prehistoric sites.

1.3 Characteristics of the study of prehistoric civilizations

Prehistoric archaeology has a long history, and the objects of study are diverse, involving animal remains, plant remains, remains of ancient human, remains of ancient human life, relics, etc. We aim to explore the development of prehistoric civilization through the studying the evolution of ancient human history and the changes of the natural environment which people live on. There is no historical documents, thus we can't use the double evidence for the existence usually used by traditional history and archaeology research. Therefore, the research on prehistoric civilization relies on the archaeological data collected during excavation, the stratigraphy and typology study carried out on archaeological sites through the methods of archaeology research, and the scientific testing, analysis, research, judgment and interpretation of remains and relics collected from archaeological sites. From the point of the historical development of the prehistoric archaeology, it takes long time to make correct analysis, judgement and understanding of prehistoric archaeological sites. As prehistoric sites are disputed widely, and it has a long term to publish archeological report need a long cycle, restricted by the science and technology at that time, it is impossible to carry out scientific detection of relics and monuments, and to analyze and interpret archaeological remains. For multidisciplinary research, it is necessary to have close coordination with professionals of archaeology technology.

The study of prehistoric civilization is to restore the living scenes of human beings under the natural environment according to the archaeological data. Only through scientific archaeological investigation, exploration and excavation, and through the detection means of natural science to study the remains of ancient human living environment, can help we reveal the remains of prehistoric civilization and restore the scenes of ancient human life. Although some relics and remains unearthed from archaeological sites cannot be regarded as cultural relics, they are likely to become objects to be analyzed and examined in archaeological research from the perspective of comprehensive revelation of information and technological archaeology. Prehistoric archaeological research object is complicated, including pottery kilns, wells, tombs, knives, axes, shovels, stone tools, float, arrowheads, needle knife, cone, other bone artifacts and pottery, etc. We could make scientific archaeological research of the remains of ancient human body, human teeth, animal bones and fur, phytolith and sporopollen of plant and animal remains. And with the help of traditional archaeology stratigraphy and typology study, we can establish the culture sequence of prehistoric civilization archaeological.

The study of prehistoric archaeological sites involves both macro analysis and micro research. Only by revealing the rich connotations of archaeological sites from an all-round and multi-angle perspective can the archaeological excavation and research work be based on science. Prehistoric archaeology is the core of the study of prehistoric civilization, which is macroscopic study. Using scientific and technological archaeological research methods and scientific detection means to analyze a relic is micro research. Combining macro research with micro research, the study of prehistoric civilization is systematized from one point to whole area. The comparative study of cultural characteristics in different periods and stages is the focus of the research work.

Prehistoric sites are located in various spaces, and have abundant cultural connotation. Usually, we found a site by chance. It is impossible to build a museum for each archaeological site with historical value, cultural value and scientific value, so we should use technology archaeology and digital techniques to obtain archaeological information, and record them with scientific methods and means completely. We could protect and inherit cultural heritage through digital means, establish prehistoric site archaeological GIS systems, build up the discipline portal of prehistoric civilization, construct research knowledge base of prehistoric civilization, and present, manage, protect and inherit prehistoric civilization in digital form.

2 Significance of Studying Prehistoric Civilization

The tenet of prehistoric civilization research is to reveal the cultural connotation of archaeological sites through archaeological remains and to study the origin of human civilization. Through the traces of fire, charcoals, stones and bones in the cultural accumulation layer of Peking Man Site, it is indicated that Peking Man possessed the ability of using fire and managing fire. Archaeologists have revealed the activities of ancient human beings from 700, 000 years ago to 200, 000 years ago through the skulls, mandibles, teeth and other fossils unearthed at the site of Peking Man in Zhoukoudian, as well as the abundant stone tools, bone tools, horn tools and remains of fire, which provide a strong demonstration for the theory of human evolution and are of great significance for revealing the origin of human beings. The bone flute found in Peiligang Culture in the early Neolithic Age, and the pottery Xun of Yangshao Culture in Xi'an Banpo Site indicate that primitive music appeared in the Neolithic Age. The brass plates and pipes unearthed from the Jiangzhai Site fully show that human beings have mastered the smelting and casting technology of copper from 6, 500 to 7, 000 years ago. The way ancient ancestors used to keep records developed from material objects, wood carving, rope knot, painting to hieroglyphic writing, which is further understood through the ancient ancestors' paintings on utensils, carvings on rock walls and hieroglyphic writing. The remains of rice, rice husk, rice stalk, rice leaf and many other plants and animals were found in the Hemudu Site, which proved that the social economy of Hemudu Culture was dominated by rice farming, and that people were also engaged in animal husbandry, collection, fishing and hunting. The advanced construction technology is proved by the relics of stilt style buildings. The origin of textile technology was traced back to more than 7000 years ago. Archaeobotany also studies prehistoric civilization. Palynology has been carried out in Zhoukoudian, Hemudu and Xi'an Banpo, etc., and palynology sequence has been established through the analysis and study of the remaining spores and pollens of ancient plants, which plays an important role in the study and restoration of ancient climate and natural environment. The discovery of a temple site of in the late period of Yangshao Culture located in Dadi Bay Site, Gansu Province indicates that humans began to build houses with complex structures in the Neolithic Age. The Liangzhu stone tools, potteries for daily use, jades for sacrifice and altar sites of Liangzhu Culture found in Liangzhu, Yuhang County, Zhejiang Province confirmed that the development of Liangzhu culture can be divided into Stone Age, Jade Age and Pottery Age, indicating that sacrifice is part of the spiritual world of ancient ancestors. Through the study of different times and stages, single points in the study of prehistoric civilization are formed into whole aspect, and the mystery of prehistoric civilization is revealed little by little, from vague to clear, showing the development of prehistoric civilization.

3 Technological Archaeological Research Methods Might Be Used in the Study of Prehistoric Civilization

With the development of archaeology theory and the diversification of archaeological method, the research, excavation and study of the archaeological sites takes modern archaeology science as the basis, and takes multiple disciplines involved in archaeology as the background. It explores information contained by prehistoric sites from multi-aspect, multi-disciplinary, multi-angle, and all-round way. Technology archaeology and digital technology have become indispensable important means for the archaeology in researching and exploring prehistoric civilization.

3.1 Conduct multidisciplinary research in technology archaeology

(1) Carry out archaeological investigation and exploration by combining topography and landform with remote sensing detection technology.

From collecting, hunting, fishing and planting to building houses and establishing primitive tribal settlements, ancient humans generally chose places that could avoid natural disasters and were suitable for human habitation. According to the local geomorphological conditions, satellite remote sensing and geophysical exploration techniques can be used in archaeological investigation and exploration to actively look for prehistoric sites.

(2) Only after natural science was introduced and combined with archaeology, prehistoric archaeological chronology has really been established on a reliable basis. ^{14}C dating and tree ring could determine the absolute age of archaeological remains.

(3) Using fuzzy clustering method, X-ray radiography, and neutron radiography to study the prehistoric sites of various relics and remains. Fuzzy clustering method is the application of fuzzy set theory to cluster analysis. X-ray radiography and neutron radiography are used to detect the internal structure of objects. The principle is that neutron radiography penetrates thicker objects while X-ray radiography penetrates thinner objects.

(4) Polarizing microscope is used for identifying pottery, biological and non-biological substances.

(5) Atomic absorption spectra, atomic emission spectra, X-ray fluorescence spectra, infrared absorption spectra and Raman spectra ARE used to analyze the composition and origin of cultural relics and to analyze and study the manufacturing materials of ancient potteries.

(6) Study prehistoric sites with the help of plant archaeology, animal archaeology and settlement archaeology, and fully explore the information contained in prehistoric civilization. Combine the sporopollen, implanted silicon, animal bones found and collected in the archaeological site with ^{14}C dating and tree ring. Combine archaeobotany, zooarchaeology, settlement archaeology, ^{14}C dating techniques and tree ring, so as to explore human origins, reveal the prehistoric civilization, reveal the change of natural environment, and further restore the natural landscape of the prehistoric site. Through the study of plant palynology, the paleoclimate is studied according to the relatively stable quantitative relationship between plant palynology and climate change, and the paleo-vegetation, paleo-climate and paleo-geographical environment that are closely related to human activities at that time were recovered. According to the relationship between humans and plants and animals, the study of plant remains and animal remains that are directly or indirectly related to human activities, such as plant remains left by plant collection, cultivation, cooking, hunting, fishing and construction activities, and carry out paleoclimate reconstruction, animal archaeology and plant archaeology.

(7) The DNA analysis of plant and animal could establish the DNA sequence of ancient plants and animals. Statistical method could carry out qualitative and quantitative analysis, explore the utilization degree of human beings to animals, the food structure of the ancient human and animal livestock process. Research methods are phytolith analysis, flotation method, DNA extracted from animal bones and fur. The age of the archaeological strata can be determined by reference to the age and chronology of the extinction of some animals and plants.

3.2 Apply digital archaeology to the study of prehistoric civilizations

The research of technology archaeology covers a broad field, and the digital archaeology involves many disciplines. Technology archaeology and digital archaeology are integrated with each other, which has great application potential in the management, protection, utilization and inheritance of cultural heritage.

Archaeological stratigraphy and typology are the methodology of archaeological research. In accordance with the rules of archaeological excavations, we must keep complete, true and objective records of the archaeological data obtained from archaeological investigations, drilling and excavations. It also requires photographs, drawings, videos, and three-dimensional modeling of sites and cultural relics.

The development of digital archaeology technology makes it possible to collect, manage, analyze, retrieve, process and display archaeological excavation data and information by various means.

Orthographic photography is used in archaeological mapping, and AUTOCAD software is used to draw the archaeological vector map. Moreover, the stereo display card collected by dual digital cameras is also used for mapping with AUTOCAD technology. On the cloud computing platform, the super processing capacity of data center can be used for nonlinear editing and production of archaeological camera. The workflow of network collaboration can be applied to the processing of archaeological data, enabling to work cooperatively in the network environment. In the process of collaborative office processing archaeological data, permission can be set for the use and reading of archaeological data. And the encryption, preservation and decryption of archaeological data can also be realized with the help of DES encryption technology.

We fully use GIS technology, applies GIS in multi-data source input, multimedia database storage, Web query, spatial data analysis, visual layer display and others, and combines it with GPS and RS data in archaeological research. For example, based on GIS technology, we could have visualized expression and analysis of the number, size, spatial distribution, the relationship between space, the spatial correlation with landform and physiognomy of ruins of prehistoric settlements that have been found. We could fully exploit spatial and attribute information, and disclose the organization characteristics of "settlement" and "settlement alliance", which assists the analysis of human settlements in the region and the social evolution law, and provides spatial analysis in the research of prehistoric civilization.

Settlement archaeology is introduced in the study of prehistoric archaeological sites and the explanation of the prehistoric civilization. The combination between GIS and archaeology can make scientific inference and interpretation of spatial analysis, make better decisions for settlement archaeology research services, and reveal the distribution of archaeological sites and natural environment factors such as relationships and human social development law.

The development of GIS technology from Web GIS to 3D GIS in the Internet environment has become the trend of the development of archaeological geographic systems.

The technique of GPS positioning and total station measurement is applied to the investigation and excavation of prehistoric archaeological sites.

Having introduced statistics into the study of archaeological typology and stratigraphy, the relationship between archaeological and cultural stages is established through the statistical analysis of instrumental shapes, ornamentation and other cultural features.

With panoramic technology, we could obtain the panorama of the archaeological sites and build a virtual wandering display. Stitcher 4.0, A 3D panorama production software, is successfully applied in the digital protection and display of Qin Terra Cotta Warriors. The exhibition hall of prehistoric civilization uses Jietu Panobuilder, Manyoudashi, a panoramic VR software, Flash and XML data to read a panoramic information and form multimedia virtual wandering. For example, the website of Beijing Man Site Zhoukoudian Museum uses a 360-degree panorama to show the complete picture of Zhoukoudian site, and uses VR to build a virtual exhibition hall on the web.

3D modeling is divided into scenario 3D modeling and object 3D modeling. The laser scanner is used to collect the data of archaeological sites or cultural relics so as to form a dense "point cloud". Then the cloud is processed by professional software and combined with digital photo mapping, so as to build a three-dimensional space model whose appearance is like archaeological sites or cultural relics with real colors and textures. The model can be used for digital protection and display. The cultural relic 3D modeling technology is based on digital camera image sequence, and the cultural relic 3D modeling is completed by Agisoft PhotoScan software.

Museums of prehistoric sites can use digital display methods in the exhibition, use 3D virtual reconstruction technology to restore prehistoric archaeological sites, buildings and ancient human living environment with the help of archaeological data, and use Maya, 3Dmax 3D modeling software and Flash to combine 2D animation and 3D animation.

4 Feasibility of Establishing the Portal of Prehistoric Civilization Research

There are favorable external conditions for the establishment of a portal for the study of prehistoric civilization. The institutions of higher learning in China have set doctoral programs, master's programs and undergraduate programs in prehistoric archaeology. Provincial institutes of archaeology have established prehistoric archaeology research institutions. Many museums are established for prehistoric civilization and archaeology sites. Besides, there are professional academic and scientific research teams and readers who love the study of prehistoric civilization.

"Website is software, and the network is the computer." Under the context of Internet+ and cloud computing, the portal of prehistoric civilization research subject is the specific embodiment of "Internet+ archaeology", and "Internet+ Chinese civilization". The meaning of establishing the prehistoric civilization research subject portal is to realize the management, protection, research, display and inheritance of cultural heritage in digital means.

The establishment of discipline portals for cultural studies of Qin and Han Dynasties proves the feasibility of establishing discipline portals in the context of Internet cloud computing. When establishing subject portal, we use dynamic programming technology, the Internet cloud computing, database technology, and the mobile Internet technology. it is constructed through the digital museum, digital library, and OA office automation technology, under the concept of knowledge management. The portal provides open access services. Through the software development, one-stop entry and search software platform integrating digital museum, digital library, network office, and multi-user management is established on the Internet. From the technical point of view, the portal is developed by ASP, PHP, JSP, database ACCESS, MySQL, SQL Server, etc. Mobile client version can be developed with the help of Quick Wap mobile terminal. Qing Han Culture Web adopts ASP+ACCESS, JavaScript, VbScript, ActionScript, JQuery, visual programming development tools such as DreamWeaver, and Notepad++, QuickWap, as well as Internet information service IIS on Windows Server 2012 data center. The input on computer and synchronous update on computer and mobile terminals are realized through two sets of procedures and one set of databases.

The portal of prehistoric civilization includes the knowledge base of prehistoric civilization, the library of experts and scholars, the library of academic documents, the library of cultural relics appreciation, the archaeological database, the display database, the archaeological dynamics and so on. It can classify, store and display data sheets of different types of prehistoric cultural sites in different periods. The contents come from the website of prehistoric sites museum, or from the knowledge database of archaeological excavation of prehistoric sites. It contains images, texts, video, audio, 3D animation and other media. The content of academic literature can add hyperlinks, PDF literatures, graphic literatures, which can be used to integrate academic resources in WeChat Official Account, Baidu encyclopedia, Internet academic website and academic resource database. Through the program, the integration and aggregation of literatures can be realized to form a hyperlinked network knowledge network. Cultural relics can be displayed in accordance with the era, texture, cultural type and the related cultural relics, for integration and comparative study. Similar methods can also be used for sites. Academic literature can also be connected with cultural relics display, and experts and scholars can be connected with published literature.

Database could include member database and data database. In member database, we could grade members and endow them certain rights based on membership table. As administrator, VIP member, member, and judges enjoy different permissions, we could enable members to add academic data, judges to give online review of academic papers, and administrators to add literature review, etc. Also, we could integrate information resources, academic literature resources of cultural relics, experts and scholars, and WeChat academic resources, establishing a knowledge base themed prehistoric civilization. We could also hold digital and virtual exhibition relying on appreciation data sheet of cultural relics and prehistoric research database.

The establishment of Qin and Han culture network provides reference for constructing the discipline portal of prehistoric civilization research.

5 Conclusion

The archaeological studies of prehistoric civilization in the era of Internet+ should make full use of modern technology methods and means, combining with the technology and method of technology and digital archaeology to record archaeological data truly and completely. Cloud computing, and big data can be used to exert the advantage of cultural heritage. We should fully tap its potential applications, combine the humanities and natural science, multidisciplinary research, hasten to create conditions to establish a prehistoric civilization research portal, so as to make the prehistoric civilization research to adapt to the needs of the development of the information age, and protect and inherit cultural heritage in digital means.

References

Han Jiayi. 2017. Indicative significance of the prehistoric natural environment of palynophores and phytosideres—a case study of two prehistoric sites. *World of Cultural Relics*. March.

Meng Zhongyuan. 2018. Discussion of problems based on the creation of Qin and Han culture research portal. *Qin Shihuang Terracotta Dynamic Research*. Feb. http://www.qinhan.org.cn/viewinfo7pdf.asp?ID=15166.

Wu Huihua & Yang Ruixia. 2009. Review and prospect of settlement archaeology research based on GIS. *Science and Technology Information Development and Economy*, 19(19): 125-126.

Yang Lin, Pei Anping, Guo Ningning, & Liang Boyi. August 2012. Study on spatial morphology of prehistoric settlement sites in Luoyang area. *Geographical Science*.

Zhao Congcang. 2006. Introduction to technology archaeology. Higher Education Press.

Research on Strategies of Site Display and Interpretation Based on the Protection of Large Sites-In Order to Wanshouyan Archaeological Park as an Example

Huang Min[①]

Abstract: As the important means of protection and management, exhibition is not one-way transmission of the information, but two-way value communication process.This paper takes the Wanshouyan National Archaeological Park as an example, from the historical and cultural connotation of the heritage, it combs the theme of the interpretation of the value of the heritage, and then probes into the new ideas and new methods of the display and interpretation of the heritage from the perspective of the protection of the great heritage.

Keywords: Great heritage, Archaeological Park, exhibition, explain

National Cultural Heritage Administration has formulated the "Overall Plan for the Protection of Great Sites during the 11th Five-Year Plan", the "Regulations on National Archaeological Parks (Trial)", and the implementation of the "Overall Planning for the Protection of Great Sites during the 11th Five-Year Plan". The protection of Chinese archaeological sites has entered a stage of rapid development. The "Regulations on the National Archaeological Parks (Trial)" represents the official launch of archaeological parks as a new model for of cultural heritage protection.

"Archaeological parks are a way of protecting, displaying and utilizing cultural heritage resources."[②] The display and interpretation of ruins helps bridge the past and the present. It helps people understand history and culture. "The protection and display of archaeological sites nowadays has been upgraded from activities limited to cultural heritage departments and archaeological practitioners to a public undertaking, with wide understanding and involvement of the society. In particular, the concept of archaeological parks is a protection method that emerges with progress in protection theories and solid socioeconomic foundation."[③] How to present the historical and cultural values of the great sites in a better and intuitive way has become the key to desirable results. The archaeological park model features the change from measures limited within the ruins to a comprehensive protection of the surrounding environment. Taking the Wanshouyan National Archaeological Park as an example, this paper explores new ideas and methods on the display and interpretation of the ruins from an overall perspective (Fig. 1).

The Wanshouyan Site is located in Yanqian Town, Sanyuan District, Sanming City, Fujian Province. It was discovered and excavated in 1999. It consists of seven caves including Lingfeng Cave, Chuanfan Cave and Longjing Cave. It is the earliest discovered and most representative Paleolithic cave ruins in east China. The site has been included in the national top ten archaeological discoveries in 2000, the fifth batch of national key cultural heritage

---

[①] Sanming City Heritage Conservation Center, Fujian.
[②] *Exploration and Practice of Large-scale Archaeological Sites and Parks* by Shan Jixiang published on China Cultural Heritage Scientific Research, 2010 (1).
[③] *Museums of Archaeological Sites for the Protection and Display of Archaeological Sites* by Shan Jixiang published on Museum Research, 2011 (1).

protection units, one of the nation's 100 great sites during the "11th Five-Year", and was further included in the planning on great sites protection of the 12th Five-Year Plan and the 13th Five-Year Plan. It is also protected as a national key fossil base, a national rural geological park, and an education base of science and patriotism. In cooperation with the comprehensive base in the adjacent Sanming City, they provide a good venue for middle and primary students' extracurricular activities. In December 2013, it was included on the application list of National Archaeological Park Projects. In December 2017, it was officially launched among the third batch of National Archaeological Parks. Wanshouyan National Archaeological Park consists of Wanshouyan Mountain, Wanshouyan Museum, a Song Dynasty spring area, Yutang Stream Waterfront, and Sangang Industrial Heritage. The park stretches 81.5 hectares. The park is divided into four parts by function: the ruin display area, the cultural relics display area, the management and service area, and the ecological resource display area (Fig. 2, Fig. 3).

1 Value of the Wanshouyan Site

1.1 Archaeological research value

Fig. 1 the location of The Wanshouyan Site

The Paleolithic cultural relics of the Wanshouyan Site date back earlier. Even after a long time, the cave's form and surrounding environment were well preserved, leaving a large amount of information about the human life and their environment at that time. The cultural relics unearthed here were abundant, dating over 100,000 years ago. The remains include primary products such as stone cores and stone tablets, as well as more refined scrapers and choppers. Mammalian fossils were also found. These findings are important evidence for studying human evolution in southeast China in early times. In particular, the Chuanfan Cave culture that developed relatively later left abundant remains. Its stone wares, bone and horn wares and animal fossils are important materials for studying the cultural development of the late Paleolithic period in southeast China and Southeast Asia. The discovery of man-made stone pavement and drainage trenches found in the cultural accumulation buried in the cave is first of its kind in China and rare in the world. It is a great step for ancient humans to improve their living environment and build large structures on the ground. The structures provide valuable material for studying the ability of early ancient humans to adapt to the environment, as well as the active area and cultural evolution of ancient humans during the latest ice age.

1.2 Social and cultural values

Due to its geo-cultural connection to Taiwan, the Wanshouyan Site not only records the history of ancient humans' life and development in Fujian and the southeastern coastal areas, but also physical evidence of the shared origin between the Taiwan Straits. The sharp-edged stone plates and stone cores unearthed at the site show similar technique and craftsmanship to those found in Taiwan. That helps portray the migrating route of prehistoric mainland culture

Fig. 2 Landscape of Wanshouyan National Archaeological Park

环境整治前

环境整治中

环境整治后

Fig. 3 Archaeological Park Environmental improvement

to Taiwan. It is an important venue for the public to trace the origin of human civilization and study the shared origin between the mainland and Taiwan. The Wanshouyan Site is a typical modern case on cultural heritage protection. The mountain was once detonated for mining – economic activities leading to damage to the site. The mines were then shut down and moved away to preserve the cultural heritage. This reflects the growing public attention on the importance of cultural heritage protection. Improving public awareness and cultural validation embodies great social significance.

1.3 Education and tourism value

The Wanshouyan Site and its various remains are the materialization of Sanming's history and culture, holding important educational value. As Sanming's unique cultural resource, the site is like the city's signature. The site has rich cultural embodiment. In the small area, stands many caves from different periods, and a large number of stone wares are unearthed. The history of Fujian was further traced 185, 000 years earlier. Cultural relics such as the rare artificial stone pavement, coupled with the public's intuitive longing to the mysterious ancient human ruins, can inspire people's interest in exploring the origin of human civilization, which makes the site a tourist attraction. At present, the Yanqian Village, where the site is located, is connected with the Sanming city via highway and is only 15-minute drive to the urban area. It is now expecting a huge flow of tourists with its tourism program "Ancient Villages Tour in One Day" jointly launched with the Geshikao Scenic Area and the Shibazhai Village in Zhongshan Mountain, Tongxiang Town.

2 Display and Theme of the Site

The display of the Wanshouyan National Archaeological Park is based on the culture of the Paleolithic Wanshouyan Site, with the remains of the site as the core. The park relies on the Paleolithic ruins of the Sanming area that are set against the backdrop of prehistoric Sanming culture to show the theme of common origin on both sides of the strait. It targets to build an ecological and archaeological platform that integrates archaeological findings, patriotic education, scientific and cultural knowledge dissemination, and studies on the cultural origin of Fujian and Taiwan. The Wanshouyan Site and its surrounding environment contain cultural elements of different eras: the cave culture of early human activities, the farming culture of traditional settlements, and the modern industrial civilization. The display goes across time and space to showcase and interpret different cultural forms.

2.1 Paleolithic Culture

It mainly focuses on the geological features, climate and biological environment changes in the Wanshouyan area for 300, 000 years as part of the study of ancient living environment of the Paleolithic cave culture, as well as the early processing and use of stone tools, and archaeological experience. The ruins display area mainly consists of three caves: Chuanfan Cave, Lingfeng Cave and Longjing Cave. The archaeological information and unearthed relics of Chuanfan Cave and Lingfeng Cave are more abundant. Reports on the excavation of the two caves have been published. The two caves have been the focus of the display. Chuanfan Cave mainly displays artificial stone pavement and cultural layer sections (Fig. 4). The amount of stone wares unearthed in Lingfeng Cave is limited, but its two sharp-edged stone slabs unearthed from them are the earliest specimens of dating records and one of the physical materials that show the same origin of Fujian and Taiwan.

Fig. 4 cultural layer sections of Chuanfan Cave

2.2 Traditional Villages and Farming Culture

The Wanshouyan Site is located in a mountainous hilly area, where valley basins and streams scatter around. Bushy plants grow on both sides of the streams, harboring villages across the area. The ecological environment is well preserved. The Lvcuo Natural Village nearby has a population of about 100 people – most of them surnamed Lv while a few surnamed Guan. Rice harvest and tobacco leaves are the main source of income for the villagers. The village still preserves the traditional settlement form and the traditional farming life of northwestern Fujian. The village has several well-preserved buildings in the Qing Dynasty. Among them, the Lvcuo Ancestral Temple is a majestic building with large-size materials. Its unique layout serves as a real-life reference for studying ancestral buildings.

2.3 Modern industrial civilization

The area planned for building the park was originally a quarry of Sanming Steel Mill. It has abundant resources and good condition for transportation and production. Yanqian Town and Yanqian Village once built factories here. Upon the construction of the archaeological park, 14 houses and workshops have been demolished, while four lime kilns of the Sanming Steel Mill remain.

3 Strategies: Display and Interpretation of the Wanshouyan National Archaeological Park

The Wanshouyan Site has much value. It has been displayed and interpreted to a certain extent. But with the progress in the concept and technology of cultural heritage protection at home and abroad, the content currently protected and displayed is fragmented. So far, archaeological activities and surrounding environment show that the Wanshouyan Site contains much historical and cultural information. In addition to the human activity remains of the Paleolithic period, it also includes paleontological fossils, cultural accumulations that reflect biological evolution over hundreds of thousands of years, two ruins from the Shang Dynasty, ruins of temples and ancient villages from the Song and the Yuan Dynasties.

3.1 Display concept

(1) Authenticity

Authenticity and integrity are the basic principles for the protection and display of archaeological sites. The display and interpretation of archaeological sites should be based on the results of archaeological research and conform to the authenticity of the heritage. The area should remain intact if it has never been under survey or excavation, which should be carried out after feasibility studies based on experience from ongoing archaeological research and protection efforts. At present, the area of archaeological activity is very limited at the Wanshouyan Site: only the Chuanfan Cave and the Lingfeng Cave have been surveyed. The distribution and scale of the Paleolithic remains of the entire Wanshouyan Site is still pending further research.

(2) Thematic

Archaeological parks must have clear themes for display. Each function area must also have a clear theme. The design concept and environment creation of related facilities and activities must be based on a set theme so as to create a coherent public cultural space. The display of the Wanshouyan Site should focus on ancient human beings. It is necessary to pay attention to facts, interest and participation of the audience. The display should be conducted by categories based on the caves' distribution and specialties.

(3) Legibility

Most of the tourists visiting the archaeological park are expected to be general public rather than archaeological practitioners. They lack expertise in archaeology and history. The park must be "grass-root-based" in displaying historical and cultural connotations. For example, the content of visit guides and audio guide systems must be based on "in-depth" academic studies and delivered "plainly" to the public. This helps make the site accessible and appealing.

3.2 Display method

In light of the historical and cultural connotations of the site, it is suggested to establish a multi-level protection and display system from three aspects: perception, communication, and experience.

(1) Sensible display

The Wanshouyan Site was a central place for ancient human activities. It is necessary to think in a holistic way and piece together the environmental elements of the park's planned area, by incorporating the site's carrier Wanshouyan into the display. The Yutang Stream-Gate Zone-Museum-Wanshouyan Mountain forms into a linear layout; the Lvcuo Village-cultural exchange and education base renovated from factories-ruin of pool for setting free captive fish-cave ruins forms into a ring-shape layout that connects remains from different times and different cultural lines. Based on archaeological research, digital virtual scenes merge with the artificial landscape, highlighting the geological structure and landscape of the Wanshouyan Site, simulating the living environment of the ancient humans; supplementing with necessary information; setting up sculptures of archaeological theme; restoring the ancient five-step waterfall through environment management and archaeological survey; improving the micro-environment of the park; introducing ecological concept. Green planting should be adapted to the setting of the Paleolithic ruins. Based on the "County Records" and the Paleolithic plant species resulted from analysis of sporopollen samples from the cultural layer, grow a proper amount of plants from fossils so as to restore the biological population of the area, adapting the tourists to the setting of an ancient era. Select the best location for viewing landscape near Lingfeng Cave and Wanshouyan Mountain slope, so that the public can experience the environmental features and the traditional settlement landscape on the north bank of the Nanhe River. It is necessary to fully study the elements of the ecological environment, modern settlement environment with regional features, and industrial remains related to Wangshouyan, so as to display the geographical connection between the site and other tourism resources.

(2) Communication display

"The archaeological park takes us to history, not a park."① The archaeological park is mainly displayed via archaeological sites and indoor museums. The Wanshouyan Museum is Fujian's only museum that displays remains from the Paleolithic Age. It was launched in 2006 and was re-arranged in 2014. Based on the theme of "Ancient Home for Both Sides of the Strait" and the Wanshouyan Site's excavation process, archaeological research and cultural connotation, the exhibition hall is divided into five sections: main discoveries, vicissitudes, caves & treasures, shared origin, and heritage protection. The re-design better applies high-tech. It extends tour lengthen, adds more content, and enhances resonance with audience. Through interaction with exhibits and digital reproduction of scenes, the historical and cultural connotations of the site are revealed, showing the production and living conditions of ancient humans in Wanshouyan. 3D film "Wanshouyan" and animation "The Wanshouyan Adventures" help add more fun to the facts learning. The animation demonstrates how mainland's prehistoric culture was spread to Taiwan. The museum also sets up an "archaeological knowledge interactive area". Chuanfan Cave boasts the most abundant archaeological information in the Wanshouyan Site. It is also a core value carrier of the site's value. As a central display area of the site, it showcases stone pavement, calcium plate, section of cultural accumulation, and the cave's unique interior form. The Lingfeng Cave mainly displays earth and stone wares remaining in the calcium plates, with their shapes marked for tourists. It will also showcase the process of making and developing the stone wares in the Paleolithic Age. The cave's pillar ruins from a temple in the Song Dynasty must be protected as a historical legacy. In the display of unearthed cultural relics must follow the timeline of the Wanshouyan Site's discovery and the historical origins of Fujian and Taiwan. The theme must be clear while highlighting historical culture, scientific research and emotional ties. Improve the environment and facilities in the cement factory. The industrial heritage of the former Sangang limestone processing equipment can be used as resources for building a cultural exchange center integrating science education, cultural dissemination, and professional training. It will feature training in paleontology, archaeology and geology (Fig. 5).

Fig. 5 museum display

① *Thinking about Building Heritage Parks from Liangzhu Archaeological Site* by Liu Bin published on China Cultural Relics News on July 24, 2013.

(3) Experiential display

The museum is equipped with a 3D interactive touch screen designed for primary and secondary school students, allowing them to explore. The museum also features outdoor experience. Based on the analysis of mammalian fossils and sporopollens unearthed from the Wanshiyan Paleolithic culture layer, and the types of stone tools, it was speculated that ancient humans mainly relied on collection and hunting to survive. The museum can provide experience on making stone tools, drilling wood for fire, and food collection. The program will give visitors better knowledge on the living conditions of prehistoric people in the southeast. The Longjing Cave, which has not been officially surveyed so far, can display its on-going archaeological work to make the public better understand archaeologists' work. Archaeological studies thus enter people's daily life. By opening to the public in an orderly way while ensuring the safety of cultural relics and personnel, the activity will allow visitors to participate in the process of archaeological excavation and cultural relics repairing. Such scientific yet vivid involvement adds more charm to archaeology and enhances cultural identity. This helps earn support and attention to archaeological studies and heritage protection. Chuanfan Cave, Longjing Cave, and Lingfeng Cave are interconnected from inside. The wide part of the cave tunnel can allow two to three people walking through. The narrowest part only allows one person crawling through. It takes 40 minutes to go through the whole length. If conditions permit, cave adventure project is also a viable choice. The protection, renovation and environmental remediation of Lvcuo Village can be paralleled with farming tourism. While properly tapping into the heritage, the activities can also bring economic and social benefits to local people (Fig. 6).

Fig. 6　Experiential display

To sum it up, on the basis of heritage protection, the park seeks effective display of the site and unearthed cultural relics. At the same time, the display of outdoor cultural landscape helps extended and deepened the content and cultural connotation of the exhibition. As a unique public service platform, the park can make full use of its large area to tailor its cultural landscapes and interactive projects by designing a series of outdoor display sections. Such display system is more diversified, multi-dimensional and comprehensive. It also enables the audience to learn and experience culture while having fun. By making full use of the exhibitions, we can concretely carry out cultural inheritance.

References

Planning of Wanshouyan Paleolithic Relics by Architectural Design and Research Institute of Tsinghua University in April, 2013.

Plan for the Preservation of Wanshouyan Paleolithic Relics in Sanming, Fujian by Chinese Academy Of Cultural Heritage in October, 2012.

Management of World Heritage Sites, Public Access and Geoscience Popularization in Messelkhole, Germany

Marie-Luise Frey[1]

Welcome to the Messel Pit, which is not an archaeological site, even if people can see some industrial remnants. Before the Messel Pit became a world heritage, it was exploited as a mining area. Mining started during the middle of the 19th century. It is quite interesting to see that, without these activities, nobody would know about the real paleontological treasure, which is in the rock: oilshale. So join me on the travel on how to change an exploitation site into a world heritage site.

The view into the pit shows a big, forested hole with the digging sites. The mining continued for more than 100 years. The miners transported the rock into the kilns where they were heated up to ca. 500-600 degrees Celsius. The rock they used, the oil shale, is the treasure of the pit, because it includes the unique fossils. A lot of people got work by this kiln firing processes for crude oil.

The shown picture shows the situation that after all the exploitation activities were stopped in the 1970s. As one can see, the Messel Pit is a beautiful site. It looks quite harmonic with a nice atmosphere, but looking into how to give access, how to transfer knowledge about this treasure and the value of this site to the general public, is not an easy task. We need to ask what type of key fits to open this treasure box for the public, so they can understand the value of the Messel Pit and enjoy the site.

After the mining stopped, some people and institutions wanted to turn the pit into a waste dump. After a long discussion about the future of the pit, the state of Hesse bought this territory finally in the 1990's. It was after a big fight of the local population together with scientists against this waste disposal site. The first measure the state took, was to give people the opportunity to have a look into the pit, so they could get an impression of the site.

Having this historic situation at a site with a special value, the question is: how to manage that site? The state of Hesse decided not to find only one organisation to take care of the site. The tasks were split into two organisations. One is the Senckenberg Society for Nature Research, responsible for the research of the site. The other was at first a 100% state company which then was changed into a non-profit limited company (NGO) for organizing public access, knowledge transfer, science popularisation and other tasks. It is todays Welterbe Grube Messel gGmbH (WGM).

One important problem the Messel Pit faces, is that people do not see the outstanding universal value, when they have a first view into the pit. They only see a big hole with a lot of trees. Only when they get additional information, either in the form of guided tours or in the visitor center, they can realize and appreciate the outstanding universal value. Additionally the fossils are not lying everywhere in the quarry on the surface of the ground. They are hidden in the oil shale and have to be excavated with sensitive methods. The fossils in Messel are not only single teeth, the majority are complete skeletons. Often soft tissue is fossilized, for example stomach content or feathers. Even tiny fossils and structures humans can only see with a microscope, are preserved. Some examples are bacteria, scales of

---

[1] Business manager, UNESCO executive board of the World Geopark Network.

butterfly wings and algae. The oil shale, which contains the fossils, consists to 40 % of water.

When the sun shines on the rock, it dries and gets destroyed. Every part where the sunshine gets onto is being destroyed by the sun. The scientists have to save them with special methods. So how to transfer this very sensitive topic to the general public?

Public access management is also about talks with players at the ground: what to do, defining a name, defining the sender of messages and trying to find out what visitors expect, fullfilling the demands coming from visitors, which tasks do we get out of that?

The key player we are focussing on, is the general public. That means not only the residents. That includes the visitors. And that also means "YOU" because all world heritage sites are global property. So we are looking forward to welcome you at our world heritage site. In the regional content other players include different museums, e.g. the Museum of Fossils and Local History in Messel. Our main partner is the UNESCO Global Geopark Bergstraße-Odenwald. The world heritage site Messel Pit is the northern entrance gate to this global Geopark.

When we started with our activities, we had to think of the needs of todays visitors. It is not easy to change from a scientific view onto a general public view, because usually we have the scientific point of view. We have to look on topics from different views. So we decided then to show visitors that they are welcome at our site. And we also wanted visitors to remember a wonderful visit at our site. The WGM tried to do that by combining the two, showing the scientific results and activities for the visitors in a way, that the general public understands.

In phase 2, the WGM became active and started the logistics for a visitor centre, because from what you have seen in the beginning, as there was no official regulation how to get into the former quarry: the world heritage site. The WGM developed and continues to develop offers delivering a special atmosphere, excitement, services, feeding curiosity of both, young and senior people, the goal is that people should become content, have quality information and a good impression about the site. The people should become aware that they are not only visitors and guests, but the owner, as the whole of the humanity.

The main topics still are tourism and geoscience popularization, but also sustainable development. The NGO is not fully financed, it has to finance itsself by its own activities (more than 50% of the total budget).

And going ahead the NGO has social sciences conflict management and skills to transfer geosciences to the team and the honorary freelancers, people working with the NGO. So in thinking about how to do that, the Messel Pit WH team started to have a look at the rocks in the pit. Especially interesting is the oil shale and the process, when it dries out. One can say that this is not only just a pile of sedimentary rocks. This is a diary of seasons, that indicates the situation 48 million years ago. Its thin layers of former algae mud give a hint for dry seasons and wet seasons.

And by this, the scientists were able to read the seasons and to find out more about what happened during the seasons and which type of organisms lived at that time. For the manager of the world heritage site, the Senckenberg Society for Nature Research, it is important to manage not only the protection of the world heritage treasure, but also to maintain the forest that grew after stopping all mining activities.

The visitors at the Messel Pit WHS are very different types of people: different ages, from different countries, different education backgrounds, women and men. Some want to learn something and some want to be entertained.

So the Messel Pit WH team tried to develop new programs on geotopics, on geological heritage, volcanism, fossils. And it started with a holistic view not only with the fossils. The team tried also to develop new transfer tools. It started with storytelling, outdoor activities with tour guides who were not just informing the group or working like a teacher, but start a dialog and engage the visitors. They were like a coach activating the children and trying to make the children being scientists, for example. The team shares its experiences with the colleagues from several UNESCO Global Geoparks (UGGp) and did some training exchanges with the UGGp Vulkaneifel (Germany), UGGp Lesvos Island (Greece) and UGGp Bergstraße-Odenwald (Germany), as well as with UGGp Hong Kong (PR China).

A lot of the infrastructure that has been developed since the 1990s. The new visitor center is at the southern rim of the pit. There are some discovery areas where people can visit and be active without paying anything. The viewing platform mentioned earlier, some gardens and interpretation panels are examples of places, people can visit during our opening times without having to pay.

There was a big discussion. Is it really necessary to have a new museum, or should it not be allowed to develop a museum? What do we need to show visitors, because they expect it at our site? Finally, the state of Hesse decided, that a visitor center should be built and the visitor center should have a different focus than a museum. The basis which was chosen at this point in time was, that it should become a communication platform for the global population. By using the aesthetics of the natural forces, oil shale, the site and so on, the Messel Pit brings excitement for development of that communication platform, presenting science popularization results and achieving social and economic development. The new visitor center architecture taken and picked up by the architects from the oilshale being dried out. So when you turn the oilshale block for ninety degrees, you have the architecture of the new visitor centre.

It was not easy to think of the different target groups. So how to go ahead with environmental education for geoscience popularization. The visitor centre was not realized to become a museum. The fossils are presented as a treasure being alive, indicating the development of life about 17 million years after a meteorite impact on planet earth.

There are thematic rooms, with different approaches on the aesthetics from macro to micro, and also to SEM photos to give the visitors a total different impression and to raise their interest on the different topics. At certain times preparation works is done by professionals by the Senkenberg Society for Nature Research and the Hessian State Museum to indicate how important it is to do the preparation to safeguard the fossils. The people can then understand that, without preparation, one cannot do scientific research with the fossils. Additionally it gives the visitors a rare look behind the scenes, they appreciate.

The WGM started new paths and approaches for children to make them being excited. And the NGO developed labels to go ahead in a different way, because the team found out that the young generation is different to other generations, including what they learn in school. The NGO wants to follow the UNESCO convention to support and emphasize the values of humanity and civilisation, to be able to think, to be able to read, to be able to be creative. These are also things the team has integrated in the books and other educational material. For example, the WGM developed colouring books for children, jigsaw puzzles, a discovery map and a mug with the evolution of horses. The material can help the children to read, understand the Messel ecosystem, evolution by colouring, which will help small children, when they go to school later in their life. All this they can do with fun, maybe even together with their parents, so they can enjoy time with the family.

The WGM also started to develop souvenirs because the team found out, that people wanted to take things with them referring to the place they have visited. One of the first products were caps people like to use in the daily lives, too. The WGM does collaboration projects with the UNESCO Global Geopark Naturtejo from Portugal. One joint project included the baking of local portugese products at the visitor center. It reactivated families and encouraged children to be active at home by baking together with their parents.

The collaboration with tourism organisations is very important for the NGO, because Messel Pit is the first world natural heritage site of UNESCO in Germany. The promotion of cultural sites is really well known, but natural sites in the WH list are rare. There the promotion of and science popularization of geosciences is very important. There was a learning process. At first WGM magazines had a different appearance than the newer ones e.g. of 2018. The WGM found out, that skeletons on the cover page of magazines did not work well, because people did not feel connected with the Messel Pit by those fotos. They did not feel integrated. From the moment onwards the team has put fotos with active people in the Messel Pit onto the title page, potential visitor felt interest for the Messel Pit. Additionally people felt included and that something interesting for them can be discovered in the Messel Pit and the visitor center.

The programs were also integrated into hiking magazines. So the WGM has found a new channel not only to be marketed by itsself, but it was also marketed by other experienced partners. By this activity and the program of the Federal Government of Germany from 2009 to 2013, the WGM got a chance to be developed as the lighthouse of the tourism destination Bergstraße-Odenwald. This tourism destination now always puts the Messel Pit world heritage site and the other world heritages close by as the highlights to be attractive for people going on holiday in the region.

It was and is very useful to have partners worldwide where the Messel Pit WHS can collaborate with, and realise projects. These have been up to today the UNESCO Global Geopark's network, not only those in Germany. Additionally the WGM is a partner of all the German UNESCO world heritage sites.

Having partners abroad is not easy. The WGM is happy to have a basis and the platform to communicate and to share experiences, as well as share best practice. The WGM's aim as world heritage site is to serve the needs of future generations. With the unique quality of the lighthouse Messel Pit, the WGM has started the first step to go, but it never will be finished because we have a society that's changing. World heritage of UNESCO has a lot of quality, image and potential. The UNESCO world heritage sites will bring a benefit for all of us.

Thank you very much for listening and we will be very happy to welcome you at our world heritage site, Messel Pit in Germany. Thank you very much!

The Oriental Archaeological Sites and the Composition of Their Local Community

Fengjian[1] Zhou Xiaochen[2]

Abstract: This paper examines four different physical types of archaeological sites in Xi'an and the intangible heritage associated within the sites. Through analyzing the current protection and management pressure, conservation project and the composition of local community, the author would like to point out the relation between the oriental archaeological sites and their local communities, and the role of the community in inheriting the intangible heritage related to the sites. Through case study, it comes clear that the promotion of conservation of archaeological sites will increase the identification of the site, which will encourage the awareness of heritage for local residents, provide the local communities' cultural function, and bring up the cultural identity and cultural belonging of the region. Meanwhile, the consciousness and responsibility for cultural heritage conservation by local communities would be a positive and fundamental power to drive and supervise the conservation.

As a conclusion, the cultural heritage conservation interpretation project and intangible heritage inheritance should positively improve the relationship between the oriental archaeological sites and their local communities. However, the local community are faced with a process of adjustments due to the physical changes of the sites when the conservation works were carried out, and such changes will facilitate the forming of the cultural identification of the local community if it is implemented in an appropriate way.

Keywords: oriental archaeological sites, community, conservation and interpretation, cultural identification

1 Xi'an Large Archaeological Sites

Xi'an enjoys 3000 years of city history and was chosen as the capital city of ancient China for 1300 years, which makes it a cradle for Chinese even oriental civilization. Here in Xi'an, massive earthen and wooden structure archaeological sites were preserved, they are Site of the Efang Palace *of Qin dynasty,* Site of the Chang'an City of Han dynasty, Site of the Daming Palace of Tang dynasty, Site of the Xianyang City of Qin dynasty, and Site of the Banpo Museum.

In quantity, Xi'an Large Archaeological Sites definitely overwhelms most of Chinese ancient cities, and all the mentioned sites are of great significance because they witnessed the golden ages of Chinese history and ancient cultures, especially the capital sites of Zhou, Qin, Han and Tang dynasties. Xi'an occupies over 400 square kilometers in total, and 200 square kilometers are occupied by large archaeological sites. Particularly, the conservation areas of Site of the Feng and Hao, Site of the Efang Palace *of Qin dynasty, Site of the Chang'an City of Han dynasty* and *Site of the Daming Palace of Tang dynasty* covers 108 square kilometers. Meanwhile, some of these sites and monuments have already been listed on the world heritage name list, 150 large-scale sites are

---

[1] Vice-Director of ICOMOS International Conservation Center Xi'an, ICOMOS/CHINA: CHN 14228.
[2] stuff of ICOMOS International Conservation Center Xi'an, ICOMOS/CHINA: CHN 14228.

intensively protected by the State Council, and rest of the sites have been listed as important cultural relic sites under state-level protection and enjoy relevant conservation methods and measures.

Although these large sites including residual rammed earth remaining on the land surface and the sites and ruins underground represents the top level of the technology and cultural development of that age, they are not decipherable and easily get damaged. In this context, the protection of such heritages is difficult and expensive. In addition, the bad ornamental value also makes the conservation investment fail to receive social and economic benefits. Therefore, the high cost and low efficiency have become the largest hinder for sites conservation projection, which restricts the development of culture heritage conservation in a certain extent.

There are different kinds of relationships between the large sites and the city. For instance, Site of the Fang and Hao, which is located at rural area, preserved its original state of the site perfectly. Site of the Efang Palace of Qin dynasty and Site of Chang'an City of Han dynasty, which are located at urban fringes, their outside physical spaces and internal residents states are dramatically changed with the development of the city while Site of Daming Palace of Tang dynasty and Site of Xingqing Palace, which are surrounded by the city, have already become a part of the city, and their conservation must adapt to the development of the city.

In the meantime, there are three different type of relationships between the sites and residents. The residents are relatively independent from the site, which means they live close to the sites geographically but share no relationship with the site, such as Site of the Temple of Heaven. And, the residents hold close relationship with the site, which means they live outside the site and are free to enter the site to do exercises, rest, and play inside the site, such as the City Wall of Tang Dynasty Heritage Park and Site of the Daming Palace of Tang dynasty. Moreover, the residents can be mixed up with the site, they live in villages inside the site for generations and are influenced by the site in production, life, culture, and daily activities, for instance, Site of the Chang'an City of Han dynasty.

2 The Proposal of Sites and Community

A community is a small or large social unit (a group of living things) that has something in common, such as norms, religion, values, or identity. Communities often share a sense of place that is situated in a given geographical area (e.g. a country, village, town, or neighborhood) or in virtual space through communication platforms. Durable relations that extend beyond immediate genealogical ties also define a sense of community. People tend to define those social ties as important to their identity, practice, and roles in social institutions (such as family, home, work, government, society, or humanity at-large).

In western countries, the site normally refers to Architectural Heritages. They are highly decipherable, have strong ornamental values, and deliver clear historical information. These heritages come with great cultural charisma and exist on real live community with same style of surroundings internally and externally, which promotes a harmonious and positive environment for the heritages. They are protected by the communities near the site, which leads to a sustainable development. Therefore, these cultural communities provide a positive force on harmonious coexistence between residents and the sites. For instance, Athens Acropolis, the Colosseum in Rome, and the ancient city of Jerusalem.

Currently, eastern countries classify sites according to the type of sites, it can be classified into two types, which are monuments and sites.

2.1 *Monuments*

Such as Big Wild Goose Pagoda, Small Wild Goose Pagoda, and Bell and Drum Tower can be considered as clear and visible monuments. Similar with western cultural communities, relative cultural communities of such monuments can be established easily. The lifestyle and cultural custom of the residents who lives there are highly influenced by the unique culture and environment of the monument, and they have already become part of the site culture.

2.2 *Sites*

The architectural sites are not functioning now and can hardly be decipherable, which makes them extinction cultural phenomenon or symbols of history in a certain period. The value of the sites is difficult to cognitive and understand by surrounding residents because they can hardly attract tourists and cannot bring obvious economic incomes to the residents directly. Therefore, an internal or external cultural community, which could affect surrounding residents, can hardly be formed.

Site of the Feng and Hao of Zhou Dynasty, the capital of west Zhou dynasty, acts as the root of Chinese culture formation and influenced later generations. It is located at the southwest of Xi'an, covering an area of 17 square kilometers. Through over 50 years of archaeological excavation, it has a basic understanding on the scope of capital, the key area of sacrifice, and the burial area. But information of the whole capital pattern and road and palace is still blank because there are no obvious tower ruins. The residents who lived there know about its history regions and all kinds of government policies, but they does not resonate with the site, namely, and they share the same life style and production mode with surrounding villages. Therefore, we can hardly call it an authentic cultural community.

The main urban area of Site of the Chang'an City of Han dynasty reaches 36 square kilometers, its city wall has comparatively clear borders and rammed earth remains, which makes it one of the most complete preservation city sites. There are 55 villages distributed inside the city site, and over 50 thousand farmers under collective ownership live here. To better protect the site, the government conducts strict limitations to the production activities in the site, for example, only shallow root crops can be planted in the site area and no large-scale industry is permitted. All these limitations hinder the development of the area and farmers' income varies dramatically comparing with the residents who live outside the site. Although the government emphasizes the significance for site protection and the awareness of site protection of the residents is clear, they do not enthusiastically devote themselves into the protection of the site because this behavior cannot benefit them economically. Therefore, this kind of communities can be called a cultural community in some extent, but they are not functioning as a real one. The activeness and enthusiasm of the residents in site conservation has not been energized.

The Site of Daming Palace of Tang Dynasty is located at Long Shou Yuan, the northeast of Xi'an. It is a large-scale palace that covers an area of approximately 3.5 square kilometers. There are over 40 heritage sites have been verified, including halls, stages, floors, and pavilions. It is the most complete preserved palace site of Tang dynasty at home and is significant for the research of Tang dynasty's architecture. Specially, Daming Palace is located in shantytown area with poor living environment in Xi'an. To meet the demand for the site conservation, the government prohibits large-scale housing construction in this area, so the living environment for the residents does not improve at all. The residents' income in this region lower than that in other regions. Moreover, serious urban problems such as poor sanitation, less-convenient living facilities, and high crime rate lead to the weak awareness in cultural heritage conservation of residents in this area. Therefore, we cannot call it an effective cultural community.

In conclusion, the oriental architecture sites witnessed the history of site creation and the history of co-existence and development between the site and residents. The site should be protected in a sustainable manner and promote the development of its community. However, it is difficult to form an authentic cultural community because the significance of site protection can hardly be recognized by the public.

3 Community Issues Based on Xi'an Practice

3.1 The composition of single archaeological sites and their community

Based on the continuous excavation of cultural value of heritage sites, the protection is conducted from a single archaeological site to a certain range of cultural community. The Site of West Market of Tang Dynasty is the birthplace of the ancient silk road, through which ancient Chinese and overseas merchants made trades frequently. The highly developed commercial civilization represented the highest city level of that age. Meanwhile, the Site of West Market of Tang Dynasty is the typical successful case for private heritage site conservation. The West Market area combines the cultural industry and real estate industry through the conservation and presentation of the site, which forms a community with commerce, trade and business as its unique features. The established international tourism and culture industry themed at the Tang dynasty's commercial culture and civil culture is built on the original site of West Market of Tang dynasty, which improved the poor living environment and facilitated the infrastructure in this area. Moreover, a West Market of Tang Dynasty cultural community is formed by combining the merchants and the surrounding residents inside the site.

3.2 The composition of lineal archaeological sites and their community

A series of relevant single sites are distributed in a line, and their residents are scattered alongside the line, such as Site of the Chang'an City of Sui and Tang Dynasty. Based on the Yanping Gate and the Site of Nanguo City (located at Qujiang district) conservation and presentation project, a linear city garden is built and extend the city wall bordered with green plants, within which the amusement and leisure facilities are built as well. It acts as the symbol of the city wall and shows the grand scale of Site of the Chang'an City Wall of Sui and Tang Dynasties, and provides a recreation and rest area for nearby residents. It formed a culture area with its characteristic, and deepened the understanding of the site of surrounding residents. In this context, it creates new living habits for residents and forms a new cultural community.

3.3 The composition of large district archaeological sites and their community

Along with the expansion of city development, it makes Daming Palace into the city center area. To promote and accelerate Daming Palace conservation work is urgently needed and the residents' living environment needs to be improved. With the rapid development and expansion of Xi'an city, Site of the Daming Palace has entered into the center of city. and the protection project of Site of the Daming Palace needs to be accelerated and promoted. In 2007, Xi'an government decided to make the protection and utilization of Site of the Daming Palace into the north city's renovation project to conduct a unified planning, arrangement, deployment and implementation. Therefore, Damning Palace National Archaeological Site Park is to be established. The original residents who lived inside the site needs to migrate and the residents surrounding the site will be rearranged. The whole area will be planned with Daming Palace National Archaeological Site Park as the living center. The residents are mixed with those original residents and new residents who purchases apartment or offices in this area. The numbers of residents and their lifestyle and cultural activities will change a lot. The conservation project not only effectively preserves the architectural remains that represent traditional culture, but also makes it a symbol of the cultural memory of neighboring residents. The heritage park is a kind of urban cultural space that provides new cultural space for new residents. Cultural space reconstruction and integration of folk culture can not only functions as a cultural space but also enrich the surrounding residents amateur life, greatly improving residents' quantity, living environment, and humanistic quality. By doing so, the overall taste of the city can be improved as well.

3.4 The composition of large cross-district archaeological sites and their community

As for the site filled with residents, the site has been deeply converged with the residents. The main area of Chang'an City of Han Dynasty is about 36 kilometers and its planning area is 75 kilometers. Within the site, there are tens of thousands of residents living there. Currently, for key areas, the strict protection measures are conducted in Chang'an City of Han Dynasty, and some residents were resettled in areas outside the Weiyang Palace whose protection restrictions are not so strict as that of the Chang'an City of Han Dynasty. On the one hand, resettled residents have not been constrained by the protection of the site and their living conditions have improved. On the other hand, government applied general conservation and planning in the whole site area based on the site adequate protection and natural ecological environment conservation to explore more positive and long-term relationship between the site and residents. In addition, the government implemented the culture heritage conservation display project positively, highlighted cultural image and cultural glamour of the site to improve surrounding environment and infrastructure, which makes the site area more comfortable for people to live. All these measures help to form a cultural industry. Meanwhile, through the voluntary protection of the residents, the site is conserved perfectly. The contradiction between the development and heritage conservation is eased and the conservation plan is modified to form a cultural community with Han culture as its core. The conservation plan is modified and constant argument at present.

4 Analysis on the Composition of Oriental Large Archaeological Sites

4.1 Therelationship between original community and archaeological sites

The Oriental Large Archaeological Sites has the characteristics of large areas and hardly decipherable, although there have certain scale communities with number of residents living inside or surrounding the site, a social structure associated with culture has not formed because there is short of cultural activities relevant to the site. Therefore, we can hardly call it a cultural community.

4.2 The forming process of a new community

The heritage site needs to discovered through archaeological exploration to form the conservation area at first. And the site conservation and presentation project need to be carried out to research its cultural connotation to form a subarea pattern through regional planning. After the formation of a prototype of the community, the residents who lived in the community generate psychological emotions which are cultural identification and the sense of cultural belonging. The whole community shares the consciousness of community that influenced by heritage site culture, and a site cultural community will be formed eventually.

4.3 The way to adjust the cultural community

Currently, the formation and adjustment of a cultural community are carried out by government administrative and economic measures. In this way, the formation of cultural community is slow in speed and worse in quality. Instead, it should adopt voluntary way for community adjustment and achieves the changes from passiveness to initiative, and the core should be residents' choice to stimulate residents' thinking on the relationship with the heritage site. Consequently, it should have more advantages on cultural community formation and reach the ideal situation of sharing development achievement between the site conservation and residents' living.

5 The Inheritance and Development of Community Culture

5.1 The relationship between community and community culture

Intangible cultural heritage not only originates from the community, but also inherits by the community, especially closely related to the folk culture activities and traditional festivals. The community is the owner of the intangible cultural heritage, and the inheritor of the long-term protector of the intangible cultural heritage. We should cultivate the cultural consciousness of the community and encourage and support the people within the community to inherit the intangible cultural heritage consciously and voluntarily. In addition, the construction of cultural atmosphere plays a very important role in building community cohesion and identity.

5.2 Community cultural activities at Xi'an Large Archaeological Sites

Site of the Chang'an city of Sui and Tang Dynasty city wall linear garden displays traditional cultural elements by means of sculpture, calligraphy, arts and crafts, and painting. The garden improved the surrounding cultural environment, including the site cultural display area, cultural exchange area, site display area and so on. There is also a special place for citizens and tourists to compose poems. Citizens who are not close to the site are attracted by the cultural atmosphere of the garden as well. Some parents take their children to the children's area of the garden to cultivate their children's learning and inheritance of traditional Chinese tang poetry culture.

The musical performance space is divided into spontaneous performance space and professional performance place. Now, the Damning Palace National Archaeological Site Park has become a place for residents to play music spontaneously. Musical intangible cultural heritage activities are often held in this area. Residents often participate in such activities spontaneously, and the organization of activities are flexible. For instance, fans play in this area in their spare time. It is also a good place for citizens to fly kites. In addition, the administration of site of Daming Palace organizes some intangible cultural heritage activities on traditional festivals, such as fire performance, Qinqiang opera performance, flower lanterns, paper-cut and shadow play during the Spring Festival and the Lantern Festival. The second silk road international kite festival was held in April this year. All these activities aim to arouse the interest of the residents in intangible cultural heritage (Fig. 1-Fig. 3).

Fig. 1　The second silk road international kit festival

Fig. 2　Qinqiang Opera(Source: sxdaily February 11th, 2016)

Fig. 3　Paper Cut

With the conservation project of Weiyang Palace of Chang'an City of Han Dynasty, some village resettled. Now, a few villages, such as the south Wudian village, the Ge Laomen village and the Lou getai village , are preserved. Along with the resettled of some villages, the folk culture is lost gradually in the key conservation area. To solve this issue, the administration of the site of Weiyang Palace has done a lot to promote the intangible cultural heritage. Zhao ChaoYi, inheritor of Hanfu[①], were invited with his friends to hold a promotion activity of Hanfu in the site of Weiyang Palace in Chang'an City. They wear traditional Chinese costume on the site of the Han Dynasty Palace to promote the traditional costume (Fig. 4). Today's Chinese youth is becoming more and more interested in Chinese costume , and many places have been set up in the Han Dynasty Palace. Many of the young have spontaneously formed groups to promote it. In addition, some folk cultural activities were held, such as, dragon-lion dance performances, martial arts, and diabolic juggling. These have cultural influences on tourists and the surrounding villages (Fig. 5). Zaoyuan village, with 2, 000 population, is located around the site. The government sets up a cultural center for villagers. In recent years, with the support of the village committee, the enthusiasm of the villagers to participate in cultural and sports activities is increasing, including tai chi ring (knife), kung fu , drum performance, qinqiang opera and so on.

---

① National Chinese Costume.

Fig. 4 Zhao ChaoYi and his friends wearing traditional Chinese costume on the Site of Weiyang Palace
(Source: http://www.whjlw.com July 14th 2015)

Fig. 5 Lion-Dragon dance
(Source: sxdaily February 11th, 2016)

References

Bi Jinglong, Wang Hui. 2011. Analysis of Space Form and Culture Quality of Xi'an Tang King Market. HUAZHONG ARCHITECTURE. 2: 146-148.

Chen Wenliang, Yang Xinjun, Zhao Rong. 2007. A Study of Rural Residents' Living Quality on the Large Sites in the Suburb — A Case Study of Chang'an City of Han Dynasty. P lanners. 2: 84-88.

Ferdinand Tonnies. 2011. Community and Society. Dover Publications.

Ge Chengyong. 2013. The new knowledge of the monuments: In the humanities and the baptism of the architectural heritage. Beijing: Cultural Relics Publishing House.

Liang Sicheng. 2011. A History of Chinese Architecture. Beijing: SDX Joint Publishing Company.

Shaanxi Cultural Relics Bureau. 2014. Exploration and Practices on the Protection of Large-sized Archaeological Sites in Shaanxi Province. Beijing: Cultural Relics Publishing House.

Zheng Yulin. 2014. Arousal Remains: The problem of conservation and utilization of large-scale site in the Process of Urbanization. Beijing: Cultural Relics Publishing House.

Initial Exploration into Interpretation and Presentation Planning of Prehistoric City Sites in Chengdu Plain

Bi Ran[①]

Abstract: With the construction of Chengdu Park City, the great sites in Chengdu are embracing great opportunities in their interpretation and presentation. This paper determines the general planning of the interpretation and presentation of the vast prehistoric cities in Chengdu Plain. Through the analysis of the conservation research, characteristics and location development conditions of the city sites, the presentation of the city sites can be divided into three categories: archaeological site park, ecological cultural heritage park and the site for conservation studies. The article puts forward diversified themes and methods in exhibition in order to form a complete interpretation system of Baodun culture.

Keywords: Chengdu, Prehistoric city sites, Interpretation and Presentation

1 Introduction

Since ancient times, Chengdu has become one of the most important cities in China's southwestern region and many historic and cultural sites are located within Chengdu. In President Xi Jinping's visit to Sichuan in 2017, he said that Chengdu should highlight the feature of "city park" and build up a "beautiful and livable city park". At present, the city park construction process fully began in Chengdu and interpretation and presentation of prehistoric city site groups in Chengdu Plain is an important way to enrich connotation of city park and realize its function of cultural carrier. Therefore, through the analysis of exhibition conditions prehistoric city site groups in Chengdu Plain, this essay explores into the orientation and method of interpretation and presentation so as to provide case study for the interpretation and presentation of great sites in Chengdu and even the whole country (Fig. 1).

2 Overview of prehistoric town sites in Chengdu Plain

Prehistoric town sites in Chengdu Plain belong to Baodun cultural heritage site, which was discovered by archaeologists in the 1990s and was the prehistoric town site in the southwest with the longest history, biggest scale and most intense distribution. 3700 to 4500 years from now, Baodun culture is the earliest archaeological culture that can be traced back to in Chengdu Plain, which was consistent with Sanxingdui culture and Jinsha culture and pushed the ancient Shu Culture in Chengdu area more than 2000 years ahead. Prehistoric town sites in Chengdu Plain were historic witness of Sichuan about to cross the civilization threshold, which offered important information for researches in cultural origins and evolutions in Chengdu Plain and Sichuan area. In 2015, prehistoric town sites in Chengdu Plain with Baodun site, ruins of ancient city in Pixian County, Yufu Village site, Mangcheng site, Shuanghe site and Zizhu site as representatives were officially listed into the fifth batch of national key cultural relics protection units (see Table 1 for detail) (Fig. 2-Fig. 7).

---

① Bi Ran. Now working in Beijing Guowenyan Cultural Heritage Protection Center Co., Ltd. Engaged in conservation work of ancient sites.

Fig. 1 Distribution map of prehistoric town sites in Chengdu Plain

Table 1 Basic Information of Prehistoric Town Sites in Chengdu Plain

Name of site	Location	Scale of site	Use age	Structure of city wall	Key remains discovered
Baodun site	Longma Town, Xinjin County, Chengdu	276 hectares, among which 60 hectares for inner city	First and second phases of Baodun culture, continued time or longer	Single wall of twin cities, rectangle inner city, irregular outer city	Tianjiaolin settlement site, inner city road site, multiple large-scale stylobate architecture, several residential architectural site, 43 tombs, plantation crops during Baodun cultural period
Mangcheng site	Qingcheng Town, Dujiangyan	10 hectares	Second phase of Baodun culture	Rectangle double walls	Internal and external ditch site, 11 architectural sites (including one building made of bamboo rib and mud wall)
Zizhu site	Liaoyuan Town, Chongzhou	20 hectares	Second and third phases of Baodun culture	Rectangle double walls	Ditch and pit sites
Shuanghe site	Shangyuan Town, Chongzhou	11 hectares	Third phase of Baodun culture	Rectangle double walls	One relatively large-scale architectural site in the middle part of China, pebble site, microlith unearthed
Ruins of ancient city in Pixian County	Gucheng Town, Pidu District	31 hectares	Third and fourth phases of Baodun culture	Rectangle single wall	Predict to be city gate, ditch site, centre large-scale foundation architectural site, 13 small-scale architectural sites, one tomb
Yufu Village site	Wanchun Town, Wenjiang County	32 hectares	Third and fourth phases of Baodun culture	Irregular single wall	14 architectural sites, 12 home locations, and 4 tombs

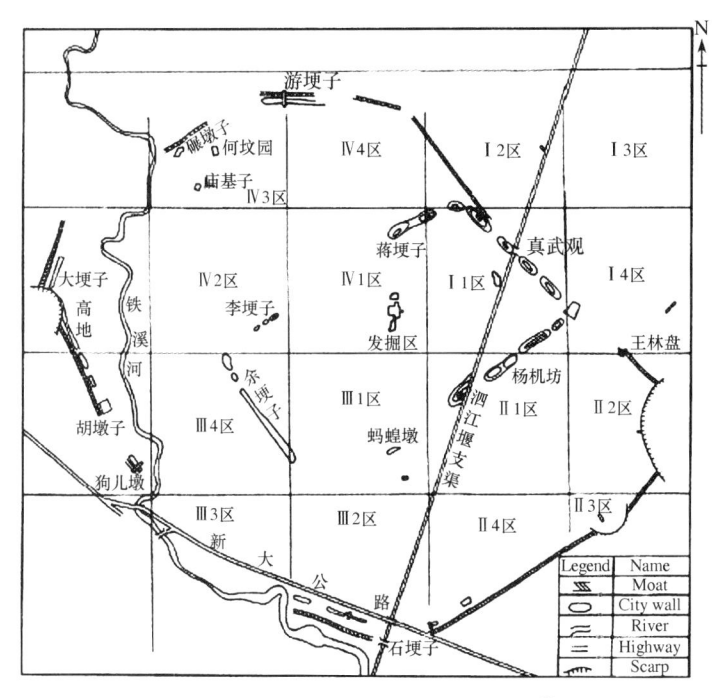

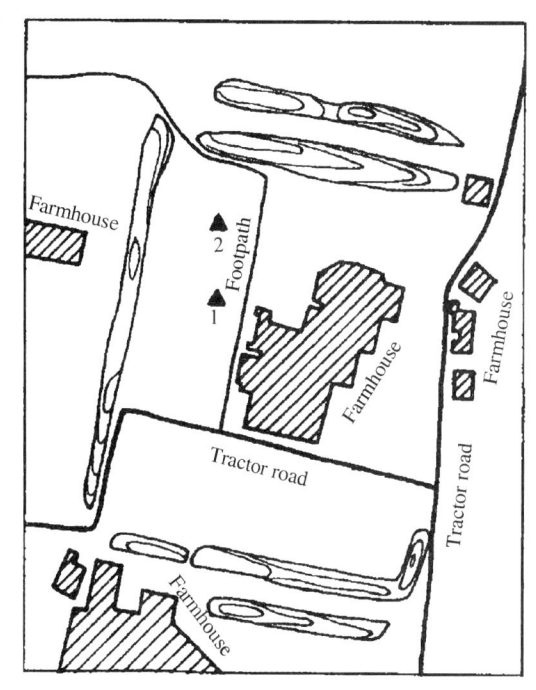

Fig. 2　Figure of ancient city site of Baodun[1]　　　　　Fig. 3　Mangcheng site[2]

Based on existing archaeological research results, ancient Shu culture of Chengdu Plain is divided into Baodun culture, Sanxingdui culture, Shierqiao culture and late Bashu culture[3], among which Jinsha site was the representative of Shierqiao culture. Marquis states were first set up when Qin Dynasty destroyed Bashu and Chengdu Plain integrated into Chinese culture, which became the cultural development center in China's southwestern region.

At present, Sanxingdui site and Jinsha site have become representatives of Bashu culture and been open to different extents. With Baodun culture as core carriers, exhibition work of prehistoric city sites in Chengdu Plain was not fully launched (see Table 2 for detail). But the proper exhibition of prehistoric city sites in Chengdu Plain is a key link of comprehensively exhibiting historic culture of Chengdu Plain and a key engine for driving regional economic and cultural development (Fig. 8-Fig. 11).

Table 2　Evolution of Ancient Shu Culture in Chengdu Plain

Time (B.C.)	Ancient Shu Culture	Representative remains	Status quo of exhibition
2500-1700	Baodun culture	Prehistoric city sites in Chengdu Plain	No systematic work Exhibition work
1200-1700	Sanxingdui culture	Sanxingdui site	Sanxingdui National Archaeological Site Park Sanxingdui Museum 4A level tourist attraction
500-1200	Shierqiao culture	Jinsha site, Shierqiao site	Jinsha National Archaeological Site Park Jinsha Museum 4A level tourist attraction

---

① Jiang Zhanghua, Li Fuxiu, Zeng Li, Yan Bin, He Kunyu, Zuo Zhiqiang, Yang Yang, Bai Tieyong, Cheng Yuanfu, Yan Bin, Shi Tao. Report on excavation of Garden stool of Baodun site in Xinjin County in 2010 [J]. Chengdu Archaeological Discovery, 2012(00): 1-63+592-594.

② Yan Jinsong, Jiang Zhanghua, Fan Tuoyu. Survey and Trial Excavation of Mangcheng Site in Dujiangyan, Sichuan [J]. Archaeology, 1999(07): 14-27.

③ Jiang Zhanghua, Yin Jianhua, Xie Hui. Historic Process of Forming of Bashu Cultural Region and Its Further Convergent Development [J]. Forum on Chinese Culture, 2001, 04: 55-59.

Continued

Time (B.C.)	Ancient Shu Culture	Representative remains	Status quo of exhibition
316-500	Late Bashu culture	Ancient Shu ship coffin remains in Chengdu	Construction planning of Chengdu Ship Coffin Remains Museum, unearthed ship coffin and important movable cultural relics are exhibited in Chengdu Museum
316	Qin Dynasty destroyed Bashu and Bashu culture began to integrate into Han Culture.		

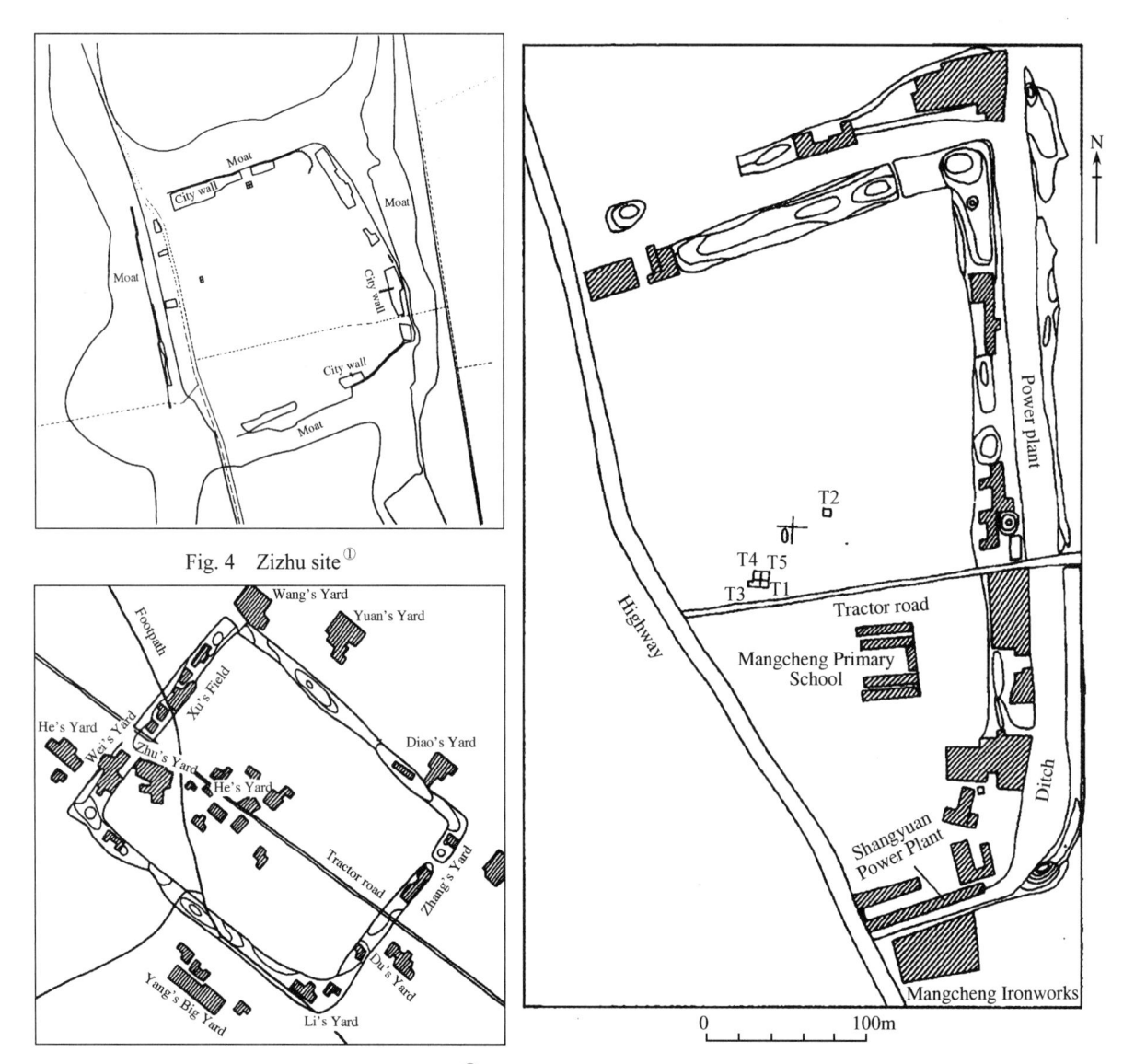

Fig. 4 Zizhu site[①]

Fig. 6 Ruins of ancient city in Pixian County[③]

Fig. 5 Shuanghe site[②]

---

① Photo taken in Chengdu Museum.
② Jiang Cheng, Li Mingbin. Brief Report on Excavation of Prehistoric Shuanghe City Site in Chongzhou, Sichuan [J]. Archaeology, 2002(11): 3-19+97+1.
③ Yan Jinsong, Chen Yunhong, Tang Zhihong, Jiang Shiliang, Dai Ziming, Chen Ping, Cheng Yuanfu, Dang Guosong, Dang Guoping. Excavation Gains in Ruins of Ancient City in Pixian County, Sichuan Province from 1998 to 1999 [J]. Chengdu Archaeological Discovery, 1999(00): 29-39+320.

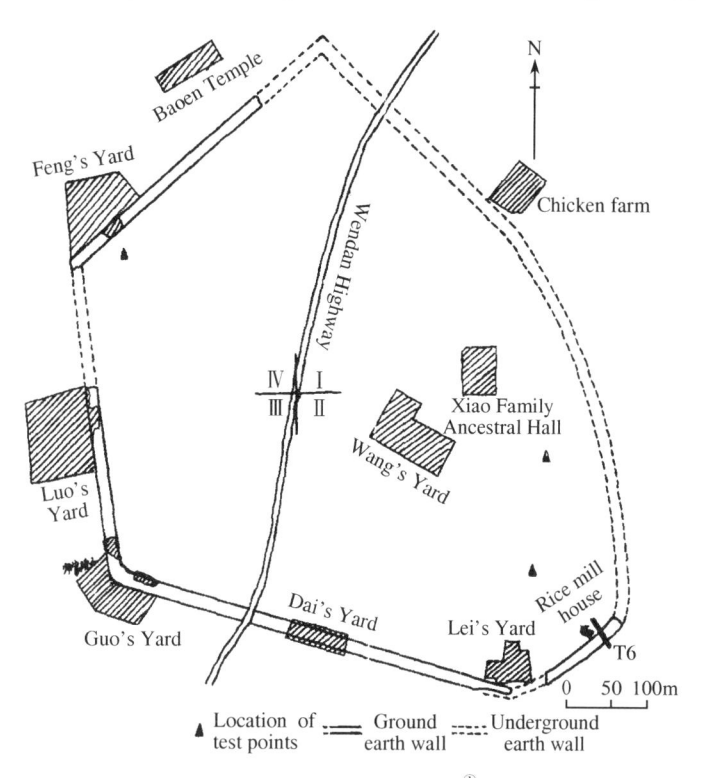

Fig. 7　Yufu Village site[1]

Fig. 8　Jinsha Museum[2]

Fig. 9　Sanxingdui Museum[3]

Fig. 10　Status quo of Baodun site

Fig. 11　Status quo of ruins of ancient city in Pixian County

---

① Jiang Cheng, Li Mingbin, Huang Wei. Survey and Trial Excavation of Yufu Village Site in Wenjiang County, Sichuan Province [J]. Cultural Relics, 1999.

② Source of image: www.jinshasitemuseum.com.

③ Source of image: www.sxd.cn.

3 Planning idea of interpretation and presentation

3.1 Use culture to build up an overall exhibition system of prehistoric culture in Shu area

Baodun culture, Sanxingdui culture and Shierqiao culture born by prehistoric city sites in Chengdu Plain are principle lines of ancient Shu culture in Chengdu Plain. The six city sites among prehistoric city sites in Chengdu Plain are at different phases of Baodun culture with continued period of time. The archaeological information of the six city sites can comprehensively and clearly present Baodun culture. Therefore, prehistoric city sites in Chengdu Plain should not be presented in an isolated manner and should form a comprehensive presentation system.

3.2 Protective research first, advancing presentation work in combination of archaeological results

Prehistoric city sites in Chengdu Plain were buried at a relatively superficial location under the earth with vulnerable conservation condition, which should fully consider the conservation of sites in presentation planning. City sites faced with destruction threats and in poor conservation condition should be the priority in conservation and exhibition orientation should focus on the stability of ecological environment and landscape of sites with the premise of controlling construction environment. With deepening archaeological work of prehistoric city sites in Chengdu Plain, the archaeological research depth of each city site is different. Presentation planning should combine archaeological work for phased development and be adjusted in a dynamic way based on research results to constantly improve the presentation system.

3.3 Highlight features of remains and fully interpret connotations of Baodun culture in a differentiated way

As part of Baodun culture, each prehistoric city site has its unique features in terms of cultural phase, form and pattern of city and construction skills. For example, the forms of city site include irregular and rectangle forms and city walls include single and double city walls. Architectures in city sites of Baodun culture are mainly made up of wood bone and mud wall, but the only bamboo bone and mud wall architecture was unearthed in Mangcheng site. Values and features of each city site should be obtained through comparative research to determine the corresponding material carrier, carry out differentiated presentation planning and avoid stereotyped presentation contents.

3.4 Determine the orientation of presentation in combination with urban development

Presentation planning of prehistoric city sites in Chengdu Plain should combine with regional environment and urban development. Consideration should be given to consolidated utilization of urban transportation development and neighboring resources in presentation of these sites. Differentiated orientations should be made for sites with different room for urban development. The sites should be incorporated into regional recreational system, which can give play to functions of regional cultural sightseeing, ecological agriculture and recreational tourism while conserving the sites and giving full play to the role of sites in carriers of cultural space.

4 Analysis of presentation conditions

Based on relevant researches in field research, archaeological report and Chengdu general planning, analysis is made from perspectives of conservation research, features of remains and regional environment to evaluate conditions for opening, features of presentation and potential of utilization and provide basis for presentation planning.

4.1 Conservation and archaeological research

Among the prehistoric city sites in Chengdu Plain, cultural relics conservation plans for Baodun, Mangcheng and

Pixian city sites have been approved and implemented with relevantly sound conservation management system. Construction activities within the conservation scope have been under effective control with stable conservation status of city sites. Yufu Village and Zizhu city sites face threats by construction activities of villages and should aim sound conservation recently. Yufu Village, Zizhu and Shuanghe city sites should compile planning for cultural relics conservation and guide the conservation of sites as soon as possible. In terms of archaeological research, corresponding archaeological results have been achieved for city sites except Zizhu city site, among which Baodun site reaped the most abundant archaeological results. Important remains in large scale including settlement sites and roads around the road have been confirmed and existing archaeological information can support rich presentation experience. In conclusion, at present, Baodun site can be opened and presented while Mangcheng site and Pixian site can be opened and presented to a moderate extent (Fig. 12, Fig. 13).

Fig. 12 Floor plan of excavation of Tianjiaolin settlement site[①]

Fig. 13 Grand ceremony at the center of ruins of ancient city in Pixian County[②]

4.2 Analysis of features of remains

Ancient Baodun city site was in twin-city structure, which is the city site with the most abundant remains and the most complicated settlement form among city sites in Chengdu Plain. Its presentation should set up a typical example and fully present Baodun culture. Mangcheng site has been discovered as double city wall and double ditch structure with special bamboo bone and mud wall architectures, with representative architectural technologies. Ruins of ancient city in Pixian County was in rectangle single city wall with large scale ceremonial architecture in the center, which should be early forms of ancestral temples and reflect the origin of ancient Shu ancestral temples[③] (Fig. 14). Through research in features of unearthed cultural relics, archaeologists are of the opinion that Baodun culture can be divided into four phases[④]. As third and fourth phase remains, Yufu Village was home to a lot of cultural remains, which was the most in excavation of remains in the Neolithic Age in western Sichuan Plain. Pottery in this site can provide important physical evidence for research in Baodun culture and presentation contents of Yufu Village can be done by popularizing features of Baodun culture.

4.3 Regional environmental conditions

Regional environment is analyzed in terms of transportation in site region, neighboring landscape resources and

---

① He Kunyu, Zhou Li, Zhang Handong, Lv Hongliang, Zuo Zhiqiang, Li Lan, Jiang Zhanghua. Excavation of Tianjiaolin in Baodun Site in Xinjin County, Chengdu [J]. Archaeology, 2018(03):3-25+2.

② The image was from the Internet.

③ Duan Yu, Chen Jian. Initial Exploration into Nature of Prehistoric Cities in Chengdu Plain [J]. Tianfu New Idea, 2001(06): 81-86.

④ Jiang Zhanghua, Wang Yi, Zhang Qin. Initial Discussion in Pre-Qin Culture in Chengdu Plain [J]. Acta Archaeologica Sinica, 2002(01): 1-22.

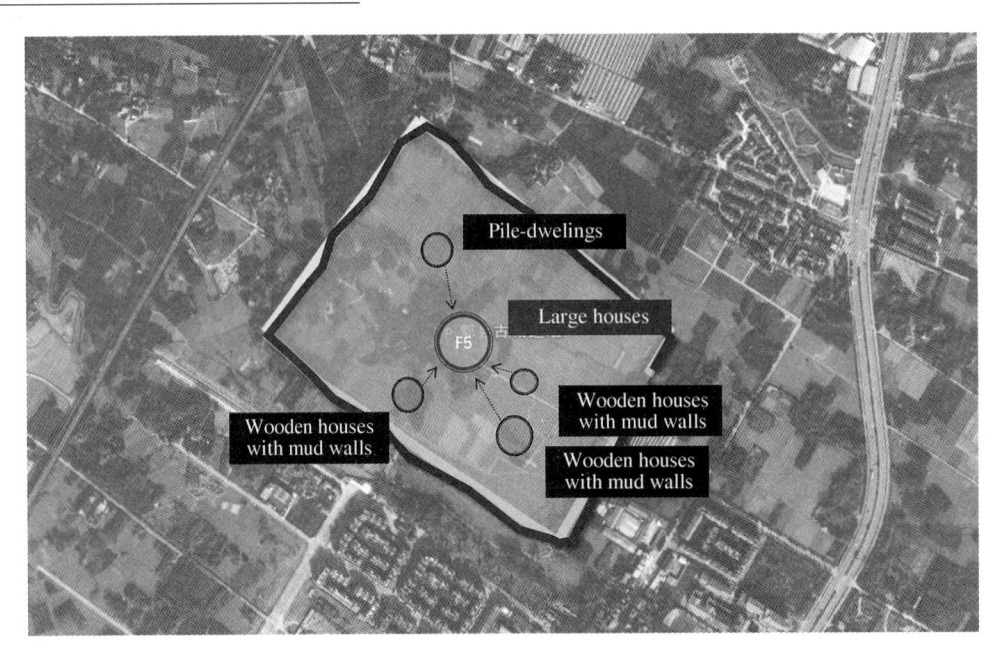

Fig. 14　Analysis figure for prediction of ruins of ancient city in Pixian County in center settlement layout

service facilities. From the analysis of regional transportation, transportation in Baodun, Mangcheng, Pixian and Yufu Village is sound in traffic accessibility while Baodun, Pixian and Yufu Village can reach Chengdu directly through urban express ways. Shuanghe and Zizhu city sites were relatively far from main urban zone with poor accessibility. From the analysis of neighboring landscape resources, Xinjin County where Baodun site is located is a suburb recreational tourism area in Chengdu with rich natural and tourism resources. Forests, farmlands and ancient city walls constitute sound countryside landscape. In the General Urban Planning of Chengdu (2016-2035), the government proposes to build up Baodun cultural landscape area with Baodun city site as the core. Mangcheng site was close to Mount Qingcheng, a national scenic area and was located in Dujiangyan, the nationally famous historic and cultural city. Key tourist destinations of Chengdu such as Museum of Sichuan Cuisine were in neighborhood to ruins of ancient city in Pixian County. From the analysis of service facilities, Baodun, Mangcheng, and Pixian city sites were close to urban built-up area with relatively sound supporting facilities including catering and accommodation. Zizhu, Shuanghe and Yufu Village were in farmland environment with poor supporting facilities. In conclusion, Baodun, Pixian and Mangcheng city sites have relatively sound presentation conditions, which can form scale effect in combination of mature cultural and tourism resources. With huge presentation potential, presentation orientation of these sites should face the whole country (Fig. 15, Fig. 16).

Table 3　Analysis of regional environmental conditions

Name of site	Analysis of regional development		
	Accessibility	Neighboring resources	Available service facilities
Baodun site	Relatively good	Relatively good	Relatively good
	10 kilometers away from Xinjin County, close to Daxin Road, connecting Chengxinpu express way to Chengdu	Baodun section of Xinjin garden road tourism loop line, forest conservation area of western Sichuan, 4A level tourist attraction area, Guobao Guanyin temple, etc.	Agritainments and resorts are located in the neighborhood; close to Xinjin County with sound service facilities
Mangcheng site	Relatively good	Relatively good	Relatively good
	2 kilometers away from high-speed rail station of Mount Qingcheng, 12 kilometers away from high-speed rail station of Dujiangyan	Mount Qingcheng, a national scenic area and Dujiangyan, the nationally famous historic and cultural city	Agritainments and resorts are located in the neighborhood; close to Mount Qingcheng with sound service facilities

Continued

Name of site	Analysis of regional development		
	Accessibility	Neighboring resources	Available service facilities
Zizhu site	Ordinary	Relatively poor	Relatively poor
	10 kilometers away from high-speed rail station of Chongzhou (not available), 1 kilometer away from Guanghua Avenue	None	None
Shuanghe site	Relatively poor	Relatively poor	Relatively poor
	Close to Jie'an Road, 22 kilometers away from high-speed rail station of Dujiangyan	None	None
Ruins of ancient city in Pixian County	Relatively good	Relatively good	Relatively good
	Roads all around, convenient traffic, about 35 kilometers away from Chengdu	Chengdu Museum of Chuan Cuisine, Experience Park of Chuan Cuisine, antique street, Wangcong Ancestral Temple	Close to ancient city business district, sound service facilities of accommodation and catering
Yufu Village site	Relatively good	Ordinary	Ordinary
	Piwen route, 8 kilometers away from Pidu District, 10 kilometers away from Wendu District	Floraland Park, 4A level scenic area	The neighborhood of the city site is village environment, close to Pidu District and Wendu District, sound service facilities

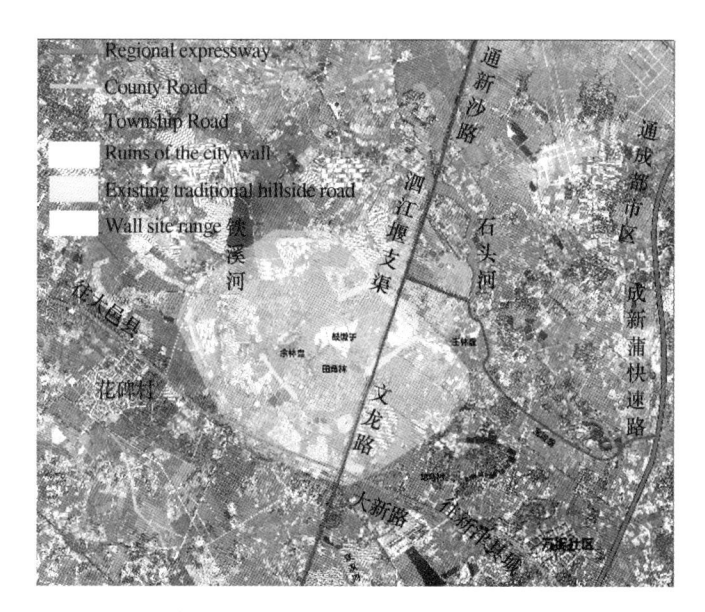

Fig. 15 Figure of regional environment of Baodun ancient city site

Fig. 16 Figure of regional environment of ruins of ancient city in Pixian County

5 Initial exploration into presentation planning

From the perspective of the orientation of presentation, this essay divides prehistoric city sites in Chengdu Plain into national archaeological site park, ecological and recreational cultural heritage park and places for research of site conservation with proposals for presentation themes and methods (Fig. 17, Fig. 18).

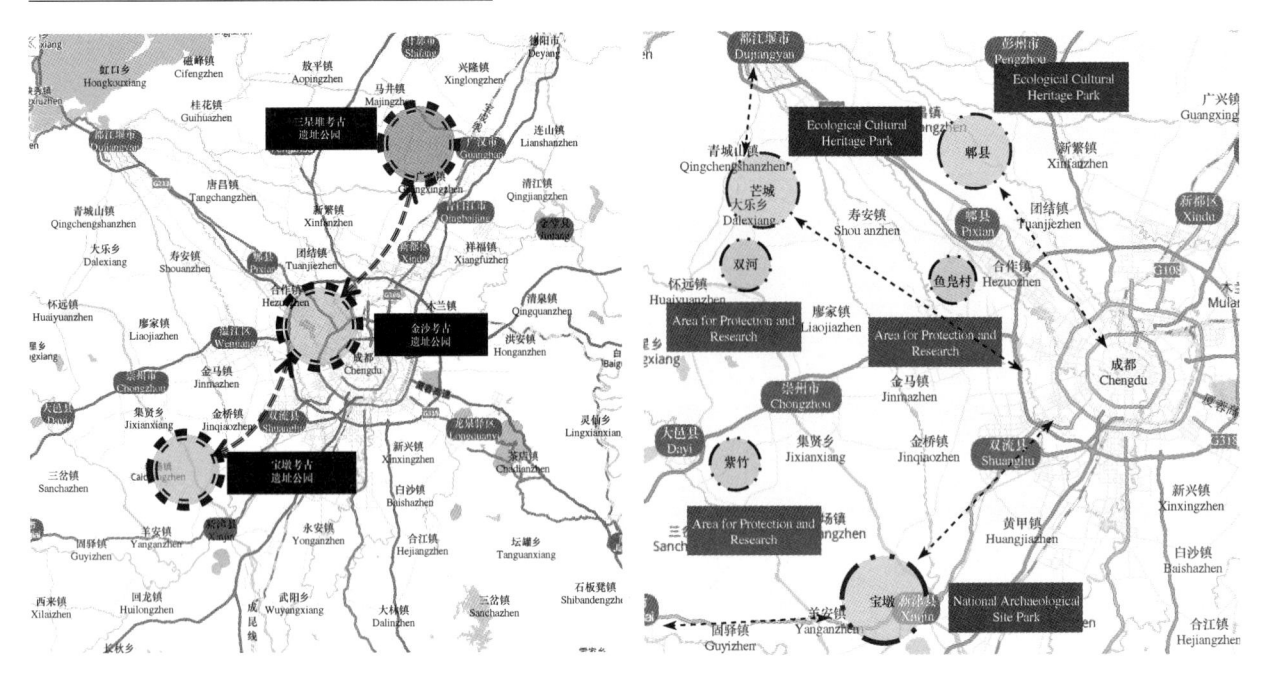

Fig. 17 Relationship between Sanxingdui, Jinsha and Baodun presentation regions

Fig. 18 Orientation planning of exhibition of prehistoric city sites in Chengdu Plain

5.1 Build up a representative Baodun culture national archaeological site park

As prehistoric city site in Chengdu Plain, Baodun ancient city site exhibits the most representative remains of Baodun culture, which boasts outstanding conditions in conservation research, value importance, regional environment and urban development. It is suggested to be built up into the national archaeological site park at the same level as Jinsha and Sanxingdui sites with scientific, educational and recreational functions. It should be specific public space of nationally demonstrative significance in terms of conservation and exhibition of archaeological sites.

The theme of exhibition of Baodun ancient city site should highlight "origin of ancient Shu culture" in combination with sound countryside ecological environment to exhibit the comprehensive settlement site with ancient Shu environment as the core and reproduce prehistoric urban landscape of Chengdu Plain. By relying on Baodun ancient city site, we should build up Baodun cultural museum and set up the cultural exhibition platform for prehistoric sites in Chengdu Plain to systematically explain ancient Shu culture.

5.2 Give play to regional advantages to create the ecological cultural heritage park

Mangcheng and Pixian city sites possess conditions for opening and exhibition with rich neighboring natural and human resources. Mangcheng and Pixian ancient city sites are suggested to be built into regional ecological cultural heritage park and promote regional cultural connotation through presentation of sites. They are also equipped with functions of countryside ecological sightseeing and cultural tourism, so as to become public room for tourists, researchers and neighboring residents in cultural recreational activities.

Ruins of ancient city in Pixian County is the most comprehensively conserved city site among prehistoric city sites in Chengdu Plain. It is suggested to use the theme of city site layout of center of Baodun cultural city site and exhibit settlement layout of Pixian city site center and comprehensively conserved city wall sites. Mangcheng site is suggested to use the theme of exhibiting construction technologies for Baodun cultural city site. It is suggested to use simulated recovery or digital exhibition of major remains including sections of double city wall and double ditch and architectural site of bamboo bone and mud wall.

5.3 Research location for site conservation in combination of science popularization education

Opening conditions for Zizhu, Shuanghe and Yufu Village city sites are in need of improvement. These sites are suggested to be research locations for site conservation of Baodun culture. Archaeology first, conservation-oriented and not fully opened yet. Site information should be popularized in the minimum intervention form and mainly serve archaeological researchers and history enthusiasts.

Research locations for site conservation should reserve farmland environment, strictly control the soil depth, interpret land surface identifications of key sites including city wall site and architectural site, and introduce Baodun culture and prehistoric city site in Chengdu Plain through the method of image-text exhibition. Yufu Village is suggested to use the theme of exhibiting archaeological landscape features of Baodun culture, interpret city site features and unearthed utensils and popularize common knowledge of archaeology.

6 Summary

By taking advantage of the advantage of construction of Chengdu park city, this essay proposes suggestions for the presentation orientation and presentation contents of prehistoric city sites in Chengdu Plain through analysis of the status quo of heritage, features of remains and regional development. The author is in the hope that this essay can provide ideas for presentation of Shu culture and construction of park city and provide referential experience for presentation of similar cultural relics in other regions.

References

Duan Yu, Chen Jian. 2001. Initial Exploration into Nature of Prehistoric Cities in Chengdu Plain. Tianfu New Idea, 6: 81-86.

He Kunyu, Zhou Li, Zhang Handong, Lv Hongliang, Zuo Zhiqiang, Li Lan, Jiang Zhanghua. 2018. Excavation of Tianjiaolin in Baodun Site in Xinjin County, Chengdu. Archaeology, 3: 3-25.

Jiang Cheng, Li Mingbin. 2002. Brief Report on Excavation of Prehistoric Shuanghe City Site in Chongzhou, Sichuan. Archaeology, 11: 3-19, 97.

Jiang Cheng, Li Mingbin, Huang Wei. 1999. Survey and Trial Excavation of Yufu Village Site in Wenjiang County, Sichuan Province. Cultural Relics.

Jiang Zhanghua, Li Fuxiu, Zeng Li, Yan Bin, He Kunyu, Zuo Zhiqiang, Yang Yang, Bai Tieyong, Cheng Yuanfu, Yan Bin, Shi Tao. 2012. Report on excavation of Garden stool of Baodun site in Xinjin County in 2010. Chengdu Archaeological Discovery: 1-63, 592-594.

Jiang Zhanghua, Wang Yi, Zhang Qin. 2002. Initial Discussion in Pre-Qin Culture in Chengdu Plain. Acta Archaeologica Sinica, 1: 1-22.

Shan Jixiang. 2010. Exploration and Practice in Large-scale Archaeological Site Park. China Cultural Heritage Science Research, 1: 2-12.

The State Bureau of Cultural Relics. 2016. Management Methods for National Archaeological Site Park (Trial).

Yan Jinsong, Jiang Zhanghua, Fan Tuoyu. 1999. Survey and Trial Excavation of Mangcheng Site in Dujiangyan, Sichuan. Archaeology, 7: 14-27.

Yan Jinsong, Chen Yunhong, Tang Zhihong, Jiang Shiliang, Dai Ziming, Chen Ping, Cheng Yuanfu, Dang Guosong, Dang Guoping. 1999. Excavation Gains in Ruins of Ancient City in Pixian County, Sichuan Province from 1998 to 1999. Chengdu Archaeological Discovery, 29-39, 320.

Some Humble Opinions on Promoting the Sustainable Development of Prehistoric Sites

Gao Fei[①]

Abstract: The number of prehistoric sites in China is huge and occupies an important position in national cultural relics resources system. In today's new era, in order to meet the cultural needs of the public, we should scientifically and rationally locate the multi-function of prehistoric sites, actively adopt new ideas, new measures and new forms, attract the public to enter and get close to prehistoric ruins, let prehistoric sites glow new vitality, and seek sustainable development on the road of national rejuvenation.

Keywords: prehistoric ruins, sustainable development

Prehistoric sites are widely located within China in various numbers. They are precious materials for exploring source and evolution of ancient Chinese people and development of prehistoric civilization and a key part of China's cultural heritage treasury. In this new historical era, we have to objectively analyze and summarize the problems and contradictions with the protection and sustainable development of prehistoric sites, scientifically and rationally locate the multi-function of prehistoric sites, build up a protection pattern that can boost sustainable development of prehistoric sites and constantly meet the increasing cultural demands of the public, so as to create sound cultural life for the public.

1 Distribution of prehistoric sites and their position and role in China's cultural relic resource system

1.1 Concept of prehistoric sites

The word "prehistoric" was proposed by Daniel Wilson. In 1851, he published *The Archaeology and Prehistoric Annals of Scotland*, which first used the word "prehistoric". The so-called "prehistoric period" refers to the historic period before the creation of characters in human society while prehistoric culture refers to the human culture before the creation of characters. The prehistoric period generally includes the Neolithic Age and the Paleolithic Age, which is the period for the origin of ancient humans and budding of ancient civilization. Since there is no character evidence in prehistoric period, prehistoric sites bearing prehistoric culture and recording prehistoric human activities are preserved till now, which becomes key archaeological material and historic basis for research in China's prehistoric civilization.

1.2 Classification, quantity and distribution of prehistoric sites in China

Categories of China's prehistoric sites include ancient human sites, animal fossil sites (such as Zhoukoudian paleoanthropological site), tomb sites (such as Niu River Lianghong mountain site in Liaoning Province), settlement

---

① Liaoning Province Dashiqiao Jinniushan Museum.

sites (such as Banpo site in Shaanxi) and townsites (such as Liangzhu site in Zhejiang). Many sites are in compound types, e.g. there are also tomb and sacrifice sites within settlement sites and twonsites.

Based on the seven batches of national key cultural relics protection unit list released by the state bureau of cultural relics, there are about 400 prehistoric sites in the Neolithic Age and the Paleolithic Age, about one tenth of the total. Among these 400 prehistoric sites, 88 were from the Neolithic Age and the rest were from the Paleolithic Age. These sites were widely located among 30 provinces, autonomous regions and municipalities in China, among which 14 regions have more than 10 sites, namely Henan Province (64), Shandong Province (55), Shaanxi Province (31), Hubei Province (22), Zhejiang Province (22), Gansu Province (22), Inner Mongolia (21), Hebei Province (20), Jiangsu Province (20), Shanxi Province (16), Anhui Province (16), Hunan Province (16), Liaoning Province (13), and Yunnan Province (10). From the distribution of areas above, these prehistoric sites are mainly located in Yellow River, Yangtze River and Liaohe River Basin, which verified the clear origin of Chinese civilization.

From the perspective of protection level, as mentioned above, there are 400 prehistoric sites on national key cultural relics protection unit list. In addition, many prehistoric sites were recognized as provincial, city and county-level cultural relic protection units or were not published excluding Hong Kong, Macao and Taiwan. There are over 2000 sites found from the Paleolithic Age[1]. Prehistoric sites in China are large in quantity and huge in scale, which is historic witness of long Chinese civilization and a key part of China's cultural relic resource treasury.

1.3 Key role of China's prehistoric sites in China's cultural relic resource system

Prehistoric sites spanning millions of years of space-time from north to south and from east to west of China. Through generations of archaeologists' discovery and research in these sites, remarkable achievements have bee made. Sites from the Paleolithic Age have made great contributions to the origin of ancient humans and Homo sapiens in east Asia, promoted the development of human evolutionary theory[2], and laid the foundation for China as a key role in world's research in paleoanthropology. Sites from the Neolithic Age have also displayed the cultural diversity, including Peiligang culture and Jiahu culture in Central Plains, Hongshan culture in the north, Qujialing culture and Liangzhu culture in the south, Dawenkou culture and Longshan culture in the east, Dadiwan culture and Yangshao culture in the west. Various cultures collide and integrate with each other. Through constant communication and evolution, various regional cultures were gradually optimized, which made cultural preparation for the coming of recorded Chinese civilization.

It can be said that prehistoric sites preserved through long and hard times lighted the first wisp of fire, shaped the first tool, carved the first symbol and planted the first seed for Chinese culture. Its value and role are manifested not only in history, art, science and society, but also in the witness of beginning of Chinese civilization.

2 Characteristics and status quo of protection and utilization of prehistoric sites, drawbacks objectively inspected

2.1 Characteristics and status quo of China's prehistoric sites

From the perspective of its material nature, prehistoric sites manifest the following characteristics[3]:

(1) Existence of regional form of site community: such as settlement sites from the Neolithic Age.

(2) Existence of form of flat or three-dimensional earthen site: prehistoric sites are mainly rock-soil sites. The noumenon of settlement sites mainly exists in flat form while the noumenon of fossil sites mainly exist in flat and

---

[1] Gao Xing, Yi Mingjie. *Paleolithic Culture of China under Theoretical Perspective*. Papers Presented at the International Conference on Frontier Archaeology in Ujimqin China, 2009, 07.

[2] Wu Xinzhi. *Contribution of China's Human Fossil Research to Anthropology*. Quaternary Research, 1993, 03(2).

[3] Li Kai. *Excitation of Great Ruins – Exploration into Value Realization of Great Ruins*. Urban-rural Management and Planning Reform: Papers Presened at 2014 China Urban Planning Annual Meeting, 2014, 09.

three-dimensional compound form.

(3) The boundary of the noumenon of cultural relics and boundary of possible archaeological remains may not be clear.

From the perspective of its cultural nature, prehistoric sites manifest the following characteristics:

(1) Natural and human destructions or interventions formed by history lead to intact noumenon of cultural relics.

(2) For researchers and ordinary visitors, the historic and cultural information and the disciplinary fields involved are rich, complex, mysterious and deserted.

(3) Accumulation of cultural heritage for millions and hundreds of millions of years, which makes cultural layer of the noumenon fairly thick and cultural relics buried deeper.

(4) Relatively a huge amount of movable cultural relics unearthed.

Due to the material and cultural nature, prehistoric sites have the following characteristics from the perspective of nature of utilization:

(1) The conservation status is not entirely satisfactory. The requirement for protection technologies is relatively high with large demands for protection funds and big difficulty in protection work.

(2) Relatively poor display conditions, relatively complicated display environment and relatively big difficulty in exhibition.

(3) Relatively poor ornamental value and readability: Various factors such as the features of earthen ruins, the primitiveness of unearthed relics including fossil, stoneware and pottery products, low strangeness and attention for prehistoric culture and lack of public service awareness in historic sites lead to low interest level among visitors and tourist.

(4) Relatively large difficulty in development of cultural and tourism industries. Certain limitations in development of cultural and museum creative products. Relatively large difficulty in excitation.

2.2 Status quo of conservation and utilization

China has always attached great importance to the protection of prehistoric sites. For the first batch of national key cultural relics protection unit list released in 1961 and the seventh batch of national key cultural relics protection unit list, prehistoric sites were included in every list. For the seventh batch of list in particular, there were 214 prehistoric sites, more than the total of the previous six batches. In November 2016, the state bureau of cultural relics issued the "*13th Five-Year Plan*" *on Specialized Planning of Huge Historic Site Conservation*. Based on the 150 historic sites conserved in the 12th five-year plan, 200 historic sites were added, among which 38 were prehistoric sites. Prehistoric sites have a significant role and value in China's historic sites. In addition, the higher level of conservation of prehistoric sites is to set up a national archaeological site park. The state bureau of cultural relics released 98 official and project approval lists for three batches of national archaeological site parks in 2010, 2013 and 2017, among which 36 sites were listed into the national archaeological site park list and 62 sites were listed into the national archaeological site park list. In this list, 25 were prehistoric sites. Conservation planning was basically completed for prehistoric sites listed in national archaeological site park list and huge historic site directory. Certain achievements have been made in terms of conservation of cultural relics, archaeological excavation and research, external display and basic infrastructure. Some outstanding historic site cases include Zhoukoudian site, Liangzhu site, Niuheliang site and Nihewan site. Other prehistoric sites (national key cultural relics protection unit) were not under complete statistics. But with policy support for conservation of national cultural relics, the conservation and basic display of cultural relics will be improved to different levels.

But for thousands of prehistoric sites in the whole nation, only few were preserved well and more sites were displayed in a simple way under the premise of excavation, protection while excavation and protection. Some are even conserved by means of backfill and sealing and not displayed.

The above is simple analysis of the status quo of conservation of prehistoric sites. In summary, conservation and utilization situations of prehistoric sites can be divided into three echelons. The first echelon mainly comprises national archaeological site parks and prehistoric sites in major historic site directories. Under the support of national and local governments, work in conservation, construction and display and utilization has achieved huge achievements, which represents the general landscape of prehistoric sites in China and guides the sustainable development of prehistoric sites in China. The second echelon comprises national key cultural relics protection units not listed into the above two directories. The basic conservation work for these sites can be effectively guaranteed. Display and display work will vary based on differences in local appreciation and environment. The third echelon comprises a huge amount of provincial level and county level prehistoric sites in counties and villages in China, constituting our huge treasury of prehistoric culture. But the conservation is in most difficulty. Factors including no place in national list, lack of local financial support and uneven local cultural conservation teams will produce adverse effects on the conservation of sites, let alone the display and utilization. Several sites were even buried in oblivion due to lack of conservation and management after years of excavation. Therefore, backfill of some sites after excavation may not be an unrealistic choice.

2.3 Problems and shortcoming existed

New era will definitely propose higher and new requirements for the development of cultural relic undertaking. New problems and contradictions will occur subsequently. The same problems also exist for the protection and sustainable development of prehistoric sites.

Conservation is an eternal theme for all cultural heritage including prehistoric sites and also common mission for all workers in cultural and museum industry. The conservation of various sites and cultural relics is the basis, premise and guarantee for development of cultural heritage. There will be constant problems during the conservation work to be solved and this cycle will run through the whole conservation procedure. It is unnecessary to go into details since this essay is not only about conservation of historic sites.

Sustainable development is the new task faced by us in conservation of prehistoric sites. In the past, we only focused on the conservation of cultural heritage. Sustainable development is the development concept introduced in recent years of economic and social development. We should adapt to this brand new concept. Actually, daily conservation work of cultural relics is also to boost sustainable development of cultural relics industry, which supplements each other. Due to different conditions, environments and situations of each historic site, different problems and puzzles occur for sustainable development of prehistoric sites. Based on the experience and knowledge of the author, factors that may affect sustainable development of prehistoric sites are concluded as follows:

(1) Contradictions between the characteristics of historic sites and the public's demands for display:

As mentioned above, prehistoric sites are basically earthen archaeological sites with types including ancient fossil land layer, clan settlement, tomb, sacrifice and town site mainly distributed in horizontal direction. Due to various types, complicated components and various diseases, these sites are basically outdoor historic sites, prone to destruction of natural environment and human disturbance, which creates difficulties in historic site conservation and display. And to meet the visiting demands of the public, propaganda and experience of archaeological results in historical sites are necessary for certain scale of display architecture and sighting facilities. How to ensure cultural relics from earthen archaeological sites from disturbance? How to master the scale, mass and size of display and sight buildings? Display and sight infrastructure on earthen archaeological site will destroy earthen archaeological site to different extents and break the balance between cultural relics and environment. How to protect and construct? Solving this contradiction is the first step to sustainable development.

(2) Contradiction between overall conservation of historic sites and basic infrastructure:

Another characteristic of prehistoric sites is vast conservation scope and construction control zone. It is common for tens of thousands and millions of square meters for the conservation scope. Such a large area of conservation scope and construction control zone may not fully belong to cultural relic management department with contradictions between production construction activities of land owners on the land and conservation of historic sites. Under most circumstances, cultural relic managers and land owners (users) can properly solve these problems under the framework of Act of the Preservation of Cultural Relics. However, land use becomes more stressed out with higher local economic dynamism. Within the conservation scope of construction control land, some production construction projects that cannot pass the approval of cultural relic administration department will occur. These projects on red line often hold the banner of "matching construction of historic sites, developing tourism industry and boosting urban and rural economic development" and will receive support of local governments. The state bureau of cultural relics and relevant local and provincial cultural relics bureaus have dealt with such construction violation cases. On the one hand, we should stick to the legal red line and the comprehensiveness and safety of historical site landscape. On the other hand, we should regard culture as productivity, boost local economic development and promote conservation of historic sites. This contradiction needs to be solved with wisdom.

(3) Coordinated problems with historic site conservation and surrounding environment:

Most of the prehistoric sites are located in suburbs and villages with several in downtown. Surrounding environments are complicated in different levels. Some sites are surrounded by companies, communities and business districts while some are surrounded by roads, rivers, villages and fields. The problems are on the one hand, how to protect the independence and stability of historic sites from the impact of external negative environment and on the other hand, how to give play to the cultural impact of historic sites, improve external environment, renovate potential hazards to historic sites, reserve beneficial factors in historic site conservation and seek coordinated development between historic site and external environment for sound human and ecological environment.

(4) Cultural connotation of historic sites and fall of public cognition:

As mentioned above, one of the characteristics of prehistoric sites is that historic and cultural information the involved fields of study are complex and rich, mysterious and unfamiliar with low interest and poor readability. Pit, stratum, fossil, tinmaking and mysterious symbols have added the difficulty in cognition and understanding and created rich connotations of prehistoric civilization and created gap with modern public aesthetic appreciation. The most direct influence of this gap is the difficulty in attracting more people for sightseeing. Resolving this gap and stimulating people's interest in prehistoric sites needs us to update our concept, deepen the connotation explanation of historic sites, promote innovative display level and enrich cultural experience of visitors to let the public enjoy the charm of prehistoric civilization.

The above four factors are actual problems faced in actual work. Solving these contradictions and problems will definitely be beneficial to sustainable development of prehistoric sites.

3 Scientifically and rationally locate the multi-function of prehistoric sites and build up sustainable development pattern under new environment

The present prehistoric sites (not limited to prehistoric sites) have not only become protection targets of research platforms and managers of archaeologists, but also become "cultural chip" of social system and "spiritual home" of public life, which requires diversified functions of historic sites and personalized construction and development patterns.

3.1 Diversified functions of prehistoric sites

(1) Function of cultural chip: Each historic site is like a "chip" storing the memory of history witness and human civilization, which can provide each visitor and learner with all information about the historic site.

(2) Function of spiritual home: After reaching a certain level of satisfaction of material life, people will demand more spiritual pursuit and trust. Historic sites provide people with spiritual consolation to recall scholars of the past and experience the splendid Chinese civilization.

(3) Function of scientific education: Popularizing prehistoric science knowledge and publicizing traditional culture of homeland are natural lessons to promote the populace's cultivation and strengthen education of patriotism.

(4) Function of tourist culture: On the premise of historic site conservation, we should rely on historic sites to develop tourism and museum creative industries and give full play to the cultural advantage of historic sites to facilitate regional economic development.

(5) Function of improving ecological environment: Through protection, construction, display promotion and comprehensive renovation of historic sites, we can effectively improve the neighboring ecological environment and build up a green ecological image of historic sites to boost the harmony and progress in historic and human environment, natural and ecological environment and the lives of residents.

3.2 Personalized conservation construction pattern of prehistoric sites

The conservation of prehistoric sites is not pure freezing conservation. Based on conservation following the principle of authenticity, heritage is utilized properly in personalized pattern and open concept to realize diversified functions of the above prehistoric sites[①].

Domestic researchers have tried various classifications in the research of conservation and utilization patterns of prehistoric sites, including aggregated pattern, partial pattern, comprehensive utilization pattern and single genre pattern. These researches are strategically situated and feature detailed and deep analysis[②]. Generally, there are four general patterns of conservation and utilization. First is to build the whole historic site region into the historic site park. Second is to combine the historic sites with the scenic areas and build up tourist attractions. Third is to build the whole historic site into forest park. And the fourth is to combine historic site conservation with modern agricultural park and build up historic site cultural and agricultural park[③].

The author is of the opinion that each prehistoric site is a "living" entity with its unique landscape, characteristic and specific environment, which should have a unique development pattern. This characteristic should integrate with features of historic sites and regions, human features and open and inclusive concepts. My humble opinions are divided into the following hierarchies:

First hierarchy: Archaeological site park

Limited to national key cultural relics protection unit as priority;

Not limited to the region where historic sites are located (city or village), but the stipulated historic site area should meet certain index;

Display of conservation original location of historic sites and establishment of historic site conservation area (may be outdoors), display area (museum, exhibition center, or exhibition hall), public experience area, service area and greening recreation area;

Overall environment and landscape inside and outside the park should be coordinated with the characteristics of historic sites with strict control of uncoordinated landscape and architecture in the neighborhood.

Second hierarchy: City themed cultural park

Limited to cultural relics conservation units below provincial level;

Limited to historic sites in urban area without provision to area of historic site;

Original locations of historic sites can be conserved by backfill and exhibited after restoration in exhibition halls or in outdoors based on conditions and environment;

Open park with greening, rest and service facilities;

Landscape within parks should be coordinated with features of historic sites without strict requirements for neighboring environment outside the park.

Third hierarchy: Tourism cultural park

Limited to cultural relics conservation units at or below provincial level;

Limited to historic sites in suburbs and villages without provisions to area of historic sites;

Historic sites can be conserved in original locations and conserved by backfill based on the degree of conservation

---

① Zhu Mingmin. *Exploration into Conservation and Utilization Pattern of Earthen Archaeological Sites-Case Study of Xi'an*. Southeast Culture. 2011, 06.

② Jiang Kefang, Yao Ziyang, Zhou Yangcen, Xu Jie, Guo Xuan, Wang Jinghai. *Conservation and Utilization Pattern of Prehistoric Sites: System, Phenomenon and Key-Case Study of Historic Site of Qintangshan Mountain*. 60-Year Plan: Achievement and Challenge-Papers Presented at 2016 China Urban Planning Annual Meeting. 2016, 09: 3-4.

③ Li Haiyan. *Research in Value Assessment System and Conservation and Utilization Pattern of Great Ruins*. Northwest University. 2005.

difficulty. Historic sites can be exhibited after restoration in exhibition halls or in outdoors based on conditions and environment;

Semi-open parks possess the capability for reception and tourism with certain tourism and rest service facilities;

Greenery landscape area, interactive experience area and outdoor simulation exhibition area are priorities within parks.

Landscape within parks should be coordinated with features of historic sites and areas outside the park should have coordinated interactive relationship with villages, living environment and agricultural production zones.

Fourth hierarchy: Historic and cultural conservation zone

No limitation to grades of conservation units of historic sites.

Limited to historic sites in remote areas with poor transportation and no provision for the area of historic sites;

Conservation of original location of historic sites (backfill or restoration), outdoor exhibition after conservation, indoor exhibition in exhibition hall or exhibition pavilion if qualified;

Open conservation area or closed conservation area considering environmental conditions;

Conservation area is mainly about greenery with necessary conservation and service facilities;

Conservation area should keep away from urban and residential living and production areas. Apart from highlighting features of historic sites, conservation areas should reserve original ecological environment and reduce human intervention.

The above four levels of conservation and development patterns of prehistoric sites need independent conservation management institutions and professional personnel. The operational mode should focus on public welfare with introduction of marketing concepts. New concepts should be introduced for exhibition marketing, marketing of cultural creative products, marketing of tourist products, and even elaboration and promotion of historic site connotation and culture.

Only by conserving, exhibiting and operating well can age long prehistoric sites become live again and attract more people to enter prehistoric sites to experience prehistoric civilization and return to spiritual home of Chinese ancestors. In this way, sustainable development of prehistoric sites can be truly realized.

A Study on the Relics Protection and Cultural Tourism Development of the Donghulin Woman Site

Yang Yan[①]

Abstract: The Donghulin Site is located on the three-step terrace of the north bank of the Qingshui River to the west of the Donghulin Village, Zhaitang Town, Mentougou District, Beijing. It was formed about 10, 000 years ago and is an important early Neolithic site. Since its discovery in 1966, it has gone through four-stage efforts of discovery and excavation. Large-scale archaeological excavations were carried out between 2001 and 2005 with fruitful results. In 1985, it was listed as a cultural relic protection unit under the Mentougou District. In 1995, it was announced among the second batch of cultural relic burial site in Beijing. This paper systematically introduces the discovery process of the Donghulin Site and the burial of cultural relics. It briefly analyzes the importance and urgency of protecting the Donghulin Site. It also proposes protection measures regarding comprehensive research, protection on the ground, planning and orientation, better management, and public involvement. It is suggested that the Donghulin Site and its cultural value should be further explored, and cultural tourism based on the site's resources could have a leading role to play in local rural revitalization.

Keywords: Donghulin human, cultural relic protection, planning, cultural tourism, rural revitalization

The "Three Cultural Belts" of Beijing, which is composed of the Great Wall Cultural Belt, the Canal Cultural Belt and the Xishan Yongding River Cultural Belt, is a part of the "Beijing Urban General Planning (2016—2030)" and embodies Beijing's role as a national cultural center (Li Jianping, 2017). The ancient human site or relics represented by the Donghulin Site are also an important part of the "human settlement and ancient road traffic culture" —one of the six main aspects of the Xishan Yongding River Cultural Belt (You Shuying, 2017) – shining like a pearl in the region. Strengthening the research on the protection of the Donghulin Site and developing cultural tourism centered on the exploration and utilization of the site will help promote the building of the Xishan Yongding River Cultural Belt and the cultural tourism industry of the region.

1 The Discovery of the Site and the Relics Underground

Donghulin Site is located on the three-step terrace of the north bank of the Qingshui River on the west side of the Donghulin Village, Zhaitang Town, Mentougou District, Beijing (Fig. 1), about 80 kilometers from the city center. The site (115°44′E, 39°59′N) elevates about 370 meters above sea level.

The site of the Donghulin human was first discovered in 1966, when teachers and students of the Department of Geology and Geography of Peking University were on socialist education in the rural area. Hao Shougang and several others first discovered a skeleton of Donghulin human (Fig. 2, the horizontal cave on the steep mound is where the skeleton was unearthed). Personnel from the Institute of Vertebrate Paleontology and Paleoanthropology,

---

[①] About the author: Yang Yan (1982-), master degree, is a senior engineer dedicated to survey, monitoring, and research of geological disasters. She was given an honorary title "first secretary" in the Donghulin Village in 2016.

Fig. 1　The Donghulin Site is located on the three-step terrace of the Qingshui River (provided by Yongding River Culture Museum)

Chinese Academy of Sciences, then researched the site and identified it as a Neolithic tomb. The tomb was located under the Holocene loess and above the Malan loess, based on which the researchers further pointed to the early Neolithic era. A total of three sets of Donghulin human bones were found, including a near complete girl skeleton and scattered bones of two male adults (labeled as Donghulin human 1, 2, and 3). A "necklace" of small shells was found where the girl was buried. The shells were identified as a nerinea that lived in the sea. A bone bracelet made of burnished bull ribs and a pendant made of river clam were also unearthed (Hao Shougang, 1988; Zhou Guoxing et al., 1972) (Fig. 3).

It was researched again in 1995. Hao Shougang and Wang Peng from the School of Earth and Space Sciences of Peking University conducted field geological survey of the

Fig. 2　Discovery site in 1966 (provided by Hao Shougang)

Fig. 3　Unearthed shell necklace and bone bracelet (provided by Yongding River Culture Museum)

Late Pleistocene and Holocene loess in the Zhaitang area (Fig. 4). They found more scattered broken human bones (Photo 5), stonewares (Photo 6), and flora traces (Fig. 7—Fig. 9) at the Donghulin Site. They also unearthed a half set of damaged skeleton, identified as a female adult (Donghulin human 4). The discovery was highly valued by the relevant departments. Peking University and the Ministry of Education provided funding for the project. Hao Shougang and others conducted carbon 14 dating process and environment analysis as well as research on fruit cores (Hao Shougang et al., 2008) and animal tooth morphology (Xue Jinzhuang et al., 2010) etc. They found that the earliest life activity of the Donghulin human dated back about 9, 500 years ago.

From 2001 to 2005, under the auspices of Professor Zhao Chaohong, an archaeologist at Peking University, an archaeological team formed by Peking University's School of Archaeology and Museology and Beijing Institute of Archaeology among others, conducted three excavations of the Donghulin Site (Zhao Chaohong et al., 2006), uncovering an area of about 200 square meters (Fig. 10). They found many tombs (Zhao Mingyu, 2006), more than ten fire pits

Fig. 4　Research in 1995

Fig. 5　The Donghulin human remains

Fig. 6　Stone tools for processing purposes

Fig. 7　Scattered shells

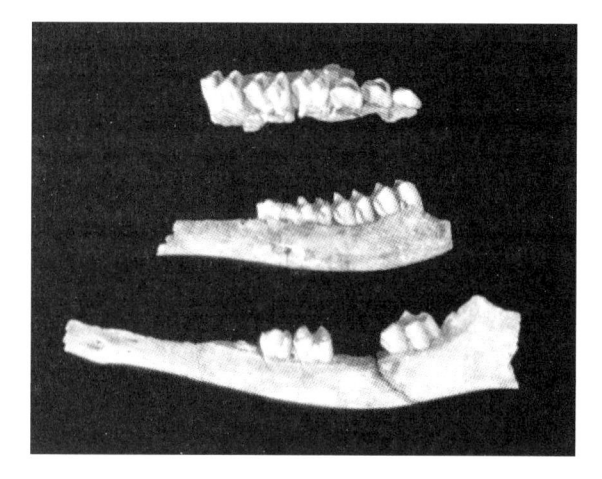

Fig. 8　Bone pieces of Beijing musk deer

Fig. 9　The core unearthed by No. 4 Dongdong Hulin

(Note: Fig. 4—Fig. 9 is provided by Hao Shougang)

Fig. 10　Archaeological excavation site (provided by Zhao Chaohong)

(Zhao Chaohong, etc., 2003) and other relics (Fig. 11, Fig. 12) as well as two half sets of human remains (one buried lying flat and the other bended, Fig. 13, Fig. 14). They also found more than 10,000 stonewares, pottery, bone wares, clam wares, animal bones, fruit cores, shells and other relics (Fig. 15, Fig. 16). The excavation also included a lot of research: the age of the "Donghulin human" was dated back about 11,000 to 9,000 years ago, falling in the early Neolithic Age; studying the lifestyle, burial customs, and production methods etc. of the Donghulin human in the early Neolithic Age (Cui Tianxing, 2005); explore the origin of agriculture in the north (Xiaoyan Yang et al, 2012; Hou Yi, 2007; Li Guoqiang, 2015; Hou Yi, 2007; Zhao Zhijun, 2014) and the origin and development of pottery (Zhang Yi, etc., 2012); research on animal and plant remains and living environment (Xia Zhengyi et al., 2011; Guo Jingning, 2005) etc.

In December 2016, when the author of this article, with title the "First Secretary" in the Donghulin Village, was carrying out investigation on potential geological hazards, there were new discoveries in the loess terrace on the east side of the original site (Fig. 17-Fig. 20). Archaeological experts of Beijing's Institute of Cultural Relics conducted salvage excavation on some of the relics and unearthed human bones such as vertebrae, ribs and tibia (Donghulin human 7) as well as remains of shell fragments and carbon particles (Yang Yan, 2017). The remaining ribs, caput femora and other cultural relics are currently untouched at the original site, pending further excavation or conservation.

Fig. 11   Fire pit (provided by Zhao Chaohong)

Fig. 12   Remains of stove
(provided by Yongding River Museum)

Fig. 13   Flatly positioned remains
(provided by Yongding River Museum)

Fig. 14   Remains in twisted position
(provided by Zhao Chaohong)

Fig. 15 Pottery (Provided by Zhao Chaohong)

Fig. 16 Stone grinding pestle and plate (provided by Yongding River Museum)

Fig. 17 Excavation site

Fig. 18 Ribs

Fig. 19 Mandible

Fig. 20 Vertebrae

2 Protection and Suggested Measures

2.1 Status Quo

The Donghulin Site was listed as a cultural relic protection unit in Mentougou District in 1985. In 1995, it was listed as the second batch of cultural relic burial site in Beijing. In 2005, it was coined as the six major archaeological discoveries in China. In 2016, the first "Donghulin Human" Forum was held. The forum has become an important educational and research base for institutions such as the Chinese Academy of Sciences, Peking University, and the Chinese Academy of Geological Sciences.

The trace of the cultural relics excavated in 1966 has been lost. Those excavated in 1995 were submitted by Professor Hao Shougang to the Capital Museum for preservation. The cultural relics unearthed between 2001 and 2005 are still kept by Professor Zhao Chaohong and others at the School of Archaeology and Museology of Peking University. Some of the cultural relics unearthed in 2016 are kept by the Beijing Cultural Relics Research Institute, and some are still sealed and buried at the original site.

There are many deficiencies regarding the current protection of the site: the protection class given to the site fails to match with its importance; no specialized protection and management institutions have been established, resulting in clarity issues of responsibilities; no specialized funds have been launched for the basic maintenance and management of the site; the scope of protected areas has not been delineated; lack of planning for site protection and development; cultural relics ownerships are pending on regulations; archaeological excavations and related research are not thorough; the site together with the intact Holocene loess that preserves it is facing the danger of destruction and disappearance – with the site currently open to the public and a lack of facilities – the loess terrace is subject to serious damages; public education is insufficient and the public's cultural awareness is limited. Based on these issues, Professor Lu Anhuai and other 10 members of the National Committee of the Chinese People's Political Consultative Conference submitted an "Advice on Improving Protection of the 'Donghulin Human' Site in Beijing" to the National Committee of the Chinese People's Political Consultative Conference in March 2017. On June 27, 2017 and February 23, 2018, the People's Government of Beijing Municipality and the National Cultural Heritage Administration responded and clearly stated that they will promote related archaeological research, site preservation, environment improvement, and museum construction, etc. and support the bid to include the site as a national class unit for relics preservation.

2.2 Importance and Urgency for Site Preservation

Donghulin human lived in the transitional period between the Paleolithic Age and the Neolithic Age of about 10,000 years ago. The period, overlapping with the transition between late Pleistocene and Holocene, witnessed drastic changes of global environment and climate. Research on human in this period and their cultures and living environments has long been an important topic of wide concern to international academia. The ancient human bones, relics and remains of the Donghulin ruins are more abundant and complete than other sites that date to the same period. These are good resources for studies on ancient lifestyle, burial customs, production methods, origin of agriculture, origin of pottery as well as disciplines such as archaeology, anthropology, Quaternary geology, and paleoenvironment. The findings also provide good material to research on the evolution of "Beijing Human"-"Upper Cave Human"-"modern human", regarding its process and genealogy. It also provides scientific evidence for exploring environmental changes and human-nature relations since the late Pleistocene in Beijing and even in North China.

In addition, the stratigraphic section of the site shows hiatus and paleosol in the Late Pleistocene and Early Holocene loess. There is also the three-step terrace between the Qingshui River and the site as well as the Malan loess mound that harbors a large amount of geological and cultural relics. These are all important geological relics that are valuable to geological research (Hao Shougang et al., 2002).

The site was discovered in 1966. Specialized archaeological excavation of it started in 2001. Nowadays, people involved in the excavations and researches are youths no more. Some of them are no longer with us. But the protection and development of the site is still progressing though slowly. Its value in functions such as scientific research, social education, and cultural communication has yet been fully tapped. And its benefits to the local economy have yet been unleashed. Strengthening protection, comprehensive deepening of research, dissemination of the results, and development of cultural industry should be high on agenda.

2.3 Measures and Suggestions

(1) Deeper Research and Effective Protection

Strengthening protection and research of the Donghulin Site is urgent. First, we need to start upgrading the efforts on its protection. The Donghulin Site is currently a district-level protection unit and a municipal-level relics burial site. We need to speed up the efforts of upgrading the site into a municipal cultural relics protection zone or even higher to the national level. Second, more supplementary research covering anthropology, archaeology, geology, climatology, and social culture etc. needs to be carried out to the preservation zone and surrounding areas. Third, focus should be placed on the preservation of many cultural relics and excavation areas discovered since 1966 as well as the loess terraces in the east. The fourth is to expand the scope of protection, which includes the nearest section of the Qingshui River and the third-step terrace; the geological landscape on the south side of the Qingshui River; and the human and geological landscapes and relics of the Malan loess terrace in the Xihulin Village.

(2) Rational Planning and Clear Orientation

Experts do research while administrative personnel make decisions. Prepare a site protection plan enforced for the municipal people's government to enforce on so as to carry out protection as per classes, categories, and zones. Formulate a plan for implementing the site protection. Further clarify the direction for developing the cultural industry in the Donghulin Village and surrounding areas as well as cultural orientation. Other related plans also need to be formulated regarding land use, infrastructure building, ecological and environmental consideration, and promotion of management personnel.

(3) Better Management for Effectiveness

It is recommended to set up a management institution with independent legal person status as soon as possible, specialized in the protection, development, construction and operation of the Donghulin Site. Appropriate special funds and continue to carry out site protection and related work. Establish the Beijing Early Neolithic Donghulin Site Museum and the Donghulin Site Cultural Industrial Park to help collect and exhibit the cultural relics unearthed from the site. Establish a database of cultural relics and research results. Build an integrated base of cultural relics preservation, scientific research, science education, and cultural tourism.

(4) Cultural Promotion and Public Involvement

Since the discovery of the Donghulin Site, its protection has been limited to voluntary actions of unorganized villagers. Previous research and publicity on the site has been limited to professionals. It once appeared in the textbooks of Beijing's primary and secondary school students but was later removed. In recent years, with the construction of the Xishan Yongding River Cultural Belt, the site gradually received the attention of the authorities, society and media. However, the protection of the Donghulin Site and the promotion of the Donghulin culture need public involvement.

3 Cultural Tourism Centered on Development of the Site

3.1 Status Quo of Cultural Tourism

The Donghulin Village is a low-income area in Beijing. With labor resources flowing out and an aging population, the village has no stable source of income. Despite the relics, ancient ruins and natural ecological resources, the cultural tourism industry has not yet taken off in the village. The funds for the Donghulin Site protection, the daily operation and management of the village affairs come solely from fiscal investment. Without the presence of market capital, the development of the cultural tourism industry lacks momentum.

3.2 Market Potential

Donghulin Village is adjacent to National Highway 109 and the Qingshui River, with Dahan Mountain to the east, Qingshui Mountain to the south, Zhaitang City ruin to the west, the Qingshui River and Lianhua Mountain to the north. The village spans about 10 square kilometers and the ecological forest takes about 12, 000 mu. There are 83 idle courtyards. In addition to the Donghulin ruins in the village, there are also the military ruins of the Yuan Dynasty and the ruins of the Tang County built on gravel ground – Dazi Stronghold, the temporary command post of Wei Lihuang during Zhuajiu Mountain Campaign, the remains of the Dabei Canal diversion project in Beipo, Tongzhouyu-Shicao Lake icefall landscape and geological heritage etc. There are also abundant resources in the surrounding ancient villages and natural scenic spots.

The construction of the Donghulin Site Eco-cultural Park and the planning and construction of the "Beautiful Village" project focusing on the protection and development of the Donghulin Site have been high on agenda. The park may soon be in place covering ancient human cultural sites, ancient war sites, and modern agricultural sites etc. The cultural tourism industry has unlimited potential.

3.3 Development Plan and Leading Role of the Site

"Mountains and water harbors the memory for hometown." The development of beautiful rural areas and the cultural tourism industry related to it should pay attention to the original culture and ecological environment. More importantly, the area must be diverse and special to embody people's feeling to their hometown. To develop cultural tourism industry in the deep mountainous area of Mentougou, it is bound to change the scattered distribution of scenic spots and lack of diverse cultural content. It must strive to create an all-round model featuring "beautiful scenery all the way, stories to tell everywhere, a hometown to be proud of, and services that measure up."

While promoting innovation and development, we should also highlight the leading role. The Donghulin Site is not only an important stage in the history of ancient Chinese human culture. They have unlimited potential value in the studies of north China agricultural development, tomb and ethnic customs, climate change and ecological environment. The intact human bones unearthed (buried in flat and twisted positions) and shell necklaces are rare. Therefore, the Donghulin Site has an irreplaceable role in the entire Xishan Yongding River culture and even in the whole Huaxia civilization. It is also undoubtedly the soul and core of the cultural tourism industry in the region.

4 Conclusion

"Strengthening cultural confidence and promoting socialist culture" is an important content of the report of the 19th National Congress. The development of the Xishan Yongding River Cultural Belt is an important measure of the 13th Five-Year Plan for Beijing's cultural development. The Donghulin Site is an important part of the Xishan Yongding River culture. Strengthening the protection of the site is significant and imminent.

Strengthening the protection of cultural heritage is fundamental. Strengthening the inheritance of cultural heritage is the essence. Tapping into the value of cultural heritage is a driving force and means to promote cultural development. Developing cultural tourism industry and promoting regional economic development are a direct way to realize the value of cultural heritage. To transform "Clear water and green mountain" into "mountains of gold and silver", we cannot solely rely on what the environment has to offer. Instead, we should find out the essence in the mountain and the water. The Donghulin Site is an essence of the Xishan Yongding River culture. It should be protected, passed down, and used well.

The photos used in this article are mostly provided by Professor Hao Shougang, Professor Zhao Chaohong and Yongding River Museum. This paper is finished under suggestions from Professor Hao Shougang, Professor Zhao Chaohong, and Professor Wei Qi et al. I hereby express my gratitude to them.

References

Cui Tianxing. 2005. Early Holocene Human Activities in the Zhaitang Basin-A Case Analysis of the Donghulin Site. Essay Collection of the First Earth Science and Culture Symposium and the 17th Annual Conference of Geological History Professional Committee.

Guo Jingning. 2005. Natural Environment and Neolithic Culture in Beijing Area. Essay Collection of the First Earth Science and Culture Symposium and the 17th Annual Conference of Geological History Professional Committee.

Li Guoqiang. 2015. The Origin of Domestication of Millet Plants from the Late Paleolithic to the Early Neolithic in Northern China. Relics from South, (01): 91-108.

Li Jianping. 2017. "Three Cultural Belts" and Reflections on the Construction of Beijing Cultural Center. Journal of Beijing Union University (Humanities and Social Sciences), Vol. 15, No. 4 (58), 15-21.

Hao Shougang. 1988. The Discovery Process of the "Donghulin Man". Fossil, (03): 18-19.

Hao Shougang, Xue Jinzhuang and Cui Haiting. 2008. The Fruit Core in Donghulin No. 4 Tomb. Acta Anthropologica Sinica, 27(3): 249-255.

Hao Shougang, Ma Xueping, Xia Zhengkai, Zhao Chaohong, Yuan Sixun and Yu Jincheng. 2002. The Loess Section of the Early Holocene Site of Donghulin in Zhaitang Townn, Beijing. Acta Geologica Sinica, (03): 420-430.

Hou Yi. 2007. The Origin of Millet Farming in the North from Recent Archaeological Discoveries. Archaeological Discoveries and Research, Northern Cultural Relics, (02): 16-19.

Hou Yi. 2007. The Origin of Agricultural Civilization in Beijing, Shanxi and Hebei from the Discovery of Donghulin Site. Archaeology and Museology Studies, Journal of Capital Normal University (Social Sciences Edition), (01): 25-28.

Xia Zhengkai, Zhang Junna, Liu Jing, et al. 2011. Analysis of the Ecological Environment of Donghulin Man in Zhaitang Town, Beijing Before and After 10000a BP. Chinese Science Bulletin, 56(34): 2897-2905.

Xue Jinzhuang and Hao Shougang. 2010. Observation of the Tooth Shape and Characteristics of No. 4 Donghulin Man. Acta Anthropologica Sinica, 29(3): 253-263.

You Shuying. 2017. History of Yongding River. United Publishing House.

Yang Yan. 2017. The Discovery of No. 7 Donghulin Man. Yongding River, (04): 34-38.

Zhao Chaohong. 2006. The Prehistoric Donghulin Site, Mentougou District, Beijing. Archaeology, (07): 3-8+97-98.

Zhao Chaohong, Yu Jincheng and Wang Tao. 2003. Beijing Man's Use of Fire Ponds in the Neolithic Age. China Mining News, 2003-06-10.

Zhou Guoxing and You Yuzhu. 1972. Neolithic Tombs in Donghulin Village, Beijing. Archaeology, (06): 12-15.

Zhang Yi, Zhu Jian, Wang Tao, et al. 2012. Measurement of the Firing Temperature of Low-temperature Pottery and Its Preliminary Application. Relics of South, (01): 140-146.

Zhao Mingyu. 2006. Discovery of "Donghulin Man" Buried 9, 000 Years Ago in Beijing [N]. People's Daily Overseas Edition, News & Society), 2006-11-3(04).

Zhao Zhijun. 2014. The Formation Process of Ancient Chinese Agriculture - Evidence of Plant Remains Unearthed from Flotation [J]. Quaternary Research, 34(01): 73-84.

Xiaoyan Yang, Zhiwei Wan, Linda perry et al. 2012. Early Millet Use in Northern China[J]. PNAS, vol. (109): 3726-3730.

Preventive Conservation and In-situ Management of the Prehistoric Archaeological Caves in Guian New Area, Guizhou Province

Hsieh Yi-yi[1]

Abstract: Archaeological caves across the Guiyang-Anshun terrain represent a series of human exploitations on the Karst landscape. The oldest cave found in this area is the ZhaoGuo Cave with the earliest archaeological layer dated back to 30, 000 BP, with 6-meter deep stratigraphy showing continuous human activities inside the cave. Other carbonate caves found in Guian New Area possess the same feature as archaeological layers demonstrate extended and continuous human activities from the prehistoric to the modern day.

Karst caves possess special microclimate which is affected by the interplay between rock, atmosphere and hydrological system; the result of this interrelationship is the long-term dynamic equilibrium in temperature, CO_2 concentration and relative humidity inside the cavities. Other researches have proved the microclimate disruptions would lead to deteriorations of prehistoric remains, alterations to the rate of chemical corrosion and sedimentation, and changes on the geological morphology inside caves. Modern development and tourism resulted in numerous degradation and abnormal biota growth which with their chemical products would damage the archaeological remains.

This paper intends to find the balance between the conservation and development dilemma using the *in situ* conservation concept, with preventive conservation strategies to formulate heritage management in regards to the Guiyang-Anshun karst terrain and archaeological caves.

Keywords: Guian New Area, prehistoric archaeological caves, karst system, buffer zones

Guizhou Province's Gui'an New Area was established on June 1, 2014. It is the nation's eighth new area approved by the State Council. Located at the junction area between Guiyang City and Anshun City, Gui'an new area includes Huaxi District, Qingzhen City, Anshun's Pingba District and Xixiu District. The new area's administration covers Huchao Township and Dangwu Township in Huaxi District, Hongfenghu Town of Qingzhen City, Machang Town and Gaofeng Town in Pingba District (Liang Shengping, 2016). The new area has a total area of 1,795 square kilometers and an administrative area of 470 square kilometers. Gui'an New Area is higher in the northwest and lower in the southeast, with an average elevation of 1, 200 to 1, 260 meters (Liang Shengping, 2016; Wang. Liang Shengping, 2017) (Fig. 1 the new area's location). The area belongs to subtropical area, with humid and mild climate as well as rock dissolution mountain plateau. The region's carbonate rock landscape spread about 130, 000 square kilometers (Chinese Academy of Geological Sciences, 1975; China Geological Survey, 2003; Zhang Wei, Qin Xiaoqun, Yi Lianxing, 2004; Nie Hongfeng, Shu Youfa, 2007), accounting for 76% of the province's land. Guiyang and Anshun features typical mountain plateau and rock dissolution landscapes of the karst topography.

---

[1] Graduated from Peking University, School of Archaeology and Museology. Research interests in cultural heritage, preventive conservation and prehistoric archaeology.

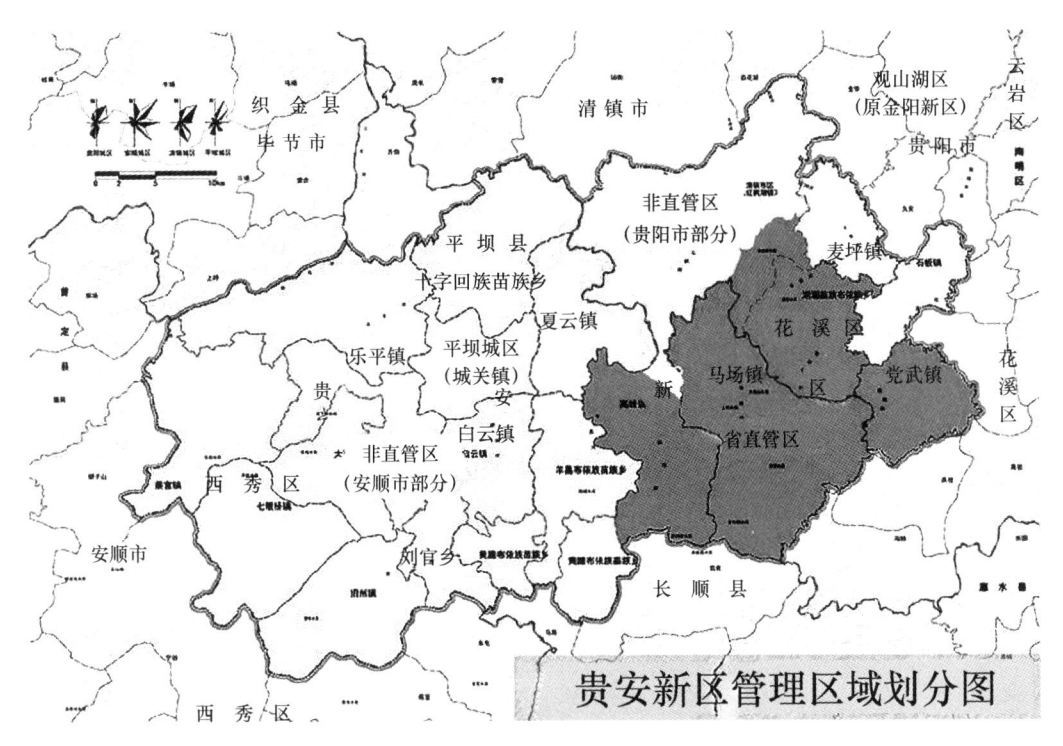

Fig. 1 Location of the new area

Karst mounds, peaks and valleys, dissolution basins and karst lakes are widely seen in this area. Under a humid and warm climate, active dissolution effect creates a lot of caves habitable for human in the mountains of the new area. With tens of thousands of years of human habitation and other activities, the area is left with many remains for archaeological studies.

The archaeological remains in the caves of Gui'an New Area are abundant and ancient. The prehistoric Niupo and Zhaoguo are two typical caves for such studies. In addition, the natural landscapes of the caves are also important heritages that deserve attention. The following sections are divided into two parts to discuss the preservation of the prehistoric caves in the new area. The first part is a brief description of how karst topography and its environment affect the preservation of prehistoric caves. The second part discusses the type of caves in the new area and protection measures.

1 Summary of Cases on Pre-historic Caves Preservation

The history of prehistoric cave protection in various countries reflects their research and process on protection of ecology and prehistoric heritage embodied in karst caves (Caple, 2016; Cesareo Saiz-Jimenez, 2011; F. Bourges, 2014; Francesca Stomeo, 2009; Gregor Kovačič, 2013; International, nd; J. Elez, 2013; Saiz-Jimenez, 2004; Whitten, 2009; Williams, 2008; Wolbers, 2004). The heritage of prehistoric caves was first developed as tourist spots. For convenience and safety, caves were set up with artificial lighting, with parking lots and tourist centers built outside. The number of tourists was not restricted. Metal gates will be installed at the cave entrances, to prevent cultural relic raid and destruction. Such equipment brings convenience, but it gradually compromised the original eco-system of the caves, leading to irreversible damage. For example, the prehistoric murals are peeling off while the tops, walls and bottoms of the caves are invaded by green plants, algae and molds due to exposure to light sources. Excessive visits of tourists cause the temperature, humidity and carbon dioxide concentration in the cave to fluctuate drastically. Salt and calcium oxalate form milky white crystals on the rock surface. The original chemical action and rate are interfered by external factors, which accelerate the dissolution rate and may destroy underground archaeological remains. The original environment changes while the original flora and fauna in the cave disappear,

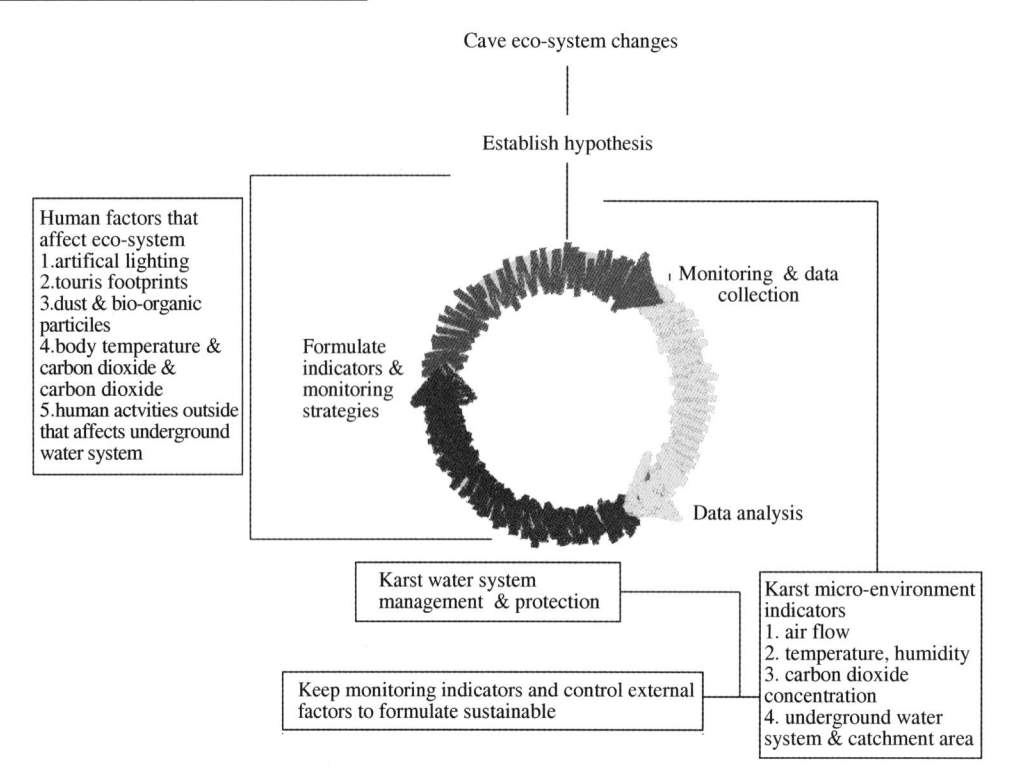

Fig. 2　The research and investigation flow chart

replaced by algae, mold and green plants that should not have appeared in the cave.

Realizing the changes within the cave, cave protectors and scientists from various countries began to explore the causes of the changes. The research and investigation flow chart is shown in Fig. 2. The research steps begin with hypotheses, with detection and monitoring systems set up outside, at the caves' openings, in the caves' tunnel, and at the entrances and exits of underground rivers. Through a long time of data collection and analysis, they raised the concept of "karst system" and the natural mechanism of mutual influence between the systems. A natural karst cave, without the influence of large-scale modern destruction or intrusion, can form a dynamic equilibrium through its internal microclimate. The microclimate indicators in the cave such as temperature, relative humidity, and carbon dioxide concentration are kept stable. The self-regulated microclimate enables the temperature and humidity in the cave to be maintained at an equal level with the annual average outside (Bárbara Angulo, 2013; F. Bourges, 2014; Freitas, 2010; Jeannin, 2004).

The original karst microclimate self-regulation capacity can be summed up as the interaction between three ecosystems (Fig. 3): atmosphere, geology and hydrology. Their interaction regulates the cave climate and also helps form the karst topography. For animals and plants living deep in the cave without sunshine, such interaction is also a medium for matter and energy exchange. The special metabolic mechanism makes the organic groups inside the cave highly dependent on the cave environment and highly sensitive to

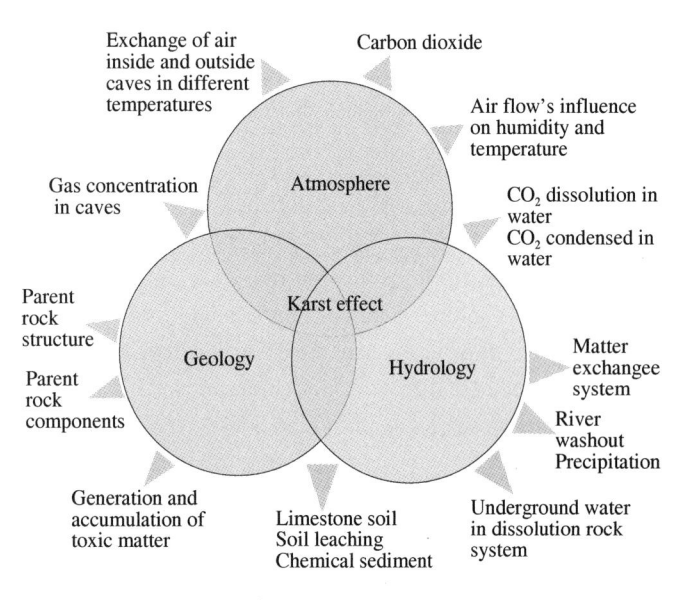

Fig. 3　Karst system

environmental changes. It is prone to extinction of the whole organic ecology due to environmental changes. In addition, the system's deviation from equilibrium accelerates the rock dissolution rate in the caves, which may destroy the archaeological accumulation underground.

The next step is to develop a sustainable conservation plan based on natural factors, keep track of monitoring data, provide immediate feedback and adjust protection plans, use the monitoring database to restore the original stable microclimate of the cave, and develop a suitable, flexible, and sustainable ecological management mechanism and protection work plan. For example, prehistoric caves in France and Spain have undergone environmental monitoring for 10 to 20 years (Cesareo Saiz-Jimenez, 2011; F. Bourges, 2014), resulting in five indicators for monitoring the micro-environment in sightseeing caves: air flow, temperature and humidity, carbon dioxide concentration, underground water system and catchment area. The indicators are used as criteria for managing cave eco-system.

2 Research on Prehistoric Caves in Gui'an New Area

The Chinese Cultural Relics and Archaeology Dictionary defines cave sites as "the natural caves that early humans often used as shelters… human fossils, animal fossils, stoneware, bones and other cultural relics are often preserved in the ruins, which are important material for studying human evolution and the production, life and ecological environment at that time." In summer 2017, Peking University and Guizhou Provincial Archaeological Institute conducted research on the prehistoric caves. Due to limited time, they can only select 37 out of the more than 100 prehistoric caves in the new area. These selected sites are mostly near development and road construction sites, facing greater threat and warranting urgent need for protection. The survey included the caves' surrounding environment, topography and shapes. Caves of different shapes have different microclimates and require different protection methods. The following is a brief introduction to the caves as both natural and cultural heritages, and an analysis of the shapes of the 37 caves, followed by their targeted protection measures. Fig. 4 is a survey of the geographical distribution of caves.

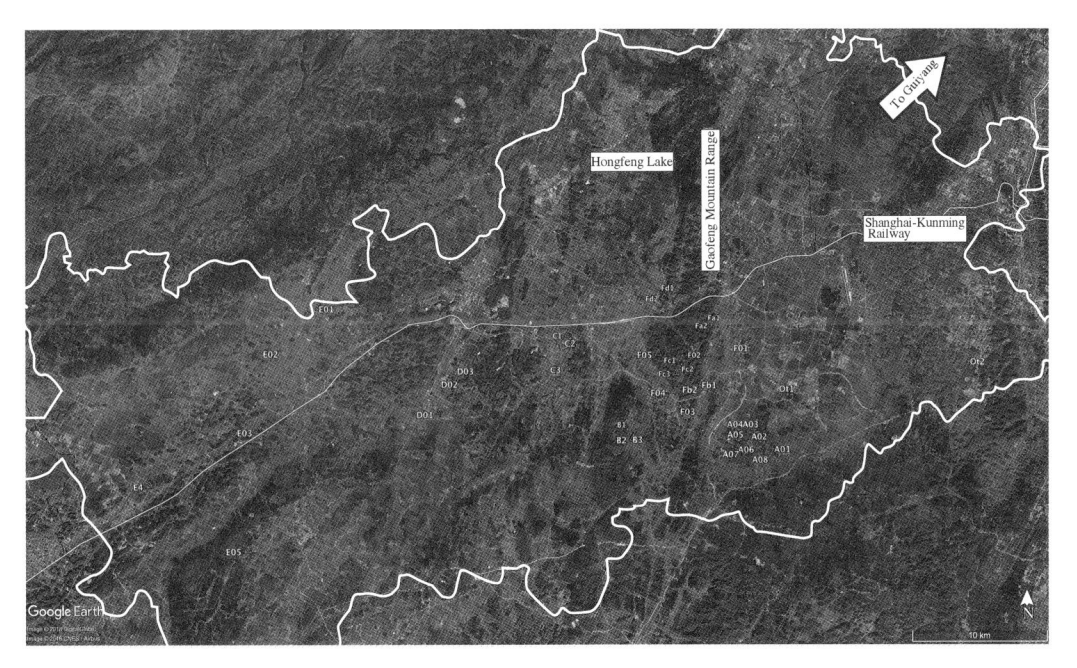

Fig. 4 Distribution of prehistoric caves in Gui'an New Area

The distribution of the prehistoric caves shows their characteristics as both cultural and natural heritages. In terms of human culture, the use of the caves by humans has extended from the Paleolithic era to modern times. It is the evidence and legacy of human's exploration to the surrounding area. In terms of natural heritage, the dense distribution reflects the wide existence of carbonate rock that contributes to the active cave development in the area. The caves are spacious inside while food and water sources are abundant nearby, providing a habitable living environment for prehistoric human. The caves' cultural and natural values are mainly seen in three categories of evidence:

(1) Prehistoric stoneware and pottery show that activities in the caves started in the west and then through time moved eastward. The caves in the western part are generally developed between the Paleolithic and the Neolithic age. Some of those near the peak of the mountain range were inhabited as late as in the Qin and the Han Dynasties. The closer to the mountain, the closer the caves are to the water source, the closer the caves are to each other and the closer to the time of history. The reasons behind these patterns may be: First, the cave development in the mountains is active and thus the number of caves here is larger than that of the plains and separate peaks; second, there were more food sources in the mountains, hence more human activities and more use of caves; third, human developed community concept approaching the Neolithic era. Their mutual aid and kinship drove communities and households to live closer. The distribution of the caves by their ages can be seen in Fig. 5. The picture shows the distribution of caves from west to east, reflecting the migration process of prehistoric human through time.

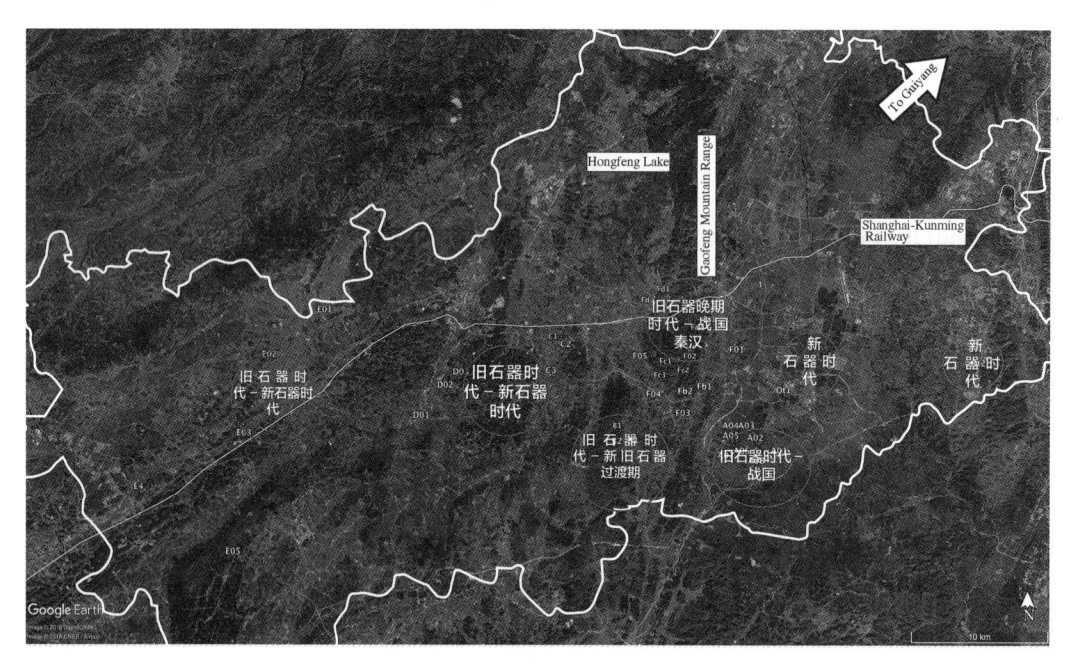

Fig. 5　Distribution of caves in different ages

(2) Karst effect in the new area creates many dissolution basins. The southwestern part of China is commonly known as the "dam". It is an important space for human settlement and activity. The communication between the two dams is an important spacial exchange activity for the residents on the broken dissolution landform.

The dam's community activities include communications with flat lands such as farming and festivals as well as also the interaction with hills nearby, which is reflected in the naming of the caves. The cave names recorded during the survey were folk names heard from local residents. The names show the close relationship between the local residents' daily life and these caves. For instance, "Bull Cave" and "Horse Cave" refer to the caves used to hide livestock from raiders; "Man Cave" refers to temporary residences. Others are named after their natural features. For example, "Chaotian Cave" refers to the sinkholes in the karst terrain and Chuanshan Cave refers to tunnels that went through mountains. There are also caves named for religious activities, such as the Guanyin Cave in Daxiqiao Town, Anshun City.

The exchange between the two dams gives rise to southwest China's unique and complicated market network that runs on spontaneous schedule. The internal information is intuitively available only to those living in the settlement network. This is a special intangible culture:

The early dams in the (southwest) native structure mostly become natural centers within a particular community. This kind of center is usually the field where people gather to barter goods. The centers are often named after animal, such as chicken market, horse market, cattle market, sheep market. In some area, the locations of the gatherings are not fixed, but appear in a certain order in the chicken, horse, cattle, and sheep markets, forming a larger scale of economic exchange community... which proves that the southwest "dam culture" is conventional and self-organized (Xu Xinjian, 1992).

It thus can be seen that the interaction between the caves and the surrounding communities, including the expansion of interaction scope via spacial exchange, is part of the daily culture of the region. Outsiders cannot presumptuously separate the subject from the object, but to see such spacial exchange as an organic whole. In other words, while protecting prehistoric caves, if we can tap into the hinterland of the dam's exchange, it may help with the protection of the caves. UNESCO's Code of Conduct for Heritage Buffers mentions that the role of buffers is to integrate the surrounding landowners, generate an overall awareness of the value of the heritage, and protect the authenticity of the heritage (UNESCO, 2009). Understanding the connection between land and human activities around the site is the first step in conservation research and scope planning. We should protect both the immovable heritage (caves) and the inherent harmony between human and nature (settlements and caves). By charting the classes of protection scope: core protection area, surrounding landscape, water catchment protection, etc., the surrounding community and mountain landscape of the caves, as well as the karst groundwater catchment area, can be incorporated into the heritage management system. Each management treaty must clearly state the importance of each class of protected area. By looking at larger picture rather than each single cave, we can better maintain the integrity of mountain communities and the caves (Sheiyi, 2018).

(3) Some cave openings are built with defensive stone walls, which indicate that local residents continue to use the natural defenses of the caves to resist foreign invasion and banditry in modern times (Fig. 6, Fig. 7). The stone wall's position allows a good view at the commanding height, overlooking the entire village. The cave is an important place for refuge for the entire village. We can see embrasures and vents above the wall, as well as beautiful arches and gates.

The openings of several large caves in the Gui'an New Area are left with stone walls. According to teachers of the Guizhou Provincial Institute of Cultural Relics and Archaeology, these stone walls were defensive facilities built by

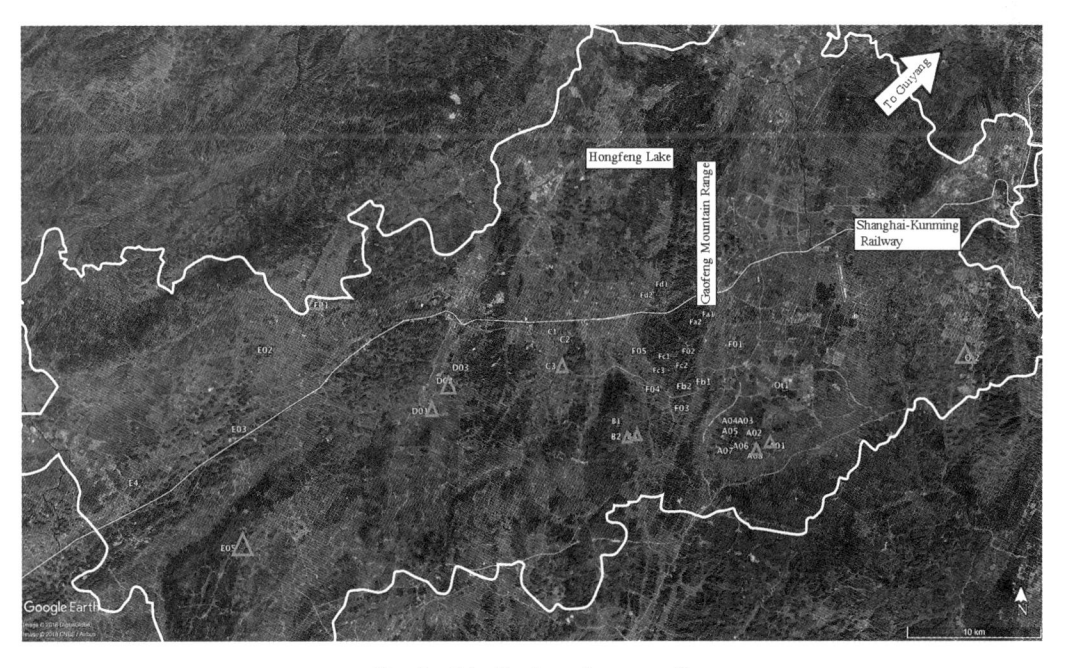

Fig. 6 Distribution of stone walls

Bull Cave stone wall site

Feihu Mountain Cave stone wall site

Man Cave stone wall site

Fig. 7 Stone walls at cave openings in the new area

the villagers in order to avoid chaos in the caves during Emperor Xianfeng and Tongzhi's rule in the Qing Dynasty. Based on historical records, it is speculated that the walls were built in defense against three rebellions during the period in southeast and southwest China: Hong Xiuquan's Taiping Heavenly Kingdom (1850-1851) (Institute of History and Philosophy, Academia Sinica); rebellion of Yunnan's Hui people (1856-1872) (Wang Shuzhen, 1968); Guizhou Army Uprising (Ouyang Enliang, 2005). Although the starting time of these three rebellions is not completely consistent with Xianfeng and Tongzhi's ruling period, it does not rule out that the "bandits" that the villagers tried to avoid were largely local raiders instigated by these three events. Their plundering would not end with the turmoil's suppression. Therefore, it is speculated that these stone structures would not appear later than the Taiping Heavenly Kingdom. The existence of the stone wall proves that the karst caves in this area are among the natural resources used by humans. The cultural value of the caves is continuous and better inherited compared with other areas.

Above all, the heritage characteristics in the new area can be summarized as: archaeological accumulation, cave position, settlement community and karst landscape. The four features rely on environmental resources to continue to generate heritage values. In the report for Japan National Museum of Ethnology, Nishiyama Tokua envisioned the relationship between heritage and its site, and illustrated it with a quadrant diagram (Nishiyama, 2004) (Fig. 8): the y-axis indicates the location of the heritage and its distance from the settlements. A higher spot on the axis indicates a more distant location. The x-axis indicates the possibility for the heritage (value) to be reproduced. The possibility diminishes as the axis extends toward right. The diagram shows that archaeological sites and natural landscape sites fall in the leftmost quadrant that are farthest from the settlements and least likely to be reproduced. The heritages in the Gui'an New Area are mainly archaeological and natural landscapes. Based on the spatial relationship between the

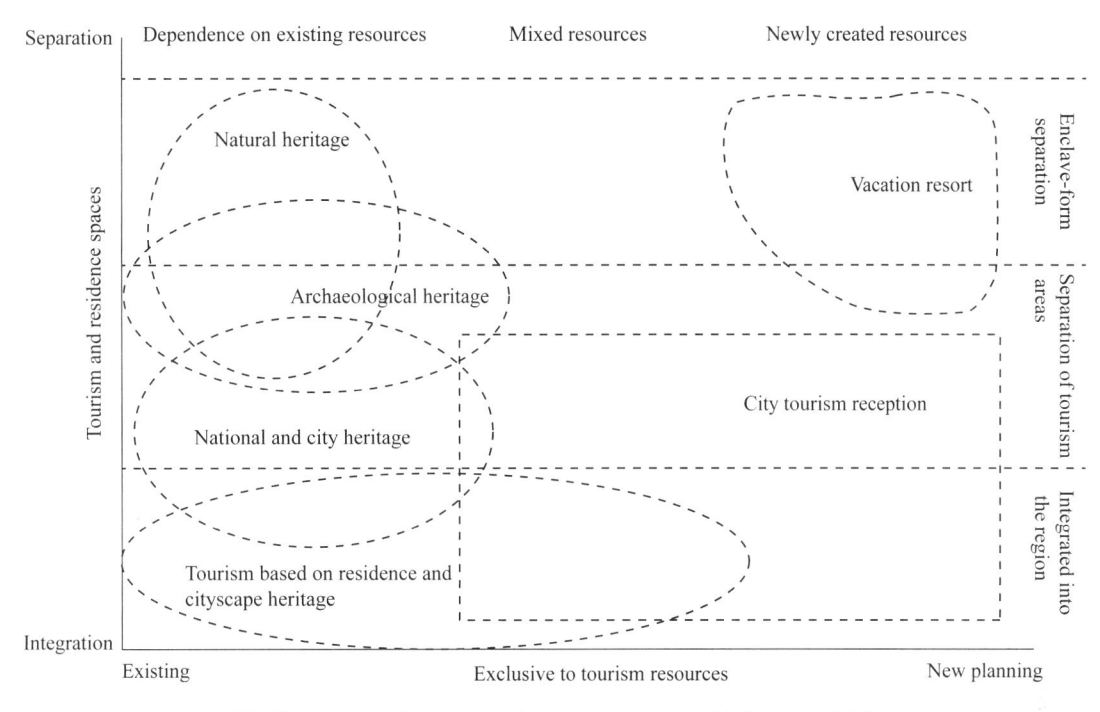

Fig. 8   Relationship between heritage and its site (Nishiyama, 2004)

communities and cave sites, the protection of the heritages needs to focus on the original form of the environment, which is the foundation of the heritages' value.

3   Cave Shapes and Protection Measures

Burrow: to distinguish it from the general reference of all caves, the close-end caves are hereby referred to as "burrows". Burrows are caused by natural agents, with natural openings. Human can enter burrows for exploration... The biggest and most common caves are formed by water and chemical effects between limestone and dolomite from surface (White, 2016). The natural appearance of the cave is a natural karst landform with an opening. Caves are also the cultural embodiment of human's long-term and almost instinctive use of natural caves. The limestone and dolomite surface is a common rock component of the karst terrain, which indirectly proves the existence of the most familiar large caves on the karst landforms (Sheiyi, 2018). Burrows only have openings at one end and are dark deep inside. Therefore, ancient humans usually lived near the openings, forming more cultural accumulations compared with inside. Burrows are a common type of prehistoric cave sites. The Guanyin Cave in Qianxi County, Guizhou Province falls into this category. It is listed as a national key cultural relic protection unit for its historical value (Institute of Vertebrate Paleontology and Paleoanthropology, Chinese Academy of Sciences, Guizhou Provincial Museum, 1966).

Rock shelter: Rock shelter is formed by wind erosion on rock masses formed by two kind of rock. For example, some rock masses are composed of sandstone and shale. Shale is susceptible to erosion leading to concaves while the sandstone-more resistant to erosion-maintains its original form, resulting in a roof-like structure (Paul Goldberg and Rolfe D, 2008; White, 2016). The suspending part of the rock can provide shelter, resulting in human activity in such places in different times, leaving abundant archaeological accumulations underground (Paul Goldberg and Rolfe D, 2008; White, 2016). For example, the Mandu Mandu Creek Rock Shelter in east Australia (Morse, 1988).

Through hole: Formed by erosion of groundwater, the shapes of the tunnels are various and complicated. Some through holes literally cut through the mountain, and light can be seen from the opposite end of the cave. Some others seem to cut through the mountains, but the tunnel actually go below, leading to underground rivers. There are also tunnels with numerous and complex branches that may span the entire mountain. Through hole is the most complex and diverse type of caves, involving the interaction between the hydrology and the rock system at the beginning of the cave formation. Important sites of through hole in other areas include Dadong Cave, Panxian, Guizhou Province and Xianren Cave, Jiangxi Province (Huang Weiwen, Hou Yamei, Sixinqiang, 2012). Based on definition above, the 37 prehistoric caves surveyed are categorized as Table 1 shows:

Table 1 Cave shapes and names

Types	Sub-categories	Cave names
Burrow		Niupo Cave, Zhaoguo Cave, Podun Cave, Changkou Cave, Zhongwan Cave, Jiangqing Cave, Bianzui Cave, Lizi Cave, Bull Cave, Chaotian Cave, Dupo Cave, Laoli Cave, Baihu Stronghold, Horse Cave of Puppy Market, Man Cave, Shangzhai Cave of Jiahe Village, Guanyin Cave
Rock shelter		White Cave, Dongjiao Cave, Menyan Cave, Laogua Cave, Hujia Cave
Through hole	Opposite open ends	Lion Cave, Pojiao Cave, Jiahe Village Through Cave, Chuanshan Cave, Kitty Cave
	Open ends-underground river	Hujia Cave No.1, Niujiao Cave
	Multi-branches	Sancha Cave, Big Cat Cave, Feihu Mountain Cave, Dongmenqian Cave, Zhengjia Cave
	Connection to underground river	Dahua Cave, Daguan Cave

Four sub-categories, each with different micro-environment characteristics, need to be treated with different environmental monitoring methods and protection measures. Table 2 sums up the protection measures required for each category based on field research of the new area. Among them, underground water system is the most important

Table 2 Cave shapes and protection measures

	Ecological features	Notices	Protection measures
Underground water system	Priority for protection of all karst topography	Large system and fast matter exchange complicates pollution control	1) learn about karst hydrology system and drawing maps 2) Limit water discharge from daily life, agriculture, and industry near the sites 3) Set up monitoring devices at entrances and exits of underground water systems to collect information on water quality
Burrow	Large space inside; sole opening; low rate of inside-outside air exchange	No discernible water source, though rain water may trickle down through large gaps in limestone, such as Zhaoguo Cave. The trickle may affect archaeological accumulation	1) surveyors should watch out for falling rocks 2) Re-direct water that may flow past archaeological accumulation outside caves 3) Strengthening stone walls at cave openings, removing weed and algae on it
Rock shelter	Narrow space inside; direct exposure to air outside; temperature, humidity, and CO_2 concentration changes with outside environment	Due to narrow internal space, plantations before cave openings may affect archaeological accumulation. Local residents also used the openings to store agricultural tools and harvests. Particle pollutant may enter the caves with wind.	1) removing plantations at cave openings that will influence archaeological accumulation 2) Removing stuff stored at openings as well as pollutant 3) Limit construction projects nearby to avoid exposure to pollutant
Through hole	Tunnels with various lengths; more than two openings; air temperature, humidity, and CO_2 concentration at the center of tunnels approaches average level outside	Large underground water system may spread pollutant fast	1) set up monitoring system of temperature, humidity, CO_2 2) Map out the underground water system to identify its source and limit waste water discharge 3) Study tunnel shapes, directions, and lengths, identifying more remains of human activity inside caves

condition for karst dissolution and matter exchange process; plus the fact that pollutants can spread rapidly in such water net, underground water system is a vital factor for the environment of any type of prehistoric cave site; the factor should be prioritized for all kinds of protection measures (Williams, 2008). The cellular texture of limestone, with dissolution effects, often ends up with wider gaps between rocks. Cave openings and tunnels are both natural structures formed under such effects. Such structure often helps form underground river or trickle with no discernable sources. Too much water may wash away the underground remains, or accelerate the rate of dissolution, a major threat to the underground archaeological remains of the cave.

4 Conclusion

The protection of the caves in Gui'an New Area should be carried out in conjunction with preventive measures. The current state of the cave must first be known, by making research and records on the overall karst system and water quality of the prehistoric caves. This will help us keep track of the environmental causes (air flow and humidity in the cave; temperature, carbon dioxide concentration, underground water system and catchment area). We can maintain the current ecological environment and the authenticity of the caves, by ensuring that the caves' dissolution rate is kept at its natural level without effects from human activities. Generally, the Gui'an New Area has not seen large-scale exploitation and the most caves for archaeological researches so far have not seen destruction due to man-made causes. Though some caves have already been used as religious sites (such as the Guanyin Cave of Anshun that has no prehistoric remains left after many years of religious activities), their underground karst system that embodies value as natural heritage can still be preserved. In particular, the infrastructure building in the new area is going on rapidly. If preventive measures can be implemented before its development goes full-swing, we may spare the costly and time-consuming salvage efforts in the future.

References

Huang Weiwen, Hou Yamei, Si Xinqiang (Ed.). 2012. *Panxian Cave: A Comprehensive Research of Early Paleolithic Sites in Guizhou*. Beijing: Science Press.

Liang Shengping. 2016. *Rediscover of Green: the Sidelights on the Green Innovative Development of Guian New Area.* Beijing: Social Sciences Academic Press (China).

Liang Shengping and Wang Xiukun. 2017. *The Practice of Landscape and Pastoral City: Gui'an Village Micro-standard Quality Construction Record*. Beijing: Social Sciences Academic Press (China).

Nie Hongfeng and Shu Youfa. 2007. *Comprehensive Remote Sensing Analysis of Land Resources in Guizhou Province*. Beijing: Geological Publishing House.

Ouyang Enliang. 2005. Folk Sects and Guizhou "Hao Army" Uprising during the Reigns of Xianfeng and Tongzhi. Journal of Guizhou Normal University (Social Science Edition), 137(6), 74-78.

Wang Shuhuai. 1968. *Muslim Rebellion in Yunnan during the Reigns of Xianfeng and Tongzhi*. Taipei: Institute of Modern History, Academia Sinica.

Xu Xinjian. 1992. *Southwestern Studies*. Kunming: Yunnan Education Publishing House.

Xie Yiyi. 2018. Research on the Planning of Prehistoric Caves Protection Area in Gui'an New Area. Research on Heritages and Preservation, 3(6).

Zhang Wei, Qin Xiaoqun and Yi Lianxing. 2004. *Development and Utilization of Karst Water Resources in Yunnan, Guizhou, Guangxi and Hunan*. Wuhan: China University of Geosciences Press Co., Ltd.

Chinese Academy of Geological Sciences (Cartographer). 1975. Geological Map of Asia.

China Geological Survey. 2003. *Progress in Regional Geological Surveys in Provinces of China at the End of the 20th Century*. Beijing: Geological Publishing House.

Institute of Vertebrate Paleontology and Paleoanthropology, Chinese Academy of Sciences and Guizhou Provincial Museum. 1966. Excavation Report of Guanyin Cave in Qianxi County, Guizhou Province. Vertebrate Paleontology and Paleoanthropy, (3).

Institute of History and Philology, Academia Sinica. Chinese Electronic Document Database. http://hanchi.ihp.sinica.edu.tw/ihpc/hanjiquery?@16^1790704946^807^^^702020240003000500010001^86@@1740634929

Bárbara Angulo, T. M., Jesús A. Uriarte, Iñaki Antigüedad. 2013. Implementing a comprehensive approach for evaluating significance and disturbance in protected karst areas to guide management strategies. *Journal of Enviromental Management, 130*, 386-396.

Caple, C. 2016. Decay and Mitigation of Rock Art and Cave Sites. In C. Caple (Ed.), *Preservation of Archaeological Remains In Situ* (pp. 358-371). New York: Routledge.

Cesareo Saiz-Jimenez, S. C., Valme Jurado, Angel Fernandez-Cortes, Estefania Porca, David Benavente, Juan C. Cañaveras, Sergio Sanchez-Moral. 2011. Paleolithic art in peril: policy and science collide at Altamira Cave. *Science, 334* (6052), 42-43. doi: 10. 1126/science. 1206788

F. Bourges, P. G., D. Genty, M. Lorblanchet, E. Mauduit, D. D'Hulst. 2014. Conservation of prehistoric caves and stability of their inner climate: lessons from Chauvet and other French caves. *Science of the Total Environment, 493,* 79-91.

Francesca Stomeo, M. C. P., Juan M. Gonzalez. 2009. Assessment of bacterial and fungal growth on natural substrates: consequences for preserving caves with prehistoric paintings. *Current Microbiology, 59* (3). doi: 10. 1007/s00284-009-9437-4

Freitas, C. R. d. 2010. The role and importance of cave microclimate in the sustainable use and management of show caves. *Acta Carsologica, 39* (3), 477-489.

Gregor Kovačič, N. R. 2013. Analysis of human induced changes in a karst landscape—the filling of dolines in the kras plateau, Slovenia. *Science of the Total Environment, 447,* 143-151.

International, F. a. F. (n. d.). *Securing the Future for Asia's Stunning Karst Ecosystems* . Retrieved from J. Elez, S. C., A. Fernandez-Cortes, E. Garcia-Anton, D. Benavente, J. C. Cañaveras, S. Sanchez-Moral. 2013. A GIS-based methodology to quantitatively define an Adjacent Protected Area in a shallow karst cavity: The case of Altamira cave. *Journal of Enviromental Management, 118,* 122-134.

Jeannin, M. L. a. P. -Y. 2004. Temperature distribution in karst systems: the role of air and water fluxes. *Terra Nova, 16* (6), 344-350.

Morse, K. 1988. Mandu Mandu Creek rockshelter: Pleistocene human coastal ocuupation of North West Cape, Western Australia. *Archaeology in Oceania, 23* (3), 81-88.

Nishiyama, N. 2004. 序文 . In 西山徳明 (Ed.), 文化遺産マネジメントとツーリズムの現状と課題 *[Current Status and Issues of Cultural Heritage Management and Tourism]* (Vol. 51, pp. 1-8). Osaka: 国立民族学博物館 [National Museum of Ethnology].

Paul Goldberg and Rolfe D, M. 2008. Caves and Rockshelters. In P. M. Deborah (Ed.), *Encyclopedia of Archaeology* (Vol. 2, pp. 966-974). New York: Academic Press.

Saiz-Jimenez, A. a. 2004. Lichens of different mortars at archaeological sites in southern Spain. In L. S. C. a. M. Seaward (Ed.), *Biodeterioration of Stone Surfaces: Lichens and Biofilms as weathering Agents of Rocks and Cultural Heritage* (pp. 165-179): Kluwer Academic Publishers.

UNESCO. 2009. *World Heritage and Buffer Zones*. Retrieved from France: White, W. B. 2016. Cave. *Encyclopaedia Britannica.*

Whitten, T. 2009. Applying ecology for cave management in China and neighbouring countries. *Journal of Applied Ecology, 46* (3), 520-523.

Williams, P. 2008. *World Heritage Caves and Karst — A Thematic Study* . Retrieved from Switzerland:

Wolbers, S. a. 2004. Lichen Encroachment onto Rock Art in Eastern Wyoming: Conservation Problems and Prospects for Treatment. In L. S. C. a. M. Seaward (Ed.), *Biodeterioration of Stone Surfaces: Lichens and Biofilms as weathering Agents of Rocks and Cultural Heritage* (pp. 115-128): Kluwer Academic Publishers.

Communication Study of the Connotation of Cultural Heritage

Xing Qikun[1]

This conference is a national academic seminar themed on heritage business held by Zhoukoudian Site Paleoanthropology Research Center. Naturally, the thesis starts from the Paleolithic Age where Zhoukoudian belongs. As a researcher of tomb culture in Qing Dynasty, I know little about Paleolithic culture and seldom have access to such information. But as I have been working in the field of relics and museology in Liaoning Province for years, I still know about some influential Paleolithic sites in Liaoning Province. Taking the opportunity of this meeting, I would like to discuss the ways of spreading the connotation of cultural heritage from this perspective.

Since late 1950s, some archaeology discoveries dating back to Paleolithic Age have been found in Liaoning, but quite small amount. Since 1970s, with the development of the field work, new discoveries back to lower, middle and late Paleolithic periods were found. Several important sites were carried on the science. The sites that were executed in large scales include Miaohou Mountain in Benxi, Jinniu Mountain in Yingkou (which dates back to lower Paleolithic Age), Gezidong in Kazuo (which dates back to middle-to-upper Paleolithic Age), Xiaogu Mountain in Haicheng, Qianyangdong in Dandong, and Xibajianfang in Lingyuan (which dates back to upper Paleolithic Age). Among these sites, the transition from Paleolithic to Neolithic sites has attracted particular attention. Some small stone tools, such as flint, crystal, agate, quartzite and igneous rock, were found in Xibajianfang in Lingyuan. Especially, some small stone pieces which were exfoliated by pressing method were found, which are very close to the microliths in the Neolithic Age. It is said that the upper layer of Xibajianfang is also superimposed with a Hongshan Cultural Relics dating back to Neolithic Age. Admittedly, there is still a long period between the Hongshan Culture and the Upper Paleolithic Age, but it is enough to provide valuable help for finding the transition from the Paleolithic Age to the Neolithic Age or even the cultural appearance and form of culture in Lower Neolithic Age. In recent years, the archaeology workers in Shenyang have discovered some relics with distinctive Paleolithic Age features in Faku county and Kangping county in the northern part of Liaoning, and carried out archaeological excavations in Kangping. This is a very important harvest, indicating that Shenyang could date back to tens of thousands of years or even earlier than previously known. For Shenyang, a national famous historical and cultural city and modern metropolis, it is of great historical and practical significance both academically and socially. Only few Paleolithic remains in China have been listed as world cultural heritage list like Zhoukoudian. For the reason, Zhoukoudian is very typical and unique, with academic values. It is no exaggeration to say that it is a milestone marking the development of human civilization in Asia. Paleolithic Age is the beginning of human history, the long time span is much longer than the Neolithic Age, with abundant cultural creation and accumulation. This is a valuable cultural heritage, witnessing an important stage in human history, reflecting one or several cultures, and implying the process of human evolution, the transformation of ideas and aesthetic ideas.

As early as I was in middle school, I knew Zhoukoudian from the history textbook. I had the chance to witness

---

[1] Qing Yongling Mausoleum Cultural Relic Administration.

the culture and style of Peking Man on the spot. My heart was filled with wonder and exclamations of such relics, and I felt very proud that I also work in the Qing Dynasty mausoleum, which is also a world cultural heritage site. The reason behind is simple: they are world heritage sites recognized by the United Nations.

Zhoukoudian was world-known. A question comes to me is the way to spread the connotation of the cultural heritage. Perhaps this is a question existing, but today, in such a context of globalization, considering that there is still much room in spreading culture among heritage sites, though it is repeated mentioned, it is still necessary to have in-depth understanding of the ways to spread culture.

As is known, cultural heritage, regardless of its nature, needs the corresponding professional technical support, which is also one of the most basic elements of spreading cultural heritage. We must learn the past of the heritage sites and the heritage, and know the close connection between them. More importantly, we must clearly understand the cultural connotation of the heritage, know how to pass on messages at all levels to the audience through one and multiple different channels and methods, so that more people know it, understand it, pay attention to it, see it, play it, enjoy it, and learn from it. To put it in a popular phrase, the sense of achievement.

For a cultural heritage, the public definitely has the right to know and access to information of the sites. The spreading of cultural heritage could meet public's right to know and access to information of the sites, could form effective supervision by public opinions to the protection and utilization of cultural heritage, and is what heritage protection and publicity should incorporate. Only in this way can the heritage and audience be integrated in the deep heart, and they can enhance mutual understanding, eliminate misunderstanding and deepen mutual trust. Communication is a science with its own special research institutions and systems. It is a perspective on communication, which studies various communication activities by gathering various viewpoints and methodologies. It is of necessity and use to know a little about the principles of communication so as to guide our daily practice of the communication channels of heritage sites. Communication studies the occurrence and development law of all human communication behaviors and processes, as well as the relationship between communication and people and society. By this definition, communication is closely connected to our work.

Zhoukoudian and Mausoleum of the Qing Dynasty are the "symbols" of communication. How to use these symbols for social information exchange is the essence of communication. We often encounter such situations in our work as that the cultural symbols we use to communicate is not simple ones, but integrated by various related disciplines and fields under a special condition. Such cases include the study of traces proving Zhoukoudian Peking Man used fires, the architectural characteristics and environmental layout of Qing Yongling Mausoleum. Spreading all knowledge to the audience requires the communicator to have a profound knowledge accumulation. The characteristics of communication, such as intersectionality, marginality and comprehensiveness, objectively require communication to be thorough as well as profound.

Now, people can both play an important role in protecting all mankind's natural and cultural heritage, and provide great impetus for sustainable development of today's society, which is accepted by all. Facing the needs of contemporary development, how to deal with the relationship between heritage protection and development, and how to understand the elements of heritage and the dimensions of heritage protection is still a serious problem. And the solution to this problem, I think the understanding of the spreading of heritage connotation, will play a great auxiliary role. To sum up, the key point and foothold of communication research is how to establish certain relations between people through the functions that communication has. In terms the communication of cultural heritage, cultural heritage itself is an important medium to determine and establish such a relationship. Different from natural landscape, cultural heritage is not clear at a glance. It has a high demand on the appreciator, and it's not that whoever sees it could fully understand its cultural accumulation and connotation, so it needs to be "explained". The process of explanation is communication. Its ultimate purpose is to let people think, enjoy the beauty, and deliver a sense of pleasure. Tangible cultural heritage appears on "things", that is, cultural relics, visible and tangible, but its essence is to emphasize the "culture", connotation of the "culture". Only with "culture" can heritage be a heritage. By spreading the culture to the public, and having the public know its history and cultural meaning, cultural heritage thus has values. And the value is highlighted in the process. During the spreading of cultural heritage, the value and connotation of the cultural heritage is gradually known by the public, and cultural heritage can play it role, which is a most obvious truth.

Only when cultural heritage is widely spread, can it be accepted by the people, and more social groups will pay attention to it, so that it can be inherited. Here we see that communication is the power and guarantee of inheritance.

Also, the inheritance of cultural heritage is the foundation of spreading cultural heritage. Only when the cultural heritage is inherited and continued, can the spreading of cultural heritage have the basis to rely on, otherwise, without the cultural heritage itself, the spreading is out of the question and cannot continue. The two are interdependent and develop mutually. The scope of communication research mainly includes introverted communication, interpersonal communication, public communication, mass communication and organizational communication. As for the communication of cultural heritage connotation, all contents covered by these scopes are appropriate. This is also an important reason why we are determined to apply the communication theory to the publicity of cultural heritage, which covers all kinds of communication channels, and takes mass communication at the core. This is connected to our work as heritage protectors. Zhoukoudian workers study Peking Man, and Qing Yongling Mausoleum Institute manages and studies the Qing tombs. One of the ultimate purposes of the study is to let it known by the public, and spread it by professional or popular language. The study of communication is in fact the study of people, the inter-personal relationships, and their relationships with other groups, organizations and societies; how people are affected, how they are affected by each other; how people report news, how they receive news and data, how they are taught, how they entertain themselves and others. First, learn how people build relationships. Both communication and anthropology are "the science of man", aiming to describe and explain the special natural and social phenomena of human beings across the whole earth and throughout history. The theme of anthropology is to study various aspects of human body and culture, whereas that of communication is to study human communication behavior and the basic medium of cultural spreading from generation to generation. In the past, people paid too much attention to the differences between the two disciplines, while too little attention to the interaction and complementarity between them. Communication is the privilege and symbol of human beings, the carrier of culture and "social cement", and the booster of human civilization and social progress. This is why we should pay attention to the role of communication in our daily work. Without a careful study of the ancestors of Nurhaci, it is impossible to understand the behavior norms of Jurchens from the cultural basis, and the knowledge of Yongling Mausoleum tomb could have been limited to the narrow vision of the royal mausoleum. The key is to find the "joint point" of the discipline theory to work, and then apply the theory to work. The theories of linguistic school, cultural school and communication school in anthropology can inspire communication scholars a lot, while the sign theory, reception theory and functional theory in communication can also open the eyes of anthropologists. In a word, we should not only understand the differences between communication and anthropology, but also try to find the convergences of the two, so as to scientifically explain and reveal the phenomena and laws of human communication.

Qing Yongling Mausoleum is the ancestral Mausoleum of the Qing emperors, and one of the important buildings of the early Qing Dynasty in northeast China. In the inheritance of cultural heritage, we have held public classes there through historical materialism education and excellent cultural tradition for the youth. High school students from many schools participate in cultural heritage activities in Yongling. With the sacrifice ceremony for Qing tombs as the main content, we invite local cultural groups, descendants of Aisin Gioro in other cities for large sacrificial ceremonies, and invite local academic groups to hold discussion, introduction and promotion themed on Qing culture, so as to drive the rapid development of tourism. In this process, Qing Yongling, a world cultural heritage site, is also better known by the public.

The basic work is the fundamental support of cultural heritage, and also the guarantee of timely and scientific rescue of the heritage. Cultural heritage is rooted in the specific cultural and natural environment, inseparable from the residents. In my opinion, the most important one in basic work, except for the security and protection, is how to spread it to the farther places and to be known by more people. Come and visit it is one way. We don't deny that cultural relics resources is the important foundation to promote the development of tourism, and also strong power to promote economic and social development. But we are more concerned about that general audience could know, understand, contemplate, and perceive something closely connected with culture from Qing Yongling and the ancient Chinese imperial mausoleum culture.

The role of communication plays a unique role in both the theory and practice of cultural heritage. For instance, some scholars have discussed the relationship between functional heritage and heritage function, which may also be an important issue concerning how to spread cultural heritage. Each cultural heritage has its own past and present life. The past life is to be built for urban development at that time, playing some function. With the passage of time, the buildings have witnessed the development of the city and formed the cultural heritage value, which is the functional heritage. In this life, the original use function of cultural heritage changes in the process of urban development, forming a new (or continued) use function. The new (or continued) use function constitutes the basic framework of modern urban function, which is the heritage function. The best way to study cultural heritage is to categorize legacy functions. Through scientific and reasonable categorization, we could promote the protection and utilization of urban cultural heritage, and properly handle the relationship between urban construction and protection of historical and cultural heritage. From "urban heritage" to "heritage city", cultural heritage could be integrated into the city, and play an irreplaceable role. This is all true, and cannot be possible without spreading.

World natural and cultural heritage is the most attractive part of tourism resources, an important resource for the development of tourism, an important brand in the tourism market, and an important driving force for the development of national tourism and the sustainable development of local economy. Taking the mausoleum as an example, from the root of the culture, the Chinese society has a tradition that viewing death as the start of a new life, which played a role in promoting the emergence and development of the mausoleum. As the Chinese view death as the start of a new life, when people died, they still need space for life. And this space is mausoleum. In life, the emperor had luxury, and after death, it still must be so. Therefore, we see a strange phenomenon in China's feudal society: emperors usually began to build the places for living after death the moment they ascended the throne. Mausoleums were often large and costly, even true for emperors known for their thrift. Emperor Wen of the Western Han Dynasty initiated the prosperity during the reign of Wen and Jing. According to *Records of the Grand Historian*, when emperor Wen had the tomb built in Ba, he used earthenware instead of gold, silver, copper and tin. He didn't build the grave, wanted to be frugal, and didn't want to put burden on the people. But still, the construction of the Ba Mausoleum costed one-third of the national revenue. Yongling Mausoleum was built very early in the Qing Dynasty. Due to the limit of the national strength, Yongling could not be compared with Fu Mausoleum (Shenyang Dong Mausoleum), where Nurhachi was buried, and Zhao Mausoleum (Zhenyang Zhao Mausoleum), whre Huang Taiji was buried. But the only difference is scale. As a materialized concept, the mausoleum constitutes a historical atmosphere lasting for thousands of years. As the material and cultural facts of specific phenomena, just as some scholars said when they studied such topics: the mausoleum is not only the potential pillar of social order, but also the gap between the heaven and humanity in feudal society. It is the helplessness of wisdom, the persistence of wisdom or the escape of wisdom, but also the infiltration of culture. It is a self-correction of the biased attitude towards the traditional Chinese culture when people go to the mausoleum cultural site to seek the origin of the mausoleum culture. Only when the world heritage culture is integrated into the life of the common people, can it be fresh and have a long history. It takes a lot of effort to spread this idea across to tourists. It's not something that can be achieved by wishful thinking alone.

Mass culture, media forms, communication technology and so on are all effective ways to spread cultural heritage and realize civil rights. With the improvement of people's material life and cultural level, the public pay more attention to the work of cultural heritage than before. Through the spreading of cultural heritage, people share the cultural heritage protection achievements, enhance the public awareness of the cultural heritage protection work under guidance, and set up the correct concept of protection and rational utilization. Then, the whole society can truly realize the social and historical and cultural value that cultural heritage contains, and could consciously shoulder the responsibility of protecting heritage. This is our direction to work for, and our source of strength in work pursuit.

Transboundary Application on Protection and Research of the Collections in the Site Museums

Ming Wenxiu[1]

Abstract: The site museum is the result of the development of museums、social changes and in-depth subject research. Serving as collections, exhibits, symbols or brand of museums, the sites are the foundation of the museums and the starting point of all the work. The scientific protection, research and rational use are very helpful to make the sites alive. Based on the summary of the achievements of transboundary application in museums, the paper analyzes the transboundary application on protection and research of collections in sites museums, and discusses the tendency of the collections management in the future, which is the transboundary cooperation led by museums will bring new vitality and achievements to the protection and research, while it is also an effective model for the museums to pursue new changes in new situation and promote the sharing of cultural resources with the pubic.

Keywords: site museum, collections, transboundary, protection, research

In 21st century, with the social stability and rapid economic development, China's museum industry has become increasingly prosperous, and has undergone a lot of changes its number, scale, type, nature and other aspects. As a trust institution of social public cultural resources, museum has been playing an increasingly important role in inheriting history and culture, maintaining the national spirit and strengthening the construction of socialist spiritual civilization. To a certain extent, its establishment or reconstruction has become a new breakthrough to solve the local or industrial development.

The rapid development of society is driving the increasingly close ties in various fields. Trans-boundary cooperation has become the trend of the times. Museum needs to find a breakthrough in various ties, tries and moves ahead, and constantly reshapes their social roles and responsibilities, in order to find vitality in opportunities and challenges. "As museum researchers, we should constantly broaden horizons, open up new fields, boldly use the concept of 'cross boundary', expand the extension of collection types, integrate diversified collection resources, highlight the theme of exhibition performance, and make the exhibition more admired, loved and satisfied by the audience"[2]. "Only by going beyond a single field, innovating modes, and taking the initiative to create a favorable external environment for extensive social participation and development, can museums play a significant role in forming a new pattern of cultural innovation, co-construction and sharing, and creating brilliance. Only in this way can traditional cultural and creative industries be integrated into other industries to form a cluster development"[3]. "'cross-boundary cooperation' is embodied in museum exhibition... It is beneficial to express and stand out the theme of the exhibition, enrich the content of the exhibition, make the exhibition information more easily accepted and understood by the

---

[1] Associate research professor of Chengdu Jinsha Site Museum.
[2] Liang Guanan, Brief Analysis of Application of Cross-boundary in Museum Exhibition, *China Museum*, 2012, 4th issue.
[3] Xu Yiyun, Idea of Museum Creating Win-Win Cross-Boundary Integration Model, Zhejiang Museum of Nature, *Natural Museum vol. 4*, Zhejiang Science and Technology Press, 2017.

audience, and make it more fashionable and more enjoyable…This is a new trend in museum curation".[1] "Cross-boundary collaboration is a necessary condition for good works"[2]. The concept of "Internet +" has achieved a very obvious effect[3]. "Through the 'cross-boundary' exhibition, we can deeply analyze the background of the emergence and existence of historical relics, and realize the organic integration between natural science and humanities… The connotation and the educational effect of the exhibition go beyond knowledge, and involves emotion, attitude and values[4]". "During the exhibition and transmission of collection resources, only through applying experience design to the cross-boundary development of collection resources could the museum activate collection resources to the maximus extent, fully mobilize the enthusiasm of the masses to interact and communicate with it, and leave deep impression and cognition on the masses during experiencing material civilization and cultural connotation…" [5]

"Site museum is built to protect and study the non-movable cultural heritage and natural relics left over from human history. It covers castles, villages, houses, workshops, temples and cemeteries, as well as memorial sites and fossil sites. It is mainly to collect and display the unearthed relics of the site, and serves as an education institution spreading scientific, historical and cultural knowledge to citizens."[6] With the advancement of archaeology, history, geology, anthropology, folklore and other disciplines, as well as the changes of the times, some scenarios, technologies or emotional visions of social and natural development with distinct era and regional characteristics gradually become the records of the past. Building museums there could preserve the memory of the times, and make collections for tomorrow. Therefore, there will be more site museums and they will change continuously. New characteristics, new problems, and new blank will also come along.

"Collections are collected according to the nature of the museum and the need to realize its main social functions, and thus become the material basis of all operation activities."[7] "The museum (collection) has initiated a revolutionary process of breaking through the limitation of 'objects' and pursuing universality".[8] "With the work of the museum on the right track and academic research going deeper, it is necessary to enrich and develop the collection (of the site museum)".[9]

Sun Xiao believes that "site museum should be guided by 'protection, research and utilization'… Only on the premise of 'protection' and 'research' can we talk about 'utilization'"[10]. At present, many achievements have been made in the cross-boundary utilization of site museums, but few studies systematically explore the protection and research. In the paper, the author discusses cross-boundary and museum collection protection and research.

1 Necessity for museums to cross boundaries

The "going out" or "bringing in" of the site museum is both external requirement of the development of the times and the common internal requirement of seeking breakthrough inside. Only by carrying out diversified and multi-

---

[1] Yan Hongming, New Approach to Exploring Cross-Boundary Cooperation in Exhibition between Nature and Humanity, Zhejiang Museum of Nature: *Natural Museum vol. 4*, Zhejiang Science and Technology Press, 2015.

[2] Liang Min & Zhen Chao, Innovation, Integration, Cross-Boundary Win-Win—Overview of Museum Architecture and New Technology Application, *China Cultural Relics News*, November 22, 2016, 007 edition.

[3] Wang Chao, He Wei, & Wang Longxiao, Internet+ Museum – Overview of 2015 Academic Annual Meeting of Media Professional Committee of Museum Association of China, *China Museum*, 1st issue, 2016.

[4] Wei Lili & Yang ling, Cross-Boundary Cooperation—Innovation of the Concept of Museum Exhibition, *Research on Natural Science Museum*, 4th issue, 2016.

[5] Zhou Yaqin and Mu Zhengchen, Research on the Application of Experiential Design in Cross-Boundary Development of Collection Resources, *Packaging Engineering*, vol. 38, no. 22, 2017.

[6] Sun Xiao, Personal Characteristics of Site Museum, *China Museum*, no. 4, 1989.

[7] Wang Hongjun, chief editor, *Foundation of Chinese Museology*, revised edition, p. 133, Shanghai Classics Publishing House, 2001.

[8] Xu Ling, Pursuit of "Broadness" — Evolution of the Concept of Museum Collections, *Southeast Culture*, 6th issue, 2011

[9] Wu Yongqi, Li Shuping, & Zhang Wenli, chief editors, *Introduction to Site Museology*, p. 109, Shaanxi People's Publishing House, 1999.

[10] Sun Xiao, Personal Characteristics of Site Museum, *China Museum*, no. 4, 1989.

dimensional cross-boundary cooperation with all sectors of society, can museums integrate into the trend of the times and expand the space for development:

1.1 Joint efforts of social development and public demand for sharing cultural resources.

The open society built by modern information technology has connected all industries closely, and museums are bound to be associated with the outside world. Besides, "the museum is not only an institution collecting cultural heritage, but also an institution researching science and culture, as well as publicizing education practice".[1] The activation of heritage resources in site museums also requires the joint participation of the public. With the gradual improvement of public material and cultural life, and the increasing spiritual and cultural needs, the public are entitled and willing to access to and share museum resources which are public cultural institutions. Under this appeal, the museum should only open the door to visitors, share the collection, protection, research, fruits and doubts with the community, in order to provide quality intellectual services for social development, and at the same time, promote the people to think and solve problems.

1.2 The site museum has the inherent requirement to break through the limitation of its own collection, talents, technology, facilities, sites and other resources and to seek attention.

In the process of development, it is more obvious that site museums are limited in collection, talent, professional, technical, facilities, equipment, venues and other resources. Generally speaking, the collection of the museum comes from a single source, mainly from the site itself, increasingly hard to attract more antiques. Also, the museum has very limited professional human resources. The staff have an extremely heavy workload, and their research time and space are severely compressed. Museum facilities are usually equipped by government, while the collection business is often "thought about again and again". The limitation of the field space is self-evident. Generally, museums are incorporated into the regional planning and have a specific scope, which can only meet the development needs in a certain period.

Because of unique connotation, site museum could temporarily maintain popularity when just opened. But if there are no new attractions, it is hard for the museum to maintain social attention. Therefore, the museum should break away from the limitation of the form, inspect itself during exchanges with all industries, develop itself, make constant breakthrough, and create new values.

What should we pay attention to when site museum has cross-boudary cooperate?

(1) The starting point and central point of the site should be closely followed. "It (the site) is the source of the vitality of the museum, and also the foundation of the survival and development of the museum."[2]

(2) Stick to the concept of "museum+", stick to the bottom line of collection security, and keep going forward in both inheritance and innovation.

(3) Combine seriousness and flexibility, carry out diversified and multi-dimensional cooperation, and establish a healthy "circle of friends".

(4) The museum should establish an interactive intellectual support system with the public. The masses join the construction. And the think tank of museum should include multidisciplinary professionals.

(5) Cross-boundary refers to two aspects: 1) physical cross-boundary, that is, the cooperation between museums and companies, units or individuals in other fields and industries is carried out in the form of cooperation agreements; 2) content implantation, that is, the introduction of ideas, means or technologies conducive to the benign development of the museum. Learn skills from them.

---

[1] Su Yuliang, Research on the Management and Sharing of Digital Resources in Museums, *Art and Technology*, 9th issue, 2017.

[2] Bai Yan, Existence Value and Development of China's Site Museums, Beijing Museum Association, *Proceedings of the Conference of Beijing Museum Association*, p. 147, Beijing Yanshan Press, 2000.

2 Cross-boundary application of collection protection

In site museum, both the museum and the site are indispensable and interdependent. The site determines the practical significance of the existence of the museum, and the museum is the best shelter of the site and the start to spread value. Collection protection in general sense refers to professional technical work. Here, the "protection" of the collection covers technology protection, scientific warehouse management and security defense, which jointly constitute the collection protection system featured "prevention, treatment and operation".

2.1 Introduction of science and technology is associated with the sound development of the collection protection system

The ground sites such as ancient buildings, ancient tombs, grottoes and stone carvings have been exposed in the wild for a long time, while the underground sites have been dusty for a long time and reappeared in the world. They are severely damaged or naturally aged by wind, frost, rain and snow, abrupt climate change, temperature and humidity imbalance, groundwater level rise and fall, microbial erosion and other factors. *The 13th Five-Year Plan for the Development of National Cultural Relics* emphasizes that "the protection of cultural relics contributes to contemporary times and brings benefits for future generations.... It changes from rescuing conservation to rescuing and preventative protection; from the focus on the protection of cultural relics to the overall protection of cultural relics, the surrounding environment and cultural ecology, to ensure the safety of cultural relics." The protection of cultural relics goes beyond the narrow sense of relics and crosses the boundary into the overall concern of nature and humanity under the framework of space and time. Accordingly, the museum has introduced interdisciplinary scientific and technological forces or facilities for the protection of cultural relics, and some have set up modern cultural relic protection centers.

The Research on Environment Monitoring and Control Technology of Site Museum[1] uses wireless monitoring technology to monitor the environment of cultural relics in the collection of cultural institution conduct, such as Qin Shihuang Mausoleum, Hanyang Mausoleum, Jinsha, Yuyao Hemudu Site museums. The team carries out the preventive protection of cultural relics. They monitor changeable data, such as atmosphere temperature and humidity, CO_2, light intensity, ultraviolet irradiation intensity, soil temperature and humidity, and organic volatile data, which provides extremely important basis for the scheme of site collections protection and the renovation of the cultural relics storage environment.

2.2 Scientific warehouse management of the information storage and testing platform of the collection, which can timely find and solve problems of the collection.

Since the establishment of the site museum, it has posed many severe challenges to the traditional museum collection management, such as the definition, measurement, classification, storage, filing, cataloguing, accounts, collection, database development and so on. In the last century, *Introduction to Site Museology*[2] proposed many effective methods in combination with practical cases, which can be regarded as the pioneer work of site museum and museology. With the progress of the times, some contents need to be further optimized and improved.

The collection of the site museum is mainly composed of ruins and relics unearthed from the site, which can be divided into immovable and movable categories, reflecting the overall situation of the site. Its storehouse management has distinct individual characteristics. The collection is mainly kept in the original site, exhibition hall, warehouse and cultural protection center. The original site is the immovable cultural relic warehouse; the exhibition hall is a special cultural relic storehouse with certain logical relation; the warehouse is a place where some movable

---

[1] The subject is currently being carried out in our museum (Chengdu Jinsha Site Museum), and preliminary results have been achieved.
[2] Wu Yongqi, Li Shuping, & Zhang Wenli, chief editors, *Introduction to Site Museology*, p. 11, Shaanxi People's Publishing House, 1999.

cultural relics and relics are placed in boxes; and the cultural protection center stores cultural relics in urgent need of repair or special needs. Scientific collection warehouse management includes sound warehouse management system, effective procedures, methods and facilities, and rich cultural relics information resources. Its cross-boundary application is mainly reflected in the following aspects:

(1) Implant management concepts, methods, technologies or facilities of other industries, and reserve abundant information resources of collections.

As is known, the collection of cultural relics in the museum has significant historical, scientific and artistic values, and is the demonstration of the development of nature or human society. Its non-renewable nature gives us a "sense of awe", and our natural curiosity wants to know more, which cannot be achieved by human body alone. Therefore, the storehouse management of the site museum needs to make full use of its resources to explore new fields and ideas. By purchasing or cooperating with relevant technical teams, the museum could acquire detailed data of the collections in a comprehensive and precise way, so as to provide new methods and supplement new materials for the protection of the relics and other work of the museum. For example, X-ray scanning can be used to detect the internal mechanism of stone, metal and organic cultural relics; the magnetic field radar can track the inside of the site; remote sensing, space exploration and GIS technology can establish the geographic information system of the site; and high-definition macro shooting can acquire micro-process or accurate local data of the collection...

(2) Borrow the management concept of the bank, and apply it in the management system of the storehouse of the regional cultural relic center.

The 12th Five-Year Plan for the Development of the National Museum of Cultural Relics clearly proposes to "strengthen the construction of prefecture-level museums and regional cultural relic centers, and establish the system of centralized storage of important collections in cultural relic centers." In 2008, the cultural relics center warehouse similar to the "cultural relics bank" in Mianyang, Sichuan Province, was still in good operation after the May 12 Wenchuan Earthquake. The center has the following characteristics: 1) classified storage of cultural relics, constant temperature and humidity and automatic control; 2) air quality has monitoring, automatic alarm and adjustment system; 3) customized cabinet and boxes; 4) reasonable partition of building functions, improved storage function of the collection, environmentally friendly and energy-saving materials, and first-level security; 5) low system operation cost. Some scholars believe that the regional cultural relic center warehouse has six characteristics, namely region, center, classification, demonstration, contract and incomplete replacement [1]. In addition to free-riding, the collection of site museum enjoys the following benefits: 1) It can reduce the setting of additional environment of the site, and minimize the impact on the site. 2) For the above-ground site museums, especially the memorial ones, the original "cultural relics storehouse" can be returned to the site, and becomes an indispensable part of the interpretation of the site. 3) Save the architectural space of the museum, free up the limited architectural space for public education projects such as exhibition, education and publicity, and improve the public education image of the museum.

(3) "Museum+ Internet" researches and develops digital information management software for collections.

The Internet, which has many intelligent functions such as calculation, storage, statistics, analysis, query, search and sharing, has been popular in the whole society, which also attracts museum industry. Each museum has developed appropriate collection management software according to its own actual situation, and makes management more intelligent, fast and efficient, which has greatly reduced the touching rate of cultural relics and the incidence of accidents. The information management software of relics museum collection should include two categories: movable cultural relics and ruins (non-movable cultural relics). In the case of information data preservation and compliance with relevant national norms, the system should have flexible link ports and high-level security defense functions. The overall functional modules should include subsystems related to system management, auxiliary information, examination and approval, collection business, collection information, inquiry,

---

[1] Wang Peizi & Jin Hui, Thoughts on the Construction of Regional Cultural Relic Center Storehouse, *China Cultural Relic News · Heritage Protection Weekly*, April 18, 2014.

statistics, data orientation, positioning management, research, utilization and repair.

However, there are some shortness in collection information management software which we need to overcome, such as virus attacks, and wrong operation. Therefore, the collection of cultural relics requires both information management and traditional management, which complement each other. The museum could use collection information system for check, verification and statistics, and adopt traditional paper management way as the original files".[1] It makes sense. But traditional management must cover the most basic data of the collection. In addition, in the process of software running, data backup and update should be paid special attention to.

3 Interdisciplinary Study and Application of the Collection

"Ongoing research into museum collections can provide new information about collections for many different types of museum users. "[2] The site is transformed into a magnificent museum, where antiques become collections, exhibits, symbols or brands, silently. To truly transform the museum into the park empowering children's dream, second classroom for students, and places offering high-end spiritual and cultural products and lifelong education to adults, we also should explore in various, multi-angle, and diversified way, extract more nutrition and breeding results for people to enjoy, so as to reach the ideal realm of self-identity and social identity for site museum. Cross-boundary research is mainly reflected in the following aspects:

3.1 Host or participate in influential large academic seminars, broaden the research horizon of museums, and promote the comprehensive and diversified development of research.

Various large academic seminars bring together experts from different disciplines to carry out cross-boundary cooperation and exchange, which is a platform for us to learn about research achievements, methods, hot spots and frontiers in a certain field. In September 2017, Chengdu Jinsha Site Museum opened the exhibition entitled Jade Culture in the Xia and Shang dynasties at the same time as the international symposium on Jade Culture in the Xia, Shang and Zhou dynasties, realizing a successful crossboundary between the exhibition and the symposium. This is a rare high-end international academic conference on the study of Chinese jade culture in recent years. The conference invited more than 80 jade experts with different academic backgrounds from more than 40 archaeology institutes, museums and professional colleges at home and abroad, to discuss and cooperate with the jade in Xia, Shang and Zhou dynasties from multiple disciplines and perspectives.

3.2 Cross-boundary research will form site reports or scientific research papers, and broaden the range of sources of the collection.

The collection of relics is where human contacts history. The collection seminar gathers the wisdom of experts from different academic backgrounds, and is the most authoritative way for the museum to go to the public and broaden its circle of friends. Today, a large volume of excavation reports is regarded as the fruit of multidisciplinary research, including the detection, analysis and research results of animal, plant, metallurgy, environment, space and other scientific and technological means. These means also become the key to in-depth interpretation of the site, just like the traditional stratigraphy and typology.

The study of collections requires the knowledge or materials of natural science, philosophy, history, archaeology, anthropology and other disciplines to interpret the site itself, so as to enlarge the sources of museum collections and realize cross-boundary collection. This process shows that the museum collection of the site, though mainly from the site itself, is not limited to the site. In terms of archaeological site museum, museum generally cannot

---

[1] Zhao Guizhen, Exploration and Research on the Collection Management Model of Zhoukoudian Site Museum, *Prehistoric Studies*, 2013.

[2] Ambrose T. & Paine C., *Foundation of Museums*, translated by Guo Hui, p. 112, Nanjing Yilin Press, 2016.

make excavation, and thus it is unlikely to have direct access to what is discovered in archaeological excavations. Consequently, the administrative department of cultural relics should allow site museums which haven't finished excavation to cooperate with archaeological units at all levels. Or the museums could set up their own archaeological team, just like Qin Shihuang Mausoleum Museum. "This will not only train young comrades and improve their research ability, but also enable the site museum to acquire more archaeological discoveries to enrich its collection. Its significance is obvious." [1] 1). The collection source procedure is simplified, and it avoids the awkward situation of difficult handover of cultural relics due to different ownership. 2) The archaeological excavations are richer in content and more purposeful. They can also be supported by museum research, exhibition, education and communication. 3). Audience can visit or even participate in the archaeological excavation closely, and really harvest the experience and fun of archaeological excavation. In addition, the museum has integrated the multi-disciplinary research results and materials, and increased the collection of natural specimens, pictures, texts, audio-visual materials and crafts, ethnic, folk and religious materials related to the site, so as to foster the development of the site space and time, enrich the collection types and make the system more comprehensive.

3.3 The popularization of scientific research results and the creation of popular science works are beneficial to integrate the site museum into the daily life of the common people.

The museum has cooperated with the media to produce documentaries, voices, video, books, etc., so as to bring numerous research results into people's eyes in the form of both refined and popular tastes. For example, the serial history book themed on learning history through comics was published by Sichuan Children Publishing House in cooperation with many site museums. The books cover many historic sites, including the Forbidden City, the terracotta warriors and horses of the first emperor of Qin, Mogao Grottoes, Sanxingdui, and Jinsha. Xi'an Banpo Museum also published Cartoon Banpo. They both make the site and museum become cordial and lively through cartoons.

Combining with modern science and technology, performing arts, experimental archaeology, etc., the collection restoration research can simulate the ancient natural or human scenes, and carry out various forms of interactive experience inside and outside the museum, online and offline, so as to attract more people to take the initiative to participate. For example, the actors wear clothes related to the site museum in and out of the museum, interact with people, and perform the role naturally. The combination among modern digital, geophysical, spatial and environmental technologies can be used to deduce the temporal and spatial changes of the site, and an image may be formed to show the site to the audience. The architecture, garden and planning of the museum can skillfully integrate the research results into the constructing personalized park through plants and animals, distinctive cultural elements, experience areas, etc., which can not only serve as an effective extension of indoor display, but also enable the audience to quickly adapt to the immersive experience of the viewing environment.

It is true that there are still many issues to be discussed in depth in the protection and research of relics and museum collections. However, it is undeniable that the cross-industry cooperation and exchanges have enabled the site museum to make full use of its strength, to produce more, newer and more distinctive cultural achievements. It can take them from the collections and apply them to the whole nation, let cultural relics speak, integrate traditional culture with modern culture, and make use of the rules of the ancients to open its own face. This may be the future for site museums, or even a major trend in the development of museums.

References

Ambrose T. & Paine C. 2016. *Foundation of Museums*, translated by Guo Hui. Nanjing: Yilin Press.
Beijing Museum Association. 2000. *Proceedings of the Conference of Beijing Museum Association*. Beijing: Yanshan Press.

---

[1] Huan Liping, Reflections on Collection of Site Museums, Shaanxi Provincial Bureau of Cultural Heritage and Shaanxi Provincial Museum Society, *Essays of the Symposium on Theory and Practice of Museums*, pp. 179-180, Sanqin Qress, 2007.

Shaanxi Provincial Bureau of Cultural Heritage and Shaanxi Provincial Museum Society. 2007. *Essays of the Symposium on Theory and Practice of Museums*. Shaanxi: Sanqin Qress.

Wang Hongjun, chief editor. 2001. *Foundation of Chinese Museology*, revised edition, p.133. Shanghai: Shanghai Classics Publishing House, 2001.

Wang Hongjun, chief editor. 2012. *Latest Collection, Protection, Display art and Internal Management Manual of the Museum in 2012*. Beijing: Cultural Relics Publishing House.

Wu Yongqi, Li Shuping, & Zhang Wenli, chief editors. 1999. *Introduction to Site Museology*. Shaanxi: Shaanxi People's Publishing House.

The Zhoukoudian Consensus on the Conservation and Presentation of Sites of Human Origin

Preamble:
We, the participants in the International Symposium on Protection, Research and Sustainable Development of Prehistory Heritage of the Zhoukoudian Site, held in Fangshan District of Beijing, China from October 10-13, 2018,

Thanking:
The District Government of Fangshan, Beijing; Zhoukoudian International Paleoanthropological Research Centre, Institute of Vertebrate Paleontology and Paleoanthropology of the Chinese Academy of Sciences; ICOMOS China; National Heritage Center, Tsinghua University; Museum of Peking Man site at Zhoukoudian for co-organizing this event.

Acknowledging that:
Sites of human origin demonstrate the long process of early human evolution and present diverse research themes. They therefore bear significant scientific, cultural, historical and ecological values.

Exploring and understanding human origin and paths of social evolution play a vital role in acknowledging the diversity and commonality of human life, behaviors and experiences on the planet.

Information on sites of human origin is often not easily accessible to the public and therefore the sites are not sufficiently valued.

Facilitating public access to sites of human origin has the potential to serve as a driving force for enhancing local cultural identities, to facilitate improvements in public education, to develop cultural and creative industries, and to contribute in sustainable development of local communities.

Recalling:
The Global Strategy launched by the UNESCO World Heritage Committee in 1994, and the results of the Human Evolution: Adaptation, Dispersal and Social Developments (HEADS) program of the UNESCO World Heritage Centre.

Concerned that:
The sites of human origin are exposed to the negative impacts of climate change and events, environmental degradation, as well as of human activity such as infrastructural and tourism investment, and urban development.

Protection of the heritage values, management, interpretation and presentation of the sites of human origin have not yet received the public attention they deserve.

The sites of human origin are still underrepresented on the UNESCO World Heritage List in terms of regional distribution and heritage themes.

Recommend that:
1. The proper management processes should aim to maintain the significance, integrity and authenticity of the

sites of human origin, and slow down their physical degradation processes. The natural and cultural resources in the setting of human origin sites should also be protected in an equally comprehensive manner.

2. Community participation and engagement in the conservation and interpretation of sites of human origin should be an integral part of the management process, in order to foster sustainable social and economic development.

3. Integrated conservation of sites of human origin should be carried out in parallel with scientific research including archaeological fieldwork.

4. Presentation of sites of human origin should be based on comprehensive and in-depth research to ensure proper interpretation of their values.

5. Creative approaches should be appropriately adopted in the presentation of sites of human origin in order to enable a wider range of visitors from various backgrounds to fully understand and acknowledge their values.

6. Exhibitions and other curatorial activities on sites of human origin should be combined with events for public education and involvement as well as for transmission of intangible cultural heritage values and practices to all generations.

7. All new structures should have minimum impact on the protected sites of human origin and their setting, during their construction, operation and removal. Sustainability should be a major concern in the design and construction of protective structures and interpretation centers.

Fangshan, Beijing, October 12, 2018